R을 활용한

금융빅데이터 애널리틱스

R을 활용한

금융빅데이터 애널리틱스

양오석 지음 *with* 우영목 | 양윤호

지필미디어

R을 활용한
금융빅데이터 애널리틱스

발 행 일 2022년 8월 22일
저 자 양오석 with 우영목, 양윤호
발 행 인 김성남
발 행 처 (주)지필미디어

주 소 경기도 일산서구 이산포길 282
전 화 031-923-4504
팩 스 031-917-4503
이 메 일 jiphil.naver.com
홈페이지 www.jiphil.co.kr
등록번호 제 312-1997-000043호 (1997년 07월 16일)

I S B N 979-11-86674-95-6 / 93320
가 격 34,000원

프롤로그

나에게 통계를 배우고 런던대학교의 하나인 UCL에 다니던 아들과 딸의 학부생 과제를 지도해주다가 시작된 R과의 만남은 더욱 발전되어 연구실 차원에서 파이썬에 맞서는 R의 능력을 깊이 탐색하게 만들었다. 흔히들 대세인 파이썬을 강조하면서 R은 마치 낡은 도구인 듯이 말하곤 한다. 나 역시 누군가 나에게 파이썬과 R의 차이를 물어올 때면 예전에는 시원한 답변을 주지 못했다. 지금은 다르다. R을 익힌 후 파이썬을 뒤이어 익히고 있는 내가 경험한 두 도구의 큰 차이는 기능의 다양성에 있다. 대표적인 예로 비정형 텍스트를 크롤링하는 작업에서 R은 파이썬보다 지저분한 편이다. 별명이 '깡통'으로 불릴 정도로 R은 많은 프로그램을 쉽게 수용하지만 그 만큼 깔끔하지 못한 성격도 있다. 이에 반해 파이썬은 크롤링 작업에서 깔끔한 솜씨를 보여준다. 그런데 파이썬은 통계분석 보다는 머신러닝, 딥러닝을 위한 도구라고 표현할 수 있고, R은 통계분석과 크롤링한 비정형 데이터를 활용한 텍스트 마이닝 역량이 뛰어나다. 심지어 파이썬은 패널모형분석에서도 충분한 기능을 갖추지 못하고 있다. 그만큼 개발자의 목적이 다르기 때문이다. 나에게 파이썬과 R의 활용도를 물어온다면 지금은 자신있게 두 도구를 용도에 맞게 구분하여 동시에 사용할 것을 권장할 것이다.

앞서 출간한 책에서 필자가 말한 대목을 다시 한번 강조할 필요가 있다: "지금은 4차 산업혁명 시대를 논하는 시점이 되었다. 빅데이터, 인공지능, 블록체인 등등 새롭고 놀라운 주제어들이 주변을 꽉 채우고 있다. 우리 연구자들은 물론 사회생활을 준비하는 학생들에게 어렵고 도전적인 과제를 남겨주는 무섭고 두려운 개념들이다. 그렇다고 그냥 주저 앉아 있어도 된다는 뜻도 아니며, 그럴 수도 없다." 여러 사용자들이 손쉽게 R을 사용할 수 있도록 이 책을 집필하였다. 실습 위주의 지침서를 만들고자 하였으며, 이 목적에 맞게 필자가 논문을 작성하거나 보고서를 작성할 때 직접 사용했던 데이터셋을 연습용으로 제공하고 있다. 또한 앞서 집필한 책들이 사용자의 이해도를 쉽게 만들기 위해 쉬운 표현으로 작성된 만큼 이 책에서도 동일한 표현들과 문구를 재사용하고 있기도 하다. 필자의 책을 읽는 사용자들에게 일관된 설명을 하기 위함이다.

무엇보다 이 책은 금융 분야에서 데이터를 수집하고 분석하는 논문이나 보고서를 작성하고자 하는 사람들에게 필요한 책이다. CDS 프리미엄, TED 스프레드, VIX 지수 등 다양한 금융지표들이 한국경제, 매일경제, 머니 투데이 등 주요 일간지에서 매일 거론되고 있는데, 정작 우리 학생들은 경영학 전공자나 경제학 전공자나 아니면 타 사회과학전공자 할 것 없이

프롤로그

도무지 이해할 수 없고 이해하지 않으려한다. 답답한 마음에 필자가 개설한 글로벌재무 수업에서 어려운 교과서를 대신하여 한국경제 신문읽기를 목적으로 교과내용을 수정하여 가르쳐보았다. 그 결과 아무래도 학생들에게는 보다 손쉽게 경제 일간지를 볼 수 있는 기회를 마련해 줄 수 있었다. 이번에는 다음 단계로 넘어가 전공과 상관없이 학생들이 손쉽게 금융 지표들을 이해하고 일간지를 읽으면서 비판적으로 토론하고 잘못된 기사 내용에 대해서도 지적할 수 있는 학습 기회를 마련해주고 싶다. 이에 이 책을 집필하게 되었다. 경영경제통계를 배운 학생들은 이 책을 통해 금융 분야에서 금융지표를 스스로 수집하고 이를 분석 및 해석하는 역량을 키울 수 있다. 이 책의 내용 학습을 통해 학생들은 DB 전문회사가 제공하는 전용선을 사용하지 않고도 주요 금융지표를 수집할 수 있는 능력을 갖추게 된다. 무엇보다 상경계열 전공자들이 무조건적으로 컴퓨터사이언스 전공을 쫓아가지 않고 자신의 전공을 살려 금융 분야에서 분석가가 될 수 있는 길을 열어주고 싶었다. 상경계열 전공자들은 컴공 기술개발자보다는 금융분석가가 더 잘 어울린다. 금융 IT 교육에도 교재로 사용될 수 있게끔 기초 금융지식을 다루고 있다. 이 책이 다루지 못한 내용은 향후 추가적으로 출간 될 지침서의 심화 파트에서 다루게 될 것이다.

이 책의 원고를 집필하고 데이터를 수집하여 스크립트(코드)를 작성하고 다듬는 과정은 많은 시간을 필요로 했다. 이 시간을 함께 해준 우영목 군과 양윤호 군에게 감사의 말을 전한다. 지금은 이 책의 출판을 돕는 조금은 모양새가 나지 않는 역할을 수행하고 있지만 장차 이 두 사람은 통계, 빅데이터 분석, 머신러닝, 딥러닝 분야에서 놀라운 실력을 갖추고 우수한 금융 전문가로 이름을 떨칠 유망한 인재들이다. 지금은 이 책의 조력자로 with 우영목 · 양윤호로 명기가 되었지만 필자와 함께 곧 나란히 저자로 이름을 올리게 될 동료가 될 것이다. 지금 이들은 자신의 미래를 위해 졸업 후 대학원 과정에서 또는 기업에서 열심히 실력을 발휘하고 있다.

2022년 여름

구봉산 끝자락에서

필자 **양오석**

목차

목차

Chapter 3.

금융 빅데이터 수집분석

목차

Chapter 1. R기 쉬운 기초

1. R 설치

Q. R을 사용할 때 도움이 되는 친구들(추가 프로그램)이 있다고 들었는데요?

R은 RStudio, Java 등 친한 친구들이 몇 있다. R은 이들 친구들과 자주 어울려 논다. RStudio는 R의 부수적인 유틸리티프로그램이다. 친구의 역할이 그렇듯이 RStudio는 R 사용에 편리한 기능을 더해준다.

1) RStudio 설치하기

RStudio를 설치하려면 우선 R 프로그램을 먼저 설치해야 한다. 해당 사이트인 https://ftp.harukasan.org/CRAN/로 들어가서 무료 오픈 소스인 R 최신판을 다운로드 받아 설치하도록 하자. 설치하고 나서 R 프로그램을 실행하면 64비트와 32비트를 선택하도록 되어 있다. 자신의 컴퓨터에 맞게 선택해야 한다. 필자의 경우 64비트 윈도우 버전으로 설치하였다.

① R 설치

[처리결과화면: 1]

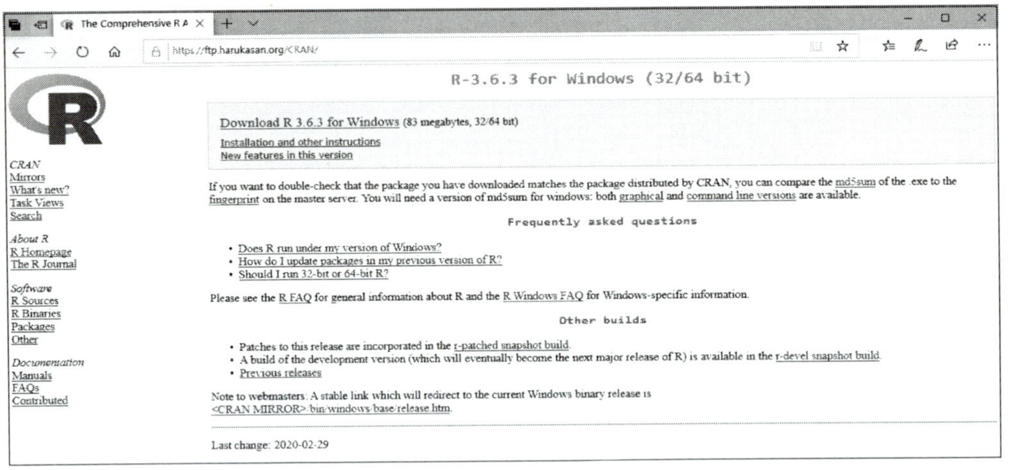

[처리결과화면: 2]

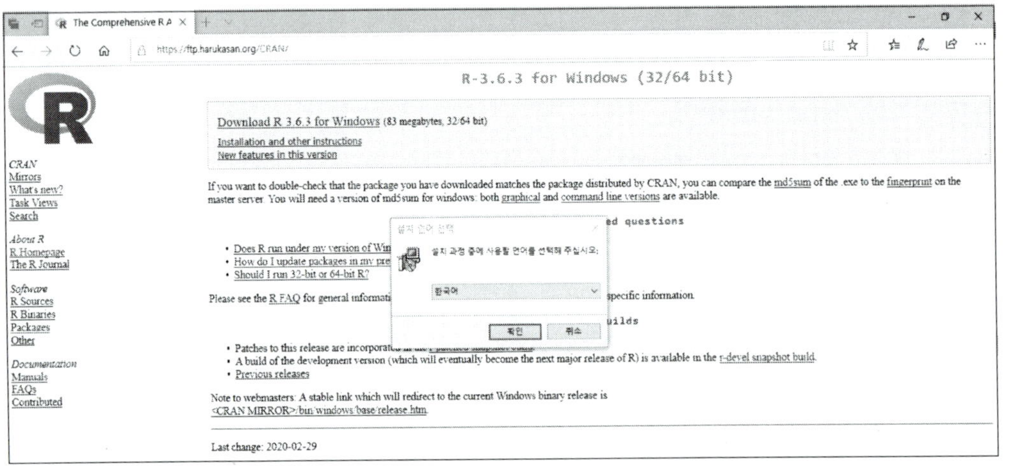

[처리결과화면: 3]

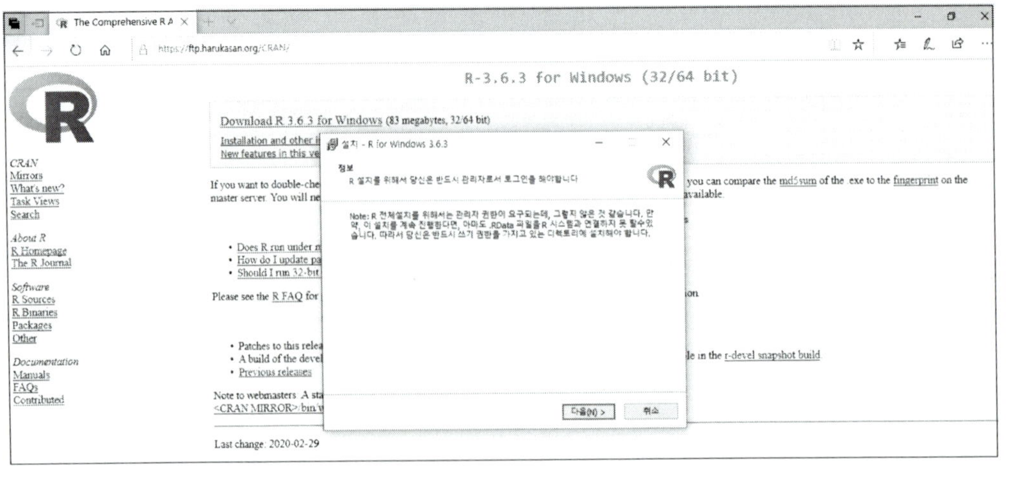

[처리결과화면: 4]

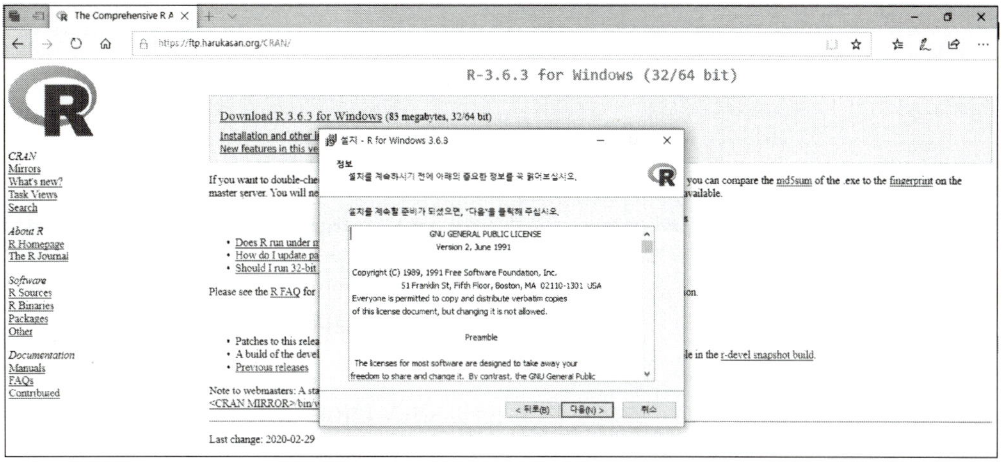

[처리결과화면: 5]

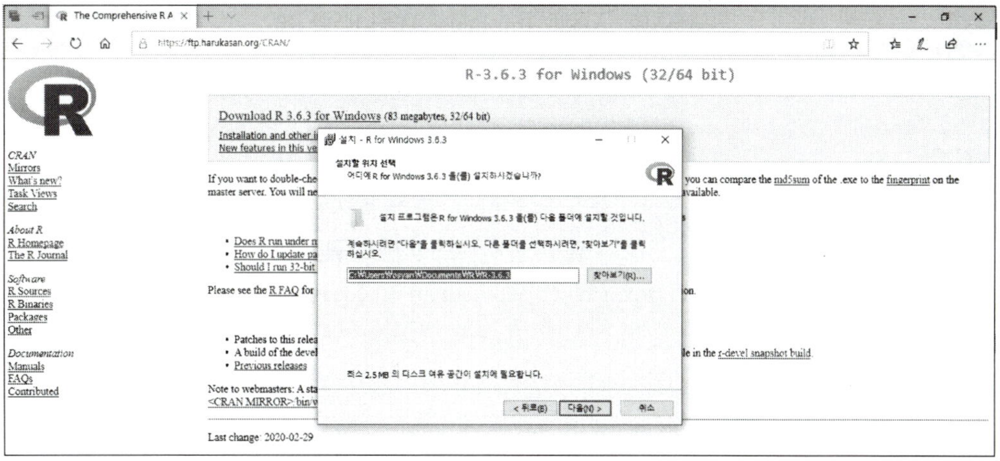

[처리결과화면: 6]

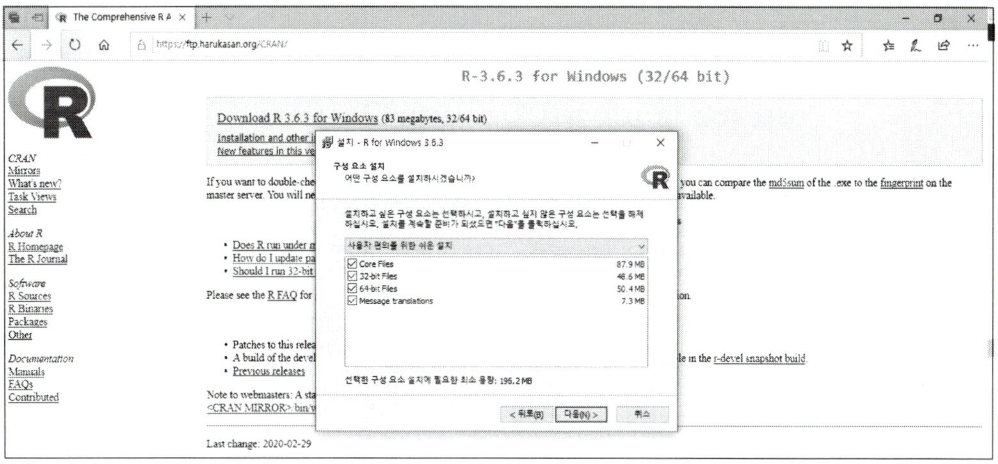

여기서 자신의 컴퓨터에 맞는 버전을 선택해야 한다. 필자는 윈도우 64비트용을 선택하였다.

[처리결과화면: 7]

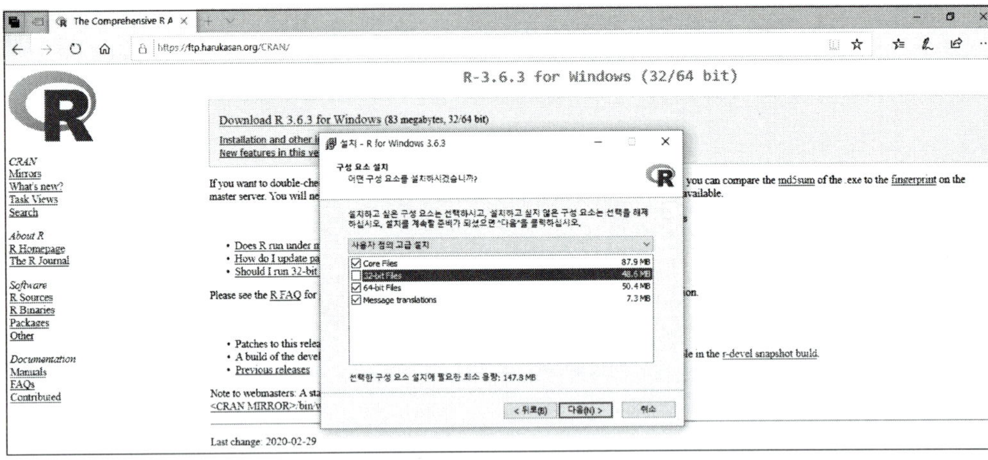

[처리결과화면: 8]

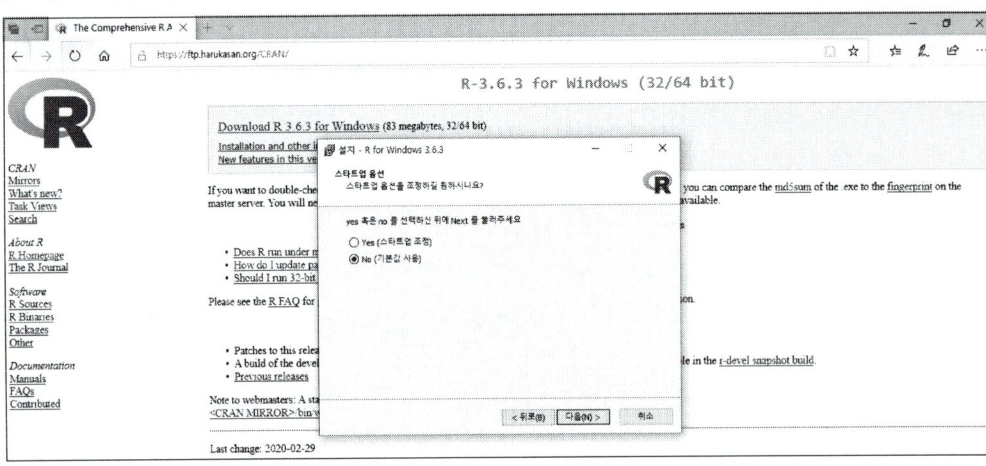

[처리결과화면: 9]

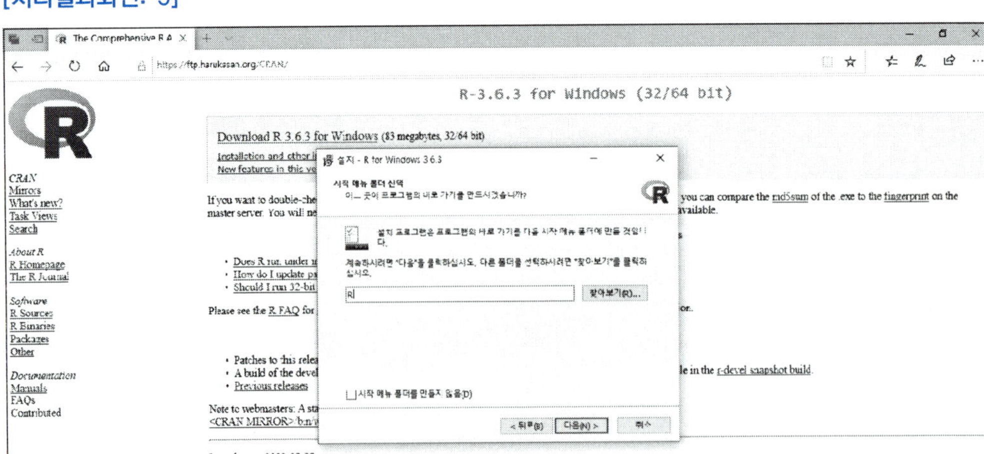

[처리결과화면: 10]

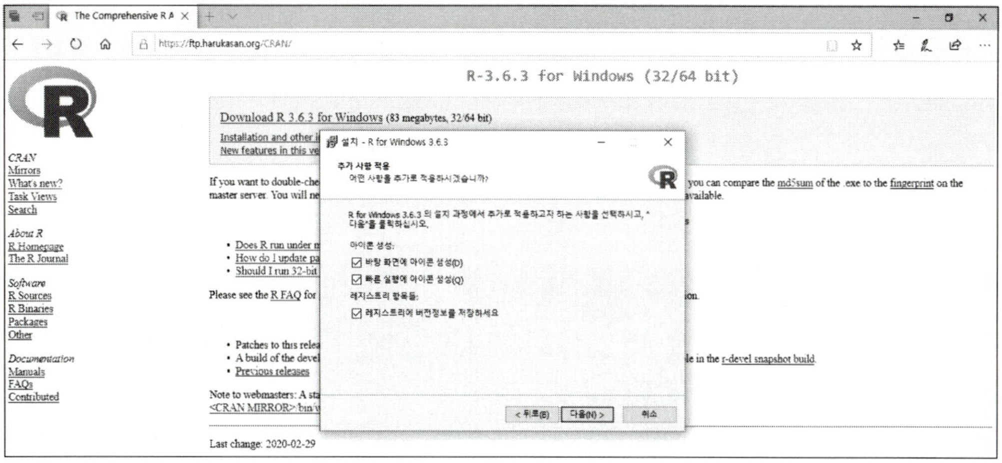

[처리결과화면: 11]

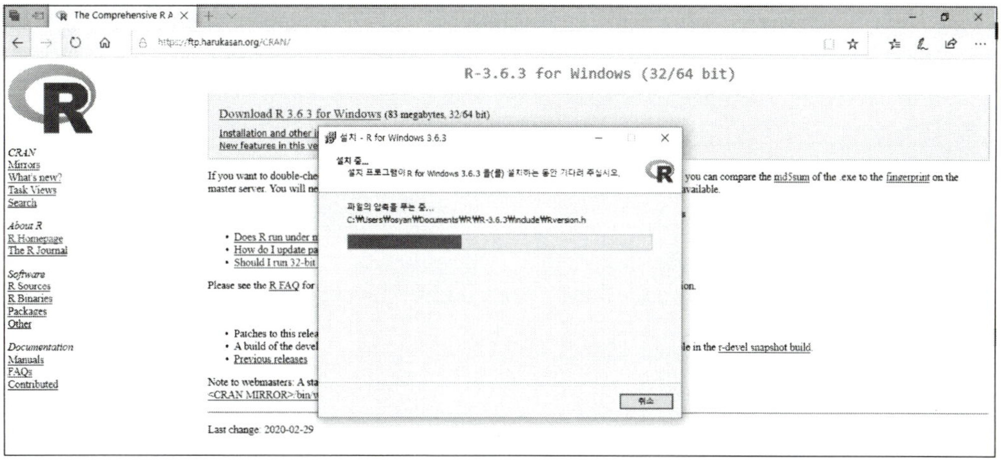

② **RStudio 설치**

R 패키지를 설치하였으면 다음에는 RStudio를 설치하자. RStudio는 www.rstudio.com에서 무료로 다운로드할 수 있다. 초기 화면이 나오면 "Download RStudio"를 클릭한다.

[처리결과화면]

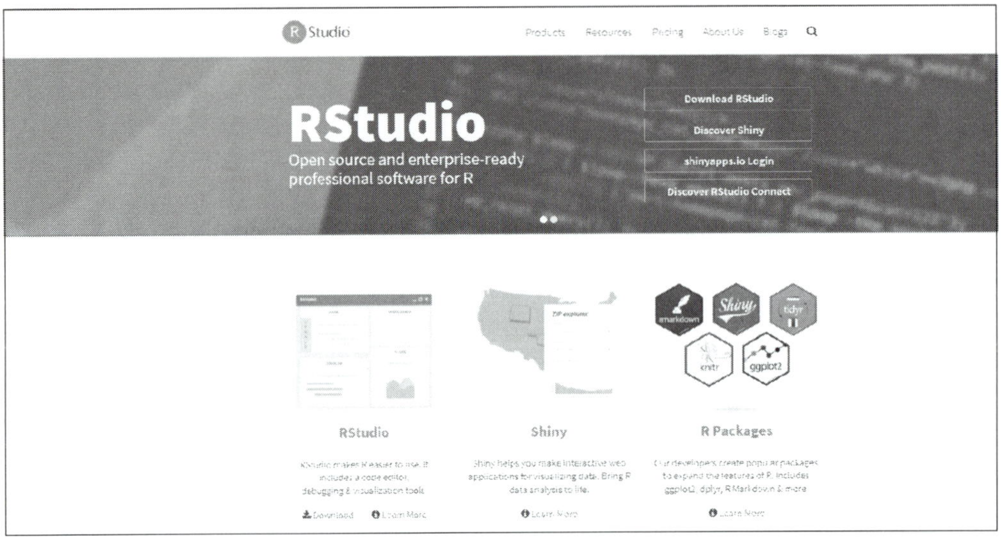

이어지는 화면에서 "RStudio Desktop Open Source License"를 다운로드한다.

[처리결과화면]

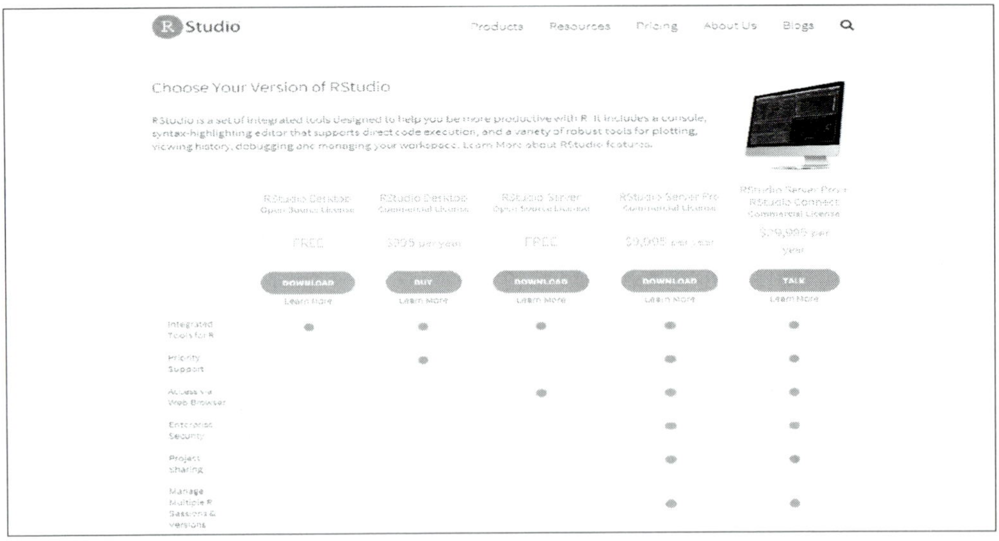

[처리결과화면: 2020년 3월 현재 화면]

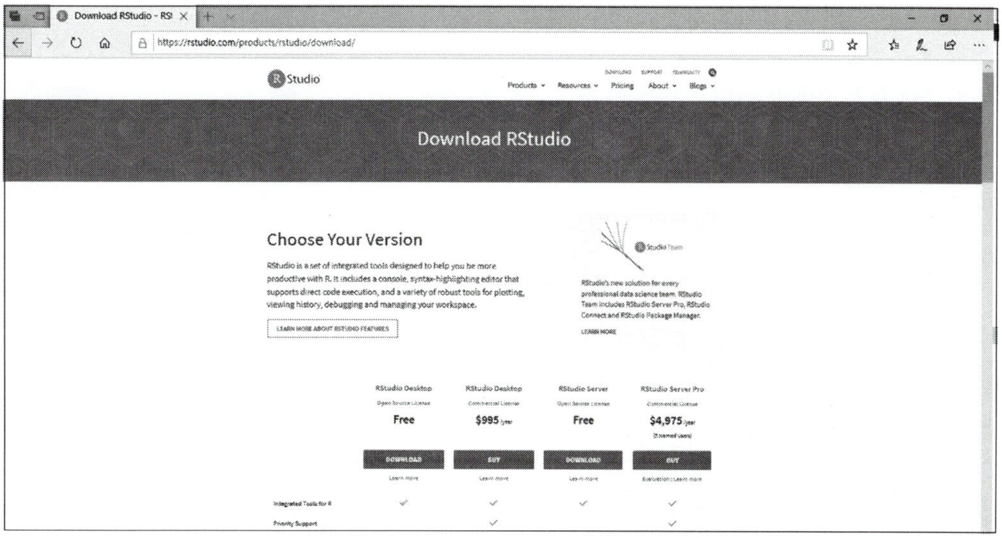

이어지는 화면에서 윈도우 사용자들은 "RStudio 1.1.453-Windows Vista/7/8/10"을 클릭해서 다운로드한다. 혹 사용하는 컴퓨터가 애플이라면 "RStudio 1.1.453-Mac OS X 10.6+(64-bit)"를 클릭해서 다운로드한다.[1]

[처리결과화면]

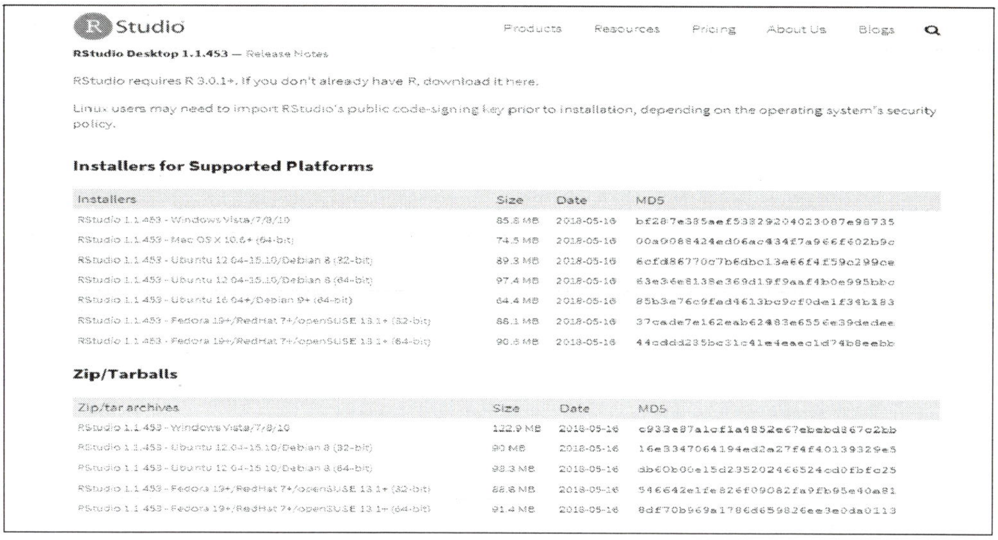

1 파일 버전이 계속 업데이트되고 있다. 필자가 확인할 때는 Rstudio 1.1.456-WindowsVista/7/8/10과 RStudio 1.1.456-MacOSX10.6+(64-bit)였다. **또한 2020년 3월 현재 확인할 때는 RStudio-1.2.5033.exe와 RStudio-1.2.5033.dmg였다.**

다시한번 말하지만 RStudio를 설치할 때는 먼저 R이 설치되어 있어야 한다. 또한 자신의 컴퓨터 버전에 맞는 프로그램을 설치해야 한다. 예를 들어 64비트 컴퓨터용에는 64비트용 프로그램을 설치해야 한다.

이제 다운로드받은 설치파일을 사용하여 RStudio를 설치해보자. 파일을 클릭하면 다음 화면으로 시작된다.

[처리결과화면: 1]

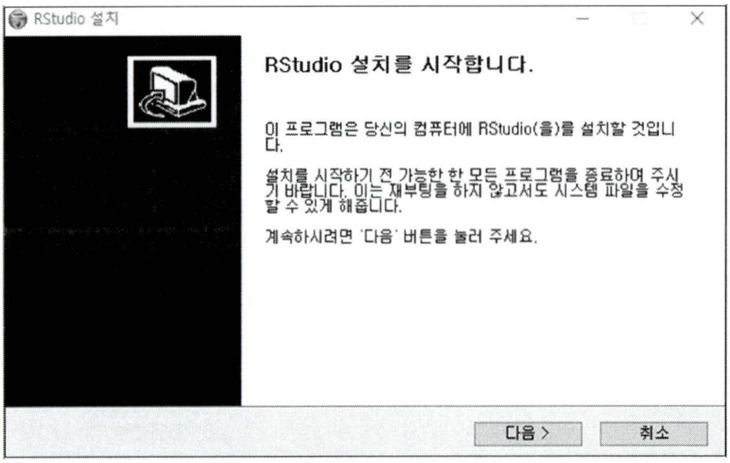

[처리결과화면: 2]

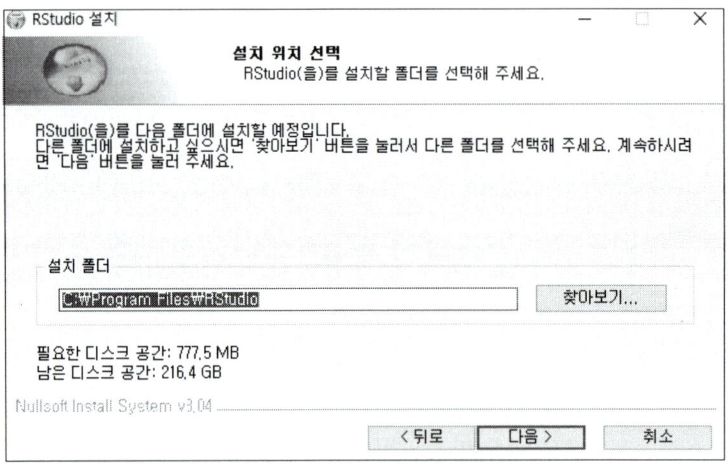

[처리결과화면: 3]

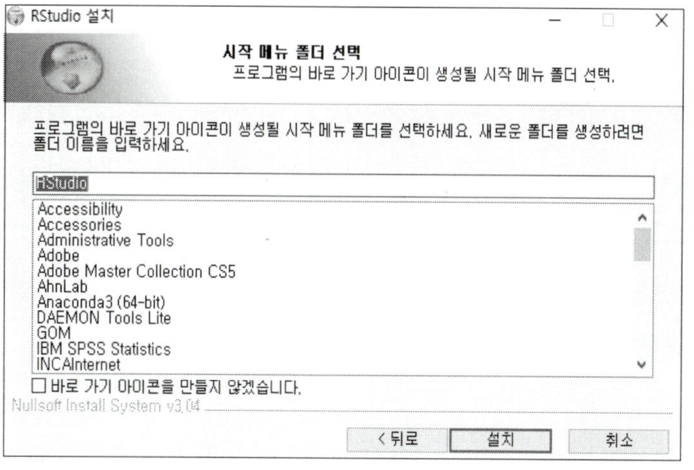

[처리결과화면: 4]

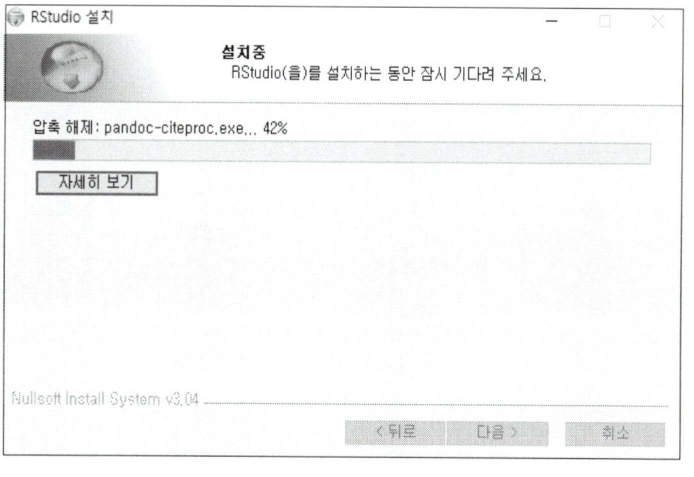

[처리결과화면: 5]

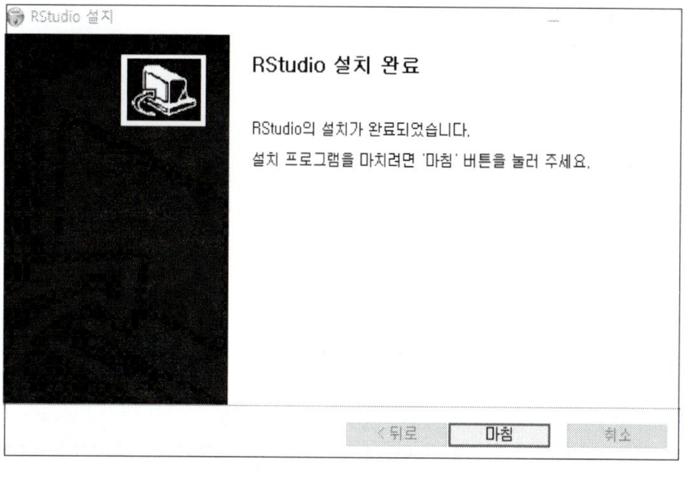

RStudio는 설치과정에서 버전을 별도로 물어보지 않는다.

③ RStudio 설치가 실패할 때

한편 RStudio가 설치되지 않는 경우도 발생한다. 설치는 되었지만 막상 프로그램을 시작하려고 들어가면 프로그램이 작동하지 않는 경우가 있다. 이 문제는 프로그램 설치 과정에서 경로(path)에서 에러가 발생하였기 때문이다(또는 사용자 계정이 영어가 아닌 다른 언어로 되어 있어 프로그램이 경로를 읽지 못하는 경우도 포함). 이 경우 경로(path)를 수정해서 다시 프로그램을 설치해야 한다. 이를 위해 우선 제어판으로 들어가도록 하자.

[처리결과화면]

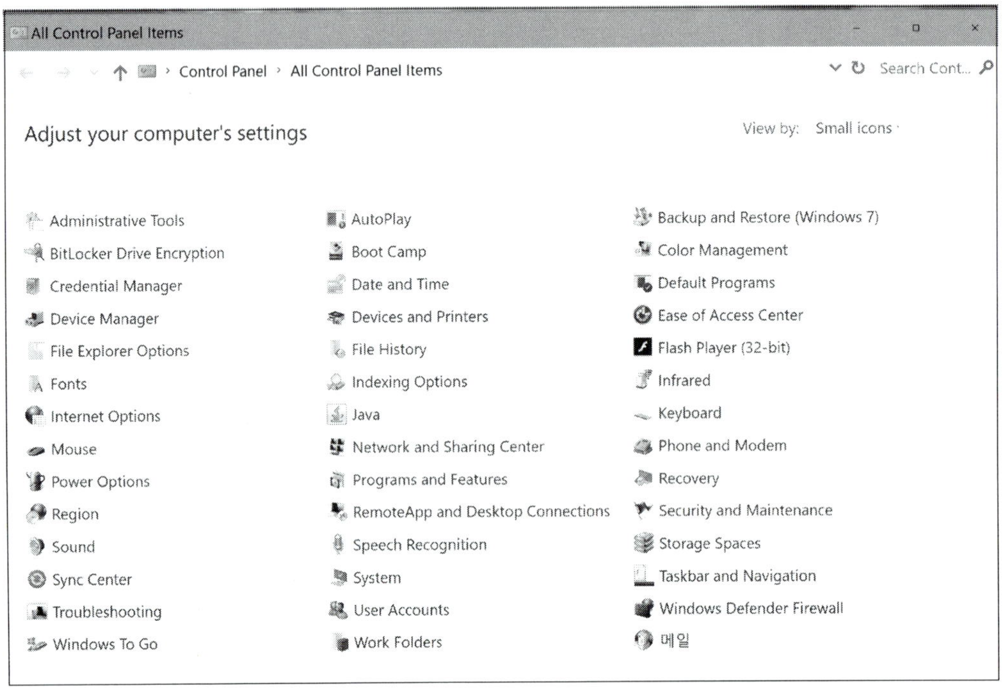

제어판 화면에서 사용자 계정(User Accountes)으로 들어간다. 이후 “Change my environment variables”로 들어간다.

[처리결과화면]

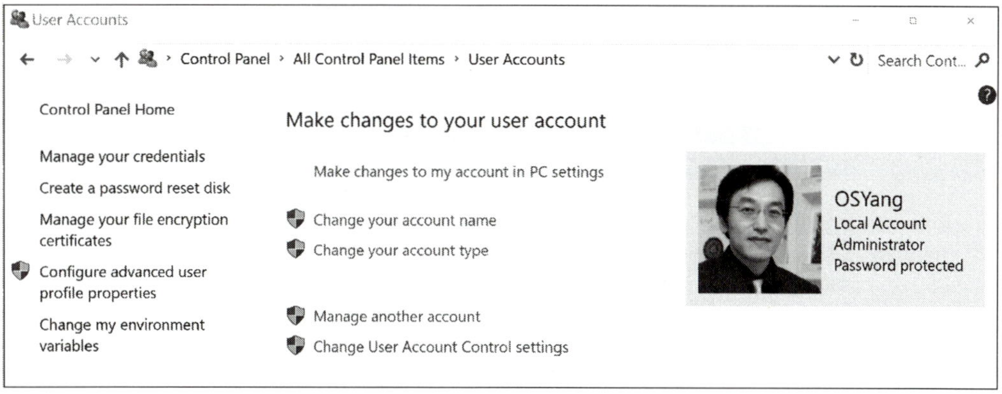

이어서 나타나는 작업창에는 Variable, OneDrive, Path, TEMP, TMP 등이 들어 있음을 볼 수 있다. 이 가운데 TMP를 기존 형식에서 C:₩Users₩Temp로 모두 바꾸어주자(즉 "Edit" 버튼을 클릭하고 나서 C:₩Users₩OSYang₩AppData₩Local₩Temp => C:₩Temp로 직접 입력해서 수정). 이렇게 바꾸어 준 후 RStudio를 새로 설치하면 프로그램이 안정적으로 설치되고 사용이 가능해진다.

[처리결과화면]

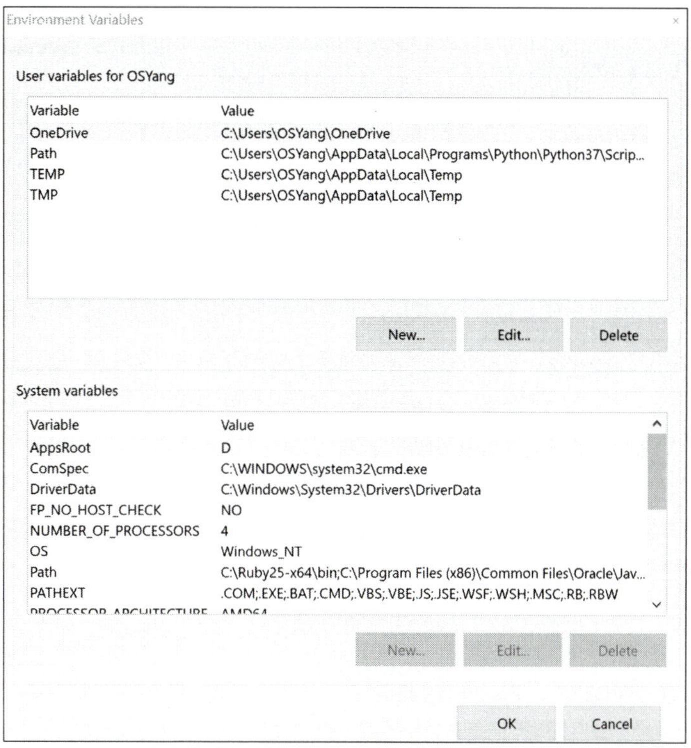

[처리결과화면]

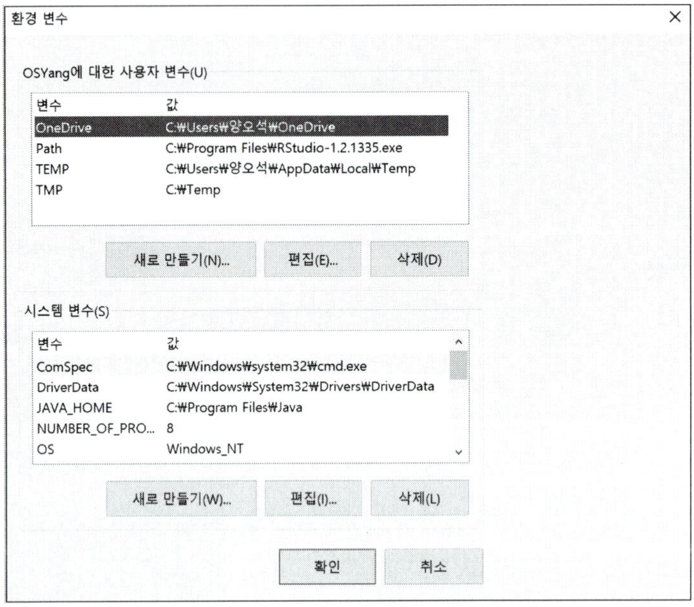

이제 환경변수에 '새로만들기'를 클릭하고, '변수 이름' 칸에 "JAVA_HOME"을 타이핑하고, '변수 값'에 "C:/programfiles/java"라고 입력하자. 그리고 확인 버튼을 클릭한다.

[처리결과화면]

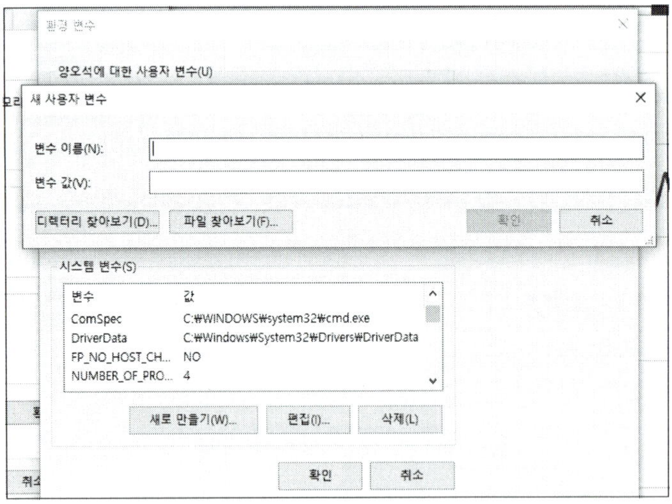

[처리결과화면]

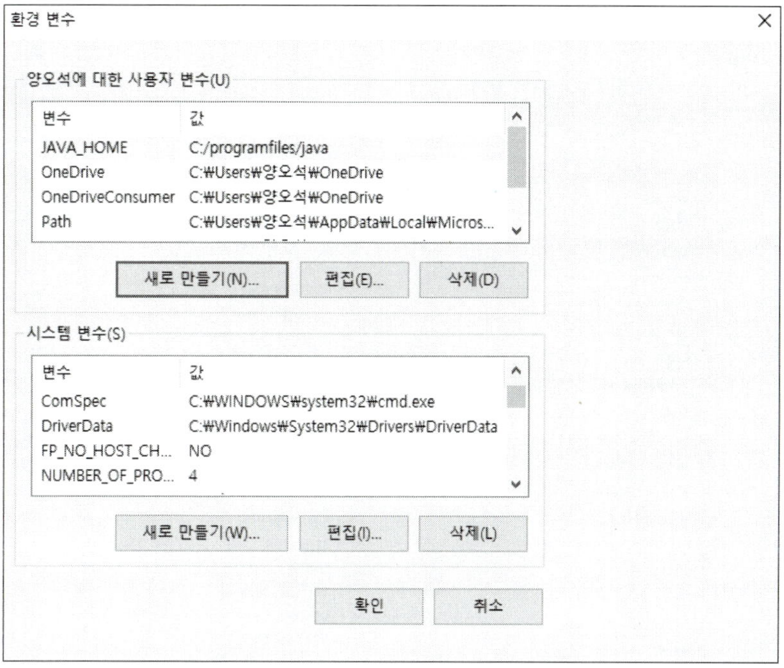

2) 자바(Java) 설치하기

Java는 패키지 rJava를 사용하기 위해 먼저 컴퓨터에 설치되어 있어야 한다. 설치 방법은 여러 가지가 있다. 그 중에 필자의 경우 64비트 맥 컴퓨터를 윈도우와 분할해서 사용하고 있으며 발생한 설치 문제를 소개하고자 한다. Java를 설치하기 위해 Java 홈페이지에 가서 무료로 다운받을 수 있는 설치 실행 파일을 다운로드하자. 필자의 경우 64비트용 윈도우 버전(jre-8u231-windows-x64.exe)으로 다운로드하였다. 자 이제 다운로드 받은 해당 파일을 64비트 실행 파일을 저장해두어야 하는 컴퓨터 프로그램 폴더(BOOTCAMP (C:) 아래에 있는 Program Files)에 저장해두자.[2] 이렇게 저장해 둔 Java 설치 실행 파일을 클릭해서 해당 폴더(Program Files)에 설치한다.

2 32비트 컴퓨터의 경우 폴더명은 BOOTCAMP (C:) 아래에 있는 Program Files (x86)이다.

[처리결과화면]

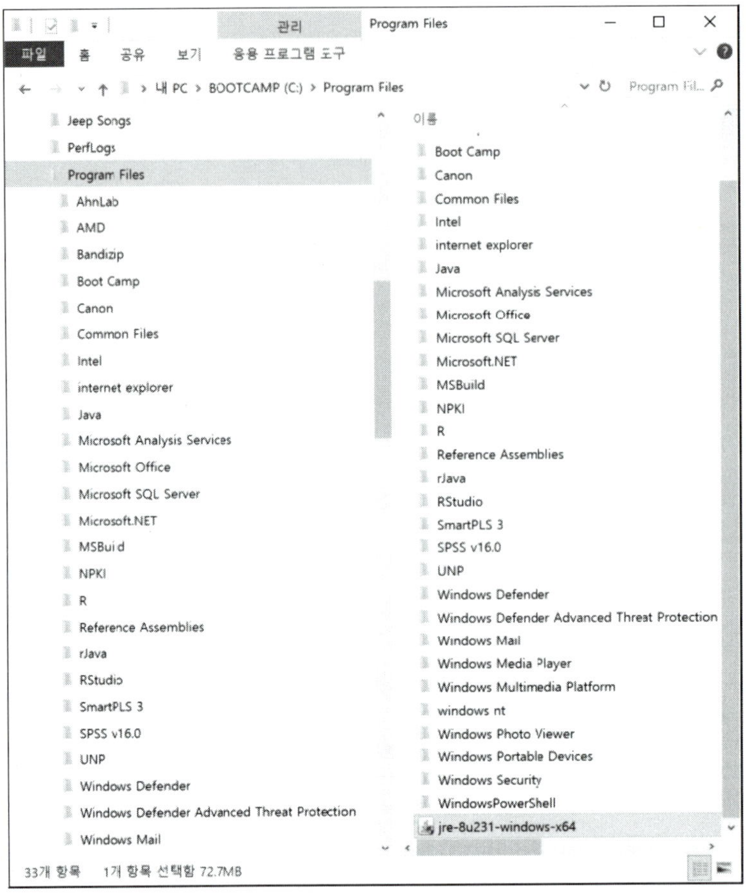

Java를 Bootcamp 아래 Program Files(64비트의 경우)에 설치하였으면, 이제 패키지 rJava를 설치하고 불러와 보자. 명령어는 다음과 같다.

명령어

```
> install.packages("rJava")
> library(rJava)
```

```
> install.packages("rJava")
WARNING: Rtools is required to build R packages but is not currently installe
d. Please download and install the appropriate version of Rtools before proc
eeding:
https://cran.rstudio.com/bin/windows/Rtools/
Installing package into 'C:/Users/yangohsuk/Documents/R/win-library/3.5'
```

```
(as 'lib' is unspecified)
trying URL 'https://cran.rstudio.com/bin/windows/contrib/3.5/rJava_0.9-1
1.zip'
Content type 'application/zip' length 828770 bytes (809 KB)
downloaded 809 KB
package 'rJava' successfully unpacked and MD5 sums checked
The downloaded binary packages are in
   C:₩Users₩yangohsuk₩AppData₩Local₩Temp₩RtmpKMNgzI₩downloaded_pack
ages
> library(rJava)
```

해석

처리결과화면을 보면, Java를 Bootcamp 아래 Program Files(64비트의 경우)에 설치하고 나서 패키지 rJava를 설치하고 library 명령어로 rJava를 잘 불러왔음을 알 수 있다. 제대로 설치되지 않은 경우에는 다양한 에러 메시지가 뜬다. 현 처리결과화면에서도 install.packages 명령어에서는 빨간색으로 된 경고 메시지로 시작하는 것을 볼 수 있다. 이 경우 library 명령어로 rJava를 불러들여보면 제대로 되었는지 여부를 확인할 수 있다. rJava를 library 명령어로 불러 들였을 때 에러 메시지가 뜬다면 다시 Java 설치 작업을 해야 한다. 그리고 추가적으로 처리해야 하는 내용들이 다양하게 존재한다(이는 각 경우마다 다르니 모두 소개할 수 없고, 인터넷 상에서의 정보를 적극 활용하기를 바란다). 여기서는 몇 가지만 소개하기로 하자.

```
#문제해결 1
> if (Sys.getenv("JAVA_HOME")!="")
+   Sys.setenv(JAVA_HOME="")
> library(rJava)

#문제해결 2
> options(java.home="C:₩₩Program Files₩₩Java₩₩jre1.8.0_91₩₩")
> library(rJava)

#문제해결 3
> Sys.setenv(JAVA_HOME='C:₩₩Program Files₩₩Java₩₩jre7') # for 64-bit
  version
> library(rJava)
```

문제해결 4(2020년 3월 현재)

2020년 3월 새 컴퓨터를 구매해서 rJava를 설치할 때 일어난 일을 여기에 추가로 소개한다. 핵심은 Java 버전에 따라 자신의 컴퓨터에서 정확한 정보를 확인해서 설치해야 한다는 것이다. 이번에는 jre7이 아니라 jre1.8.0_241인 경우이다. 먼저 필자의 경우 64비트용 윈도우 버전(jre-8u241-windows-x64.exe)으로 다운로드하여 설치하였다.

[처리결과화면]

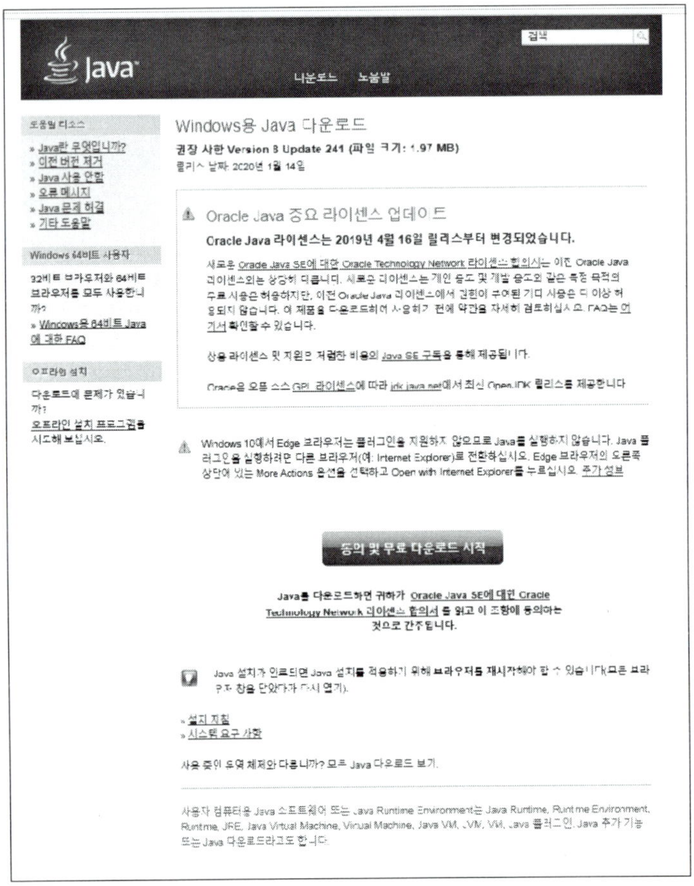

이후 "내 PC -> 고급시스템 설정 -> 환경변수"로 가서 자바홈을 직접 추가생성시켰다. "내 PC" 아이콘이 바탕화면에 없으면 윈도우 화면 왼쪽 아래에 있는 전체 프로그램으로 클릭해서 들어가서 "Windows 시스템"으로 들어가면 아래 항목에서 "내 PC"를 찾을 수 있다. 이를 클릭해서 들어가자.

[처리결과화면]

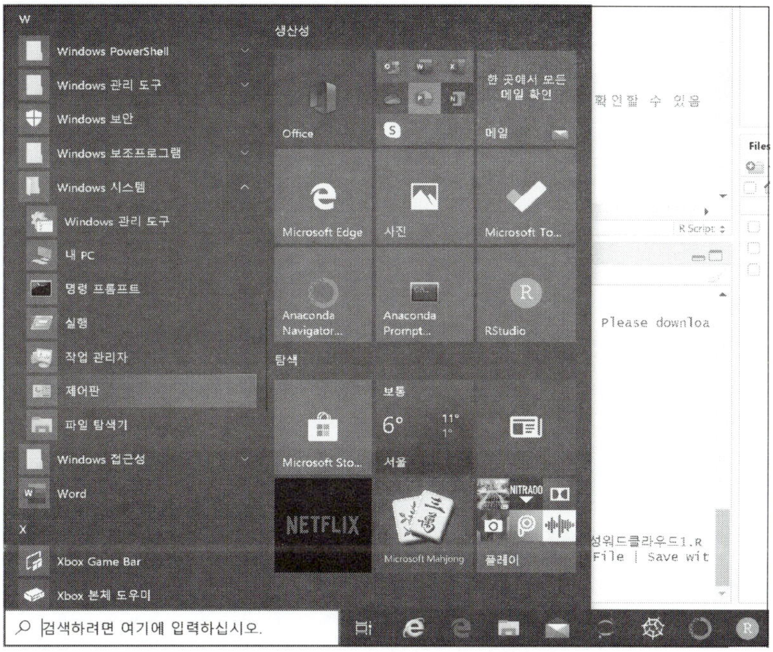

이후 생성된 화면창에서 오른쪽에 있는 '시스템 속성'을 클릭한다.

[처리결과화면]

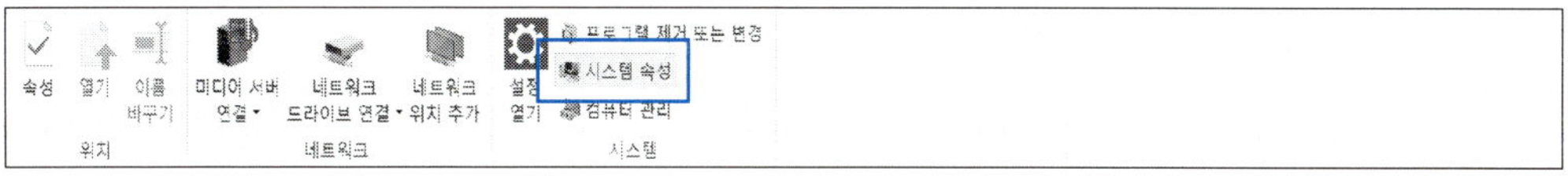

[처리결과화면]

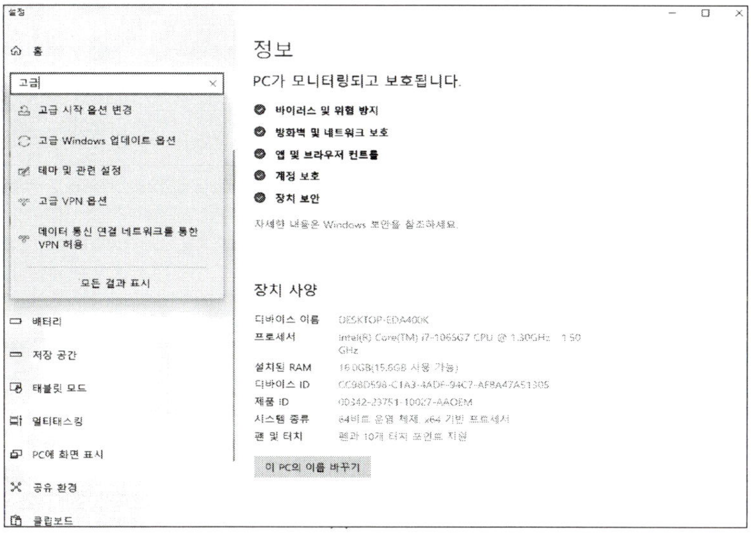

여기서 새로 생성된 화면 창에 나와 있는 검색창에 "고급"이라는 검색어를 입력하고 엔터를 누르면, 여러 항목을 보여주는데 그 가운데 아래쪽에 있는 "고급 시스템 설정 보기"를 클릭해서 들어간다.

[처리결과화면]

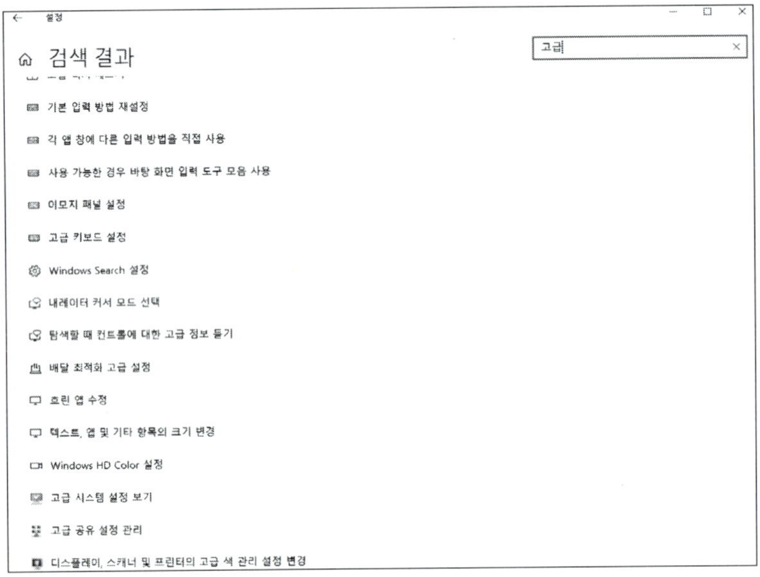

이후 다음과 같은 검색창이 나오면 아래쪽에 있는 '환경변수'를 클릭해서 들어간다.

[처리결과화면]

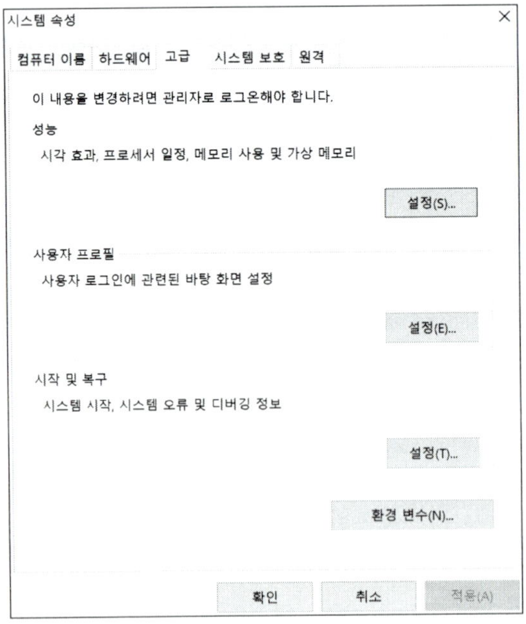

환경변수 창이 열리면, 여기서 위쪽에 있는 "새로 만들기"를 클릭한다.

[처리결과화면]

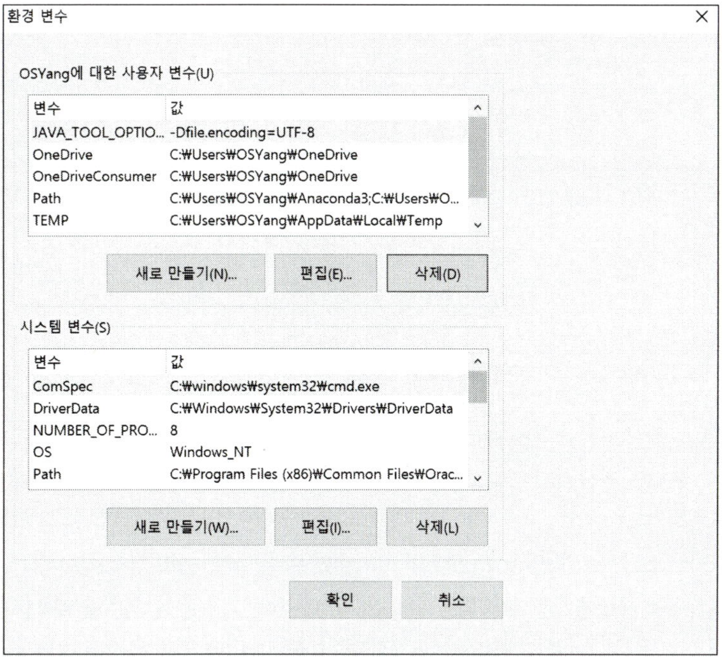

클릭이후 나타난 "새 사용자" 창에서, 변수이름 란에 "JAVA_HOME"이라고 기입하고, 변수값 란에 해당되는 자바 위치를 적어준다(필자의 경우: C:/Program Files/Java/jre1.8.0_241).

[처리결과화면]

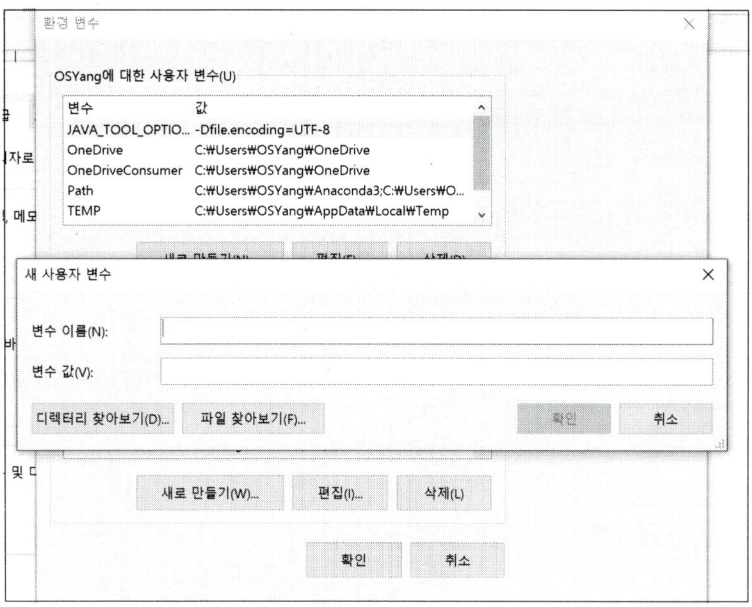

[처리결과화면]

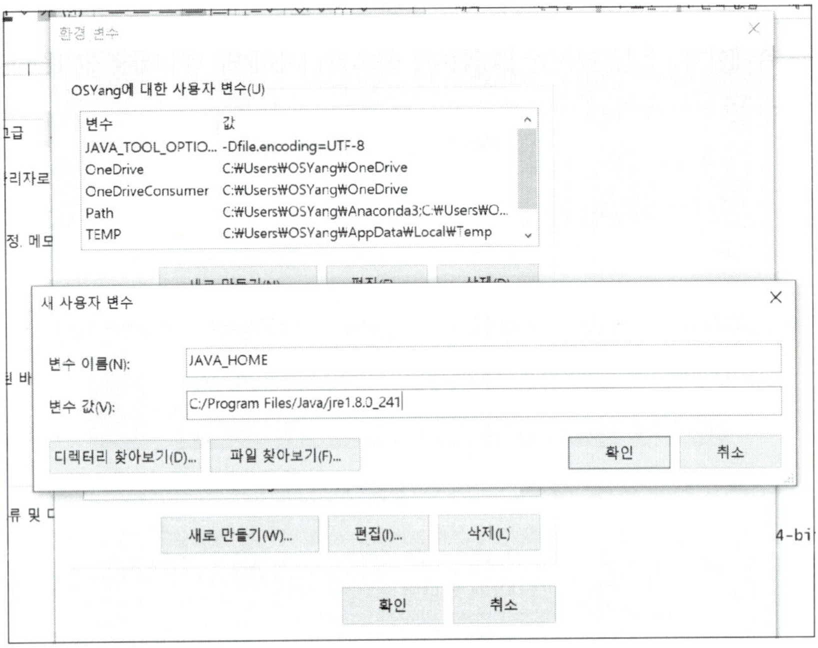

이제 마지막으로 확인 버튼을 눌러 저장하면 된다.

[처리결과화면]

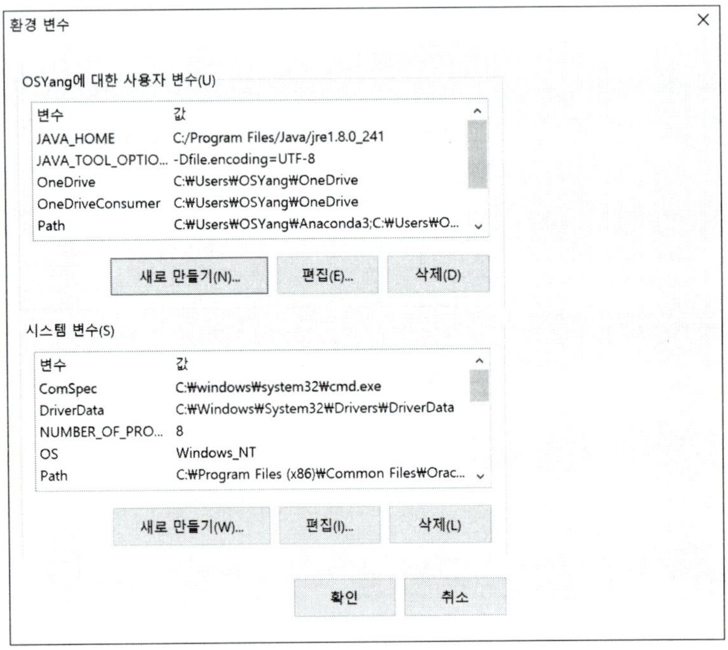

이제 하드웨어적 처리가 되었으니 마지막으로 소프트웨어적 처리를 마무리하도록 하자.

```
> Sys.setenv(JAVA_HOME='C:₩₩Program Files₩₩Java₩₩jre1.8.0_241')
> library(rJava) #성공
```

2. 기초 명령어

2.1 데이터 추출과 저장

1) 작업디렉토리 확인 및 지정하기: getwd( ), setwd( )

Q. 파일이 위치한 작업디렉토리가 자꾸 틀려서 인식을 못한다고 메시지가 뜨는데, 이거 잘 해결하는 방법이 없을까요?

데이터 파일을 불러오는 작업이 자꾸 에러가 나는 경우가 많다. 이럴 때는 해당 파일이 있는 작업디렉토리를 지정해 주고, 다음 작업을 지속하는 것이 현명하다. 게다가 작업디렉토리가 틀리면 명령어도 작동되지 않는다. 해당 함수는 setwd( )이다. 아예 setwd( ) 함수를 사용하면 해당 파일이 있는 작업디렉토리를 못 찾아 헤매는 일이 없다. 즉 내가 원하는 작업디렉토리에 해당 파일을 심어 놓고 데이터 파일을 불러들일 수 있어 편리하다. 여기서 setwd는 set working directory의 약자이다. 이 내용을 연습하기 위해 작업디렉토리에 있는 예제파일을 불러오는 방법을 실습해보자.

※작업디렉토리 확인※

작업디렉토리를 지정해주기 전에 자신의 컴퓨터에 해당하는 작업디렉토리를 확인해보자. 작업디렉토리를 확인하는 명령어는 getwd()이다.

명령어

```
> getwd()
```

```
> getwd()
[1] "C:/Users/OSYang"
```

해석

작업디렉토리가 한글로 되어 있는 경우에도 위 결과처럼 영어로 표기되며 작업을 진행하는데 전혀 문제가 없다. 필자의 경우 컴퓨터에 있는 작업디렉토리는 "사용자/양오석/"으로 되어 있다. 그러나 위 결과처럼 영어로 표기되어 나타난다.

일반적으로 데이터 파일을 불러오는 방법을 사용해서 작업디렉토리(C:/Users/User/)에 있는 실습예제인 OLS_4.dta를 불러온다면 다음과 같은 명령어를 작성하게 된다.

명령어

```
> OLS_4 <- read_dta("C:/Users/User/OLS_4.dta")
```

이 작업을 미리 작업디렉토리를 지정해 주는 방식으로 한다면 다음과 같이 명령어를 작성하게 된다.

명령어

```
> setwd("작업디렉토리")
> 파일명 <- read_dta("파일명.dta")
```

```
> setwd("C:/Users/User/")
> OLS_4 <- read_dta("C:/Users/User/OLS_4.dta")
```

[처리결과화면]

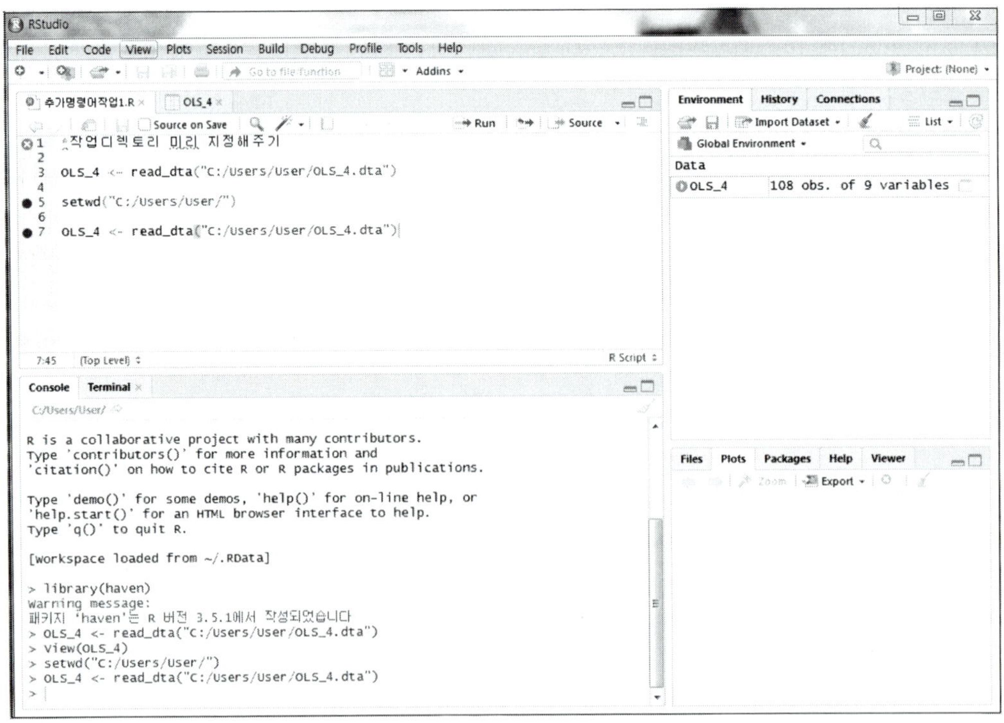

해석

처리 화면을 보면, "> OLS_4 <-read_dta("C:/Users/User/OLS_4.dta")"로 불러오는 경우와 동일하게 실습예제 파일이 그대로 불러와진 것을 볼 수 있다.

2) 패키지를 불러와서 예제코드 실행하기: library( ) + example( )

> **Q.** R에서 사용되는 패키지는 어떤 것들이 있고, R이 제공하는 패키지를 사용할 때 어떻게 시작하나요?

R은 다양한 패키지를 사용하여 필요한 작업을 처리한다. R의 친구이자 함께 사용하게 되는 패키지들은 오늘도 계속 개발되고 있다. 사용자들은 그저 퍼다가 쓰기만 하면 된다. R을 위해 제공되는 패키지는 무수히 많다. 예를 들어 rgl은 3D 그래프를 나타내는 패키지이고, 그 밖에 패키지는 대표적으로 다음과 같은 것들이 있다. 사용자들이 하나씩 차츰 알아 가면서 자신에게 필요한 것들을 가져다 꺼내 쓰기만 하면 된다. 개별 패키지를 설치하는 명령어는 다음과 같다:

명령어

```
> install.packages("패키지명")
> install.packages("패키지명", "패키지명", "패키지명", ….)
> install.packages("rgl"[ggplot2, dplyr, scales, data.table])
※[   ]는 명령어(command)를 대체할 수 있다는 의미임
```

내가 사용하고 있는 R에는 어떤 패키지가 깔려 있는지를 확인하려면 다음 명령어를 사용하면 된다.

명령어

```
> library( )
```

도출된 결과를 살펴보면 다양한 패키지가 명시되어 있다.

패키지명	내용
assertthat	Easy Pre and Post Assertions
base	The R Base Package
base64enc	Tools for base64 encoding
BH	Boost C++ Header Files
boot	Bootstrap Functions (Originally by Angelo Canty for S)
class	Functions for Classification
cli	Helpers for Developing Command Line Interfaces
cluster	"Finding Groups in Data": Cluster Analysis Extended Rousseeuw et al.
codetools	Code Analysis Tools for R
colorspace	Color Space Manipulation
compiler	The R Compiler Package
crayon	Colored Terminal Output
crosstalk	Inter-Widget Interactivity for HTML Widgets
datasets	The R Datasets Package
data.table	Extension of `data.frame`
devtools	Tools to Make Developing R Packages Easier
dplyr	A Grammar of Data Manipulation
dichromat	Color Schemes for Dichromats
digest	Create Compact Hash Digests of R Objects
evaluate	Parsing and Evaluation Tools that Provide More Details than the Default
foreign	Read Data Stored by 'Minitab', 'S', 'SAS', 'SPSS', 'Stata', 'Systat', 'Weka', 'dBase', …
ggplot2	Create Elegant Data Visualisations Using the Grammar of Graphics
ggthemes	Extra Themes, Scales and Geoms for 'ggplot2'
glue	Interpreted String Literals
graphics	The R Graphics Package
grDevices	The R Graphics Devices and Support for Colours and Fonts
grid	The Grid Graphics Package
gtable	Arrange 'Grobs' in Tables
highr	Syntax Highlighting for R Source Code
htmltools	Tools for HTML
htmlwidgets	HTML Widgets for R
httpuv	HTTP and WebSocket Server Library
jsonlite	A Robust, High Performance JSON Parser and Generator for R

패키지명	내용
KernSmooth	Functions for Kernel Smoothing Supporting Wand & Jones
knitr	A General-Purpose Package for Dynamic Report Generation in R
labeling	Axis Labeling
later	Utilities for Delaying Function Execution
lattice	Trellis Graphics for R
lazyeval	Lazy (Non-Standard) Evaluation
magrittr	A Forward-Pipe Operator for R
manipulateWidget	Add Even More Interactivity to Interactive Charts
markdown	'Markdown' Rendering for R
MASS	Support Functions and Datasets for Venables and Ripley's MASS
Matrix	Sparse and Dense Matrix Classes and Methods
methods	Formal Methods and Classes
mgcv	Mixed GAM Computation Vehicle with Automatic Smoothness Estimation
mime	Map Filenames to MIME Types
miniUI	Shiny UI Widgets for Small Screens
munsell	Utilities for Using Munsell Colours
nlme	Linear and Nonlinear Mixed Effects Models
nnet	Feed-Forward Neural Networks and Multinomial Log-Linear Models
parallel	Support for Parallel computation in R
pillar	Coloured Formatting for Columns
plyr	Tools for Splitting, Applying and Combining Data
praise	Praise Users
processx	Execute and Control System Processes
promises	Abstractions for Promise-Based Asynchronous Programming
R6	Classes with Reference Semantics
RColorBrewer	ColorBrewer Palettes
Rcpp	Seamless R and C++ Integration
readxl	엑셀 자료 불러오기 Read Excel Data
reshape2	Flexibly Reshape Data: A Reboot of the Reshape Package
rgl	3D Visualization Using OpenGL
rlang	Functions for Base Types and Core R and 'Tidyverse' Features
rpart	Recursive Partitioning and Regression Trees
scales	Scale Functions for Visualization

패키지명	내용
shiny	Web Application Framework for R
sourcetools	Tools for Reading, Tokenizing and Parsing R Code
spatial	Functions for Kriging and Point Pattern Analysis
splines	Regression Spline Functions and Classes
stats	The R Stats Package
stats4	Statistical Functions using S4 Classes
stringi	Character String Processing Facilities
stringr	Simple, Consistent Wrappers for Common String Operations
survival	Survival Analysis
tcltk	Tcl/Tk Interface
testthat	Unit Testing for R
tibble	Simple Data Frames
tools	Tools for Package Development
translations	The R Translations Package
utf8	Unicode Text Processing
utils	The R Utils Package
viridisLite	Default Color Maps from 'matplotlib' (Lite Version)
webshot	Take Screenshots of Web Pages
withr	Run Code 'With' Temporarily Modified Global State
xtable	Export Tables to LaTeX or HTML
yaml	Methods to Convert R Data to YAML and Back

※ 볼드체로 표시된 패키지는 R 사용에 있어서 핵심이 되는 패키지임

※ 그 밖에 다른 패키지도 있음

이상과 같은 패키지들은 자주 업데이트가 되므로 수시로 패키지를 업데이트 하는 것이 좋다. Rstudio 패키지 창에서 업데이트(update)를 클릭해주거나 "update.packages()" 명령어를 이용하면 모든 업데이트 가능한 패키지를 최신화 해준다. 특정 패키지만 업데이트 해주고 싶으면 괄호에 패키지명을 입력해주면 된다. 업데이트 가능한 패키지를 확인하고싶으면 "old.packages()" 명령어를 이용하자.

명령어

```
> update.packages("패키지명")
```

```
> update.packages("rgl")
```

다음에는 패키지가 제공하는 실습 예제코드를 사용하는 방법을 알아보자. 사용하고자 하는 패키지를 불러올 때는 library( ) 함수를 사용한다. 즉 "도서관" 명령어이다. 여기서는 3D 그래프를 나타내는 rgl 패키지 사용법을 살펴보자.

명령어

```
> library("패키지명")
> library("rgl") 또는 library(rgl)도 가능
```

```
> library("rgl")
Warning message:
패키지 'rgl'는 R 버전 3.5.1에서 작성되었습니다
```

해석

명령어를 처리한 후 도출된 화면을 보면, rgl 패키지가 "패키지 rgl는 R 버전 3.5.1에서 작성되었습니다"라는 메시지와 함께 로딩(탑재)된 것을 알 수 있다.

이제 여기서 연습 삼아 미리 저장되어 있는 plot3d( ) 함수 가운데 "plot3d"라는 예제코드를 실행시켜 보자. 예제코드를 실행시키는 명령어는 example이며 다음과 같다:

명령어

```
> example(예제코드명)
```

```
> example(plot3d)

plot3d>   open3d()
wgl
  1

plot3d>   x <- sort(rnorm(1000))

plot3d>   y <- rnorm(1000)
```

```
plot3d>   z <- rnorm(1000) + atan2(x, y)

plot3d>   plot3d(x, y, z, col = rainbow(1000))
```

[처리결과화면]

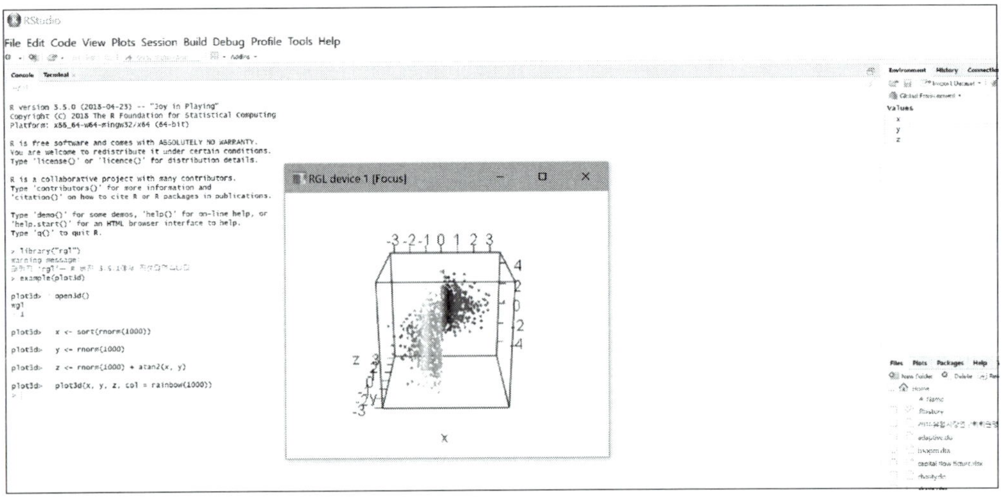

해석

명령어를 처리한 화면 상에 무지개 색으로 된 3D 그래프가 나타난다. 이는 미리 만들어진 plot3d라는 예제코드 안에 위 상자에서 보여 주는 일련의 내용을 처리하도록 명령어가 저장되어 있기 때문이다. 명령어의 내용을 살펴보면 다음과 같다:

명령어	지시 내용
plot3d〉 open3d() wgl 1	우선 plot3d〉 프람프트 상태에서 open3d( ) 함수를 열고,
plot3d〉 x 〈- sort(rnorm(1000))	Plot3d〉 프람프트 상태에서 정규분포의 모습으로 1,000개의 임의의 수를 추출해서 x라는 객체에 담아 둬라
plot3d〉 y 〈- rnorm(1000)	Plot3d〉 프람프트 상태에서 정규분포의 모습으로 1,000개의 임의의 수를 추출해서 y라는 객체에 담아 둬라
plot3d〉 z 〈- rnorm(1000) + atan2(x, y)	Plot3d〉 프람프트 상태에서 정규분포의 모습으로 1,000개의 임의의 수를 추출하되 x와 y 객체에 담아 둔 숫자들과 함께
plot3d〉 plot3d(x, y, z, col = rainbow(1000))	그리고 나서 plot3d( ) 함수에서 x, y, z 축의 행렬좌표를 찍고, 컬러(col)는 rainbow 즉 무지개 색으로

도출된 3D 그래프는 사용자가 마음대로 이리저리 굴려 볼 수 있다.

[처리결과화면]

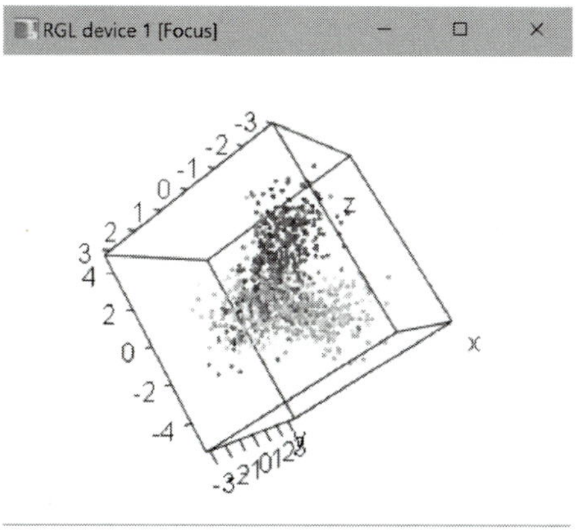

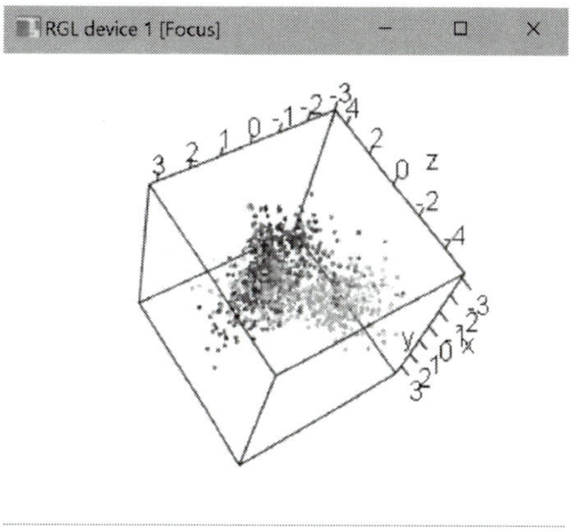

3) 저장된 기초자료 불러오기:

read_csv( ), read.table( ), read_excel( ), read_spss( ), read_dta( )

Q. 저장되어 있는 기초자료의 내용을 불러와서 보고 싶은데요?

저장되어 있는 기초자료의 내용을 확인하고 싶을 때 사용하는 명령어는 기본적으로 "read"이다. 여기에 기초자료의 성격, 즉 확장자명에 따라 조금 다른 꼬리표를 달아준다. 예를 들어 csv 확장자 파일은 read.csv, txt 확장자 파일은 read.table, 엑셀 파일은 read_excel, sav 확장자 파일은 read.spss 등이다. read.csv, read.txt, read_excel 등 명령어의 차이를 주목하라(즉 '쩜'과 '밑줄쫙'의 차이에 유념).

※Library(readr)에서 사용할 수 있는 import 명령어※

1. tabular data: read_csv(), read_csv2(), read_delim(), read_delim(), read_fwf(), read_tsv(),
2. non-tabular data: read_file(), read_lines(), read_log(), read_file_raw(), read_lines_raw()
3. 그 밖의 다른 형식의 data를 불러올 수 있게 도와주는 패키지들:
   Library(haven), library(readxl), library(DBI), library(jsonlite),
   library(xml2), library(httr), library(rvest)
   -> Data import in R.pdf 문서 참조

** 자료를 불러오고 쓸때는 기본 함수보다 readr 패키지를 이용해서 불러오는 것을 추천한다. 읽기, 쓰기 속도가 기본함수보다 빠르다.

※read_xls ※read_xlsx

엑셀의 확장자명(xls, xlsx 등)에 따라 엑셀자료를 읽어들이라는 명령어는 read_xls, read_xlsx 등으로 구분된다. 확장자를 정확히 안다면 이들 명령어를 각각 구분해서 사용할 수 있는데, 아니면 그냥 이들 두 가지 확장자를 모두 수용할 수 있는 read_excel 명령어를 사용해라.
이 밖에도 패키지로 "xlsx"를 설치하는 방법(install.packages("xlsx"))도 있으나 경우에 따라 제대로 작동하는 여부가 다르니 자신의 컴퓨터 상황에 맞게 선택해서 진행할 필요가 있다.

① csv 확장자

확장자 csv 자료의 경우 read.csv("csv파일명") 명령어를 사용한다. 실습파일 example_studentlist.csv를 사용해서 다음 명령어를 연습해 보자.

명령어

```
> read.csv("example_studentlist.csv") 또는
> read.csv("C:/Users/OSYang/…/…/example_studentlist.csv")
```

```
> read.csv("example_studentlist.csv")
Error: 'example_studentlist.csv' does not exist in current working director
y ('C:/Users/OSYang/Documents').
```

해석

명령어를 처리한 결과 도출된 메시지를 보면 현재 작업하고 있는 디렉토리에 해당 csv 확장자로 저장된 파일이 없다고 말하고 있다. 여기서 명심할 것은 작업하고 있는 디렉토리에 해당 파일이 저장되어 있어야 한다는 점이다. 메시지에 나타난 디렉토리(즉 C:/Users/OSYang/Documents)에 해당 기초자료 파일을 저장해 두고 다시 명령어를 실행해 보면 다음과 같이 성공적인 메시지가 나타난다. 단 디렉토리에 해당 파일을 저장할 때 또 다른 폴더를 만들어서 그 폴더 안에 해당 파일을 저장하지 말고, 반드시 Documents라는 폴더에 해당 파일을 저장해야 한다. 이는 현재 작업 디렉토리의 최하단 폴더가 Documents로 인식되고 있기 때문이다. 혹은 세번째 문장처럼 파일경로를 입력해주면 된다.

디렉토리에 제대로 실습파일을 저장하고 다시 명령어를 처리하면 다음과 같은 모습으로 결과가 도출된다.

```
> read.csv("example_studentlist.csv")
    name  sex age grade absence bloodtype height weight
1  김길동 남자  23     3      유         0  165.3   68.2
```

```
2  이미린 여자  22    2     무      AB  170.1   53.0
3  홍길동 남자  24    4     무       B  175.0   80.1
4  김철수 남자  23    3     무      AB  182.1   85.7
5  손세수 여자  20    1     유       A  168.0   49.5
6  박미희 여자  21    2     무       O  162.0   52.0
7  강수친 여자  22    1     무       O  155.2   45.3
8  이희수 여자  23    1     무       A  176.9   55.0
9  이철린 남자  23    3     무       B  178.5   64.2
10 방희철 남자  22    2     무       B  176.1   61.3
11 박수호 남자  24    4     유       O  167.1   62.0
12 임동민 남자  22    2     무      AB  180.0   75.8
13 김민수 남자  21    1     무       A  162.2   55.3
14 이희진 여자  23    3     무       O  176.1   53.1
15 김미진 여자  22    2     무       B  158.2   45.2
16 김동수 남자  24    4     유       B  168.6   70.2
17 여수근 남자  21    1     무       A  169.2   62.2
```

해석

명령어를 실행한 결과 디렉토리에 저장되어 있는 실습파일인 example_studentlist.csv의 자료 내용을 보여준다(name, sex, age, grade, absence, bloodtype, height, weight 등의 정보).

※엑셀자료 불러 올 때 주의할 점※

엑셀 엑셀 자료를 불러 올때는 첫 번째 줄이 변수명임을 명심해서 header=TRUE, stringsAsFactors=FALSE 옵션을 꼭 사용하도록 하자. 특히 통계 처리를 위한 데이터 파일을 불러올 때 이 작업은 반드시 필요하다. 연습데이터(US_Foreign_Aid_90s.csv)를 사용해 불러오기를 실습해보자.

명령어

```
> US_Foreign_Aid_90s <- read.csv("C:/Users/osyan/zipdata/US_Foreign_Aid_90s.csv
",
+                                header = TRUE,
+                                stringsAsFactors = FALSE)
> US_Foreign_Aid_90s1 <- read.csv("C:/Users/osyan/zipdata/US_Foreign_Aid_90s.csv
")
```

[처리결과화면]

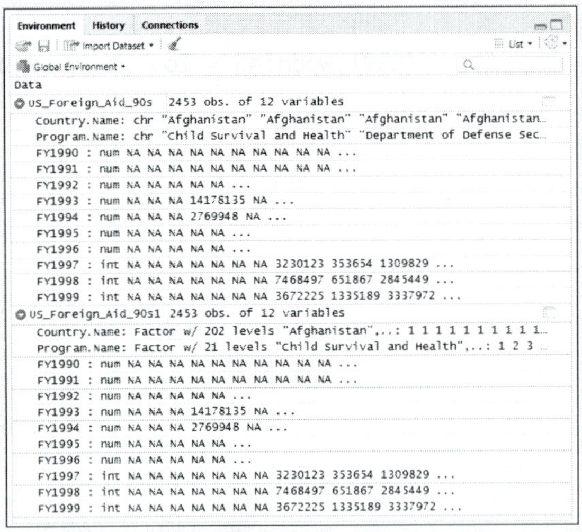

해석

명령어를 실행한 처리 결과를 살펴보면, header=TRUE, stringsAsFactors=FALSE 옵션을 사용한 경우(위쪽 결과)에는 Country.Name과 Program.Name이 chr 양식으로 인식되었고, 옵션을 사용하지 않은 경우(아래쪽 결과)에는 두 변수가 Factor 양식으로 인식되었음을 볼 수 있다.

② **txt 확장자**

확장자 txt 자료의 경우 read.table("txt파일명") 명령어를 사용한다. 실습파일 studentlist.txt를 사용해서 다음 명령어를 연습해 보자.

명령어

```
> read.table("studentlist.txt")
```

```
> read.table("studentlist.txt")
      V1   V2   V3   V4       V5     V6    V7
1   이름 성별 나이 학년 휴학여부 혈액형    키
2 김길동 남자   23    3       유      O 165.3
3 이미린 여자   22    2       무     AB 170.1
4 홍길동 남자   24    4       무      B   175
5 김철수 남자   23    3       무     AB 182.1
6 손세수 여자   20    1       유      A   168
7 박미희 여자   21    2       무      O   162
8 강수친 여자   22    1       무      O 155.2
```

```
9  이희수 여자    23    1        무       A 176.9
10 이철린 남자    23    3        무       B 178.5
11 방희철 남자    22    2        무       B 176.1
12 박수호 남자    24    4        유       O 167.1
13 임동민 남자    22    2        무      AB   180
14 김민수 남자    21    1        무       A 162.2
15 이희진 여자    23    3        무       O 176.1
16 김미진 여자    22    2        무       B 158.2
17 김동수 남자    24    4        유       B 168.6
18 여수근 남자    21    1        무       A 169.2
```

해석

명령어를 실행한 결과 실습파일인 studentlist.txt 내용을 name, sex, age, grade,absence, bloodtype, height, weight 등 항목별로 보여 주고 있다.

※머리를 조심하자: 옵션 header=T※

데이터셋을 불러올 때 첫 번째 행이 변수명으로 되어 있는 경우가 많은데 이때 '머리를 조심해야 한다'. 즉 이 말은 첫 번째 행이 데이터가 아니라 변수명임을 분명하게 지정해주어야 한다는 의미이다. 실습데이터인 movie_info.txt 파일을 불러들이자. 이때 주의할 점은 header 옵션을 header=T로 놓아야 한다는 점이다. 그렇지 않으면 첫 번째 행이 변수명으로 되어 있는데 이를 데이터로 인식하게 된다. 즉 header=T로 놓아야 첫 번째 행은 변수명이니 데이터로 인식하지 말라는 명령어가 된다. 혹시나 하여 두 명령어를 통해 실습데이터를 불러와 View( ) 함수로 두 결과물을 비교해보자.

명령어

```
> movie_info <- read.csv(file.choose(), header=T) #영화 목록 text파일을 직접 선택한다.
header=T : 헤더파일이 존재하니 두번째 행 부터 데이터라는 뜻.
> movie_info1 <- read.csv(file.choose(), header=F)
```

```
> movie_info <- read.csv(file.choose(), header=T) #영화 목록 text파일을 직접 선택
한다. header=T : 헤더파일이 존재하니 두번째 행 부터 데이터라는 뜻.
> movie_info1 <- read.csv(file.choose(), header=F) #영화 목록 text파일을 직접 선택
한다. header=T : 헤더파일이 존재하니 두번째 행 부터 데이터라는 뜻.
```

[처리결과화면]

(View(movie_info))

Filter

	movie_info
1	1 <a href=\/movie/bi/mi/basic.nhn?code=38619\ title=\시...
2	2 <a href=\/movie/bi/mi/basic.nhn?code=25420\ title=\아...
3	3 <a href=\/movie/bi/mi/basic.nhn?code=61700\ title=\극...
4	4 <a href=\/movie/bi/mi/basic.nhn?code=45397\ title=\로...
5	5 <a href=\/movie/bi/mi/basic.nhn?code=122133\ title=\...
6	6 <a href=\/movie/bi/mi/basic.nhn?code=89218\ title=\베...
7	7 <a href=\/movie/bi/mi/basic.nhn?code=89615\ title=\조...
8	8 <a href=\/movie/bi/mi/basic.nhn?code=62727\ title=\헬...
9	9 <a href=\/movie/bi/mi/basic.nhn?code=77291\ title=\누...
10	10 <a href=\/movie/bi/mi/basic.nhn?code=98996\ title=\...
11	11 <a href=\/movie/bi/mi/basic.nhn?code=92549\ title=\...
12	12 <a href=\/movie/bi/mi/basic.nhn?code=43507\ title=\...

Showing 1 to 15 of 50 entries, 1 total columns

(View(movie_info1))

Filter

	V1
1	movie_info
2	1 <a href=\/movie/bi/mi/basic.nhn?code=38619\ title=\시...
3	2 <a href=\/movie/bi/mi/basic.nhn?code=25420\ title=\아...
4	3 <a href=\/movie/bi/mi/basic.nhn?code=61700\ title=\극...
5	4 <a href=\/movie/bi/mi/basic.nhn?code=45397\ title=\로...
6	5 <a href=\/movie/bi/mi/basic.nhn?code=122133\ title=\...
7	6 <a href=\/movie/bi/mi/basic.nhn?code=89218\ title=\베...
8	7 <a href=\/movie/bi/mi/basic.nhn?code=89615\ title=\조...
9	8 <a href=\/movie/bi/mi/basic.nhn?code=62727\ title=\헬...
10	9 <a href=\/movie/bi/mi/basic.nhn?code=77291\ title=\누...
11	10 <a href=\/movie/bi/mi/basic.nhn?code=98996\ title=\...
12	11 <a href=\/movie/bi/mi/basic.nhn?code=92549\ title=\...

Showing 1 to 15 of 51 entries, 1 total columns

해석

처리결과화면을 살펴보면, movie_info는 첫 번째 행인 변수명(movie_info)가 살아 있고, movie_i nfo1은 해당 변수명이 없어지고 V1으로 표시된 채 1번 데이터가 첫 번째 행이었던 movie_info가 들어가 있음을 볼 수 있다. 따라서 제대로 데이터셋을 불러오자면 왼쪽에 있는 header=T 옵션 처리가 필요함을 알 수 있다.

③ xls, xlsx 확장자

엑셀자료의 경우 "readxl"이라는 엑셀자료 읽기 전용 패키지를 로드해서 엑셀자료를 불러와야 한다. R 사용자들이 엑셀자료가 불편하다고 말하는 이유가 여기에 있다. 다른 자료는 패키지를 로딩하지 않고 불러올 수 있으니까. (여기서 엑셀자료를 불러오라는 함수는 read_excel, 즉 '쩜'이 아니라 '밑줄쫙'임을 잊지마라.)

명령어

```
> library("readxl")
> read_excel("studentlist.xlsx")
```

```
> library("readxl")
Warning message:
패키지 'readxl'는 R 버전 3.5.1에서 작성되었습니다
> read_excel("studentlist.xlsx")
# A tibble: 17 x 8
```

```
   name    sex     age grade absence bloodtype height weight
   <chr>   <chr> <dbl> <dbl> <chr>   <chr>      <dbl>  <dbl>
 1 김길동 남자      23     3 유      O          165.   68.2
 2 이미린 여자      22     2 무      AB         170.   53
 3 홍길동 남자      24     4 무      B          175    80.1
 4 김철수 남자      23     3 무      AB         182.   85.7
 5 손세수 여자      20     1 유      A          168    49.5
 6 박미희 여자      21     2 무      O          162    52
 7 강수친 여자      22     1 무      O          155.   45.3
 8 이희수 여자      23     1 무      A          177.   55
 9 이철린 남자      23     3 무      B          178.   64.2
10 방희철 남자      22     2 무      B          176.   61.3
11 박수호 남자      24     4 유      O          167.   62
12 임동민 남자      22     2 무      AB         180    75.8
13 김민수 남자      21     1 무      A          162.   55.3
14 이희진 여자      23     3 무      O          176.   53.1
15 김미진 여자      22     2 무      B          158.   45.2
16 김동수 남자      24     4 유      B          169.   70.2
17 여수근 남자      21     1 무      A          169.   62.
```

해석

명령어를 실행한 결과 실습파일인 studentlist.xlsx 내용을 name, sex, age, grade, absence, bloodtype, height, weight 등 항목별로 보여주고 있다.

④ sav 확장자

IBM SPSS 자료의 경우 "foreign"이라는 SPSS 자료 읽기가 가능한 패키지를 로드해서 SPSS자료를 불러와야 한다. Foreign 패키지는 이질적인 자료를 읽어 들이는 능력이 뛰어나다. 당연히 엑셀자료 읽어 들이기처럼 패키지를 로딩하고 해당 기초 자료를 불러들여야 한다. (foreign 패키지를 미리 설치해야 하는 것도 잊지 말자. 노파심에 설치 명령어를 적어본다: > install.packages("foreign"). 실습파일 score.sav 파일을 이용해서 다음과 같이 연습해 보자.

명령어

```
> library("foreign")
> read.spss("score.sav")
```

```
> library("foreign")
> read.spss("score.sav")
$`ID`
[1] 1 2 3

$Score
[1]  80  90 100

attr(,"label.table")
attr(,"label.table")$`ID`
NULL

attr(,"label.table")$Score
NULL

attr(,"codepage")
[1] 51949
```

해석

명령어를 실행한 결과 실습파일인 score.sav의 내용은 ID(1 2 3)에 대해 Score(80 90 100)이 입력되어 있음을 보여 준다. 또한 그 아래에는 이들의 속성(attributes의 약자인 attr로 표기되어 있음)을 보여 주고 있다(label.table, codepage 등). 이러한 형태는 앞서 dataframe이라는 양식을 사용하여 읽어 들인(read) 것들과는 양식이 다르다. 해서 일반 데이터를 읽어 들이는 양식인 dataframe으로 전환시켜 읽어 들이는 방법을 연습해 보자. 이를 위해 사용되는 명령어, 즉 함수는 as.data.frame( )이다. 실습파일 score.sav를 이용하여 새로운객체명(여기서는 score로 명명)을 부여하고 as.data.frame( ) 함수로 다음과 같이 나타내 보자.

명령어

```
> 새로운객체명 <- read.spss("score.sav")
> as.data.frame(score)
```

```
> score<-read.spss("score.sav")
> as.data.frame(score)
  ID Score
1  1    80
2  2    90
3  3   100
```

해석

명령어를 읽어보면 score.sav 파일을 읽어서(read.spss 명령어), 읽은 내용을 새로운객체명(score)에 저장하고, 이를 다시 dataframe 양식으로 전환하라(명령어는 as.data.frame)는 내용이다. 명령어를 실행한 결과 실습파일인 score.sav의 내용은 ID(1 2 3)에 대해 Score(80 90 100)이 입력되어 있음을 보여 준다.

⑤ dta 확장자(Stata 통계 패키지)

확장자 dta 자료(Stata 프로그램 자료)의 경우 R Studio 초기 화면에서 오른쪽 상단에 있는 "Import Dataset"을 통해 불러올 수 있다. "Import Dataset"을 클릭하면 여러 가지 자료 화면 불러오기 옵션이 나온다. 이 가운데 "from Stata"를 클릭하면 관련 자료들을 설치하겠느냐는 질문이 나오고 이에 응하면 다음과 같은 창이 나타난다.

[처리결과화면]

이 창에서 "file/Url:" 칸을 통해 "Browse"를 클릭하고 들어가서 R 프로그램 작업 디렉토리(C:/Users/OSYang)안에 제공된 OLS_4.dta Stata 연습파일을 불러오도록 하자.

[처리결과화면]

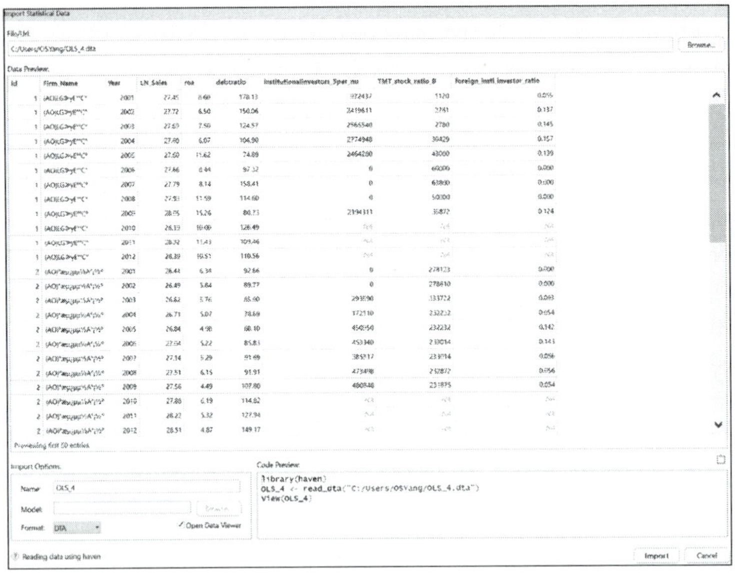

해석

처리 화면을 보면, "file/Url:" 칸에 R 프로그램 작업 디렉토리(C:/Users/OSYang)안에 제공된 OLS_4.dta Stata 연습 파일이 호출된 상태(imported)임을 알 수 있다. 왼쪽 하단에는 "Import Options"이 나와 있고, 파일명(Name)이 OLS_4이고, Format이 DTA(이는 Stata 프로그램 데이터 파일의 확장자명임)라고 명시되어 있다. 오른쪽 하단에는 이처럼 기초 자료를 불러들이는 작업이 library(haven)으로 되었음을 알려 주고 있고, 자료를 읽어 들여서 OLS_4에 투입했고, 이렇게 투입된 OLS_4를 보여 준다는 내용이 나와 있다. 여기서 우리는 Stata 자료를 읽어 들이는 명령어는 "read_dta"임을 알 수 있다.

※Code Preview 내용※

```
> library(haven)
> OLS_4 <- read_dta("C:/Users/OSYang/OLS_4.dta")
> View(OLS_4)
```

이제 오른쪽 하단에 있는 "Import"를 클릭하면 다음과 같이 OLS_4.dta라는 Stata 자료가 R 프로그램에 탑재가 된다.

[처리결과화면]

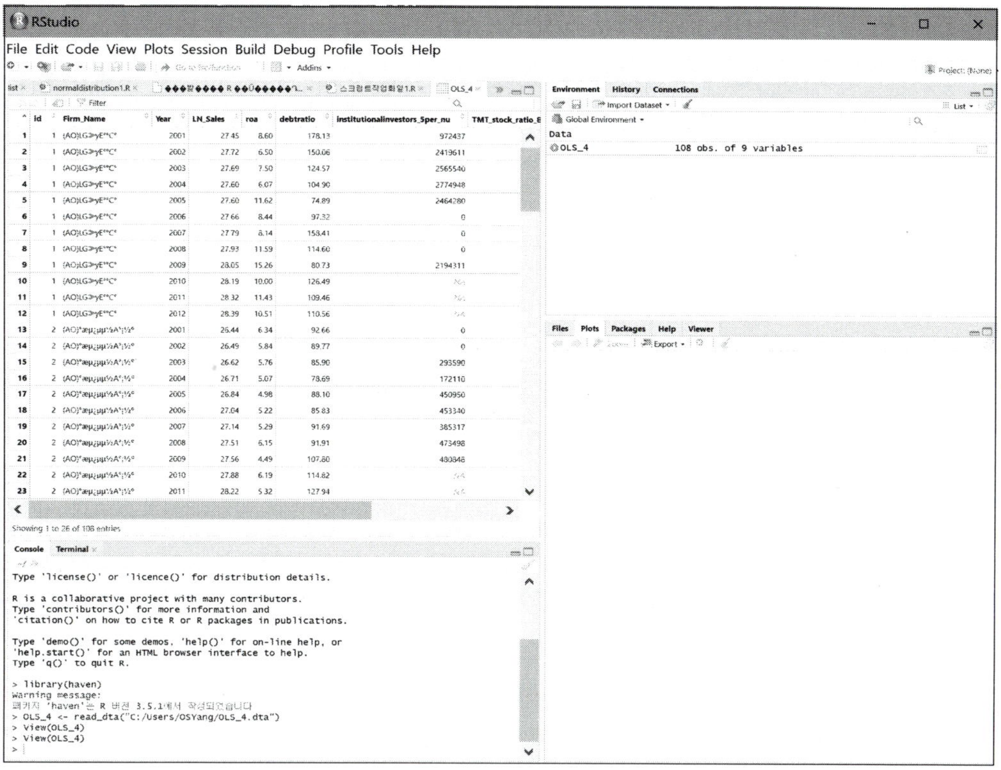

※빅데이터를 빠르게 불러올 때: fread( ) 함수※

데이터셋을 매우 빠르게 불러 올 수 있는 함수가 있다. Fread( ) 함수가 그 주인공인데, 실제 속도를 비교해 보면 read.cav( ) 함수를 사용하는 경우보다 약 18분의 1 정도라고 한다. 요즘처럼 빅데이터를 사용할 경우 매우 유용한 함수가 아닐 수 없다. 필요한 패키지는 "data.table"이다. 이 패키지를 설치하고 라이브러리를 불러 온 뒤 실행하게 된다. 실습데이터(turkey2006.txt, turkey2007.txt, turkey2008.txt)를 불러온 뒤, 하나의 파일로 합치고, 이후 head( ) 함수로 파일의 내용을 확인해보자. ★fread( )는 파일명에 다소 민감성을 보인다. 필자의 경우 동일한 데이터셋인데도 불구하고 한글명파일은 읽혀지지 않고 영문명파일만 읽혀졌다. 이는 사용자의 컴퓨터 상황에 따른 결과로 추정된다.

명령어

```
> library(data.table)
> setwd("C:/Users/osyan/")
> text1 <- fread("turkey2006.txt", encoding = "UTF-8")
> text2 <- fread("turkey2007.txt", encoding = "UTF-8")
> text3 <- fread("turkey2008.txt", encoding = "UTF-8")
> text <- rbind(text1, text2, text3) # 세개의 파일을 하나의 파일로 합치기
> head(text)
```

```
>library(data.table)
> setwd("C:/Users/osyan/")
> text1 <- fread("turkey2006.txt", encoding = "UTF-8")
> text2 <- fread("turkey2007.txt", encoding = "UTF-8")
> text3 <- fread("turkey2008.txt", encoding = "UTF-8")
> text <- rbind(text1, text2, text3) # 세개의 파일을 하나의 파일로 합치기
> head(text)
       date
1: 2006.01.01
2: 2006.03.23
3: 2006.03.28
4: 2006.03.31
5: 2006.04.07
6: 2006.04.11

1:
https://news.naver.com/main/read.nhn?mode=LSD&mid=sec&sid1=101&oid=011&aid=
0000114055
(중략)
1: %ED%84%B0%ED%82%A4+%EB%B6%88%ED%99%95%EC%8B%A4%EC%84%B1
2: %ED%84%B0%ED%82%A4+%EB%B6%88%ED%99%95%EC%8B%A4%EC%84%B1
3: %ED%84%B0%ED%82%A4+%EB%B6%88%ED%99%95%EC%8B%A4%EC%84%B1
4: %ED%84%B0%ED%82%A4+%EB%B6%88%ED%99%95%EC%8B%A4%EC%84%B1
5: %ED%84%B0%ED%82%A4+%EB%B6%88%ED%99%95%EC%8B%A4%EC%84%B1
6: %ED%84%B0%ED%82%A4+%EB%B6%88%ED%99%95%EC%8B%A4%EC%84%B1
                                                  news_title
1: [해외석학에게 듣는다] <2> 누리엘 루비니 뉴욕대 경영대학원 교수
2:                               `엔캐리 자금` 외환시장 탈출징후-FT
3:                      현대車 \\"수출도 안되는데 신인도 추락 우려\\"
4:                    국제 금융계 \\"이머징마켓 투자위험 증가\\" 경고
5:                               지중해, 예술과 탐욕의 역사가 파도치다
6:                               [내일의전략]PER(주가수익비율)의 반란
```

1: "올해는 세계경제 불균형의 후유증이 현실화될 가능성이 높습니다. 고유가와 미국경제 둔화로 세계경제는 성장률이 3.0%까지 떨어질 것으로 봅니다. 수출중심의 한국경제는 바짝 긴장해야 합니다." 뉴욕대 경영대학원(스턴스쿨)의 누리엘 루비니 교수는 국제통화기금(IMF)·세계은행(WB) 등 국제기구와 월가(街) 전문가들이 올해 세계경제를 다소 낙관적으로 전망하고 있는 것과 달리 세계 경제 불균형이 더욱 심화될 것이라며 비관적인 분석을 내놓았다. 루비니 교수는 "앞으로 3~10년 이내에 국제유가는 배럴 당 100달러 시대에 진입할 것"이라며 "해결의 실마리를 찾지 못하고 있는 미국의 쌍둥이적자로 달러가치는 하락세로 돌아서고 아시아 통화는 강세를 보일 것"이라고 말했다. (중략)

저서로는 ▦신흥경제 구제금융 ▦정치사이클과 거시경제 ▦국제금융위기 ▦과도기 경제의 경상수지 안정 등이 있다.

뉴욕=서정명 특파원 vicsjm@sed.co.kr ⓒ 한국아이닷컴, 무단전재 및 재배포 금지

4) 인터넷 사이트에서 공개된 파일 불러오기: "https://..."

Q. 인터넷 사이트에 공개된 파일은 도대체 어떻게 불러오는 건가요?

특정한 싸이트에서 제공하는 공개 데이터 파일을 불러 올때는 정확한 Url 주소가 필요하다. 대표적으로 UCLA 통계 정보 제공 싸이트(stats.idre.ucla.edu)에서 제공하는 공개 데이터 파일을 불러오는 작업을 연습해 보자. 연습 공개 자료파일인 h에.csv를 불러오는 명령어는 다음과 같다.

명령어

```
> hdp <- read.csv("https://stats.idre.ucla.edu/stat/data/hdp.csv")
```

[처리결과화면]

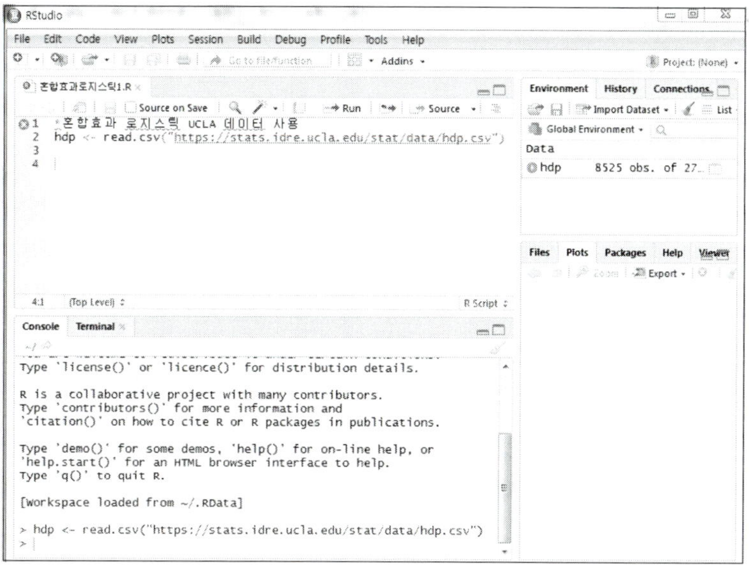

또 다른 명령어로 인터넷에 공개된 자료를 불러와 아예 파일로 저장해 보자. 이번에는 작업디렉토리를 지 정해주고 인터넷 url로부터 직접 불러들이는 방식이다. 사용할 명령어는

download.file( )이고, 작업디렉토리는 작업자마다 이름이 다르다. 불러들일 데이터셋은 US_Foreign_Aid.zip 파일이고, url 주소는 다음과 같다: "http://jaredlander.com/data/US _Foreign_ Aid.zip"

명령어

```
> setwd("C:/Users/osyan/")
> download.file(url="http://jaredlander.com/data/US_Foreign_Aid.zip", destfi
le="./US_ForeignAid.zip") #작동함
```

```
> setwd("C:/Users/osyan/")
> download.file(url="http://jaredlander.com/data/US_Foreign_Aid.zip", de
stfile="./US_ForeignAid.zip") #작동함
URL 'http://jaredlander.com/data/US_Foreign_Aid.zip'을 시도합니다
Content type 'application/zip' length 226642 bytes (221 KB)
downloaded 221 KB
```

[처리결과화면]

해석

처리결과 화면을 살펴보면, 지정한 작업디렉토리(C:/Users/osyan/)에 정해진 url 주소로부터 불러들여온 파일(US_Foreign_Aid.zip)이 잘 저장되어 있음을 알 수 있다.

5) 웹 사이트에서 데이터 추출하기: XML 패키지의 readHTMLTable( ), read.table("http://...")

Q 웹 사이트에 올라가 있는 HTML로 저장되어 있는 자료를 추출하는 방법을 알려주세요. 쌤!

① 문자열 추출: XML 패키지의 readHTMLTable( )

웹 사이트에 HTML로 저장되어 있는 자료가 있다면, 이것을 추출해서 통계분석에 사용해 보자. 이경우 사용되는 명령어는 XML 패키지가 제공하는 readHTMLTable이다. 우선 XML 패키지를 설치하고 불러들이자. 이후에는 NBER 사이트에서 제공되는 cyclesmain.html을 불러들이자. 사이트는 http://www.nber.org/cycles/이다. 불러들인 정보는 theURL 파일에 저장하자. 이후 theURL 파일에서 readHTMLTable을 이용하여 자료를 불러와보자. 자료 상태를 보면 메인 테이블이 페이지 테이블에 내재되어 있기 때문에 두 번째가 메인 테이블이다. 두 번째 테이블 내용을 읽어들여 xt 파일에 저장하자.

명령어

```
> require(XML)
> theURL <-"http://www.nber.org/cycles/cyclesmain.html"
> tables1=getNodeSet(htmlParse(theURL), "//table")
> xt <-readHTMLTable(tables1[[2]], header=c("peak", "trough", "contraction",
                        "expansion", "trough2trough", "peak2peak"),
                  colClasses=c("character", "character", "character",
                        "character", "character", "character"),
                  trim=TRUE, stringsAsFactors=FALSE
                  )
```

```
> require(XML)
> theURL <-"http://www.nber.org/cycles/cyclesmain.html"
> tables1=getNodeSet(htmlParse(theURL), "//table")
> xt <-readHTMLTable(tables1[[2]],
```

```
+                   header=c("peak", "trough", "contraction",
+                            "expansion", "trough2trough", "peak2peak"),
+                   colClasses=c("character", "character", "character",
+                                "character", "character", "character"),
+                   trim=TRUE, stringsAsFactors=FALSE
+                   )
```

저장된 xt 파일의 내용을 열람해 보자.

명령어

```
> xt
```

```
>
xt
peak

1
BUSINESS CYCLE REFERENCE DATES

2
Peak

3
Quarterly datesare in parentheses
4 June 1857(II)\nOctober 1860(III)\nApril 1865(I)\nJune 1869(II)\nOctob
er 1873(III)\n\nMarch 1882(I)\nMarch 1887(II)\nJuly 1890(III)\nJanuary
1893(I)\nDecember 1895(IV)\n\nJune 1899(III)\nSeptember 1902(IV)\nMay
1907(II)\nJanuary 1910(I)\nJanuary 1913(I)\n\nAugust 1918(III)\nJanua
ry 1920(I)\nMay 1923(II)\nOctober 1926(III)\nAugust 1929(III)\n\nMay 1
937(II)\nFebruary 1945(I)\nNovember 1948(IV)\nJuly 1953(II)\nAugust 195
7(III)\nApril 1960(II)\nDecember 1969(IV)\nNovember 1973(IV)\nJanuary 1
980(I)\nJuly 1981(III)\n\nJuly 1990(III)March    2001(I)December 2007 (I
V)

5

6
```

```
Average, all cycles:₩n    1854-2009 (33 cycles)₩n    1854-1919 (16 cycles)
₩n     1919-1945 (6 cycles)₩n     1945-2009 (11 cycles)
```

(중략)

```
7
<NA>
8
<NA>
contraction

1
<NA>

2
Contraction

3
Previous trough to this peak

4 --
₩n18₩n8₩n32₩n18₩n65₩n₩n38₩n13₩n10₩n17₩n18₩n₩n18₩n23₩n13₩n24
₩n23₩n₩n7₩n18₩n14₩n13₩n43₩n₩n13₩n8₩n11₩n10₩n8₩n₩n10₩n11₩n16
₩n6₩n16₩n₩n8₩n8₩n18

5
<NA>

6
38.7₩n26.6₩n35.0₩n58.4

7
<NA>
```

(중략)

```
5
<NA>

6
<NA>

7
```

```
<NA>

8
<NA>
```

② 웹 사이트에서 자료 불러오기: **read.table("http://...")**

이번에는 "http://jaredlander.com/data/acs_ny.csv"에서 acs_ny.csv 파일을 불러와보자. 사용할 명령어는 read.table( )이다.

명령어

```
> acs <-read.table("http://jaredlander.com/data/acs_ny.csv", sep=",",
                   header=TRUE, stringsAsFactors = FALSE)
```

```
> acs <-read.table("http://jaredlander.com/data/acs_ny.csv", sep=",",
                   header=TRUE, stringsAsFactors = FALSE)
```

6) 빅데이터 빠르게 불러오기: data.table 패키지의 fread( )

Q. 데이터 용량이 큰 경우에는 불러오는 시간이 너무 길어요. 어떻게 빨리 불러올 수 있는 방법이 없을까요?

사이즈가 큰 데이터는 불러오는 시간이 길어진다. 이럴 경우 사용하면 신속하게 데이터를 불러올 수 있는 함수가 fread( )이다. 실습을 위해 난수생성으로 큰 사이즈의 데이터 파일을 만들어보자. 변수 var1, var2를 생성하되 백만개 난수를 생성하여 my_data라는 파일명으로 저장해보자. 백만개 row, 변수 2개를 갖는 데이터 프레임을 생성하는 것이다. 난수생성에는 data.frame( ) 함수와 rnorm( ) 함수가 사용된다.

명령어

```
> my_data <-data.frame(var1=rnorm(n=1000000, mean=0, sd=1), var2=rnorm(n=1000
000, mean=2, sd=3))
> str(my_data)
```

```
> my_data <-data.frame(var1=rnorm(n=1000000, mean=0, sd=1), var2=rnorm(n=1
000000, mean=2, sd=3))
> str(my_data)
'data.frame':   1000000 obs. of  2 variables:
 $ var1: num  1.163 -0.586 1.785 -1.333 -0.447 ...
 $ var2: num  6.0427 -3.3992 1.8619 -3.1092 0.0733 ...
```

이제 my_data 파일을 text 파일로 지정된 작업디렉토리에 저장해 보자. 이를 위해 write.table( ) 함수가 사용된다. 여기서 주의할 점은 작업디렉토리를 정확히 지정하는 것이다. 필자의 현재 작업디렉토리는 “"/Users/OSYang/”이다.

명령어

```
> write.table(my_data, "/Users/OSYang/my_data.txt", sep="|", row.names=FALS
E, quote=FALSE)
```

```
> write.table(my_data, "/Users/User/my_data.txt", sep="|", row.names=FALS
E, quote=FALSE)
```

이제 utils 패키지의 system.time( ) 함수와 read.table( )함수로 my_data 파일을 불러와 보자. 이때 걸리는 시간을 잘 측정해 보자. 정확하지는 않지만 필자가 측정한 결과 처리 시간은 00.04.66이었다.

명령어

```
> system.time(my_data_readtable <-read.table("/Users/OSYang/my_data.txt", se
p="|", header=TRUE, stringsAsFactors=FALSE))
```

```
> system.time(my_data_readtable <-read.table("/Users/User/my_data.txt", s
ep="|", header=TRUE, stringsAsFactors=FALSE))
 사용자  시스템 elapsed
   6.74    0.15    6.97
```

해석

처리 화면을 보면, user(사용자), system(시스템), elapsed 값이 도출되어 있음을 볼 수 있다.

다음에는 data.table 패키지의 fread( ) 함수로 my_data 파일을 불러와 보자. 이때 걸리는 시간도 잘 측정해 보자. 필자가 측정한 처리 시간은 00.01.83이었다. 여기서 잠깐, data.table( ) 함수는 기본 패키지가 아니기 때문에 별도로 설치한 후 library( )로 불러와야 한다.

명령어

```
> install.packages("data.table")
> library(data.table)
> system.time(my_data_fread <-fread("/Users/OSYang/my_data.txt", sep="|", he
ader=TRUE, stringsAsFactors=FALSE))
```

```
> library(data.table)
data.table 1.11.4  Latest news: http://r-datatable.com
Warning message:
패키지 'data.table'는 R 버전 3.5.1에서 작성되었습니다
> system.time(my_data_fread <-fread("/Users/User/my_data.txt", sep="|", h
eader=TRUE, stringsAsFactors=FALSE))
 사용자  시스템 elapsed
   0.13    0.02    0.08
```

해석

처리 화면을 보면, user(사용자), system(시스템), elapsed 값이 도출되어 있음을 볼 수 있다.

결론적으로 utils 패키지의 read.table( ) 함수보다 data.table 패키지의 fread( ) 함수를 사용해서 큰 용량의 데이터를 불러오는 작업이 속도가 더 빠르다는 사실을 확인하였다. 연구자가 사용하는 컴퓨터의 능력에 따라 다소 차이가 있겠지만 분명한 것은 전자보다 후자가 처리 속도가 신속하다는 사실이다.

7) 불러온 데이터 자료의 상세 내용 열람하기: 아이콘

Q. 저장자료를 불러 올면 파일명은 나오는데, 어떤 변수가 저장되어 있는지 내용이 안보여요?

저장되어 있는 기초자료를 RStudio에서 불러오면 오른쪽 상단에 파일명이 나온다. 이 후 파일에 들어 있는 변수들을 살펴보려면 매우 간단한 클릭이면 충분하다. 변수를 알아야 연구모형 분석을 실행할 수 있으니까.

우선 R에 탑재되어 있는 데이터 파일 “cars”를 불러와서 연습해 보자. 데이터를 불러오는 명령어는 data( ) 함수식이다. 패키지는 “datasets”이다. 데이터를 불러온 후 force( ) 함수로 데이터프레임 형식으로 전환시켜주자.

명령어

```
> data(파일명, package="패키지명")
> force(파일명)
```

```
> data(cars, package="datasets")
> force(cars)
   speed dist
1      4    2
2      4   10
3      7    4
4      7   22
5      8   16
6      9   10
7     10   18
8     10   26
9     10   34
10    11   17
11    11   28
12    12   14
13    12   20
14    12   24
15    12   28
16    13   26
17    13   34
18    13   34
19    13   46
20    14   26
21    14   36
22    14   60
23    14   80
24    15   20
25    15   26
26    15   54
27    16   32
```

```
(중간생략)
42     20    56
43     20    64
44     22    66
45     23    54
46     24    70
47     24    92
48     24    93
49     24   120
50     25    85
```

[처리결과화면]

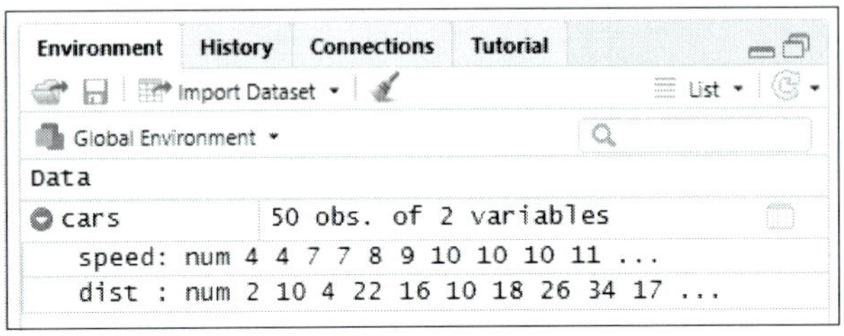

해석

처리 화면을 보면, 오른쪽 상단에 “cars”라는 데이터 파일이 탑재되었음을 알 수있다. 자 이제 이 파일에 어떤 변수가 들어 있는지 열람해 보자. 열람하는 방법은 간단하다. 오른쪽 상단에 나와 있는 파일명 앞에 붙어 있는 아이콘 ●을 클릭하면 된다.

명령어

```
> View(cars)
```

```
> View(cars)
```

[처리결과화면: View(cars)]

Filter

	speed	dist
1	4	2
2	4	10
3	7	4
4	7	22
5	8	16
6	9	10
7	10	18
8	10	26
9	10	34
10	11	17
11	11	28
12	12	14
13	12	20
14	12	24

Showing 1 to 15 of 50 entries, 2 total columns

해석

처리 화면을 보면, 오른쪽 상단에 "cars"라는 데이터 파일이 탑재되어 있고, 그 아래 "speed"와 "dist"라는 변수가 들어 있음을 볼 수 있다.

또는 명령어 str("데이터명")을 통해서도 확인할 수 있다.

명령어

```
> str(cars)
```

```
> str(cars)
'data.frame':   50 obs. of  2 variables:
 $ speed: num  4 4 7 7 8 9 10 10 10 11 ...
 $ dist : num  2 10 4 22 16 10 18 26 34 17 ...
```

8) 스크립트 불러오기(깨진 스크립트 해결): Reopen with Encoding

Q. 스크립트가 깨질 때가 있어요. 바이러스인가요?

스크립트가 깨져서 나온다구요? 아니에요, 바이러스. 물론 물리적 충격이나 바이러스로 인해 깨질 때도 있지만, 모든 경우가 그런건 아니에요. 스크립트에 영어를 사용했다면 큰 문제가 없는데 혹시 한국어를 사용했다면 한국어는 encoding 종류가 있어서 이런 문제가 발생하기도 합니다. 이 내용을 잘 살펴봅시다. 우선 실습 스크립트(네이버 뉴스 크롤링-강원 가계.R)를 불러와 봅시다.

[처리결과화면]

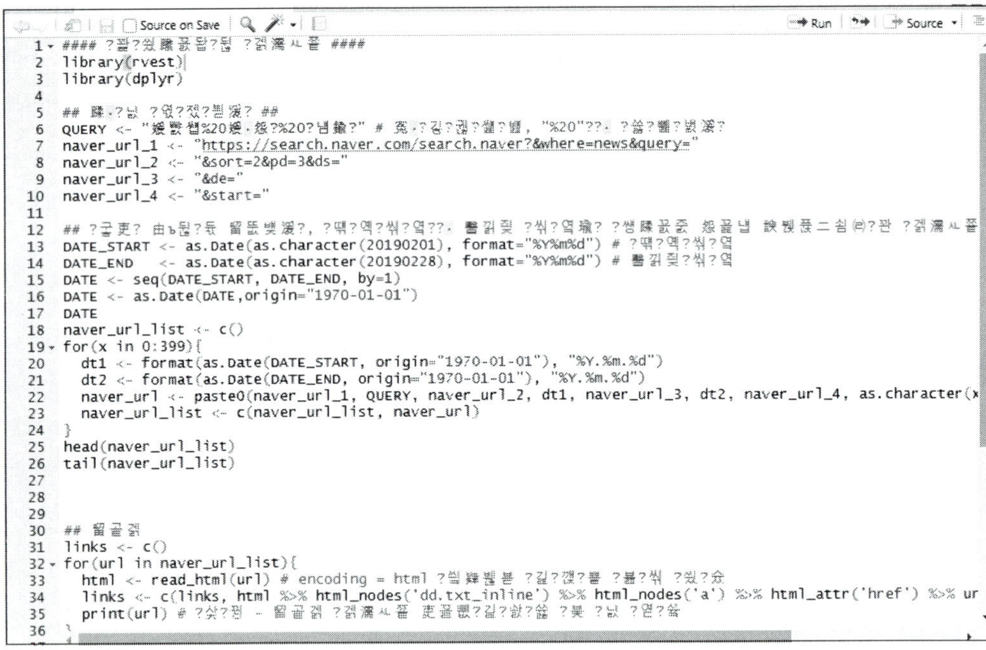

해석

처리결과화면을 살펴보면, 특수문자처럼 보이는 것들이 # 다음에 듬성듬성 보이고 있다.

상기 화면은 스크립트가 깨진 것이 아니라 한글로 기록한 내용들을 제대로 읽지 못해 나타나는 현상이다. 이 문제는 encoding 유형을 정확히 지정해주면 된다. 실습데이터는 UTF-8으로 작성된 스크립트이다. Encoding 지정은 File -> Reopen with Encoding…에 들어가서 하면 된다.

[처리결과화면]

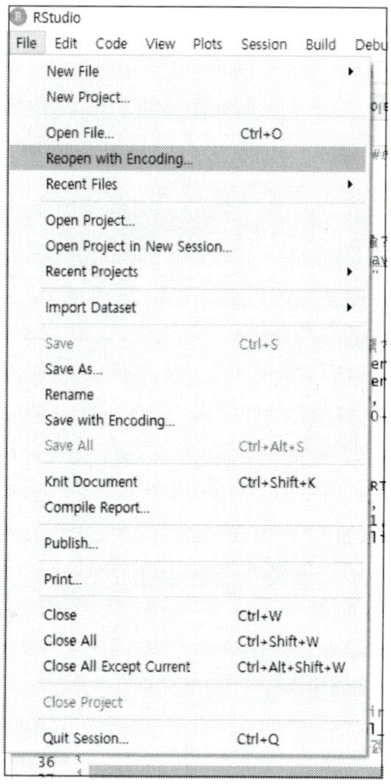

Reopen with Encoding...에 들어가면 새로운 선택창이 뜬다. 여기서 아래쪽에 있는 UTF-8을 선택해주자. 그러면 앞서 불러온 스크립트가 정상적인 형태로 변환이 되어 나타난다.

[처리결과화면]

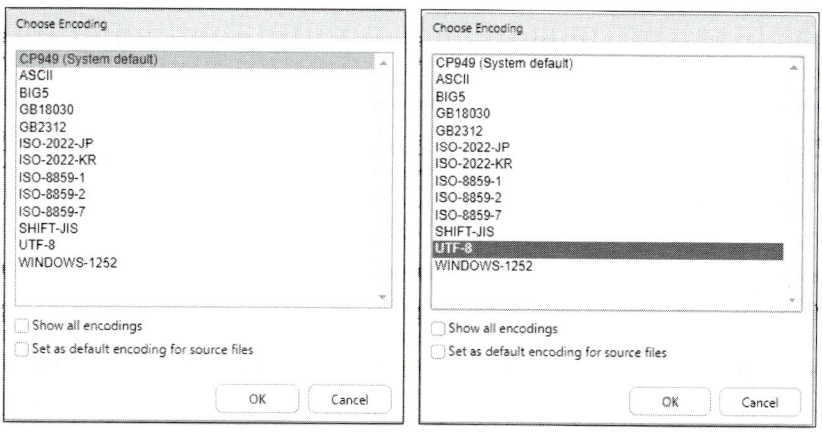

[처리결과화면: 정상화]

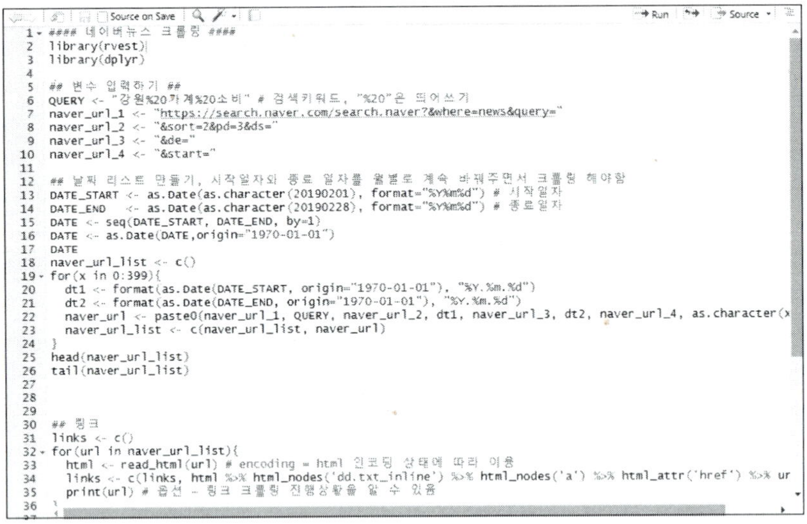

```
#### 네이버뉴스 크롤링 ####
library(rvest)
library(dplyr)

## 변수 입력하기 ##
QUERY <- "강원%20가계%20소비" # 검색키워드, "%20"은 띄어쓰기
naver_url_1 <- "https://search.naver.com/search.naver?&where=news&query="
naver_url_2 <- "&sort=2&pd=3&ds="
naver_url_3 <- "&de="
naver_url_4 <- "&start="

## 날짜 리스트 만들기, 시작일자와 종료 일자를 월별로 계속 바꿔주면서 크롤링 해야함
DATE_START <- as.Date(as.character(20190201), format="%Y%m%d") # 시작일자
DATE_END   <- as.Date(as.character(20190228), format="%Y%m%d") # 종료일자
DATE <- seq(DATE_START, DATE_END, by=1)
DATE <- as.Date(DATE,origin="1970-01-01")
DATE
naver_url_list <- c()
for(x in 0:399){
  dt1 <- format(as.Date(DATE_START, origin="1970-01-01"), "%Y.%m.%d")
  dt2 <- format(as.Date(DATE_END, origin="1970-01-01"), "%Y.%m.%d")
  naver_url <- paste0(naver_url_1, QUERY, naver_url_2, dt1, naver_url_3, dt2, naver_url_4, as.character(x
  naver_url_list <- c(naver_url_list, naver_url)
}
head(naver_url_list)
tail(naver_url_list)



## 링크
links <- c()
for(url in naver_url_list){
  html <- read_html(url) # encoding = html 인코딩 상태에 따라 이용
  links <- c(links, html %>% html_nodes('dd.txt_inline') %>% html_nodes('a') %>% html_attr('href') %>% ur
  print(url) # 옵션 - 링크 크롤링 진행상황을 알 수 있음
}
```

9) 파일 저장하기: write.csv( )

최종 처리된 자료를 파일로 생성시키라는 명령어를 작성해보자. 우선 몇 가지 명령어를 통해 데이터작업을 실행하자. 생성시킬 파일명은 listmergefinal1.csv로 정하자. 사용할 함수는 write.csv( ) 이다. 옵션으로 “행의 이름을 생략”하라는 명령어로 “row.names=FALSE”를 추가하도록 하자. 이렇게 처리한 최종 파일은 작업디렉토리에 생성되어 있다. 작업디렉토리로 들어가서 생성된 파일을 확인해 보자.

명령어

```
> num <- factor(c(1, 2, 3, 4, 5, 6, 7))
> rev <- c(10, 20, 30, 40, 50, 60, 70)
> visits <- c(100, 200, 300, 400, 500, 600, 700)
> manager <- c("A", "B", "C", "D", "E", "F", "G")
> df <- data.frame(num, rev, visits, manager, stringsAsFactors = F)
> df #작업한 파일 열람
> write.csv(df, file = "listmergefinal1.csv", row.names = F) #작업한 것을 listme
rgefinal.csv로 작업디렉토리에 저장할 것
```

```
> num <- factor(c(1, 2, 3, 4, 5, 6, 7))
> rev <- c(10, 20, 30, 40, 50, 60, 70)
> visits <- c(100, 200, 300, 400, 500, 600, 700)
> manager <- c("A", "B", "C", "D", "E", "F", "G")
```

```
> df <- data.frame(num, rev, visits, manager, stringsAsFactors = F)
> df
  num rev visits manager
1   1  10    100       A
2   2  20    200       B
3   3  30    300       C
4   4  40    400       D
5   5  50    500       E
6   6  60    600       F
7   7  70    700       G
> setwd("C:/Users/osyan/")
> write.csv(df, file = "listmergefinal1.csv", row.names = F) #작업한 것을 lis
tmergefinal.csv로 작업디렉토리에 저장할 것
```

[처리결과화면(파일작업)]

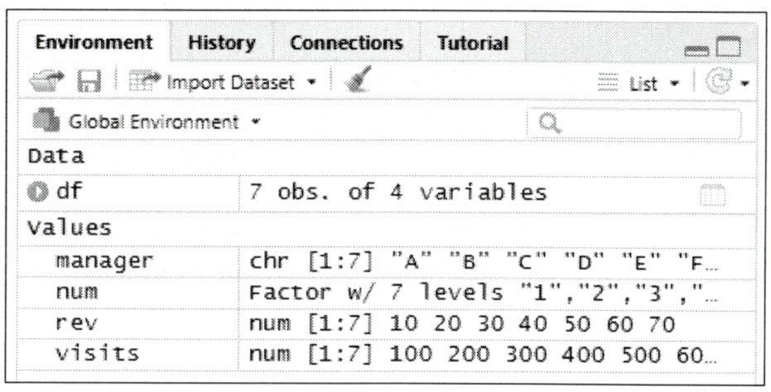

[처리결과화면(파일저장)]

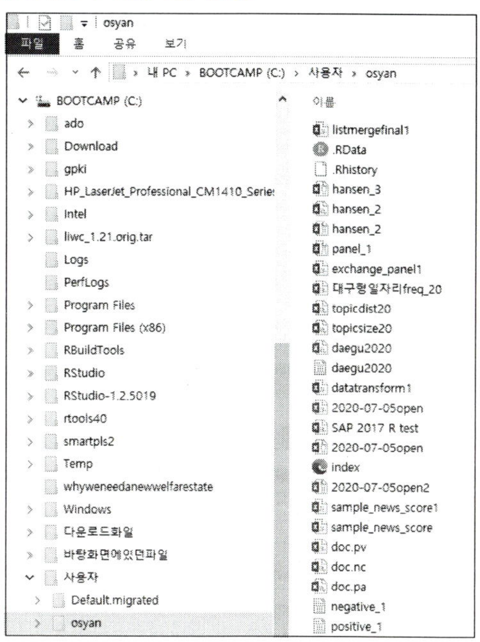

해석

처리 화면을 보면, 작업디렉토리에 listmergefinal1.csv 라는 파일이 생성되어 있음을 볼 수 있다.

2.2 데이터 전처리

1) 요약: summary( )

Q. 기술통계란 무엇인가요? 알기 쉽게 설명해 주세요!

데이터를 분석하기에 앞서 연구자는 데이터 상태(성질 포함)를 관찰하게 된다. 연구자는 데이터 자체를 설명할 수 있어야 하며, 데이터의 상태를 충분히 이해해야 분석을 위한 기법이나 연구모델을 제대로 선택할 수 있다. 이 모든 업무가 기술통계에서 이루어진다.

기술통계에서는 데이터의 특성, 집단(샘플링된 데이터의 집합)의 특성을 나타내준다. 여기서 말하는 집단의 특성은 평균, 표준편차, 최대값, 최소값 등으로 드러난다. 이처럼 특정 개체나 집단에 내포된 현상을 수리의 결과로 요약하고 기술하는 것을 '기술통계(descriptive statistics)'라고 한다. 여기서 중요한 사실 하나: 기술통계는 모집단이 아니라 표본에 해당되는 값들을 보여준다.

기술통계를 구성하는 각 지표를 구하는 방식이 개별적으로 존재한다. 그러나 여기서는 모든 지표를 한꺼번에 보여주는 command를 연습하도록 하자. 우선 미리 제공된 연습 데이터인 OLS_4.dta(Stata 자료)를 불러오자. R Studio 프로그램의 오른쪽 상단에 있는 "Import Dataset"을 이용하도록 하자. 옵션에서 "from Stata"를 선택하고, 열리는 창에서 "File/Url:"을 통해 OLS_4.dta를 선택하면 된다.

[processing result]

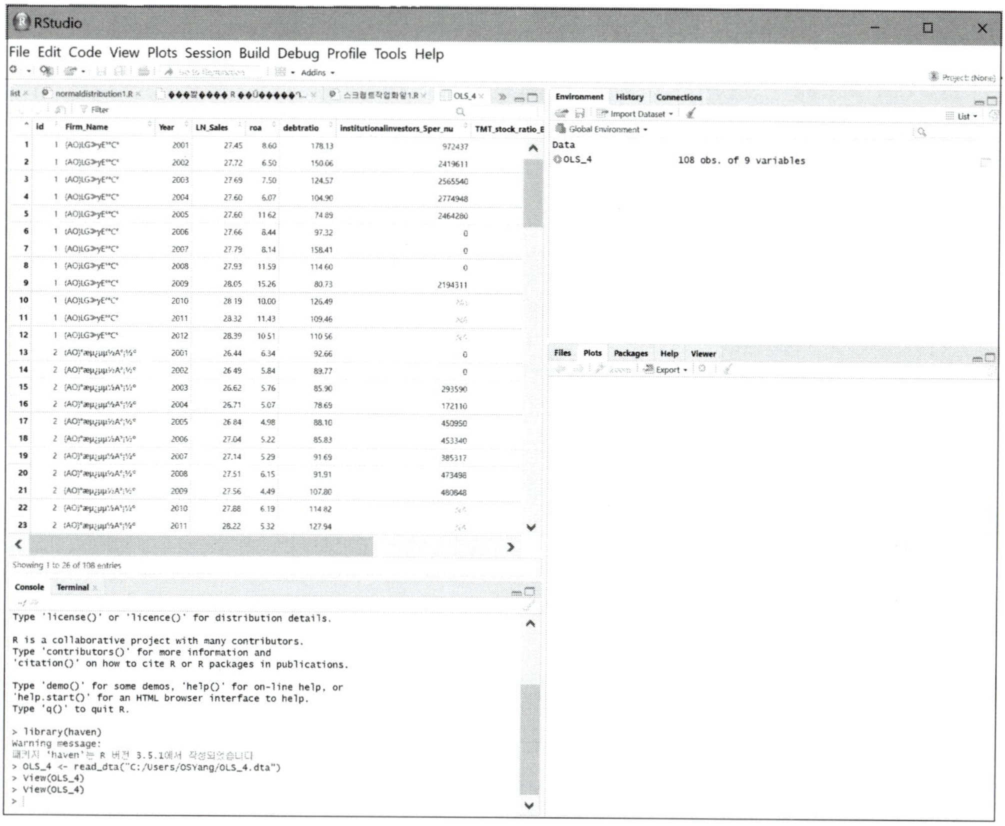

이렇게 불러들인 OLS_4.dta를 가지고 summary( ) 함수식을 사용하여 다음과 같이 명령어를 작성해 보자.

명령어

```
> summary(파일명)
```

```
> summary(OLS_4)
       id          Firm_Name             Year     
 Min.   : 1.000   Length:108         Min.   :2001  
 1st Qu.: 3.000   Class :character   1st Qu.:2004  
 Median : 5.000   Mode  :character   Median :2006  
 Mean   : 5.222                      Mean   :2006  
 3rd Qu.: 7.000                      3rd Qu.:2009  
 Max.   :10.000                      Max.   :2012  
```

```
    LN_Sales           roa            debtratio
 Min.   :24.53   Min.   :-3.370   Min.   :  9.68
 1st Qu.:25.52   1st Qu.: 5.878   1st Qu.: 28.74
 Median :27.32   Median : 8.150   Median : 69.86
 Mean   :27.34   Mean   : 8.161   Mean   : 73.38
 3rd Qu.:28.25   3rd Qu.:10.523   3rd Qu.:107.52
 Max.   :32.58   Max.   :24.620   Max.   :186.32

 institutionalinvestors_5per_nu TMT_stock_ratio_B
 Min.   :       0               Min.   :     766
 1st Qu.:  225851               1st Qu.:   19866
 Median :  492654               Median : 1198637
 Mean   : 4802303               Mean   : 2767416
 3rd Qu.: 2708440               3rd Qu.: 5032398
 Max.   :32890414               Max.   :13791917
 NA's   :28                     NA's   :27
 foreign_insti_investor_ratio
 Min.   :0.00000
 1st Qu.:0.05350
 Median :0.08450
 Mean   :0.08265
 3rd Qu.:0.12800
 Max.   :0.21500
 NA's   :28
```

해석

처리결과화면을 보면, 각 변수별로 최저치, Q_1(25%), 중앙값, 평균값, Q_3(75%), 최고치 등 여섯 개의 통계량를 보여주고 있다.

이번에는 특정 변수에 대해서만 다음과 같은 명령어를 작성해 보자. 연습을 위해 LN_Sales 변수에 대해 명령어를 작성해 보자. 옵션 "na.rm=T"는 NA값이 있으면 제거하라는 명령어이다(NA값이 있으면 평균이 NA가 된다. 따라서 제거하고 평균을 구하는 것이 바람직하다).

명령어

```
> summary(파일명$변수명, na.rm=T) 또는 summary(파일명$변수명)
```

```
> summary(OLS_4$LN_Sales)
   Min. 1st Qu.  Median    Mean 3rd Qu.    Max.
  24.53   25.52   27.32   27.34   28.25   32.58
> summary(OLS_4$LN_Sales, na.rm=T)
   Min. 1st Qu.  Median    Mean 3rd Qu.    Max.
  24.53   25.52   27.32   27.34   28.25   32.58
```

2) 표준화 하기: scale( )

두 변수의 측정 단위가 다를 때, 단위를 통일시켜주어야 한 연구모형에 투입할 수 있다. 이럴때 사용하는 문제해결 방법으로 표준화 작업이 있다. 표준화 작업이란 단위가 다른 변수를 평균이 같고 표준편차가 같게 만들어 두 변수를 분석에 사용할 수 있게 하는 작업이다. 구체적으로는 각각의 평균이 0이 되고, 각각의 표준편차가 1이 되면 측정 단위가 다른 변수를 한 연구모형에 투입할 수 있다. 평균이 같고 표준편차가 같다는 것은 두 상이한 측정단위의 변수가 동일한 스칼라 범위 내에서 각각의 포지션이 재설정된다는 의미이다. 이렇게 되면 상이한 스칼라 범위 내에서 각각 위치하고 있어 서로 비교하기가 어려웠던 두 변수가, 동일한 스칼라 범위 내에서 각각의 수치를 나타내는 지점에 위치하게 되어, 서로 비교가 가능해진다. 비교가능해야 변수를 한 연구모형에 예측변수로 투입할 수 있다.

표준화 작업에 사용되는 함수는 scale( )이다. 연습 데이터 파일(example_studentlist.csv와 OLS_4.dta)을 사용하여 표준화 작업을 실습해 보자. 연습파일 example_studentlist.csv 파일에서는 height에 대해 실행해보자. 그리고 표준화 값을 원래의 값과 비교하기 위해 원래의 값을 보여주는 print( ) 함수를 사용하자.

명령어

```
> scale(파일명$변수명)
> print(파일명$변수명)
```

```
> scale(example_studentlist$height)
              [,1]
 [1,] -0.603240896
 [2,]  0.008243043
 [3,]  0.632466231
 [4,]  1.536952891
```

```
 [5,] -0.259281180
 [6,] -1.023636104
 [7,] -1.889905017
 [8,]  0.874511957
 [9,]  1.078339937
[10,]  0.772597967
[11,] -0.373934419
[12,]  1.269428668
[13,] -0.998157606
[14,]  0.772597967
[15,] -1.507727555
[16,] -0.182845688
[17,] -0.106410195
attr(,"scaled:center")
[1] 170.0353
attr(,"scaled:scale")
[1] 7.849756
> print(example_studentlist$height)
 [1] 165.3 170.1 175.0 182.1 168.0 162.0 155.2 176.9 178.5 176.1
[11] 167.1 180.0 162.2 176.1 158.2 168.6 169.2
```

해석

처리결과화면을 보면, height의 본래 값은 165.3, 170.1, 175.0 등이지만, 표준화 처리된 값은 -0.6032, 0.0082, 0.6324 등인 것으로 나타났다.

3) 벡터로부터 데이터 프레임 작성하기(행렬좌표 데이터와 같은 양식): data.frame( )

Q. 벡터로부터 데이터 프레임을 작성하는 방법을 알려주세요. 쌤!

R에서는 다양한 형태의 데이터 프레임을 작성할 수 있다. 일반적으로 통계분석이나 자료 분석에서 사용되는 데이터 자료는 행렬좌표 데이터와 동일한 양식을 갖추고 있다. 이처럼 분석에서 사용되는 일반적인 데이터 자료의 구조를 "데이터 프레임"이라고 한다. 일반적인 데이터 자료 구조를 갖추도록 자료를 생성시키는 것이 data.frame( ) 함수식이다.

매트릭스 형식으로 구성된 행렬 좌표 데이터를 만들 때 사용하는 함수식은 matrix( )이다. 행렬에서 행은 레코드, 열은 변수로 일컫는다. 자료를 직접 생성하는 c( ) 함수식을 사용하여 행과 열의 이름을 생성시키고, 그 안에 숫자 자료를 만들어보자. 행의 이름은 R1, R2, R3이고, 열의 이름은 C1, C2, C3으로 정하자. 숫자 자료는 1~9까지의 정수이고, 행을 따라서 순차적으로 생성하도록 command를 만들어보자. 행의 변수명은 firm, 열의 변수명은 variable로 정하자. 행의 숫자는 nrow, 열의 숫자는 ncol 옵션으로 지정해준다. 행과 열의 변수명은 dimnames=list( ) 함수식으로 지정해준다.

앞서 생성시킨 firm 변수와 variable 변수 자료를 사용하여 데이터 프레임을 완성시켜 보자. 행렬좌표 데이터를 저장할 데이터프레임 변수명은 analysis5로 정하자. 주의할 것은 R 프로그램은 " "만을 인식할 뿐, 아래아 한글프로그램(HWP)의 큰 따옴표는 인식하지 못한다.

명령어

```
> 생성할변수명1=c("이름1", "이름2", "이름3")
> 생성할변수명2=c("이름4", "이름5", "이름6")
> 데이터프레임변수명=data.frame(생성할변수명1, 생성할변수명2)
```

```
> firm=c("R1", "R2", "R3")
> variable=c("C1", "C2", "C3")
> analysis5=data.frame(firm, variable)
```

자 이제 생성시킨 데이터프레임 변수의 자료를 직접 열람해 보자.

명령어

```
> analysis5
```

```
> analysis5
  firm variable
1   R1       C1
2   R2       C2
3   R3       C3
```

지금까지 하나하나 진행한 command 처리를 이제 한꺼번에 표현해보자. 사용할 command는 data.frame( ) 함수이다. 작성할 command는 다음과 같다. 비교를 위해 command를 처리한 결과를 반환할 파일명은 analysis6로 하자.

명령어

```
> analysis6=data.frame(firm=c("R1", "R2", "R3"), variable=c("C1", "C2", "C3"))
> analysis6
```

```
> analysis6=data.frame(firm=c("R1", "R2", "R3"), variable=c("C1", "C2", "C
3"))
> analysis6
  firm variable
1   R1       C1
2   R2       C2
3   R3       C3
```

해석

앞서 저장한 파일명(analysis5)와 비교해 보면, analysis6의 내용이 완전히 동일함을 알 수 있다.

이번에는 숫자를 변수에 할당하여 데이터셋을 만들어보자. 변수와 수치를 생성시켜 저장하고, 이를 하나의 데이터 셋으로 모아서 저장하는 방식이다. 구체적으로는 5가지 운동 요소(Walking=WK, Aerobic=AE, Flexibility=FL, Sport=SP, Bike=BI)를 구성하는 수치를 생성시켜, 이를 exercise1이라는 파일에 담도록 command를 작성해보자. 배정할 숫자는 각각 다음과 같다.

명령어

```
> WK=c(4,7,16,12,8,11,14,9,4,8)
> AE=c(3,5,11,11,6,6,13,4,3,7)
> FL=c(2,5,12,17,9,6,15,6,3,9)
> SP=c(0,0,4,0,0,0,4,1,0,1)
> BI=c(3,2,5,3,1,2,6,2,1,4)
```

```
> WK=c(4,7,16,12,8,11,14,9,4,8)
> AE=c(3,5,11,11,6,6,13,4,3,7)
> WK=c(4,7,16,12,8,11,14,9,4,8)
> AE=c(3,5,11,11,6,6,13,4,3,7)
> FL=c(2,5,12,17,9,6,15,6,3,9)
> SP=c(0,0,4,0,0,0,4,1,0,1)
> BI=c(3,2,5,3,1,2,6,2,1,4)
```

[processing result]

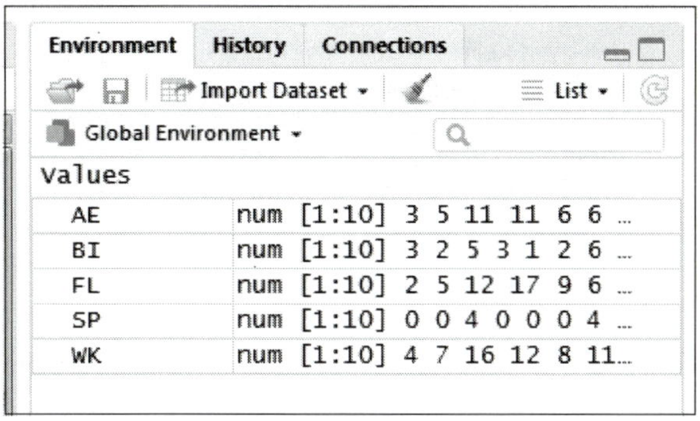

자 이제 각각 생성시킨 변수와 해당 수치 데이터를 data.frame( ) 함수를 사용하여 데이터 프레임을 작성해보자(Walking=WK, Aerobic=AE, Flexibility=FL, Sport=SP, Bike=BI). 반환할 파일명은 exercise1이다. 작성 후 최종 결과를 exercise1 command로 내용열람을 하도록 한다.

명령어

```
> exercise1=data.frame(Walking=WK, Aerobic=AE, Flexibility=FL, Sport=SP, Bike
=BI)
> exercise1
```

```
> exercise1=data.frame(Walking=WK, Aerobic=AE, Flexibility=FL, Sport=SP,
Bike=BI)
> exercise1
   Walking Aerobic Flexibility Sport Bike
1        4       3           2     0    3
2        7       5           5     0    2
3       16      11          12     4    5
4       12      11          17     0    3
5        8       6           9     0    1
6       11       6           6     0    2
7       14      13          15     4    6
8        9       4           6     1    2
9        4       3           3     0    1
10       8       7           9     1    4
```

[processing result]

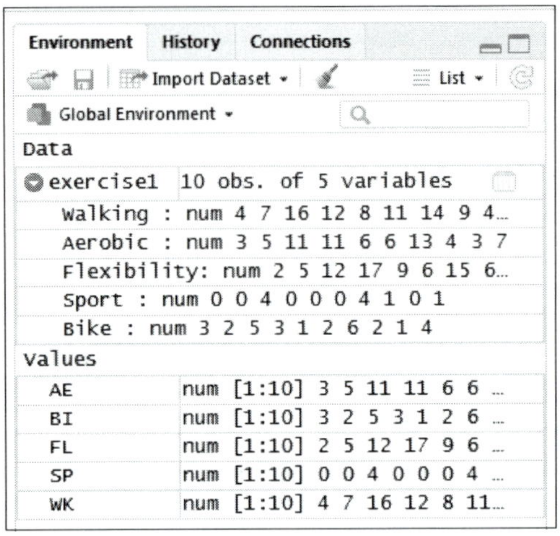

4) 특수문자 제거하기: gsub( ), gsub("[ ]")

기초 데이터에 들어 있는 특수문자를 제거하는 방법을 연습하자. 우선 Import Dataset을 통해 연습데이터(apptrain.csv와 reviews.csv)를 불러오자. 작업디렉토리에 담겨 있는 데이터셋은 쉽게 불러와 지지만, 별도의 디렉토리에 저장해 둔 데이터셋은 가끔 불러오지 못하는 경우가 있다(ㅋ 불완전한 R군).

[Import로 데이터 파일을 불러 올 때 자동으로 생성되는 콘솔 내용]

```
> library(readr)
Warning message:
패키지 'readr'는 R 버전 3.5.2에서 작성되었습니다
> apptrain <- read_csv("apptrain.csv")
Parsed with column specification:
cols(
  App = col_character(),
  Category = col_character(),
  Rating = col_double(),
  Reviews = col_double(),
  Size = col_character(),
  Installs = col_character(),
  Type = col_character(),
  Price = col_double(),
  Content.Rating = col_character(),
  Last.Updated = col_character()
```

```
)
> View(apptrain)
> library(readr)
> reviews <- read_csv("reviews.csv")
Parsed with column specification:
cols(
  App = col_character(),
  Translated_Review = col_character(),
  Sentiment_Polarity = col_double(),
  Sentiment_Subjectivity = col_double()
)
> View(reviews)
```

[처리결과화면]

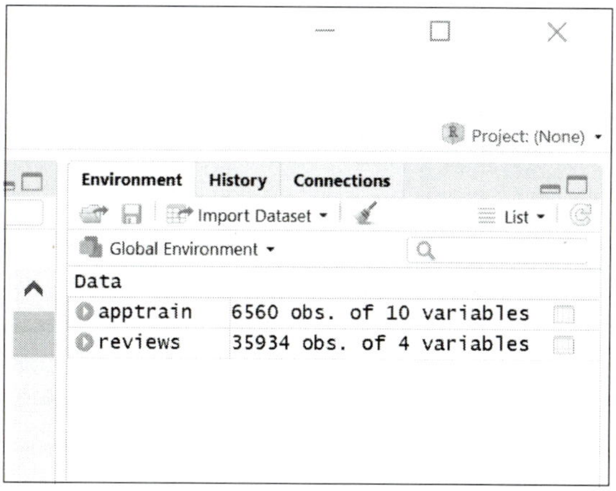

해석

처리 화면을 보면, 오른쪽 상단에 해당 파일이 정상적으로 탑재되어 있음을 알 수 있다.

자 이제 apptrain 데이터 파일에 들어 있는 변수 Installs의 자료를 처리하는 연습을 해 보자. 목적은 10000+ 형태로 되어 있는 자료들을 기호 "+"를 제거한 채 나머지 수치 자료만 저장하려고 한다. 명령어는 다음과 같다.

명령어

```
> apptrain$Installs <- gsub("[+]", "", apptrain$Installs) # apptrain파일의 installs 변수에서 기호 + 제거하고 나머지를 저장하기
```

[처리결과화면]

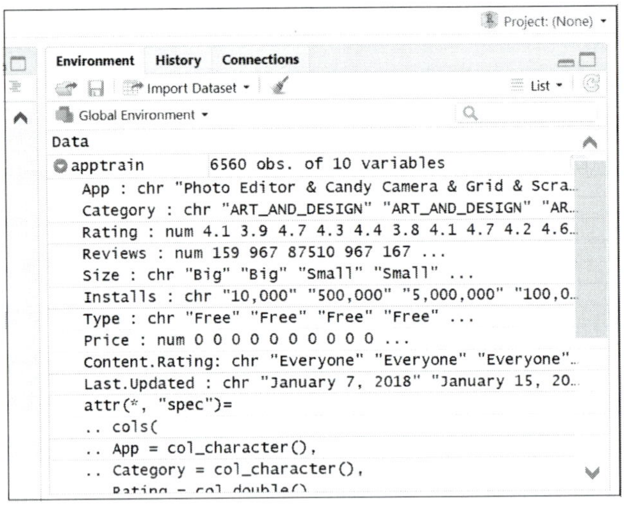

해석

처리 화면을 보면, apptrain 파일 안에 있는 변수 Installs의 자료들이 기존에 있던 + 기호가 제거된채 나머지 자료들만 저장되어 있음을 볼 수 있다.

5) 변수 삭제하기 & 정리하기: aggregate( ), NULL, c(:), merge( )

이번에는 변수를 삭제하고 변수명을 바꾸는 작업을 연습해보자. 앞서 사용한 연습데이터(apptrain.csv와 reviews.csv)를 불러와 그대로 사용하자. 먼저 reviews.csv 파일에서 App 변수를 기준으로 관련 데이터들을 모두 모아서 Sentiment 파일을 만들어보자.

명령어

```
> Sentiment=aggregate(reviews, by=list(reviews$App), FUN=mean)
```

[처리결과화면]

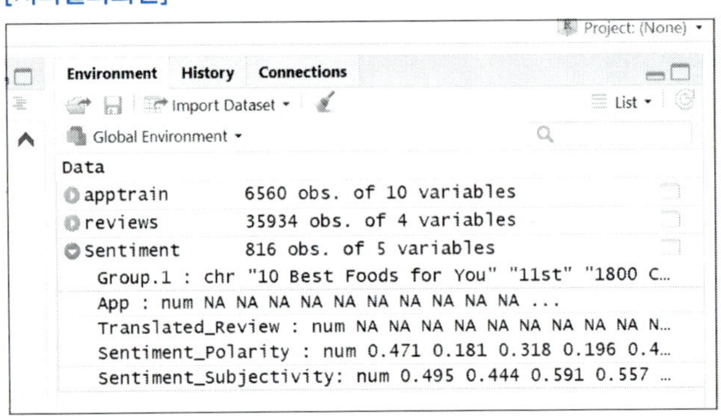

해석

처리 화면을 보면, 새로운 데이터셋 Sentiment가 생성되었고, 그 안에 Group.1, App, Translated-Review, Sentiment_Polarity, Sentiment_Subjectivity 등의 변수가 들어 있음을 볼 수 있다.

이제 데이터셋 Sentiment 안에 들어 있는 변수 Group.1, App, Translated-Review, Sentiment_Polarity, Sentiment_Subjectivity 가운데 두번 째와 세번 째 변수인 App, Translated-Review 변수를 제거해보자. 이를 위해서는 c( ) 함수와 NULL로 처리하라는, 즉 비워버리라는 명령어를 사용한다.

명령어

```
> Sentiment[,c(2,3)] <- NULL
```

[처리결과화면]

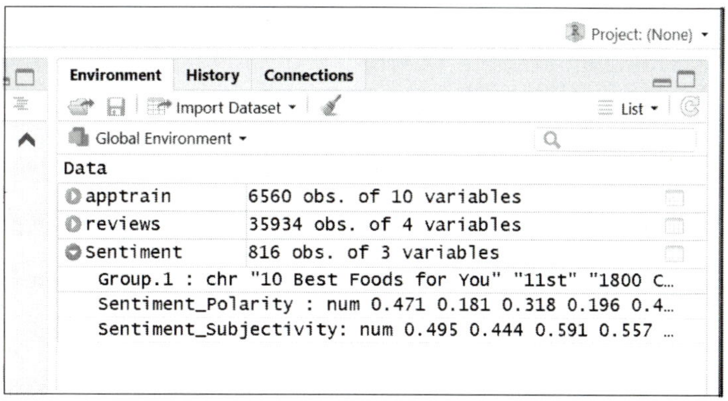

해석

처리 화면을 보면, 새롭게 생성된 데이터셋 Sentiment 안에 들어 있던 변수 Group.1, App, Translated-Review, Sentiment_Polarity, Sentiment_Subjectivity 가운데 두번 째와 세번 째 변수인 App, Translated-Review 변수가 제거되었음을 볼 수 있다.

다음 작업으로, Group.1, Sentiment_Polarity, Sentiment_Subjectivity 변수명을 App, Polarity, Subjectivity로 바꾸어 보자.

명령어

```
> names(Sentiment)= c("App","Polarity","Subjectivity")
```

[처리결과화면]

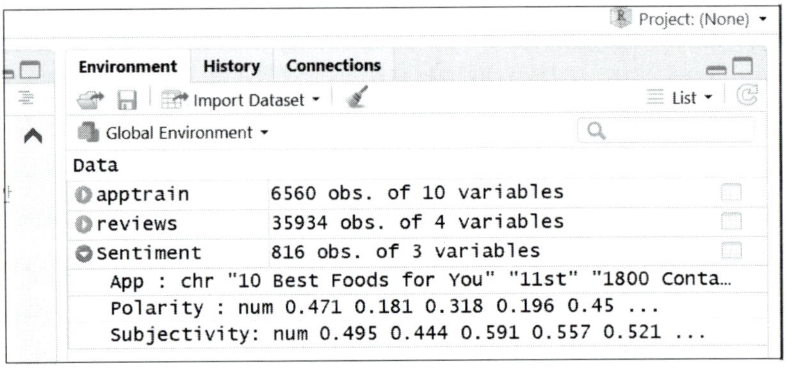

해석

처리 화면을 보면, Sentiment 안에 들어 있는 변수들의 변수명이 Group.1, Sentiment_Polarity, Sentiment_Subjectivity 였던 것이, 새로운 변수명인 App, Polarity, Subjectivity로 바뀌었음을 볼 수 있다.

이렇게 작업한 Sentiment 파일을 본래 파일인 apptrain 파일에 합치도록 하자.

명령어

```
> apptrain <-merge(apptrain,Sentiment,by="App",all.x=TRUE)
```

[처리결과화면]

(처리전)

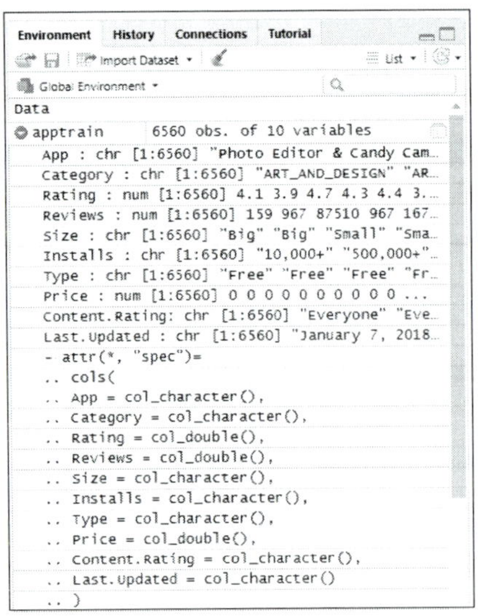

(처리후)

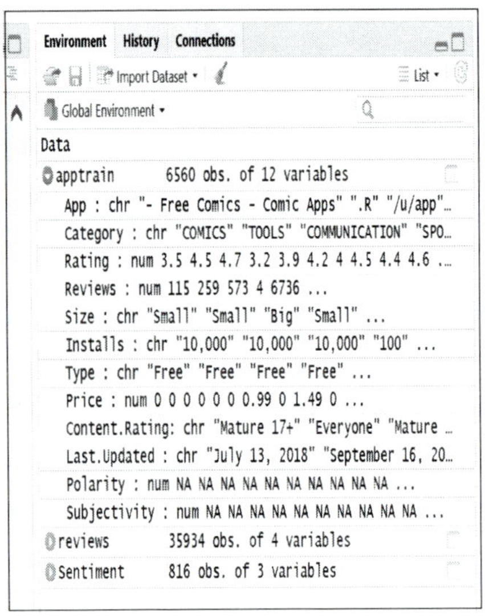

해석

처리 화면을 보면, apptrain 파일에 Sentiment가 App을 기준으로 합쳐져 있음을 볼 수 있다. 즉 apptrain에 들어 있지 않던 Sentiment의 변수 Polarity와 Subjectivity가 새롭게 첨부되었다. 단 Polarity와 Subjectivity의 내용이 num NA NA NA ….로 들어갔음을 알 수 있다.

6) 자료 병합하기

Q. 행 또는 열의 자료를 병합하고 싶은데 어떻게 하면 될까요?

① 행의 자료(같은 변수명 자료) 병합: **rbind( )**

저장되어 있는 기초자료의 내용에서 행의 자료를 병합, 즉 같은 변수명 내에서 위, 아래로 덧붙이고 싶을 때 사용하는 명령어는 rbind( ) 함수식이다. 앞서 생성시킨 firm, variable 데이터 자료에 각각 "R4", "R5", "R6"와 "C4", "C5", "C6"를 덧붙여 보자. 새로 덧붙일 파일명은 analysis6로 하고, 병합한 최종 파일명은 analysis7, 앞서 저장한 파일명은 analysis5이다. 작업이 다 되었으면 병합시킨 변수의 자료를 직접 열람해 보자.

명령어

```
> firm=c("R1", "R2", "R3")
> variable=c("C1", "C2", "C3")
> analysis5=data.frame(firm, variable)
> analysis5
> 덧붙일파일명=data.frame(파일명1=c(덧붙일자료1, 덧붙일자료2, 덧붙일자료3), 파일명2=
c(덧붙일자료1, 덧붙일자료2, 덧붙일자료3))
> 병합할파일명=rbind(앞서저장한파일명, 덧붙일파일명) #앞서저장한파일명=analysis5
```

```
> firm=c("R1", "R2", "R3")
> variable=c("C1", "C2", "C3")
> analysis5=data.frame(firm, variable)
> analysis5
  firm variable
1   R1       C1
2   R2       C2
3   R3       C3
> analysis6=data.frame(firm=c("R4", "R5", "R6"),
```

```
+                    variable=c("C4", "C5", "C6"))
> analysis6
  firm variable
1   R4       C4
2   R5       C5
3   R6       C6
>
> analysis7 <- rbind(analysis5, analysis6)
> analysis7
  firm variable
1   R1       C1
2   R2       C2
3   R3       C3
4   R4       C4
5   R5       C5
6   R6       C6
```

해석

앞서 저장한 파일명(analysis5)와 비교해 보면 내용에 있어서 R4, R5, R6과 C4, C5, C6가 추가되어 있음을 볼 수 있다.

[처리결과화면]

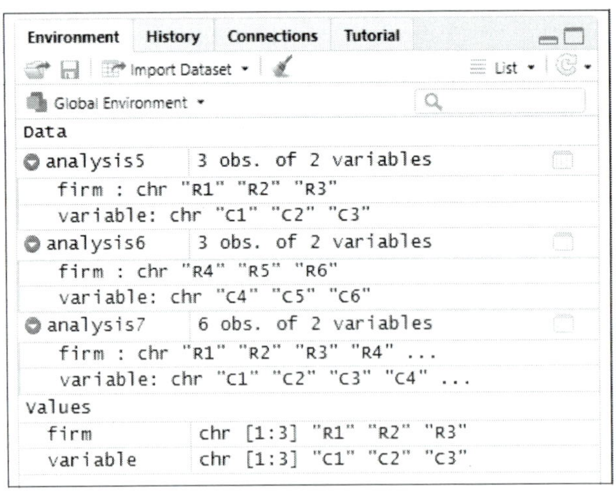

② 열의 자료(다른 변수명 자료) 병합: cbind( )

열 결합을 하고싶을 때, 즉 다른 변수들을 합칠 때(왼쪽, 오른쪽으로 결합하고싶을 때)는 cbind() 함수식을 사용한다. 앞서 저장한 파일명(여기서는 analysis7)에, 새로운 덧붙일 파일(analysis8)을 만들어, 최종 병합할 파일(여기서는 analysis9)을 생성시키라는 명령어를 작성해보자. 덧붙일 파일(analysis8)에는 새로운 변수인 roe(100, 200, 300, 400, 500, 600), civ(11, 12, 13, 14, 15, 16)을 저장하도록 하자.

명령어

```
> 덧붙일파일명=data.frame(변수명1=c(덧붙일자료1, 덧붙일자료2, 덧붙일자료3), 변수명2=
c(덧붙일자료1, 덧붙일자료2, 덧붙일자료3))
> 병합할파일명=cbind(앞서저장한파일명, 덧붙일파일명) #앞서저장한파일명=analysis5
```

```
> analysis8 <-data.frame(roe=c(100, 200, 300, 400, 500, 600), civ=c(11, 12,
13, 14, 15, 16))
> analysis9 <- cbind(analysis7, analysis8)
```

[처리결과화면]

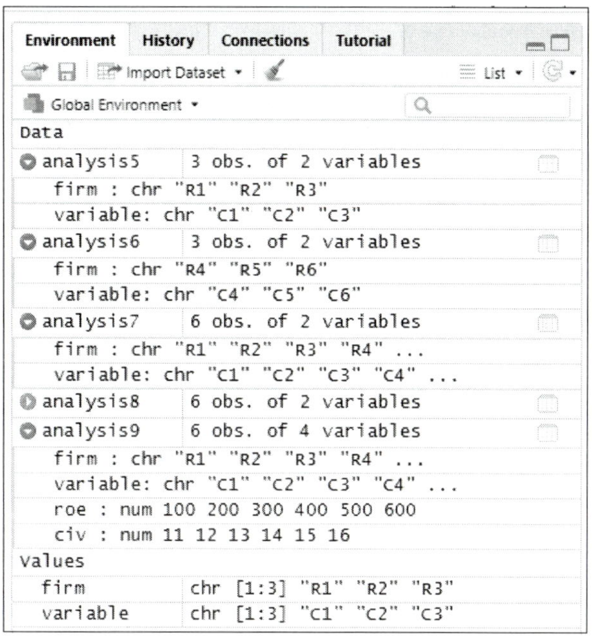

③ 같은 key 기준값 병합(각 행의 관측치가 다를 때): merge( )

같은 기준값을 이용한 결합을 하고싶을 때는 merge()를 이용하면 된다. 앞서 실행한 rbind( )와 cbind( )는 관측치가 동일해야 작동한다. 혹시 관측치가 다를 경우에는 어떻게 병합시키면 될까? 해답은 merge( )에 있다. 기준을 정해주고(by='key') 파일을 결합시키면 된다. 여기서 말하는 기준이란 길이가 일치하지 않는 해당 변수명을 의미한다. 즉 특정 변수명이 있으면 한 데이터파일에서는 7개가 있고, 다른 데이터파일에서는 4개가 있는 경우를 말한다. 여기서 key 값을 지정하지 않는 경우와 지정하는 경우를 비교해보자. 앞서 작업한 analysis9와 새로 생성할 analysis10에 대해 연습해보자.

명령어

```
> analysis7 <-data.frame(firm=c("R1", "R2", "R3", "R4", "R5", "R6"), variable=
c("C1", "C2", "C3", "C4", "C5", "C6"))
> analysis8 <-data.frame(firm=c("R4", "R5", "R6", "R7", "R8", "R9"), roe=c(10
0, 200, 300, 400, 500, 600), civ=c(11, 12, 13, 14, 15, 16))
> analysis_simple <- merge(analysis7, analysis8) #key를 지정하지 않는 경우
> analysis_simple
```

```
> analysis7 <-data.frame(firm=c("R1", "R2", "R3", "R4", "R5", "R6"), variab
le=c("C1", "C2", "C3", "C4", "C5", "C6"))
> analysis8 <-data.frame(firm=c("R4", "R5", "R6", "R7", "R8", "R9"), roe=c
(100, 200, 300, 400, 500, 600), civ=c(11, 12, 13, 14, 15, 16))
> analysis_simple <- merge(analysis7, analysis8) #key를 지정하지 않는 경우
> analysis_simple
  firm variable roe civ
1   R4       C4 100  11
2   R5       C5 200  12
3   R6       C6 300  13
```

해석

처리결과를 살펴보면, firm, variable, roe, civ 변수가 각각 모두 3개의 요소만 남기고 나머지는 삭제된 것을 볼 수 있다. 원리를 따지자면 두 데이터셋이 공통적으로 갖고 있는 변수명(여기서는 firm)에 대해서 자동으로 기준을 정하고, 다시 공통된 변수명 안에서 공통된 요소만으로 기준을 정한다는 것을 알 수 있다. 이렇게 기준을 정한 후 다른 변수들도 기준에 상응하는 해당 요소만을 남기고 나머지는 모두 제거하는 방식이다.

이번에는 key를 지정하고, join 유형을 지정하는 방식으로 연습을 해보자. 여기서 말하는 join 유형이란 Inner Join, Outer Join, Left Outer Join, Right Outer Join 등 네 가지 유형으로 세분된다. 각 방식은 연습을 통해 도출된 결과를 보면서 이해하도록 하자.

[Join 유형 시각화]

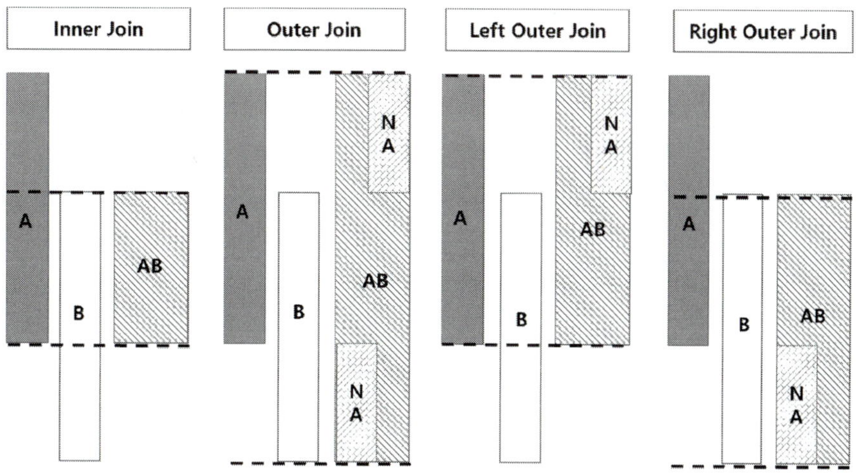

명령어

```
> analysis_inner <- merge(analysis7, analysis8, by='firm') #key 지정
> analysis_inner
```

```
> analysis_inner <- merge(analysis7, analysis8, by='firm') #key 지정
> analysis_inner
  firm variable roe civ
1   R4       C4 100  11
2   R5       C5 200  12
3   R6       C6 300  13
```

해석

처리결과를 살펴보면, firm, variable, roe, civ 변수가 각각 모두 3개의 요소만 남기고 나머지는 삭제된 것을 볼 수 있다. 원리를 따지자면 두 데이터셋에 대해, 연구자가 지정해준 key값(여기서는 firm)을 기준으로, 다시 공통된 변수명 안에서 공통된 요소만으로 기준을 정한다는 것을 알 수 있다. 이렇게 기준을 정한 후 다른 변수들도 기준에 상응하는 해당 요소만을 남기고 나머지는 모두 제거하는 방식이다.

명령어

```
> analysis_outer <- merge(analysis7, analysis8, by='firm', all=TRUE) #key와 jo
in 유형 지정
> analysis_outer
```

```
> analysis_outer <- merge(analysis7, analysis8, by='firm', all=TRUE) #key와
join 유형 지정
> analysis_outer
  firm variable roe civ
1   R1       C1  NA  NA
2   R2       C2  NA  NA
3   R3       C3  NA  NA
4   R4       C4 100  11
5   R5       C5 200  12
6   R6       C6 300  13
7   R7     <NA> 400  14
8   R8     <NA> 500  15
9   R9     <NA> 600  16
```

해석

처리결과를 살펴보면, firm, variable, roe, civ 변수가 각각 모두 3개의 요소만 남기고 나머지는 삭제된 것을 볼 수 있다. 원리를 따지자면 두 데이터셋이 연구자가 지정해준 key(여기서는 firm)값을 기준으로, 해당 기준값(즉 변수명) 안에서 모든 요소들을 채택한다. 이후 기준값에 상응하는 다른 변수들의 요소값들을 가져올 때, 자신만의 요소를 남기고 나머지(즉 다른 데이터셋의 요소값)는 NA로 처리한다.

명령어

```
> analysis_leftouter <- merge(analysis7, analysis8, by='firm', all.x=TRUE) #ke
y와 join 유형 지정
> analysis_leftouter
```

```
> analysis_leftouter <- merge(analysis7, analysis8, by='firm', all.x=TRUE)
#key와 join 유형 지정
> analysis_leftouter
  firm variable roe civ
1   R1       C1  NA  NA
2   R2       C2  NA  NA
3   R3       C3  NA  NA
```

```
4    R4         C4 100   11
5    R5         C5 200   12
6    R6         C6 300   13
```

해석

처리결과를 살펴보면, firm, variable, roe, civ 변수가 각각 모두 3개의 요소만 남기고 나머지는 삭제된 것을 볼 수 있다. 원리를 따지자면 두 데이터셋이 연구자가 지정해준 key(여기서는 firm)값을 기준으로, 해당 기준값(즉 변수명) 안에서 첫번째 데이터셋(이것이 left 데이터셋이자 x)에 해당되는 요소만을 채택한다. 이후 기준값에 상응하는 다른 변수들의 요소값들을 가져올 때, 자신만의 요소를 남기고 나머지(즉 다른 데이터셋의 요소값)는 NA로 처리한다.

명령어

```
> analysis_rightouter <- merge(analysis7, analysis8, by='firm', all.y=TRUE) #k
ey와 join유형 지정
> analysis_rightouter
```

```
> analysis_rightouter <- merge(analysis7, analysis8, by='firm', all.y=TRU
E) #key와 join 유형 지정
> analysis_rightouter
  firm variable roe civ
1    R4       C4 100  11
2    R5       C5 200  12
3    R6       C6 300  13
4    R7     <NA> 400  14
5    R8     <NA> 500  15
6    R9     <NA> 600  16
```

해석

처리결과를 살펴보면, firm, variable, roe, civ 변수가 각각 모두 3개의 요소만 남기고 나머지는 삭제된 것을 볼 수 있다. 원리를 따지자면 두 데이터셋이 연구자가 지정해준 key(여기서는 firm)값을 기준으로, 해당 기준값(즉 변수명) 안에서 두번째 데이터셋(이것이 right 데이터셋이자 y)에 해당되는 요소만을 채택한다. 이후 기준값에 상응하는 다른 변수들의 요소값들을 가져올 때, 자신만의 요소를 남기고 나머지(즉 다른 데이터셋의 요소값)는 NA로 처리한다.

7) 특정한 변수만 따로 저장하기: [, c(" ")] 또는 subset(, select=c( ))

Q. 여러 변수가 들어 있는 기존 파일에서 일부 변수만 골라서 따로 파일로 저장하고 싶어요.

다음에는 전환시킨 변수만 별도로 새로운 파일에 저장해 보자. 우선 연습파일 "secu_com_finance_2007"를 불러오자. 여기서 주의할 점은 엑셀 자료를 불러올 때 엑셀자료는 흔히 첫 줄에 변수명이 기재되어 있고 두 번째 줄부터 데이터가 기록되어 있기 때문에 이를 구별해서 불러와야 한다는 점이다.

명령어

```
> 저장할파일명 <- read.csv("작업디렉토리/불러올파일명",
+                          header = TRUE,
+                          stringsAsFactors = FALSE)
```

```
> secu_com_finance_2007 <- read.csv("C:/Users/osyan/secu_com_finance_200
7.csv",
+                                    header = TRUE,
+                                    stringsAsFactors = FALSE)
```

[처리결과화면]

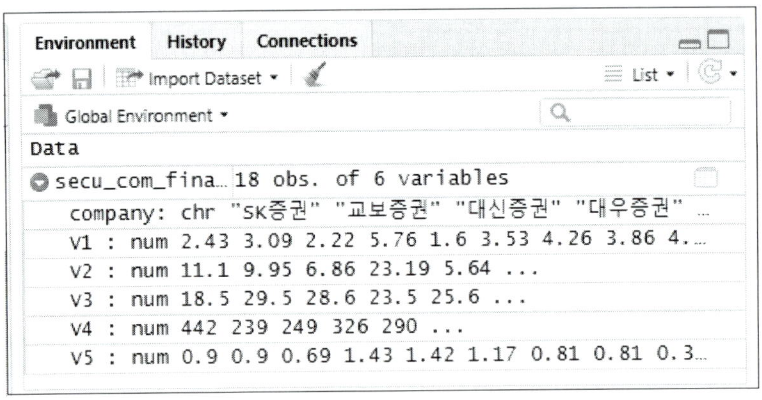

해석

처리결과화면을 보면, 첫 줄 내용은 chr 양식으로 불러왔고, 나머지 데이터들은 모두 num 형식으로 불러왔음을 알 수 있다. 이는 모두 앞서 파일을 불러올 때 지정한 옵션 내용인 header=TRUE, stringsAsFactors=FALSE 때문이다. 이 조치가 없었으면 모든 자료가 chr 형식으로 불어와진다.

다음에는 불러온 데이터를 변수별 scale의 영향을 없애기 위해 표준화한 관측값으로 전환시킨다. 이를 위해 변수 V1~V5에 대해 transform( ) 함수를 사용하자.

명령어

> 전환해저장할파일명 <-transform(본래파일명, 전환한변수명1=scale(본래변수명1), 전환한변수명2=scale(본래변수명2), 전환한변수명3=scale(본래변수명3), 전환한변수명4=scale(본래변수명4), 전환한변수명5=scale(본래변수명5))

```
> secu_com_finance_2007 <- transform(secu_com_finance_2007, v1_s=scale(V
1), V2_s=scale(V2), V3_s=scale(V3), V4_s=scale(V4), V5_s=scale(V5))
```

[처리결과화면]

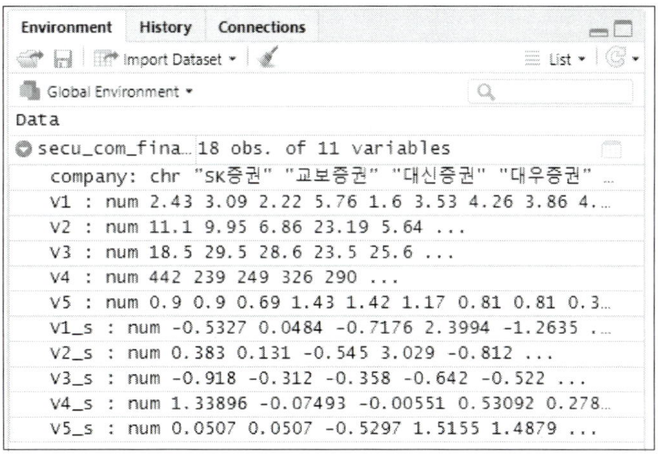

해석

처리결과화면을 보면, 표준화 작업을 한 새로운 수치들이 새로운 변수명과 함께 추가적으로 생성되어 있음을 볼 수 있다.

① 특정 변수만 골라서 추출하기: 파일명[, c("변수명")]

자 이제 데이터 파일이 준비되었으니, 하려던 작업을 진행해 보자. 본래 파일은 연습파일 "secu_com_finance_2007"이고, 새로 저장할 파일명은 "secu1"으로 한다. 저장할 변수는 company, V1_s, V2_s, V3_s, V4_s, V5_s 등이다.

명령어

```
> 전환해저장할파일명 <-본래파일명[, c("변수1", "변수2", "변수3", "변수4")]
```

```
> secu1 <-secu_com_finance_2007[,c("company", "V1_s", "V2_s", "V3_s", "V4_
s", "V5_s")])] #큰 따옴표 조심할 것-인식되지 않는 큰 따옴표가 있음
```

[처리결과화면]

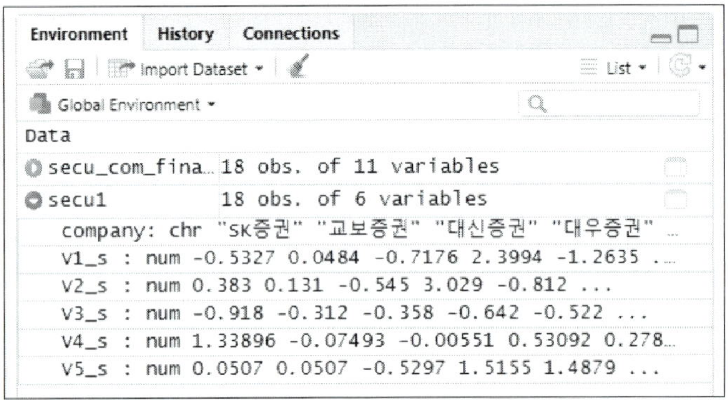

② 특정 변수만 골라서 추출하기: subset(파일명, select=c(변수명))

같은 목적을 위해 사용되는 또 다른 명령어는 다음과 같다. 본래 파일은 동일하게 "secu_com_finance_2007"이고, 새로 저장할 파일명은 "secu2"로 한다. 저장할 변수는 company, V1_s, V2_s, V3_s, V4_s, V5_s 등이다.

명령어

```
> 전환해저장할파일명 <-subset(본래파일명, select=c(변수1, 변수2, 변수3, 변수4))
```

```
> secu2 <-subset(secu_com_finance_2007, select=c(company, V1_s, V2_s, V3_
s, V4_s, V5_s))
```

작업이 끝나고 새로 저장된 파일 secu1과 secu2의 내용을 확인해 비교해 보자.

명령어

```
> secu1
> secu2
```

```
> secu1
       company       V1_s        V2_s       V3_s      V4_s        V5_s
1       SK증권 -0.5327135  0.38287402 -0.9182381 0.2174949  0.05067071
2     교보증권  0.0484285  0.13119119 -0.3116550 1.6313866  0.05067071
3     대신증권 -0.7176223 -0.54506962 -0.3579759 1.5619644 -0.52973922
4     대우증권  2.3994120  3.02882650 -0.6419671 1.0255329  1.51551482
5     동부증권 -1.2635436 -0.81207227 -0.5223048 1.2779836  1.48787625
6   메리츠증권  0.4358565  0.28220089 -0.1578035 1.8364373  0.79691205
7 미래에셋증권  1.0786347  1.35896567 -0.5906833 1.1395587 -0.19807641
8     부국증권  0.7264275 -0.84271191  1.9646859 3.0161252 -0.19807641
9   브릿지증권  0.9289467 -0.63698856  1.6139706 2.9185287 -1.55236624
10    삼성증권 -0.2685580  0.29095507 -0.5901318 1.1408870 -0.66793206
11    서울증권 -0.8849208 -1.06156655  0.4090760 2.3606343 -0.80612490
12    신영증권 -0.9465570 -0.09422908 -0.9171353 0.2208507  0.52052637
13    신흥증권  0.1893114 -0.30432952  0.2927223 2.2747130  0.85218918
14 우리투자증권 -0.9025311  0.20341322 -0.9733821 0.0000000  1.01802059
15    유화증권 -0.6647912 -1.24759298  1.5770241 2.9070632 -2.10513761
16    한양증권  1.2987643 -0.40500265  1.5665468 2.9037074 -0.22571497
17    한화증권  0.2245321  0.66081940 -0.5868232 1.1475985 -0.86140204
18    현대증권 -1.1490762 -0.38968283 -0.8559255 0.4357589  0.85218918

> secu2
       company       V1_s        V2_s       V3_s      V4_s        V5_s
1       SK증권 -0.5327135  0.38287402 -0.9182381 0.2174949  0.05067071
2     교보증권  0.0484285  0.13119119 -0.3116550 1.6313866  0.05067071
3     대신증권 -0.7176223 -0.54506962 -0.3579759 1.5619644 -0.52973922
4     대우증권  2.3994120  3.02882650 -0.6419671 1.0255329  1.51551482
5     동부증권 -1.2635436 -0.81207227 -0.5223048 1.2779836  1.48787625
6   메리츠증권  0.4358565  0.28220089 -0.1578035 1.8364373  0.79691205
7 미래에셋증권  1.0786347  1.35896567 -0.5906833 1.1395587 -0.19807641
8     부국증권  0.7264275 -0.84271191  1.9646859 3.0161252 -0.19807641
9   브릿지증권  0.9289467 -0.63698856  1.6139706 2.9185287 -1.55236624
10    삼성증권 -0.2685580  0.29095507 -0.5901318 1.1408870 -0.66793206
11    서울증권 -0.8849208 -1.06156655  0.4090760 2.3606343 -0.80612490
12    신영증권 -0.9465570 -0.09422908 -0.9171353 0.2208507  0.52052637
13    신흥증권  0.1893114 -0.30432952  0.2927223 2.2747130  0.85218918
14 우리투자증권 -0.9025311  0.20341322 -0.9733821 0.0000000  1.01802059
15    유화증권 -0.6647912 -1.24759298  1.5770241 2.9070632 -2.10513761
16    한양증권  1.2987643 -0.40500265  1.5665468 2.9037074 -0.22571497
17    한화증권  0.2245321  0.66081940 -0.5868232 1.1475985 -0.86140204
18    현대증권   -1.14907
2  -0.38968283     -0.855
```

```
255 0
43
7589 0.852
8918
```

이번에는 특정 변수의 크기를 제한해서 새로 저장하도록 작업을 해보자. 여기서는 연습을 위해 V4_s가 1보다 큰 경우만 저장하라는 명령어를 내려보자. 기존 파일은 "secu_1"이고, 새로 저장할 파일명은 "secu3"으로 한다. 저장할 변수는 Company, V1_s, V2_s, V3_s, V4_s, V5_s 등이다.

명령어

```
> 전환해저장할파일명 <-subset(본래파일명, 변수1>1, select=c(변수1, 변수2, 변수3, 변수4))
```

```
> secu3 <-subset(secu1, V4_s>1, select=c(company, V1_s, V2_s, V3_s, V4_s, V5_s))
```

작업이 끝나고 새로 저장된 파일 secu1과 secu2의 내용을 확인해 비교해 보자.

명령어

```
> secu1
> secu3
```

```
>secu1
       company      V1_s        V2_s       V3_s      V4_s        V5_s
1      SK증권 -0.5327135  0.38287402 -0.9182381 0.2174949  0.05067071
2    교보증권  0.0484285  0.13119119 -0.3116550 1.6313866  0.05067071
3    대신증권 -0.7176223 -0.54506962 -0.3579759 1.5619644 -0.52973922
4    대우증권  2.3994120  3.02882650 -0.6419671 1.0255329  1.51551482
5    동부증권 -1.2635436 -0.81207227 -0.5223048 1.2779836  1.48787625
6  메리츠증권  0.4358565  0.28220089 -0.1578035 1.8364373  0.79691205
7 미래에셋증권  1.0786347  1.35896567 -0.5906833 1.1395587 -0.19807641
8    부국증권  0.7264275 -0.84271191  1.9646859 3.0161252 -0.19807641
9  브릿지증권  0.9289467 -0.63698856  1.6139706 2.9185287 -1.55236624
```

```
10       삼성증권 -0.2685580 0.29095507 -0.5901318 1.1408870 -0.66793206
11       서울증권 -0.8849208 -1.06156655  0.4090760 2.3606343 -0.80612490
12       신영증권 -0.9465570 -0.09422908 -0.9171353 0.2208507  0.52052637
13       신흥증권  0.1893114 -0.30432952  0.2927223 2.2747130  0.85218918
14   우리투자증권 -0.9025311 0.20341322 -0.9733821 0.0000000  1.01802059
15       유화증권 -0.6647912 -1.24759298  1.5770241 2.9070632 -2.10513761
16       한양증권  1.2987643 -0.40500265  1.5665468 2.9037074 -0.22571497
17       한화증권  0.2245321 0.66081940 -0.5868232 1.1475985 -0.86140204
18       현대증권 -1.1490762 -0.38968283 -0.8559255 0.4357589  0.85218918
>secu3
         company       V1_s       V2_s       V3_s      V4_s        V5_s
2        교보증권  0.0484285  0.1311912 -0.3116550  1.631387  0.05067071
3        대신증권 -0.7176223 -0.5450696 -0.3579759  1.561964 -0.52973922
4        대우증권  2.3994120  3.0288265 -0.6419671  1.025533  1.51551482
5        동부증권 -1.2635436 -0.8120723 -0.5223048  1.277984  1.48787625
6      메리츠증권  0.4358565  0.2822009 -0.1578035  1.836437  0.79691205
7    미래에셋증권  1.0786347  1.3589657 -0.5906833  1.139559 -0.19807641
8        부국증권  0.7264275 -0.8427119  1.9646859  3.016125 -0.19807641
9      브릿지증권  0.9289467 -0.6369886  1.6139706  2.918529 -1.55236624
10       삼성증권 -0.2685580  0.2909551 -0.5901318  1.140887 -0.66793206
11       서울증권 -0.8849208 -1.0615665  0.4090760  2.360634 -0.80612490
13       신흥증권  0.1893114 -0.3043295  0.2927223  2.274713  0.85218918
15       유화증권 -0.6647912 -1.2475930  1.5770241  2.907063 -2.10513761
16       한양증권  1.2987643 -0.4050027  1.5665468  2.903707 -0.22571497
17       한화증권  0.2245321  0.6608194 -0.5868232  1.147599 -0.86140204
```

해석

처리결과화면을 보면, secu1과 달리 secu3에서는 V4_s가 1보다 작은 경우(1, 12, 18번 기업)가 생략되어 있음을 볼 수 있다.

③ 월별 데이터 만들기: subset(데이터셋, 일자>" " & 일자<" ")

> **Q.** 연도 데이터에서 월별 데이터로 구분해서 월별 변화를 보고 싶어요.

이번에는 연도 전체 데이터셋에서 월별로 데이터를 잘라 월별 변화를 보는 작업을 진행해보자. 작업디렉토리를 지정해주고, 연습데이터(g_2017.xlsx)를 불러오자. 불러온 데이터셋은 news_2017로 파일명을 주고 저장하자.

명령어

```
> setwd("C:/Users/yangohsuk/") #작업디렉토리 지정
> news_2017 <-read_excel("C:/Users/yangohsuk/g_2017.xlsx")
```



```
> setwd("C:/Users/yangohsuk/") #작업디렉토리 지정
> news_2017 <-read_excel("C:/Users/yangohsuk/g_2017.xlsx")
```


[처리결과화면]

```
Environment  History  Connections
Import Dataset ▾                                   List ▾
Global Environment ▾
Data
news_2017              133 obs. of 19 variables
  뉴스 식별자 : chr "01300201.20171230234904002" "01300201.20171226234412001" "01300201.20…
  일자 : chr "20171230" "20171226" "20171222" "20171218" ...
  언론사 : chr "강원일보" "강원일보" "강원일보" "강원도민일보" ...
  기고자 : chr "남궁현" NA NA "신관호" ...
  제목 : chr "“농가소득 5천만원 달성 역량 집중”" "[포토뉴스]저소득층 연탄 전달" "[포토뉴스]저소득층 …
  통합 분류1 : chr "경제>산업_기업" "지역>강원" "경제>산업_기업" "경제>부동산" ...
  통합 분류2 : chr "지역>경남" "경제>산업_기업" "지역>전북" NA ...
  통합 분류3 : chr NA "경제>금융_재테크" "지역>강원" NA ...
  사건/사고 분류1: chr NA NA NA NA ...
  사건/사고 분류2: logi NA NA NA NA NA NA ...
  사건/사고 분류3: logi NA NA NA NA NA NA ...
  인물 : chr NA NA NA NA ...
  위치 : chr "강릉,강원" "춘천시,강남동" "정선군,남면" "강원,강원도" ...
  기관 : chr "강릉고,평창동계올림픽,강원농협,서울대,농협중앙회,본부 조합감사위원회" "통장협의회,사회복…
  키워드 : chr "농가,소득,5천만,집중,달성,역량,함용문,농협중앙회,강원,지역,본부장,취임식,본격적,업무,…
  특성추출 : chr "농협,본부장,농업인,5천만,농가소득,농축협,농협중앙회,취임식,서울올림픽,부본부장,강원,…
  본문 : chr "함용문(54) 농협중앙회 강원지역본부장이 29일 취임식을 갖고 본격적인 업무에 들어갔다.\r\n…
  URL : chr "http://www.kwnews.co.kr/nview.asp?s=401&aid=217122900068" "http://www.kwnew…
  분석제외 여부 : chr NA "예외, 사용자 분석 제외" "예외, 사용자 분석 제외" NA ...
```

[처리결과화면]

Filter

	뉴스 식별자	일자	언론사	기고자	제목	통합 분류1	통합 분류2	통합 분류3
1	01300201.20171230234904002	20171230	강원일보	남궁현	“농가소득 5천만원 달성 역량 집중”	경제>산업_기업	지역>경남	NA
2	01300201.20171226234412001	20171226	강원일보	NA	[포토뉴스]저소득층 연탄 전달	지역>강원	경제>산업_기업	경제>금
3	01300201.20171222234043002	20171222	강원일보	NA	[포토뉴스]저소득층 연탄 전달	경제>산업_기업	지역>전북	지역>강
4	01300101.20171218004534003	20171218	강원도민일보	신관호	도내 부동산 경기 활활 측량산업 성장 활발	경제>부동산	NA	NA
5	01300201.20171208232637001	20171208	강원일보	유재규	주택경기실사지수 '75.9' 4개월 만에 상승세 전환	경제>경제일반	정치>정치일반	NA
6	01300201.20171204231754001	20171204	강원일보	윤종현	연말 대목 앞두고 외식산업 경기 회복세	경제>산업_기업	NA	NA
7	01300101.20171202004038003	20171202	강원도민일보	최훈	양양 청정산채 신소득 작목 부상	경제>경제일반	지역>지역일반	NA
8	01300101.20171130004534005	20171130	강원도민일보	김도운	“공정하고 합리적 소비활동 뒷받침 할것”	경제>서비스_쇼핑	경제>산업_기업	경제>유
9	01300101.20171123004529001	20171123	강원도민일보	정태욱	식용곤충 소득화 모델 구축	경제>산업_기업	지역>충남	경제>지
10	01300201.20171121230552003	20171121	강원일보	김설영	소득 반영 건강보험료 조정	경제>금융_재테크	경제>국제경제	NA

Showing 1 to 13 of 133 entries, 19 total columns

이제 '본문' 내용을 분석하려고 한다. 따라서 '본문'만을 추출하여 이를 별도로 저장하라는

명령어를 작성해보자. '본문'은 변수 순서로 보면 17번째 변수이다. 따라서 옵션 select를 사용하여 변수 순서 17을 지정해주면 된다. 그리고 가장 중요한 함수는 subset ( ) 함수이다. 월별 자료를 만들어야 하니 '일자' 변수를 사용하여 일자를 월별로 지정해주면 된다. 월별로 구분된 자료는 각각 news_01, news_02, ... news_12로 저장해 주자.

명령어

```
> news_01 <- subset(news_2017, 일자>"20170101" & 일자<"20170131" , select=c(17)) #17번째 변수명인 '본문'만을 골라서 저장하라는 명령어
> news_02 <- subset(news_2017, 일자>"20170201" & 일자<"20170228" , select=c(17))
> news_03 <- subset(news_2017, 일자>"20170301" & 일자<"20170331" , select=c(17))
> news_04 <- subset(news_2017, 일자>"20170401" & 일자<"20170430" , select=c(17))
> news_05 <- subset(news_2017, 일자>"20170501" & 일자<"20170531" , select=c(17))
> news_06 <- subset(news_2017, 일자>"20170601" & 일자<"20170630" , select=c(17))
> news_07 <- subset(news_2017, 일자>"20170701" & 일자<"20170731" , select=c(17))
> news_08 <- subset(news_2017, 일자>"20170801" & 일자<"20170831" , select=c(17))
> news_09 <- subset(news_2017, 일자>"20170901" & 일자<"20170930" , select=c(17))
> news_10 <- subset(news_2017, 일자>"20171001" & 일자<"20171031" , select=c(17))
> news_11 <- subset(news_2017, 일자>"20171101" & 일자<"20171130" , select=c(17))
> news_12 <- subset(news_2017, 일자>"20171201" & 일자<"20171231" , select=c(17))
```


```
> news_01 <- subset(news_2017, 일자>"20170101" & 일자<"20170131" , select=c(17)) #17번째 변수명인 '본문'만을 골라서 저장하라는 명령어
> news_02 <- subset(news_2017, 일자>"20170201" & 일자<"20170228" , select=c(17))
> news_03 <- subset(news_2017, 일자>"20170301" & 일자<"20170331" , select=c(17))
> news_04 <- subset(news_2017, 일자>"20170401" & 일자<"20170430" , select=c(17))
> news_05 <- subset(news_2017, 일자>"20170501" & 일자<"20170531" , select=c(17))
> news_06 <- subset(news_2017, 일자>"20170601" & 일자<"20170630" , select=c(17))
> news_07 <- subset(news_2017, 일자>"20170701" & 일자<"20170731" , select=c(17))
> news_08 <- subset(news_2017, 일자>"20170801" & 일자<"20170831" , select=c(17))
> news_09 <- subset(news_2017, 일자>"20170901" & 일자<"20170930" , select=c(17))
> news_10 <- subset(news_2017, 일자>"20171001" & 일자<"20171031" , select=c(17))
> news_11 <- subset(news_2017, 일자>"20171101" & 일자<"20171130" , select=c(17))
> news_12 <- subset(news_2017, 일자>"20171201" & 일자<"20171231" , select=c(17))
```

[처리결과화면]

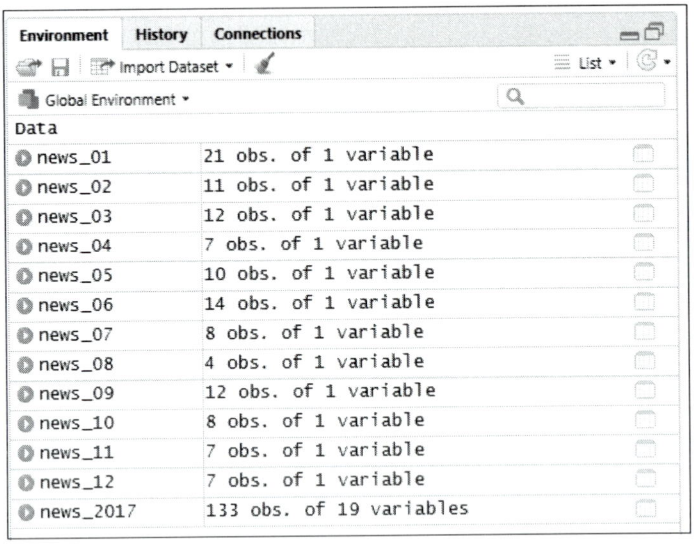

8) 파생변수 만들기: 파일명$파생변수명

파생변수를 만든다는 것은 새로운 변수를 생성시키는 것과 같다. 이에 사용되는 특별한 함수보다는 계산식에 의해 새로운 변수를 만들라는 명령어가 사용되기 쉽다. 실습데이터(2020-07-05open.csv)를 사용하여 연습해보자. 데이터셋을 열람해보면 A46 변수가 '기혼'과 '미혼'으로 되어 있음을 알 수 있다. 이 변수 데이터를 기혼은 1, 미혼은 0으로 표시하고 이를 새로운 변수명(status)으로 생성시키라는 명령어를 작성해보자. 사용할 함수는 ifelse( )이다.

명령어

```
> setwd("C:/Users/osyan/")
> data <- read.csv("2020-07-05open.csv") #factor형태로 불러들여짐
> data$status <- ifelse(data$A46 =='기혼', "1", "0")
```


```
> setwd("C:/Users/osyan/")
> data <- read.csv("2020-07-05open.csv") #factor형태로 불러들여짐
> data$status <- ifelse(data$A46 =='기혼', "1", "0")
```

[처리결과화면]

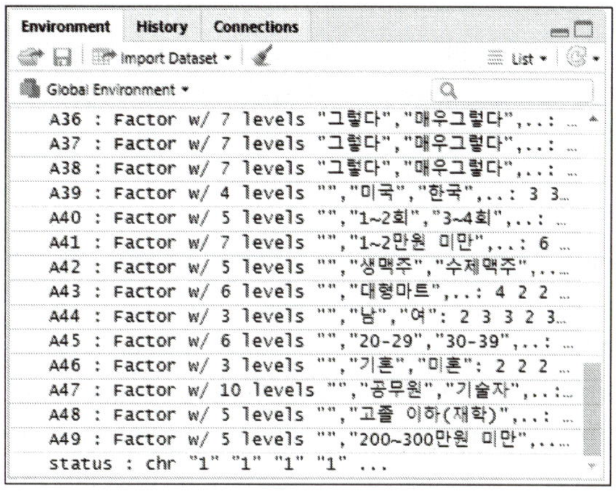

해석

처리결과화면을 보면, 데이터셋 맨 아래쪽에 새로운 변수인 status가 생성되었음을 볼 수 있다.

이번에는 여러 변수값을 한꺼번에 처리하는 명령어를 작성해보자. 사용할 함수는 ifelse( ) 함수이다. 프리미엄맥주는 1, 일반맥주는 2, 수제맥주는 3, 그리고 나머지는 4로 표기하는 새로운 변수를 생성하라는 명령어이다.

명령어

> data$type <- ifelse(data$A42=='프리미엄 맥주', "1", ifelse(data$A42=='일반 맥주', "2", ifelse(data$A42=='수제맥주', "3", "4")))

```
> data$type <- ifelse(data$A42=='프리미엄 맥주', "1", ifelse(data$A42=='일반 맥주', "2", ifelse(data$A42=='수제맥주', "3", "4")))
```

[처리결과화면]

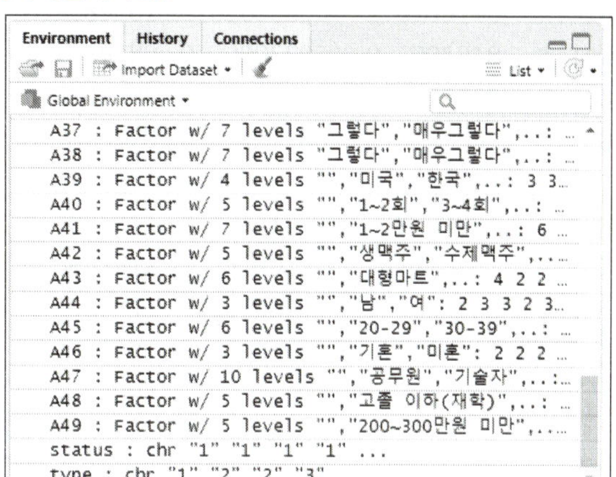

해석

처리결과화면을 보면, 데이터셋 맨 아래쪽에 새로운 변수인 type이 생성되었음을 볼 수 있다.

9) 이진(1과 0값) 변수 만들기: [, c(" ")] 또는 subset(, select=c( ))

Q 로지스틱 모형처럼 특정한 변수가 이진(1과 0)값을 갖도록 만드려면 어떻게 해야 하나요?

로지스틱 모형처럼 특정한 변수가 이진(1과 0)값을 갖도록 작업하는 방법을 연습해보자. 우선"http://jaredlander.com/data/acs_ny.csv"에서 acs_ny.csv 파일을 불러오자. 사용할 명령어는 read.table( )이고, 불러온 자료를 저장할 파일명은 acs로 한다.

명령어

```
> acs <-read.table("http://jaredlander.com/data/acs_ny.csv", sep=",",
                   header=TRUE, stringsAsFactors = FALSE)
> summary(acs)
```

```
> acs <-read.table("http://jaredlander.com/data/acs_ny.csv", sep=",",
                   header=TRUE, stringsAsFactors = FALSE)
> summary(acs)
    Acres              FamilyIncome         FamilyType           NumBedrooms
  NumChildren
 Length:22745        Min.   :     50    Length:22745         Min.   :0.000
 Min.   : 0.0000
 Class  :character   1st Qu.:  52540    Class  :character    1st Qu.:3.000
 1st Qu.: 0.0000
 Mode   :character   Median :  87000    Mode   :character    Median :3.000
 Median : 0.0000
                     Mean   : 110281                         Mean   :3.385
 Mean   : 0.9012
                     3rd Qu.: 133800                         3rd Qu.:4.000
 3rd Qu.: 2.0000
                     Max.   :1605000                         Max.   :8.000
 Max.   :12.0000
   NumPeople        NumRooms         NumUnits            NumVehicles      NumWorkers
    OwnRent
 Min.   : 2.00   Min.   : 1.000   Length:22745        Min.   :0.000   Min.
```

```
 :0.000   Length:22745
 1st Qu.: 2.00   1st Qu.: 6.000   Class :character   1st Qu.:2.000   1st
Qu.:1.000   Class :character
 Median : 3.00   Median : 7.000   Mode  :character   Median :2.000   Median
:2.000   Mode  :character
 Mean   : 3.39   Mean   : 7.175                      Mean   :2.113   Mean
 :1.745
 3rd Qu.: 4.00   3rd Qu.: 8.000                      3rd Qu.:3.000   3rd
Qu.:2.000
 Max.   :18.00   Max.   :21.000                      Max.   :6.000   Max.
 :3.000
  YearBuilt          HouseCosts    ElectricBill  FoodStamp         HeatingFuel
       Insurance
 Length:22745       Min.   :   4   Min.   :  1   Length:22745       Length:22745
     Min.   :   0.0
 Class :character   1st Qu.: 650   1st Qu.:100   Class :character   Class
:character   1st Qu.: 400.0
 Mode  :character   Median :1200   Median :150   Mode  :character   Mode
:character   Median : 720.0
                    Mean           :1480         Mean           :175
              Mean   : 960.9
                    3rd      Qu.:2000            3rd      Qu.:220
              3rd Qu.:1200.0
                    Max.           :7090         Max.           :580
              Max.   :6600.0
   Language
 Length:22745
 Class :character
 Mode  :character
```

FamilyIncome의 경우 평균이 110,281이다. 여기서는 연습을 위해 FamilyIncome 값이 150,000보다클 경우 1값을 부여하고, 그렇지 않으면 0값을 부여하는 이진 변수로 만들어보자. 명령어는 기준치보다 높으면 TRUE, 낮으면 FALSE를 갖는 이진 변수로 만들도록 구성하면 된다.

명령어

```
> acs$Income <-with(acs, FamilyIncome>=150000)
> summary(acs)
```

```
> acs$Income <-with(acs, FamilyIncome>=150000)
> summary(acs)
   Acres              FamilyIncome        FamilyType          NumBedrooms
 NumChildren
 Length:22745        Min.    :      50    Length:22745        Min.    :0.000
 Min.    : 0.0000
 Class  :character   1st Qu.:  52540     Class  :character   1st Qu.:3.000
 1st Qu.: 0.0000
 Mode   :character   Median :  87000     Mode   :character   Median :3.000
 Median : 0.0000
                     Mean    : 110281                         Mean    :3.385
 Mean    : 0.9012
                     3rd Qu.: 133800                          3rd Qu.:4.000
 3rd Qu.: 2.0000
                     Max.    :1605000                         Max.    :8.000
 Max.    :12.0000
   NumPeople       NumRooms        NumUnits           NumVehicles      NumWorkers
    OwnRent
 Min.    : 2.00   Min.    : 1.000   Length:22745        Min.    :0.000   Min.
 :0.000   Length:22745
 1st Qu.: 2.00   1st Qu.: 6.000   Class :character   1st Qu.:2.000   1st
Qu.:1.000   Class :character
 Median : 3.00   Median : 7.000   Mode  :character   Median :2.000   Median
:2.000   Mode  :character
 Mean    : 3.39   Mean    : 7.175                        Mean    :2.113   Mean
 :1.745
 3rd Qu.: 4.00   3rd Qu.: 8.000                         3rd Qu.:3.000   3rd
Qu.:2.000
 Max.    :18.00   Max.    :21.000                        Max.    :6.000   Max.
 :3.000
  YearBuilt           HouseCosts    ElectricBill  FoodStamp          HeatingFuel
       Insurance
 Length:22745       Min.    :   4   Min.    :  1   Length:22745        Length:22745
     Min.    :    0.0
 Class  :character   1st Qu.: 650   1st Qu.:100   Class :character   Class
```

```
:character   1st Qu.: 400.0
 Mode   :character   Median :1200   Median :150   Mode   :character   Mode
:character   Median : 720.0
                     Mean            :1480          Mean            :175
                Mean    : 960.9
                     3rd       Qu.:2000              3rd       Qu.:220
                3rd Qu.:1200.0
                     Max.            :7090          Max.            :580
                Max.    :6600.0
   Language            Income
 Length:22745        Mode :logical
 Class :character    FALSE:18180
 Mode  :character    TRUE :4565
```

▶ 해석

처리결과화면을 보면, 앞에서는 없었던 새로운 변수로 Income이 생성되었고, Income 변수는 logical형이며 TRUE가 4565개, FALSE가 18180개 인 것으로 나타났다.

자 이제 이렇게 이진 변수 작업을 한 자료를 가지고 ggplot2 그래프를 그려보자. 사용할 그림도구는 useful 패키지이며, geom_density( )와 geom_vline( ), scale_x_continuous( ) 등이다. 필요한 패키지가 설치되어 있지 않으면 추가로 설치하고 시작하자.

명령어

```
> install.packages("useful")
> require(useful)
> require(ggplot2)
```

```
> install.packages("useful")
Installing package into ‘C:/Users/User/Documents/R/win-library/3.5’
(as ‘lib’ is unspecified)
trying URL 'https://cran.rstudio.com/bin/windows/contrib/3.5/useful_1.2.
6.zip'
Content type 'application/zip' length 160535 bytes (156 KB)
downloaded 156 KB

package ‘useful’ successfully unpacked and MD5 sums checked
```

```
The downloaded binary packages are in
      C:\Users\User\AppData\Local\Temp\RtmpYdwq7f\downloaded_pack
> require(useful)
필요한 패키지를 로딩중입니다: useful
Warning message:
패키지 'useful'는 R 버전 3.5.1에서 작성되었습니다
> require(ggplot2)
필요한 패키지를 로딩중입니다: ggplot2
Warning message:
패키지 'ggplot2'는 R 버전 3.5.1에서 작성되었습니다
```

이제 그래프 그리기를 위한 win.graph( )를 사용하여 FamilyIncome에 대해 기준치 150000을 나타내는 vline과 밀도를 보여주는 그래프를 파란색으로 채워 보자. FamilyIncome이 x축이 되며, x축의 범위는 0~1,000,000으로 하자.

명령어

```
> win.graph()
> ggplot(acs, aes(x=FamilyIncome))+
  geom_density(fill="blue", color="blue")+
  geom_vline(xintercept=150000)+
scale_x_continuous(label=multiple.dollar, limits=c(0, 1000000))
```

```
> win.graph()
> ggplot(acs, aes(x=FamilyIncome))+
+   geom_density(fill="blue", color="blue")+
+   geom_vline(xintercept=150000)+
+   scale_x_continuous(label=multiple.dollar, limits=c(0, 1000000))
Warning message:
Removed 13 rows containing non-finite values (stat_density).
```

[처리결과화면]

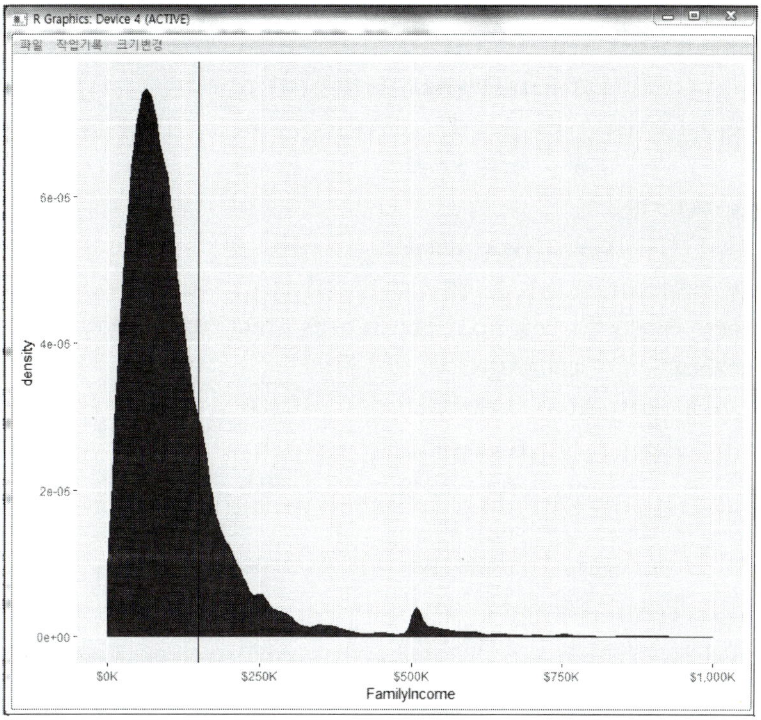

해석

처리결과화면을 보면, FaimilyIncome을 x축으로 해서 기준치 150,000을 표시하는 vline이 그려져 있음을 볼 수 있다. X축 범위는 부여한 대로 최대치 1,000,000(1,000K)까지 표기되어 있고, 색깔은 파란색으로 채워져 있다.

이제 작업한 acs 데이터셋을 열람해 보자.

명령어

```
> head(acs)
```

```
> head(acs)
  Acres FamilyIncome  FamilyType NumBedrooms NumChildren NumPeople NumRoom
s         NumUnits NumVehicles
1  1-10          150      Married           4           1         3
  9 Single detached           1
2  1-10          180 Female Head           3           2         4
  6 Single detached           2
```

```
3  1-10          280 Female Head          4          0          2
  8 Single detached         3
4  1-10          330 Female Head          2          1          2
  4 Single detached         1
5  1-10          330   Male Head          3          1          2
  5 Single attached         1
6  1-10          480   Male Head          0          3          4
  1 Single detached         0
  NumWorkers  OwnRent   YearBuilt HouseCosts ElectricBill FoodStamp Heating
Fuel Insurance          Language
1              0 Mortgage    1950-1959        1800          90          No
    Gas       2500          English
2              0    Rented Before 1939         850          90          No
    Oil          0          English
3              1 Mortgage    2000-2004        2600         260          No
    Oil       6600 Other European
4              0    Rented    1950-1959        1800         140          No
    Oil          0          English
5              0 Mortgage Before 1939         860         150          No
    Gas        660          Spanish
6              0    Rented Before 1939         700         140          No
    Gas          0          English
  Income
1  FALSE
2  FALSE
3  FALSE
4  FALSE
5  FALSE
6  FALSE
```

10) 소수점 자리수 조정하기: sprintf( )

Q. 데이터의 소수점 자리수를 조정하는 방법을 알려주세요. 쌤!

우선 연습을 위해 1234.567890이라는 숫자 자료를 임의로 만들어 보자. 만든 뒤 안내하는 명령어에 따라 연습해 보자.

명령어

```
> e <-c(1234.567890)
> sprintf("%.0f", e)
> sprintf("%.1f", e) #소수점 한 자리 - 반올림 됨
> sprintf("%.2f", e) #소수점 두 자리 - 반올림 됨
> sprintf("%.3f", e) #소수점 세 자리 - 반올림 됨
> sprintf("%.4f", e) #소수점 네 자리 - 반올림 됨
> sprintf("%1.0f", e) #소수점 앞 한 자리 + 소수점 아래 자리 없음 - 반올림 됨
> sprintf("%1.2f", e) #소수점 앞 한 자리 + 소수점 아래 두 자리 - 반올림 됨
> sprintf("%2.0f", e) #소수점 앞 두 자리 + 소수점 아래 자리 없음 - 반올림 됨
> sprintf("%7.2f", e) #소수점 앞 일곱 자리 + 소수점 아래 두 자리 - 반올림 됨
> sprintf("%20.2f", e) #소수점 앞 두 자리 + 소수점 아래 두 자리 - 반올림 됨
> sprintf("%10.2f", e) #소수점 앞 두 자리 + 소수점 아래 두 자리 - 반올림 됨
> sprintf("%8.2f", e) #소수점 앞 두 자리 + 소수점 아래 두 자리 - 반올림 됨
```

```
> e <-c(1234.567890)
> sprintf("%.0f", e)
[1] "1235"
> sprintf("%.1f", e) #소수점 한 자리 - 반올림 됨
[1] "1234.6"
> sprintf("%.2f", e) #소수점 두 자리 - 반올림 됨
[1] "1234.57"
> sprintf("%.3f", e) #소수점 세 자리 - 반올림 됨
[1] "1234.568"
> sprintf("%.4f", e) #소수점 네 자리 - 반올림 됨
[1] "1234.5679"
> sprintf("%1.0f", e) #소수점 앞 한 자리 + 소수점 아래 자리 없음 - 반올림 됨
[1] "1235"
> sprintf("%1.2f", e) #소수점 앞 한 자리 + 소수점 아래 두 자리 - 반올림 됨
[1] "1234.57"
> sprintf("%2.0f", e) #소수점 앞 두 자리 + 소수점 아래 자리 없음 - 반올림 됨
[1] "1235"
> sprintf("%7.2f", e) #소수점 앞 일곱 자리 + 소수점 아래 두 자리 - 반올림 됨
[1] "1234.57"
> sprintf("%20.2f", e) #소수점 앞 두 자리 + 소수점 아래 두 자리 - 반올림 됨
[1] "             1234.57"
> sprintf("%10.2f", e) #소수점 앞 두 자리 + 소수점 아래 두 자리 - 반올림 됨
[1] "   1234.57"
> sprintf("%8.2f", e) #소수점 앞 두 자리 + 소수점 아래 두 자리 - 반올림 됨
[1] " 1234.57"
```

11) 래그 변수 만들기: mutate( )와 lag( )

Q. 데이터의 과거값을 새로운 변수로 만들려면 어떻게 해야 하나요?

특정 변수의 과거값을 새로운 변수로 만들어야 할때가 있다. 이때 사용할 함수는 lag( )이다. 사용할 패키지를 불러오고 1~9까지의 숫자를 생성시켜 x에 저장해 보자.

명령어

```
> library(dplyr)
> x <- c(1:10)
```

```
> library(dplyr)
다음의 패키지를 부착합니다: 'dplyr'

The following objects are masked from 'package:stats':

    filter, lag

The following objects are masked from 'package:base':

    intersect, setdiff, setequal, union
> x <- c(1:10)
```

[처리결과화면]

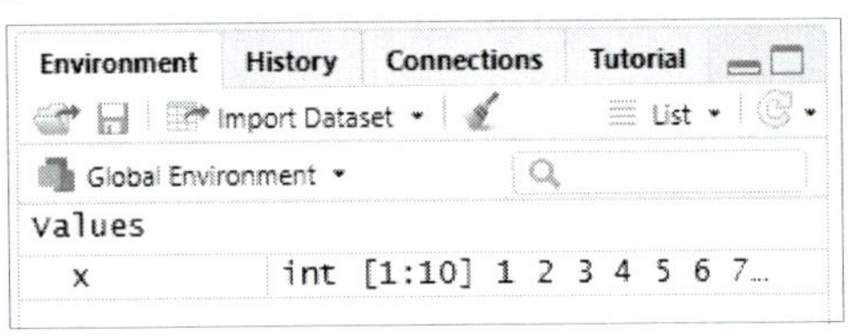

이제 생성된 1~9까지의 숫자를 대상으로 과거 1년치 값(래그 1)을 데이터값으로 갖는 데이터셋을 만들고, 이어서 과거 2년치 값(래그 2)을 데이터값으로 갖는 데이터셋을 만들어보자. 과거 1년치 또는 2년치를 지정하는 방법은 n=1, n=2 또는 단순히 1 또는 2로 표기하면 된다.

명령어

```
> lag(x, n = 1) #과거 1년치 값 처리(래그 1)
```

```
> lag(x, 2) #과거 2년치 값 처리(래그 2)
```

```
> lag(x, n = 1)
 [1] NA  1  2  3  4  5  6  7  8  9
> lag(x, 2)
 [1] NA NA  1  2  3  4  5  6  7  8
```

해석

처리결과화면을 보면, 1~9의 숫자로 된 데이터셋 x가 과거 1년치 값으로 된 데이터셋으로 전환되었고, 이어서 과거 2년치 값으로 된 데이터셋으로 전환된 것을 볼 수 있다. 그 만큼 과거값은 그 전 과거값이 없기 때문에 가져올 수 없어 NA로 표기되어 있음을 알 수 있다. 따라서 래그 변수를 취하게 되면 데이터 관측치가 줄어드는 것을 알 수 있다. 연구자가 데이터셋을 균형데이터를 얻고자 한다면 그만큼 래그 변수까지 고려해서 사전에 연구기간보다 긴 연구기간 데이터를 확보해야 할 것이다(예를 들어 연구기간이 2000~2010년이면 데이터는 애초에 1998~2010년까지 확보해야 래그변수 1년 또는 2년을 취해도 2000~2010년까지 균형데이터를 만들 수 있다).

자 이번에는 데이터셋 안에서 래그변수를 만들어서 새로운 변수로 저장시키는 연습을 해보자. 실습데이터(panel_2.dta)를 불러와 roe 변수에 대해 과거 1값과 과거 2값을 새로운 변수로 생성하라는 명령어를 작성해보자. 사용할 함수는 mutate( )와 lag( )이다.

명령어

```
> library(haven)
> panel_2 <- read_dta("C:/Users/osyan/panel_2.dta")
> View(panel_2)
> panel_lag <- mutate(panel_2,
+                          roe_lag1 = lag(roe, 1), #래그 1
+                          roe_lag2 = lag(roe, 2)) #래그 2
```


```
> library(haven)
> panel_2 <- read_dta("C:/Users/osyan/panel_2.dta")
> View(panel_2)
> panel_lag <- mutate(panel_2,
+                          roe_lag1 = lag(roe, 1), #래그 1
+                          roe_lag2 = lag(roe, 2)) #래그 2
```

[처리결과화면]

(처리전) (처리후)

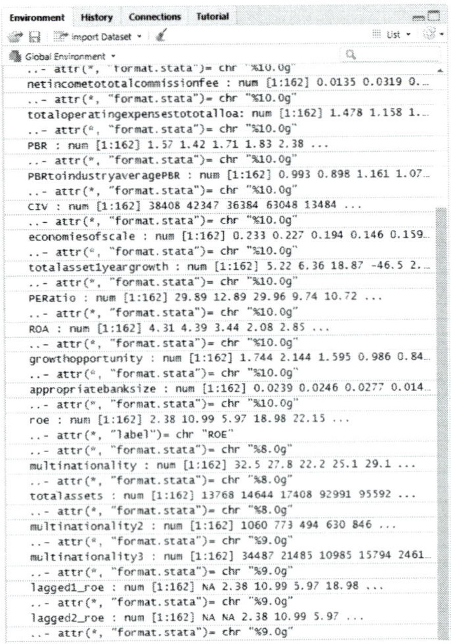

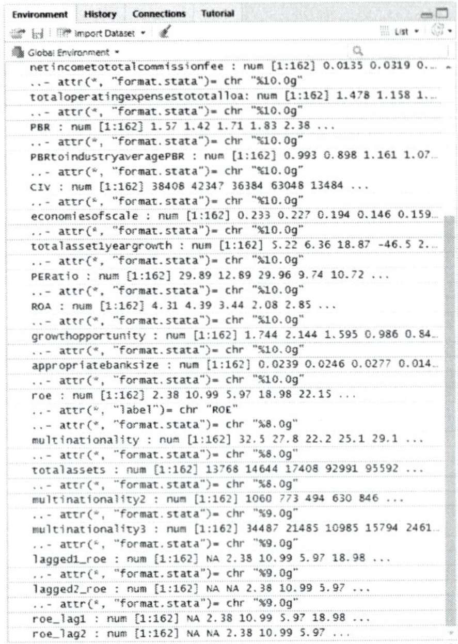

해석

처리결과화면을 보면, 처리전에는 없던 roe_lag1과 roe_lag2 변수가 새롭게 생성되어 저장되어 있음을 볼 수 있다. 래그 1에서는 NA가 하나, 래그 2에서는 NA가 2개 생성되어 있음을 알 수 있다. 이는 가져올 수 있는 과거값이 없기 때문에 NA로 처리한 것이다.

12) 변수명 바꾸기: rename( )

실습데이터(2020-07-05open.csv)를 불러와 변수명을 바꾸는 연습을 해보자. 불러온 데이터셋에서 A1변수명을 Power1으로, A2 변수명을 Power2로 바꾸는 명령어를 작성해보자.

명령어

```
> file.remove("제거할zip파일명")> library(dplyr)
> setwd("C:/Users/osyan/") #작업디렉토리 지정(연구자마다 다름)
> data <- read.csv("2020-07-05open.csv") #factor형태로 불러들여짐
> data <- rename(data, Power1 = A1)
> data <- rename(data, Power2 = A2)
```

```
> library(dplyr)
```

```
다음의 패키지를 부착합니다: ‘dplyr’

The following object is masked from ‘package:car’:

    recode

The following objects are masked from ‘package:stats’:

    filter, lag

The following objects are masked from ‘package:base’:

    intersect, setdiff, setequal, union
> setwd("C:/Users/osyan/")
> data <- read.csv("2020-07-05open.csv") #factor형태로 불러들여짐
> data <- rename(data, Power1 = A1)
> data <- rename(data, Power2 = A2)
```

[처리결과화면]

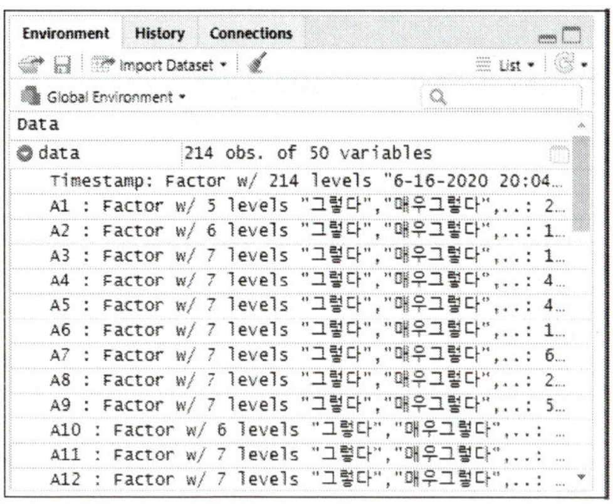

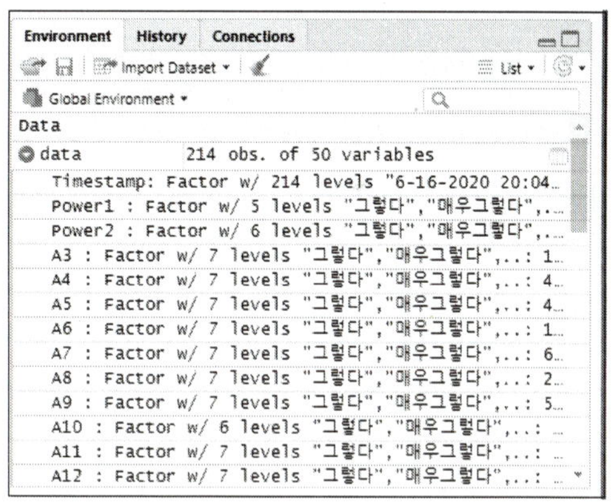

해석

처리결과화면을 보면, 변수명이 A1->Power1, A2->Power2로 바뀌어 있음을 볼 수 있다.

13) 자료의 속성 변환하기: factor( ), as.numeric( )

Q. 데이터 셋의 자료가 성격이 달라서 처리하기가 난처하네요... 원하는 자료형태로 만들려면 어떻게 하나요?

데이터 셋의 자료는 저장하는 방식에 따라 성질이 달라진다. 여기서 자료는 ‘객체’이고, 어

떻게 저장할 것인가를 말해주는 것이 '모드'이다.

[객체와 모드]

객체	모드	코드 예
숫자	수치형	2.3456
숫자벡터	수치형	c(2, 5)
문자열	문자형	"Domestic"
문자열벡터	문자형	c("Domestic", "Foreign", "National")
요인	범주형	factors(c("NY", "CA", "IL"))
리스트	리스트	list("Domestic", "Foreign", "National")
데이터 프레임	리스트	data.frame(x=1: 3, y=c("Domestic", "Foreign", "National"))
함수	함수	factor( )

데이터 셋의 자료를 특정한 모드에서 원하는 다른 모드로 변환할 수 있다. 이때 사용되는 변환 관련 명령어는 다음과 같다.

[변환 명령어]

변환 방향	방법	비고
벡터 -> 리스트	as.list(vec)	
벡터 -> 행렬	cbind(), as.matrix() rbind(), as.matrix(vec, n, m)	 n by m 행렬생성
벡터 -> 데이터프레임	as.data.frame(vec) as.data.frame(rbind(vec))	열 한개짜리 데이터프레임 행 한개짜리 데이터프레임
리스트 -> 벡터	unlist(list)	as.vector 보다 unlist가 좋음
리스트 -> 행렬	as.matrix(list) as.matrix(rbind(list)) matrix(list, n, m)	열 한개짜리 행렬 행 한개짜리 행렬 n by m 행렬
리스트 -> 데이터프레임	as.data.frame(list)	목록 원소가 데이터의 열
행렬 -> 벡터	as.vector(mat)	행렬의 모든 원소를 벡터로 변환
행렬 -> 리스트	as.list(mat)	행렬의 모든 원소를 리스트로 변환
데이터프레임 -> 벡터	dfm[1,] dfm[,1] or dfm[[1]]	행 하나짜리 데이터프레임 변환 열 하나짜리 데이터프레임 변환
데이터프레임 -> 리스트	as.list(dfm)	
데이터프레임 -> 행렬	as.matrix(dfm)	
문자 -> 요인	factor()	
-> 수치	as.numeric	

여기서 유념할 점은 모드는 메모리에 저장되는 형태일 뿐 논리적으로 프로그래밍할 때 쓰는 단위가 아니라는 사실이다. 예를 들어 모드가 어떤 숫자로 이루어져 있다고 해도 숫자형(numeric)임을 의미할 뿐 클래스(class)가 다를 수 있다. 거리, 시간, 무게를 좋은 예로 들 수 있다. 이들은 모두 숫자형이지만 같은 숫자(예, 거리 2와 시간 2, 무게 2라는 숫자)라도 그 클래스가 다르다. R에서는 데이터 처리 방식이 클래스에 의해 결정된다. 그리고 이러한 클래스에 따라서 데이터 처리를 다르게 하는 명령어가 print( )이다.

① 요인(범주형)으로 전환하기: factor( )

Q. 단순한 문자 또는 명목형 자료를 분석자료로 만들려면 어떻게 하나요?

저장되어 있는 기초자료 가운데 문자(명목형) 데이터는 단순한 문자에 지나지 않는다. 문자 데이터는 문학적 느낌이나 의미를 파악하는데 사용될 수는 있어도 통계 분석 자료로서는 기능하지 못한다. 그냥 문자일 뿐이니까.

이 경우 문자(명목형) 데이터를 분석자료화 하기 위해서는 요인 자료로 전환시켜 주어야 한다. 이럴 때 사용하는 명령어가 factor( ) 함수식이다. Factor( ) 함수식을 사용하여 요인으로 전환한 자료는 일반적으로 "f.변수명"으로 기재하는 것이 통례이다. 반드시 그럴 필요는 없지만.

앞서 연습한 자료 생성에서 z 변수는 논리형으로 이 자료는 R 통계분석에서 기본적으로 인지된다. 그러나 문자(명목형)은 " " 안에 기입하는 자료로서 R 통계분석 프로그램이 자동으로 요인 자료로 인식하지 못한다. 따라서 이들 문자(명목형) 자료를 요인으로 전환시켜 주어야 한다. 자 이제 명목형 자료를 생성하여 요인 자료로 전환시켜 보자. 생성할 변수명은 gender로 하자. 자료를 직접 생성하는 명령어는 c( ) 함수식이다.

명령어

```
> 생성할변수명=c("문자1", "문자2", "문자3", "문자4")
> f.생성한변수명=factor(생성한변수명)
```

```
> gender=c("Male", "Male", "Female", "Male", "Female")
> f.gender=factor(gender)
```

자 이제 요인으로 변환시킨 gender의 상태를 다음과 같이 직접 열람해 보자.

명령어

```
> gender
> f.gender
> table(f.gender)
```

```
> gender=c("Male", "Male", "Female", "Male", "Female")
> f.gender <-factor(gender)
> gender
[1] "Male"   "Male"   "Female" "Male"   "Female"
> f.gender
[1] Male   Male   Female Male   Female
Levels: Female Male
> table(f.gender)
f.gender
Female   Male
     2      3
```

해석

처리결과화면을 보면, gender 파일 내용과 f.gender 파일 내용이 표시방식이 다름을 알 수 있다. 또한 table(f.gender) 명령어로 처리하면 표시방식이 또 다르게 Female과 Male의 개수가 계산되어 나타나고 있음을 알 수 있다.

② 수치형으로 전환하기: **as.numeric( )**

Q. factor 자료를 numeric 자료로 전환하려면 어떻게 하나요?

저장되어 있는 기초자료 가운데 factor 형 데이터를 수치형 자료로 전환하려면 as.numeric( ) 함수를 사용하면 된다. 우선 실습데이터 apptest2를 불러오자.

명령어

```
> setwd("C:/Users/OSYang/") #작업디렉토리 고정: 이는 작업자마다 다르다
> apptest2 <-read.csv(file.choose()) #파일을 직접 폴더에서 선택: apptest2를 클릭
```

```
> setwd("C:/Users/OSYang/") #작업디렉토리 고정: 이는 작업자마다 다르다
```

```
> apptest2 <-read.csv(file.choose()) #파일을 직접 폴더에서 선택: apptest2를 클릭
```

[처리결과화면]

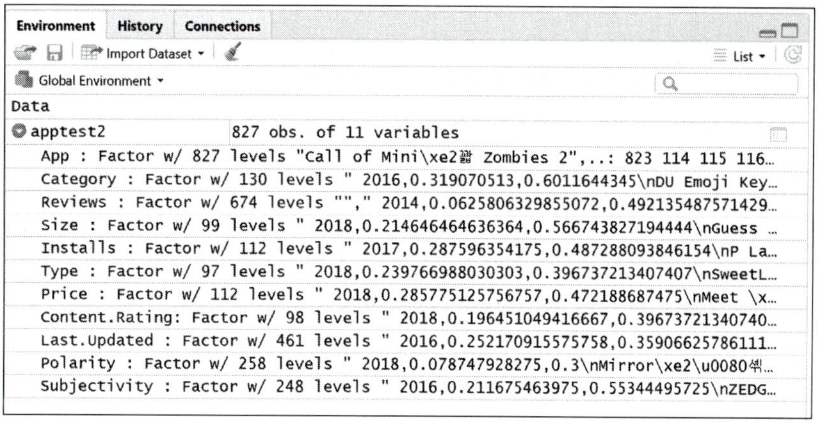

해석

처리결과화면을 보면, 모든 변수가 factor 속성으로 되어 있음을 알 수 있다.

이제 factor 변수인 Reviews, Installs, Price, Polarity, Subjectivity를 모두 수치형 자료로 변환시켜보자.

명령어

```
> attach(작업파일명) #작업화일 고정
> 반환파일명 <-as.numeric(변환할변수명) #데이터 불러오기
```

```
> attach(apptest2) #작업화일 고정
The following objects are masked from apptest2 (pos = 3):

    App, Category, Content.Rating, Installs, Last.Updated, Polarity, Pric
e, Reviews, Size, Subjectivity,
    Type

The following objects are masked from apptest2 (pos = 4):

    App, Category, Content.Rating, Installs, Last.Updated, Polarity, Pric
e, Reviews, Size, Subjectivity,
    Type
```

```
The following objects are masked from apptest2 (pos = 5):

    App, Category, Content.Rating, Installs, Last.Updated, Polarity, Pric
e, Reviews, Size, Subjectivity,
    Type

The following objects are masked from apptrain2 (pos = 6):

    App, Category, Content.Rating, Installs, Last.Updated, Polarity, Pric
e, Reviews, Size, Subjectivity,
    Type

The following objects are masked from apptrain2 (pos = 7):

    App, Category, Content.Rating, Installs, Last.Updated, Polarity, Pric
e, Reviews, Size, Subjectivity,
    Type
> apptest2$Reviews <-as.numeric(Reviews)
> apptest2$Installs <-as.numeric(Installs)
> apptest2$Price <-as.numeric(Price)
> apptest2$Polarity <-as.numeric(Polarity)
> apptest2$Subjectivity <-as.numeric(Subjectivity)
```

[처리결과화면]

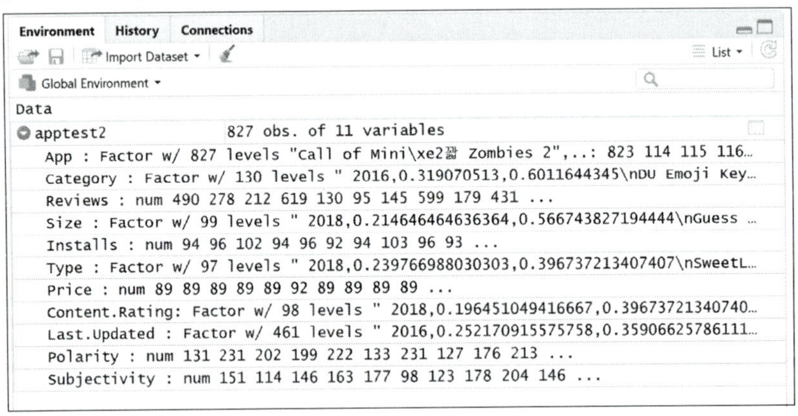

해석

처리결과화면을 보면, 처리 대상 변수가 factor에서 수치형(num)으로 변환되었음을 알 수 있다.

14) 날짜 다루기: subset( ), substr( ), 패키지 TTR과 quantmod, complete(Date=seq(min(Date), max(Date), by="day"))

① 필요한 날짜만 남기기

전체 데이터셋에서 월별로 데이터를 잘라 월별 변화를 보는 작업을 진행해보자. 작업디렉토리를 지정해주고, 연습데이터(g_2017.xlsx)를 불러오자. 불러온 데이터셋은 news_2017로 파일명을 주고 저장하자.

명령어

```
> setwd("C:/Users/media/")
> library(readxl)
> news_2017 <- read_excel("C:/Users/media/g_2017.xlsx")
```

```
> setwd("C:/Users/media/")
> library(readxl)
> news_2017 <- read_excel("C:/Users/media/g_2017.xlsx")
```

이제 필요한 일자만을 골라 잘라내보자. 가장 중요한 함수는 해당 자료를 오려내라는 subset ( ) 함수이다. '일자' 변수를 사용하여 필요한 일자를 지정해주자. 여기서는 연습으로 2017년 1월 자료만으로 지정하고, 지정한 자료는 news_01로 저장해 주자. 또한 모든 변수자료를 가져오지 말고, 17번째 변수인 "본문" 내용만을 가져와 저장하도록 명령어를 작성해보자. 이에 사용되는 옵션은 select=c( )이다.

명령어

```
> news_01 <- subset(news_2017, 일자>"20170101" & 일자<"20170131" , select=c(1
7)) #17번째 변수명인 '본문'만을 골라서 저장하라는 명령어
```

```
> news_01 <- subset(news_2017, 일자>"20170101" & 일자<"20170131", select=c(17))
```

[처리결과화면]

```
Environment  History  Connections  Tutorial
Import Dataset   List
Global Environment
Data
news_2017          133 obs. of 19 variables
  뉴스 식별자 : chr [1:133] "01300201.20171230234904002" "01300201…
  일자 : chr [1:133] "20171230" "20171226" "20171222" "20171218" …
  언론사 : chr [1:133] "강원일보" "강원일보" "강원일보" "강원도민일보" …
  기고자 : chr [1:133] "남궁현" NA NA "신관호" ...
  제목 : chr [1:133] "“농가소득 5천만원 달성 역량 집중”" "[포토뉴스]저…
  통합 분류1 : chr [1:133] "경제>산업_기업" "지역>강원" "경제>산업_기업…
  통합 분류2 : chr [1:133] "지역>경남" "경제>산업_기업" "지역>전북" NA…
  통합 분류3 : chr [1:133] NA "경제>금융_재테크" "지역>강원" NA ...
  사건/사고 분류1: chr [1:133] NA NA NA NA ...
  사건/사고 분류2: logi [1:133] NA NA NA NA NA NA ...
  사건/사고 분류3: logi [1:133] NA NA NA NA NA NA ...
  인물 : chr [1:133] NA NA NA NA ...
  위치 : chr [1:133] "강릉,강원" "춘천시,강남동" "정선군,남면" "강원,강…
  기관 : chr [1:133] "강릉고,평창동계올림픽,강원농협,서울대,농협중앙회,본…
  키워드 : chr [1:133] "농가,소득,5천만,집중,달성,역량,함용문,농협중앙회…
```

[처리결과화면]

Filter

	본문
1	한은 소비심리지수 2.8 내린 95.4 2013년 이래 가장 낮은 수…
2	道, 내수 살리기 소비 촉진운동 대대적 전개 김영란법 취지 …
3	원조 겨울축제인 제17회 인제 빙어축제가 지역농가에 도움…
4	화천군여성단체협의회(회장:박용희) 회원 20여명은 25일 종…
5	4만9,900원 수삼 내놔도 매출은 20~30% 하락 경기침체 겹…
6	【춘천】춘천시는 저소득층의 자립, 자활을 돕는 `희망키움통…
7	올해 초 전문건설업계 경기가 악화될 것으로 예상됐다. 대한…
8	【원주】저소득층을 위한 다양한 에너지 복지 지원이 이뤄진…

Showing 1 to 9 of 21 entries, 1 total columns

해석

처리결과 화면을 살펴보면, 본문 내용은 잘 오려내서 저장되었지만 '일자' 자료가 없어지고 넘버링 처리만 되었음을 볼 수 있다.

'일자' 자료도 필요하니 '일자' 자료까지 제대로 오려내서 저장될 수 있도록 다시 작업을 진행해보자. 이를 해결하기 위해서는 '일자'를 속성 변환 해주어야 한다. 현재 '일자' 자료는 chr로 되어 있는데 이것을 factor로 변환하라는 명령어를 처리하고, 이후 다시 일자를 지정한 본문 자료만을 오려서 반환하라는 명령어를 처리해보자.

명령어

```
> news_2017$일자 <-as.factor(news_2017$일자)
```

```
> news_2017$일자 <-as.factor(news_2017$일자)
Warning messages:
1: In grepl("|||", what, fixed = TRUE) :
  input string 1 is invalid in this locale
2: In grepl("|||", what, fixed = TRUE) :
  input string 1 is invalid in this locale
```

[처리결과화면]

Filter

	본문
No data available in table	

[처리결과화면]

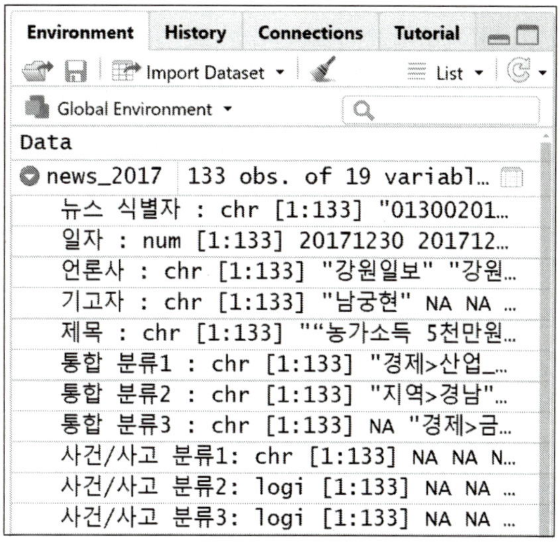

② 날짜 분할하기: **substr( )**

2017-01-04와 같은 형식으로 이루어진 날짜 정보를 연도, 월, 일별로 분할하는 연습을 해보자. 실습데이터(DTB3.csv)를 불러들이자.

명령어

```
> DTB3 <- read.csv("C:/Users/media/DTB3.csv")
```

```
> DTB3 <- read.csv("C:/Users/media/DTB3.csv")
```

[처리결과화면]

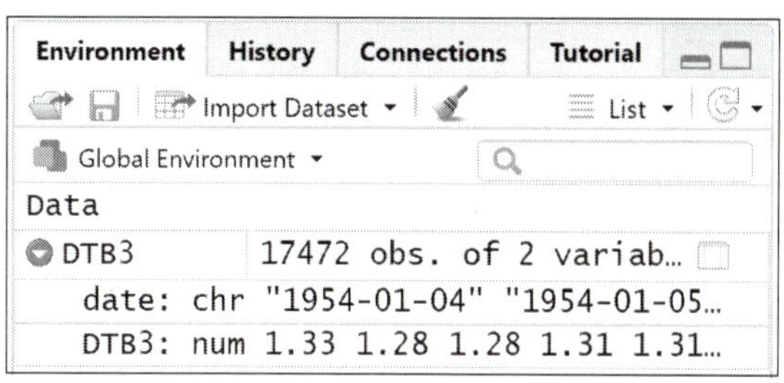

자 이제 불러온 데이터셋에서 date의 정보를 year, month, day로 각각 분할하여 새로운 변수로 저장하도록 명령어를 작성해보자. 사용할 함수는 substr( )이며, 이는 문자열의 일부를 잘라서 추출할 때 사용하는 함수이다. 따라서 앞에서부터 차례로 순번을 지정해주면 해당

순번의 자료가 절단되어 추출된다. 이번 데이터셋의 경우 date의 구조가 1954-01-04 형식으로 되어있기 때문에 연도는 1~4번이고, 월은 6~7이고, 일은 9~10번이다. 주의할 점은 "-"도 순번에 포함되기 때문에 이 순번을 고려해서 지정해주어야 한다. 각각의 정보를 추출해서 각각 year, month, day라는 새로운 변수를 생성해서 그곳에 저장하도록 명령어를 작성해보자.

명령어

```
> DTB3$year <-substr(DTB3$date, start=1, stop=4)
> DTB3$month <-substr(DTB3$date, start=6, stop=7)
> DTB3$day <-substr(DTB3$date, start=9, stop=10)
```


```
> DTB3$year <-substr(DTB3$date, start=1, stop=4)
> DTB3$month <-substr(DTB3$date, start=6, stop=7)
> DTB3$day <-substr(DTB3$date, start=9, stop=10)
```


[처리결과화면]

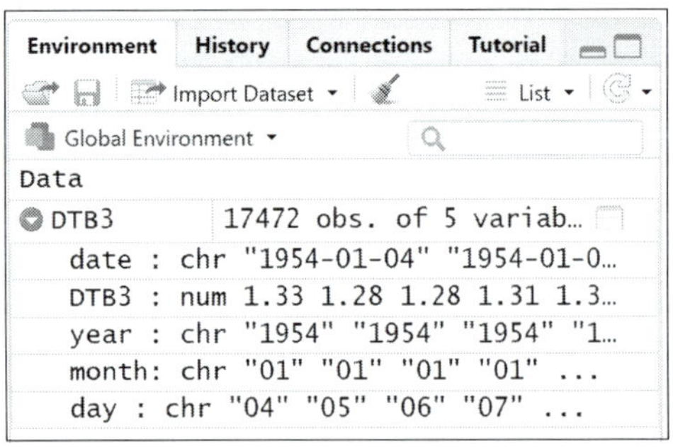

[처리결과화면]

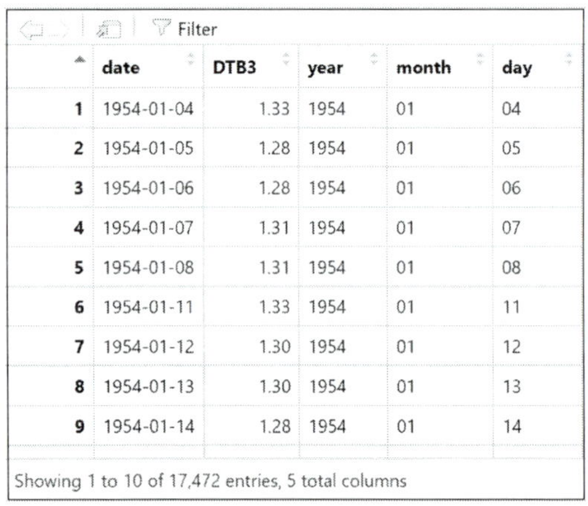

	date	DTB3	year	month	day
1	1954-01-04	1.33	1954	01	04
2	1954-01-05	1.28	1954	01	05
3	1954-01-06	1.28	1954	01	06
4	1954-01-07	1.31	1954	01	07
5	1954-01-08	1.31	1954	01	08
6	1954-01-11	1.33	1954	01	11
7	1954-01-12	1.30	1954	01	12
8	1954-01-13	1.30	1954	01	13
9	1954-01-14	1.28	1954	01	14

Showing 1 to 10 of 17,472 entries, 5 total columns

③ 날짜 변수명 부여하기: 패키지 TTR, quantmod

FRED 홈페이지에서 DTB3 수치를 크롤링해서 저장하라는 명령어를 작성하여 날짜 변수를 부여하는 연습을 수행해보자. 우선 데이터 크롤링에 필요한 패키지를 설치하고 라이브러리로 불러오자. 필요한 패키지는 TTR과 quantmod이다. 이들 두 패키지가 설치되지 않았으면 install.packages("TTR")과 install.packages("quantmod")로 설치한 후 library( ) 함수로 이들 두 패키지를 각각 불러들이자.

명령어

```
> library(TTR)
> library(quantmod)
```

```
> library(TTR)
> library(quantmod)
Loading required package: xts
Loading required package: zoo

Attaching package: 'zoo'

The following objects are masked from 'package:base':

    as.Date, as.Date.numeric

Registered S3 method overwritten by 'quantmod':
  method            from
  as.zoo.data.frame zoo
```

이제 FRED에서 DGS10이라는 데이터 자료를 크롤링해 오자. 사용할 함수는 getSymbols()이다.

명령어

```
> getSymbols('DGS10', src='FRED')
```

```
> getSymbols('DGS10', src='FRED')
'getSymbols' currently uses auto.assign=TRUE by default, but will
use auto.assign=FALSE in 0.5-0. You will still be able to use
'loadSymbols' to automatically load data. getOption("getSymbols.env")
and getOption("getSymbols.auto.assign") will still be checked for
alternate defaults.

This message is shown once per session and may be disabled by setting
options("getSymbols.warning4.0"=FALSE). See ?getSymbols for details.

[1] "DGS10"
```

[처리결과화면]

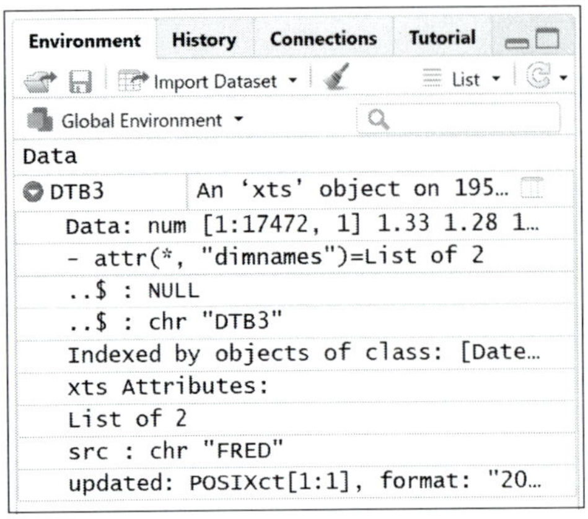

[처리결과화면: View(DTB3)]

	DTB3
1954-01-04	1.33
1954-01-05	1.28
1954-01-06	1.28
1954-01-07	1.31
1954-01-08	1.31
1954-01-11	1.33
1954-01-12	1.30
1954-01-13	1.30

Showing 1 to 9 of 17,472 entries, 1 total columns

해석

처리결과 화면을 살펴보면, DTB3 변수명으로 해당 수치 자료가 저장되어 있고, 날짜 정보는 변수명이 부여되지 않은 채 저장되어 있음을 볼 수 있다.

자 이제 날짜 정보의 변수명을 'date'로 해서 부여해보도록 하자. 우선 데이터프레임으로 전환하는 작업이 필요하다. 데이터 프레임으로 자료를 전환한 뒤 row.names( ) 함수를 사용하여 새로운 변수로 Date를 생성하여 그곳에 저장하라는 명령어를 작성해보자.

명령어

```
DGS10_1=as.data.frame(get('DGS10'))
> DGS10_1$Date = row.names(DGS10_1)
```

```
> DGS10_1=as.data.frame(get('DGS10'))
> DGS10_1$Date = row.names(DGS10_1)
```

[처리결과화면]

	DGS10	Date
1962-01-02	4.06	1962-01-02
1962-01-03	4.03	1962-01-03
1962-01-04	3.99	1962-01-04
1962-01-05	4.02	1962-01-05
1962-01-08	4.03	1962-01-08
1962-01-09	4.05	1962-01-09
1962-01-10	4.07	1962-01-10
1962-01-11	4.08	1962-01-11
1962-01-12	4.08	1962-01-12
1962-01-15	4.10	1962-01-15

Showing 1 to 11 of 15,392 entries, 2 total columns

해석

처리결과 화면을 살펴보면, row에 있던 날짜 내용이 새로운 변수 Date 아래에 저장되어 있음을 볼 수 있다.

④ 누락된 날짜 채우기: complete( )

FRED 홈페이지에서 DTB3 수치를 크롤링해서 저장하라는 명령어를 작성하여 날짜 변수를 부여하는 연습을 수행해보자. 사용할 데이터셋은 앞서 진행한 GDS10_1 데이터셋이다. 작업에 앞서 필요한 것으로 우선 날짜 정보를 '날짜'로 인식시켜주어야 한다. 이를 위해 as.Date( ) 함수를 사용하도록 하자.

명령어

```
> DGS10_1$Date=as.Date(DGS10_1$Date)
```

```
> DGS10_1$Date=as.Date(DGS10_1$Date)
```

[처리결과화면: 처리전]

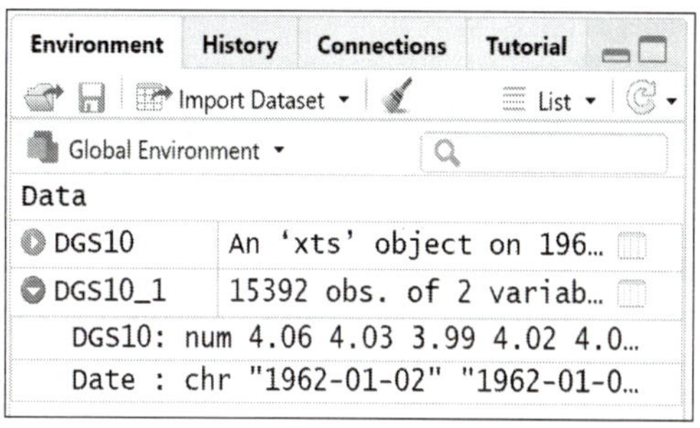

[처리결과화면: 처리후]

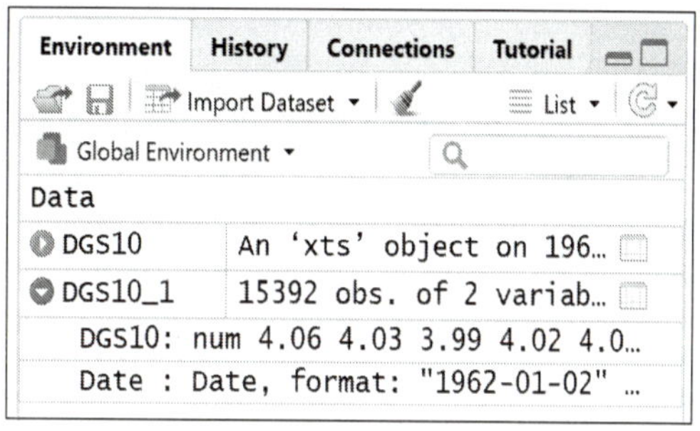

처리전에는 "Date: chr..."로 표기되어 있던 것이, 처리후에는 "Date: Date, format:..."으로 표기되어 있음을 볼 수 있다.

이번에는 변수 Date를 대상으로 날짜가 꽉 찬 데이터셋(여기서는 DGS10_full로 명명)을 만들어서, 이를 원래 데이터셋(DGS10_1)과 합치는 작업을 작성하도록 하자.

명령어

```
> DGS10_full <- data.frame(Date=seq(min(DGS10_1$Date), max(DGS10_1$Date), by=
"day"))
> DGS10_1 <-merge(DGS10_full, DGS10_1, all.x=T)
```

```
> DGS10_full <- data.frame(Date=seq(min(DGS10_1$Date), max(DGS10_1$Date),
by="day"))
> DGS10_1 <-merge(DGS10_full, DGS10_1, all.x=T)
```

[처리결과화면]

	DGS10	Date
1962-01-02	4.06	1962-01-02
1962-01-03	4.03	1962-01-03
1962-01-04	3.99	1962-01-04
1962-01-05	4.02	1962-01-05
1962-01-08	4.03	1962-01-08
1962-01-09	4.05	1962-01-09
1962-01-10	4.07	1962-01-10
1962-01-11	4.08	1962-01-11
1962-01-12	4.08	1962-01-12
1962-01-15	4.10	1962-01-15

Showing 1 to 11 of 15,392 entries, 2 total columns

	Date	DGS10
1	1962-01-02	4.06
2	1962-01-03	4.03
3	1962-01-04	3.99
4	1962-01-05	4.02
5	1962-01-06	NA
6	1962-01-07	NA
7	1962-01-08	4.03
8	1962-01-09	4.05
9	1962-01-10	4.07
10	1962-01-11	4.08
11	1962-01-12	4.08
12	1962-01-13	NA
13	1962-01-14	NA

Showing 1 to 14 of 21,548 entries, 2 total columns

처리결과 화면을 살펴보면, 애초 누락되어 있던 날짜들이 모두 채워져 있음을 볼 수 있다. 단 채워진 날짜에는 원래 DGS10에 해당되는 수치가 없기 때문에 빈 칸(NA)으로 남아 있음을 볼 수 있다.

날짜를 채우는 또 다른 방법으로 이번에는 complete( ) 함수를 사용하여 새로운 데이터셋(want로 명명)으로 반환시켜 보자. 필요한 패키지(dplyr, tidyverse)를 먼저 설치해서 불러온 뒤 작업을 진행하자.

명령어

```
> library(dplyr)
> library(tidyverse)
```

```
> library(dplyr)
```

```
Attaching package: 'dplyr'

The following objects are masked from 'package:xts':

    first, last

The following objects are masked from 'package:stats':

    filter, lag

The following objects are masked from 'package:base':

    intersect, setdiff, setequal, union
> library(tidyverse)
-- Attaching packages --------------------------- tidyverse 1.3.0 --
√ ggplot2 3.3.2     √ purrr   0.3.4
√ tibble  3.0.4     √ stringr 1.4.0
√ tidyr   1.1.2     √ forcats 0.5.0
√ readr   1.4.0
-- Conflicts ------------------------------ tidyverse_conflicts() --
x dplyr::filter() masks stats::filter()
x dplyr::first()  masks xts::first()
x dplyr::lag()    masks stats::lag()
x dplyr::last()   masks xts::last()
```

명령어

```
> want <- DGS10_1 %>%
+   ungroup() %>%
+   complete(Date=seq(min(Date), max(Date), by="day"))
```

```
> want <- DGS10_1 %>%
+   ungroup() %>%
+   complete(Date=seq(min(Date), max(Date), by="day"))
```

[처리결과화면]

Filter

	Date	DGS10
1	1962-01-02	4.06
2	1962-01-03	4.03
3	1962-01-04	3.99
4	1962-01-05	4.02
5	1962-01-06	NA
6	1962-01-07	NA
7	1962-01-08	4.03
8	1962-01-09	4.05
9	1962-01-10	4.07
10	1962-01-11	4.08

Showing 1 to 11 of 21,548 entries, 2 total columns

⑤ 날짜 정보에서 한글 제거하고 공백으로 바꾸기: str_replace_all( )

실습데이터(all_cds.csv)를 대상으로 데이터 전처리 연습을 실시해보자. 한글만 남기고 모두 제거하라는 명령어를 처리해보자. 우선 작업디렉토리에서 all_cds.csv를 불러온 뒤, 변수 '날짜'를 'date'로 바꾸고, '종가'를 'final_price'로 바꾸어주자. 사용할 함수는 rename( )이다. 이후 한글을 모두 제거하고 공백으로 바꾸라는 명령어를 처리하자. 사용할 함수는 str_replace_all( )이다.

명령어

```
> setwd("C:/Users/media")
> all_cds <- read.csv("all_cds.csv")
> library(reshape)
> all_cds <-rename(all_cds,
+                     c(날짜="date",
+                       종가="final_price"))
> library(stringr)
> all_cds$date <-str_replace_all(string=all_cds$date, pattern="[가-힣]", repl
acement="")
```

[처리결과화면: 처리전]

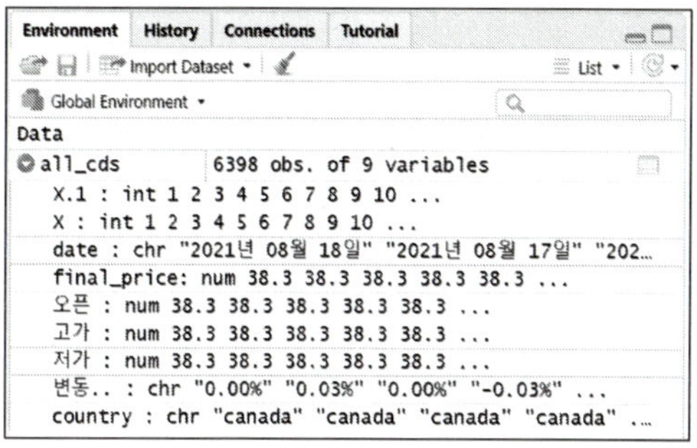

[처리결과화면: 처리후]

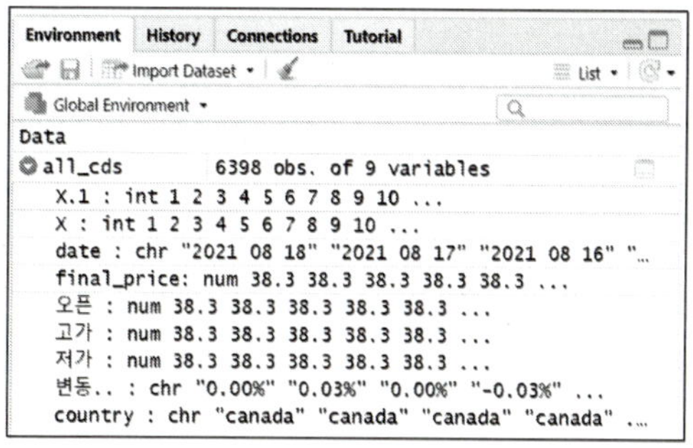

[처리결과화면: View(all_cds)]

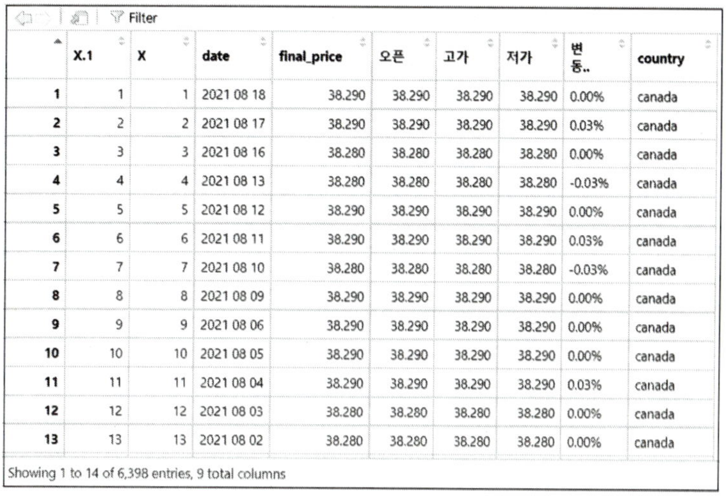

	X.1	X	date	final_price	오픈	고가	저가	변동..	country
1	1	1	2021 08 18	38.290	38.290	38.290	38.290	0.00%	canada
2	2	2	2021 08 17	38.290	38.290	38.290	38.290	0.03%	canada
3	3	3	2021 08 16	38.280	38.280	38.280	38.280	0.00%	canada
4	4	4	2021 08 13	38.280	38.280	38.280	38.280	-0.03%	canada
5	5	5	2021 08 12	38.290	38.290	38.290	38.290	0.00%	canada
6	6	6	2021 08 11	38.290	38.290	38.290	38.290	0.03%	canada
7	7	7	2021 08 10	38.280	38.280	38.280	38.280	-0.03%	canada
8	8	8	2021 08 09	38.290	38.290	38.290	38.290	0.00%	canada
9	9	9	2021 08 06	38.290	38.290	38.290	38.290	0.00%	canada
10	10	10	2021 08 05	38.290	38.290	38.290	38.290	0.00%	canada
11	11	11	2021 08 04	38.290	38.290	38.290	38.290	0.03%	canada
12	12	12	2021 08 03	38.280	38.280	38.280	38.280	0.00%	canada
13	13	13	2021 08 02	38.280	38.280	38.280	38.280	0.00%	canada

Showing 1 to 14 of 6,398 entries, 9 total columns

해석

처리결과 화면을 살펴보면, date 정보에서 한글이 모두 사라졌음을 볼 수 있다.

상기 작업한 날짜 정보를 자세히 보면 사이사이에 공백이 있다. 이번에는 공백을 제거하도록 하자. 필요한 패키지가 있는데 stringr이다

명령어

```
> library(stringr)
> all_cds$date <-gsub(" ","",all_cds$date)
```

[처리결과화면]

	X.1	X	date	final_price	오픈	고가	저가	변동..	country
1	1	1	20210818	38.290	38.290	38.290	38.290	0.00%	canada
2	2	2	20210817	38.290	38.290	38.290	38.290	0.03%	canada
3	3	3	20210816	38.280	38.280	38.280	38.280	0.00%	canada
4	4	4	20210813	38.280	38.280	38.280	38.280	-0.03%	canada
5	5	5	20210812	38.290	38.290	38.290	38.290	0.00%	canada
6	6	6	20210811	38.290	38.290	38.290	38.290	0.03%	canada
7	7	7	20210810	38.280	38.280	38.280	38.280	-0.03%	canada
8	8	8	20210809	38.290	38.290	38.290	38.290	0.00%	canada
9	9	9	20210806	38.290	38.290	38.290	38.290	0.00%	canada
10	10	10	20210805	38.290	38.290	38.290	38.290	0.00%	canada
11	11	11	20210804	38.290	38.290	38.290	38.290	0.03%	canada
12	12	12	20210803	38.280	38.280	38.280	38.280	0.00%	canada
13	13	13	20210802	38.280	38.280	38.280	38.280	0.00%	canada

Showing 1 to 14 of 6,398 entries, 9 total columns

⑥ 날짜 양식 변환하기: **as.Date(as.character( ), format=)**

이번에는 날짜 정보를 날짜로 인식시켜보자. 아무리 날짜 양식을 보일지라도 날짜 정보로 등록해주지 않으면 단순한 문자일뿐이다. 날짜 정보는 우선 문자로 변경한 후 다시 날짜로 변환시켜주어야 한다. 문자로 바꾸는 것은 as.character( ) 함수를 사용하고, 이후 날짜 양식은 2021-08-21 형태로 만들어주자(%Y%m%d).

명령어

```
> all_cds$date <- as.Date(as.character(all_cds$date), format = '%Y%m%d')
```

[처리결과화면]

	X.1	X	date	final_price	오픈	고가	저가	변동..	country
1	1	1	2021-08-18	38.290	38.290	38.290	38.290	0.00%	canada
2	2	2	2021-08-17	38.290	38.290	38.290	38.290	0.03%	canada
3	3	3	2021-08-16	38.280	38.280	38.280	38.280	0.00%	canada
4	4	4	2021-08-13	38.280	38.280	38.280	38.280	-0.03%	canada
5	5	5	2021-08-12	38.290	38.290	38.290	38.290	0.00%	canada
6	6	6	2021-08-11	38.290	38.290	38.290	38.290	0.03%	canada
7	7	7	2021-08-10	38.280	38.280	38.280	38.280	-0.03%	canada
8	8	8	2021-08-09	38.290	38.290	38.290	38.290	0.00%	canada
9	9	9	2021-08-06	38.290	38.290	38.290	38.290	0.00%	canada
10	10	10	2021-08-05	38.290	38.290	38.290	38.290	0.00%	canada
11	11	11	2021-08-04	38.290	38.290	38.290	38.290	0.03%	canada
12	12	12	2021-08-03	38.280	38.280	38.280	38.280	0.00%	canada
13	13	13	2021-08-02	38.280	38.280	38.280	38.280	0.00%	canada

Showing 1 to 14 of 6,398 entries, 9 total columns

해석

처리결과 화면을 살펴보면, 날짜 양식이 2021-08-18 양식으로 변환되어 있음을 볼 수 있다.

15) 결측치 채우기: complete( ), mice( )

① **complete**로 결측치 채우기

이제 결측치 impute 값으로 결측치를 채워보자. 데이터셋 5개가 있으니 아무거나 사용해도 된다. 여기서는 연습으로 두번째 imputed 데이터셋을 사용하여 결측치를 채워보자.

명령어

```
> completeData <- complete(imputed_Data, 2)
```

```
> completeData <- complete(imputed_Data, 2)
```

명령어

```
> summary(completeData)
```

```
> summary(completeData)
  Sepal.Length    Sepal.Width     Petal.Length
 Min.   :4.300   Min.   :2.000   Min.   :1.000
 1st Qu.:5.100   1st Qu.:2.800   1st Qu.:1.600
 Median :5.800   Median :3.000   Median :4.350
 Mean   :5.851   Mean   :3.068   Mean   :3.745
 3rd Qu.:6.400   3rd Qu.:3.400   3rd Qu.:5.100
 Max.   :7.900   Max.   :4.400   Max.   :6.900
  Petal.Width        Species
 Min.   :0.1   setosa    :50
 1st Qu.:0.3   versicolor:49
 Median :1.3   virginica :51
 Mean   :1.2
 3rd Qu.:1.8
 Max.   :2.5
```

채운 데이터셋을 대상으로 결측치 개수를 뽑아보자. 당연히 결측치를 채웠으니 결측치가 없어야 정상이다.

명령어

```
> sum(is.na(completeData)) #결측치 총 갯수
```

```
> sum(is.na(completeData)) #결측치 총 갯수
[1] 0
```

이번에는 세번째 데이터셋을 사용하여 결측치를 채운 뒤, 결측치 개수를 확인해보자. 당연히 같은 결과가 도출되어야 정상이다.

명령어

```
> completeData <- complete(imputed_Data, 3)
> sum(is.na(completeData)) #결측치 총 개수
```

```
> completeData <- complete(imputed_Data, 3)
> sum(is.na(completeData)) #결측치 총 갯수 => [1] 0
[1] 0
```

자 이제 다섯개 데이터셋 결과물 모두를 작업디렉토리에 저장시켜보자.

명령어

```
> completeData1 <- complete(imputed_Data, 1)
> completeData2 <- complete(imputed_Data, 2)
> completeData3 <- complete(imputed_Data, 3)
> completeData4 <- complete(imputed_Data, 4)
> completeData5 <- complete(imputed_Data, 5)
> setwd("C:/Users/media/")
> write.csv(completeData1, file="completeData1.csv", quote=FALSE)
> write.csv(completeData2, file="completeData2.csv", quote=FALSE)
> write.csv(completeData3, file="completeData3.csv", quote=FALSE)
> write.csv(completeData4, file="completeData4.csv", quote=FALSE)
> write.csv(completeData5, file="completeData5.csv", quote=FALSE)
```

```
> completeData1 <- complete(imputed_Data, 1)
> completeData2 <- complete(imputed_Data, 2)
> completeData3 <- complete(imputed_Data, 3)
```

```
> completeData4 <- complete(imputed_Data, 4)
> completeData5 <- complete(imputed_Data, 5)
> setwd("C:/Users/media/")
> write.csv(completeData1, file="completeData1.csv", quote=FALSE)
> write.csv(completeData2, file="completeData2.csv", quote=FALSE)
> write.csv(completeData3, file="completeData3.csv", quote=FALSE)
> write.csv(completeData4, file="completeData4.csv", quote=FALSE)
> write.csv(completeData5, file="completeData5.csv", quote=FALSE)
```

[처리결과화면]

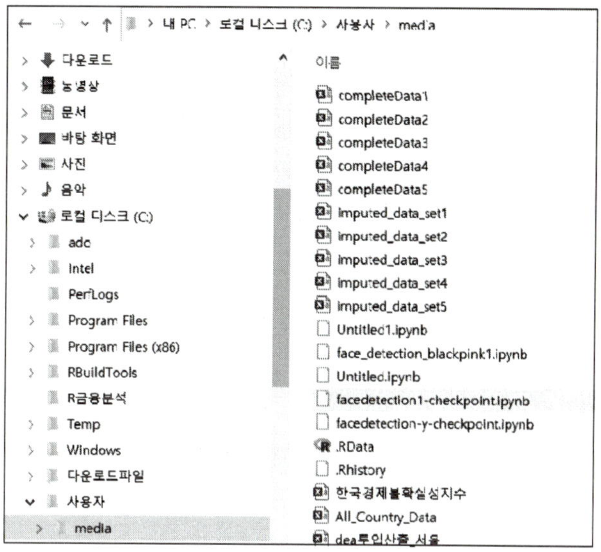

[처리결과화면: 5번 데이터셋]

	A	B	C	D	E	F
1		Sepal.Leng	Sepal.Widt	Petal.Leng	Petal.Widt	Species
2	1	5.1	3.5	1.4	0.2	setosa
3	2	4.9	3	1.4	0.2	setosa
4	3	4.7	3.2	1.3	0.2	setosa
5	4	4.6	3.1	1.5	0.2	setosa
6	5	5	3.6	1.4	0.2	setosa
7	6	5.6	3.9	1.7	0.4	setosa
8	7	4.6	3.3	1.4	0.3	setosa
9	8	5	3.4	1.5	0.2	setosa
10	9	4.4	2.9	1.4	0.2	setosa
11	10	4.9	3.3	1.5	0.1	setosa
12	11	5.4	3.7	1.5	0.2	setosa
13	12	4.8	3	1.6	0.2	setosa
14	13	4.8	3	1.4	0.1	setosa
15	14	4.3	2.8	1.1	0.1	setosa
16	15	5.8	4	1.2	0.2	setosa
17	16	5.7	4.4	1.7	0.4	setosa
18	17	5.4	3.9	1.3	0.4	setosa
19	18	5.1	3.5	1.5	0.3	setosa
20	19	5.7	3.8	1.7	0.3	setosa

[처리결과화면: 1번 데이터셋]

	A	B	C	D	E	F
1		Sepal.Leng	Sepal.Widt	Petal.Leng	Petal.Widt	Species
2	1	5.1	3.5	1.4	0.2	setosa
3	2	4.9	3	1.4	0.2	setosa
4	3	4.7	3.2	1.3	0.2	setosa
5	4	4.6	3.1	1.5	0.2	setosa
6	5	5	3.6	1.6	0.2	setosa
7	6	5.5	3.9	1.7	0.4	setosa
8	7	4.6	3.4	1.4	0.3	setosa
9	8	5	3.4	1.5	0.2	setosa
10	9	4.4	2.9	1.4	0.2	setosa
11	10	4.9	3.5	1.5	0.1	setosa
12	11	5.4	3.7	1.5	0.2	setosa
13	12	4.8	3.1	1.6	0.2	setosa
14	13	4.8	3	1.4	0.1	setosa
15	14	4.3	3	1.1	0.1	setosa
16	15	5.8	4	1.2	0.2	setosa
17	16	5.7	4.4	1.3	0.4	setosa
18	17	5.4	3.9	1.3	0.4	setosa
19	18	5.1	3.5	1.5	0.3	setosa
20	19	5.7	3.8	1.7	0.3	setosa

해석

다섯번째 결과물과 첫번째 결과물을 살펴보면 같은 것 같지만, 잘 살펴보면 부분부분 수치가 다르다는 것을 알 수 있다.

이번에는 오리지널 데이터와 imputed 데이터를 비교해보자. 다른 변수에 대한 Species의 산포도를 그려보자.

명령어

```
> xyplot(imputed_Data, Species~Sepal.Length+Sepal.Width+Petal.Length+Petal.W
idth, pch=18, cex=1)
```

```
> xyplot(imputed_Data, Species~Sepal.Length+Sepal.Width+Petal.Length+Pet
al.Width, pch=18, cex=1)
```

[처리결과화면]

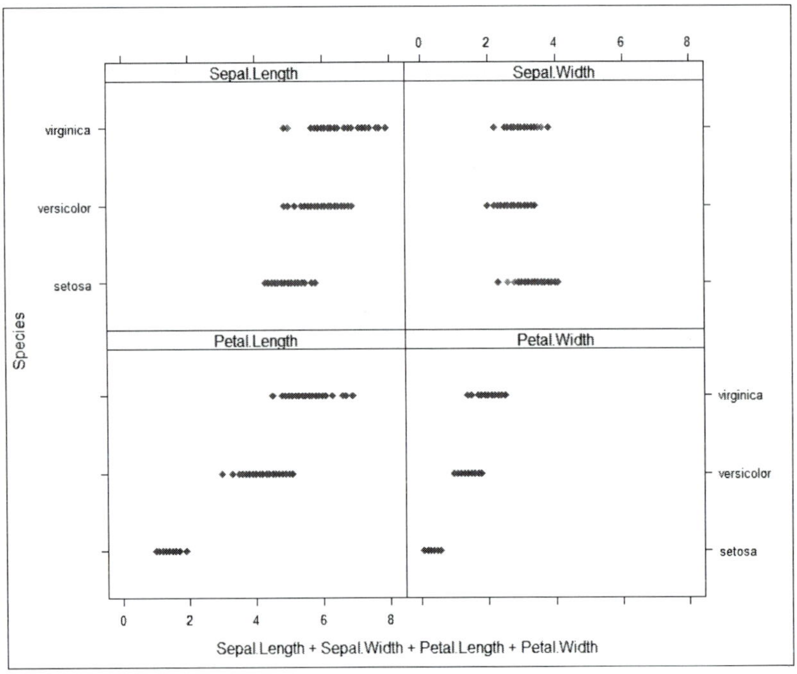

해석

처리결과화면을 살펴보면, imputed 값이 관측치(파란색으로 표시)와 매칭되는 것을 볼 수 있다. 따라서 imputed 값이 'plausible values'임을 말해준다.

또 다른 시각화를 연습해보자. 사용할 함수는 stripplot( )이며 여기서는 개별 포인트마다 변수의 분포를 보여준다.

명령어

```
> stripplot(imputed_Data, pch=20, cex=1.2)
```


```
> stripplot(imputed_Data, pch=20, cex=1.2)
```


[처리결과화면]

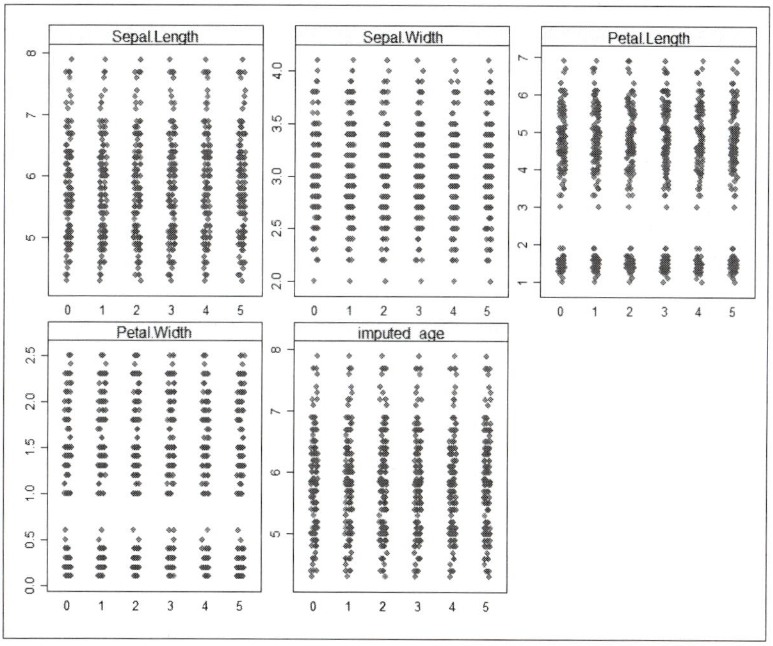

② **mice** 방법으로 처리하기

이제 실제 데이터를 사용하여 결측치를 처리해 보자. 이번에 사용할 처리 방식은 mice( ) 함수이다.

명령어

```
> apptrain1 <-read.csv("C:/Users/media/apptrain1.csv")
> View(apptrain1)
```


```
> apptrain1 <-read.csv("C:/Users/media/apptrain1.csv")
> View(apptrain1)
```

[처리결과화면]

Rating	Reviews	Size	Installs	Type	Price	Content.Rating	Last.Updated	Polarity	Subjectivity
4.3	1305050	Varies with device	5e+07	Free	0.00	Everyone 10+	2018-07-29	NA	NA
4.5	44274	Small	1e+06	Free	0.00	Everyone	2018-08-06	NA	NA
4.0	19	Small	1e+04	Free	0.00	Everyone	2017-10-21	NA	NA
4.6	22098	Big	1e+06	Free	0.00	Everyone	2018-07-24	NA	NA
4.7	6073	Small	1e+05	Free	0.00	Mature 17+	2018-02-25	NA	NA
4.7	2225	Big	1e+05	Free	0.00	Everyone	2018-07-26	NA	NA
4.2	12572	Big	1e+06	Free	0.00	Everyone	2018-02-19	NA	NA
4.4	36268	Big	1e+06	Free	0.00	Teen	2017-04-25	NA	NA
3.9	117	Small	1e+04	Free	0.00	Everyone	2018-05-13	NA	NA
4.6	438	Small	1e+04	Free	0.00	Everyone	2017-08-01	NA	NA
4.5	259	Small	1e+04	Free	0.00	Everyone	2014-09-16	NA	NA
3.2	4	Small	1e+02	Free	0.00	Everyone	2018-05-17	NA	NA

Showing 1 to 14 of 6,560 entries, 12 total columns

이제 종속변수(Rating) 없는 예측모델을 만들기 위해서 새로운 데이터셋을 만들도록 하자. 하나는 종속변수(Rating) 없는 데이터셋으로 만들고, 다른 하나는 종속변수만으로 된 데이터셋을 만들자.

명령어

```
> rating <- subset(apptrain1, select = c(Rating))
> apptrain2 <- apptrain1[,-3] #3번째 변수인 Rating을 빼고 나머지만 저장
```


```
> rating <- subset(apptrain1, select = c(Rating))
> apptrain2 <- apptrain1[,-3] #3번째 변수인 Rating을 빼고 나머지만 저장
```


다음에는 필요한 패키지를 불러오자. 설치할 패키지는 mice이다. 또한 추가적으로 사용할 패키지는 randomForest이다.

명령어

```
> library(mice)
> library(randomForest)
```

```
> library(mice)

Attaching package: 'mice'
The following object is masked from 'package:stats':
```

```
    filter

The following objects are masked from 'package:base':

    cbind, rbind

Warning message:
package 'mice' was built under R version 4.0.4
> library(randomForest)
randomForest 4.6-14
Type rfNews() to see new features/changes/bug fixes
```

결측치 채우는 값은 여러가지가 가능하다. 여기서는 평균값으로 채우는 연습을 수행해보자. 우선 연습데이터(apptrain1.csv)를 불러들이자.

명령어

```
> apptrain1 <-read.csv("C:/Users/media/apptrain1.csv")
> View(apptrain1)
```

```
> apptrain1 <-read.csv("C:/Users/media/apptrain1.csv")
> View(apptrain1)
```

[처리결과화면]

Filter

Rating	Reviews	Size	Installs	Type	Price	Content.Rating	Last.Updated	Polarity	Subjectivity
4.3	1305050	Varies with device	5e+07	Free	0.00	Everyone 10+	2018-07-29	NA	NA
4.5	44274	Small	1e+06	Free	0.00	Everyone	2018-08-06	NA	NA
4.0	19	Small	1e+04	Free	0.00	Everyone	2017-10-21	NA	NA
4.6	22098	Big	1e+06	Free	0.00	Everyone	2018-07-24	NA	NA
4.7	6073	Small	1e+05	Free	0.00	Mature 17+	2018-02-25	NA	NA
4.7	2225	Big	1e+05	Free	0.00	Everyone	2018-07-26	NA	NA
4.2	12572	Big	1e+06	Free	0.00	Everyone	2018-02-19	NA	NA
4.4	36268	Big	1e+06	Free	0.00	Teen	2017-04-25	NA	NA
3.9	117	Small	1e+04	Free	0.00	Everyone	2018-05-13	NA	NA
4.6	438	Small	1e+04	Free	0.00	Everyone	2017-08-01	NA	NA
4.5	259	Small	1e+04	Free	0.00	Everyone	2014-09-16	NA	NA
3.2	4	Small	1e+02	Free	0.00	Everyone	2018-05-17	NA	NA

Showing 1 to 14 of 6,560 entries, 12 total columns

자료를 살펴보면 Polarity와 Subjectivity 변수에서 NA가 관찰된다. 각 변수의 평균값을 구해서 NA를 대체하라는 명령어를 내려보자.

명령어

```
> mean(apptrain1$Polarity,na.rm=TRUE)
> mean(apptrain1$Subjectivity, na.rm=TRUE)
```

```
> mean(apptrain1$Polarity,na.rm=TRUE)
[1] 0.1978534
> mean(apptrain1$Subjectivity, na.rm=TRUE)
[1] 0.4964858
```

우선 처리전과 처리후를 비교하기 위해 apptrain1 데이터셋을 apptrain2로 새로 저장한 후 이 데이터셋에 대해 Polarity의 NA값을 Polarity의 평균값으로 채우라는 명령어를 작성하자.

명령어

```
> apptrain2 <-apptrain1
> apptrain2$Polarity[is.na(apptrain2$Polarity)] <- mean(apptrain1$Polarity,
na.rm=TRUE)
```

```
> apptrain2 <-apptrain1
> apptrain2$Polarity[is.na(apptrain2$Polarity)] <- mean(apptrain1$Polarit
y, na.rm=TRUE)
```

[처리결과화면]

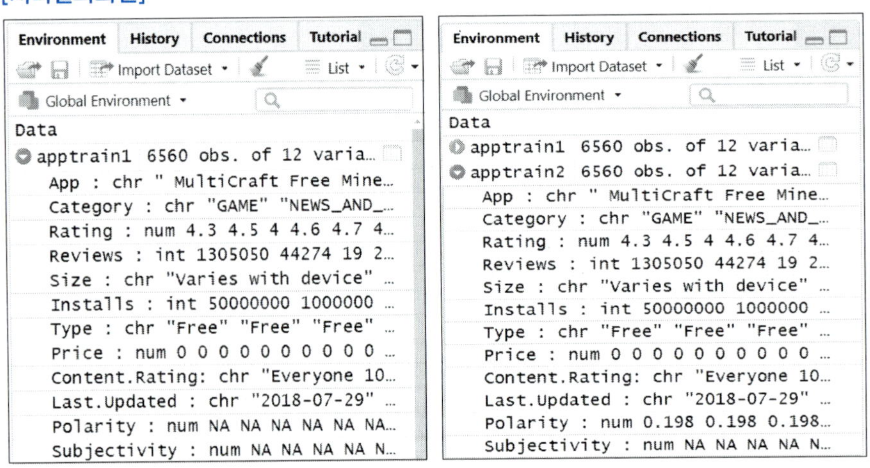

해석

처리결과 화면을 살펴보면, Polarity 변수에서 NA가 사라지고 수치(평균=0.198)로 꽉 차 있음을 볼 수 있다.

이번에는 apptrain2 데이터셋에 대해 Subjectivity의 NA 값을 평균값으로 채우라는 명령어를 작성해보자.

명령어

```
> apptrain2$Subjectivity[is.na(apptrain2$Subjectivity)] <- mean(apptrain1$Su
bjectivity,na.rm=TRUE)
```

```
> apptrain2$Subjectivity[is.na(apptrain2$Subjectivity)] <- mean(apptrain1
$Subjectivity,na.rm=TRUE)
```

[처리결과화면]

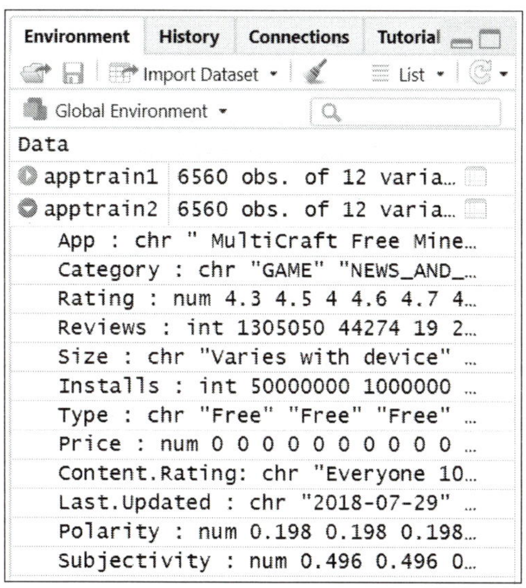

해석

처리결과 화면을 살펴보면, Polarity 변수에서 NA가 사라지고 수치(평균=0.496)로 꽉 차 있음을 볼 수 있다.

이제 결측치 처리전과 처리후 데이터셋을 대상으로 결측치를 카운트해보자.

명령어

```
> sum(is.na(apptrain2)) #결측치 총 갯수 => [1] 0
> sum(is.na(apptrain1)) #결측치 총 갯수 => [1] 11846
```

```
> sum(is.na(apptrain2)) #결측치 총 갯수 => [1] 0
[1] 0
> sum(is.na(apptrain1)) #결측치 총 갯수 => [1] 11846
[1] 11846
```

해석

처리결과 화면을 살펴보면, 결측치 처리전 데이터셋(apptrain1)에는 결측치가 11846개가 있었고, 결측치를 평균값으로 대체한 후 데이터셋(apptrain2)에는 결측치가 없는 것으로 나타났다.

이번에는 mice( ) 함수로 결측치를 채워보자. 앞서 사용한 데이터셋을 그대로 사용한다.

명령어

```
> rating <- subset(apptrain1, select = c(Rating))
> apptrain2 <- apptrain1[,-3] #3번째 변수인 Rating을 빼고 나머지만 저장
```

```
> rating <- subset(apptrain1, select = c(Rating))
> apptrain2 <- apptrain1[,-3] #3번째 변수인 Rating을 빼고 나머지만 저장
```

이제 randomforest 모형으로 mice imputation(대체)을 실행하자. 종속변수는 Rating이고, 종속변수를 제외한 나머지 변수로 이루어진 apptrain2 데이터셋에 대해 mice( ) 함수를 실행하자.

명령어

```
> miceMod <- mice(apptrain2[, !names(apptrain2) %in% "Rating"], method="rf")
```

```
> miceMod <- mice(apptrain2[, !names(apptrain2) %in% "Rating"], method="rf
")

 iter imp variable
  1   1  Polarity  Subjectivity
```

```
 1  2  Polarity  Subjectivity
 1  3  Polarity  Subjectivity
 1  4  Polarity  Subjectivity
 1  5  Polarity  Subjectivity
 2  1  Polarity  Subjectivity
 2  2  Polarity  Subjectivity
 2  3  Polarity  Subjectivity
 2  4  Polarity  Subjectivity
 2  5  Polarity  Subjectivity
 3  1  Polarity  Subjectivity
 3  2  Polarity  Subjectivity
 3  3  Polarity  Subjectivity
 3  4  Polarity  Subjectivity
 3  5  Polarity  Subjectivity
 4  1  Polarity  Subjectivity
 4  2  Polarity  Subjectivity
 4  3  Polarity  Subjectivity
 4  4  Polarity  Subjectivity
 4  5  Polarity  Subjectivity
 5  1  Polarity  Subjectivity
 5  2  Polarity  Subjectivity
 5  3  Polarity  Subjectivity
 5  4  Polarity  Subjectivity
 5  5  Polarity  Subjectivity
Warning message:
Number of logged events: 6
```

결과로 도출된 miceMod에서 imp를 열람해보자.

명령어

```
> miceMod[["imp"]]
```

```
> miceMod[["imp"]]
$App
[1] 1 2 3 4 5
<0 rows> (or 0-length row.names)

$Category
[1] 1 2 3 4 5
```

```
<0 rows> (or 0-length row.names)
 (중간생략)
$Polarity
            1           2           3            4           5
1    0.307440422  0.022312568  0.014176835 -0.042331443  0.062002592
2    0.200868352 -0.383333333  0.101482980  0.432587584  0.027082441
3    0.152651515  0.350582873  0.390275974  0.377769969  0.372640925
(중간생략)
233 0.5471371 0.5105452 0.3641821 0.4494172 0.6924203
234 0.5599666 0.0000000 0.6307143 0.5351312 0.4943182
235 0.5792568 0.5106957 0.5067884 0.5669228 0.4679461
 [ reached 'max' / getOption("max.print") -- omitted 5723 rows ]
```

이제 데이터셋을 만들기 위해 completed data를 만들자.

명령어

```
miceOutput <- complete(miceMod)
> miceOutput<-cbind(miceOutput,rating)
```

```
> miceOutput <- complete(miceMod)
> miceOutput<-cbind(miceOutput,rating)
```

[처리결과화면: View(miceOutput)]

Filter

	Reviews	Size	Installs	Type	Price	Content.Rating	Last.Updated	Polarity	Subjectivity
	1305050	Varies with device	5e+07	Free	0.00	Everyone 10+	2018-07-29	0.307440422	0.5585879
IAGAZINES	44274	Small	1e+06	Free	0.00	Everyone	2018-08-06	0.200868352	0.4446455
	19	Small	1e+04	Free	0.00	Everyone	2017-10-21	0.152651515	0.4597799
	22098	Big	1e+06	Free	0.00	Everyone	2018-07-24	0.337378791	0.4942751
	6073	Small	1e+05	Free	0.00	Mature 17+	2018-02-25	0.353882576	0.6000000
	2225	Big	1e+05	Free	0.00	Everyone	2018-07-26	0.242788462	0.5238509
AVIGATION	12572	Big	1e+06	Free	0.00	Everyone	2018-02-19	0.299594697	0.5297327
	36268	Big	1e+06	Free	0.00	Teen	2017-04-25	0.252471042	0.4932892
	117	Small	1e+04	Free	0.00	Everyone	2018-05-13	0.051088076	0.5073774
RINK	438	Small	1e+04	Free	0.00	Everyone	2017-08-01	0.175630540	0.5733266
	259	Small	1e+04	Free	0.00	Everyone	2014-09-16	0.306650240	0.4954547
	4	Small	1e+02	Free	0.00	Everyone	2018-05-17	0.268899924	0.5990708
	6736	Small	5e+05	Free	0.00	Everyone	2014-02-02	0.249341259	0.3571943
	12147	Small	1e+06	Free	0.00	Everyone	2015-01-25	-0.013141026	0.0000000
TION	13	Big	1e+02	Paid	0.99	Everyone	2018-07-20	0.064586516	0.5189175
TION	14	Small	1e+03	Free	0.00	Everyone	2018-07-31	0.209325830	0.3899495
TION	230	Small	1e+03	Paid	1.49	Everyone	2018-07-20	0.220941901	0.5598440
TION	573	Big	1e+04	Free	0.00	Mature 17+	2018-07-03	0.448062641	0.5618211

Showing 1 to 19 of 6,560 entries, 11 total columns

[처리결과화면: View(miceOutput) 최종]

Reviews	Size	Installs	Type	Price	Content.Rating	Last.Updated	Polarity	Subjectivity	Rating
1305050	Varies with device	5e+07	Free	0.00	Everyone 10+	2018-07-29	0.307440422	0.5585879	4.3
44274	Small	1e+06	Free	0.00	Everyone	2018-08-06	0.200868352	0.4446455	4.5
19	Small	1e+04	Free	0.00	Everyone	2017-10-21	0.152651515	0.4597799	4.0
22098	Big	1e+06	Free	0.00	Everyone	2018-07-24	0.337378791	0.4942751	4.6
6073	Small	1e+05	Free	0.00	Mature 17+	2018-02-25	0.353882576	0.6000000	4.7
2225	Big	1e+05	Free	0.00	Everyone	2018-07-26	0.242788462	0.5238509	4.7
12572	Big	1e+06	Free	0.00	Everyone	2018-02-19	0.299594697	0.5297327	4.2
36268	Big	1e+06	Free	0.00	Teen	2017-04-25	0.252471042	0.4932892	4.4
117	Small	1e+04	Free	0.00	Everyone	2018-05-13	0.051088076	0.5073774	3.9
438	Small	1e+04	Free	0.00	Everyone	2017-08-01	0.175630540	0.5733266	4.6
259	Small	1e+04	Free	0.00	Everyone	2014-09-16	0.306650240	0.4954547	4.5
4	Small	1e+02	Free	0.00	Everyone	2018-05-17	0.268899924	0.5990708	3.2
6736	Small	5e+05	Free	0.00	Everyone	2014-02-02	0.249341259	0.3571943	3.9
12147	Small	1e+06	Free	0.00	Everyone	2015-01-25	-0.013141026	0.0000000	4.2
13	Big	1e+02	Paid	0.99	Everyone	2018-07-20	0.064586516	0.5189175	4.0
14	Small	1e+03	Free	0.00	Everyone	2018-07-31	0.209325830	0.3899495	4.5
230	Small	1e+03	Paid	1.49	Everyone	2018-07-20	0.220941901	0.5598440	4.4
573	Big	1e+04	Free	0.00	Mature 17+	2018-07-03	0.448062641	0.5618211	4.7
115	Small	1e+04	Free	0.00	Mature 17+	2018-07-13	0.138011629	0.4679461	3.5

Showing 1 to 21 of 6,560 entries, 12 total columns

해석

처리결과 화면을 살펴보면, Polarity와 Subjectivity가 수치로 가득 차 있음을 볼 수 있다.

16) 오류 발생 시 예외처리하기: tryCatch( )

Q. 반복적인 연산을 하다보면 중간에 에러 발생 시 전체 작업이 취소되는데… 이거 어떻게 해결하는 방법이 없을까요?

반복 작업을 위해 for 구문을 사용하다보면 중간에 오류 발생으로 전체 작업이 취소되는 경우가 있다. 이렇게 되면 지금까지 진행한 작업이 한번에 다 소용없게 되는데 중간에 여러 가지 이유로 작업이 이루어지지 않는 경우가 발생해도(예, 날짜가 빠져 있거나) 해당 부분을 생략하고 다음 작업으로 진행될 수 있게 하는 방법은 없을까? 당연히 있다. 중간에 작업이 이루어지지 않는 경우가 발생하면 그 경우만 생략하고 다음 작업으로 진행하라는 명령어를 작성하면 된다. 이를 위해 사용되는 함수가 tryCatch( )이다. 연습을 위해 우선 data.frame( ) 함수로 1~5까지 숫자를 생성하고, 4는 숫자가 아니라 문자로 생성하도록 하자. 생성결과를 반환할 파일명은 number로 하고, 생성후 내용을 str( ) 함수로 확인해보자.

명령어

```
> number = data.frame(1,2,3,"4",5, stringsAsFactors = FALSE)
> str(number)
```

```
> number = data.frame(1,2,3,"4",5, stringsAsFactors = FALSE)
> str(number)
'data.frame':	1 obs. of  5 variables:
 $ X1  : num 1
 $ X2  : num 2
 $ X3  : num 3
 $ X.4.: chr "4"
 $ X5  : num 5
```

[처리결과화면]

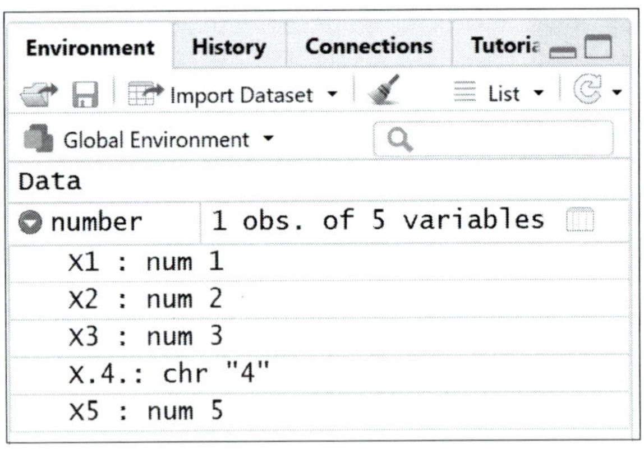

해석

내용을 살펴보면 1~5까지 숫자(num으로 표시)가 생성되었고, 4는 chr로 생성되었음을 알 수 있다.

이제 생성된 숫자들을 차례로 print하라는 명령어를 작성해보자. 사용할 함수는 당연히 for( )이다.

명령어

```
> for (i in number) {
+   print(i^2)
+ }
```

```
> for (i in number) {
+   print(i^2)
+ }
[1] 1
[1] 4
[1] 9
Error in i^2 : non-numeric argument to binary operator
```

해석

처리결과를 살펴보면, “”라는 메시지가 뜬다. 이는 숫자가 아닌 형태의 자료가 있어서 처리가 멈추었다는 의미이다. 명령어가 각 숫자를 제곱하도록 되어 있는데 문자형 자료는 제곱 처리가 안되기 때문이다.

위에 생성된 에러 메시지가 안뜨고 잘못된 부분이 있으면 예외처리하고 나머지를 처리하라는 명령어를 작성해보자. 여기에 덧붙여 에러 발생시 해당 순서에 “Error: 해당숫자”라고 프린트하라고 명령어를 덧붙여보자.

명령어

```
> for (i in number) {
+   tryCatch({
+     print(i^2)
+   }, error = function(e) {
+     print(paste('Error:', i)) #"Error: 숫자"라는 형태로 프린트하기
+   })
+ }
```

```
> for (i in number) {
+   tryCatch({
+     print(i^2)
+   }, error = function(e) {
+     print(paste('Error:', i))
+   })
+ }
[1] 1
[1] 4
[1] 9
[1] "Error: 4"
[1] 25
```

※tryCatch( ) 구조※

오류 발생 예외처리하기는 tryCatch( ) 함수를 사용하며 기본적인 구조는 다음과 같다:

명령어

```
> 결과반환파일명 = tryCatch({
  실행구문코드
}, warning = function(w) {
  경고발생시 실행구문
}, error = function(e) {
  오류발생시 실행구문
}, finally = {
  오류와무관하게 무조건수행할 구문
})
```

해석

구조를 살펴보면 "경고발생시 실행할 구문", "오류발생 시 실행할 구문", "오류와 무관하게 무조건 수행할 구문"으로 되어 있다. 이 가운데 "finally"는 오류와 관계없이 무조건 수행할 구문을 의미한다(이 부분은 생략이 가능함). 또한 for 구문과 혼합해서 사용할 경우 일반적으로 "오류발생 시 실행할 구문"만 흔히 간단하게 사용된다.

간략하게 for 구문과 사용되는 tryCatch( ) 함수의 구조는 다음과 같다:

명령어

```
for (i in 데이터셋) {
  tryCatch({
    실행구문코드
  }, error = function(e) {
    오류발생시 실행구문코드
  })
}
 for (I in number) {
tryCatch({
  실행구문코드
}, warning = function(w) {
  경고발생시 실행구문
}, error = function(e) {
  오류발생시 실행구문
```

```
}, finally = {
  오류와무관하게 무조건수행할 구문
})
```

17) 행렬 전환하기: melt( ), cast( )

> **Q.** 자료의 행렬을 오가며 행렬을 바꾸면서 필요한 작업을 하고 싶을 때는 나처럼 해봐라 요렇게!!!

자료에 담겨 있는 내용에서 행렬을 오가며 행렬을 바꾸면서 작업을 하고 싶을 때는 melt( ) 함수와 cast( ) 함수를 사용하면 된다. 철을 용광로에서 녹여서 다시 거푸집에 녹인 철물을 넣어 모양을 만든다고 해서 melt( )와 cast( ) 함수라고 한다. 우선 연습 데이터를 불러오자. 패키지 reshape를 설치하고 불러오면 패키지가 제공하는 airquality 데이터셋이 있다(참조: reshape2 패키지도 있음). 이를 불러오자.

데이터셋의 행과 열을 기준으로 정보를 분해하고 싶을 때는 melt( ) 함수를 사용하고, 하나의 기준(예, 날짜별, 월별, 변수별)을 중심으로 나누는 작업을 하고 싶을 때는 cast( ) 함수를 사용한다. 이는 단순히 행과 열을 바꾸어 주는 명령어가 아니다. 속칭 melt( ) 함수는 녹이는 작업이고, cast( ) 함수는 모양을 만드는 함수라고 비유하기도 한다.

명령어

```
> install.packages("reshape")
> library(reshape)
```

```
> install.packages("reshape")
WARNING: Rtools is required to build R packages but is not currently installe
d. Please download and install the appropriate version of Rtools before proc
eeding:
https://cran.rstudio.com/bin/windows/Rtools/
Installing package into ‘C:/Users/yangohsuk/Documents/R/win-library/3.5’
(as ‘lib’ is unspecified)
trying URL 'https://cran.rstudio.com/bin/windows/contrib/3.5/reshape_0.
8.8.zip'
```

```
Content type 'application/zip' length 168361 bytes (164 KB)
downloaded 164 KB
package 'reshape' successfully unpacked and MD5 sums checked
The downloaded binary packages are in
     C:₩Users₩yangohsuk₩AppData₩Local₩Temp₩RtmpmSWIl4₩downloaded_p
ackages
> library(reshape)
다음의 패키지를 부착합니다: 'reshape'
The following objects are masked from 'package:reshape2':
    colsplit, melt, recast
```

명령어

```
> install.packages("reshape")
> require(reshape)
> install.packages("reshape2")
> require(reshape2)
```

```
> install.packages("reshape")
WARNING: Rtools is required to build R packages but is not currently installe
d. Please download and install the appropriate version of Rtools before proc
eeding:
https://cran.rstudio.com/bin/windows/Rtools/
Installing package into 'C:/Users/osyan/Documents/R/win-library/3.6'
(as 'lib' is unspecified)
URL 'https://cran.rstudio.com/bin/windows/contrib/3.6/reshape_0.8.8.zip'
을 시도합니다
Content type 'application/zip' length 171259 bytes (167 KB)
downloaded 167 KB
package 'reshape' successfully unpacked and MD5 sums checked
The downloaded binary packages are in
     C:₩Users₩osyan₩AppData₩Local₩Temp₩RtmpqYwnXB₩downloaded_packa
ges
> require(reshape)
필요한 패키지를 로딩중입니다: reshape
다음의 패키지를 부착합니다: 'reshape'
The following objects are masked from 'package:plyr':
    rename, round_any
경고메시지(들):
```

```
패키지 'reshape'는 R 버전 3.6.2에서 작성되었습니다

> install.packages("reshape2")
WARNING: Rtools is required to build R packages but is not currently installe
d. Please download and install the appropriate version of Rtools before proc
eeding:
https://cran.rstudio.com/bin/windows/Rtools/
Installing package into 'C:/Users/osyan/Documents/R/win-library/3.6'
(as 'lib' is unspecified)
URL 'https://cran.rstudio.com/bin/windows/contrib/3.6/reshape2_1.4.3.zip
'을 시도합니다
Content type 'application/zip' length 626557 bytes (611 KB)
downloaded 611 KB
package 'reshape2' successfully unpacked and MD5 sums checked
The downloaded binary packages are in
      C:₩Users₩osyan₩AppData₩Local₩Temp₩RtmpqYwnXB₩downloaded_packa
ges
> require(reshape2)
필요한 패키지를 로딩중입니다: reshape2
다음의 패키지를 부착합니다: 'reshape2'
The following objects are masked from 'package:reshape':
    colsplit, melt, recast
경고메시지(들):
패키지 'reshape2'는 R 버전 3.6.2에서 작성되었습니다
```

패키지를 설치했으면 이번에는 airquality라는 데이터셋의 내용을 단순 열람해보고, 프레임 데이터 형식으로 불러들이자.

명령어

```
> airquality #단순 열람
> airquality <-airquality #패키지가 제공하는 데이터셋을 프레임 데이터로 불러오기
```

```
> airquality
    Ozone Solar.R Wind Temp Month Day
1      41     190  7.4   67     5   1
2      36     118  8.0   72     5   2
3      12     149 12.6   74     5   3
```

```
4       18      313 11.5    62      5   4
5       NA       NA 14.3    56      5   5
6       28       NA 14.9    66      5   6
7       23      299  8.6    65      5   7
8       19       99 13.8    59      5   8
(중략)
141     13       27 10.3    76      9  18
142     24      238 10.3    68      9  19
143     16      201  8.0    82      9  20
144     13      238 12.6    64      9  21
145     23       14  9.2    71      9  22
146     36      139 10.3    81      9  23
147      7       49 10.3    69      9  24
148     14       20 16.6    63      9  25
149     30      193  6.9    70      9  26
150     NA      145 13.2    77      9  27
151     14      191 14.3    75      9  28
152     18      131  8.0    76      9  29
153     20      223 11.5    68      9  30
> airquality <-airquality
```

[처리결과화면]

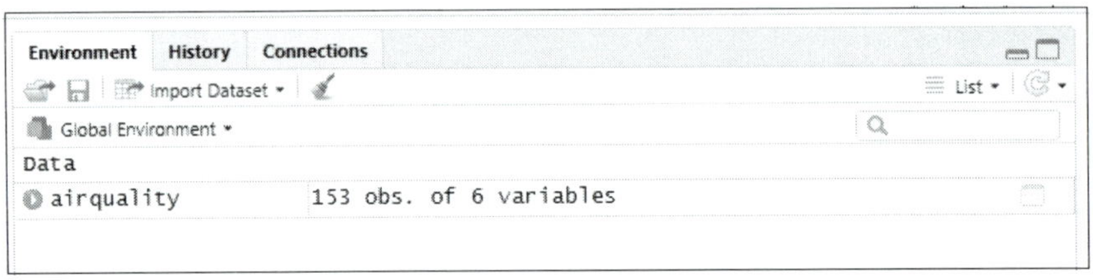

해석

처리결과화면을 보면, 6개 변수로 된 153개 관측치 데이터셋임을 보여준다.

① 정렬: melt( )

이렇게 불러들인 데이터셋을 대상으로 Month와 Day를 기준으로 데이터를 다시 형성시키라는 명령어를 작성해보자. 여기서 사용되는 함수는 melt( )이다. 이때 '다시 형성시킨다'는 의미는 단순히 행렬을 바꾸는 것이 아니라 Month와 Day를 기준으로 나머지 변수들을 소위 '뒤로 감춘다(즉 숨어들게 한다)'는 뜻이다. 추가 항목인 id는 데이터를 카테고리로 구분하는 역할을 하는 변수를 지정해준다.

명령어

```
> melting.air <-melt(airquality, id=c("Month", "Day"))
```

```
> melting.air <-melt(airquality, id=c("Month", "Day"))
```

[처리결과화면]

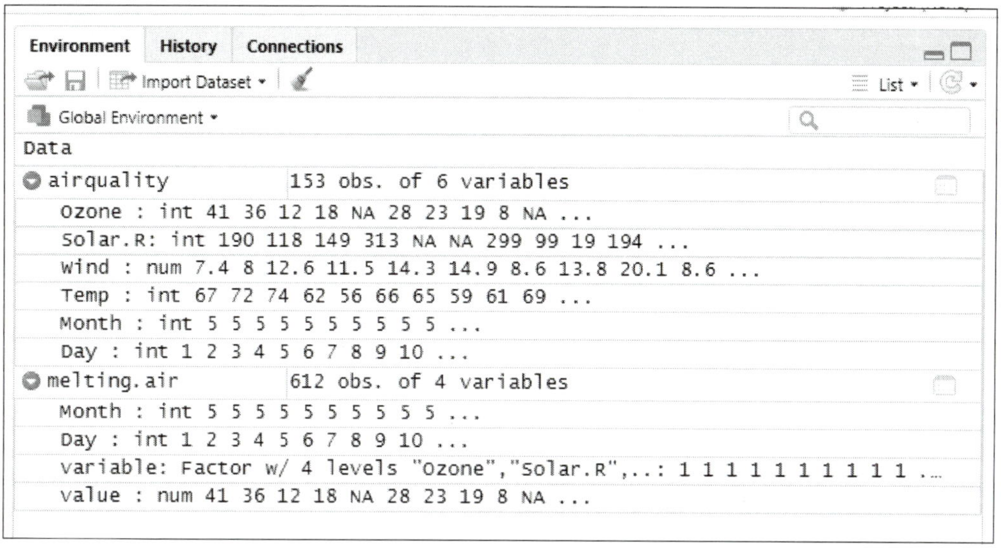

해석

처리결과화면을 보면, Ozone, Solar.R, Wind, Temp, Month, Day 순서로 정렬되어 있던 airquality 데이터셋이 Month, Day, variable, value로 구성된채 새롭게 형성되어 있음을 볼 수 있다.

새로 생성시킨 melting.air 데이터셋을 단순 열람해 보자.

명령어

```
> melting.air
```

```
> melting.air
  Month Day variable value
1     5   1    Ozone    41
2     5   2    Ozone    36
3     5   3    Ozone    12
4     5   4    Ozone    18
```

```
5          5  5    Ozone     NA
(중략)
242        7  28  Solar.R   213
243        7  29  Solar.R   275
244        7  30  Solar.R   253
245        7  31  Solar.R   254
246        8   1  Solar.R    83
247        8   2  Solar.R    24
248        8   3  Solar.R    77
249        8   4  Solar.R    NA
250        8   5  Solar.R    NA
 [ reached 'max' / getOption("max.print") -- omitted 362 rows ]
```

해석

처리결과화면을 보면, variable 자리에 열의 제목(Ozone)이 일괄적으로 들어가 있고, 열의 값이 value열에 들어가 있음을 볼 수 있다. Variable=ozone가 끝나면 다음에는 variable=Solar.R이 시작된다.

② 정렬: cast( )

이번에는 새로 생성시킨 melting.air 데이터셋을 가지고 Day, Month, variable 순으로 재정렬시켜보자. 앞서 정렬한 melt( ) 방식과 다른 형태로 데이터가 정렬된다. 사용할 함수는 cast( )이다.

명령어

```
> casting.air <-cast(melting.air,Day~Month~variable)
> casting.air
```

```
> casting.air <-cast(melting.air,Day~Month~variable)
> casting.air
, , variable = Ozone

    Month
Day    5  6   7   8  9
  1   41 NA 135  39 96
  2   36 NA  49   9 78
```

```
  (중략)
  30 115 NA  64  84 20
  31  37 NA  59  85 NA

, , variable = Solar.R

    Month
Day   5   6   7   8   9
  1 190 286 269  83 167
  2 118 287 248  24 197
  (중략)
  30 223 138 253 237 223
  31 279  NA 254 188  NA

, , variable = Wind

    Month
Day    5    6    7    8    9
  1  7.4  8.6  4.1  6.9  6.9
  2  8.0  9.7  9.2 13.8  5.1
 (중략)
  30  5.7  8.0  7.4  6.3 11.5
  31  7.4   NA  9.2  6.3   NA

, , variable = Temp

    Month
Day  5  6  7  8  9
  1 67 78 84 81 91
  2 72 74 85 81 92
 (중략)
  31 76 NA 81 94 NA
```

해석

처리결과화면을 보면, Day가 행에, 열에 Month가 위치하고 있으며, 각 월별로 날짜가 매트릭스 방식으로 나와 있음을 알 수 있다. 또한 첫번째는 variable=ozone이 나오고, 두번째는 variable=Solar.R, 그리고 나머지가 순서대로 나와 있다.

이번에는 Month를 기준으로 각 변수의 평균값을 구해보자. 사용할 함수는 여전히 cast( ) 이고, 추가 항목은 mean(평균을 의미) 이다.

명령어

```
> 반환파일명 <- cast(melting.air, 기준변수~variable, 계산지표)

> casting.air2 <- cast(melting.air, Month~variable, mean)
> casting.air2 #단순 열람
```

```
> casting.air2 <- cast(melting.air, Month~variable, mean)
> casting.air2
  Month Ozone  Solar.R      Wind     Temp
1     5    NA       NA 11.622581 65.54839
2     6    NA 190.1667 10.266667 79.10000
3     7    NA 216.4839  8.941935 83.90323
4     8    NA       NA  8.793548 83.96774
5     9    NA 167.4333 10.180000 76.90000
```

해석

처리결과화면을 보면, 월별 각 변수의 평균값이 나와 있다. 수치형이 아닌 변수들이나 결측치가 있는 경우는 NA로 나와 있다.

Chapter 2. 기초 시각화

1. 일반 그래프

그래프 그리기에 사용되는 함수식은 "낮은 수준의 그래프 함수"와 "높은 수준의그래프 함수"로 구분된다. 전자는 생성된 그래프에 추가적으로 작업을 진행하는 함수식이고, 후자는 새로운 초기 그래프를 작성하는 기능을 가졌다. 대표적으로 plot( ), hist( ), boxplot( ), barplot( ), paris( ) 등의 함수식이 후자에 해당되고, abline( ), title( ) 등의 함수식은 전자에 해당된다.

1) 그래프 그리는 도화지: win.graph( )

그래프 그리기는 RStudio 화면의 오른쪽 하단 도화지에서 이루어지기도 하고, RGraphics에서 그릴 수도 있다. R Graphics 도화지는 명령어 > win.graph( )를 통해 진입이 가능하다.

[처리결과화면: RStudio 오른쪽 하단]

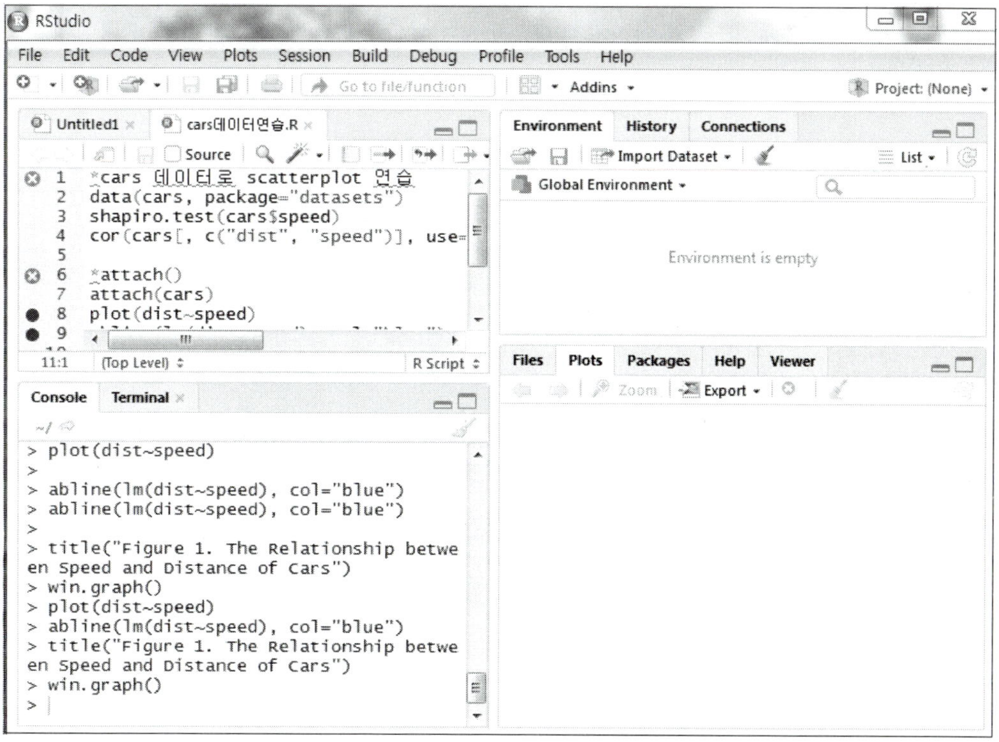

명령어

```
> win.graph( )
```

[처리결과화면: R Graphics]

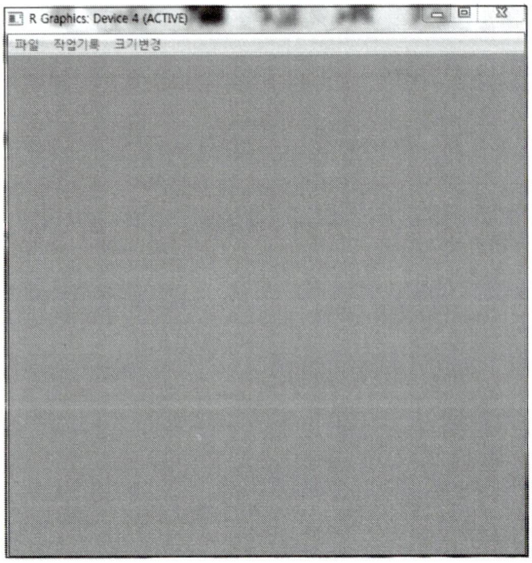

R Graphics에서는 도출된 그래프에 추가적인 작업을 하게 되면 앞서 작업한 그래프가 삭제되고 최종 작업한 그래프만 남는다. 따라서 앞서 작업한 그래프를 임시저장하고 싶으면 R Graphics 화면 상단에 있는 "작업기록"을 클릭하고, 그 아래 "기록"을 클릭하면 된다. 이렇게 임시저장된 그래프들은 Page Up, Page Down 키를 이용하여 이동할 수 있다.

[처리결과화면: R Graphics]

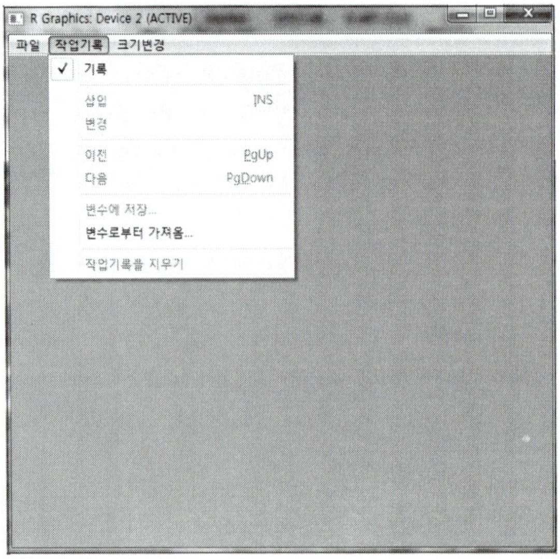

이번에는 R Graphics 창에 숨겨진 내막을 파헤쳐보자. 이 내막이 지금부터 그리고자 하는 그래프에 영향을 줄 수도 있기 때문이다. 그래프 영역과 관련된 그래픽 모수가 그것인데, 내부마진 영역과 외부마진 영역에 관한 모수가 설정되어 있다. 내부마진 영역 모수는 디폴트 값이 c(5.1, 4.1, 4.1, 2.1)이고, 외부마진 영역 모수의 디폴트 값은 c(0, 0, 0, 0)이다. 이로써 내부마진 영역은 밑면 5.1줄, 윗면 4.1줄, 왼쪽면 4.1줄, 오른쪽면 2.1줄 들어갈 수 있는 공간을 확보하도록 되어 있고, 외부마진 영역은 밑면 0줄, 윗면 0줄, 왼쪽면 0줄, 오른쪽면 0줄 들어갈 수 있는 공간을 확보하도록 되어 있다.

2) 데이터 셋 전체 변수들간 단순관계 살펴 보기: plot( )

그데이터 셋 전체 변수들 간 단순관계 상황을 우선 살펴보자. 사용할 함수는 plot( )이다. 이 작업의 결과는 사실 논문에서 사용하기에는 너무 복잡하다. 연습데이터(apptrain2_st.csv)를 불러와서 그래프를 그려보자.

명령어

```
> setwd("C:/Users/osyan/") #작업디렉토리 지정 - 작업디렉토리는 작업자마다 다름
> apptrain2 <-read.csv(file.choose()) #파일을 직접 선택할 수 있는 명령어
> plot(apptrain2)
```

```
> setwd("C:/Users/osyan/") #작업디렉토리 지정
> apptrain2 <-read.csv(file.choose()) #파일을 직접 선택할 수 있는 명령어
> plot(apptrain2)
```

[처리결과화면]

이번에는 특정 변수만을 선택해서 관계를 살펴보도록 하자. 연습데이터(apptrain2_st.csv)에서 Rating_st를 종속변수로 하고, Reviews_st, Installs_st, Price_st, Polarity_st, Subjectivity_st 등을 독립변수로 를 선택하고 이들 관계를 보여달라는 명령어를 작성해보자. 변수선택은 순서 번호(18,13,14,15,16,17)를 작성하면 된다. 사용할 함수는 pairs( )와 c( ) 함수이다.

명령어

```
> pairs(apptrain2[,c(18,13,14,15,16,17)])
```


```
> pairs(apptrain2[,c(18,13,14,15,16,17)])
```

[처리결과화면]

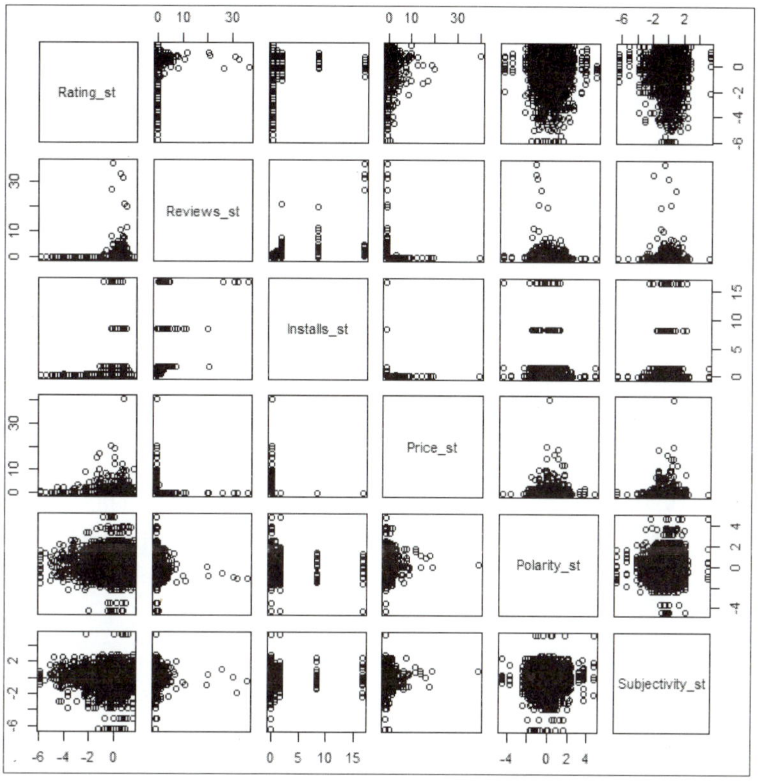

해석

처리결과화면을 보면, 좌상단에서 우하단 대각선으로 해당 변수명이 나와 있고, 각 변수 간 단순관계를 보려면 이 대각선을 중심으로 좌측 아래쪽이나 우측 윗쪽 그래프를 참조하면 된다. 본 연구자는 좌측 아래쪽을 주로 사용한다.

이번에는 좀 더 편리하고 친절한 정보를 제공해 주는 단순상관관계 그래프를 도출해보자. 사용할 함수는 ggpairs( )이며 이 작업은 특별한 패키지를 필요로 한다. 우선 필요한 패키지를 설치하고 불러오도록 하자.

명령어

```
> install.packages("ply")
> install.packages("GGally")
> install.packages("ggplot2")
> install.packages("reshape2")
> install.packages("lme4")
> install.packages("boot")
```

```
> install.packages("lattice")

  > install.packages("ply")
  WARNING: Rtools is required to build R packages but is not currently installe
  d. Please download and install the appropriate version of Rtools before proc
  eeding:

  https://cran.rstudio.com/bin/windows/Rtools/
  Installing package into 'C:/Users/osyan/Documents/R/win-library/3.6'
  (as 'lib' is unspecified)
  Warning in install.packages :
    package 'ply' is not available (for R version 3.6.1)
  > install.packages("GGally")
  WARNING: Rtools is required to build R packages but is not currently installe
  d. Please download and install the appropriate version of Rtools before proc
  eeding:

  https://cran.rstudio.com/bin/windows/Rtools/
  Installing package into 'C:/Users/osyan/Documents/R/win-library/3.6'
  (as 'lib' is unspecified)
  URL  'https://cran.rstudio.com/bin/windows/contrib/3.6/GGally_1.4.0.zip'
  을 시도합니다
  Content type 'application/zip' length 1442463 bytes (1.4 MB)
  downloaded 1.4 MB

  package 'GGally' successfully unpacked and MD5 sums checked

  The downloaded binary packages are in
        C:₩Users₩osyan₩AppData₩Local₩Temp₩RtmpWSDncN₩downloaded_packa
  ges
  > install.packages("ggplot2")
  WARNING: Rtools is required to build R packages but is not currently installe
  d. Please download and install the appropriate version of Rtools before proc
  eeding:

  https://cran.rstudio.com/bin/windows/Rtools/
  Installing package into 'C:/Users/osyan/Documents/R/win-library/3.6'
  (as 'lib' is unspecified)
  URL 'https://cran.rstudio.com/bin/windows/contrib/3.6/ggplot2_3.2.1.zip'
  을 시도합니다
```

```
Content type 'application/zip' length 3975669 bytes (3.8 MB)
downloaded 3.8 MB

package 'ggplot2' successfully unpacked and MD5 sums checked

The downloaded binary packages are in
	C:\Users\osyan\AppData\Local\Temp\RtmpWSDncN\downloaded_packa
ges
> install.packages("reshape2")
WARNING: Rtools is required to build R packages but is not currently installe
d. Please download and install the appropriate version of Rtools before proc
eeding:

https://cran.rstudio.com/bin/windows/Rtools/
Installing package into 'C:/Users/osyan/Documents/R/win-library/3.6'
(as 'lib' is unspecified)
URL 'https://cran.rstudio.com/bin/windows/contrib/3.6/reshape2_1.4.3.zip
'을 시도합니다
Content type 'application/zip' length 626330 bytes (611 KB)
downloaded 611 KB

package 'reshape2' successfully unpacked and MD5 sums checked

The downloaded binary packages are in
	C:\Users\osyan\AppData\Local\Temp\RtmpWSDncN\downloaded_packa
ges
> install.packages("lme4")
WARNING: Rtools is required to build R packages but is not currently installe
d. Please download and install the appropriate version of Rtools before proc
eeding:

https://cran.rstudio.com/bin/windows/Rtools/
Installing package into 'C:/Users/osyan/Documents/R/win-library/3.6'
(as 'lib' is unspecified)
also installing the dependencies 'minqa', 'nloptr'

URL 'https://cran.rstudio.com/bin/windows/contrib/3.6/minqa_1.2.4.zip'을
시도합니다
Content type 'application/zip' length 675492 bytes (659 KB)
```

```
downloaded 659 KB

URL  'https://cran.rstudio.com/bin/windows/contrib/3.6/nloptr_1.2.1.zip'
을 시도합니다
Content type 'application/zip' length 1072637 bytes (1.0 MB)
downloaded 1.0 MB

URL 'https://cran.rstudio.com/bin/windows/contrib/3.6/lme4_1.1-21.zip'을
시도합니다
Content type 'application/zip' length 5685589 bytes (5.4 MB)
downloaded 5.4 MB

package 'minqa' successfully unpacked and MD5 sums checked
package 'nloptr' successfully unpacked and MD5 sums checked
package 'lme4' successfully unpacked and MD5 sums checked

The downloaded binary packages are in
      C:\Users\osyan\AppData\Local\Temp\RtmpWSDncN\downloaded_packa
ges
> install.packages("boot")
WARNING: Rtools is required to build R packages but is not currently installe
d. Please download and install the appropriate version of Rtools before proc
eeding:

https://cran.rstudio.com/bin/windows/Rtools/
Installing package into 'C:/Users/osyan/Documents/R/win-library/3.6'
(as 'lib' is unspecified)
URL 'https://cran.rstudio.com/bin/windows/contrib/3.6/boot_1.3-24.zip'을
시도합니다
Content type 'application/zip' length 640639 bytes (625 KB)
downloaded 625 KB

package 'boot' successfully unpacked and MD5 sums checked

The downloaded binary packages are in
    C:\Users\osyan\AppData\Local\Temp\RtmpQT6sew\downloaded_packages
> install.packages("lattice")
WARNING: Rtools is required to build R packages but is not currently installe
d. Please download and install the appropriate version of Rtools before proc
```

```
eeding:

https://cran.rstudio.com/bin/windows/Rtools/
Installing package into 'C:/Users/osyan/Documents/R/win-library/3.6'
(as 'lib' is unspecified)
URL 'https://cran.rstudio.com/bin/windows/contrib/3.6/lattice_0.20-38.zi
p'을 시도합니다
Content type 'application/zip' length 1169923 bytes (1.1 MB)
downloaded 1.1 MB

package 'lattice' successfully unpacked and MD5 sums checked

The downloaded binary packages are in
    C:\Users\osyan\AppData\Local\Temp\RtmpQT6sew\downloaded_packages
```

명령어

```
> require(ggplot2)
> require(GGally)
> require(reshape2)
> require(lme4)
> require(compiler)
> require(parallel)
> require(boot)
> require(lattice)
```

```
> require(ggplot2)
필요한 패키지를 로딩중입니다: ggplot2
경고메시지(들):
패키지 'ggplot2'는 R 버전 3.6.2에서 작성되었습니다
> require(GGally)
필요한 패키지를 로딩중입니다: GGally
Registered S3 method overwritten by 'GGally':
  method from
  +.gg   ggplot2
경고메시지(들):
패키지 'GGally'는 R 버전 3.6.2에서 작성되었습니다
> require(reshape2)
필요한 패키지를 로딩중입니다: reshape2
```

```
경고메시지(들):
패키지 'reshape2'는 R 버전 3.6.2에서 작성되었습니다
> require(lme4)
필요한 패키지를 로딩중입니다: lme4
필요한 패키지를 로딩중입니다: Matrix
경고메시지(들):
패키지 'lme4'는 R 버전 3.6.2에서 작성되었습니다
> require(compiler)
필요한 패키지를 로딩중입니다: compiler
> require(parallel)
필요한 패키지를 로딩중입니다: parallel
> require(boot)
필요한 패키지를 로딩중입니다: boot
경고메시지(들):
패키지 'boot'는 R 버전 3.6.2에서 작성되었습니다
> require(lattice)
필요한 패키지를 로딩중입니다: lattice

다음의 패키지를 부착합니다: 'lattice'

The following object is masked from 'package:boot':

    melanoma

경고메시지(들):
패키지 'lattice'는 R 버전 3.6.2에서 작성되었습니다
```

필요한 패키지를 모두 설치하고 불러 온 뒤, ggpairs( ) 함수를 사용하여 앞서 작업한 동일한 변수에 대해 변수 간 단순관계를 보여달라는 명령어를 작성해보자. 당연히 c( ) 함수도 같이 사용한다.

명령어

```
> win.graph()
> ggpairs(apptrain2[,c(18,13,14,15,16,17)]) #두 변수 간 단순관계
```

```
> win.graph()
> ggpairs(apptrain2[,c(18,13,14,15,16,17)]) #두 변수 간 단순관계 - 내가 수정한 것
 plot: [4,4] [========================================>---------------------------] 61% est: 1s
```

[처리결과화면: 처리결과 도출된 그래프]

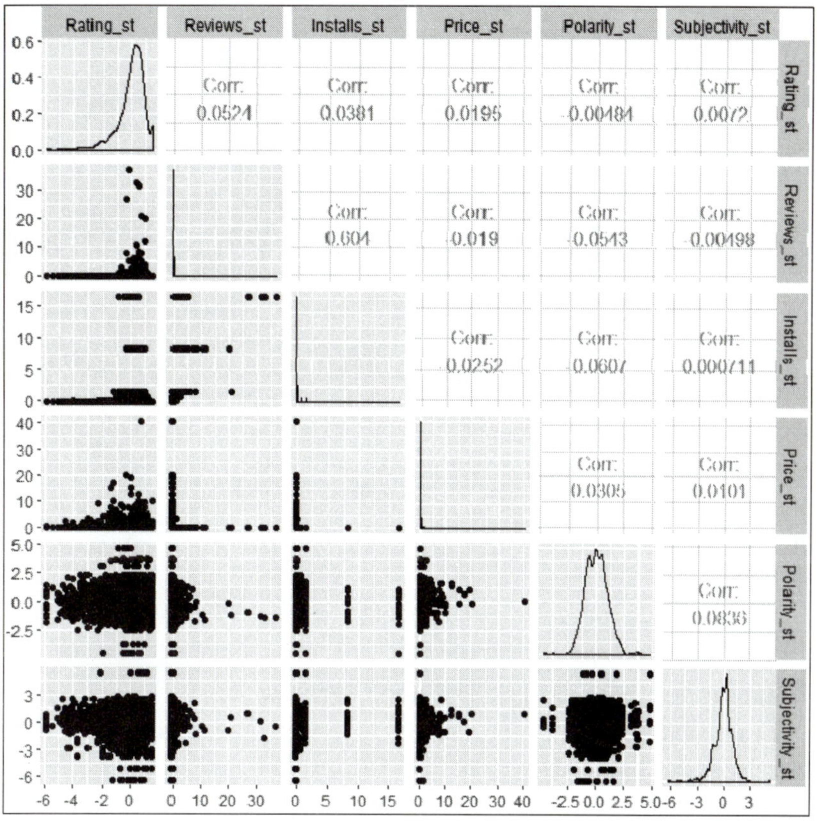

해석

처리결과화면을 보면, 상단 가로축과 세로축에 해당 변수명이 나와 있고, 좌상단에서 우하단 대각선으로 해당 변수의 데이터 분포가 나와 있다. 또한 대각선을 중심으로 좌측 아래쪽에는 변수 간 데이터 매트릭스를 보여주는 그래프가 나와 있고, 대각선을 중심으로 우측 윗쪽에는 변수 간 단순상관계수가 수치로 나타나 있다.

이번에는 좀 더 다른 방법으로 시각화를 구현해보자. 사용할 함수는 ggcorr( )이고 우선 전체 변수를 모두 대상으로 하는 명령어를 작성해보고, 이후 앞서 다룬 주요 변수만을 대상으로 지정하는 명령어를 작성해보자. 변수를 지정할 때는 c( ) 함수를 사용하여 변수의 순서 수치를 기재하면 된다. 또한 옵션(palette)으로 그래프의 색깔을 선택할 수 있다. 여기서는 파란색(“Blues”)을 연습해보자.

명령어

```
> library(ggplot2)
> library(GGally)
> win.graph()

> ggcorr(apptrain2,nbreaks=4, palette="Blues") #전체 변수를 대상으로
> ggcorr(apptrain2[,c(18,13,14,15,16,17)], nbreaks=4, palette="Blues") #두 변
수 간 단순관계 - 내가 수정한 것
```

```
> library(ggplot2)
> library(GGally)
> win.graph()

> ggcorr(apptrain2,nbreaks=4, palette="Blues") #전체 변수를 대상으로
경고메시지(들):
In ggcorr(apptrain2, nbreaks = 4, palette = "Blues") :
  data in column(s) 'App', 'Category', 'Size', 'Type', 'Content.Rating',
'Last.Updated' are not numeric and were ignored
> ggcorr(apptrain2[,c(18,13,14,15,16,17)], nbreaks=4, palette="Blues") #
두 변수 간 단순관계 - 내가 수정한 것
```

[처리결과화면: 전체 변수를 대상으로]

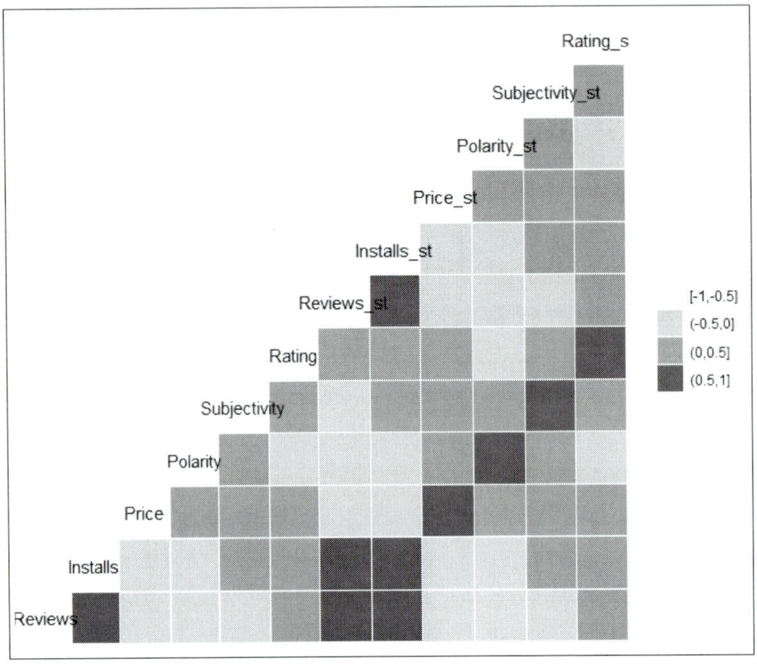

[처리결과화면: 주요 변수를 대상으로 지정]

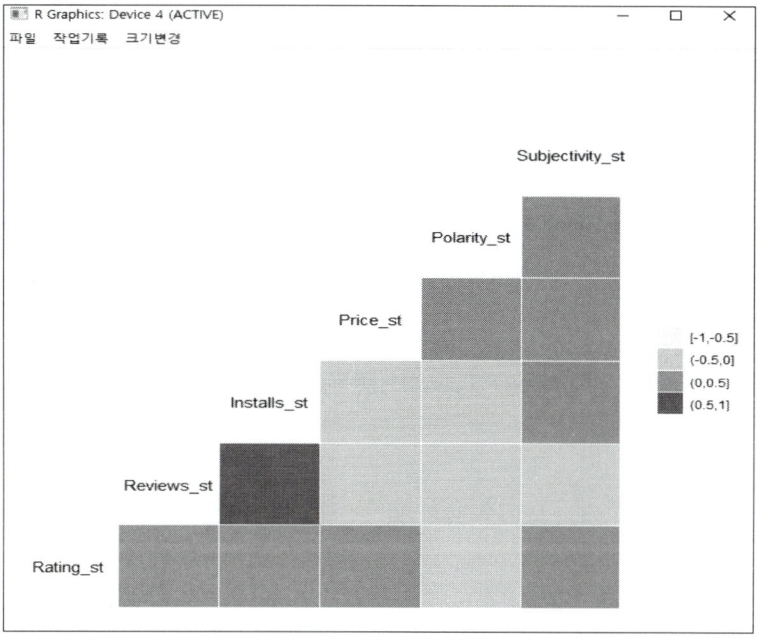

3) 사사분면 구분을 위한 그래프 추가 하기: abline( )

우선 R에 탑재되어 있는 데이터 파일 “cars”를 불러와서 연습해 보자. 데이터를 불러오는 명령어는 data( ) 함수식과 attach( ) 함수식이 있다. 패키지는 “datasets”이다. 여기서는 attach( ) 함수식을 사용하도록 하자.

명령어

```
> attach(cars)
```

●를 클릭하여 cars 파일에 들어 있는 변수를 확인하면 speed와 dist 변수가 저장되어 있음을 볼 수 있다.

[처리결과화면]

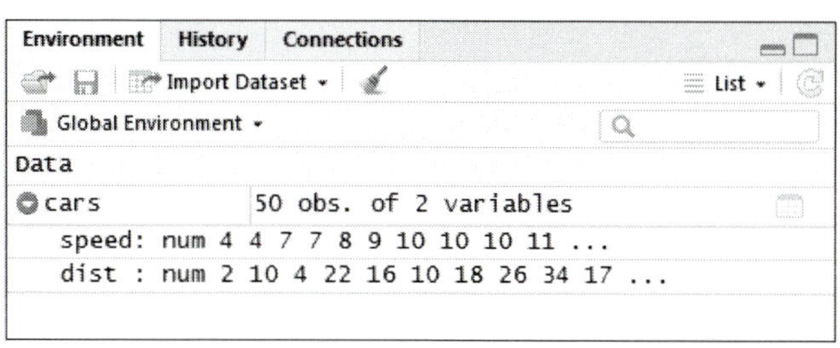

자 이제 speed와 dist 간 관계에 대한 기초 그래프를 작업해 보자. 명령어는 plot( ) 함수식이다.

명령어

```
> plot(y축변수~x축변수)

> plot(dist~speed)
```

[처리결과화면]

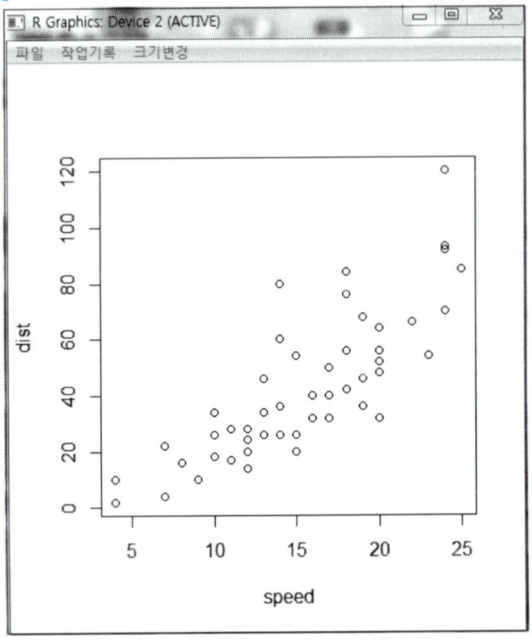

해석

처리결과화면을 보면, x축 speed와 y축 dist에 대한 관계를 나타내는 산포도 그래프가 생성되어 있음을 볼 수 있다.

앞서 도출한 그래프에 사사분면을 구분하기 위한 그래프를 추가해 보자. 이 작업은 관찰 대상을 네 가지 유형으로 구분할 때 필요한 작업이다. 즉 사사분면으로 구분하게 되면 두 개의 기준(x축과 y축을 대표하는 두 개의 변수)을 중심으로 네 가지 유형으로 그룹핑이 가능해진다. abline( ) 함수식이다. 여러 가지 방식 가운데 수평선과 수직선을 그려서 네 가지 유형으로 구분할 수 있는 그룹핑을 위한 작업을 실습해 보자. 여기서는 x축의 평균값과 y축의 평균값을 사용하여 사사분면으로 나누어 보자. 평균값을 사용하려면 함수식 mean( )이 필요하다. 옵션에서 v는 수직선으로 x축 위에 그려지게 되고, h는 수평선으로 y축 위에 그려지게 된다. x축 위에 그릴 수직선은 빨간색(red), y축 위에 그릴 수평선은 파란색(blue)으로 그려보자. 수직선과 수평선의 굵기는 디폴트의 3배(lwd=3)로 그려보자.

[abline( ) 모수]

모수	기능
abline(a, b)	절편이 a, 기울기가 b인 직선
abline(coef=)	절편과 기울기로 이루어진 벡터(coef)
abline(h=)	수평선. Y값
abline(v=)	수직선. X값
abline(reg=)	회귀직선. 함수 lm( )과 연계

명령어

```
> abline(v=mean(x축변수), lwd=숫자, col="색깔") 또는 v=숫자
> abline(h=(y축변수), lwd=숫자, col="색깔") 또는 h=숫자

> abline(v=mean(speed), lwd=3, col="red")
> abline(h=mean(dist), lwd=3, col="blue")
```

[처리결과화면]

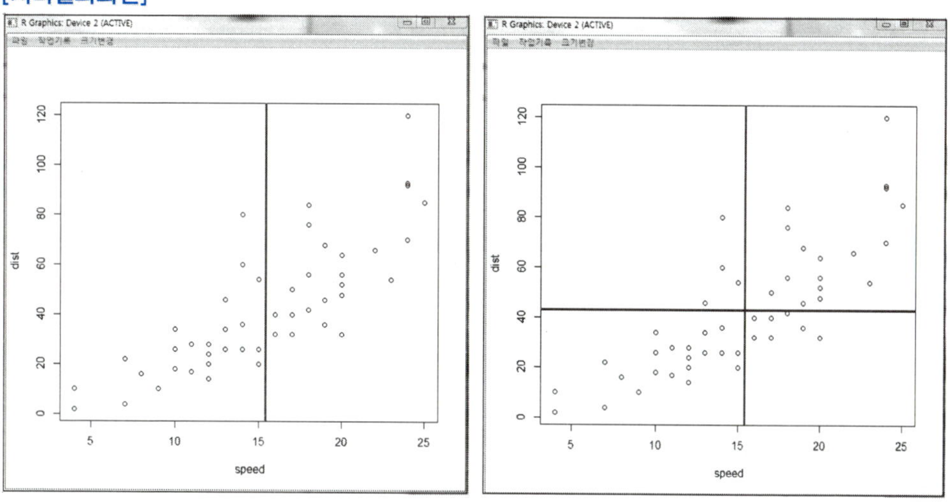

4) 두 변수 간 회귀직선 그래프 추가 하기: abline( ) + lm( )

이 그래프에 두 변수 간 회귀직선을 파란색으로 추가해 보자. 명령어는 abline( ) 함수식과 lm( ) 함수식이다.

명령어

```
> abline(lm(y축변수~x축변수), col="색깔")

> abline(lm(dist~speed), col="blue")
```

[처리결과화면]

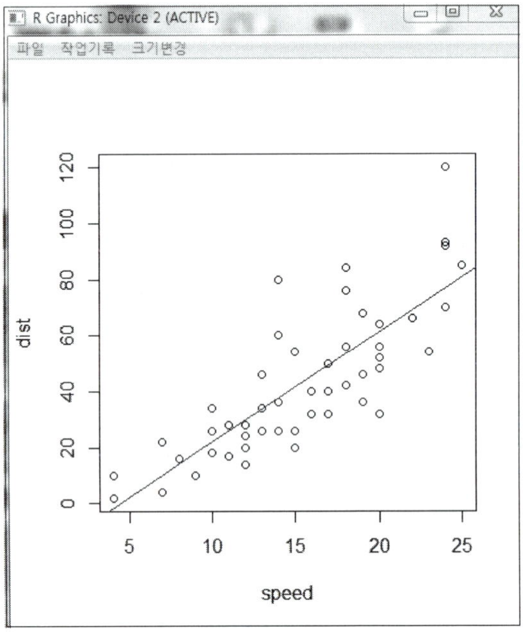

5) 그래픽 모수와 그래프 모양 바꾸기: par( )

자 이제 생성된 그래프의 모양을 바꾸는 방법을 연습해 보자. 그래프 그리기에서모양을 바꿀 때는 그래픽 모수를 이용한다. 그래픽 모수를 이용하여 그래프를 수정하는 방법은 다시 두 가지 방식으로 세분되는데, 하나는 함수 par( )를 이용하는 것이고, 다른 하나는 각 그래프 함수에서 직접 모수를 수정하는 것이다. 여기서는 par( ) 함수식을 사용하여 그래프 모양을 바꾸어 보자.

앞서 도출한 speed-dist 관계를 나타내는 산포도 그래프를 수정해 보자. 그래프 모양을 "비어 있는 원" 대신 "속이 찬 원"으로 바꾸고, 점과 선을 모두 이용하여 "점들을 순서대로 선으로 연결(type="b")"시켜 보자. 또한 선은 "점선(lty=3)"으로 나타내고, 그래프에 점을 나타낼 때 사용되는 기호의 종류로는 "속이 찬 원(pch=19)"으로 나타내 보자.

[그래프 그리기에 필요한 그래픽 모수]

모수	기능
lty	선의 종류: 숫자로 나타내며 1~6이 있음. 또는 지정된 문자로 나타낼 수 있음("solid", "dashed", "dotted", "dotdash", "longdash", "twodash") 1 ———————————— 2 - - - - - - - - - - - - - - - - 3 ------------------------------ 4 -·-·-·-·-·-·-·-·-·-·-·-·-·- 5 ———————————— 6 ━━━━━━━━━━━━
lwd	선의 굵기: 1=디폴트, 2=2배, 3=3배...
type	type='b' 선과 점을 모두 사용하라 type='h' 히스토그램 수직선 그래프 type='l' 선 그래프. 함수 lines( )의 디폴트 값 사용 type='n' 그래프 없음(no plotting) type='o' 선과 점이 겹치는(overlapped) 그래프 type='p' 점(points) 그래프. 함수 plot( ), points( ) 디폴트 값 사용 type='s' 계단식(step) 그래프
pch	기호의 종류: 숫자로 나타내며 0~25가 있음. 0 □ 1(디폴트) ○ 2 △ 3 + 4 x 5 ◇ 6 ▽ 7 8 9 10 11 12 13 14 15 ■ 16 ● 17 ▲ 18 ◆ 19 ● 20 ● 21 ○ 22 □ 23 ◇ 24 △ 25 ▽
cex	기호의 크기: 숫자로 나타내며 1=디폴트, 2=2배, 3=3배...

col	657개의 색깔을 지정하는 문자로 구성.
	①숫자로 지정하는 방식: 매우 제한된 색깔만 사용 가능
	흰색(col=0), 검은색(col=1), 빨간색(col=2), 녹색(col=3), 파란색(col=4), 청록색(col=5), 자주색(col=6), 노란색(col=7), 회색(col=8) // 검은색(col=9), 빨간색(col=10)...색깔이 순환됨
	②문자로 지정하는 방식
	함수식 colors( )를 실행하면 657개 색깔의 문자가 나옴. 여기서 직접 문자를 확인하고 사용.
	col="red", col="blue" 등등
	[처리결과화면]
	`> colors()`
	`[1] "white"                "aliceblue"`
	`[3] "antiquewhite"         "antiquewhite1"`
	`[5] "antiquewhite2"        "antiquewhite3"`
	`[7] "antiquewhite4"        "aquamarine"`
	`[9] "aquamarine1"          "aquamarine2"`

모수	기능
	(중간 생략) [639] "turquoise4" "violet" [641] "violetred" "violetred1" [643] "violetred2" "violetred3" [645] "violetred4" "wheat" [647] "wheat1" "wheat2" [649] "wheat3" "wheat4" [651] "whitesmoke" "yellow" [653] "yellow1" "yellow2" [655] "yellow3" "yellow4" [657] "yellowgreen" ※색깔 만들기 옵션 col.lab xy축 라벨의 색깔 col.main 그래프 주제목의 색깔 col.sub 그래프 부제목의 색깔

우선 앞서 실행한 그래프를 삭제시키지 않도록 그래픽 모수를 저장하도록 한다. 이렇게 하면 앞서 실행한 그래프 결과값을 저장해 둘 수 있어 앞서 실행한 그래프로 되돌아갈 수 있다. 명령어는 par( ) 함수식이다. 그리고 수정가능한 모수만 저장하라는 "no.readonly=TRUE" 옵션이 필요하다. 저장해둘 파일명은 "par1"으로 하자.

명령어

```
> 저장할파일명=par(no.readonly=TRUE)
```

```
> par1=par(no.readonly=TRUE)
```

다음으로 선과 점을 모두 사용해서(type='b'), 선과 점을 점선(lty=3)으로 이어주고, 점의 기호는 '속이 찬 원 19번(pch=19)'으로 나타내라는 명령어를 처리해 보자. 그리고 최종적으로 원래의 모수 값으로 복귀(par(모수를저장한파일명))시켜 보자. 여기서 모수를 저장한 파일명은 앞서 실행한 대로 "par1"이다.

명령어

```
> par(lty=숫자, pch=숫자)
> plot(y축변수~x축변수, type='유형', 데이터파일명)
```

```
> par(lty=3, pch=19)
```

```
> plot(dist~speed, type='b', cars)
```

[처리결과화면]

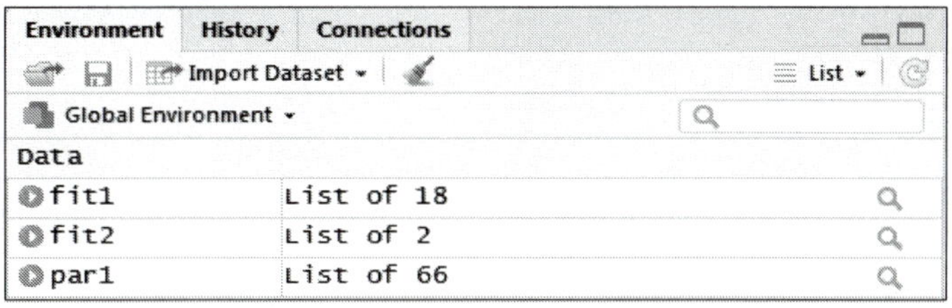

해석

처리결과화면을 보면, RStudio 화면의 오른쪽 상단에 모수를 저장한 파일 par1이 새로 생성되었음을 볼 수 있다.

[처리결과화면]

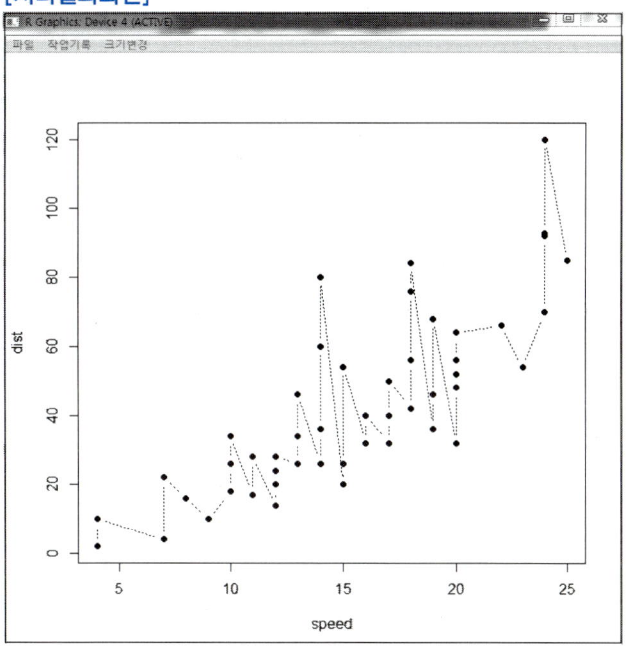

해석

처리결과화면을 보면, 의도했던 대로 속이 찬 원점으로 표시되었고, 점과 점을점선으로 순서대로 이어주고 있다. 끝으로 작업을 마치고 원래의 모수로 되돌아가려면 다음과 같이 명령어를 처리하면 된다: 〉 par(par1)

자 이제 지금까지 실습한 내용들을 한꺼번에 나타나게 하는 두 번째 방법을 연습해 보자. 명령어는 plot( ) 함수식이다. 우선 R Graphics를 불러 오는 > win.graph( )를 먼저 실행시키자.

명령어

```
> win.graph( )
> plot(y축변수~x축변수, type='유형', lty=숫자, pch=숫자, 데이터파일명)

> win.graph( )
> plot(dist~speed, type='b', lty=3, pch=19, cars)
```

[처리결과화면]

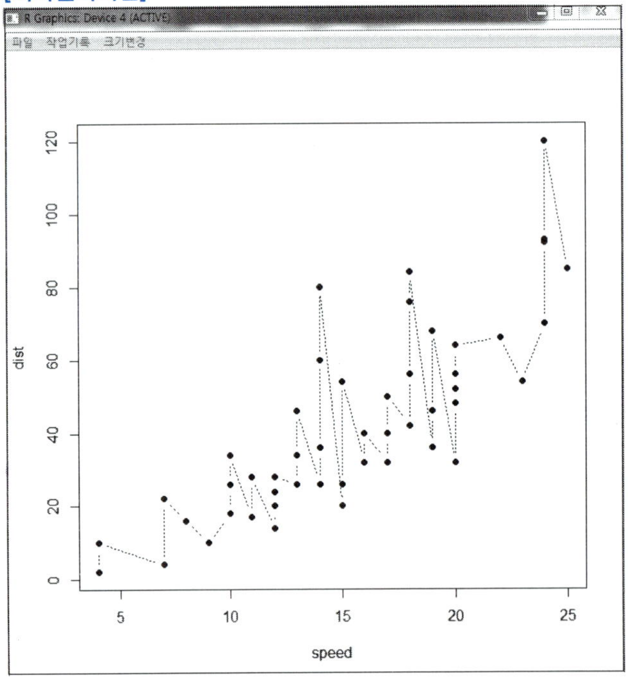

해석

처리결과화면을 보면, 앞서 실행한 그래프와 동일한 그래프가 도출된다.

6) 그래프 축 형태 바꾸기: axis( )

자 이제 생성된 그래프의 축 형태를 바꾸는 연습을 해보자.

[그래프 축 바꾸기에 필요한 모수]

모수	기능
side	그래프의 각 변을 숫자로 표시. side=1(밑변), side=2(왼쪽변), side=3(윗변), side=4(오른쪽변)
at	축의 눈금을 표시할 장소를 지정. at=x, at=y
labels	눈금의 라벨을 지정하는 문자형 벡터
lty	축을 그리는 선의 유형
col	축을 그리는 선과 눈금의 색깔
las	눈금 라벨의 방향. 디폴트는 축과 수평(0), 축과 수직(2)
tck	눈금의 길이. 디폴트(-0.01), 눈금 제거(0), 격자선(1) ※ 양수는 그래프 안쪽에, 음수는 그래프 바깥쪽에 눈금을 작성한다.

우선 도출된 그래프에서 x축과 y축을 삭제해 보자. 이에 필요한 명령어는 axes=FALSE이다.

명령어

```
> plot(y축변수~x축변수, 데이터파일명, axes=FALSE)

> plot(dist~speed, cars, axes=FALSE)
```

[처리결과화면]

[처리 전]

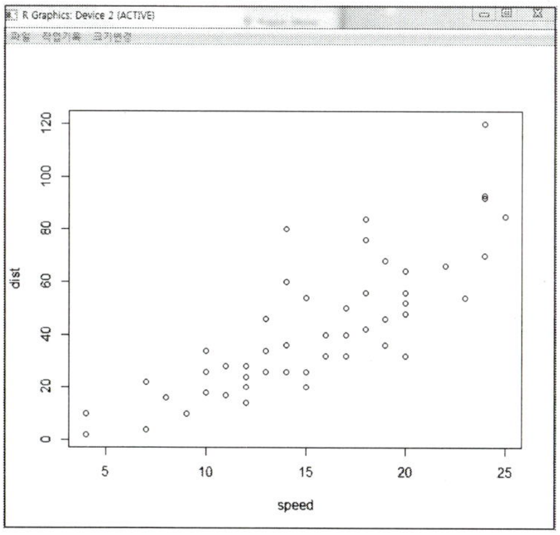

[처리 후]

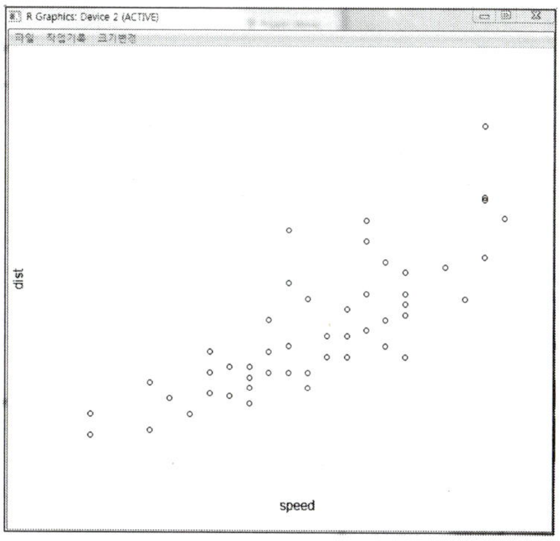

이번에는 각 축에 원하는 눈금을 만들어 보자. 이에 필요한 명령어는 seq( ) 함수식과 axis( ) 함수식이다. x축은 0~30으로 하고 간격은 5로 하자. y축은 0~130으로 하고 간격은 10으로 하자. 사각 변은 제거하고 x축과 y축만 나타내고, 즉 밑변(side=1)과 왼쪽변(side=2)만 나타

낸다. 밑변(x축)에는 눈금을 축과 수평(las=0)으로 나타내고, 축의 안쪽에 눈금을 표시한다. 왼쪽변(y축)에는 눈금을 축과 수직(las=2)으로 나타내고, 축의 바깥쪽에 눈금을 표시한다.

명령어

```
> x=seq(시작수, 끝수, by=단위) ; y=seq(시작수, 끝수, by=단위)
> plot(y축변수~x축변수, 데이터파일명, axes=FALSE)
> axis(side=숫자, at=x, labels=x, las=숫자, tck=숫자)
> axis(side=숫자, at=y, labels=y, las=숫자, tck=숫자)

> x=seq(0, 30, by=5) ; y=seq(0, 130, by=10)
> plot(dist~speed, cars, axes=FALSE)
> axis(side=1, at=x, labels=x, las=0, tck=.01)
> axis(side=2, at=y, labels=y, las=2, tck=-.01)
```

[처리결과화면: x축]

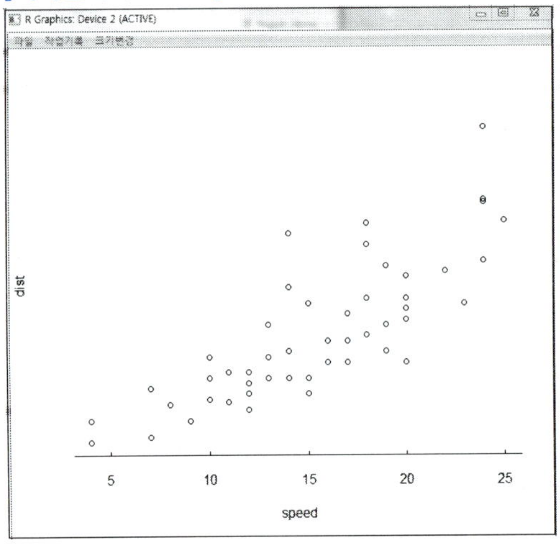

[처리결과화면: y축]

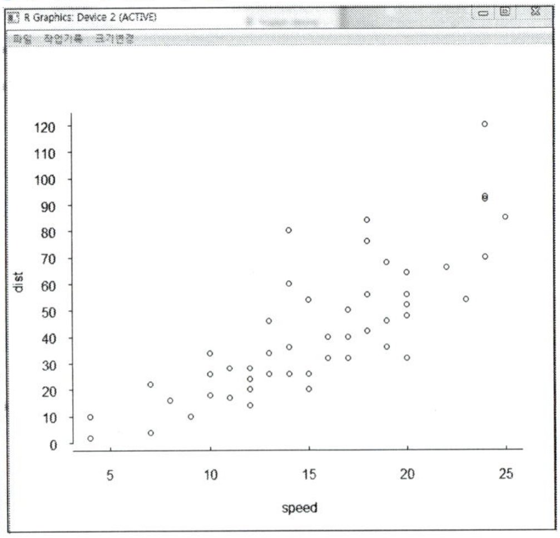

7) 각 객체의 라벨 달아주기: text( ) + rownames( )

자료를 사용하여 생성시킨 그래프에 각 객체의 라벨을 달아주는 작업도 필요하다. 이 작업을 연습하기 위해 제공된 데이터 자료인 state.x77을 사용하도록 하자. 우선 state.x77의 내용을 열람해 보자.

명령어

```
> state.x77
```

```
> state.x77
               Population Income Illiteracy Life Exp Murder
Alabama              3615   3624        2.1    69.05   15.1
Alaska                365   6315        1.5    69.31   11.3
Arizona              2212   4530        1.8    70.55    7.8
Arkansas             2110   3378        1.9    70.66   10.1
California          21198   5114        1.1    71.71   10.3
Colorado             2541   4884        0.7    72.06    6.8
Connecticut          3100   5348        1.1    72.48    3.1
Delaware              579   4809        0.9    70.06    6.2
Florida              8277   4815        1.3    70.66   10.7
(중간 생략)
HS Grad   Frost   Area
Alabama         41.3   20  50708
Alaska          66.7  152 566432
Arizona         58.1   15 113417
Arkansas        39.9   65  51945
California      62.6   20 156361
Colorado        63.9  166 103766
Connecticut     56.0  139   4862
Delaware        54.6  103   1982
Florida         52.6   11  54090
Georgia         40.6   60  58073
(중간 생략)
Vermont         57.1  168   9267
Virginia        47.8   85  39780
Washington      63.5   32  66570
West Virginia   41.6  100  24070
Wisconsin       54.5  149  54464
Wyoming         62.9  173  97203
```

해석

처리결과화면을 보면, 미국 50개 주에 대한 Population, Income, literacy, Life Exp, Murder, HS Grad, Frost, Area 등 8개 변수에 대한 수치를 제공하고 있다.

여기서 8개 변수 가운데 Income(소득)과 HS Grad(고등학교 졸업생 비율) 간 관계를 산점도 그래프로 그리고 라벨을 붙여 보자. 이를 위해 우선 x축의 변수를 선정하고, y축의 변수를 선정해주어야 한다. 사용할 변수는 해당 변수의 순서 번호를 적어주면 된다. 예를 들어 두 번째 변수이면 2, 여섯 번째 변수이면 6으로 한다. 이 작업에서 대상 변수인 Income(소득)과

HS Grad(고등학교 졸업생 비율)는 각각 변수순서번호가 2와 6이다.

명령어

```
> x=파일명[, 변수순서번호]
> y=파일명[, 변수순서번호]

> x=state.x77[, 2]
> y=state.x77[, 6]
```

[처리결과화면]

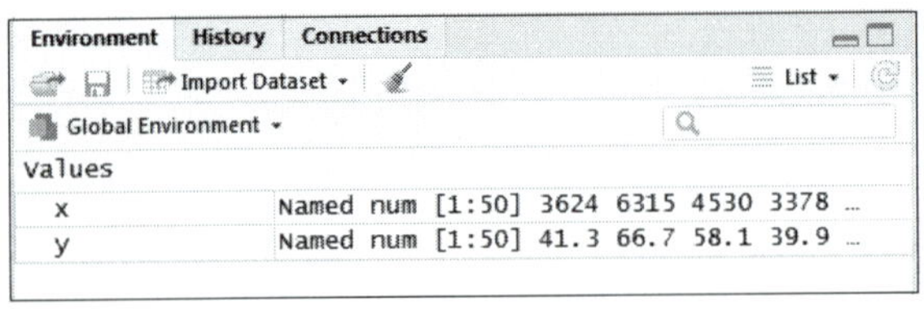

이번에는 x축 이름은 “Income”, y축 이름은 “HS Grad”로 하고, 기호의 종류는 19번(속이 찬 원), 기호의 크기는 디폴트의 0.5배(cex=0.5)로 하자.

명령어

```
> plot(x, y, pch=번호, cex=숫자, xlab="명칭1", ylab="명칭2")

> plot(x, y, pch=19, cex=0.5, xlab="Income", ylab="HS Grad")
```

[처리결과화면]

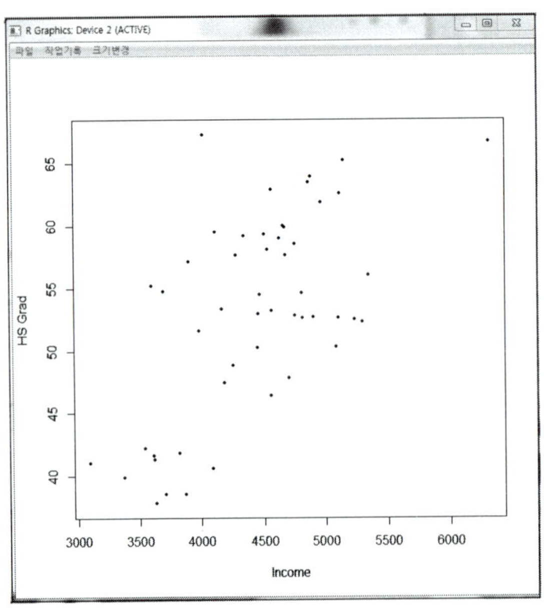

자 이제 최종적으로 각 객체에 라벨을 부여해 보도록 하자. 지금 사용하는 데이터 파일에서 해당 라벨은 rownames( ) 함수식으로 지정할 수 있다(∵ rownames가 라벨에 해당). 또한 라벨은 긴 것보다 짧은 것이 바람직하므로 이를 위해 abbreviate( ) 함수식을 사용하여 문자열을 단축시킬 수 있다. 또한 옵션으로 "minlength=숫자"를 통해 단축된 문자열의 최소 문자 개수를 지정할 수 있다. 여기서는 연습을 위해 최소 문자 개수를 2로 해 보자(이 옵션은 최소한의 문자 개수를 지정하는 것이지 모든 라벨이 해당 문자 개수로 통일되는 것이 아님을 명심해야 한다).

명령어

```
> text(x, y, labels=abbreviate(rownames(데이터파일명), minlength=숫자)

> text(x, y, labels=abbreviate(rownames(state.x77), minlength=2)
```

[처리결과화면]

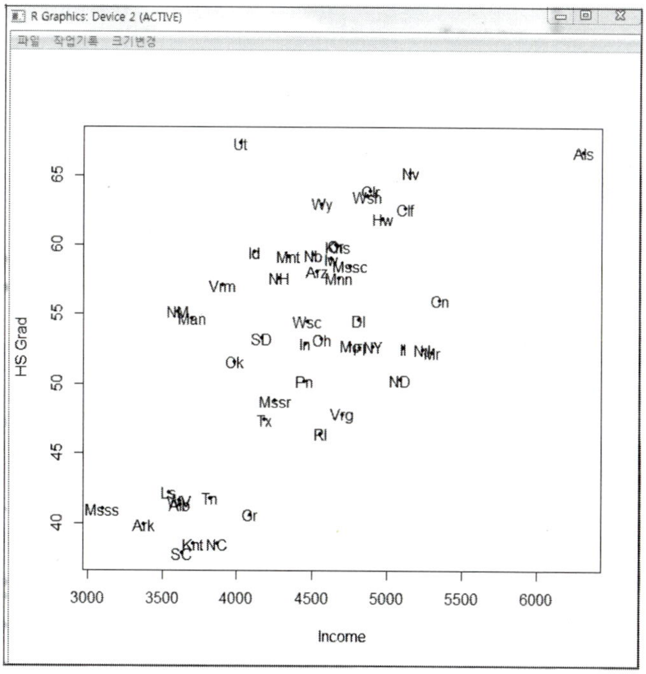

해석

처리결과화면을 보면, 어떤 라벨은 3자 또는 4자이지만 라벨이 최소 2개의 문자로 이루어져 있음을 알 수 있다.

2. 금융 전문 그래프

금융 차트에는 시계열 차트, 바 차트, 캔들 스틱 차트 등이 있다.

1) 시계열 차트: chartSeries(, type="line",)

금융에 자주 사용되는 차트를 그려보자. 이 작업에는 chartSeries( ) 함수를 사용하여 type 옵션을 선정하는 방식으로 진행된다. 우선 필요한 데이터를 getSymbols( ) 함수를 사용하여 수집하자.

명령어

```
> library(quantmod)
> getSymbols('AAPL')
> tail(Ad(`AAPL`)) #억음 부호(`)로 해야 확인이 됨
```

```
> library(quantmod)
> getSymbols('AAPL')
[1] "AAPL"
> tail(Ad(`AAPL`)) #억음 부호(`)로 해야 확인이 됨
           AAPL.Adjusted
2021-09-24        146.92
2021-09-27        145.37
2021-09-28        141.91
2021-09-29        142.83
2021-09-30        141.50
2021-10-01        142.65
```

명령어

```
> win.graph()
> chartSeries(AAPL,
+             type="line",
+             subset='2007',
+             theme=chartTheme('white'))
```

[처리결과화면]

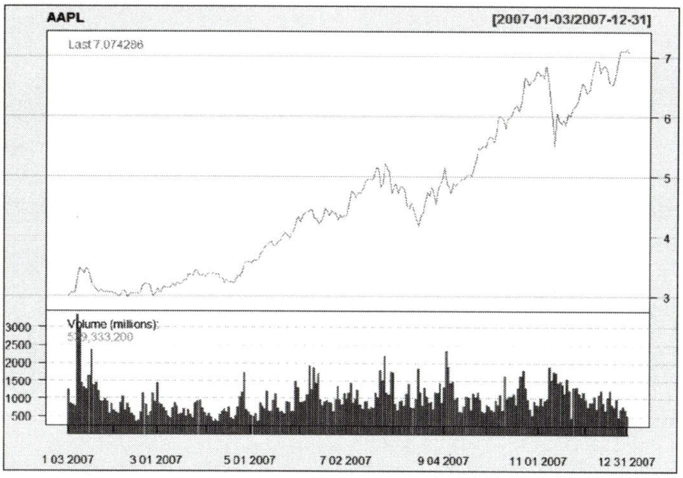

해석

처리결과 화면을 살펴보면, 위에는 선 차트가 형성되었고, 아래쪽에는 거래량 차트가 생성되었다.

2) 바 차트: chartSeries(, type="bar",)

명령어

```
> chartSeries(AAPL,
+             type="bar",
+             subset='2007-05::2007-06',
+             theme=chartTheme('white'))
```

[처리결과화면]

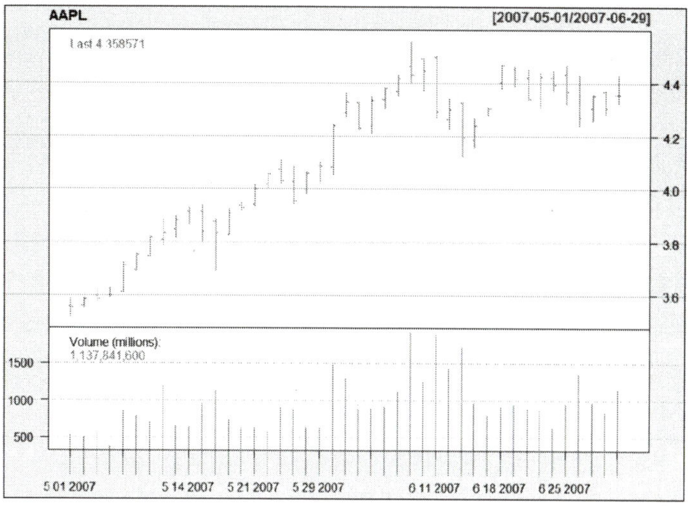

3) 캔들 스틱 차트: chartSeries(, type="candlesticks",)

캔들 스틱 차트는 '봉차트'라고도 하며, 유가증권, 파생상품, 환율 등의 가격 움직임을 자세히 보여준다. 일반적으로 일일 가격 움직임을 보여주는데, 10일 거래 자료라면 당연히 10개의 캔들 스틱이 제시된다. 상자수염차트(box-and-whisker plot)랑 유사한데, 상자수염차트는 원천자료로부터 획득한 통계량(다섯 숫자 요약, five-number summary)을 활용하여 수치자료를 보여주는 그래프로 주로 자료의 특성을 규명하는 기술통계학에서 사용된다. 여기서 말하는 다섯 숫자 요약이란 최소값, 1사분위, 2사분위, 3사분위, 최대값을 의미한다. 금융 정보가 아닌 통계량을 사용하는 상자수염차트와 달리 캔들 스틱 차트는 금융 정보를 사용하며, 고가(High), 시가(Open), 종가(Close), 저가(Low)를 보여주는 머리, 몸통, 꼬리로 구성되어 있다. 일본에서 처음 고안되어 서구에 도입된 것으로 알려져 있으며 기술적 금융분석 도구로 자주 사용되고 있다.

[처리결과화면: 캔들스틱차트]

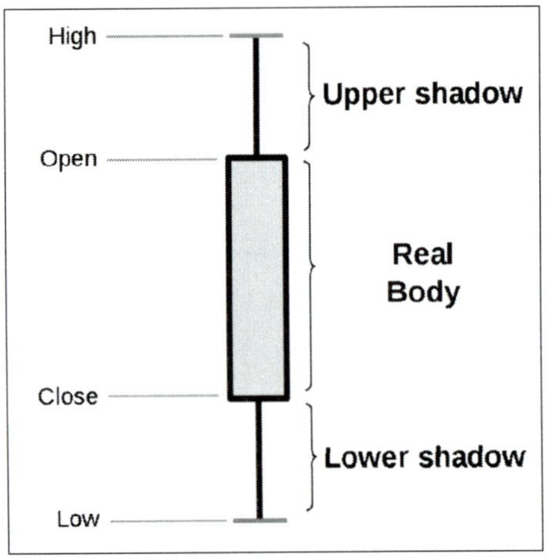

[처리결과화면: 상자수염차트]

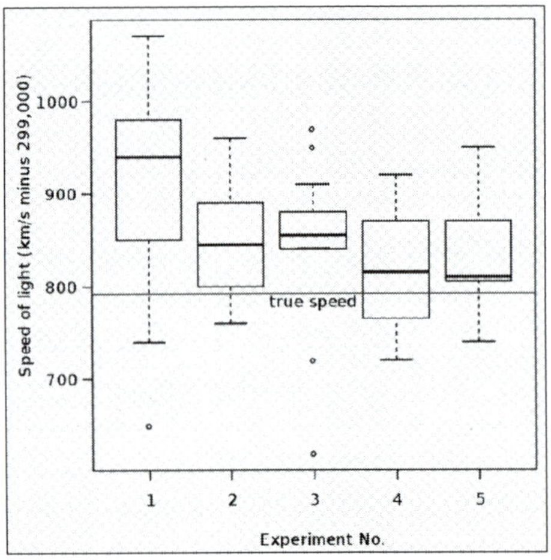

#캔들스틱 해석하기#

몸통은 시가와 종가 간 거리이고, 몸통과 고점 간 거리는 캔들의 '심지(wick)', 몸통과 저점 간 거리는 '그림자(shadow)'라고 한다. 고점과 저점 간 거리는 캔들스틱의 길이를 말한다. 또한 상승 캔들을 '양봉', 하락 캔들을 '음봉'이라고 흔히 말한다.

- 몸통이 길다: 특정 일자에 매수와 매도세가 강했음을 의미
- 심지가 짧다: 특정 일자에 고점이 시가에 근접했음을 의미
- 큰 캔들(양봉 또는 음봉): 길이가 길수록 강세가 큼을 의미
- 그림자가 짧은 양봉: 강한 상승세를 의미(추세의 강도) <=시가와 저가 간격이 짧다
- 심지가 짧은 음봉: 강한 하락세를 의미(추세의 강도) <=시가와 고가 간격이 짧다

- Shaved Candle: 그림자가 짧은 양봉과 심지가 짧은 음봉을 일컬음
- 변곡점(Trend Reversal) 파악: 추세를 이어가다가 1)Shaved 되지 않은 캔들이 나타날 때, 2)도지 캔들(몸통이 좁은 캔들)이 나타날 때, 3)나타난 도지 캔들의 색깔이 바뀔 때, 4)색깔이 바뀐 도지 캔들의 몸통이 두꺼워질 때 등이다. 이 네 가지 경우 가운데 4번이 가장 강한 변곡점 출현 신호이고, 1번이 가장 약한 변곡점 출현 신호이다.

[처리결과화면]

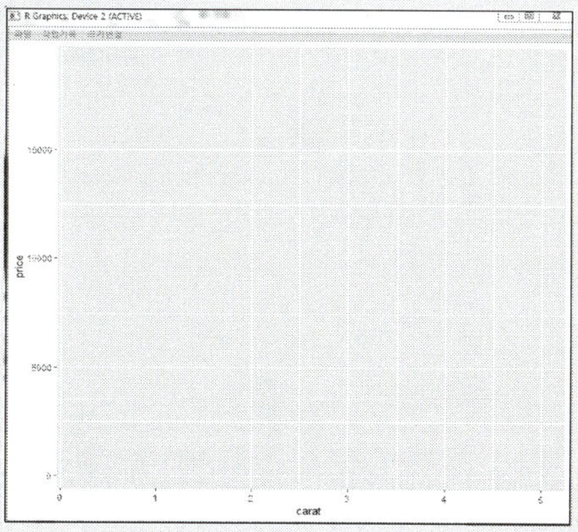

[변곡점 출현 가능성]

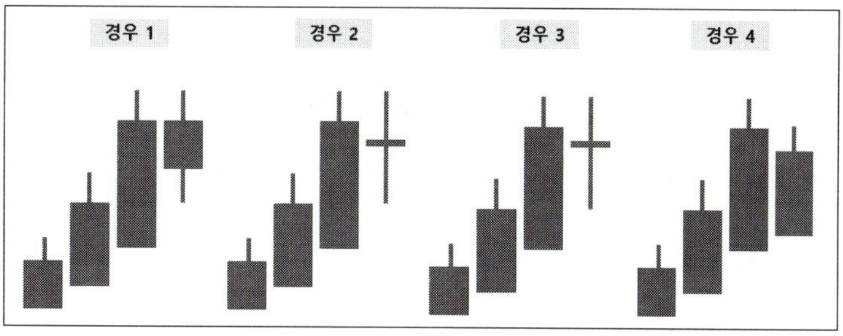

삼성전자 주가

삼성전자 주가 자료를 크롤링해서 캔들스틱 차트를 만들어보자. 날짜를 일부러 2007-05로 지정해주고 5월 한달치 자료만 사용해보자. 색깔을 지정해 줄 수 있는데, 상승 색깔은 흰색으로, 하락 색깔은 블랙으로 지정해주자.

명령어

```
> chartSeries(AAPL,
+            type="candlesticks",
+            subset='2007-05',
+            up.col = 'white',
```

```
+             down.col = 'black',
+             theme=chartTheme('white'))
```

[처리결과화면]

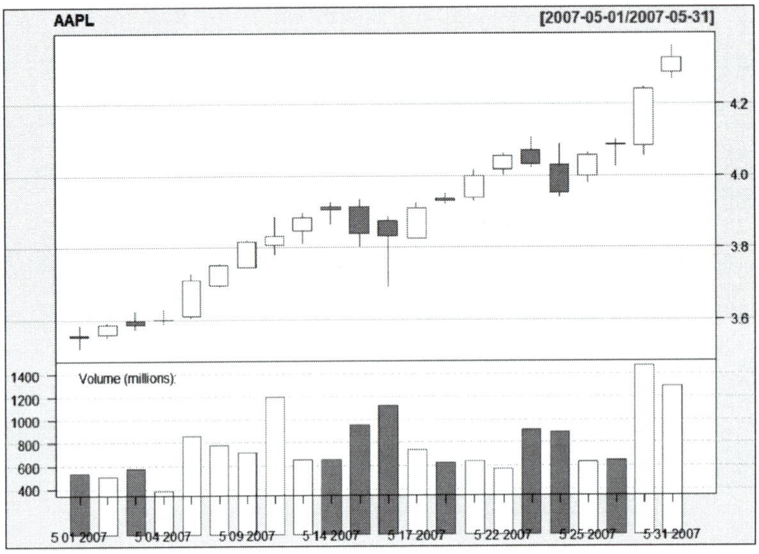

해석

처리결과 화면을 살펴보면, 위쪽에는 2007년 5월 한달치 자료를 매일 하나의 캔들로 표시해주고 있다. 아래쪽에는 매일매일의 거래량을 막대그래프로 보여주고 있다.

4) 하이킨 아시 차트: heikin_ashi( )

캔들스틱 차트는 유용한 도구임에도 불구하고, 시장 잡음을 포괄하고 있다는 단점을 지닌다. 이 문제를 극복하기 위해 고안된 것인 '하이킨 아시(Heikin Ashi) 캔들'이다. 이 방식은 평균가격 데이터를 사용하는 공식에 기초하여 잘못된 신호를 방지하고자 시장 잡음(노이즈)을 제거하는 것이 주요 목적이다. 즉 가격 변동성을 보다 더 평균화시켜 Price Momentum을 매끄럽게하여(smooth out) 시각화해준다. 그 결과 추세 중간중간 나타나는 노이즈를 제거함으로써 시장 추세, 가격 패턴, 전환 가능성(변곡점 캐치)을 상대적으로 쉽게 파악할 수 있다. 그럼에도 불구하고 추세장에서는 강점을 보이는 것과 달리 횡보장에서는 변동폭이 크기 때문에 신뢰성이 다소 떨어진다는 단점을 보여준다. 하이킨 아시의 시가는 전 캔들 시가와 종가의 평균값을 사용하기 때문에 전 캔들 몸통의 절반값이다. 종가는 현 캔들스틱의 시가, 고가, 저가, 종가의 평균값이다. 주의할 점은 횡보 범위가 넓은 경우 추세와 혼동되기 때문에 하이킨 아시 차트를 지나치게 신뢰하는 것은 경계할 필요가 있다.

일반적으로 캔들 종가 마감 이전에는 변동성이 높아진다. 또한 세력들 간 종가마감 전쟁으로 노이즈가 크게 발생한다. 하이킨 아시 캔들 차트는 이 문제를 다소 해결하기 위해 고안되었다. 또한 일반 캔들스틱 차트에서는 찾기 힘든 특정 지지/저항 구간으로 손/익절 구간을 효율적으로 설정할 수 있다.

삼성전자 주식 데이터를 사용하여 하이킨 아시 차트를 나타내보자. 우선 하이킨 아시 함수를 정의해주고 이를 불러들여 사용해야 한다.

명령어

```
> library(quantmod)
> getSymbols('AAPL')
```

명령어

```
> heikin_ashi <- function(data) {
+
+   if(!quantmod::is.OHLC(data)) stop("data must contain OHLC columns")
+
+  heikin_close <- xts::xts(Matrix::rowMeans(quantmod::OHLC(data)), order.by
= index(data))
+   heikin_open  <- quantmod::Op(data)
+
+   # need a loop: heiki ashi open is dependent on the previous value
+   for(i in 2:nrow(data)) {
+     heikin_open[i] <- (heikin_open[i-1] + heikin_close[i-1]) / 2
+   }
+
+  heikin_high <- xts::xts(apply(cbind(quantmod::Hi(data), heikin_open, heiki
n_close), 1, max), order.by = index(data))
+  heikin_low <- xts::xts(apply(cbind(quantmod::Lo(data), heikin_open, heikin
_close), 1, min), order.by = index(data))
+
+   out <- merge(heikin_open, heikin_high, heikin_low, heikin_close)
+   out <- setNames(out, c("Open", "High", "Low", "Close"))
+ }
> ha_AAPL <- heikin_ashi(AAPL)
> View(ha_AAPL)
```

[처리결과화면]

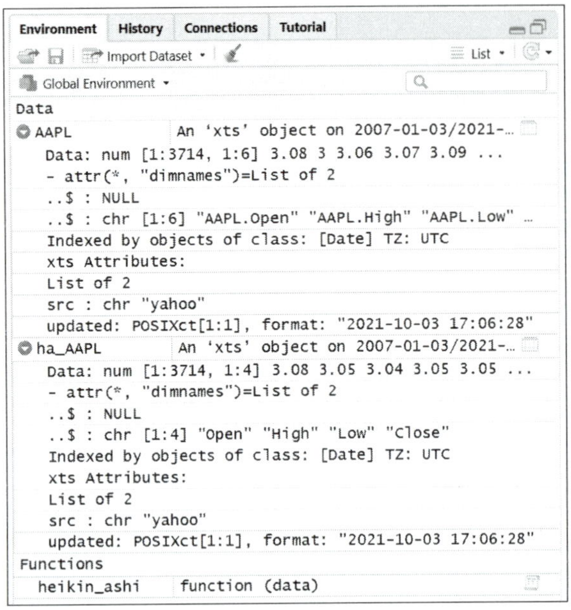

[처리결과화면: View(ha_AAPL)]

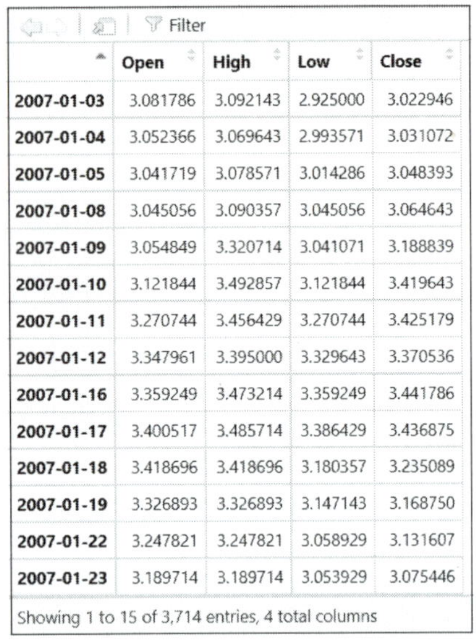

Filter

	Open	High	Low	Close
2007-01-03	3.081786	3.092143	2.925000	3.022946
2007-01-04	3.052366	3.069643	2.993571	3.031072
2007-01-05	3.041719	3.078571	3.014286	3.048393
2007-01-08	3.045056	3.090357	3.045056	3.064643
2007-01-09	3.054849	3.320714	3.041071	3.188839
2007-01-10	3.121844	3.492857	3.121844	3.419643
2007-01-11	3.270744	3.456429	3.270744	3.425179
2007-01-12	3.347961	3.395000	3.329643	3.370536
2007-01-16	3.359249	3.473214	3.359249	3.441786
2007-01-17	3.400517	3.485714	3.386429	3.436875
2007-01-18	3.418696	3.418696	3.180357	3.235089
2007-01-19	3.326893	3.326893	3.147143	3.168750
2007-01-22	3.247821	3.247821	3.058929	3.131607
2007-01-23	3.189714	3.189714	3.053929	3.075446

Showing 1 to 15 of 3,714 entries, 4 total columns

명령어

```
> win.graph()
> chartSeries(ha_AAPL,
+             type="candlesticks",
+             subset='2007-05',
+             up.col = 'white',
+             down.col = 'black',
+             theme=chartTheme('white'))
```

[처리결과화면]

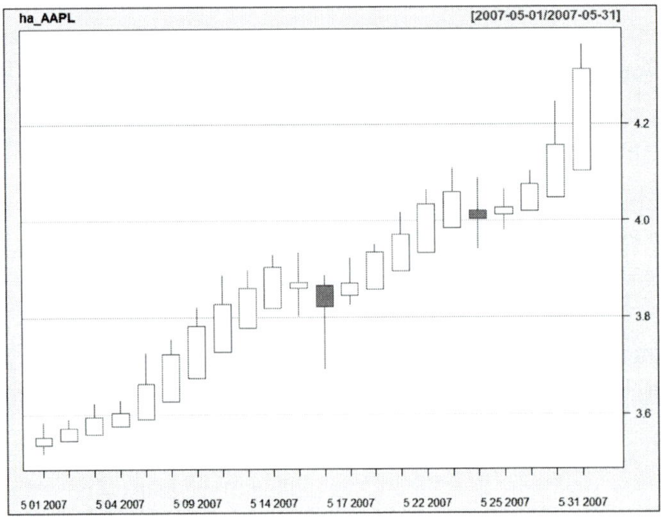

해석

처리결과 화면을 살펴보면, 동일한 시계열 데이터에 대해 앞서 처리된 캔들스틱 차트와 다른 모양의 흐름 분석을 보여주고 있다.

5) 추가 차팅 작업

명령어

```
> library(quantmod) # 네이버로 시계열 데이터 만들었을 때 자꾸 오류남
> ctks_data <- getSymbols(Symbols = "068270.KS", src = "yahoo", from = Sys.Date
() - 1953,
+                              to = Sys.Date(), auto.assign = FALSE)
> View(ctks_data)
```

```
> library(quantmod) # 네이버로 시계열 데이터 만들었을 때 자꾸 오류남
Loading required package: xts
Loading required package: zoo

Attaching package: 'zoo'

The following objects are masked from 'package:base':

    as.Date, as.Date.numeric

Loading required package: TTR
> ctks_data <- getSymbols(Symbols = "068270.KS", src = "yahoo", from = Sys.D
ate() - 1953,
+                              to = Sys.Date(), auto.assign = FALSE)
'getSymbols' currently uses auto.assign=TRUE by default, but will
use auto.assign=FALSE in 0.5-0. You will still be able to use
'loadSymbols' to automatically load data. getOption("getSymbols.env")
and getOption("getSymbols.auto.assign") will still be checked for
alternate defaults.

This message is shown once per session and may be disabled by setting
options("getSymbols.warning4.0"=FALSE). See ?getSymbols for details.

Warning message:
068270.KS contains missing values. Some functions will not work if objects
```

```
contain missing values in the middle of the series. Consider using na.omit
(), na.approx(), na.fill(), etc to remove or replace them.
> View(ctks_data)
```

[처리결과화면: View(ctks_data)]

	068270.KS.Open	068270.KS.High	068270.KS.Low	068270.KS.Close	068270.KS.Volume	068270.KS.Adjusted
2016-06-07	83078.21	83761.98	82650.86	83078.21	469551	83078.21
2016-06-08	83249.16	83420.10	81967.09	82223.50	589902	82223.50
2016-06-09	82736.33	84103.87	82479.91	83932.93	834250	83932.93
2016-06-10	84103.87	84274.81	83249.16	84018.40	405190	84018.40
2016-06-13	83078.21	83676.52	82138.03	82138.03	510830	82138.03
2016-06-14	81625.20	82565.38	80770.48	81283.31	507746	81283.31
2016-06-15	81368.79	81710.67	80428.60	80770.48	446959	80770.48
2016-06-16	81026.90	82650.86	80428.60	80514.07	559766	80514.07
2016-06-17	81197.84	81539.73	79488.41	79659.36	515662	79659.36
2016-06-20	81026.90	81539.73	80599.55	80770.48	335558	80770.48
2016-06-21	81197.84	81539.73	80086.71	81197.84	429323	81197.84
2016-06-22	81283.31	84531.23	80941.43	82138.03	945268	82138.03
2016-06-23	81796.14	82907.27	81112.38	81283.31	531471	81283.31
2016-06-24	82650.86	82736.33	75727.67	77864.46	2190675	77864.46

Showing 1 to 15 of 1,313 entries, 6 total columns

[처리결과화면]

Environment | History | Connections | Tutorial

Import Dataset ▾ List ▾

Global Environment ▾

```
Data
ctks_data       An 'xts' object on 2016-06-07/2…
  Data: num [1:1313, 1:6] 83078 83249 82736 8410…
  - attr(*, "dimnames")=List of 2
  ..$ : NULL
  ..$ : chr [1:6] "068270.KS.Open" "068270.KS.Hi…
  Indexed by objects of class: [Date] TZ: UTC
  xts Attributes:
  List of 2
  src : chr "yahoo"
  updated: POSIXct[1:1], format: "2021-10-12 20:…
```

명령어

```
> ctks_data <- Cl(ctks_data)
```

[처리결과화면]

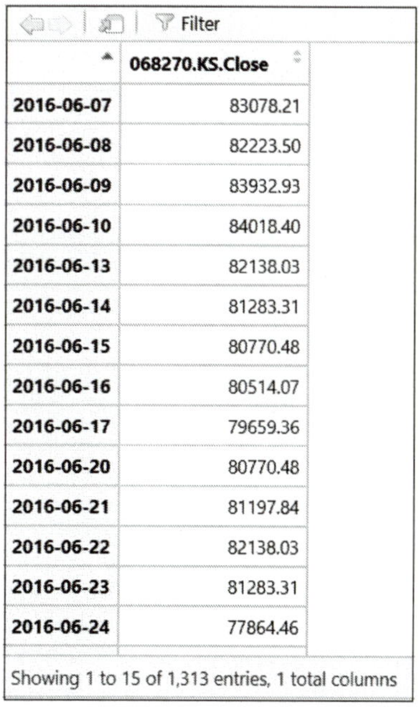

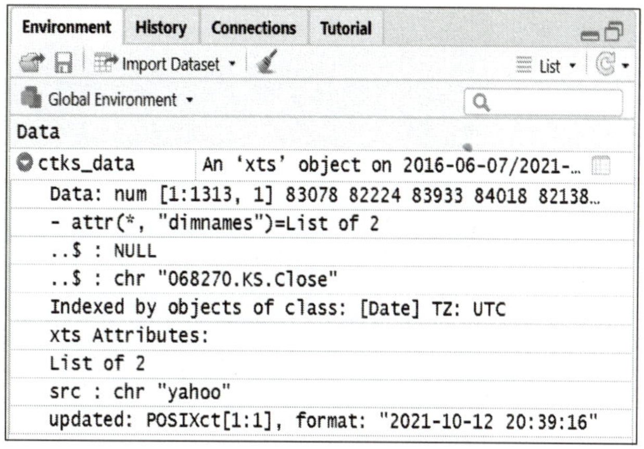

명령어

```
> ctks_data <- na.omit(ctks_data)
```

[처리결과화면]

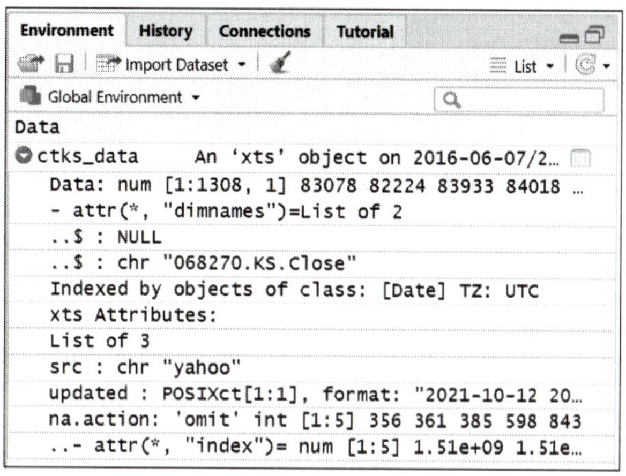

이제 주가 차팅 작업을 진행하자.

명령어

```
> win.graph()
> chartSeries(ctks_data, col = "black")
```

[처리결과화면]

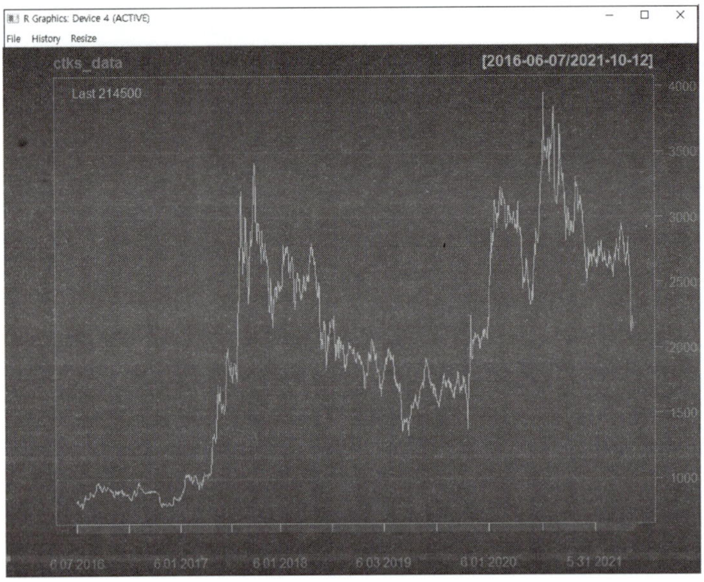

살짝 명령어를 바꾸면 또 다른 형태의 그래프를 그릴 수 있다.

명령어

```
> chartSeries(ctks_data, theme=chartTheme('white'))
```

[처리결과화면]

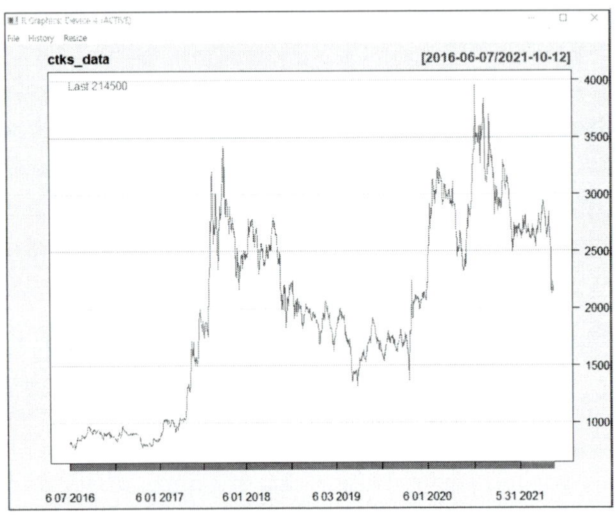

명령어

```
> addSMA(n = 100, on = 1, col = "red")
```

[처리결과화면]

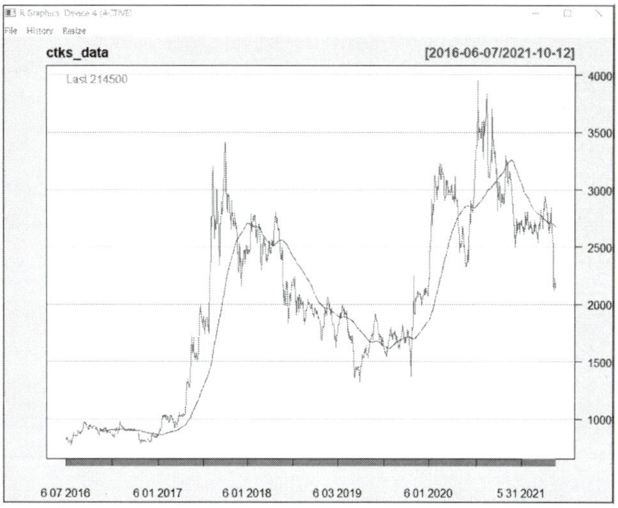

명령어

```
> addSMA(n = 20, on = 1, col = "black")
```

[처리결과화면]

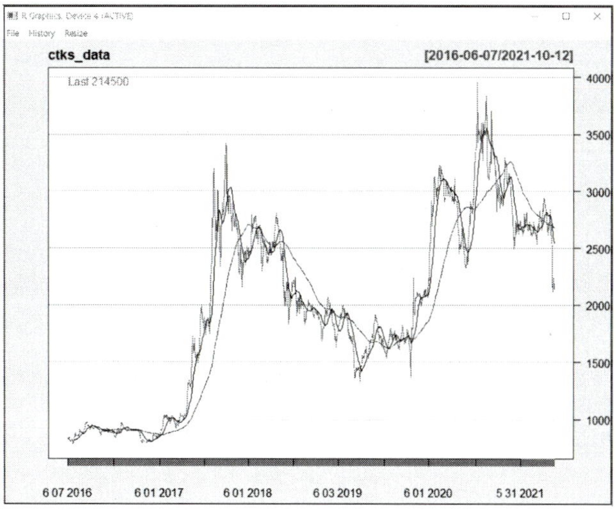

이번에는 RSI(Relative Strength Index)를 처리해 보자. 여기서 옵션은 maType을 사용하고, SMA와 EMA를 선택할 수 있다.

명령어

```
> addRSI(n = 14, maType = "SMA")
```

[처리결과화면]

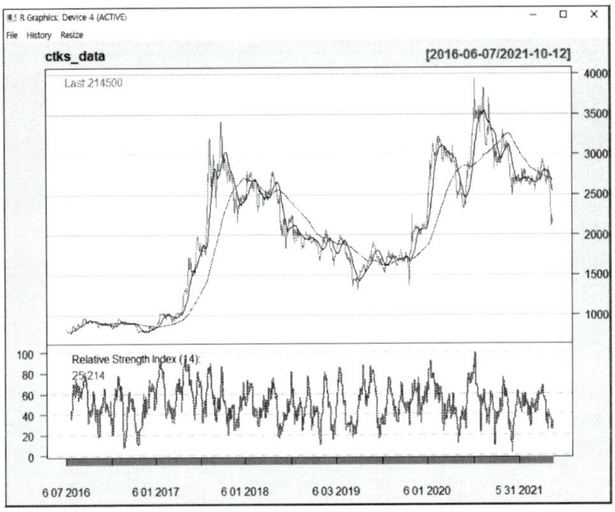

이번에는 Bollinger Band 차팅을 연습하자.

명령어

```
> addBBands(n = 20, maType = "SMA", sd = 1, on = -1)
```

[처리결과화면]

이번에는 Moving Average Convergence Divergence를 처리해보자.

명령어

```
> addMACD(fast = 12, slow = 25, signal = 9, maType = "SMA", histogram = TRUE)
```

```
> addMACD(fast = 12, slow = 25, signal = 9, maType = "SMA", histogram = TRUE)
Error in addMACD(fast = 12, slow = 25, signal = 9, maType = "SMA", histogram
= TRUE) :
  unused argument (maType = "SMA")
In addition: Warning messages:
1: In doTryCatch(return(expr), name, parentenv, handler) :
  display list redraw incomplete
2: In doTryCatch(return(expr), name, parentenv, handler) :
  invalid graphics state
3: In doTryCatch(return(expr), name, parentenv, handler) :
  invalid graphics state
4: In doTryCatch(return(expr), name, parentenv, handler) :
  display list redraw incomplete
5: In doTryCatch(return(expr), name, parentenv, handler) :
  invalid graphics state
6: In doTryCatch(return(expr), name, parentenv, handler) :
  invalid graphics state
7: In doTryCatch(return(expr), name, parentenv, handler) :
  display list redraw incomplete
8: In doTryCatch(return(expr), name, parentenv, handler) :
  invalid graphics state
9: In doTryCatch(return(expr), name, parentenv, handler) :
  invalid graphics state
```

[처리결과화면]

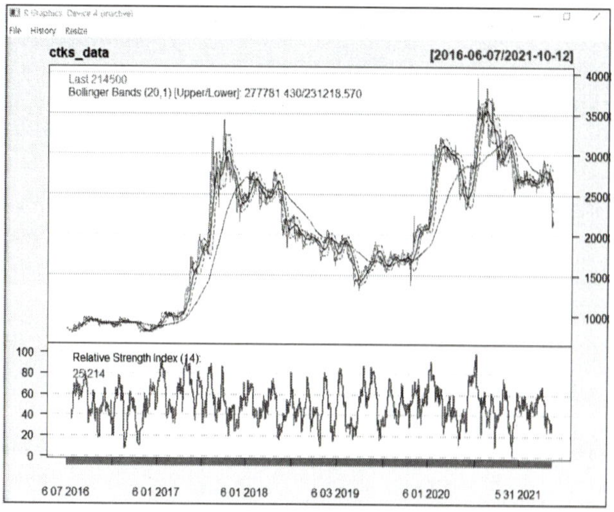

에러 메시지를 해결하기 위해 maType 옵션없이 처리해보았다.

명령어

```
> addMACD(fast = 12, slow = 25, signal = 9, histogram = TRUE)
```

[처리결과화면]

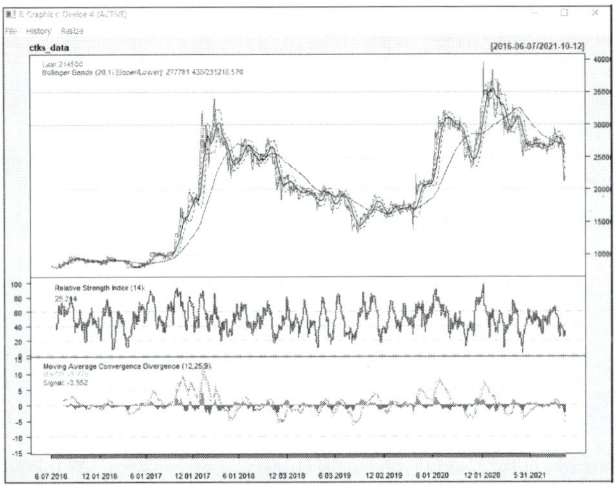

다음으로 모멘텀을 처리해 보자.

명령어

```
> addMomentum(n=1)
```

[처리결과화면]

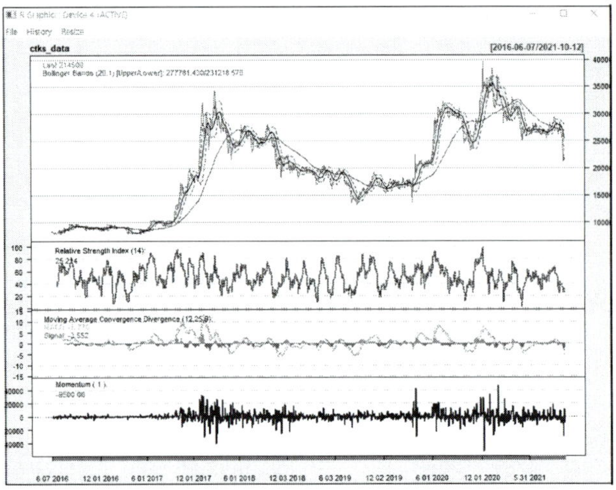

ROC도 처리해보자.

명령어

```
> addROC(n=7)
```

[처리결과화면]

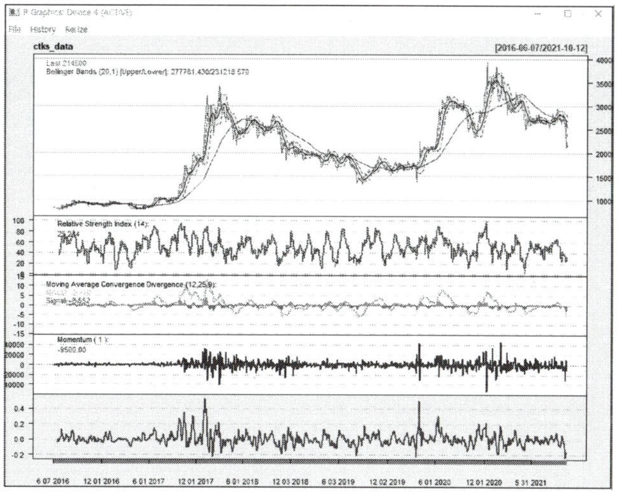

이번에는 MACD에 maType이 아니라 type 옵션을 정해주고 처리해 보자. 우선 SMA를 처리하고, 이후 다시 EMA를 처리해 보자.

명령어

```
> addMACD(fast = 12, slow = 25, signal = 9, type = "SMA", histogram = TRUE)
```

[처리결과화면]

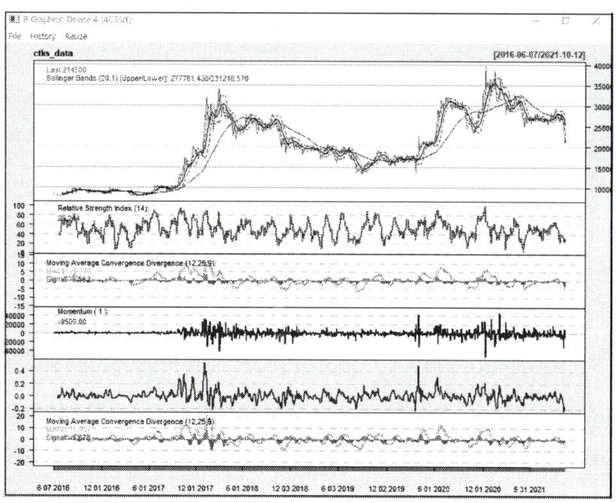

명령어

```
> addMACD(fast = 12, slow = 25, signal = 9, type = "EMA", histogram = TRUE)
```

[처리결과화면]

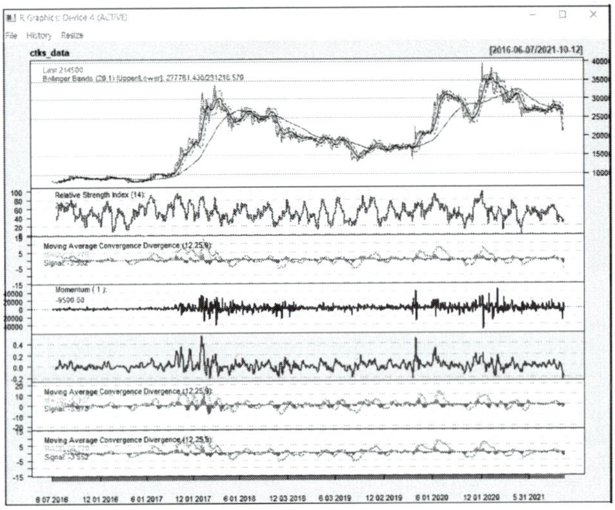

차팅 Custom TA를 처리해 보자.

명령어

```
> addTA(ctks_data, on = 1, col = "red")
```

[처리결과화면]

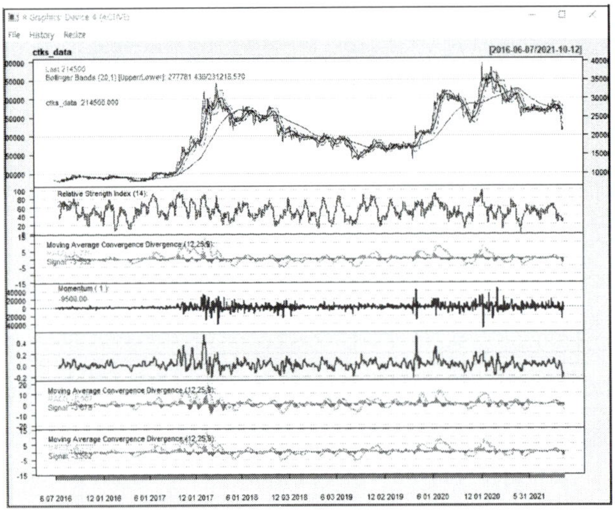

잠시 다른 형태의 그래프를 살펴보자

또 다른 형태의 그래프를 그려보자. 우선 다시 셀트리온 주가 자료를 크롤링해서 이번에는 Volume 수치를 유지할 수 있도록 하고, 결측치만 제거해서 사용하도록 하자.

명령어

```
> ctks_data <- getSymbols(Symbols = "068270.KS", src = "yahoo", from = Sys.Date
() - 1953,
+                          to = Sys.Date(), auto.assign = FALSE)
> ctks_data <- na.omit(ctks_data)
> chartSeries(ctks_data, type = "line", theme = chartTheme('white'))
```

우선 선 그래프를 그려보자. 주요 기술 지표를 그래프와 함께 시각화하는 작업이다.

명령어

```
> chartSeries(ctks_data, type = "line", theme = chartTheme('white'))
```

[처리결과화면]

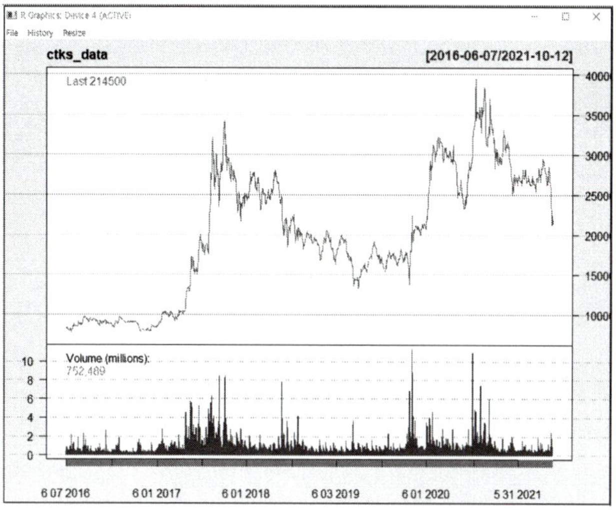

명령어

```
> win.graph()
> chartSeries(ctks_data, type = "bar", theme = chartTheme('white'))
```

[처리결과화면]

명령어

```
> chartSeries(ctks_data, type = "candlesticks", theme = chartTheme('white'))
```

[처리결과화면]

시계열 자료가 너무 길어서 모든 수치를 시각화하려니 그래프 모양이 제대로 상세하게 나타나지 못하고 있다. 이에 2021년 5월 자료만으로 제한하여 그래프를 나타내 보자.

명령어

```
> chartSeries
```

[처리결과화면]

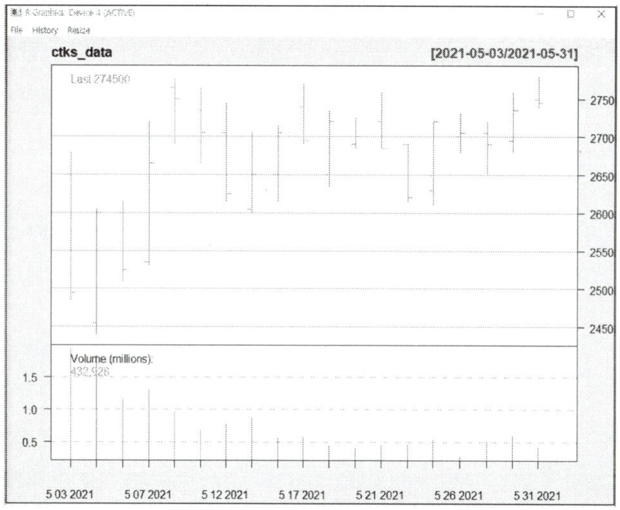

명령어

```
> chartSeries(ctks_data, type = "candlesticks", subset = '2021-05', theme = cha
rtTheme('white'))
```

[처리결과화면]

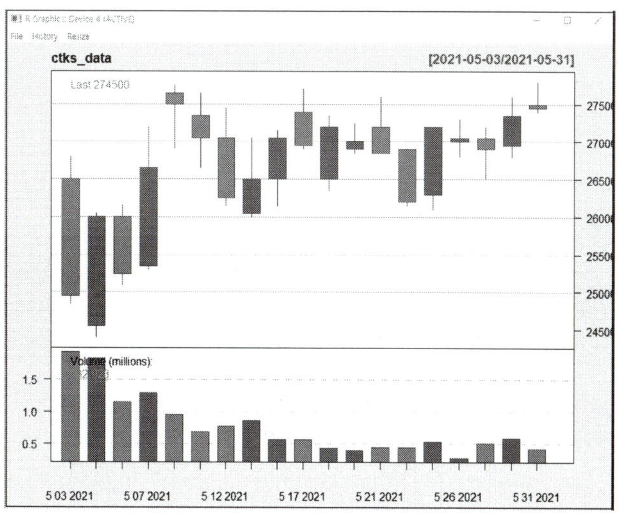

명령어

```
> chartSeries(ctks_data, type = "auto", subset = '2021-05', theme = chartTheme
('white'))
```

[처리결과화면]

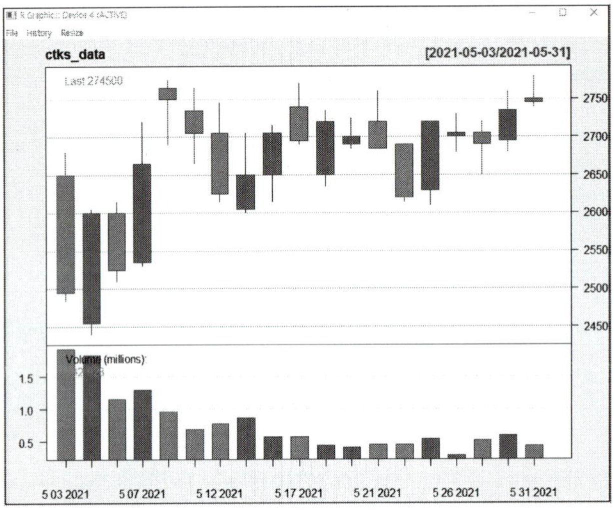

Chapter 3. 금융 빅데이터 수집분석

1. 기초

1.1 데이터 수집 방법: 일반 크롤링

1) 자료 긁어 모으기: 텍스트 자료

크롤링 대상이 되는 텍스트(문자와 수치, 그리고 이미지 등)는 html 구조 안에 들어 있다. 따라서 html의 구조에 대한 정확한 이해가 필요하다. 이 구조를 알아야 원하는 정보가 들어 있는 위치를 정확히 지정해 줄 수 있기 때문이다. 소위 "동"을 의미하는 url 주소 아래 개별 집을 알려주는 "번지"를 알아야 한다는 말이다. 자 이제 기본으로 돌아가 html의 구조를 파헤쳐보자.

[처리결과화면: 네이버]

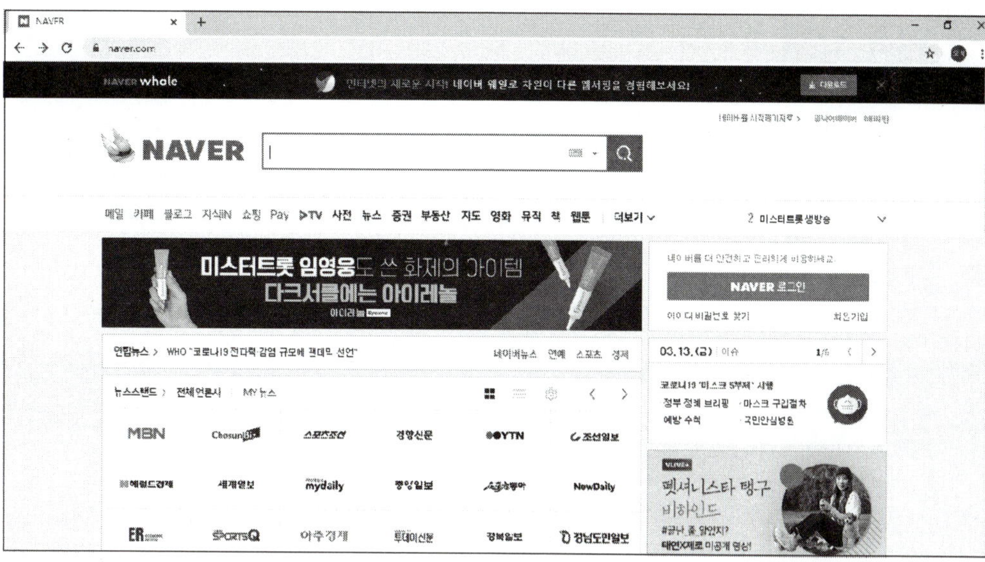

[처리결과화면: 네이버 영화 홈]

[처리결과화면: 영화랭킹]

[처리결과화면: 평점순]

▶ 해석

처리결과화면을 살펴보면, URL 주소가 "https://movie.naver.com/movie/sdb/rank/rmovie.nhn?sel=pnt&date=20200311"로 나타나 있다.

[처리결과화면: 평점순 – 아래쪽 페이지를 이동해보고 다시 첫 페이지로 왔을 때 화면]

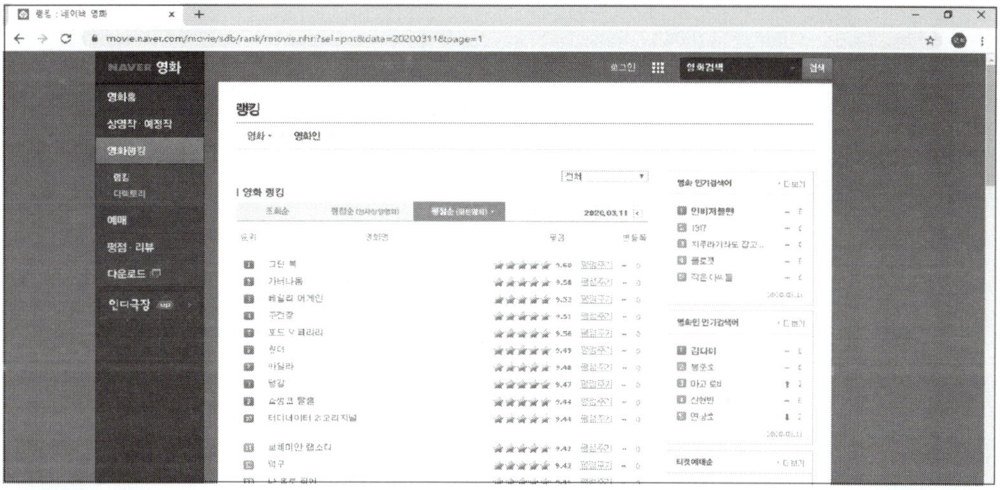

▶ 해석

처리결과화면을 살펴보면, 처음 URL 주소 구조가 다소 변화가 있음을 알 수 있다. URL 주소가 "https://movie.naver.com/movie/sdb/rank/rmovie.nhn?sel=pnt&date=20200311&page=1"로 나타나 있다.

여기서 F12를 누르면 개발자 도구를 살펴볼 수 있다. 오른쪽에 개발자 도구의 상세 정보가 생성된다.

[처리결과화면]

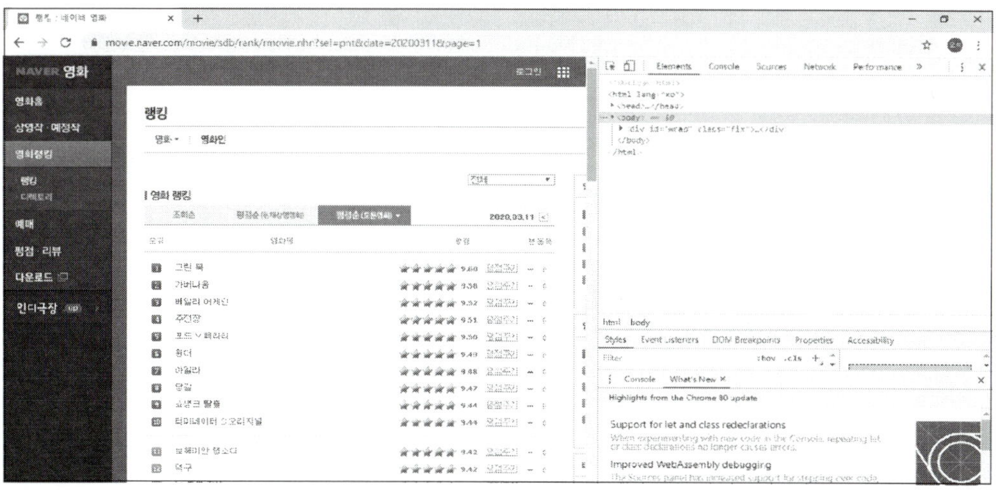

여기서 Ctrl + F를 누르면 개발자 도구 상세 정보를 탐색할 수 있는 검색창이 오른쪽 중간쯤에 뜬다.

[처리결과화면]

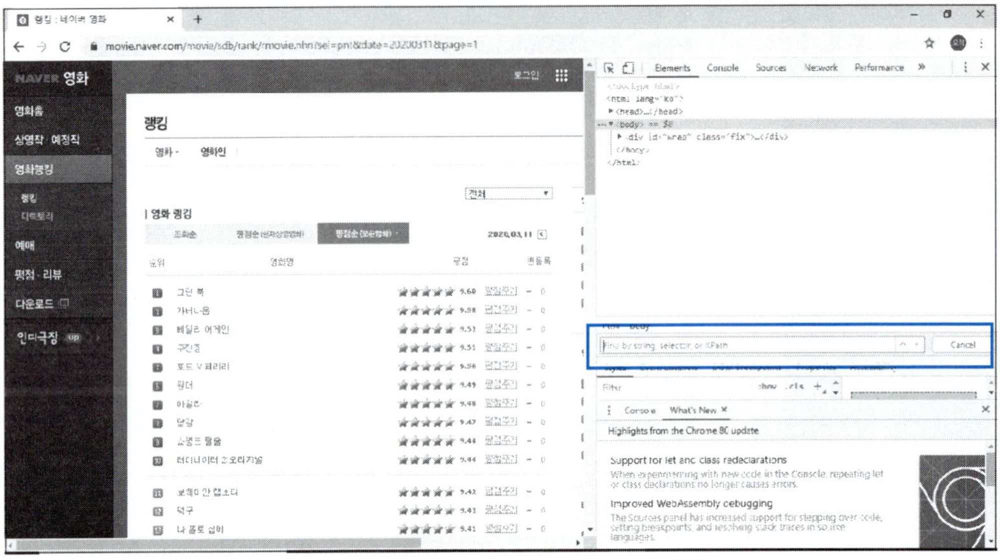

이 창에 tit5를 입력해보자.

[처리결과화면]

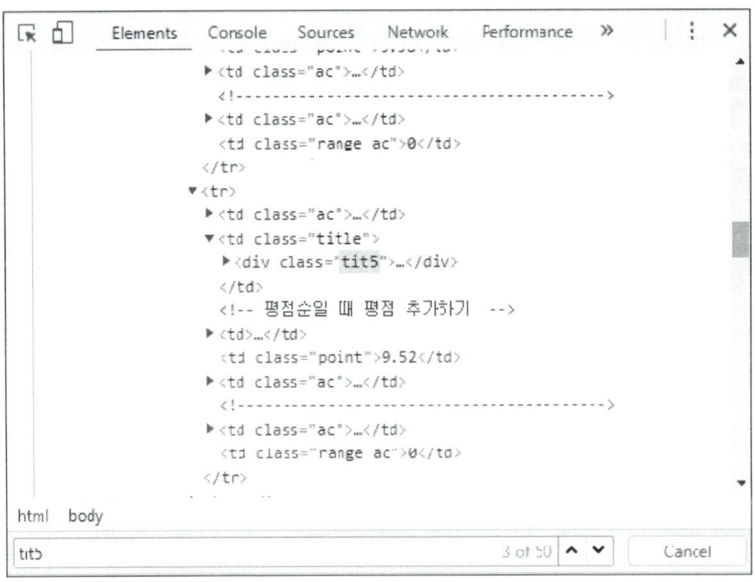

해석

처리결과화면을 살펴보면, 개발자 도구에서 〈tr〉 아래 〈td class="title"〉 아래 〈div class="tit5"〉가 들어 있음을 알 수 있다.

이를 좀더 상세히 알아보면, <tbody> 아래에 <tr> 예제가 뜨고, 그 아래 또 다른 <tr>이 여러 개 연속으로 달려 있다. 각 <tr>은 개별 영화에 대한 정보를 담고 있다.

[처리결과화면: 각 tr – 개별 영화 정보]

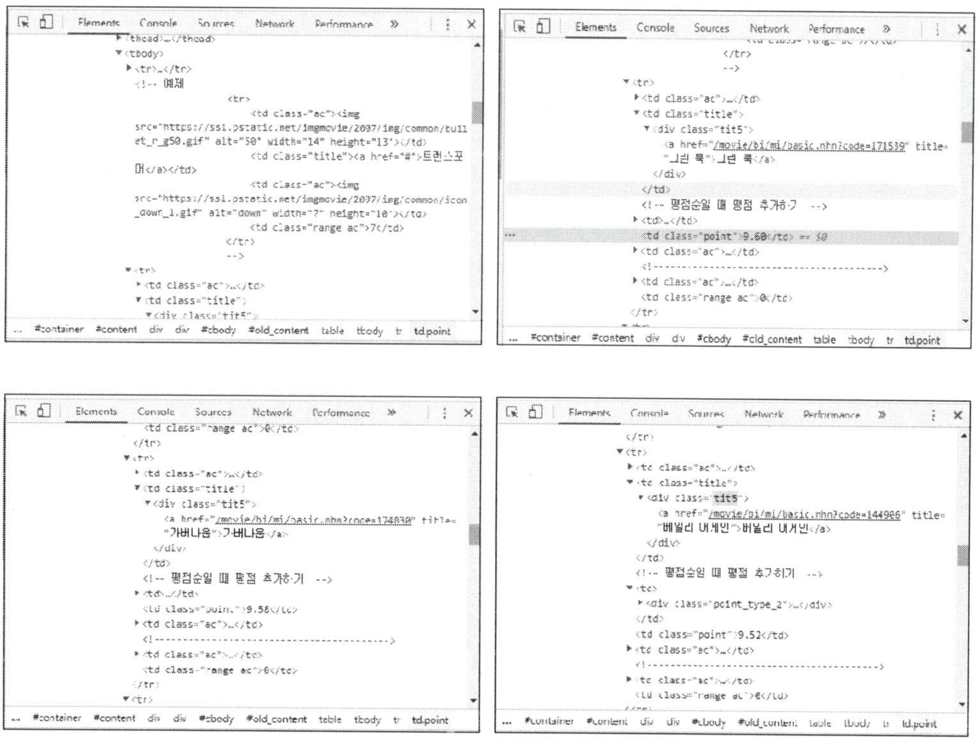

예를 들어 오른쪽 개발자 도구 창에 있는 <div class="tit5">에 커서를 올려놓으면, 왼쪽 창에서 "베일리 어게인"이라는 영화 제목에 파란색 투명막이 형성되는 것을 볼 수 있다. 즉 개발자 도구 부분이 왼쪽 창의 이 부분(즉 영화제목 부분)의 정보를 담고 있다는 의미이다. 곧 영화제목의 '번지'를 확인한 셈이다. 이를 구조적으로 설명하자면 class title의 class tit5 아래 1번째 줄에 '영화제목'이 담겨있다는 뜻이다. 그런데 오른쪽 개발자 도구 내용을 살펴보면 영화제목뿐만 아니라 영화 고유코드(숫자로 되어 있음)도 들어 있음을 볼 수 있다.

[처리결과화면]

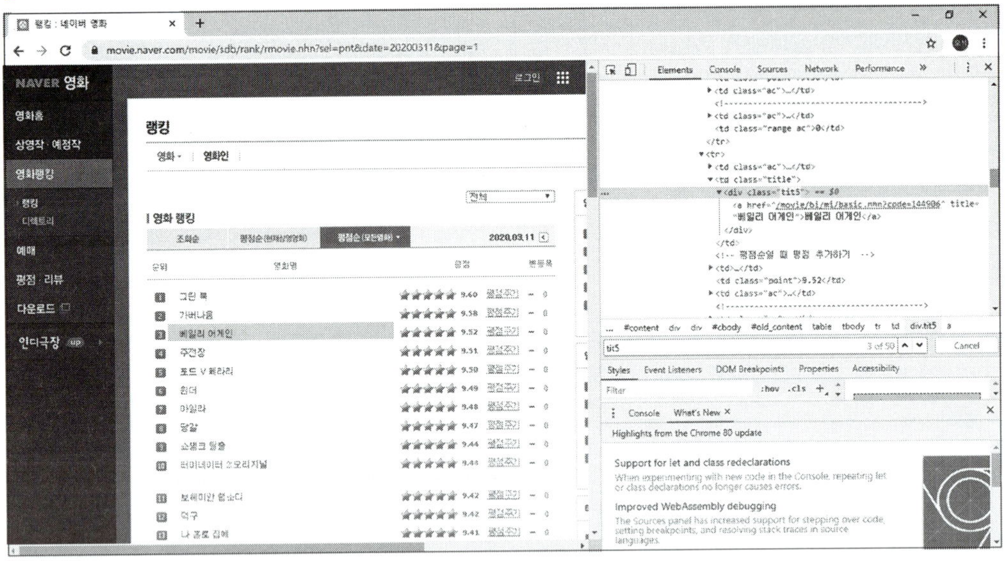

여기서 class title의 class tit5 아래 1번째 줄에 '영화고유코드(숫자로 나와 있음)'와 '영화제목(title)'이 담겨있다는 의미를 스크립트로 표현하면 다음과 같다:

movie_info <- txt[which(str_detect(txt, "class=₩"tit5₩""))+1] #명령어의 내용을 상세히 설명하면, tit5클래스 1줄 아래에 있는 영화 고유코드와 제목을 moive_info 변수에 넣기

[처리결과화면]

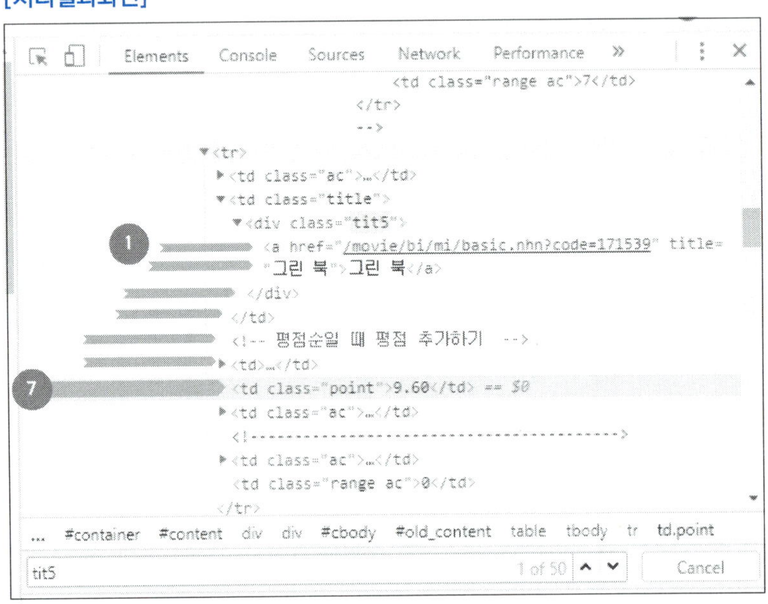

한편 class title의 class tit5 아래 7번째 줄에는 '영화평점(point)'이 담겨있음을 볼 수 있다. 이를 크롤링하기 위해 표현할 명령어 구조를 만들어보자. class title의 class tit5 아래 7번째 줄에 영화평점이 들어 있다는 표현은 다음과 같다:

points <- txt[which(str_detect(txt, "class=₩"tit5₩""))+7] #tit5클래스 아래 7줄 아래에는 평점이 있다.

#읽어온 정보가 들어있는 txt 변수에서 class="tit5" 라는 문자열이 존재하는 곳을 찾아서

#한 줄 아래에 있는 정보는 moive_info 변수에 넣고, 일곱 줄 아래에 있는 정보는 points 변수에 넣는다.

자 여기서 주의할 점은 "평점순"으로 검색하면 tit5 아래에 있지만, "조회순"으로 검색하면 tit3 아래에 원하는 정보가 들어 있다. 정확한 '번지'는 앞서 동일하게 tit3 아래 1번째 아래에 영화 제목(title)이 들어 있다.

[처리결과화면]

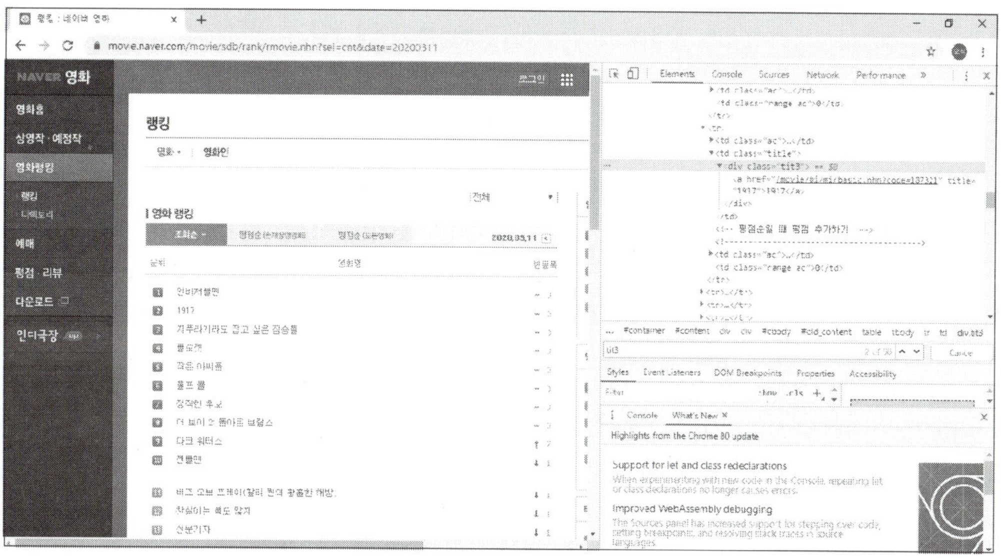

명령어

```
> library(XML)
> library(stringr) #웹 크롤링과 String을 자르는 데에 필요한 라이브러리를 호출
> url_base <- "http://movie.naver.com/movie/sdb/rank/rmovie.nhn?sel=pnt&date
=20170606&page=" #네이버 영화 랭킹 목록
> all.codes <- c() #영화 코드 목록
> all.titles <- c() #영화 이름 목록
> all.points <- c() #영화 평점 목록
```

```
> for(page in 1:40)
+ {
+   url <- paste(url_base, page, sep='')
+   txt <- readLines(url, encoding="euc-kr")
+  movie_info <- txt[which(str_detect(txt, "class=₩"tit5₩""))+1] #tit5클래스
1줄 아래에 있는 영화 고유코드와 제목을 moive_info 변수에 넣기
+  points <- txt[which(str_detect(txt, "class=₩"tit5₩""))+7] #tit5클래스 7줄
아래에 있는 영화 평점 정보를 points 변수에 넣기
+   codes <- substr(movie_info, 1, 50) #일부 코드를 선택: movie_info 에 넣은 내용
중 1번째 문자부터 50개의 문자만 가져와서 codes 변수에 담기
+   codes <- gsub("₩₩D","",codes) #codes 변수에서 영화코드 소스코드 중 숫자만 남기고
데이터는 삭제하기
+   titles <- gsub("<.+?>|₩t", "", movie_info) # movie_info 변수에서 텍스트(영화
제목)만 남기고 소스코드를 지우기: 영화 제목을title 변수에 넣기
+   points <- gsub("<.+?>|₩t", "", points) # points 변수에서 텍스트(영화 평점)만
남기고 소스코드 지우기
+   all.codes <-  c(all.codes, codes) #영화 코드값 저장
+   all.titles <- c(all.titles, titles) #영화 이름 저장
+   all.points <- c(all.points, points) #영화 평점 저장
+
+ }
```

```
> library(XML)
> library(stringr) #웹 크롤링과 String을 자르는 데에 필요한 라이브러리를 호출
> url_base <- "http://movie.naver.com/movie/sdb/rank/rmovie.nhn?sel=pnt&d
ate=20170606&page=" #네이버 영화 랭킹 목록
> all.codes <- c() #영화 코드 목록
> all.titles <- c() #영화 이름 목록
> all.points <- c() #영화 평점 목록
> for(page in 1:40)
+ {
+   url <- paste(url_base, page, sep='')
+   txt <- readLines(url, encoding="euc-kr")
+  movie_info <- txt[which(str_detect(txt, "class=₩"tit5₩""))+1] #tit5클
래스 1줄 아래에 있는 영화 고유코드와 제목을 moive_info 변수에 넣기
+  points <- txt[which(str_detect(txt, "class=₩"tit5₩""))+7] #tit5클래스
7줄 아래에 있는 영화 평점 정보를 points 변수에 넣기
+   codes <- substr(movie_info, 1, 50) #일부 코드를 선택: movie_info 에 넣은
내용 중 1번째 문자부터 50개의 문자만 가져와서 codes 변수에 담기
+   codes <- gsub("₩₩D","",codes) #codes 변수에서 영화코드 소스코드 중 숫자만
남기고 데이터는 삭제하기
```

```
+   titles <- gsub("<.+?>|\t", "", movie_info) # movie_info 변수에서 텍스트(영
화 제목)만 남기고 소스코드를 지우기: 영화 제목을title 변수에 넣기
+   points <- gsub("<.+?>|\t", "", points) # points 변수에서 텍스트(영화 평점)
만 남기고 소스코드 지우기
+    all.codes <-  c(all.codes, codes) #영화 코드값 저장
+    all.titles <- c(all.titles, titles) #영화 이름 저장
+    all.points <- c(all.points, points) #영화 평점 저장
+
+ }
```

2) 자료 긁어 모으기: 리스트 자료

네이버 영화 리스트 만들기

네이버 영화에서 영화 리스트를 만들어보자. 전체 작업 구도를 먼저 살펴보면 다음과 같이 기둥 8개로 되어 있다:

- 패키지 설치
- 그릇 만들기: 영화 고유코드, 타이틀, 평점 그릇 3개
- url 주소 지정해주기
- url 저장 하기
- 영화 고유코드와 제목 저장
- 영화 평점 저장
- 전처리: 저장된 고유코드, 제목, 평점 등 전처리
- 그릇에 담기

우선 필요한 패키지를 설치하고 불러온다. 필요한 패키지는 웹 크롤링과 String을 자르는 데 필요한 것들이다.

명령어

```
> library(XML)
> library(stringr) #웹 크롤링과 String을 자르는 데에 필요한 라이브러리를 호출
```

```
> library(XML)
> library(stringr) #웹 크롤링과 String을 자르는 데에 필요한 라이브러리를 호출
```

이후 해당 자료가 들어 있는 URL을 지정해준다. URL은 "네이버 영화"로 들어가서 "영화 랭킹"으로 들어가면 해당 URL이 맨 위쪽 화면에 표시된다. 여기서는 2017년 6월 6일 기준 영화 랭킹 정보를 살펴보자. 화면을 보면 한 페이지당 50개의 영화 정보가 나타나 있다. 그리고 영화 코드 목록, 영화 이름 목록, 영화 평점 목록 파일을 만들고, 해당 칸들을 모두 빈칸으로 남겨두자. 이는 가져올 자료를 담을 그릇을 마련해두는 것이다.

명령어

```
> url_base <- "http://movie.naver.com/movie/sdb/rank/rmovie.nhn?sel=pnt&date
=20170606&page=" #네이버 영화 랭킹 목록
> all.codes <- c() #영화 코드 목록
> all.titles <- c() #영화 이름 목록
> all.points <- c() #영화 평점 목록
```

```
> url_base <- "http://movie.naver.com/movie/sdb/rank/rmovie.nhn?sel=pnt&d
ate=20170606&page=" #네이버 영화 랭킹 목록
> all.codes <- c() #영화 코드 목록
> all.titles <- c() #영화 이름 목록
> all.points <- c() #영화 평점 목록
```

[처리결과화면:
http://movie.naver.com/movie/sdb/rank/rmovie.nhn?sel=pnt&date=20170606&page=]

[처리결과화면]

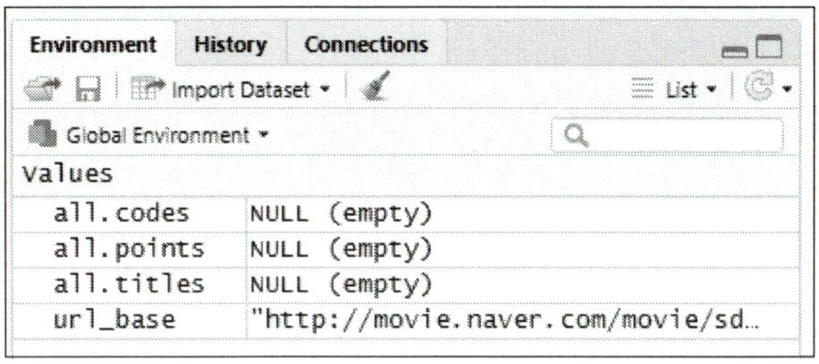

자 이제 그릇을 마련했으니, 담을 내용을 크롤링해오자. 우선 처음 40페이지 분량만큼만 크롤링하는 연습을 해보자. 한 페이지당 50개의 영화 정보가 들어 있으니 40페이지면 총 2000개의 영화에 대한 정보를 수집하는 작업이다. 작업 내용을 순서대로 정리해보면 다음과 같다:

작업순서	작업내용
url 주소 지정해주기	(명령어) url <- paste(url_base, page, sep='') #url_base 변수에 담겨있던 url에 for반복문을 통해 1, 2, ... , 40 까지 문자열(페이지를 의미)을 붙여준다. 그러면 다음과 같은 형태(http://movie.naver.com/movie/sdb/rank/rmovie.nhn?sel=pnt&date=20170606&page=1” , http://movie.naver.com/movie/sdb/rank/rmovie.nhn?sel=pnt&date=20170606&page=2)로 반복해서 만들어진다.
url 저장 하기	(명령어) txt <- readLines(url, encoding="euc-kr") #URL에 해당하는 웹을 읽고(encoding 형식은 "euc-kr" 또는 UTF-8로 한다), 읽어온 정보는 txt라는 변수에 넣는다.
영화 고유코드와 제목 저장	(명령어) movie_info <- txt[which(str_detect(txt, "class=₩"tit5₩""))+1] #tit5클래스 1줄 아래에는 영화 고유코드와 제목이 들어 있다. 따라서 읽어온 정보가 들어있는 txt 변수에서 class="tit5" 라는 문자열이 존재하는 곳을 찾아서 한 줄 아래에 있는 정보는 moive_info 변수에 넣으라는 명령어.
영화 평점 저장	(명령어) points <- txt[which(str_detect(txt, "class=₩"tit5₩""))+7] #tit5클래스 7줄 아래에는 평점이 들어 있다. 따라서 읽어온 정보가 들어있는 txt 변수에서 class="tit5" 라는 문자열이 존재하는 곳을 찾아서 일곱 줄 아래에 있는 정보는 points 변수에 넣으라는 명령어.
전처리: 고유코드, 제목, 평점 등 전처리	(명령어) codes <- substr(movie_info, 40, 50) #일부 코드를 선택 #movie_info 에 넣은 내용 중 40번째 문자부터 50개의 문자만 가져와서 codes 변수에 담기 (명령어) codes <- gsub("₩₩D","",codes) #codes 변수에서 영화코드와 소스코드 중 숫자만 남기고 데이터는 삭제하기 (명령어) titles <- gsub("<.+?>|₩t", "", movie_info) # movie_info 변수에서 텍스트(영화제목)만 남기고 소스코드 지우기 (명령어) points <- gsub("<.+?>|₩t", "", points) # points 변수에서 텍스트(영화평점)만 남기고 소스코드 지우기

작업순서	작업내용
그릇에 담기	(명령어) all.codes <- c(all.codes, codes) #영화 코드값 저장 (명령어) all.titles <- c(all.titles, titles) #영화 이름 저장 (명령어) all.points <- c(all.points, points) #영화 평점 저장

명령어

```
> for(page in 1:40)
+ {
+   url <- paste(url_base, page, sep='')
+   txt <- readLines(url, encoding="euc-kr")
+  movie_info <- txt[which(str_detect(txt, "class=₩"tit5₩""))+1] #tit5클래스 1줄 아래에 있는 영화 고유코드와 제목을 moive_info 변수에 넣기
+  points <- txt[which(str_detect(txt, "class=₩"tit5₩""))+7] #tit5클래스 7줄 아래에 있는 영화 평점 정보를 points 변수에 넣기
+  codes <- substr(movie_info, 40, 50) #일부 코드를 선택: movie_info 에 넣은 내용 중 40번째 문자부터 50개의 문자만 가져와서 codes 변수에 담기
+  codes <- gsub("₩₩D","",codes) #codes 변수에서 영화코드 소스코드 중 숫자만 남기고 데이터는 삭제하기
+  titles <- gsub("<.+?>|₩t", "", movie_info) # movie_info 변수에서 텍스트(영화 제목)만 남기고 소스코드를 지우기: 영화 제목을title 변수에 넣기
+  points <- gsub("<.+?>|₩t", "", points) # points 변수에서 텍스트(영화 평점)만 남기고 소스코드 지우기
+   all.codes <-  c(all.codes, codes) #영화 코드값 저장
+   all.titles <- c(all.titles, titles) #영화 이름 저장
+   all.points <- c(all.points, points) #영화 평점 저장
+
+ }
```

```
> for(page in 1:40)
+ {
+   url <- paste(url_base, page, sep='')
+   txt <- readLines(url, encoding="euc-kr")
+  movie_info <- txt[which(str_detect(txt, "class=₩"tit5₩""))+1] #tit5클래스 1줄 아래에 있는 영화 고유코드와 제목을 moive_info 변수에 넣기
+  points <- txt[which(str_detect(txt, "class=₩"tit5₩""))+7] #tit5클래스 7줄 아래에 있는 영화 평점 정보를 points 변수에 넣기
+  codes <- substr(movie_info, 40, 50) #일부 코드를 선택: movie_info 에 넣은 내용 중 40번째 문자부터 50개의 문자만 가져와서 codes 변수에 담기
```

```
+  codes <- gsub("₩₩D","",codes) #codes 변수에서 영화코드 소스코드 중 숫자만 남기고 데이터는 삭제하기
+  titles <- gsub("<.+?>|₩t", "", movie_info) # movie_info 변수에서 텍스트(영화 제목)만 남기고 소스코드를 지우기: 영화 제목을title 변수에 넣기
+  points <- gsub("<.+?>|₩t", "", points) # points 변수에서 텍스트(영화 평점)만 남기고 소스코드 지우기
+   all.codes <-  c(all.codes, codes) #영화 코드값 저장
+   all.titles <- c(all.titles, titles) #영화 이름 저장
+   all.points <- c(all.points, points) #영화 평점 저장
+
+ }
40건의 경고들이 발견되었습니다 (이를 확인하기 위해서는 warnings()를 이용하시길 바랍니다).
```

[처리결과화면]

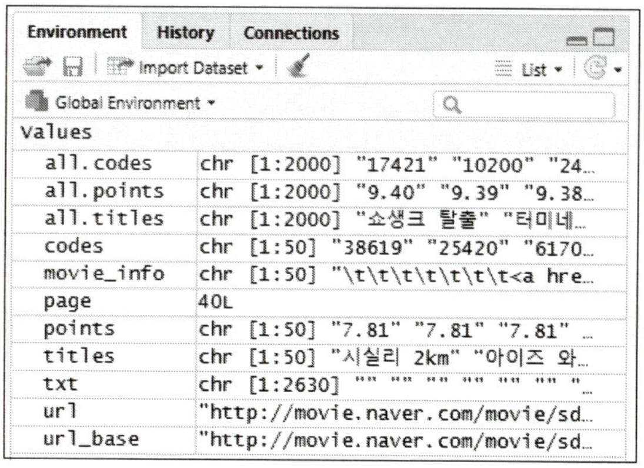

해석

처리결과화면을 살펴보면, 비어 있던 그릇 안에 각각 해당 정보가 채워져 있음을 볼 수 있다.

이렇게 크롤링하고 전처리한 자료를 이제 하나의 벡터로 만들고, 열의 명칭을 정해주고, 작업디렉토리에 파일로 저장해보자. 저장할 파일명은 movie_list.txt로 하자.

명령어

```
> x <- cbind(all.codes, all.titles, all.points) #For문에서 1~40 페이지까지 반복하여 얻은 영화 제목, 영화 코드, 영화 평점 정보를 하나의 벡터로 만들기
> colnames(x) <- c("code", "movie_title", "point")#벡터(여기서는 배열로 생각해도 된다)의 열(컬럼) 별칭을 지정
> setwd("C:/Users/osyan/") #작업디렉토리 지정: 이는 연구자마다 다르다
```

```
> write.table(x, "movie_list.txt") #해당 영화 정보를 작업디렉토리에 "movie_list.txt"라는 텍스트파일로 저장
```

```
> x <- cbind(all.codes, all.titles, all.points) #For문에서 1~40 페이지까지 반복하여 얻은 영화 제목, 영화 코드, 영화 평점 정보를 하나의 벡터로 만들기
> colnames(x) <- c("code", "movie_title", "point")#벡터(여기서는 배열로 생각해도 된다)의 열(컬럼) 별칭을 지정
> setwd("C:/Users/osyan/") #작업디렉토리 지정: 이는 연구자마다 다르다
> write.table(x, "movie_list.txt") #해당 영화 정보를 작업디렉토리에 "movie_list.txt"라는 텍스트파일로 저장
```

[처리결과화면]

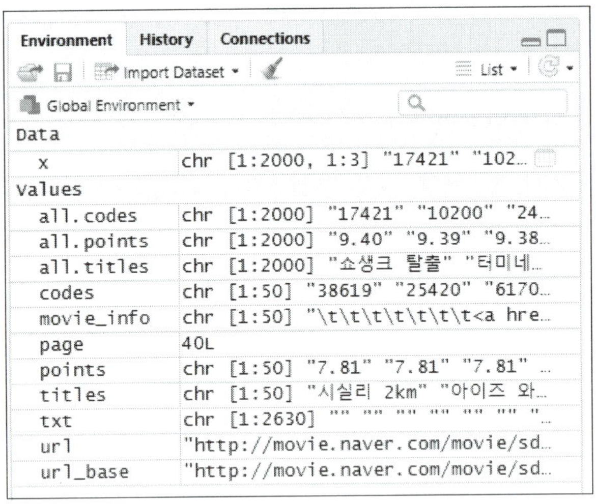

[처리결과화면]

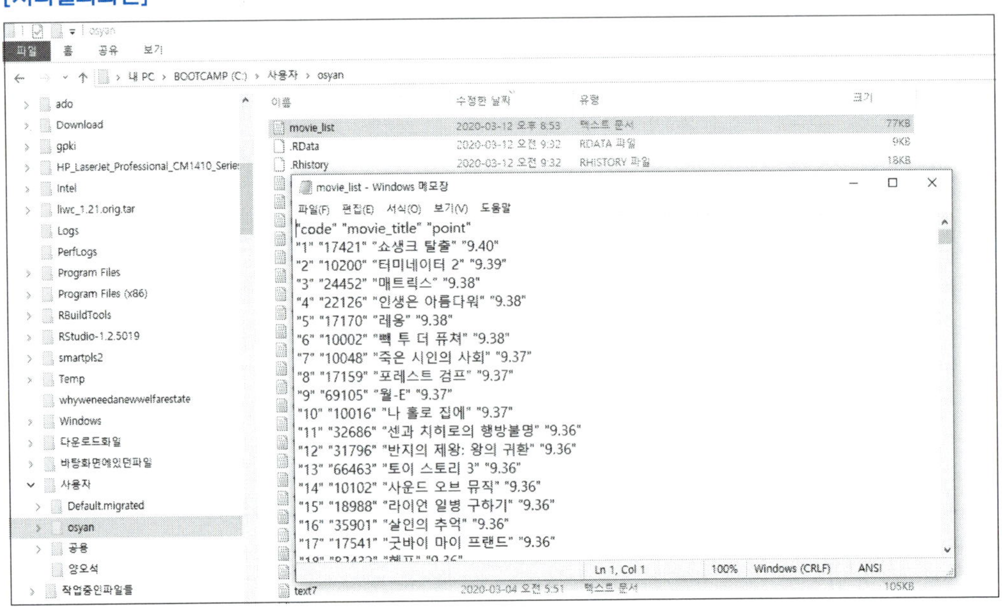

▶ 해석

처리결과화면을 살펴보면, 작업디렉토리 안에 movie_list.txt 파일이 잘 생성되어 저장되어 있음을 볼 수 있다. 저장된 movie_list.txt 파일을 메모장으로 열람해 보았다. 파일 안에는 2000개의 각 영화에 대한 code, movie_title, point 정보가 들어 있음을 볼 수 있다.

이번에는 movie_info 내용에서 1번째 문자부터 50개의 문자를 가져와서 codes 변수에 담아 작업을 시켜보자.

명령어

```
> library(XML)
> library(stringr) #웹 크롤링과 String을 자르는 데에 필요한 라이브러리를 호출
> url_base <- "http://movie.naver.com/movie/sdb/rank/rmovie.nhn?sel=pnt&date
=20170606&page=" #네이버 영화 랭킹 목록
> all.codes <- c() #영화 코드 목록
> all.titles <- c() #영화 이름 목록
> all.points <- c() #영화 평점 목록
> for(page in 1:40)
+ {
+   url <- paste(url_base, page, sep='')
+   txt <- readLines(url, encoding="euc-kr")
+  movie_info <- txt[which(str_detect(txt, "class=₩"tit5₩""))+1] #tit5클래스
1줄 아래에 있는 영화 고유코드와 제목을 moive_info 변수에 넣기
+  points <- txt[which(str_detect(txt, "class=₩"tit5₩""))+7] #tit5클래스 7줄
아래에 있는 영화 평점 정보를 points 변수에 넣기
+  codes <- substr(movie_info, 1, 50) #일부 코드를 선택: movie_info 에 넣은 내용
중 1번째 문자부터 50개의 문자만 가져와서 codes 변수에 담기
+  codes <- gsub("₩₩D","",codes) #codes 변수에서 영화코드 소스코드 중 숫자만 남기고
데이터는 삭제하기
+  titles <- gsub("<.+?>|₩t", "", movie_info) # movie_info 변수에서 텍스트(영화
제목)만 남기고 소스코드를 지우기: 영화 제목을title 변수에 넣기
+  points <- gsub("<.+?>|₩t", "", points) # points 변수에서 텍스트(영화 평점)만
남기고 소스코드 지우기
+   all.codes <-  c(all.codes, codes) #영화 코드값 저장
+   all.titles <- c(all.titles, titles) #영화 이름 저장
+   all.points <- c(all.points, points) #영화 평점 저장
+
+ }
> x <- cbind(all.codes, all.titles, all.points) #For문에서 1~40 페이지까지 반복하
```

여 얻은 영화 제목, 영화 코드, 영화 평점 정보를 하나의 벡터로 만들기
> colnames(x) <- c("code", "movie_title", "point")#벡터(여기서는 배열로 생각해도 된다)의 열(컬럼) 별칭을 지정
> setwd("C:/Users/osyan/") #작업디렉토리 지정: 이는 연구자마다 다르다
> write.table(x, "movie_list2.txt") #해당 영화 정보를 작업디렉토리에 "movie_list2.txt"라는 텍스트파일로 저장

```
> library(XML)
> library(stringr) #웹 크롤링과 String을 자르는 데에 필요한 라이브러리를 호출
> url_base <- "http://movie.naver.com/movie/sdb/rank/rmovie.nhn?sel=pnt&date=20170606&page=" #네이버 영화 랭킹 목록
> all.codes <- c() #영화 코드 목록
> all.titles <- c() #영화 이름 목록
> all.points <- c() #영화 평점 목록
> for(page in 1:40)
+ {
+   url <- paste(url_base, page, sep='')
+   txt <- readLines(url, encoding="euc-kr")
+   movie_info <- txt[which(str_detect(txt, "class=₩"tit5₩""))+1] #tit5클래스 1줄 아래에 있는 영화 고유코드와 제목을 moive_info 변수에 넣기
+   points <- txt[which(str_detect(txt, "class=₩"tit5₩""))+7] #tit5클래스 7줄 아래에 있는 영화 평점 정보를 points 변수에 넣기
+   codes <- substr(movie_info, 1, 50) #일부 코드를 선택: movie_info 에 넣은 내용 중 1번째 문자부터 50개의 문자만 가져와서 codes 변수에 담기
+   codes <- gsub("₩₩D","",codes) #codes 변수에서 영화코드 소스코드 중 숫자만 남기고 데이터는 삭제하기
+   titles <- gsub("<.+?>|₩t", "", movie_info) # movie_info 변수에서 텍스트(영화 제목)만 남기고 소스코드를 지우기: 영화 제목을title 변수에 넣기
+   points <- gsub("<.+?>|₩t", "", points) # points 변수에서 텍스트(영화 평점)만 남기고 소스코드 지우기
+   all.codes <-  c(all.codes, codes) #영화 코드값 저장
+   all.titles <- c(all.titles, titles) #영화 이름 저장
+   all.points <- c(all.points, points) #영화 평점 저장
+
+ }

> x <- cbind(all.codes, all.titles, all.points) #For문에서 1~40 페이지까지 반복하여 얻은 영화 제목, 영화 코드, 영화 평점 정보를 하나의 벡터로 만들기
> colnames(x) <- c("code", "movie_title", "point")#벡터(여기서는 배열로 생각해도 된다)의 열(컬럼) 별칭을 지정
```

```
> setwd("C:/Users/osyan/") #작업디렉토리 지정: 이는 연구자마다 다르다
> write.table(x, "movie_list2.txt") #해당 영화 정보를 작업디렉토리에 "movie_li
st2.txt"라는 텍스트파일로 저장
```

[처리결과화면]

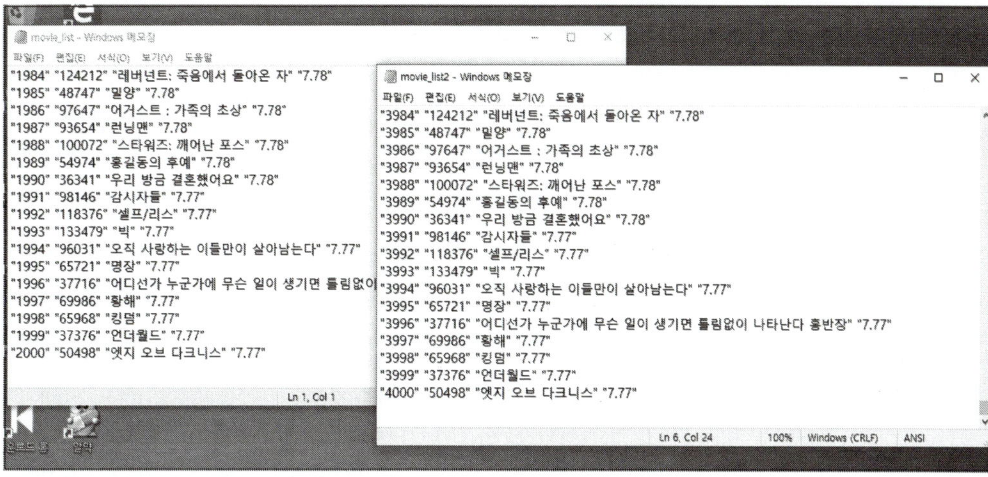

해석

처리결과화면을 살펴보면, 앞서 저장된 movie_list.txt가 2000개의 영화 정보를 담고 있는 것과 다르게 이번에 새로 생성된 movie_list2.txt는 총 4000개의 영화 정보를 담고 있는 것을 볼 수 있다.

[처리결과화면]

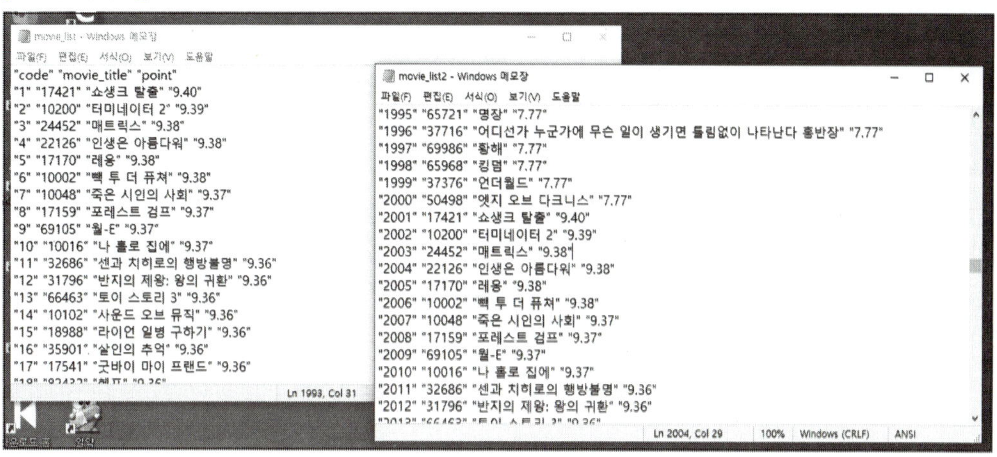

해석

처리결과화면을 살펴보면, 새로 생성된 movie_list2.txt는 총 4000개의 영화 정보를 담고 있는데,

그 내용이 2000개 영화정보 내용이 다시 반복되어 있음을 볼 수 있다. 즉 상이한 영화 4000개의 정보가 아니라 상이한 영화 2000개의 정보가 두 번 반복되어 저장되어서 총 4000개임을 알 수 있다.

1.2 데이터 수집 방법: 동적 크롤링

1) 셀레니움(RSelenium)으로 동적 크롤링하기[3]

Q. 금융데이터는 일반 크롤링 방식으로 되지 않는 경우가 많다고 하는데 그럼 어떡하죠?

신문기사와 같이 웹 페이지에 있는 텍스트를 크롤링하려면 두 가지 방식에 대한 이해가 필요하다. 하나는 일반적인 웹페이지로 소위 '정적인' 웹 페이지로 명명된다. 이 웹 페이지에서는 서버에 미리 저장된 파일을 있는 그대로 웹 페이지에 단번에 전달하기 때문에 일반적인 방식으로 손쉽게 크롤링 할 수 있다. 이와 달리 '동적인' 웹 페이지도 있다. 동적인 웹 페이지는 서버에 있는 데이터들이 스크립트에 의해 가공처리 한 후 생성되어 웹 페이지에 전달되는 방식을 취한다. 어!?!? 무슨 의미일까? "미리 저장된 파일을 그대로 전달한다"는 뜻은 변화가 없다는 의미이고, "가공처리 한 후 전달한다"는 뜻은 웹 페이지가 자꾸 바뀐다는 의미이다. 따라서 이들 두 웹 페이지의 상이한 방식은 두 가지 크롤링 방식을 필요로 한다.

[동적인 웹 페이지 사례]

〈네이버의 요약 재무제표 항목〉

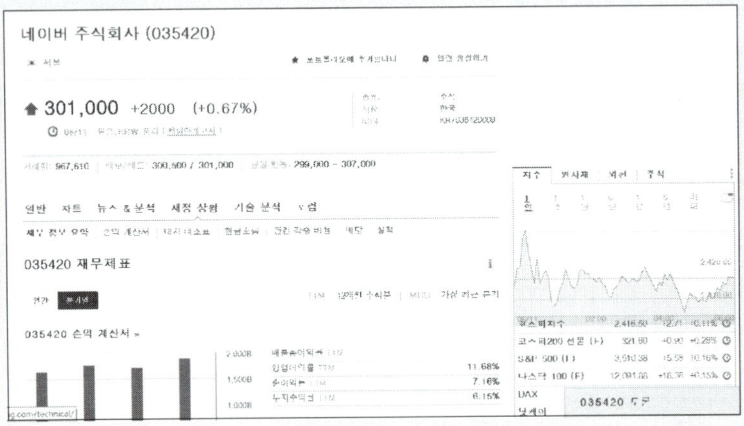

〈강원일보〉

3 이 부분은 다음 소스에 크게 의존하고 있다: http://henryquant.blogspot.com/2019/09/rselenium.html

기존 방식으로 동적 웹 페이지 텍스트를 크롤링하려면 복잡하다. 이 경우에는 동적 크롤링을 위해 만들어진 "셀레니움"을 이용해서 쉽게 크롤링할 수 있다.

※셀레니움(Selenium)※

Selenium은 주로 웹앱을 테스트하는데 이용하는 프레임워크이다. 자세히 설명하자면 webdriver라는 API를 통해 운영체제에 설치된 Chrome과 같은 브라우저를 제어한다. 브라우저를 직접 동작시킨다는 것은 JavaScript를 이용해 비동기적으로 혹은 뒤늦게 불러와지는 콘텐츠들을 가져올 수 있다는 의미이다. 즉, '눈에 보이는' 콘텐츠라면 모두 가져올 수 있으며, JavaScript로 렌더링이 완료된 후의 DOM 결과물에 접근이 가능하다.

2) 셀레니움(RSelenium) 설치하기

셀레니움은 설치가 다소 까다롭다. 까다로우니 하나씩 차근차근 살펴보도록 하자. 우선 먼저 아래 세 개 파일을 본인의 OS에 맞게 다운로드 받은 후, 하나의 폴더에 저장해주자. 세 개 파일 모두 zip 파일로 되어 있다. 폴더에 저장한 후에는 geckodriver와 chromeDriver는 압축을 해제해야 하고, selenium은 zip 파일 그대로 두도록 한다.

세 개의 파일을 각각의 url에서 다운로드할 때 각 연구자는 자신의 컴퓨터 환경에 맞는 버전의 파일을 선택해서 다운로드해야 한다. 예를 들어 32비트 컴퓨터를 보유하고 있는지 64비트 컴퓨터를 보유하고 있는지 확인하도록 하자. 또한 chromeDriver의 경우 본인이 사용하고 있는 크롬 버전과 같은 것을 다운로드해야 하며, 해당 버전의 확인은 크롬을 직접 클릭하고 들어가서 크롬창에서 나타나는 메뉴 가운데 [도움말] -> [Chrome 정보]를 클릭해서 들어가면 자신의 크롬 버전에 관한 정보를 확인할 수 있다. 세 개 파일을 다운로드할 수 있는 url 주소는 다음과 같다:

- selenium: https://www.seleniumhq.org/download/
- geckodriver:
  https://github.com/mozilla/geckodriver/releases/tag/v0.17.0
- chromeDriver:
  https://sites.google.com/a/chromium.org/chromedriver/downloads

① **selenium** 파일 다운로드 하기

[처리결과화면]

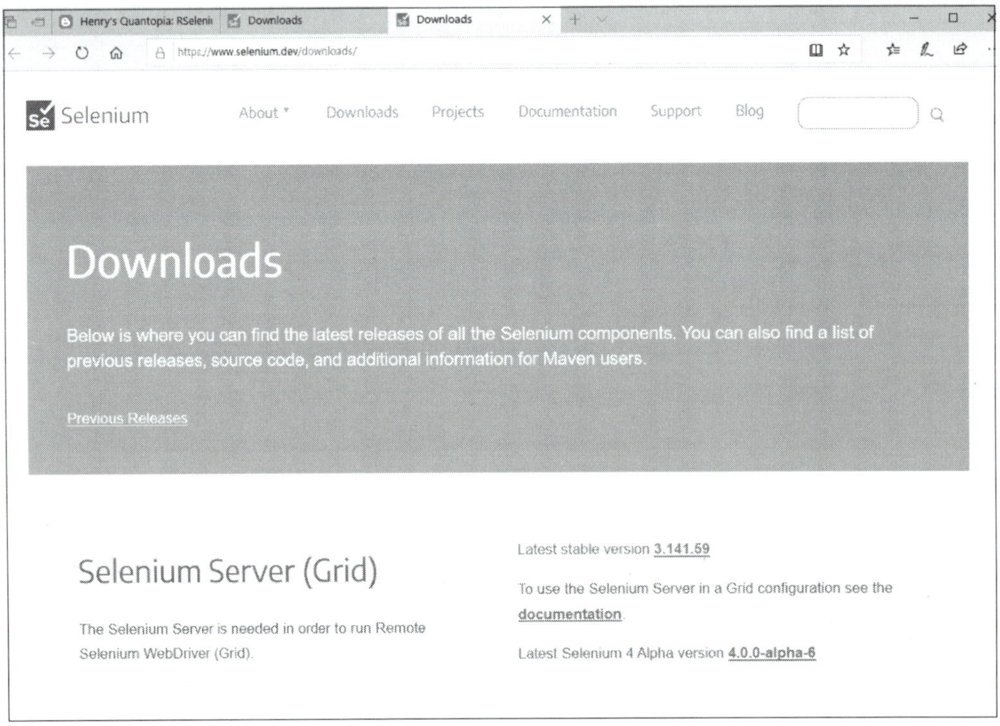

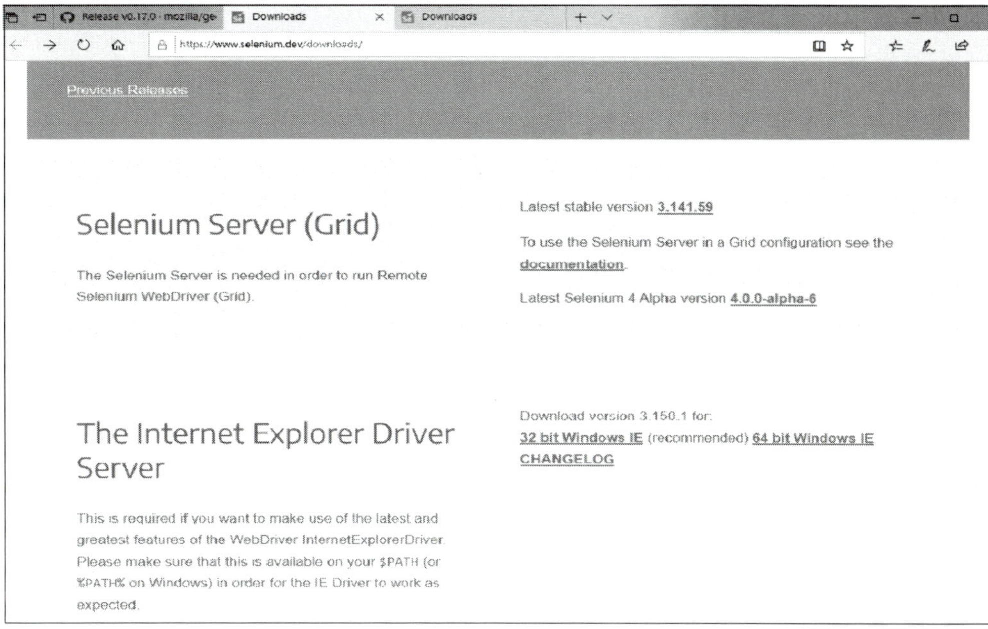

해석

처리결과화면을 살펴보면, 셀레니움 버전이 Alpha가 있고 stable version이 있는데 후자를 선택하게 되면 standalone 파일이 나온다. 일반적으로 이것을 선택한다.

② geckodriver 다운로드 하기

[처리결과화면]

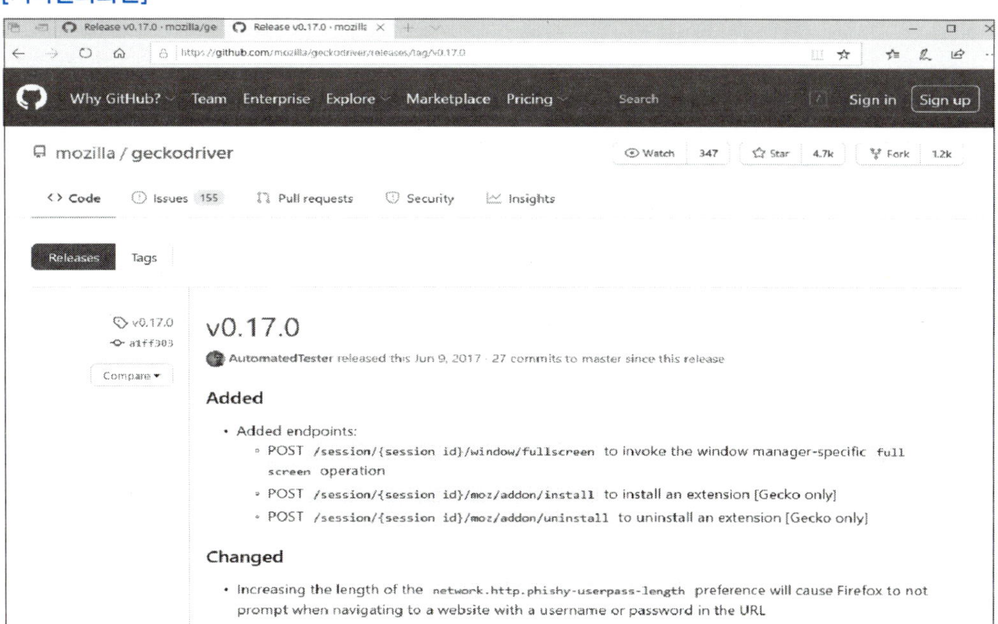

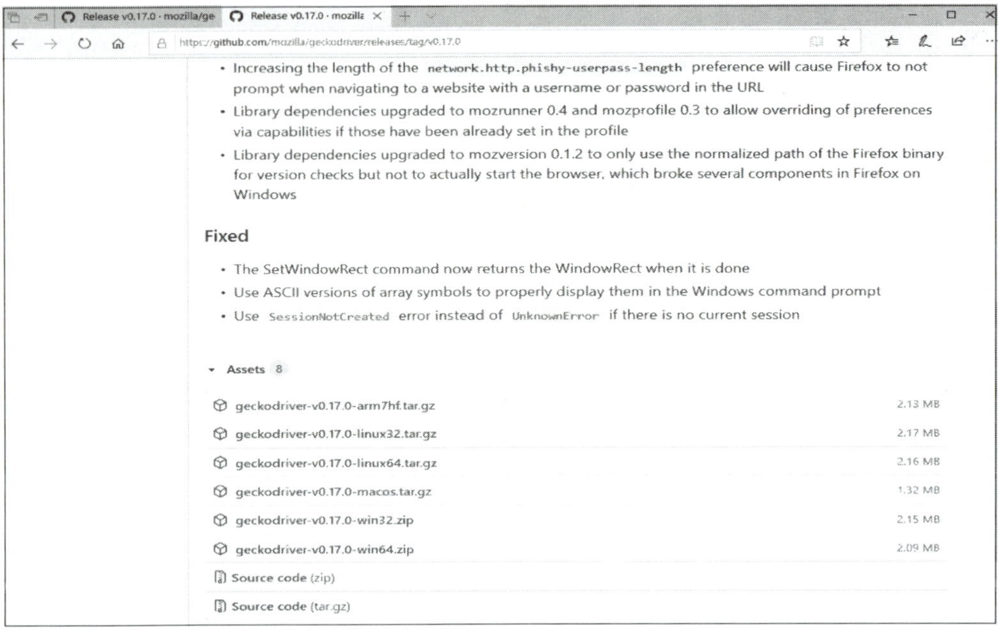

③ 크롬 드라이버 다운로드 하기

[크롬 정보확인 방법]

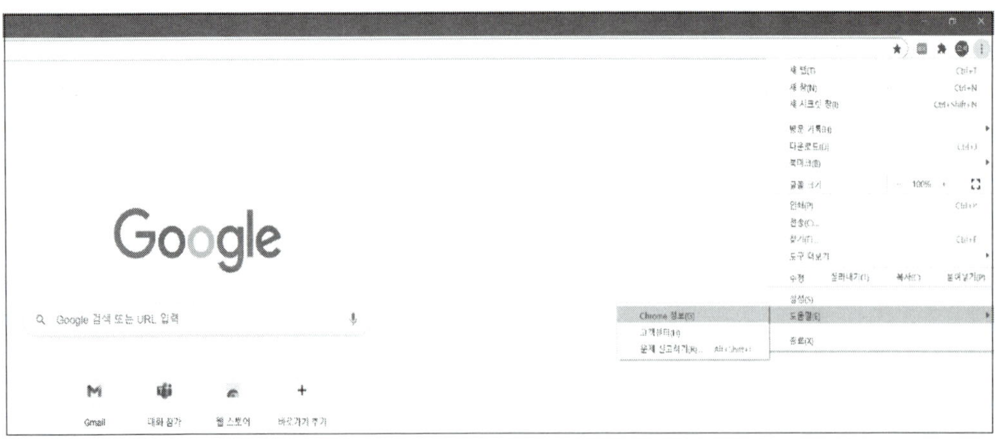

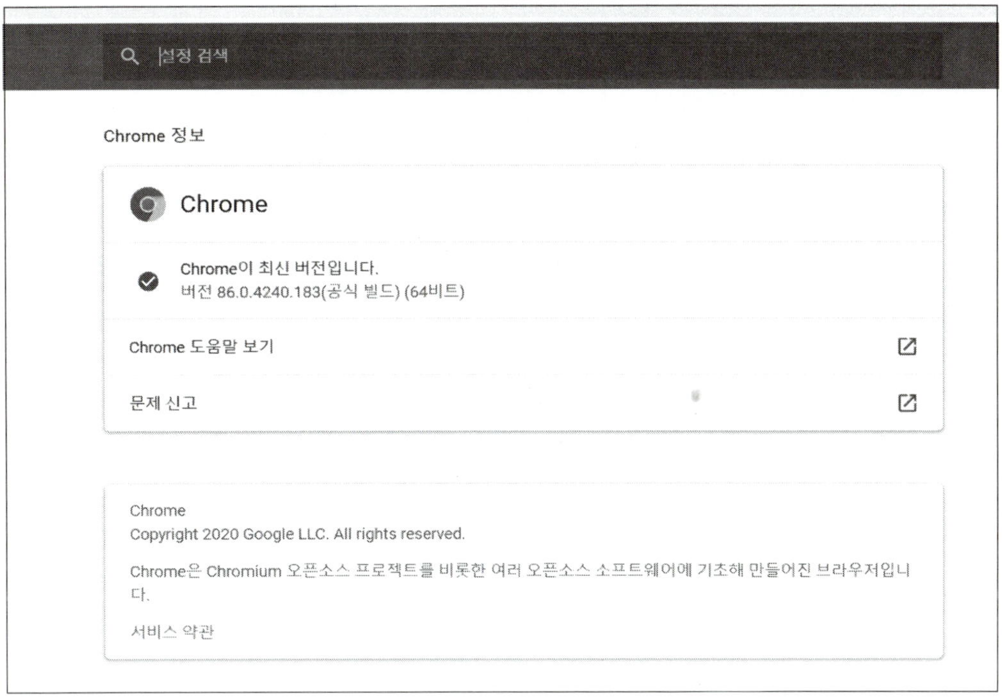

[크롬드라이버 다운로드 하기]

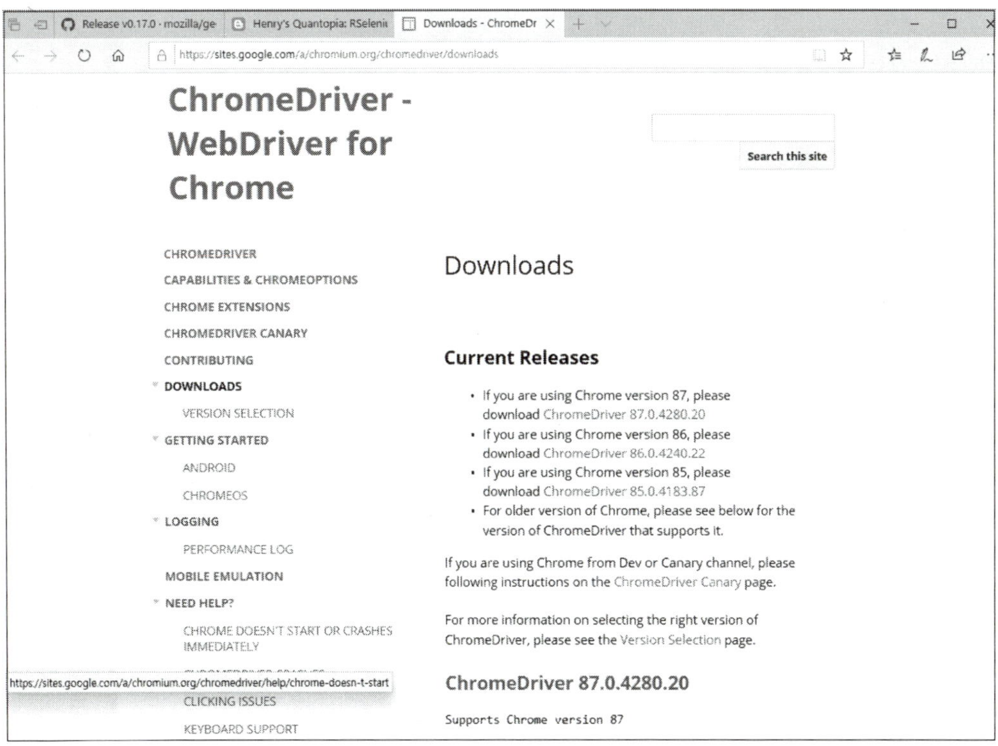

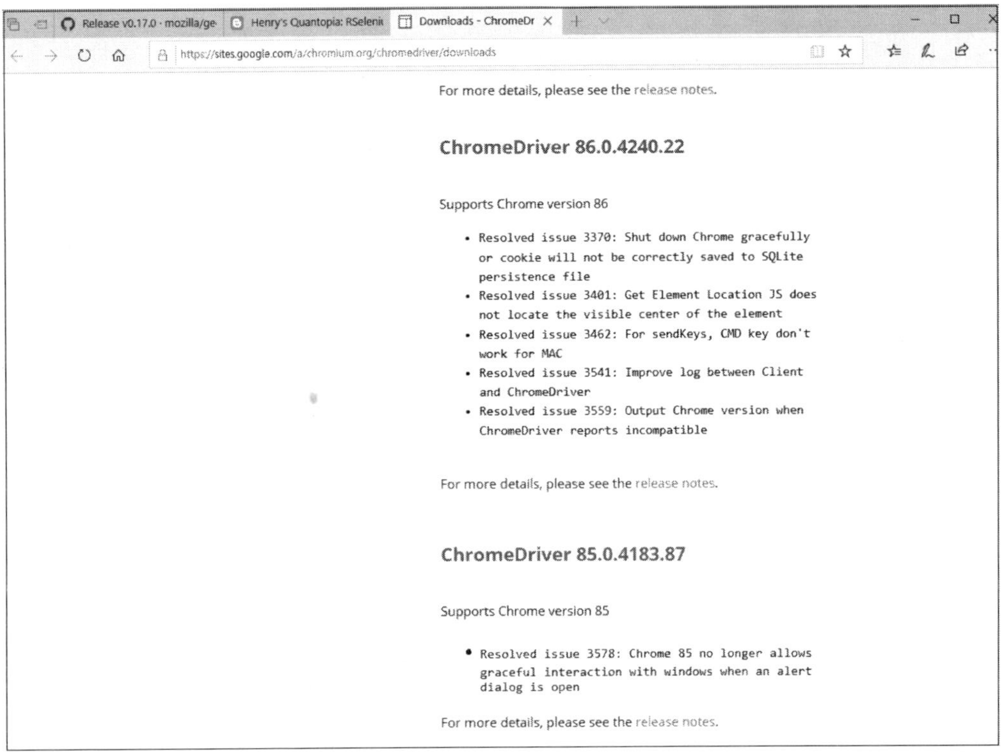

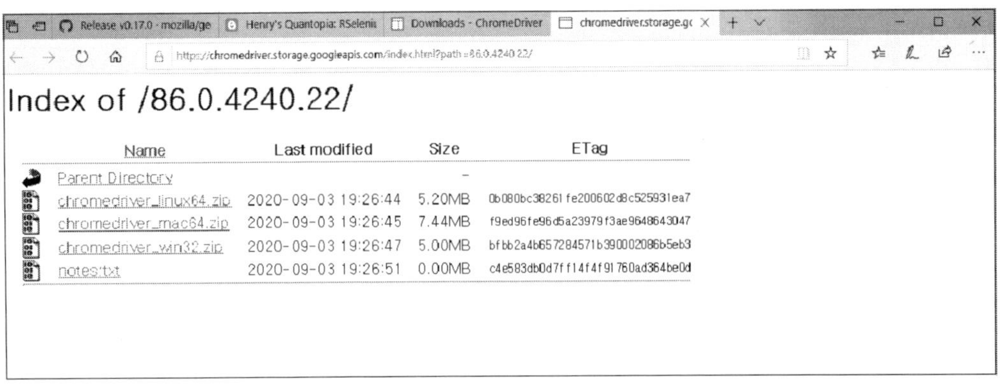

④ 다운로드한 파일들 한 곳에 모아 두기

주의할 점은 크롬드라이버와 geckodriver의 zip 파일을 풀어헤친 파일이 개별 폴더로 들어가 있지 않고, 전체 RSelenium 폴더 안에 위치하고 있어야 한다는 점이다. 그렇지 않고 두 파일이 각자의 하위 폴더 안에 들어 있으면 RSelenium 패키지가 설치는 되어도 마지막에 빨간색으로 에러 메시지가 뜬다. 좀 더 정확히는 "C:/Users/작업디렉토리/Documents/" 아래에 RSelenium라는 폴더를 만들고 그 안에 세 가지 파일을 저장해 두어야 한다.

[처리결과화면]

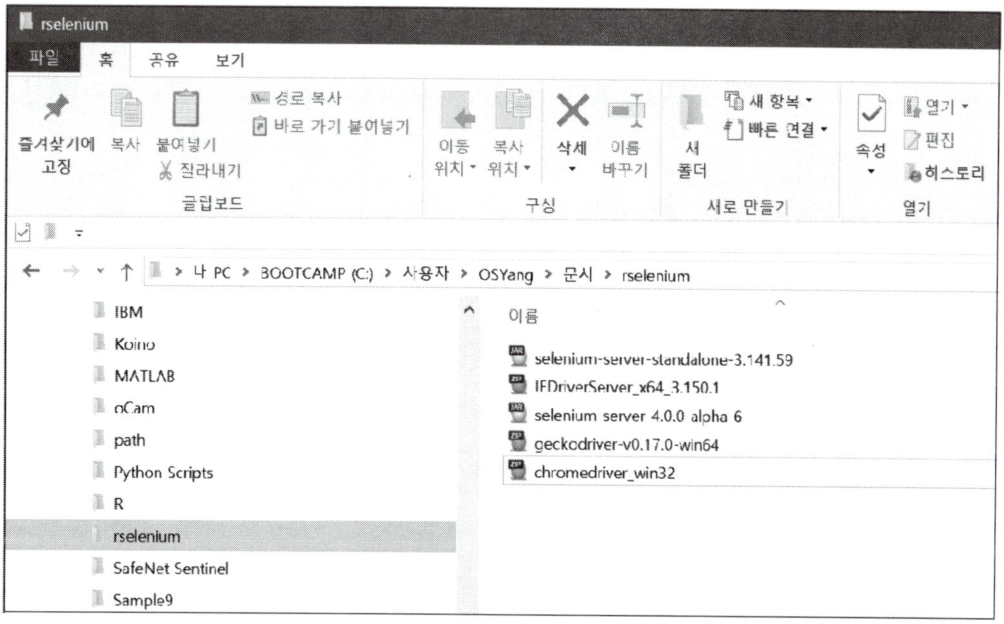
rselenium
파일
홈
공유
보기
즐겨찾기에 고정
복사
붙여넣기
경로 복사
바로 가기 붙여넣기
잘라내기
클립보드
이동 위치
복사 위치
삭제
이름 바꾸기
구성
새 폴더
새 항목
빠른 연결
새로 만들기
속성
열기
편집
히스토리
열기
나 PC > BOOTCAMP (C:) > 사용자 > OSYang > 문서 > rselenium
IBM
Koino
MATLAB
oCam
path
Python Scripts
R
rselenium
SafeNet Sentinel
Sample9
이름
selenium-server-standalone-3.141.59
IEDriverServer_x64_3.150.1
selenium server 4.0.0 alpha 6
geckodriver-v0.17.0-win64
chromedriver_win32

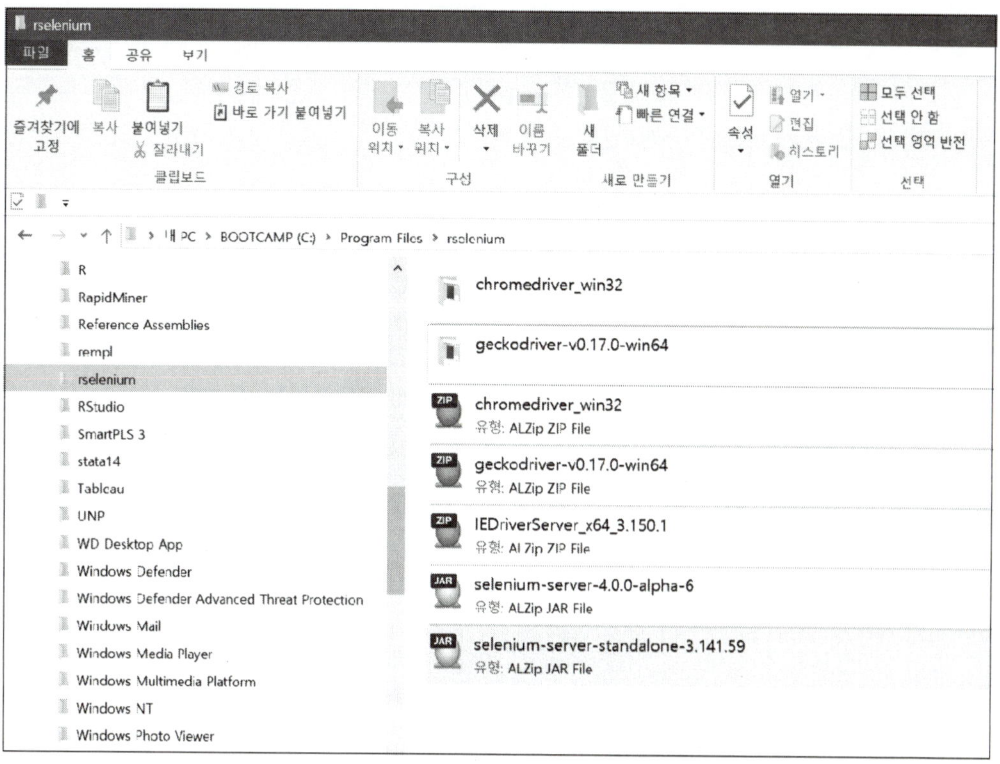
rselenium
파일
홈
공유
보기
즐겨찾기에 고정
복사
붙여넣기
경로 복사
바로 가기 붙여넣기
잘라내기
클립보드
이동 위치
복사 위치
삭제
이름 바꾸기
구성
새 폴더
새 항목
빠른 연결
새로 만들기
속성
열기
편집
히스토리
열기
모두 선택
선택 안 함
선택 영역 반전
선택
내 PC > BOOTCAMP (C:) > Program Files > rselenium
R
RapidMiner
Reference Assemblies
rempl
rselenium
RStudio
SmartPLS 3
stata14
Tableau
UNP
WD Desktop App
Windows Defender
Windows Defender Advanced Threat Protection
Windows Mail
Windows Media Player
Windows Multimedia Platform
Windows NT
Windows Photo Viewer
chromedriver_win32
geckodriver-v0.17.0-win64
chromedriver_win32
유형: ALZip ZIP File
geckodriver-v0.17.0-win64
유형: ALZip ZIP File
IEDriverServer_x64_3.150.1
유형: ALZip ZIP File
selenium-server-4.0.0-alpha-6
유형: ALZip JAR File
selenium-server-standalone-3.141.59
유형: ALZip JAR File

[처리결과화면: 정답 화면(하나의 폴더 안에 zip 파일을 풀어헤쳐둔 경우]

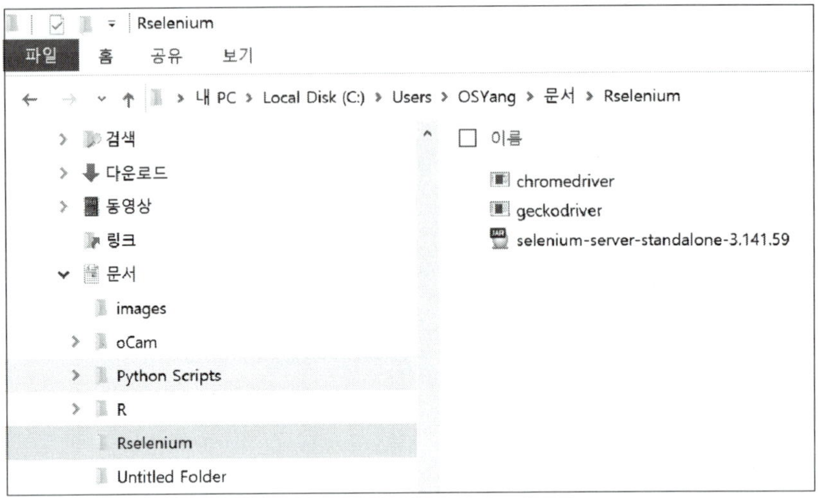

해석

처리결과화면을 살펴보면, 크롬드라이버와 geckodriver의 zip 파일을 풀어헤친 파일이 개별 폴더로 들어가 있지 않고, 전체 RSelenium 폴더 안에 위치하고 있는 상태이다. 이렇게 해야 한다. 주의할 점은 각 연구자의 작업디렉토리 아래에 폴더를 만들어야 한다는 점이다. 좀 더 정확히는 "C:/Users/작업디렉토리/Documents/" 아래에 들어 있어야 한다.

⑤ 윈도우 "실행" 창에서 "cmd" 실행하기

윈도우 '실행' 창으로 들어가서, cmd를 실행한다. 이후 검은색 창 명령어 프롬프트가 나타나면, 아래 명령어를 입력한다. 우선 다운로드 받은 폴더의 위치를 지정해주는 작업을 시행하자. 명령어는 "cd C:/Users/작업디렉토리/Documents/RSelenium"이다. 이후 다운로드 받은 세 개의 파일을 설치하는 작업을 수행한다. 이때 다운로드 받은 셀레니움 파일의 standalone 뒤에 나와 있는 숫자(여기서는 3.141.59)와 일치되도록 유념해야 한다. 그리고 해당 cmd 창은 계속 열어두어야 한다.

```
① cd C:\Users/작업디렉토리/Documents/RSelenium
② java -Dwebdriver.gecko.driver="geckodriver.exe" -jar selenium-server-s
tandalone-3.141.59.jar -port 4445
```

윈도우 cmd 실행 방법(1)

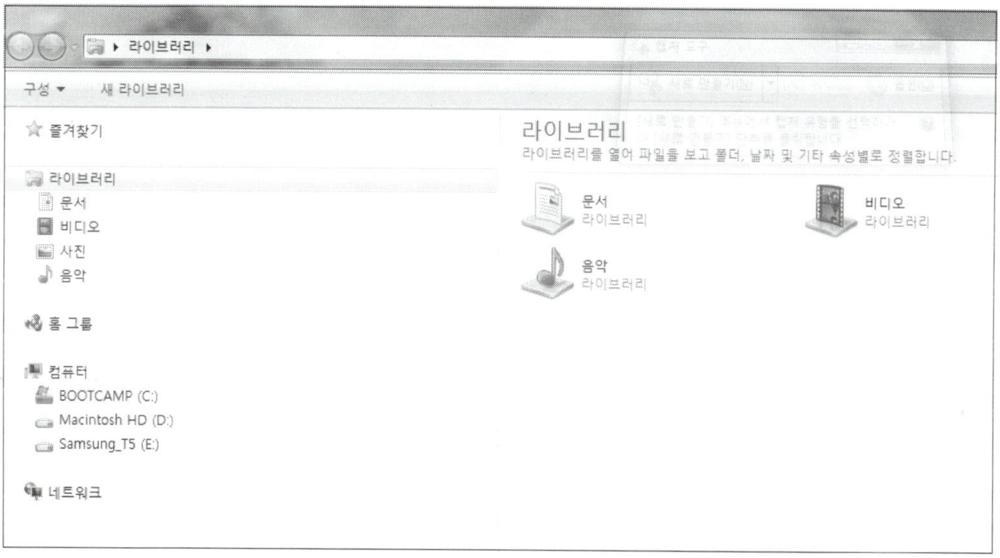

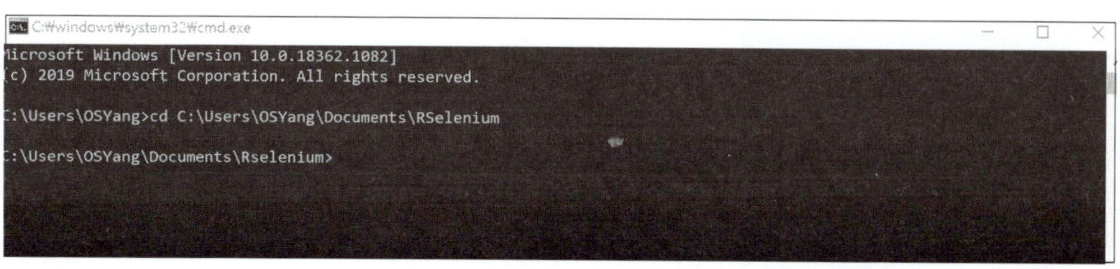

윈도우 cmd 실행하는 법(2)

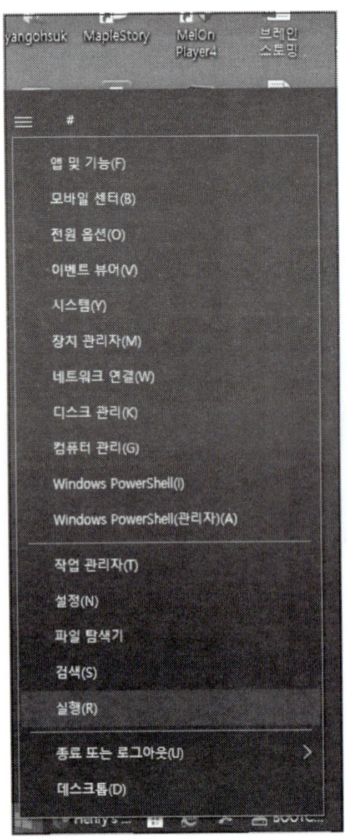

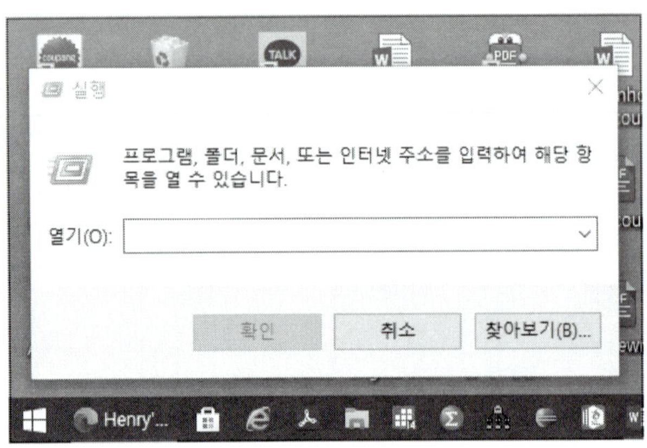

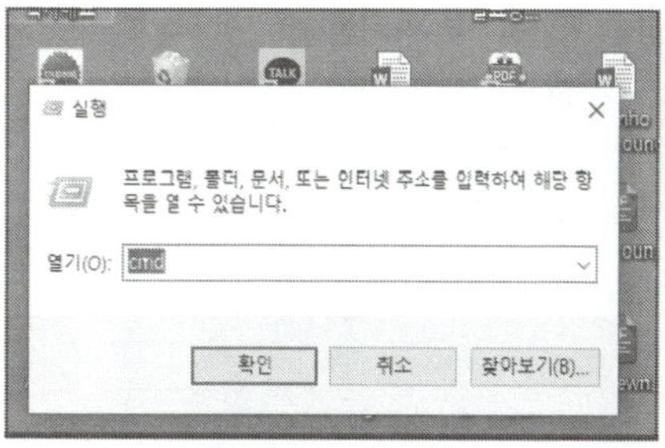

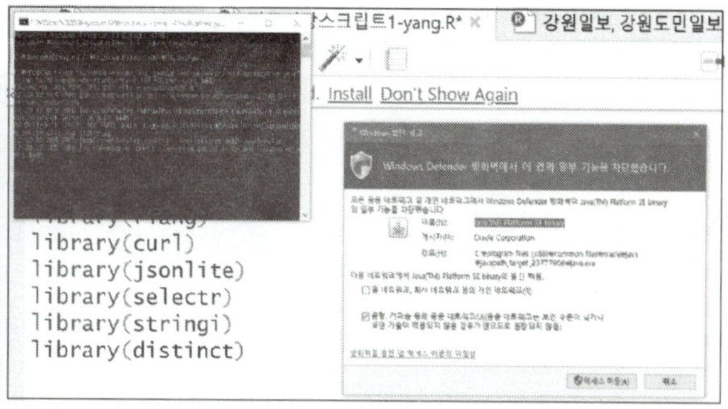

해석

처리결과화면에서, 방화벽 메시지가 뜨는 경우도 있는데 이 경우에는 "엑세스 허용"을 클릭해 주어야 한다.

C:₩Users₩작업디렉토리₩RSelenium에 설치하기

연구자의 작업디렉토리 아래에 RSelenium 폴더를 설치하는 경우에는 설치는 되고 추후 사용을 해보면 에러 메시지가 뜨는 경우가 많다. 따라서 이 방법은 지양하는 것이 좋다.

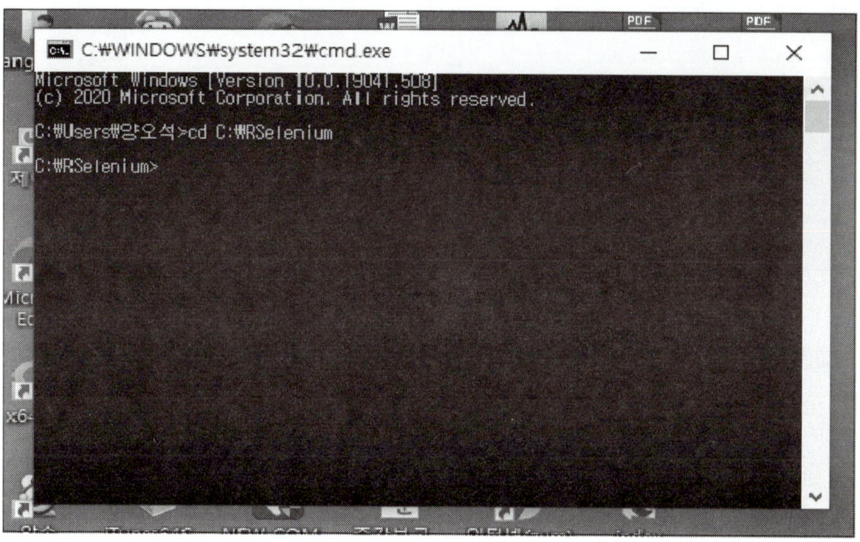

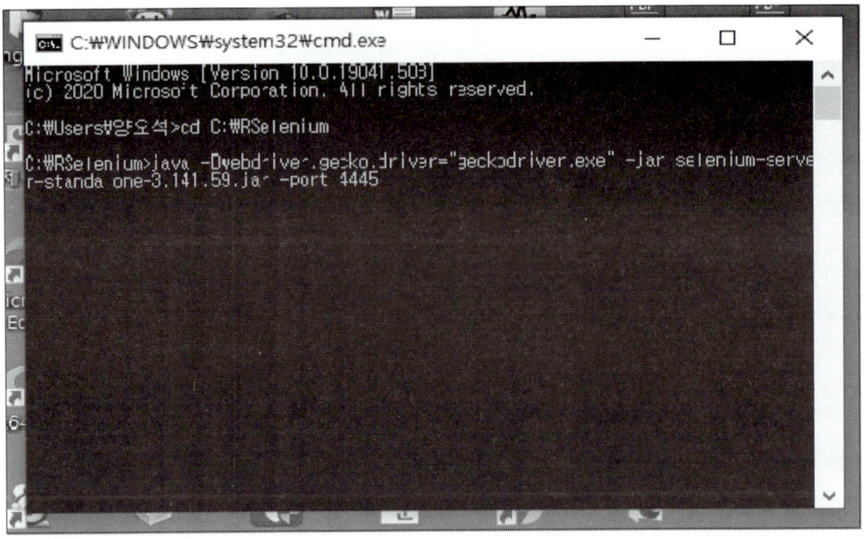

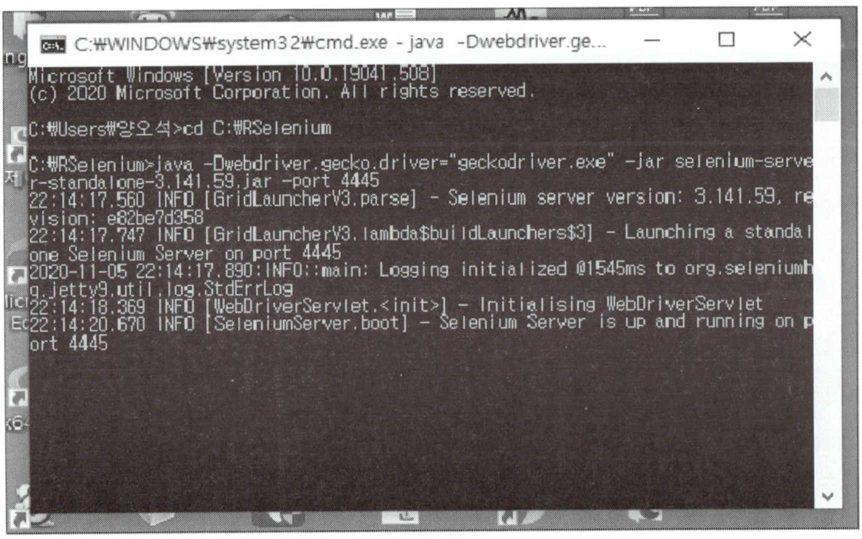

3) 셀레니움(RSelenium) 패키지 설치하기

자 이제 cmd 창을 그대로 열어 둔 채로 RSelenium 패키지를 RStudio에서 설치하도록 하자. 셀레니움 관련 패키지인 RSelenium와 seleniumPipes를 인스톨 한 후, 관련 패키지들을 열어줍니다.

명령어

```
> install.packages("RSelenium")
> install.packages("seleniumPipes")
> library(RSelenium)
```

```
> library(seleniumPipes)
```

```
> install.packages("RSelenium")
WARNING: Rtools is required to build R packages but is not currently installe
d. Please download and install the appropriate version of Rtools before proc
eeding:
https://cran.rstudio.com/bin/windows/Rtools/
Installing package into 'C:/Users/OSYang/Documents/R/win-library/4.0'
(as 'lib' is unspecified)
URL 'https://cran.rstudio.com/bin/windows/contrib/4.0/RSelenium_1.7.7.zi
p'을 시도합니다
Content type 'application/zip' length 3359607 bytes (3.2 MB)
downloaded 3.2 MB
package 'RSelenium' successfully unpacked and MD5 sums checked
The downloaded binary packages are in
        C:\Users\OSYang\AppData\Local\Temp\RtmpC8FSVD\downloaded_pack
ages
> install.packages("seleniumPipes")
WARNING: Rtools is required to build R packages but is not currently installe
d. Please download and install the appropriate version of Rtools before proc
eeding:
https://cran.rstudio.com/bin/windows/Rtools/
Installing package into 'C:/Users/OSYang/Documents/R/win-library/4.0'
(as 'lib' is unspecified)
URL 'https://cran.rstudio.com/bin/windows/contrib/4.0/seleniumPipes_0.3.
7.zip'을 시도합니다
Content type 'application/zip' length 1173479 bytes (1.1 MB)
downloaded 1.1 MB
package 'seleniumPipes' successfully unpacked and MD5 sums checked
The downloaded binary packages are in
        C:\Users\OSYang\AppData\Local\Temp\RtmpC8FSVD\downloaded_pack
ages
> library(RSelenium)
경고메시지(들):
패키지 'RSelenium'는 R 버전 4.0.3에서 작성되었습니다
> library(seleniumPipes)
필요한 패키지를 로딩중입니다: httr
필요한 패키지를 로딩중입니다: jsonlite
필요한 패키지를 로딩중입니다: xml2
필요한 패키지를 로딩중입니다: magrittr
```

```
필요한 패키지를 로딩중입니다: whisker
경고메시지(들):
1: 패키지 'seleniumPipes'는 R 버전 4.0.3에서 작성되었습니다
2: 패키지 'httr'는 R 버전 4.0.3에서 작성되었습니다
3: 패키지 'jsonlite'는 R 버전 4.0.3에서 작성되었습니다
4: 패키지 'xml2'는 R 버전 4.0.3에서 작성되었습니다
5: 패키지 'magrittr'는 R 버전 4.0.3에서 작성되었습니다
6: 패키지 'whisker'는 R 버전 4.0.3에서 작성되었습니다
```

명령어

```
> remDr = remoteDriver(
+   remoteServerAddr="localhost",
+   port=4445L,
+   browserName="chrome")
> remDr$open()
```

```
> remDr = remoteDriver(
+   remoteServerAddr="localhost",
+   port=4445L,
+   browserName="chrome")
> remDr$open()
[1] "Connecting to remote server"
Selenium message:Unable to create new service: ChromeDriverService
Build info: version: '3.141.59', revision: 'e82be7d358', time: '2018-11-14
T08:25:53'
System info: host: 'MAC', ip: '192.168.123.107', os.name: 'Windows 10', os.
arch: 'x86', os.version: '10.0', java.version: '1.8.0_241'
Driver info: driver.version: unknown
에러:  Summary: SessionNotCreatedException
       Detail: A new session could not be created.
       Further Details: run errorDetails method
```

해석

처리결과화면을 보면, 패키지가 제대로 설치되지 않았음을 보여준다. 이 에러는 크롬드라이버와 geckodriver의 zip 파일을 풀어헤쳤을 때 각자의 폴더 안에 풀어헤쳐두고 패키지를 설치했기 때문이다.

하나의 폴더(여기서는 RSelenium)에 풀어헤쳐두고 패키지를 제대로 설치된 경우에는 다음과 같은 정상적인 메시지가 뜬다:

```
> remDr = remoteDriver(
+   remoteServerAddr="localhost",
+   port=4445L,
+   browserName="chrome")
> remDr$open() #Error in checkError(res) : Undefined error in httr call.
httr output: Failed to connect to localhost port 4445: Connection refused
[1] "Connecting to remote server"
$acceptInsecureCerts
[1] FALSE
$browserName
[1] "chrome"
$browserVersion
[1] "86.0.4240.183"
$chrome
$chrome$chromedriverVersion
[1] "86.0.4240.22 (398b0743353ff36fb1b82468f63a3a93b4e2e89e-refs/branch-
heads/4240@{#378})"
$chrome$userDataDir
[1] "C:₩₩Users₩₩OSYang₩₩AppData₩₩Local₩₩Temp₩₩scoped_dir15320_14
83898847"
$`goog:chromeOptions`
$`goog:chromeOptions`$debuggerAddress
[1] "localhost:51769"
$networkConnectionEnabled
[1] FALSE
$pageLoadStrategy
[1] "normal"
$platformName
[1] "windows"
$proxy
named list()
$setWindowRect
[1] TRUE
$strictFileInteractability
[1] FALSE
$timeouts
```

```
$timeouts$implicit
[1] 0
$timeouts$pageLoad
[1] 300000
$timeouts$script
[1] 30000
$unhandledPromptBehavior
[1] "dismiss and notify"
$`webauthn:virtualAuthenticators`
[1] TRUE
$webdriver.remote.sessionid
[1] "97c873db993af801d98b3ee1f32a743b"
$id
[1] "97c873db993af801d98b3ee1f32a743b"
```

그리고 크롬 관련 다음과 같은 창이 새로 뜬다:

[처리결과화면]

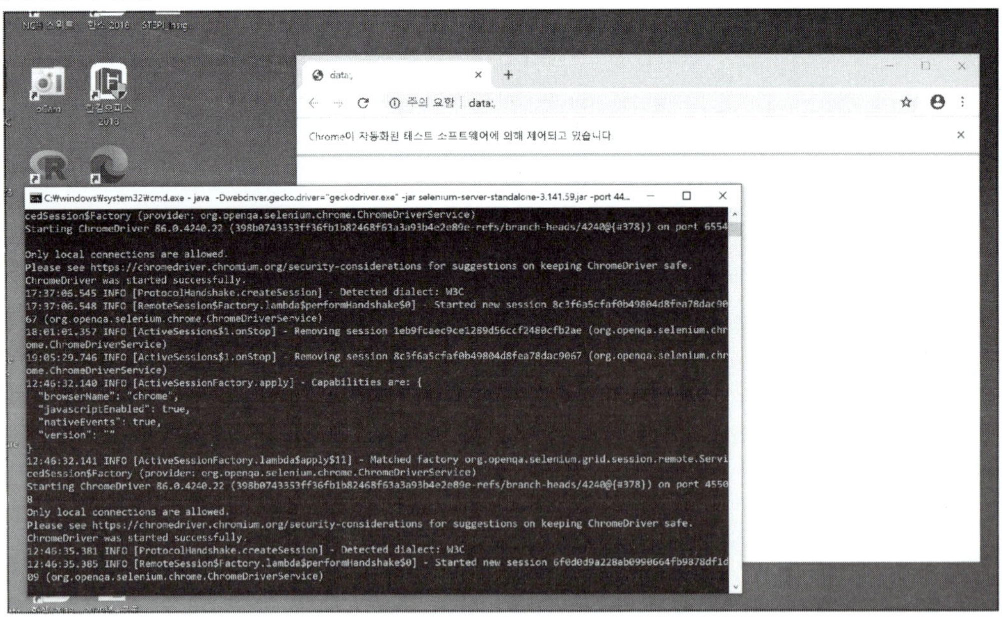

C:/Users/OSYang/Documents/RSelenium에 제대로 설치한 경우

[처리결과화면]

```
C:₩windows₩system32₩cmd.exe - java -Dwebdriver.gecko.driver="geckodriver.exe" -jar selenium-server-standalone-3.141.59.jar -port 44...
Microsoft Windows [Version 10.0.18362.1082]
(c) 2019 Microsoft Corporation. All rights reserved.

C:\Users\OSYang>cd C:\Users\OSYang\Documents\RSelenium

C:\Users\OSYang\Documents\Rselenium>java -Dwebdriver.gecko.driver="geckodriver.exe" -jar selenium-server-standalone-3.14
1.59.jar -port 4445
Picked up JAVA_TOOL_OPTIONS: -Dfile.encoding=UTF-8
12:32:18.522 INFO [GridLauncherV3.parse] - Selenium server version: 3.141.59, revision: e82be7d358
12:32:18.598 INFO [GridLauncherV3.lambda$buildLaunchers$3] - Launching a standalone Selenium Server on port 4445
2020-11-09 12:32:18.642:INFO::main: Logging initialized @795ms to org.seleniumhq.jetty9.util.log.StdErrLog
12:32:18.837 INFO [WebDriverServlet.<init>] - Initialising WebDriverServlet
12:32:18.905 ERROR [BaseServer.start] - Port 4445 is busy, please choose a free port and specify it using -port option
Exception in thread "main" java.lang.RuntimeException: java.net.BindException: Address already in use: bind
        at org.openqa.selenium.grid.server.BaseServer.start(BaseServer.java:221)
        at org.openqa.selenium.remote.server.SeleniumServer.boot(SeleniumServer.java:131)
        at org.openqa.grid.selenium.GridLauncherV3.lambda$buildLaunchers$3(GridLauncherV3.java:249)
        at org.openqa.grid.selenium.GridLauncherV3.lambda$launch$0(GridLauncherV3.java:86)
        at java.util.Optional.map(Unknown Source)
        at org.openqa.grid.selenium.GridLauncherV3.launch(GridLauncherV3.java:86)
        at org.openqa.grid.selenium.GridLauncherV3.main(GridLauncherV3.java:70)
Caused by: java.net.BindException: Address already in use: bind
        at sun.nio.ch.Net.bind0(Native Method)
        at sun.nio.ch.Net.bind(Unknown Source)
        at sun.nio.ch.Net.bind(Unknown Source)
        at sun.nio.ch.ServerSocketChannelImpl.bind(Unknown Source)
        at sun.nio.ch.ServerSocketAdaptor.bind(Unknown Source)
        at org.seleniumhq.jetty9.server.ServerConnector.openAcceptChannel(ServerConnector.java:339)
        at org.seleniumhq.jetty9.server.ServerConnector.open(ServerConnector.java:307)
        at org.seleniumhq.jetty9.server.AbstractNetworkConnector.doStart(AbstractNetworkConnector.java:80)
        at org.seleniumhq.jetty9.server.ServerConnector.doStart(ServerConnector.java:235)
        at org.seleniumhq.jetty9.util.component.AbstractLifeCycle.start(AbstractLifeCycle.java:68)
        at org.seleniumhq.jetty9.server.Server.doStart(Server.java:395)
        at org.seleniumhq.jetty9.util.component.AbstractLifeCycle.start(AbstractLifeCycle.java:68)
        at org.openqa.selenium.grid.server.BaseServer.start(BaseServer.java:202)
        ... 6 more
```

```
> install.packages("RSelenium")
WARNING: Rtools is required to build R packages but is not currently installe
d. Please download and install the appropriate version of Rtools before proc
eeding:

https://cran.rstudio.com/bin/windows/Rtools/
Installing package into 'C:/Users/OSYang/Documents/R/win-library/4.0'
(as 'lib' is unspecified)
URL 'https://cran.rstudio.com/bin/windows/contrib/4.0/RSelenium_1.7.7.zi
p'을 시도합니다
Content type 'application/zip' length 3359607 bytes (3.2 MB)
downloaded 3.2 MB

package 'RSelenium' successfully unpacked and MD5 sums checked
```

```
The downloaded binary packages are in
	C:\Users\OSYang\AppData\Local\Temp\RtmpC8FSVD\downloaded_pack
ages

> install.packages("seleniumPipes")
WARNING: Rtools is required to build R packages but is not currently installe
d. Please download and install the appropriate version of Rtools before proc
eeding:

https://cran.rstudio.com/bin/windows/Rtools/
Installing package into 'C:/Users/OSYang/Documents/R/win-library/4.0'
(as 'lib' is unspecified)
URL 'https://cran.rstudio.com/bin/windows/contrib/4.0/seleniumPipes_0.3.
7.zip'을 시도합니다
Content type 'application/zip' length 1173479 bytes (1.1 MB)
downloaded 1.1 MB

package 'seleniumPipes' successfully unpacked and MD5 sums checked

The downloaded binary packages are in
	C:\Users\OSYang\AppData\Local\Temp\RtmpC8FSVD\downloaded_pack
ages
> library(RSelenium)
경고메시지(들):
패키지 'RSelenium'는 R 버전 4.0.3에서 작성되었습니다
> library(seleniumPipes)
필요한 패키지를 로딩중입니다: httr
필요한 패키지를 로딩중입니다: jsonlite
필요한 패키지를 로딩중입니다: xml2
필요한 패키지를 로딩중입니다: magrittr
필요한 패키지를 로딩중입니다: whisker
경고메시지(들):
1: 패키지 'seleniumPipes'는 R 버전 4.0.3에서 작성되었습니다
2: 패키지 'httr'는 R 버전 4.0.3에서 작성되었습니다
3: 패키지 'jsonlite'는 R 버전 4.0.3에서 작성되었습니다
4: 패키지 'xml2'는 R 버전 4.0.3에서 작성되었습니다
5: 패키지 'magrittr'는 R 버전 4.0.3에서 작성되었습니다
6: 패키지 'whisker'는 R 버전 4.0.3에서 작성되었습니다
```

```
> remDr = remoteDriver(
+   remoteServerAddr="localhost",
+   port=4445L,
+   browserName="chrome")
> remDr$open() #Error in checkError(res) : Undefined error in httr call.
httr output: Failed to connect to localhost port 4445: Connection refused
[1] "Connecting to remote server"
$acceptInsecureCerts
[1] FALSE

$browserName
[1] "chrome"

$browserVersion
[1] "86.0.4240.183"

$chrome
$chrome$chromedriverVersion
[1] "86.0.4240.22 (398b0743353ff36fb1b82468f63a3a93b4e2e89e-refs/branch-
heads/4240@{#378})"

$chrome$userDataDir
[1] "C:₩₩Users₩₩OSYang₩₩AppData₩₩Local₩₩Temp₩₩scoped_dir13844_11
15104455"

$`goog:chromeOptions`
$`goog:chromeOptions`$debuggerAddress
[1] "localhost:61231"


$networkConnectionEnabled
[1] FALSE

$pageLoadStrategy
[1] "normal"

$platformName
[1] "windows"
```

```
$proxy
named list()

$setWindowRect
[1] TRUE

$strictFileInteractability
[1] FALSE

$timeouts
$timeouts$implicit
[1] 0

$timeouts$pageLoad
[1] 300000

$timeouts$script
[1] 30000

$unhandledPromptBehavior
[1] "dismiss and notify"

$`webauthn:virtualAuthenticators`
[1] TRUE

$webdriver.remote.sessionid
[1] "6f0d0d9a228ab0990664fb9878df1d09"

$id
[1] "6f0d0d9a228ab0990664fb9878df1d09"
```

절전모드를 꺼두어야 한다

RSelenium은 '절전모드'가 켜져 있으면 절전으로 인해 작동이 멈추어버린다. 따라서 절전모드를 꺼두어야 한다.

[처리결과화면: 제어판]

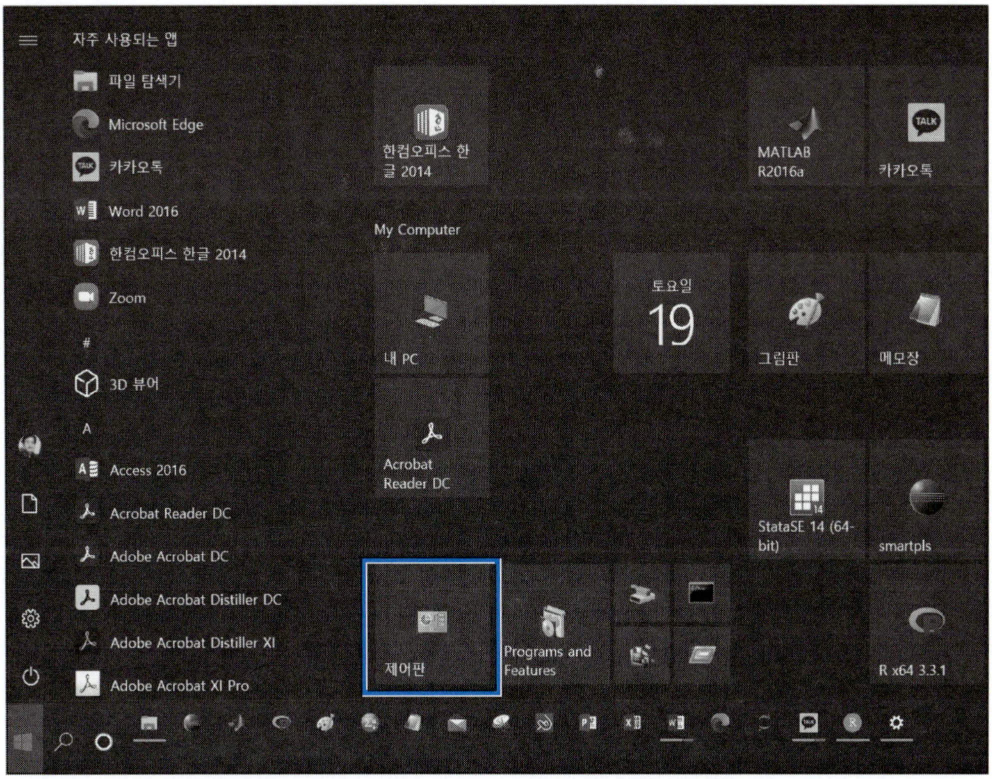

[처리결과화면: 절전모드 끄기]

"제어판"에 들어가 "시스템"을 클릭한 후, "전원 및 절전"을 클릭해서 들어간다. 이후 "절전 모드" 아래에 있는 "배터리 사용 시 다음 시간이 경과하면...."을 "안 함"으로 설정하고, "전원 사용 시 다음 시간이 경과하면..."을 "안 함"으로 설정하도록 하자.

[처리결과화면]

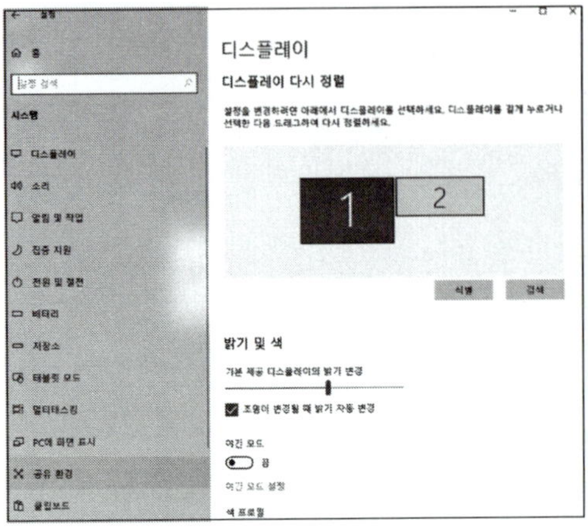

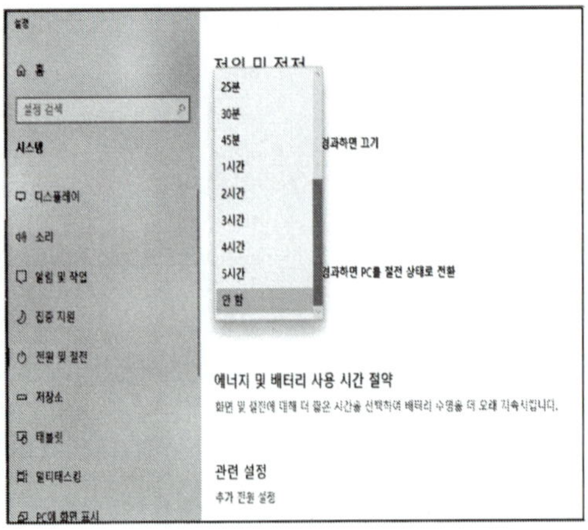

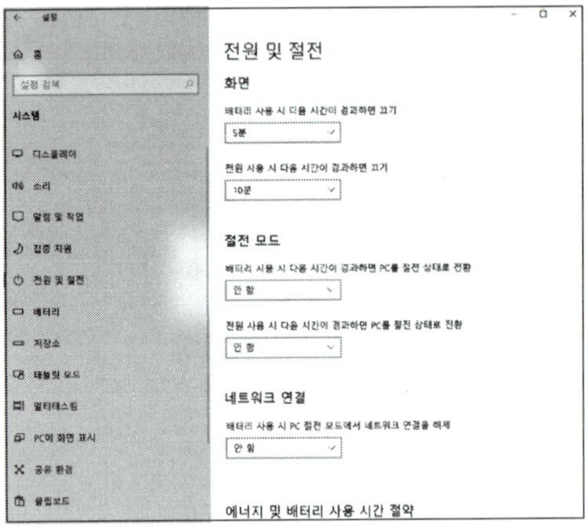

또 다른 컴퓨터의 경우 다음과 같이 컴퓨터 바탕화면 왼쪽 아래쪽에 있는 찾기 창에서 “전원 및 절전”을 입력하고 엔터키를 누르면 시스템 창이 뜬다. 거기서 절전 모드 두 개를 “안함”으로 선택하면 된다.

[처리결과화면: 다른 컴퓨터의 경우]

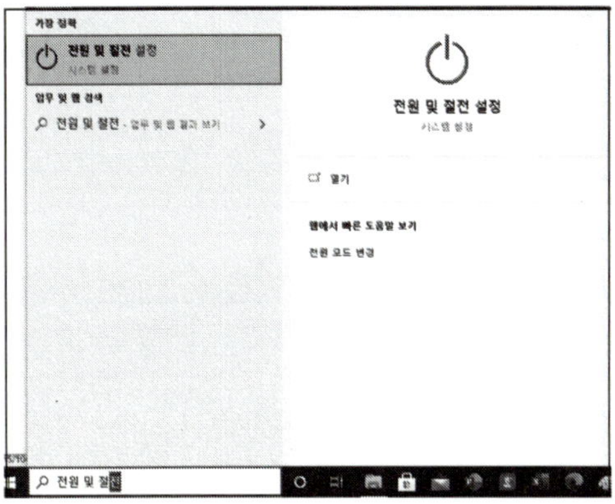

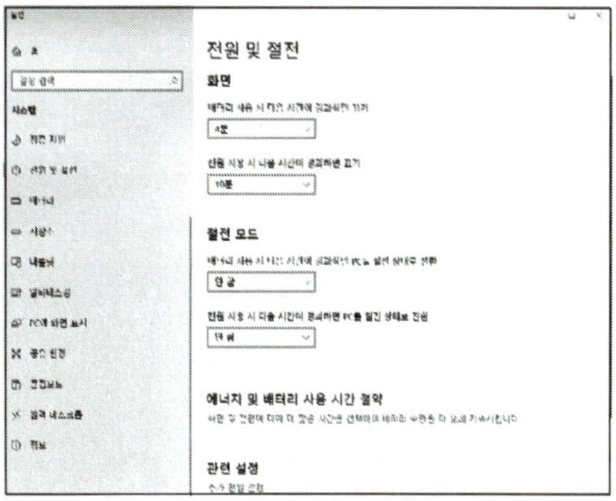

그리고 스크린세이버와 같은 디스플레이도 헤지시켜두어야 한다. RSelenium은 매우 민감해서 조금만 방해를 해도 정지되어 버리기 때문이다. 이를 위해 '전원관리옵션' 창으로 들어가서 디스플레이 옵션을 '해당없음'으로 모두 바꿔두도록 하자.

[처리결과화면]

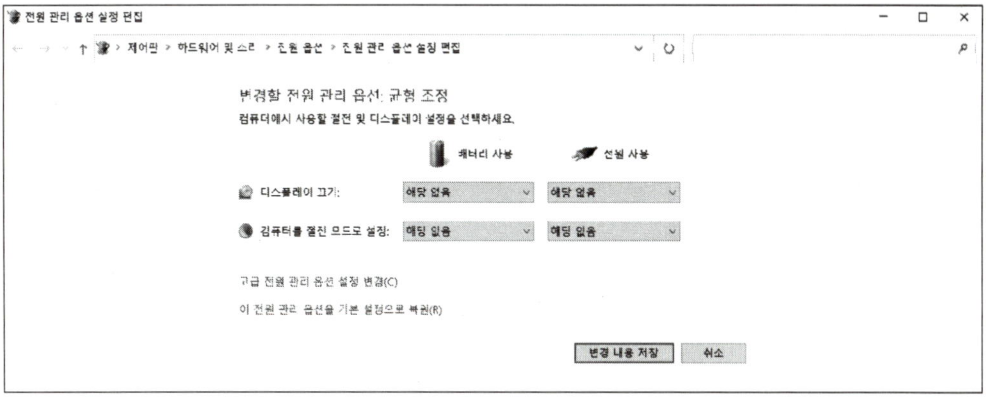

##데이터 인터벌 옵션 정보##

Body 아래, div class="wrapper"가 있고, 그 아래에 <section id="leftColumn">이 있다. 그리고 그 아래에 <div id="column-content" class="historicalDataTimeRange">가 있고, 다시 그 아래에 <select id="data_interval" class="newInput selectBox float_lang_base_1">이 있다. 그 안을 살펴보면 일간, 주간, 월간 옵션 정보가 들어 있다.

[처리결과화면]

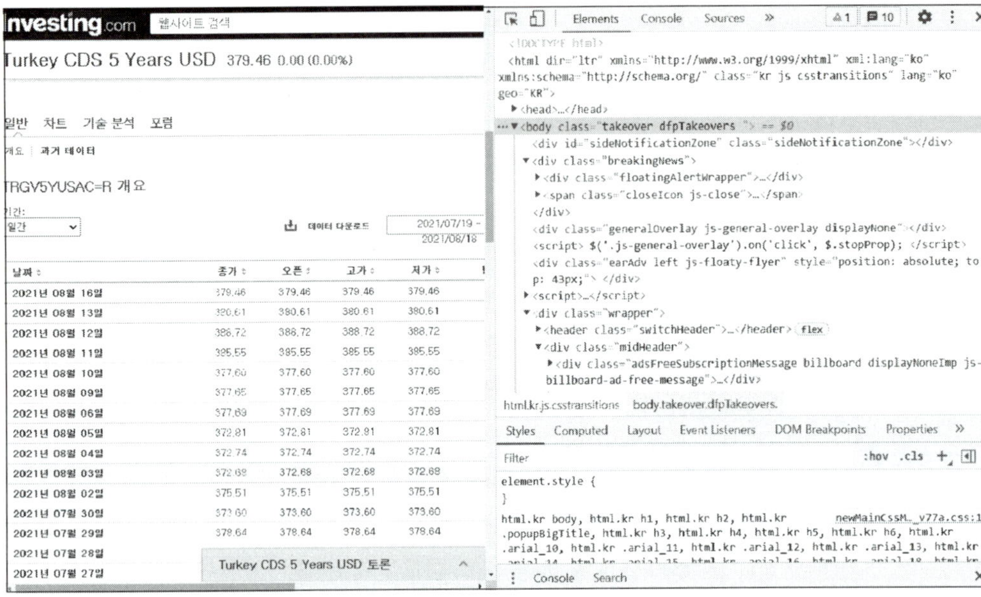

[처리결과화면]

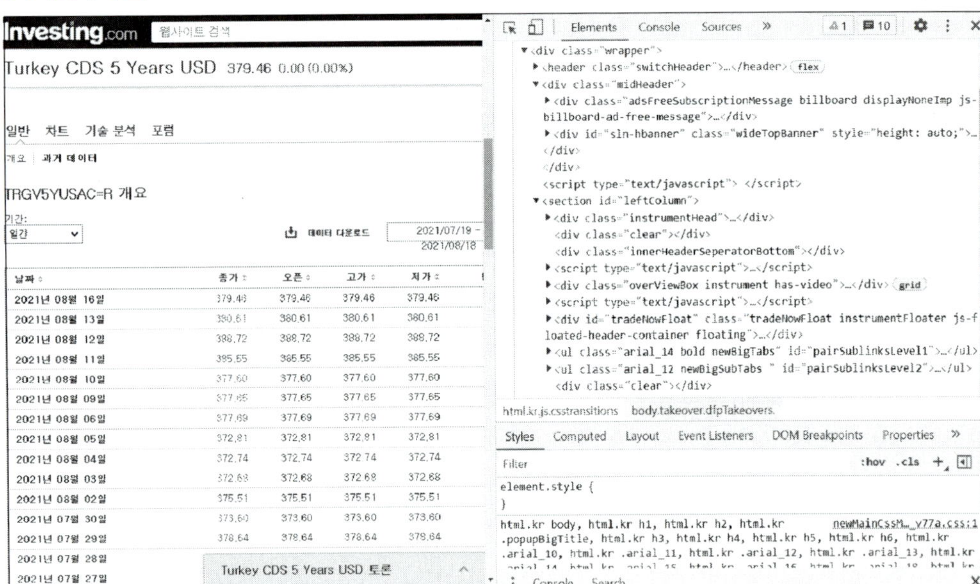

[처리결과화면]

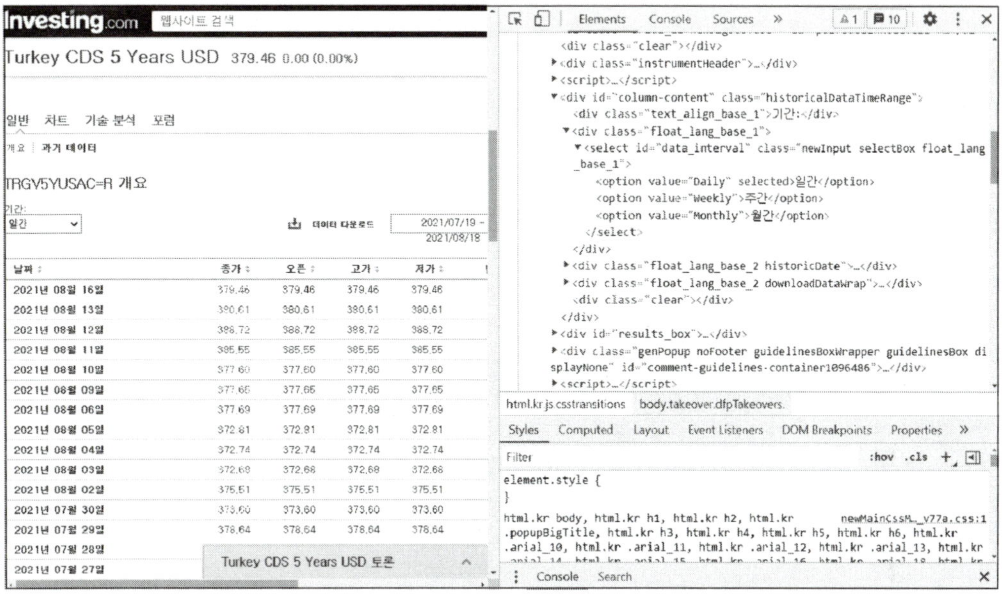

<select id="data_interval" class="newInput selectBox float_lang_base_1"> 안을 좀 더 상세히 들여다보며 일간, 주간, 월간 옵션 정보를 살펴보자.

[처리결과화면: div class="float_lang_base_1" 상세]

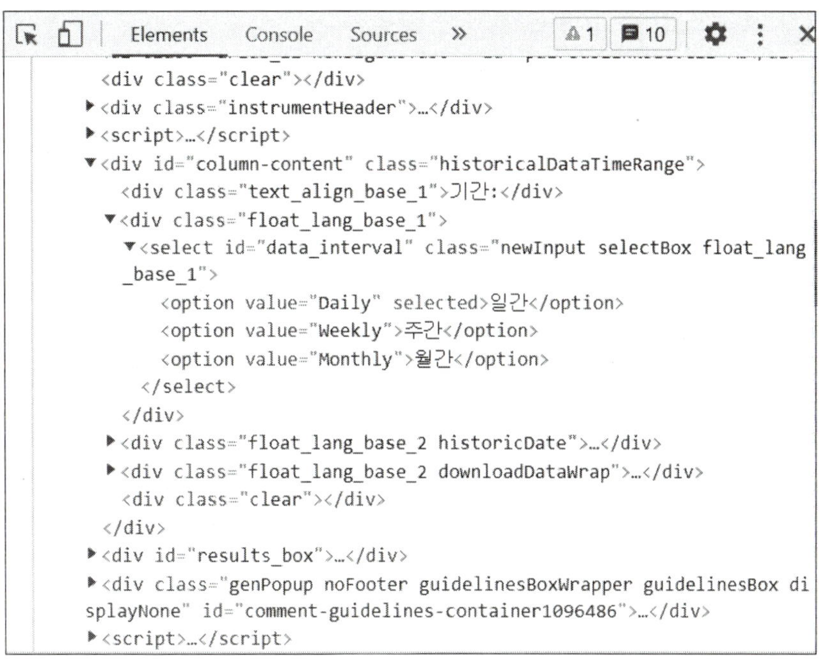

```
#패키지 주요 함수#
#rvest패키지
html_text() : 텍스트를 추출
html_name() : attribute의 이름을 가져온다
html_children() : 해당요소의 하위 요소를 읽어온다.
html_tag() : tag 이름 추출.
html_attrs() : attribute를 추출.

#stringr패키지
str_detect() : 주어진 데이터들에서 특정 문자가 있는지 검사해서 TRUE/FALSE 출력
ignore.case() :  대소문자 구분을 안 하도록 설정
str_count() : 주어진 단어에서 해당 글자가 나오는 횟수
str_c() : paste()의 기능처럼 주어진 문자열을 합쳐서 출력
str_dup() : 주어진 문자열을 주어진 횟수만큼 반복해서 출력
str_length() : 주어진 문자열의 길이를 출력
str_locate() : 주어진 문자열에서 특정 문자가 처음 나오는 위치와 마지막 위치
str_replace() : 주어진 문자열에서 변경전 문자를 변경 후 문자로 바꾸는 함수
str_split() : 주어진 데이터셋을 지정된 기호로 분리
str_sub() : 주어진 문자열에서 지정된 길이 만큼의 문자를 잘라냄
str_trim() : 문자열의 가장 앞과 가장 뒤에 공백이 있을 경우 제거
```

1.3 자료 빗질하기: 데이터 전처리

1) 데이터 추출: 문자열

① 문자열 추출: **substr( )** 또는 **str_sub( )**

Q. 문자열에서 부분만 추출하려면 어찌해야 할까요?

문자열을 부분만 추출하는 명령어도 있다. 사용할 함수는 기본 함수인 substr() 과 stringr 패키지 안의 str_sub() 함수이다. 이 둘은 일반 문자열에서는 차이가 없지만 벡터 문자열에서는 조금 차이가 있다.

일반 문자열 추출하기: substr("문자열", start, end)

우선 일반 문자열의 경우를 살펴보자. substr( )함수와 str_sub( ) 함수의 구조를 살펴보자. 다음과 같이 첫번째 인수에는 크롤링하고자 하는 문자열 이름을 넣고, 두번째와 세번째 인수로는 해당 문자열 중 추출하고 싶은 곳의 시작위치와 끝 위치를 지정하면 된다. 이 구조는 둘 다 동일하다. 이제 연습을 위해 일반 문자열로 "Statistics"를 지정해주고, 1번째 인자인 S를 시작으로 4번째 인자인 t까지만 추출하라는 명령어를 작성해보자. 두 함수 모두 동일한 명령어 구조로 작성된다.

명령어

```
> substr("Statistics", 1, 4) #문자열 Statistics에서 1번째 인자 시작으로 4번째 인자까
기만 추출
> str_sub("Statistics", 1, 4) #문자열 Statistics에서 1번째 인자 시작으로 4번째 인자
까기만 추출
```

```
> substr("Statistics", 1, 4) #문자열 Statistics에서 1번째 인자 시작으로 4번째
인자까기만 추출
[1] "Stat"
> str_sub("Statistics", 1, 4) #문자열 Statistics에서 1번째 인자 시작으로 4번째
인자까기만 추출
[1] "Stat"
```

해석

처리결과화면을 살펴보면, 두 함수 모두 동일한 명령어 구조로 이루어져 있고, 동일한 결과가 도출됨을 알 수 있다.

이제 또 다른 연습을 위해 일반 문자열로 "Statistics"를 지정해주고, 7번째 인자인 t를 시작으로 10번째 인자인 s까지만 추출하라는 명령어를 작성해보자.

명령어

```
> substr("Statistics", 7, 10) #문자열 Statistics에서 7번째 인자 시작으로 10번째 인자
까기만 추출
> str_sub("Statistics", 7, 10)
```

```
> substr("Statistics", 7, 10) #문자열 Statistics에서 7번째 인자 시작으로 10번째
인자까기만 추출
[1] "tics"
> str_sub("Statistics", 7, 10)
[1] "tics"
```

해석

처리결과화면을 살펴보면, 두 함수 모두 동일한 명령어 구조로 이루어져 있고, 동일한 결과가 도출됨을 알 수 있다.

벡터형 문자열 추출하기: substr(파일명, nchar(파일명)-1, nchar(파일명))

다음에는 일반 문자열이 아니라 벡터형 문자열로 연습해보자. 벡터 문자열의 경우에는 일반 문자열과 달리 substr( )함수와 str_sub( ) 함수의 명령어 구조가 다르다. 첫번째 인수에는 크롤링하고자 하는 문자열 이름을 넣고, 두번째와 세번째 인수로는 해당 문자열 중 추출하고 싶은 곳의 시작위치와 끝 위치를 지정하면 된다. 여기서는 연습을 위해 벡터 문자열을 임의로 만들고(New York, NY, Log Angeles, CA, Peoria, IL), 이를 벡터형으로 반환하되 반환할 파일명은 cities로 하자. 이후 반환된 파일에서 도시명 약자만 추출하라는 명령어를 작성해보자. 이때 substr( ) 함수의 경우 문자열의 길이를 지정해주는 함수인 nchar( )을 동시에 사용하게 된다. 여기서 nchar( ) 함수는 문자열에서 맨 뒤 인자 자체를 의미하므로, 문자열 맨뒤에서 순서대로 인자를 지정하려면, nchar( )-1(이는 문자열 맨 뒤에서 두번째 인자), nchar( )-2(이는 문자열 맨 뒤에서 세번째 인자) 등의 방식으로 명령어를 작성하게 된다. 이와 달리 str_sub( ) 함수의 경우에는 nchar( ) 함수를 사용하지 않고, 바로 숫자로 지정해 주며, 조금 다르게 -2는 '문자열 맨 뒤 인자에서 두번째 인자'를 의미하고, -1은 '문자열 맨 뒤 인자'를 의미한다. 또한 str_sub( ) 함수는 'stringr' 라이브러리를 필요로 한다.

명령어

```
> library(stringr)
> cities <- c("New York, NY", "Log Angeles, CA", "Peoria, IL")
> substr(cities, nchar(cities)-1, nchar(cities)) #cities 문자열에서, 첫번째 요소
를 빼고 추출 =
> str_sub(cities,-2,-1) #[1] "NY" "CA" "IL"
```

```
> library(stringr)
> cities <- c("New York, NY", "Log Angeles, CA", "Peoria, IL")
> substr(cities, nchar(cities)-1, nchar(cities)) #cities 문자열에서, 첫번째
요소를 빼고 추출 =
[1] "NY" "CA" "IL"
> str_sub(cities,-2,-1) #[1] "NY" "CA" "IL"
[1] "NY" "CA" "IL"
```

해석

처리결과화면을 살펴보면, 두 함수가 벡터 문자열에 대해서는 명령어가 다소 차이를 보이고 있음을 알 수 있다. 다만 결과물은 두 함수 모두 동일하다.

조건문자열로 추출하기: [str_sub(파일명$변수명, start, end)=="조건문자열",]

이번에는 다른 형태의 문자열 추출을 시도해보자. 우선 연습데이터(student.xls)를 불러온 뒤, IDNO 변수 정보에서 7번째 원소가 "2"로 시작하는, 즉 '여자'인 경우만 결과물로 보여달라는 명령어를 작성해보자.

명령어

```
> library(readxl)
> setwd("C:/Users/osyan/")
> student <- read_excel("student.xls")
> student[str_sub(student$IDNO,7,7)=="2",] #여자인 정보만 별도로 추출 = ,를 빼지
말것
> female_student <- student[str_sub(student$IDNO,7,7)=="2",] #저장
```

```
> library(readxl)
> setwd("C:/Users/osyan/")
> student <- read_excel("student.xls")
> student[str_sub(student$IDNO,7,7)=="2",] #여자인 정보만 별도로 추출 = ,를 빼
지 말것
# A tibble: 6 x 5
  StudentID Name   Grade          IDNO Address
      <dbl> <chr> <dbl>          <dbl> <chr>
1    870522 Jang      89 7203132087394 Chuncheon
```

```
2      887634 Yang      87 7724032057776 Poosan
3      918734 Heo       94 8801042078934 Chuncheon
4      920381 Soo       96 9108022345678 Seoul
5      940587 Lee       88 9812242983645 Daegoo
6      954837 Choi      86 9211232098765 Seoul
> female_student <- student[str_sub(student$IDNO,7,7)=="2",] #저장
```

해석

처리결과화면을 살펴보면, IDNO 변수 정보에서 7번째 원소가 "2"로 시작하는, 즉 '여자'인 경우만 결과물로 보여주고 있음을 알 수 있다.

② 문자열 T/F 반환: str_detect( )

Q. 문자열에서 부분만 추출하려면 어찌해야 할까요?

일반 문자열 확인

특정한 정보가 들어 있는 문자열만을 추출하고 싶을 때 사용할 수 있는 함수도 있다. 이를 위한 함수는 str_detect( ) 함수이다. 이 함수는 바로 추출하는 것이 아니라, 우선 특정 정보가 들어 있는지 여부를 검사해서 TRUE/FALSE를 출력해주는 기능을 담당한다. 조건에 따라 여러가지 기능이 있으니 우선 세부 기능을 익히도록 하자.

명령어

```
> setwd("C:/Users/osyan/") #작업디렉토리는 연구자마다 다르다
> write > v1 <-c('abc', 'cab', 'Adc', 'cdA', 'efg', 'cef')
> str_detect(v1, 'a') #순서 상관없이 a를 포함하는 원소 출력
> str_detect(v1, 'A') #순서 상관없이 대문자 A를 포함하는 원소 출력
> str_detect(v1, '[aA]') #순서 상관없음: 대소문자 a, A로 시작하는 원소 출력
> str_detect(v1, '^[aA]') #순서 상관있음: 대소문자 a, A로 시작하는 원소 출력
> str_detect(v1, '^a') #순서 상관있음: 소문자 a로 시작하는 원소 출력
```

```
> v1 <-c('abc', 'cab', 'Adc', 'cdA', 'efg', 'cef')
> str_detect(v1, 'a') #순서 상관없이 a를 포함하는 원소 출력
[1]  TRUE  TRUE FALSE FALSE FALSE FALSE
```

```
> str_detect(v1, 'A') #순서 상관없이 대문자 A를 포함하는 원소 출력
[1] FALSE FALSE  TRUE  TRUE FALSE FALSE
> str_detect(v1, '[aA]') #순서 상관없음: 대소문자 a, A로 시작하는 원소 출력
[1]  TRUE  TRUE  TRUE  TRUE FALSE FALSE
> str_detect(v1, '^[aA]') #순서 상관있음: 대소문자 a, A로 시작하는 원소 출력
[1]  TRUE FALSE  TRUE FALSE FALSE FALSE
> str_detect(v1, '^a') #순서 상관있음: 소문자 a로 시작하는 원소 출력
[1]  TRUE FALSE FALSE FALSE FALSE FALSE
```

벡터형 문자열 확인

벡터형 자료의 경우에도 문자열 확인은 비슷하다. 연습데이터(student.xls)를 불러와 Address변수가 Poosan인 경우를 처리해보자.

명령어

```
> library(readxl)
> setwd("C:/Users/osyan/")
> student <- read_excel("student.xls")
> student_address <-str_detect(student$Address, "Poosan") #주소가 Poosan인 정보
만 추출
> student_address
```

```
> library(readxl)
> setwd("C:/Users/osyan/")
> student <- read_excel("student.xls")
> student_address <-str_detect(student$Address, "Poosan") #주소가 Poosan인
정보만 별도로 추출
> student_address
[1] FALSE FALSE  TRUE FALSE FALSE FALSE FALSE FALSE FALSE FALSE FALSE
```

2) 문자열 추출: url로부터 추출

① 문자열 전체 추출: for(page in 1:40) + {url <-paste( ) + txt <-readLines( )}, str_detect( )

> **Q.** 인터넷 상에서 정보가 담겨 있는 문자열을 크롤링해 가지고 와서 필요한 정보를 추출해내는 작업이 가능할까요?

인터넷에는 엄청난 정보가 들어 있다. 문제는 주로 문자열로 되어 있다는 점이다. 염려할 것 없다. 문자열을 추출해 와서 다시 전처리를 해 원하는 정보만을 담은 데이터를 만들면 된다.

문자열 전체 추출 연습 1: url_base <- "http://movie -----"

우선 문자열 전체를 추출해 오는 방법을 연습해보자. 여기서는 네이버 영화 싸이트에서 제공되고 있는 영화 정보를 추출해보도록 하자. 네이버 영화로 가서 '영화 랭킹' 정보로 들어가 각 영화의 정보가 들어 있는 문자열 전체를 추출해오자.

명령어

```
> url_base <- "http://movie.naver.com/movie/sdb/rank/rmovie.nhn?sel=pnt&date
=20170606&page=" #네이버 영화 랭킹 목록
> txt <- readLines(url_base, encoding="euc-kr") #UTF-8의 경우도 있음
> txt <- as.data.frame(txt)
```

```
> url_base <- "http://movie.naver.com/movie/sdb/rank/rmovie.nhn?sel=pnt&d
ate=20170606&page=" #네이버 영화 랭킹 목록
> txt <- readLines(url_base, encoding="euc-kr")
경고메시지(들):
In readLines(url_base, encoding = "euc-kr") :
  'http://movie.naver.com/movie/sdb/rank/rmovie.nhn?sel=pnt&date=201706
06&page='에서 불완전한 마지막 행이 발견되었습니다
> txt <- as.data.frame(txt)
```

[처리결과화면]

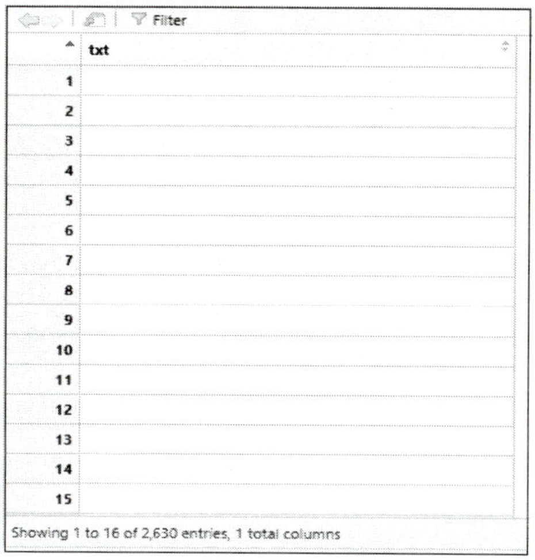

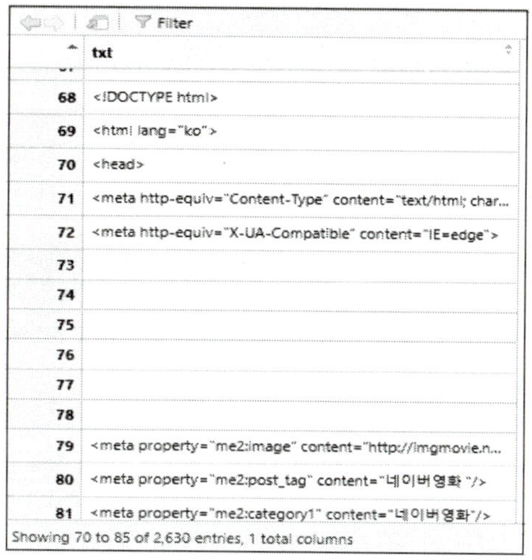

해석

처리결과화면을 살펴보면, 해당 영화의 정보를 담은 문자열 전체가 추출되어 있음을 알 수 있다.

[처리결과화면]

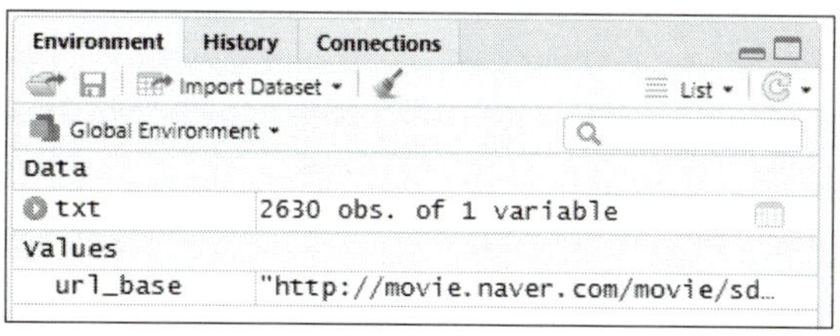

해석

처리결과화면을 살펴보면, 한 개의 변수에 대한 2630개의 관측치가 저장되었음을 알 수 있다.

문자열 전체 추출 연습 2: for(page in 1:40) + {url <-paste( ) + txt <-readLines( )}

자 이번에는 좀 더 긴 문자열을 추출해보자. 앞서 작업한 내용과 달리 URL 페이지를 40페이지까지 크롤링하라는 명령어를 작성해보자.

명령어

```
> url_base <- "http://movie.naver.com/movie/sdb/rank/rmovie.nhn?sel=pnt&date
=20170606&page=" #네이버 영화 랭킹 목록
> for(page in 1:40)
+ {
+   url <- paste(url_base, page, sep='')
```

```
+   #url_base 변수에 담겨있던 url에 for반복문을 통해 1, 2, ... , 40 까지 문자열을 붙인다.다음과 같은 형태로..
+   #"http://movie.naver.com/movie/sdb/rank/rmovie.nhn?sel=pnt&date=20170606&page=1"
+   #"http://movie.naver.com/movie/sdb/rank/rmovie.nhn?sel=pnt&date=20170606&page=2"
+
+   txt <- readLines(url, encoding="euc-kr")
+   #URL에 해당하는 웹을 읽고, encoding 형식은 "euc-kr"로 한다. 읽어온 정보는 txt라는 변수에 넣는다.
+ }
> txt <- as.data.frame(txt)
```

```
> url_base <- "http://movie.naver.com/movie/sdb/rank/rmovie.nhn?sel=pnt&date=20170606&page=" #네이버 영화 랭킹 목록
> for(page in 1:40)
+ {
+   url <- paste(url_base, page, sep='')
+   #url_base 변수에 담겨있던 url에 for반복문을 통해 1, 2, ... , 40 까지 문자열을 붙인다.다음과 같은 형태로..
+   #"http://movie.naver.com/movie/sdb/rank/rmovie.nhn?sel=pnt&date=20170606&page=1"
+   #"http://movie.naver.com/movie/sdb/rank/rmovie.nhn?sel=pnt&date=20170606&page=2"
+
+   txt <- readLines(url, encoding="euc-kr")
+   #URL에 해당하는 웹을 읽고, encoding 형식은 "euc-kr"로 한다. 읽어온 정보는 txt라는 변수에 넣는다.
+ }
40건의 경고들이 발견되었습니다 (이를 확인하기 위해서는 warnings()를 이용하시길 바랍니다).
> txt <- as.data.frame(txt)
```

[처리결과화면]

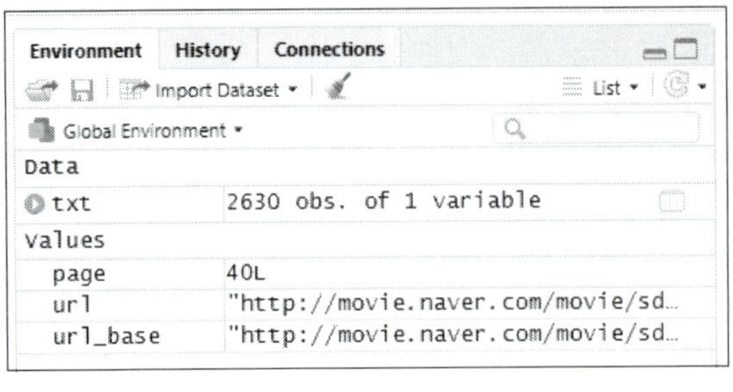

해석

처리결과화면을 살펴보면, 한 개의 변수에 대한 2630개의 관측치가 저장되었음을 알 수 있다. 이 결과는 앞서 진행한 작업 결과와 동일하다.

문자열 전체 추출 연습 3: str_detect( )

이번에는 보다 유용한 정보를 얻는 문자열 전체 추출 방식을 연습해보자. 필요한 패키지를 불러오고, url을 기본 정보로 부여 한 후, 40페이지까지 나와 있는 정보 내용을 모두 크롤링하라는 명령어를 작성해보자. 이를 위해 구체적으로는 url 페이지를 자동으로 넘겨주는 명령어를 작성하고, url에 있는 정보를 euc-kr 인코딩으로 읽어들여서 txt로 저장하고, txt 내용 가운데 영화 고유코드와 제목을 저장하고(파일명은 movie_info), 영화 평점도 저장하고(파일명은 movie_points), 이들 저장한 두 파일(movie_info와 movie_points)을 최종적으로 데이터프레임으로 변환하라는 명령어를 작성한다.

명령어

```
> library(XML)
> library(stringr) #웹 크롤링과 String을 자르는 데에 필요한 라이브러리를 호출
> url_base <- "http://movie.naver.com/movie/sdb/rank/rmovie.nhn?sel=pnt&date
=20170606&page=" #네이버 영화 랭킹 목록
> for(page in 1:40)
+ {
+   url <- paste(url_base, page, sep='')
+   #url_base 변수에 담겨있던 url에 for을 통해 1, 2, ... , 40 까지 문자열을 붙인다.
+   #"http://movie.naver.com/movie/sdb/rank/rmovie.nhn?sel=pnt&date=20170606
&page=" 여기에 1, 2, 3 ... 40 이 번걸아가며 붙는다. 아래와 같은 형태로..
+   #"http://movie.naver.com/movie/sdb/rank/rmovie.nhn?sel=pnt&date=20170606
&page=1 "
+   #"http://movie.naver.com/movie/sdb/rank/rmovie.nhn?sel=pnt&date=20170606
&page=2"
+
+   txt <- readLines(url, encoding="euc-kr")
+   #URL에 해당하는 웹을 읽고, encoding 형식은 "euc-kr"로 한다. 읽어온 정보는 txt라는
변수에 넣는다.
+
+   movie_info <- txt[which(str_detect(txt, "class=₩"tit5₩""))+1] #tit5클래스
1줄 아래에 있는 영화 고유코드와 제목을 movie_info에 저장
```

```
+  movie_points <- txt[which(str_detect(txt, "class=₩"tit5₩""))+7] #tit5클래스 7줄 아래에 있는 평점을 movie_points에 저장
+
+  movie_info <- as.data.frame(movie_info)
+
+  movie_points <- as.data.frame(movie_points)
+
+ }
```

```
> library(XML)
> library(stringr) #웹 크롤링과 String을 자르는 데에 필요한 라이브러리를 호출
> url_base <- "http://movie.naver.com/movie/sdb/rank/rmovie.nhn?sel=pnt&date=20170606&page=" #네이버 영화 랭킹 목록
> for(page in 1:40)
+ {
+  url <- paste(url_base, page, sep='')
+  #url_base 변수에 담겨있던 url에 for을 통해 1, 2, ... , 40 까지 문자열을 붙인다.
+  #"http://movie.naver.com/movie/sdb/rank/rmovie.nhn?sel=pnt&date=20170606&page=" 여기에 1, 2, 3 ... 40 이 번걸아가며 붙는다. 아래와 같은 형태로..
+  #"http://movie.naver.com/movie/sdb/rank/rmovie.nhn?sel=pnt&date=20170606&page=1 "
+  #"http://movie.naver.com/movie/sdb/rank/rmovie.nhn?sel=pnt&date=20170606&page=2"
+
+  txt <- readLines(url, encoding="euc-kr")
+  #URL에 해당하는 웹을 읽고, encoding 형식은 "euc-kr"로 한다. 읽어온 정보는 txt라는 변수에 넣는다.
+
+  movie_info <- txt[which(str_detect(txt, "class=₩"tit5₩""))+1] #tit5클래스 1줄 아래에 있는 영화 고유코드와 제목을 movie_info에 저장
+  movie_points <- txt[which(str_detect(txt, "class=₩"tit5₩""))+7] #tit5클래스 7줄 아래에 있는 평점을 movie_points에 저장
+
+  movie_info <- as.data.frame(movie_info)
+
+  movie_points <- as.data.frame(movie_points)
+
+ }
40건의 경고들이 발견되었습니다 (이를 확인하기 위해서는 warnings()를 이용하시길 바랍니다).
```

[처리결과화면]

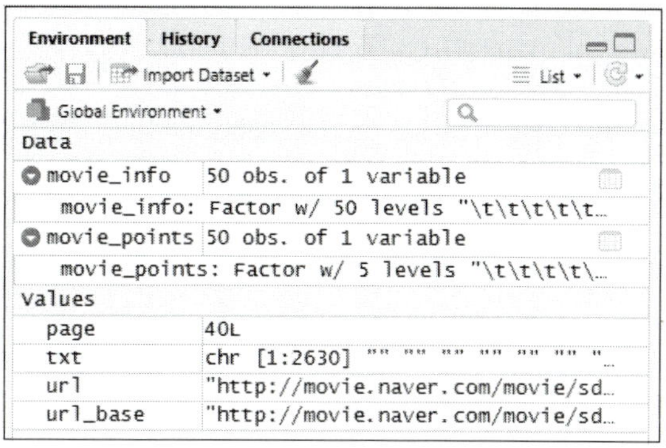

[처리결과화면: View(movie_info)]

▶ **해석**

처리결과화면을 살펴보면, 목표로 한 지점에 위치한 영화 고유코드와 영화 제목 정보가 수집되어 셀에 저장되어 있음을 볼 수 있다.

[처리결과화면: View(movie_points)]

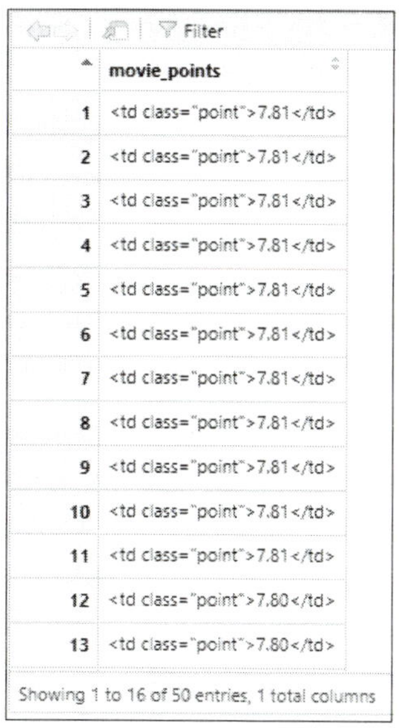

▶ **해석**

처리결과화면을 살펴보면, 목표로 한 지점에 위치한 영화 평점 정보가 수집되어 셀에 저장되어 있음을 볼 수 있다.

② 문자열 부분 추출: **substr( ) 또는 str_sub( )**

앞서 작업해서 문자열을 추출한 데이터셋으로 직접 작업을 해보자. 우선 실습데이터인 movie_info.txt 파일을 불러들이자. 이때 주의할 점은 header 옵션을 header=T로 놓아야 한다는 점이다. 그렇지 않으면 첫 번째 행이 변수명으로 되어 있는데 이를 데이터로 인식하게 된다. 즉 header=T로 놓아야 첫 번째 행은 변수명이니 데이터로 인식하지 말라는 명령어가 된다. 혹시나 하여 두 명령어를 통해 실습데이터를 불러와 View( ) 함수로 두 결과물을 비교해보자.

명령어

```
> movie_info <- read.csv(file.choose(), header=T) #영화 목록 text파일을 직접 선택한다. header=T : 헤더파일이 존재하니 두번째 행 부터 데이터라는 뜻.
> movie_info1 <- read.csv(file.choose(), header=F)
```

```
> movie_info <- read.csv(file.choose(), header=T) #영화 목록 text파일을 직접 선택한다. header=T : 헤더파일이 존재하니 두번째 행 부터 데이터라는 뜻.
> movie_info1 <- read.csv(file.choose(), header=F) #영화 목록 text파일을 직접 선택한다. header=T : 헤더파일이 존재하니 두번째 행 부터 데이터라는 뜻.
```

[처리결과화면]

(View(movie_info))

	movie_info
1	1 <a href=\/movie/bi/mi/basic.nhn?code=38619\ title=\시...
2	2 <a href=\/movie/bi/mi/basic.nhn?code=25420\ title=\아...
3	3 <a href=\/movie/bi/mi/basic.nhn?code=61700\ title=\극...
4	4 <a href=\/movie/bi/mi/basic.nhn?code=45397\ title=\로...
5	5 <a href=\/movie/bi/mi/basic.nhn?code=122133\ title=\...
6	6 <a href=\/movie/bi/mi/basic.nhn?code=89218\ title=\베...
7	7 <a href=\/movie/bi/mi/basic.nhn?code=89615\ title=\조...
8	8 <a href=\/movie/bi/mi/basic.nhn?code=62727\ title=\헬...
9	9 <a href=\/movie/bi/mi/basic.nhn?code=77291\ title=\누...
10	10 <a href=\/movie/bi/mi/basic.nhn?code=98996\ title=\...
11	11 <a href=\/movie/bi/mi/basic.nhn?code=92549\ title=\...
12	12 <a href=\/movie/bi/mi/basic.nhn?code=43507\ title=\...

Showing 1 to 15 of 50 entries, 1 total columns

(View(movie_info1))

	V1
1	movie_info
2	1 <a href=\/movie/bi/mi/basic.nhn?code=38619\ title=\시...
3	2 <a href=\/movie/bi/mi/basic.nhn?code=25420\ title=\아...
4	3 <a href=\/movie/bi/mi/basic.nhn?code=61700\ title=\극...
5	4 <a href=\/movie/bi/mi/basic.nhn?code=45397\ title=\로...
6	5 <a href=\/movie/bi/mi/basic.nhn?code=122133\ title=\...
7	6 <a href=\/movie/bi/mi/basic.nhn?code=89218\ title=\베...
8	7 <a href=\/movie/bi/mi/basic.nhn?code=89615\ title=\조...
9	8 <a href=\/movie/bi/mi/basic.nhn?code=62727\ title=\헬...
10	9 <a href=\/movie/bi/mi/basic.nhn?code=77291\ title=\누...
11	10 <a href=\/movie/bi/mi/basic.nhn?code=98996\ title=\...
12	11 <a href=\/movie/bi/mi/basic.nhn?code=92549\ title=\...

Showing 1 to 15 of 51 entries, 1 total columns

해석

처리결과화면을 살펴보면, movie_info는 첫 번째 행인 변수명(movie_info)가 살아 있고, movie_info1은 해당 변수명이 없어지고 V1으로 표시된 채 1번 데이터가 첫 번째 행이었던 movie_info가 들어가 있음을 볼 수 있다. 따라서 제대로 데이터셋을 불러오자면 왼쪽에 있는 header=T 옵션 처리가 필요함을 알 수 있다.

이제 제대로 불러온 movie_info를 대상으로 문자열에서 일부만을 추출하는 작업을 연습해보자. 불러온 데이터셋 안에 들어 있는 문자열 가운데 40번째 인자부터 50번째 인자까지만 추출해보자. 이는 해당 자료가 영화에 관한 정보이고, 이 가운데 영화의 고유코드가 들어 있는 문자열을 추출해서 고유코드를 변수로하는 자료를 만들고자 하는 목적이다.

[처리결과화면]

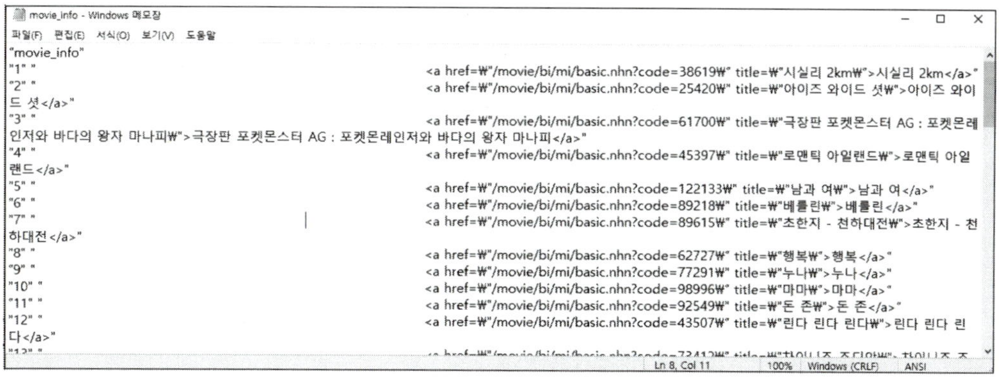

```
movie_info - Windows 메모장
파일(F) 편집(E) 서식(O) 보기(V) 도움말
"movie_info"
"1" "          <a href=₩"/movie/bi/mi/basic.nhn?code=38619₩" title=₩"시실리 2km₩">시실리 2km</a>"
"2" "          <a href=₩"/movie/bi/mi/basic.nhn?code=25420₩" title=₩"아이즈 와이드 셧₩">아이즈 와이
드 셧</a>"
"3" "          <a href=₩"/movie/bi/mi/basic.nhn?code=61700₩" title=₩"극장판 포켓몬스터 AG : 포켓몬레
인저와 바다의 왕자 마나피₩">극장판 포켓몬스터 AG : 포켓몬레인저와 바다의 왕자 마나피</a>"
"4" "          <a href=₩"/movie/bi/mi/basic.nhn?code=45397₩" title=₩"로맨틱 아일랜드₩">로맨틱 아일
랜드</a>"
"5" "          <a href=₩"/movie/bi/mi/basic.nhn?code=122133₩" title=₩"남과 여₩">남과 여</a>"
"6" "          <a href=₩"/movie/bi/mi/basic.nhn?code=89218₩" title=₩"베를린₩">베를린</a>"
"7" "          <a href=₩"/movie/bi/mi/basic.nhn?code=89615₩" title=₩"초한지 - 천하대전₩">초한지 - 천
하대전</a>"
"8" "          <a href=₩"/movie/bi/mi/basic.nhn?code=62727₩" title=₩"행복₩">행복</a>"
"9" "          <a href=₩"/movie/bi/mi/basic.nhn?code=77291₩" title=₩"누나₩">누나</a>"
"10" "         <a href=₩"/movie/bi/mi/basic.nhn?code=98996₩" title=₩"마마₩">마마</a>"
"11" "         <a href=₩"/movie/bi/mi/basic.nhn?code=92549₩" title=₩"돈 존₩">돈 존</a>"
"12" "         <a href=₩"/movie/bi/mi/basic.nhn?code=43507₩" title=₩"린다 린다 린다₩">린다 린다 린
다</a>"
Ln 8, Col 11    100%    Windows (CRLF)    ANSI
```

해석

처리결과화면을 살펴보면, 각 영화의 고유코드인 숫자(예, 시실이 2km의 경우 38619)가 들어 있는 문자열의 인자는 대략 40~50사이로 보인다.

자 이제 해당 정보의 위치를 알았으니, 각 영화의 고유코드인 숫자(예, 시실이 2km의 경우 38619)가 들어 있는 문자열의 인자(대략 40~50사이)를 부분 추출해보자. 사용할 명령어는 계산식을 미리 선정하는 function( ) 함수와, 이를 적용하여 문자열 부분을 추출할 substr( ) 함수이다. 벡터연산을 위해 mapply( ) 함수도 사용하자.

명령어

```
> f_substr <-function(data, start,n){
+   substr(data, start, start+n-1)
```

```
+ }
> mapply(f_substr, movie_info, 40,50) #40번째부터 40+50-1번째의 문자까지 추출
```

```
> f_substr <-function(data, start,n){
+   substr(data, start, start+n-1)
+ }
> mapply(f_substr, movie_info, 40,50) #40번째부터 40+50-1번째의 문자까지 추출
      movie_info
 [1,] "n?code=38619₩₩ title=₩₩시실리 2km₩₩>시실리 2km</a>"
 [2,] "n?code=25420₩₩ title=₩₩아이즈 와이드 셧₩₩>아이즈 와이드 셧</a>"
 [3,] "n?code=61700₩₩ title=₩₩극장판 포켓몬스터 AG : 포켓몬레인저와 바다의 왕자"
 [4,] "n?code=45397₩₩ title=₩₩로맨틱 아일랜드₩₩>로맨틱 아일랜드</a>"
 [5,] "n?code=122133₩₩ title=₩₩남과 여₩₩>남과 여</a>"
 [6,] "n?code=89218₩₩ title=₩₩베를린₩₩>베를린</a>"
 [7,] "n?code=89615₩₩ title=₩₩초한지 - 천하대전₩₩>초한지 - 천하대전</a>"
 [8,] "n?code=62727₩₩ title=₩₩행복₩₩>행복</a>"
 [9,] "n?code=77291₩₩ title=₩₩누나₩₩>누나</a>"
[10,] "hn?code=98996₩₩ title=₩₩마마₩₩>마마</a>"
[11,] "hn?code=92549₩₩ title=₩₩돈 존₩₩>돈 존</a>"
[12,] "hn?code=43507₩₩ title=₩₩린다 린다 린다₩₩>린다 린다 린다</a>"
[13,] "hn?code=73412₩₩ title=₩₩차이니즈 조디악₩₩>차이니즈 조디악</a>"
[14,] "hn?code=97711₩₩ title=₩₩왓 이프₩₩>왓 이프</a>"
[15,] "hn?code=64185₩₩ title=₩₩님은 먼곳에₩₩>님은 먼곳에</a>"
[16,] "hn?code=123300₩₩ title=₩₩존 윅₩₩>존 윅</a>"
[17,] "hn?code=123050₩₩ title=₩₩창문넘어 도망친 100세 노인₩₩>창문넘어 도망친 "
[18,] "hn?code=117774₩₩ title=₩₩상의원₩₩>상의원</a>"
[19,] "hn?code=78780₩₩ title=₩₩라스트 스탠드₩₩>라스트 스탠드</a>"
[20,] "hn?code=119431₩₩ title=₩₩팬₩₩>팬</a>"
[21,] "hn?code=98447₩₩ title=₩₩님포매니악 볼륨2₩₩>님포매니악 볼륨2</a>"
[22,] "hn?code=65064₩₩ title=₩₩가면₩₩>가면</a>"
[23,] "hn?code=136870₩₩ title=₩₩카페 소사이어티₩₩>카페 소사이어티</a>"
[24,] "hn?code=65724₩₩ title=₩₩오스트레일리아₩₩>오스트레일리아</a>"
[25,] "hn?code=72408₩₩ title=₩₩악마를 보았다₩₩>악마를 보았다</a>"
[26,] "hn?code=64686₩₩ title=₩₩소셜 네트워크₩₩>소셜 네트워크</a>"
[27,] "hn?code=87792₩₩ title=₩₩레이드 : 첫번째 습격₩₩>레이드 : 첫번째 습격</"
[28,] "hn?code=107921₩₩ title=₩₩미하엘 콜하스의 선택₩₩>미하엘 콜하스의 선택</a"
[29,] "hn?code=93715₩₩ title=₩₩남쪽으로 튀어₩₩>남쪽으로 튀어</a>"
[30,] "hn?code=78388₩₩ title=₩₩세이프 하우스₩₩>세이프 하우스</a>"
[31,] "hn?code=99488₩₩ title=₩₩더 바디₩₩>더 바디</a>"
[32,] "hn?code=70392₩₩ title=₩₩더 로드₩₩>더 로드</a>"
```

```
[33,] "hn?code=78161₩₩ title=₩₩통증₩₩>통증</a>"
[34,] "hn?code=124212₩₩ title=₩₩레버넌트: 죽음에서 돌아온 자₩₩>레버넌트: 죽음에"
[35,] "hn?code=48747₩₩ title=₩₩밀양₩₩>밀양</a>"
[36,] "hn?code=97647₩₩ title=₩₩어거스트 : 가족의 초상₩₩>어거스트 : 가족의
초상"          [37,]      "hn?code=93654₩₩      title=₩₩런닝맨₩₩>런닝맨</a>"

[38,] "hn?code=100072₩₩ title=₩₩스타워즈: 깨어난 포스₩₩>스타워즈: 깨어난 포스<"
[39,] "hn?code=54974₩₩ title=₩₩홍길동의 후예₩₩>홍길동의 후예</a>"
[40,] "hn?code=36341₩₩ title=₩₩우리 방금 결혼했어요₩₩>우리 방금 결혼했어요
</a>"        [41,]     "hn?code=98146₩₩      title=₩₩감시자들₩₩>감시자들</a>"

[42,] "hn?code=118376₩₩ title=₩₩셀프/리스₩₩>셀프/리스</a>"
[43,] "hn?code=133479₩₩ title=₩₩빅₩₩>빅</a>"
[44,] "hn?code=96031₩₩ title=₩₩오직 사랑하는 이들만이 살아남는다₩₩>오직 사랑하는 "
[45,] "hn?code=65721₩₩ title=₩₩명장₩₩>명장</a>"
[46,] "hn?code=37716₩₩ title=₩₩어디선가 누군가에 무슨 일이 생기면 틀림없이 나타난"
[47,] "hn?code=69986₩₩ title=₩₩황해₩₩>황해</a>"
[48,] "hn?code=65968₩₩ title=₩₩킹덤₩₩>킹덤</a>"
[49,] "hn?code=37376₩₩ title=₩₩언더월드₩₩>언더월드</a>"
[50,] "hn?code=50498₩₩ title=₩₩엣지 오브 다크니스₩₩>엣지 오브 다크니스</a>"
```

해석

처리결과화면을 살펴보면, 함수식은 40번째부터 40+50-1번째의 문자까지 추출하라는 명령어로 작성되었다. 그 결과 도출된 정보는 지나치게 긴 정보가 저장되었음을 알 수 있다.

이번에는 좀 더 짧은 정보가 담기게 조정해보자.

명령어

```
> mapply(f_substr, movie_info, 50,55)
```

```
> mapply(f_substr, movie_info, 50,55)
      movie_info
 [1,] "19₩₩ title=₩₩시실리 2km₩₩>시실리 2km</a>"
 [2,] "20₩₩ title=₩₩아이즈 와이드 셧₩₩>아이즈 와이드 셧</a>"
 [3,] "00₩₩ title=₩₩극장판 포켓몬스터 AG : 포켓몬레인저와 바다의 왕자 마나피
₩₩>극장판 포켓몬스터"
 [4,] "97₩₩ title=₩₩로맨틱 아일랜드₩₩>로맨틱 아일랜드</a>"
```

```
 [5,] "133₩₩ title=₩₩남과 여₩₩>남과 여</a>"
 [6,] "18₩₩ title=₩₩베를린₩₩>베를린</a>"
 [7,] "15₩₩ title=₩₩초한지 - 천하대전₩₩>초한지 - 천하대전</a>"
 [8,] "27₩₩ title=₩₩행복₩₩>행복</a>"
 [9,] "91₩₩ title=₩₩누나₩₩>누나</a>"
[10,] "996₩₩ title=₩₩마마₩₩>마마</a>"
[11,] "549₩₩ title=₩₩돈 존₩₩>돈 존</a>"
[12,] "507₩₩ title=₩₩린다 린다 린다₩₩>린다 린다 린다</a>"
[13,] "412₩₩ title=₩₩차이니즈 조디악₩₩>차이니즈 조디악</a>"
[14,] "711₩₩ title=₩₩왓 이프₩₩>왓 이프</a>"
[15,] "185₩₩ title=₩₩님은 먼곳에₩₩>님은 먼곳에</a>"
[16,] "3300₩₩ title=₩₩존 윅₩₩>존 윅</a>"
[17,] "3050₩₩ title=₩₩창문넘어 도망친 100세 노인₩₩>창문넘어 도망친 100세 노인</a>"
[18,] "7774₩₩ title=₩₩상의원₩₩>상의원</a>"
[19,] "780₩₩ title=₩₩라스트 스탠드₩₩>라스트 스탠드</a>"
[20,] "9431₩₩ title=₩₩팬₩₩>팬</a>"
[21,] "447₩₩ title=₩₩님포매니악 볼륨2₩₩>님포매니악 볼륨2</a>"
[22,] "064₩₩ title=₩₩가면₩₩>가면</a>"
[23,] "6870₩₩ title=₩₩카페 소사이어티₩₩>카페 소사이어티</a>"
[24,] "724₩₩ title=₩₩오스트레일리아₩₩>오스트레일리아</a>"
[25,] "408₩₩ title=₩₩악마를 보았다₩₩>악마를 보았다</a>"
[26,] "686₩₩ title=₩₩소셜 네트워크₩₩>소셜 네트워크</a>"
[27,] "792₩₩ title=₩₩레이드 : 첫번째 습격₩₩>레이드 : 첫번째 습격</a>"
[28,] "7921₩₩ title=₩₩미하엘 콜하스의 선택₩₩>미하엘 콜하스의 선택</a>"
[29,] "715₩₩ title=₩₩남쪽으로 튀어₩₩>남쪽으로 튀어</a>"
[30,] "388₩₩ title=₩₩세이프 하우스₩₩>세이프 하우스</a>"
[31,] "488₩₩ title=₩₩더 바디₩₩>더 바디</a>"
[32,] "392₩₩ title=₩₩더 로드₩₩>더 로드</a>"
[33,] "161₩₩ title=₩₩통증₩₩>통증</a>"
[34,] "4212₩₩ title=₩₩레버넌트: 죽음에서 돌아온 자₩₩>레버넌트: 죽음에서 돌아
온 자</a>"
[35,] "747₩₩ title=₩₩밀양₩₩>밀양</a>"
[36,] "647₩₩ title=₩₩어거스트 : 가족의 초상₩₩>어거스트 : 가족의 초상</a>"
[37,] "654₩₩ title=₩₩런닝맨₩₩>런닝맨</a>"
[38,] "0072₩₩ title=₩₩스타워즈: 깨어난 포스₩₩>스타워즈: 깨어난 포스</a>"
[39,] "974₩₩ title=₩₩홍길동의 후예₩₩>홍길동의 후예</a>"
[40,] "341₩₩ title=₩₩우리 방금 결혼했어요₩₩>우리 방금 결혼했어요</a>"
[41,] "146₩₩ title=₩₩감시자들₩₩>감시자들</a>"
[42,] "8376₩₩ title=₩₩셀프/리스₩₩>셀프/리스</a>"
```

```
[43,] "3479₩₩ title=₩₩빅₩₩>빅</a>"
[44,] "031₩₩ title=₩₩오직 사랑하는 이들만이 살아남는다₩₩>오직 사랑하는 이들만
이 살아남는다</a>"
[45,] "721₩₩ title=₩₩명장₩₩>명장</a>"
[46,] "716₩₩ title=₩₩어디선가 누군가에 무슨 일이 생기면 틀림없이 나타난다 홍반장
₩₩>어디선가 누군가"
[47,] "986₩₩ title=₩₩황해₩₩>황해</a>"
[48,] "968₩₩ title=₩₩킹덤₩₩>킹덤</a>"
[49,] "376₩₩ title=₩₩언더월드₩₩>언더월드</a>"
[50,] "498₩₩ title=₩₩엣지 오브 다크니스₩₩>엣지 오브 다크니스</a>"
```

해석

처리결과화면을 살펴보면, 함수식은 50번째부터 50+55-1번째의 문자까지 추출하라는 명령어로 작성되었다. 그 결과 도출된 정보는 앞쪽은 원하던 영화의 고유코드 정보가 부분적으로 절단되었고, 뒤쪽은 지나치게 긴 정보가 저장되었음을 알 수 있다.

자 이제 다시 숫자를 조정해서 명령어를 수정해보자.

명령어

```
> mapply(f_substr, movie_info, 46,8)
```

```
> mapply(f_substr, movie_info, 46,8)
      movie_info
 [1,] "=38619₩₩ "
 [2,] "=25420₩₩ "
 [3,] "=61700₩₩ "
 [4,] "=45397₩₩ "
 [5,] "=122133₩₩"
 [6,] "=89218₩₩ "
 [7,] "=89615₩₩ "
 [8,] "=62727₩₩ "
 [9,] "=77291₩₩ "
[10,] "e=98996₩₩"
[11,] "e=92549₩₩"
[12,] "e=43507₩₩"
[13,] "e=73412₩₩"
[14,] "e=97711₩₩"
[15,] "e=64185₩₩"
```

```
[16,] "e=123300"
[17,] "e=123050"
[18,] "e=117774"
[19,] "e=78780₩₩"
[20,] "e=119431"
[21,] "e=98447₩₩"
[22,] "e=65064₩₩"
[23,] "e=136870"
[24,] "e=65724₩₩"
[25,] "e=72408₩₩"
[26,] "e=64686₩₩"
[27,] "e=87792₩₩"
[28,] "e=107921"
[29,] "e=93715₩₩"
[30,] "e=78388₩₩"
[31,] "e=99488₩₩"
[32,] "e=70392₩₩"
[33,] "e=78161₩₩"
[34,] "e=124212"
[35,] "e=48747₩₩"
[36,] "e=97647₩₩"
[37,] "e=93654₩₩"
[38,] "e=100072"
[39,] "e=54974₩₩"
[40,] "e=36341₩₩"
[41,] "e=98146₩₩"
[42,] "e=118376"
[43,] "e=133479"
[44,] "e=96031₩₩"
[45,] "e=65721₩₩"
[46,] "e=37716₩₩"
[47,] "e=69986₩₩"
[48,] "e=65968₩₩"
[49,] "e=37376₩₩"
[50,] "e=50498₩₩"
```

해석

처리결과화면을 살펴보면, 함수식은 46번째부터 46+8-1번째의 문자까지 추출하라는 명령어로 작성되었다. 그 결과 도출된 정보는 앞쪽과 뒤쪽 정보가 적당하게 저장되었음을 알 수 있다.

이렇게 적절한 길이로 저장된 정보를 가지고 전처리를 하면 본래 원했던 영화의 고유코드 정보만을 확보할 수 있다. 방식은 movie_codes에 담겨 있는 정보 중 숫자만 남기고 지우라는 명령어를 작성하는 것인데, movie_codes에는 숫자 형식의 영화 코드값과 일부 소스값이 함께 담겨있다. 이 중에서 숫자를 제외한 데이터는 삭제하라는 명령어를 작성하자. 작업이 다 되었으면 최종적으로 데이터프레임으로 변환하자.

명령어

```
> codes <- gsub("₩₩D","",movie_codes) #정보 내용 중 숫자만 남기고 지우기, codes
에는 숫자 형식의 영화 코드값과 일부 소스값이 함께 담겨있는데, 이 중에서 숫자를 제외한 데이
터는 삭제
> movie_codes <- as.data.frame(codes) #데이터프레임으로 변환
```

```
> codes <- gsub("₩₩D","",movie_codes) #정보 내용 중 숫자만 남기고 지우기
> movie_codes <- as.data.frame(codes)
```

[처리결과화면: View(movie_codes), 전처리 전 vs 전처리 후]

	movie_info
1	=38619\
2	=25420\
3	=61700\
4	=45397\
5	=122133\
6	=89218\
7	=89615\
8	=62727\
9	=77291\
10	e=98996\
11	e=92549\
12	e=43507\
13	e=73412\
14	e=97711\

Showing 1 to 16 of 50 entries, 1 total columns

	movie_info
1	38619
2	25420
3	61700
4	45397
5	122133
6	89218
7	89615
8	62727
9	77291
10	98996
11	92549
12	43507
13	73412
14	97711
15	64185

Showing 1 to 16 of 50 entries, 1 total columns

해석

처리결과화면을 살펴보면, 전처리 전에는 고유코드 외의 정보가 들어 있던 것이, 전처리 후에는 고유코드만 남아 있음을 알 수 있다.

3) 정규표현식으로 패턴 추출: grep( ), regmatches( ), regexpr( )

Q 인터넷 상에서 정보가 담겨 있는 문자열을 크롤링해 가지고 와서 필요한 정보를 추출해내는 작업이 가능할까요?

① 일치하는 문자열을 반환: grep( )

크롤링으로 수집한 링크 자료에서 뉴스 기사만 추출하고 싶을 때 필요한 작업은 grep( ) 함수를 사용해서 진행하게 된다. 우선 연습데이터(매경불확실성링크.csv)를 작업디렉토리(여기서는 C:/Users/media)로부터 불러오자.

명령어

```
> setwd("C:/Users/media")
> uncertainty <- read.csv("매경불확실성링크.csv")
```

```
> setwd("C:/Users/media")
> uncertainty <- read.csv("매경불확실성링크.csv")
```

이제 불러온 연습데이터에서 x변수에 들어 있는 정보 가운데 "news" 단어가 들어가 있는 정보만 별도로 추출하도록 하자. 추출 후 데이터프레임 파일로 전환시키자. 여기서 value=T 옵션은 패턴에 해당되는 값을 직접 추출(색인을 하지 않아도 자동으로 값 출력)한다.

명령어

```
> uncertainty_y <-c(grep("news", uncertainty$x, value=T))
> uncertainty_y <-as.data.frame(uncertainty_y)
```

```
> uncertainty_y <-c(grep("news", uncertainty$x, value=T))
> uncertainty_y <-as.data.frame(uncertainty_y)
```

[처리결과화면]

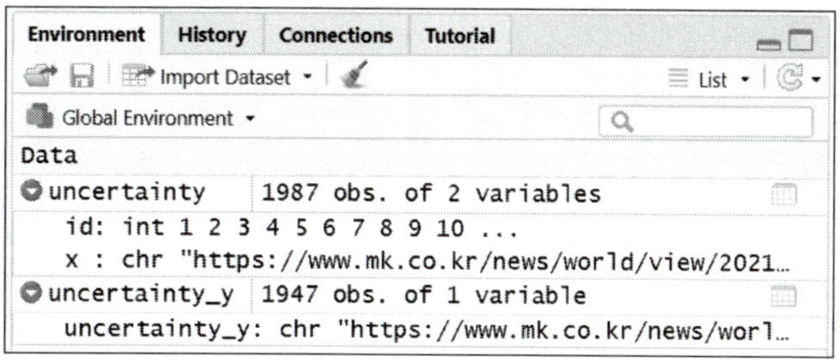

[처리결과화면: uncertainty]

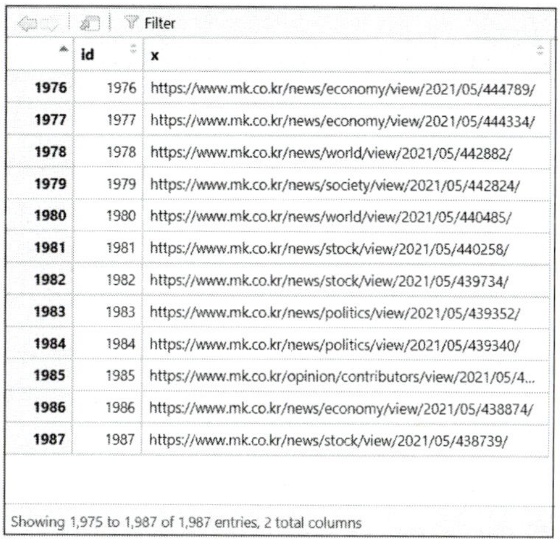

	id	x
1976	1976	https://www.mk.co.kr/news/economy/view/2021/05/444789/
1977	1977	https://www.mk.co.kr/news/economy/view/2021/05/444334/
1978	1978	https://www.mk.co.kr/news/world/view/2021/05/442882/
1979	1979	https://www.mk.co.kr/news/society/view/2021/05/442824/
1980	1980	https://www.mk.co.kr/news/world/view/2021/05/440485/
1981	1981	https://www.mk.co.kr/news/stock/view/2021/05/440258/
1982	1982	https://www.mk.co.kr/news/stock/view/2021/05/439734/
1983	1983	https://www.mk.co.kr/news/politics/view/2021/05/439352/
1984	1984	https://www.mk.co.kr/news/politics/view/2021/05/439340/
1985	1985	https://www.mk.co.kr/opinion/contributors/view/2021/05/4...
1986	1986	https://www.mk.co.kr/news/economy/view/2021/05/438874/
1987	1987	https://www.mk.co.kr/news/stock/view/2021/05/438739/

Showing 1,975 to 1,987 of 1,987 entries, 2 total columns

[처리결과화면: uncertainty_y]

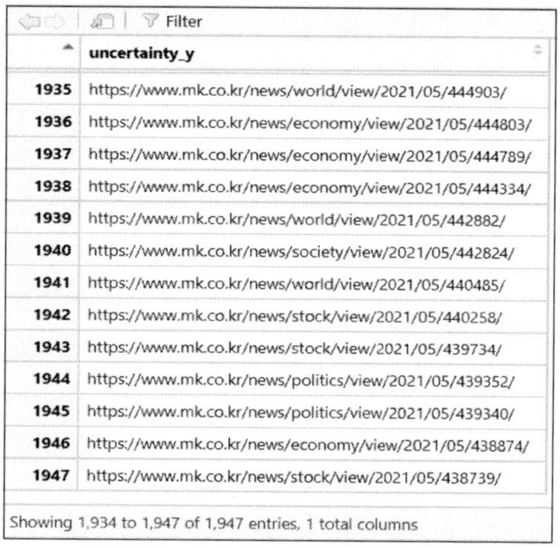

	uncertainty_y
1935	https://www.mk.co.kr/news/world/view/2021/05/444903/
1936	https://www.mk.co.kr/news/economy/view/2021/05/444803/
1937	https://www.mk.co.kr/news/economy/view/2021/05/444789/
1938	https://www.mk.co.kr/news/economy/view/2021/05/444334/
1939	https://www.mk.co.kr/news/world/view/2021/05/442882/
1940	https://www.mk.co.kr/news/society/view/2021/05/442824/
1941	https://www.mk.co.kr/news/world/view/2021/05/440485/
1942	https://www.mk.co.kr/news/stock/view/2021/05/440258/
1943	https://www.mk.co.kr/news/stock/view/2021/05/439734/
1944	https://www.mk.co.kr/news/politics/view/2021/05/439352/
1945	https://www.mk.co.kr/news/politics/view/2021/05/439340/
1946	https://www.mk.co.kr/news/economy/view/2021/05/438874/
1947	https://www.mk.co.kr/news/stock/view/2021/05/438739/

Showing 1,934 to 1,947 of 1,947 entries, 1 total columns

해석

처리결과 화면을 살펴보면, 본 파일은 1987개 관측치였던 것이, news가 들어간 텍스트만 추출한 결과 1947개 관측치로 감소하였음을 알 수 있다.

이번에는 추가로 "economy"가 들어간 텍스트만 추출하도록 명령어를 작성해보자.

명령어

```
> uncertainty_y <-c(grep("economy", uncertainty$x, value=T))
> uncertainty_y <-as.data.frame(uncertainty_y)
```

```
> uncertainty_y <-c(grep("economy", uncertainty$x, value=T))
> uncertainty_y <-as.data.frame(uncertainty_y)
```

[처리결과화면]

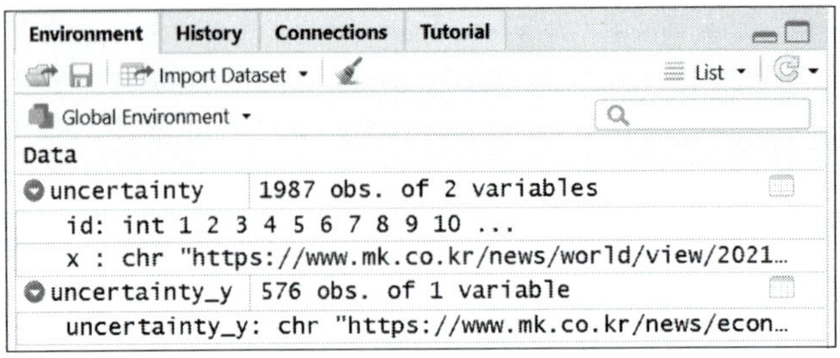

해석

처리결과 화면을 살펴보면, 576개 관측치로 감소한 것을 알 수 있다.

② 문자열 형식을 지정하고 일치하는 문자열만 추출: regexpr( ), regmatches( )

문자열 형식을 지정해주고, 일치하는 문자열만 추출하라는 명령어를 연습해보자. 실습데이터(매경불확실성텍스트.csv)를 우선 불러오자.

※표현 양식※

수집한 자료에서 특정 문자열로 이메일 주소를 정리할 때 필요한 양식 표현들을 연습해보자.

① 이메일 주소를 표시할 때(osyang30@gmail.com 양식)

```
[a-zA-Z0-9]+[@].+[.][a-zA-Z0-9]+
```

+ 기호는 '여러 개'의 의미
. 기호는 '아무거나'의 의미
[a-zA-Z0-9] 기호는 공백이나 / 등을 포함하지 않는 '모든 알파벳과 숫자'의 의미

② 이메일 주소를 표시할 때(osyang45@kangwon.ac.kr 양식)

```
[a-zA-Z0-9]+[@].+[.][[a-zA-Z0-9]+|[a-zA-Z0-9]+[.][a-zA-Z0-9]+]
```

+ 기호는 '여러 개'의 의미
. 기호는 '아무거나'의 의미
[a-zA-Z0-9] 기호는 공백이나 / 등을 포함하지 않는 '모든 알파벳과 숫자'의 의미
| 기호는 'or'의 의미

③ 이메일 주소를 표시할 때(osyang_45@kangwon.ac.kr 양식)

```
[-_.+a-zA-Z0-9]+[@].+[.][[a-zA-Z0-9]+|[a-zA-Z0-9]+[.][a-zA-Z0-9]+]
```

④ 날짜를 표시할 때(2021.08.22 양식)

```
[0-9]+[.][0-9]+[.][0-9]+
```

+ 기호는 '여러 개'의 의미

. 기호는 '아무거나'의 의미

[0-9] 기호는 공백이나 / 등을 포함하지 않는 '모든 숫자'의 의미

명령어

```
> setwd("C:/Users/media")
> uncertainty <- read.csv("매경불확실성텍스트.csv")
```

```
> setwd("C:/Users/media")
> uncertainty <- read.csv("매경불확실성텍스트.csv")
```

[처리결과화면]

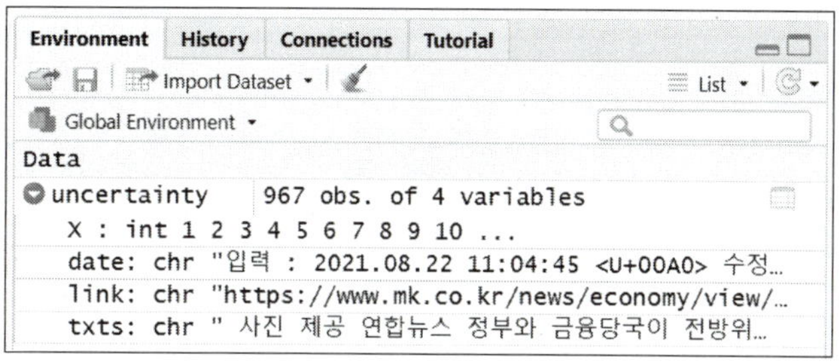

여기서 날짜 정보를 원하는 양식으로 추출해보도록 하자. 원하는 날짜 양식은 "2021.08.22"이다. 이 양식은 다음과 같은 정규식으로 표현된다: [0-9]+[.][0-9]+[.][0-9]+

우선 현재 날짜 정보 양식 현황을 열람해보자.

명령어

```
> uncertainty$date
```

```
> uncertainty$date
  [1] "입력 : 2021.08.22 11:04:45 <U+00A0> 수정 : 2021.08.22 14:14:11"
  [2] "입력 : 2021.08.22 09:59:17"
  [3] "입력 : 2021.08.22 09:27:12"
  [4] "입력 : 2021.08.22 07:00:00"
  [5] "입력 : 2021.08.22 06:15:02"
  [6] "입력 : 2021.08.22 06:01:02"
  [7] "입력 : 2021.08.21 15:47:07 <U+00A0> 수정 : 2021.08.21 16:12:41"
[8] "입력 : 2021.08.21 15:15:58 <U+00A0> 수정 : 2021.08.21 16:53:14"
(중간생략)
```

```
[964] "입력 : 2021.05.07 10:03:11"
[965] "입력 : 2021.05.07 09:18:37"
[966] "입력 : 2021.05.07 06:01:05 <U+00A0> 수정 : 2021.05.07 08:00:12"
[967] "입력 : 2021.05.07 06:01:03 <U+00A0> 수정 : 2021.05.07 09:28:13"
```

명령어

```
> uncertainty$date <- regmatches(uncertainty$date, regexpr("([0-9]+[.][0-9]+[.][0-9]+)", uncertainty$date))
```

```
> uncertainty$date <- regmatches(uncertainty$date, regexpr("([0-9]+[.][0-9]+[.][0-9]+)", uncertainty$date))
```

[처리결과화면]

Filter

	X	date	link	txts
1	1	2021.08.22	https://www.mk.co.kr/news/economy/view/2021/08/809672/	사진 제공 연합뉴스 정부와 금융당국이 전방위로 금융권에...
2	2	2021.08.22	https://www.mk.co.kr/news/society/view/2021/08/809562/	연합뉴스 자료사진 여기를 누르시면 크게 보실 수 있습니...
3	3	2021.08.22	https://www.mk.co.kr/news/world/view/2021/08/809525/	브라질 대통령 대법관 탄핵 요구 헌정사상 처음 여기를 누...
4	4	2021.08.22	https://www.mk.co.kr/news/stock/view/2021/08/809386/	이번 주 23 27일 뉴욕증시는 잭슨홀 심포지엄을 앞두고 조...
5	5	2021.08.22	https://www.mk.co.kr/news/economy/view/2021/08/809367/	한국은행 기준금리 PG 여기를 누르시면 크게 보실 수 있습...
6	6	2021.08.22	https://www.mk.co.kr/news/business/view/2021/08/809352/	합천 충주 보령댐 수상 태양광 여기를 누르시면 크게 보실 ...
7	7	2021.08.21	https://www.mk.co.kr/news/home/view/2021/08/809004/	사진 매경 DB 국내 코로나19 백신 1차 접종률이 21일 50 ...
8	8	2021.08.21	https://www.mk.co.kr/news/it/view/2021/08/808953/	백신 접종 증명서 받는 시민들 여기를 누르시면 크게 보실 ...
9	9	2021.08.21	https://www.mk.co.kr/news/it/view/2021/08/808511/	백신 접종 증명서 받는 시민들 여기를 누르시면 크게 보실 ...
10	10	2021.08.21	https://www.mk.co.kr/news/sports/view/2021/08/808462/	AFC 챔피언스리그 우승 트로피 여기를 누르시면 크게 보실 ...
11	11	2021.08.21	https://www.mk.co.kr/news/politics/view/2021/08/808352/	아프간 대통령 책상 차지한 탈레반 지도자 군의 기강과 싸우...

Showing 1 to 12 of 967 entries, 4 total columns

해석

처리결과 화면을 살펴보면, 날짜 정보가 지정한 양식인 2021.08.22 방식으로 깔끔하게 정리되어 저장되어 있음을 볼 수 있다.

이제 원하는 양식으로 추출한 날짜 정보를 새로 지정하여 데이터프레임으로 변환하고 최종 결과물을 열람해보자. 여기서 새로 지정할 날짜 정보 양식은 2021-08-22 방식이다.

명령어

```
> uncertainty$date <- as.Date(as.character(uncertainty$date), format="%Y.%m.%d") #날짜정보를 날짜로 인식시키기
```

```
> uncertainty$date <- as.Date(as.character(uncertainty$date), format="%
```

```
Y.%m.%d") #날짜정보를 날짜로 인식시키기
```

[처리결과화면]

	X	date	link	txts
1	1	2021-08-22	https://www.mk.co.kr/news/economy/view/2021/08/809672/	사진 제공 연합뉴스 정부와 금융당국이 전방위로 금융권에...
2	2	2021-08-22	https://www.mk.co.kr/news/society/view/2021/08/809562/	연합뉴스 자료사진 여기를 누르시면 크게 보실 수 있습니...
3	3	2021-08-22	https://www.mk.co.kr/news/world/view/2021/08/809525/	브라질 대통령 대법관 탄핵 요구 헌정사상 처음 여기를 누...
4	4	2021-08-22	https://www.mk.co.kr/news/stock/view/2021/08/809386/	이번 주 23 27일 뉴욕증시는 잭슨홀 심포지엄을 앞두고 조...
5	5	2021-08-22	https://www.mk.co.kr/news/economy/view/2021/08/809367/	한국은행 기준금리 PG 여기를 누르시면 크게 보실 수 있습...
6	6	2021-08-22	https://www.mk.co.kr/news/business/view/2021/08/809352/	합천 충주 보령댐 수상 태양광 여기를 누르시면 크게 보실 ...
7	7	2021-08-21	https://www.mk.co.kr/news/home/view/2021/08/809004/	사진 매경 DB 국내 코로나19 백신 1차 접종률이 21일 50 ...
8	8	2021-08-21	https://www.mk.co.kr/news/it/view/2021/08/808953/	백신 접종 증명서 받는 시민들 여기를 누르시면 크게 보실 ...
9	9	2021-08-21	https://www.mk.co.kr/news/it/view/2021/08/808511/	백신 접종 증명서 받는 시민들 여기를 누르시면 크게 보실 ...
10	10	2021-08-21	https://www.mk.co.kr/news/sports/view/2021/08/808462/	AFC 챔피언스리그 우승 트로피 여기를 누르시면 크게 보실 ...
11	11	2021-08-21	https://www.mk.co.kr/news/politics/view/2021/08/808352/	아프간 대통령 책상 차지한 탈레반 지도자 군의 기강과 싸우...

Showing 1 to 10 of 967 entries, 4 total columns

해석

처리결과 화면을 살펴보면, 날짜 정보가 2021-08-22 양식으로 변환되어 저장되어 있음을 볼 수 있다.

2. 기초 시각화: 빅데이터

[빅데이터 분석 보고서 사례]

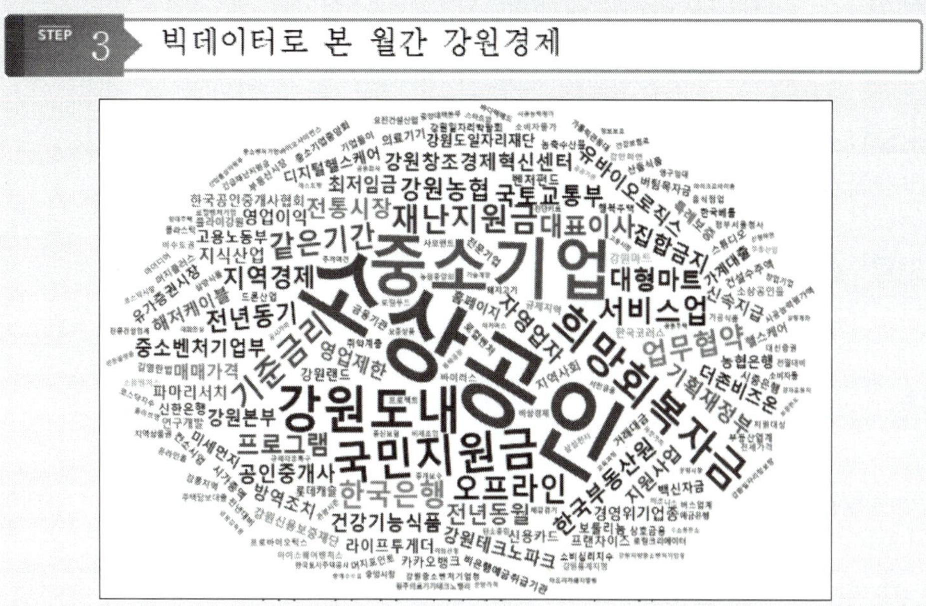

〈강원일보+강원도민일보 경제면 통합 crawling, 워드클라우드〉

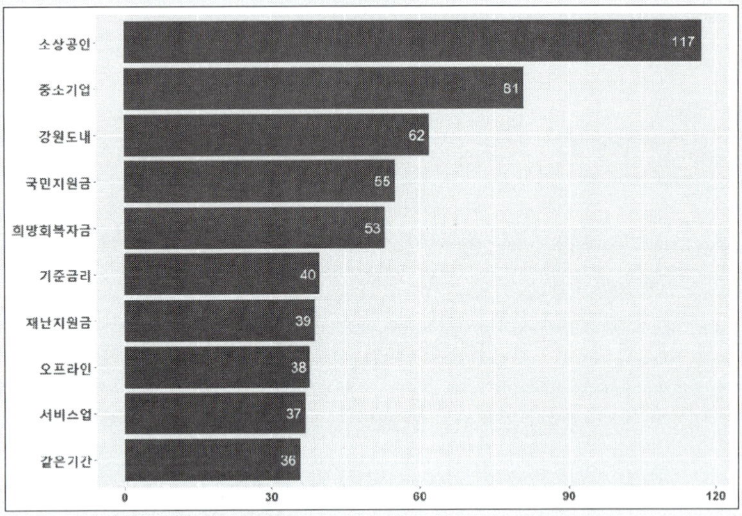

〈강원일보+강원도민일보 경제면 통합 crawling, 단어 사용 빈도수〉

1) 낱말구름: 워드 클라우드(기초)

① 기초 작업: 패키지 설치

필요한 패키지를 설치하고 불러오자.

명령어

```
> install.packages("패키지명")
> library("패키지명")

> install.packages("NLP")
> install.packages("tm")
> install.packages("SnowballC")
> install.packages("RColorBrewer")
> install.packages("wordcloud")
> library("NLP")
> library("tm")
> library("SnowballC")
> library("RColorBrewer")
> library("wordcloud")
```

```
> install.packages("wordcloud")
Installing package into 'C:/Users/User/Documents/R/win-library/3.5'
```

```
(as 'lib' is unspecified)
trying URL 'https://cran.rstudio.com/bin/windows/contrib/3.5/wordcloud_
2.6.zip'
Content type 'application/zip' length 596357 bytes (582 KB)
downloaded 582 KB

package 'wordcloud' successfully unpacked and MD5 sums checked

The downloaded binary packages are in
        C:\Users\User\AppData\Local\Temp\RtmpSq9cSb\downloaded_packages
> install.packages("SnowballC")
Installing package into 'C:/Users/User/Documents/R/win-library/3.5'
(as 'lib' is unspecified)
trying URL 'https://cran.rstudio.com/bin/windows/contrib/3.5/SnowballC_
0.5.1.zip'
Content type 'application/zip' length 3082565 bytes (2.9 MB)
downloaded 2.9 MB

package 'SnowballC' successfully unpacked and MD5 sums checked

The downloaded binary packages are in
        C:\Users\User\AppData\Local\Temp\RtmpSq9cSb\downloaded_packages

> library("NLP")
Warning message:
패키지 'NLP'는 R 버전 3.5.1에서 작성되었습니다
> library("tm")
Warning message:
패키지 'tm'는 R 버전 3.5.1에서 작성되었습니다
> library("RColorBrewer")
> library("SnowballC")
Error in library("SnowballC") :
  'SnowballC'이라고 불리는 패키지가 없습니다
> library("wordcloud")
Warning message:
패키지 'wordcloud'는 R 버전 3.5.1에서 작성되었습니다
> library("SnowballC")
```

이렇게 패키지 설치가 끝나면, 작업할 파일을 불러와 텍스트로 전환하는 작업으로 넘어간다. 여기서는 file.choose() 함수를 사용해서 직접 kangblockchain1.txt를 불러와 파일명 text로 저장해보자. 다음에는 단어들을 vector로 바꾼 뒤(VectorSource( ) 함수) 한 덩어리로 뭉치는 Corpus( ) 작업을 실시하고, 이를 docs 파일명으로 저장하자. 이렇게 일련의 작업이 끝나면 최종적으로 데이터 작업이 잘 되었는지 내용을 확인해보자(inspect( ) 함수).

명령어	기능	비고
readLines( )	파일명을 txt로 바꾸기	
Corpus	단어들을 뭉태기로 만들기	
VectorSource( )	단어들을 vector로 바꾸기	
tm_map( )	텍스트 데이터 정제	
PlainTextDocument	Text 문서로 변경	tm_map()의 파라미터
inspect( )	데이터(연설 내용) 확인	

명령어

```
> text<-readLines(file.choose()) #파일선택할 수 있는 명령어
> docs<-Corpus(VectorSource(text))
> inspect(docs)
```

```
> text<-readLines(file.choose()) #파일선택할 수 있는 명령어
> docs<-Corpus(VectorSource(text))
> inspect(docs)
[2]
[3]
[4]
[5] 2019-2-7 (목)?8면?-?신하림 기자
중간생략
[917] 강릉원주대 박사과정을 졸업한 조일성씨는 기상컨설팅, 예보 시스템 개발 전문기업인
`가람빛솔루션'을 지난 3월 창업했다. 가람빛솔루션의 비즈니스 모델은 간단하다. 기상청의
`날씨 공공데이터'를 받아, 동해안 관광객들에게 유용한 기상정보를 제공하는 것이다. 조씨
는 "행정구역 단위별로 제공되는 기상정보를 더 세분화시켜 동해안 해수욕장별, 관광명소별
로 제공하는 서비스를 개발 중"이라고 말했다.
중간생략
[1000]
[ reached getOption("max.print") -- omitted 1304 entries ]
```

[처리결과화면]

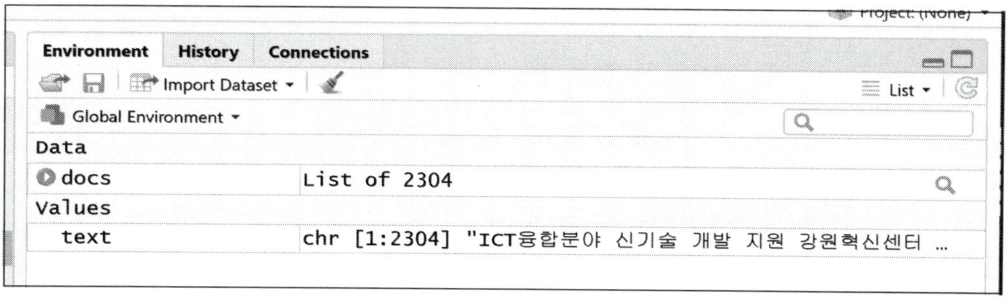

다음에는 텍스트 내용 중에 불필요한 것들을 제거하는 작업이 필요하다(저장할 파일명은 toSpace). 즉 단어가 아닌 내용들(특수문자, 마침표, stopwords, 정관사, 과거형, 진행형, 숫자,)을 제거해야 한다. Stopwords란 i.e., etc. 등을 의미한다. 또한 대문자를 소문자로 바꾸는 작업도 필요하다.

명령어	기능	비고(사례)
<-content_transformer( )	내용	
gsub( )	특정 조건에 맞는 글자 추출	
<-tm_map( )	지정하는 특수 문자 제거	
removePunctuation	마침표 제거	
removeWords	단어 제거	
stopwords('english')	영어 문장에 들어가는 i.e., etc. 같은 표현 제거	*영어 i.e., etc. 같은 문자를 제거해라* >파일명 <-tm_map(파일명, removeWords, stopwords('english')
removeNumbers	번호(숫자) 제거	
contents_transformer(tolower)	대문자를 소문자로 바꾸기	
<-c('the', 'this', stopwords('english')	영어에서 the, this 제거하기	>excludes <- c('the', 'this', stopwords('english') >jeopCorpus <-tm_map(jeopCorpus, removeWords, excludes)
stripWhitespace	두개 이상의 공백을 하나의 공백으로 변환	> docs <- tm_map(docs, stripWhitespace)
stemDocument	'ed', 'ing' 같은 과거형, 진행형 등을 제거	>jeopCorpus <-tm_map(jeopCorpus, stemDocument)

명령어	기능	비고(사례)
wordcloud( ) 안의 옵션		
max.words=100	최대 100개의 단어를 선택	
min.freq=5	최소 5번 이상 나온 단어	
random.order=FALSE	제일 많이 나온 단어가 먼저 나오도록 지정	많이 나온 단어가 문제가 안된다면 TRUE로 지정하면 됨
rot.per=0.1	세로로 나오는 단어의 비율	
colors=brewer.pal(8, "Dark2")	빈도에 따라 다른 색이 나오게	지정 안하면 검은색 글자만 나옴

명령어

```
> toSpace <- content_transformer(function (x , pattern ) gsub(pattern, " ", x))
> docs <- tm_map(docs, toSpace, "/")
> docs <- tm_map(docs, toSpace, "@")
> docs <- tm_map(docs, toSpace, "\\|")
> docs <- tm_map(docs, content_transformer(tolower))
> docs <- tm_map(docs, removeNumbers)
> docs <- tm_map(docs, removeWords, stopwords("english"))
> docs <- tm_map(docs, removePunctuation)
> docs <- tm_map(docs, stripWhitespace)
> docs <- tm_map(docs, stemDocument)
```

```
> toSpace <- content_transformer(function (x , pattern ) gsub(pattern, "
", x))
> docs <- tm_map(docs, toSpace, "/")
Warning message:
In tm_map.SimpleCorpus(docs, toSpace, "/") : transformation drops documents
> docs <- tm_map(docs, toSpace, "@")
Warning message:
In tm_map.SimpleCorpus(docs, toSpace, "@") : transformation drops documents
> docs <- tm_map(docs, toSpace, "₩₩|")
Warning message:
In tm_map.SimpleCorpus(docs, toSpace, "₩₩|") :
  transformation drops documents
> docs <- tm_map(docs, content_transformer(tolower))
Warning message:
In tm_map.SimpleCorpus(docs, content_transformer(tolower)) :
  transformation drops documents
```

```
> docs <- tm_map(docs, removeNumbers)
Warning message:
In tm_map.SimpleCorpus(docs, removeNumbers) :
  transformation drops documents
> docs <- tm_map(docs, removeWords, stopwords("english"))
Warning message:
In tm_map.SimpleCorpus(docs, removeWords, stopwords("english")) :
  transformation drops documents
> docs <- tm_map(docs, removePunctuation)
Warning message:
In tm_map.SimpleCorpus(docs, removePunctuation) :
  transformation drops documents
> docs <- tm_map(docs, stripWhitespace)
Warning message:
In tm_map.SimpleCorpus(docs, stripWhitespace) :
  transformation drops documents
> docs <- tm_map(docs, stemDocument)
Warning message:
In tm_map.SimpleCorpus(docs, stemDocument) : transformation drops documents
```

주: ~~₩₩~~는 "\\"가 워드에서 표기된 것임

② 추가 옵션: 단어 목록

이제 추가 옵션을 작업해 보자. Term-Document 매트릭스를 만들려고 한다. 이 매트릭스는 상위 10개 단어와 그 단어가 몇 번 나왔는지 간단한 표를 생성해 준다.

[추가 옵션]

명령어	기능	비고(사례)
<-TermDoculmentMatrix( )		
<-as.matrix( )		
<-sort(rowSums(　　　　), decreasing=TRUE)		
<-data.frame( )		
names( )		
head( )		
findFreqTerms(, lowfreq=n)	최소 n번 나온 단어들 목록을 생성	

명령어	기능	비고(사례)
findAssocs(, terms="특정단어", corlimit=상관관계 최소값)	특정단어와 함께 나온 빈도를 지정	
Barplot( )	자주 나온 단어 목록을 뽑아서 그래프로 표현	상위 10개 단어가 몇 번 등장했는지를 보여주는 그래프를 도출. 〉Barplot(d[1:10,]$freq, las=2, names.arg=d[1:10,]$word, col="lightblue", main="Most Frequent Words", ylab="Word Frequencies")
savePlot( )	결과를 그림 파일로 저장	결과를 그림화일로 저장하되, 파일명은 martinking, 유형은 png파일로 저장. savePlot("martinking.png",type="png")

여기서 주의할 점은 TermDocumentMatrix 함수는 Corpus 형태로 전환한 데이터만을 수용한다는 사실이다. 따라서 다른 추가 조치를 취한 경우 반드시 Corpus로 최종 다시 전환해서 TermDocumentMatrix 함수를 취해야 한다.

명령어

```
> dtm <- TermDocumentMatrix(docs)
> m <- as.matrix(dtm)
> v <- sort(rowSums(m), decreasing=TRUE)
> d <- data.frame(word = names(v), freq=v)
> head(d, 10)
```

```
> dtm <- TermDocumentMatrix(docs) #작동 안함 - Error in UseMethod("TermDocumentMatrix", x) : no applicable method for 'TermDocumentMatrix' applied to an object of class "character"
> m <- as.matrix(dtm)
> v <- sort(rowSums(m),decreasing=TRUE)
> d <- data.frame(word = names(v),freq=v)
> head(d, 10)
          word    freq
수          수     80
있다      있다     77
등          등     61
일          일     56
```

```
블록체인  블록체인           54
있는          있는           45
통해          통해           39
위한          위한           35
대한          대한           34
및              및           33
```

해석

처리결과 화면을 보면, 상위 10개 단어와 그 단어가 몇 번 나왔는지 빈도수가 간단하게 나타나 있다.

#제공 색상타입 모두 보기#

명령어

```
> library(RColorBrewer)
> windows()
> display.brewer.all()
```

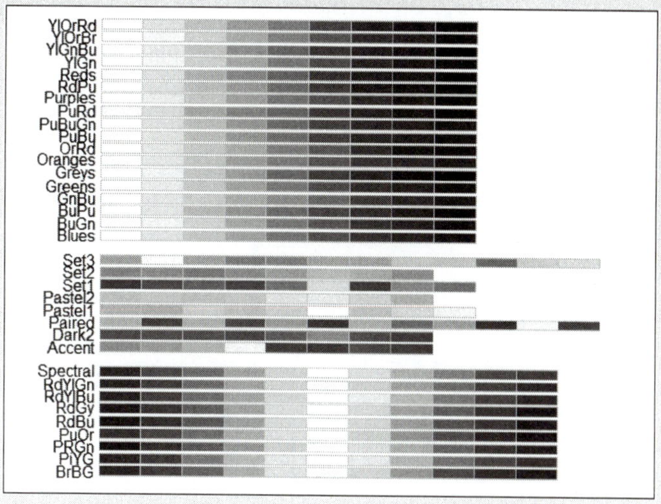

③ 시각화: **wordcloud( )**

이제 마지막으로 완성된 데이터 작업을 wordcloud( ) 함수를 사용하여 그림으로 표현해 보자. 최대 200개 단어를 고르고(max.words=200), 최소 1번 이상 나온 단어로 (min.freq=1), 제일 많이 나온 단어가 먼저 나오게 지정하고(random.order=FALSE), 세로로 나오는 단어 비율을 35%로 하고(rot.per=0.35), 단어 색깔을 빈도수에 따라 다르게 나타나도록(colors=brewer.pal(8, “Dark2”)) 옵션을 설정하자.

명령어

```
> set.seed(1234)
> win.graph()
> wordcloud(words = d$word, freq = d$freq, min.freq = 1,
+           max.words=200, random.order=FALSE, rot.per=0.35,
+           colors=brewer.pal(8, "Dark2"))
```

```
> set.seed(1234)
> wordcloud(words = d$word, freq = d$freq, min.freq = 1,
+           max.words=200, random.order=FALSE, rot.per=0.35,
+           colors=brewer.pal(8, "Dark2"))
```

[처리결과화면]

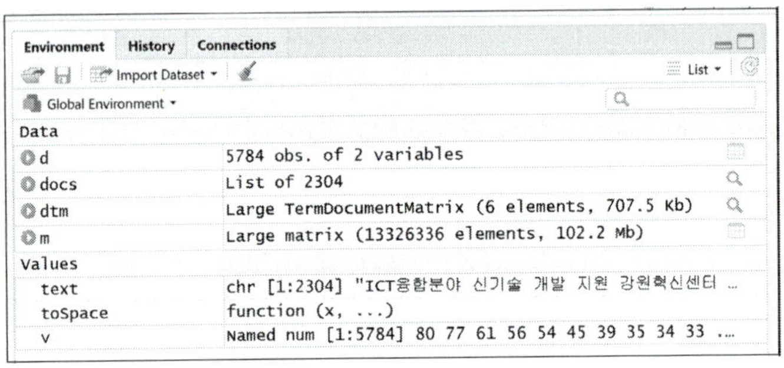

Data	
d	5784 obs. of 2 variables
docs	List of 2304
dtm	Large TermDocumentMatrix (6 elements, 707.5 Kb)
m	Large matrix (13326336 elements, 102.2 Mb)
Values	
text	chr [1:2304] "ICT융합분야 신기술 개발 지원 강원혁신센터 ...
toSpace	function (x, ...)
v	Named num [1:5784] 80 77 61 56 54 45 39 35 34 33 ...

[처리결과화면]

이제 완성된 wordcloud를 저장해보자. 간단히 win.graph( ) 화면에서 저장할 수도 있고, 명령어를 통해 저장할 수도 있다. 명령어로 저장하는 방식은 다음 두 가지이다. 첫번째 방식에서는 저장할 그림이 작업디렉토리 속에 있는 또 다른 폴더에 저장이 되고 이를 찾기가 쉽지 않다. 반면 두번째 방식에서는 작업디렉토리에서 찾기 쉽도록 작업자가 디렉토리를 지정해주는 방식이다(당연히 작업디렉토리명은 연구자 컴퓨터마다 다르다). 여기서는 png 확장자로 하되, 그림 파일명은 martinking.png로 한다.

명령어

```
> savePlot("blockchain1.png", type="png") 또는
> savePlot("C:/Users/User/blockchain1.png", type="png")
```

```
> savePlot("blockchain1.png", type="png")
> savePlot("C:/Users/User/blockchain1.png", type="png")
```

④ 한글 폰트 조정

추가적으로 한글 폰트를 바꿔보자. 우선 한글폰트를 설치하는 명령어를 작성하도록 하자. 여기서는 폰트 뭉치를 설치한 후 나눔고딕(NanumGothic)을 불러오는 연습을 해보자. Import를 하겠느냐는 질문이 나오면 y를 타이핑하면 된다.

명령어

```
> install.packages("extrafont")
> library(extrafont)
> library(extrafontdb)
> font_import(pattern="NanumGothic")
```

```
> install.packages("extrafont")
Installing package into ‘C:/Users/OSYang/Documents/R/win-library/3.5’
(as ‘lib’ is unspecified)
also installing the dependencies ‘extrafontdb’, ‘Rttf2pt1’

trying URL 'https://cran.rstudio.com/bin/windows/contrib/3.5/extrafontdb
_1.0.zip'
Content type 'application/zip' length 10261 bytes (10 KB)
```

```
downloaded 10 KB

trying URL 'https://cran.rstudio.com/bin/windows/contrib/3.5/Rttf2pt1_1.
3.7.zip'
Content type 'application/zip' length 117470 bytes (114 KB)
downloaded 114 KB

trying URL 'https://cran.rstudio.com/bin/windows/contrib/3.5/extrafont_
0.17.zip'
Content type 'application/zip' length 51510 bytes (50 KB)
downloaded 50 KB

package ‘extrafontdb’ successfully unpacked and MD5 sums checked
package ‘Rttf2pt1’ successfully unpacked and MD5 sums checked
package ‘extrafont’ successfully unpacked and MD5 sums checked

The downloaded binary packages are in
     C:₩Users₩OSYang₩AppData₩Local₩Temp₩RtmpQ3GutJ₩downloaded_pack
ages
> library(extrafont)
Registering fonts with R
Warning message:
패키지 ‘extrafont’는 R 버전 3.5.2에서 작성되었습니다
> library(extrafontdb)
Warning message:
패키지 ‘extrafontdb’는 R 버전 3.5.2에서 작성되었습니다
> font_import(pattern="NanumGothic")
Importing fonts may take a few minutes, depending on the number of fonts
and the speed of the system.
Continue? [y/n] y
Scanning ttf files in C:₩WINDOWS₩Fonts ...
Extracting .afm files from .ttf files...
Error in data.frame(fontfile = ttfiles, FontName = "", stringsAsFactors =
FALSE) :
  arguments imply differing number of rows: 0, 1
```

이제 불러온 나눔고딕체로 앞서 실행한 워드클라우드를 바꿔서 만들어 보자.

명령어

```
> wordcloud(words = d$word, freq = d$freq, min.freq = 1,
+           max.words=200, random.order=FALSE, rot.per=0.35,
+           colors=brewer.pal(8, "Dark2"), family="NanumGothic")
```


```
> wordcloud(words = d$word, freq = d$freq, min.freq = 1,
+           max.words=200, random.order=FALSE, rot.per=0.35,
+           colors=brewer.pal(8, "Dark2"), family="NanumGothic")
```


[처리결과화면]

⑤ 한글 폰트 확장

워드 클라우드 작업에서 family="글씨체" 옵션에 사용되는 글씨체는 다양하다. 추가적인 작업으로 font_import( ) 함수를 통해 글씨체를 추가하여 작업에 활용 할 수 있다. 모든 글씨체는 제어판 → 글꼴 폴더에 설치되어 있어야 한다. 필요한 패키지로 "extrafont"를 설치하고 라이브러리를 불러오자. 이후 font_import( )로 전체 폰트를 불러오자.

명령어

```
> install.packages("extrafont")
> library(extrafont)
> font_import()
```

```
> install.packages("extrafont")
> library(extrafont)
> font_import()
Importing fonts may take a few minutes, depending on the number of fonts
and the speed of the system.
Continue? [y/n] y
Scanning ttf files in C:\WINDOWS\Fonts ...
Extracting .afm files from .ttf files...
C:\Windows\Fonts\AGENCYB.TTF => C:/Users/osyan/Documents/R/win-library
/3.6/extrafontdb/metrics/AGENCYB
C:\Windows\Fonts\AGENCYR.TTF => C:/Users/osyan/Documents/R/win-library
/3.6/extrafontdb/metrics/AGENCYR
C:\Windows\Fonts\ALGER.TTF => C:/Users/osyan/Documents/R/win-library/
3.6/extrafontdb/metrics/ALGER
C:\Windows\Fonts\ANTQUAB.TTF => C:/Users/osyan/Documents/R/win-library
/3.6/extrafontdb/metrics/ANTQUAB
C:\Windows\Fonts\ANTQUABI.TTF => C:/Users/osyan/Documents/R/win-librar
y/3.6/extrafontdb/metrics/ANTQUABI
C:\Windows\Fonts\ANTQUAI.TTF => C:/Users/osyan/Documents/R/win-library
/3.6/extrafontdb/metrics/ANTQUAI
C:\Windows\Fonts\arial.ttf => C:/Users/osyan/Documents/R/win-library/
3.6/extrafontdb/metrics/arial
C:\Windows\Fonts\arialbd.ttf => C:/Users/osyan/Documents/R/win-library
/3.6/extrafontdb/metrics/arialbd
C:\Windows\Fonts\arialbi.ttf => C:/Users/osyan/Documents/R/win-library
/3.6/extrafontdb/metrics/arialbi
C:\Windows\Fonts\ariali.ttf => C:/Users/osyan/Documents/R/win-library/
3.6/extrafontdb/metrics/ariali
(중략)
C:\Windows\Fonts\VIVALDII.TTF => C:/Users/osyan/Documents/R/win-librar
y/3.6/extrafontdb/metrics/VIVALDII
C:\Windows\Fonts\VLADIMIR.TTF => C:/Users/osyan/Documents/R/win-librar
y/3.6/extrafontdb/metrics/VLADIMIR
C:\Windows\Fonts\webdings.ttf => C:/Users/osyan/Documents/R/win-librar
```

```
y/3.6/extrafontdb/metrics/webdings
C:\Windows\Fonts\wingding.ttf => C:/Users/osyan/Documents/R/win-librar
y/3.6/extrafontdb/metrics/wingding
C:\Windows\Fonts\WINGDNG2.TTF => C:/Users/osyan/Documents/R/win-librar
y/3.6/extrafontdb/metrics/WINGDNG2
C:\Windows\Fonts\WINGDNG3.TTF => C:/Users/osyan/Documents/R/win-librar
y/3.6/extrafontdb/metrics/WINGDNG3
Found FontName for 354 fonts.
Scanning afm files in C:/Users/osyan/Documents/R/win-library/3.6/extrafon
tdb/metrics
Writing font table in C:/Users/osyan/Documents/R/win-library/3.6/extrafon
tdb/fontmap/fonttable.csv
Writing Fontmap to C:/Users/osyan/Documents/R/win-library/3.6/extrafontdb
/fontmap/Fontmap...
경고메시지(들):
1: In system2(ttf2pt1, c(args, shQuote(ttfiles[i]), shQuote(tmpfiles[i])),  :
  명령 '"C:/Users/osyan/Documents/R/win-library/3.6/Rttf2pt1/exec/ttf2pt
1.exe" -a -G fAe "C:\Windows\Fonts\HANBatangExt.ttf" "C:\Users\osyan\A
ppData\Local\Temp\RtmpiYBvFz/fonts/HANBatangExt"'의 실행으로 상태 5가 되었
습니다
2: In system2(ttf2pt1, c(args, shQuote(ttfiles[i]), shQuote(tmpfiles[i])),  :
  명령 '"C:/Users/osyan/Documents/R/win-library/3.6/Rttf2pt1/exec/ttf2pt
1.exe" -a -G fAe "C:\Windows\Fonts\HANDotumExt.ttf" "C:\Users\osyan\Ap
pData\Local\Temp\RtmpiYBvFz/fonts/HANDotumExt"'의 실행으로 상태 5가 되었습
니다
```

해석

명령어를 실행한 처리 결과를 살펴보면, 총 354개 폰트가 발견되었다.

이어서 폰트를 등록하도록 하자.

명령어

```
> loadfonts(device="win")
```

```
> loadfonts(device="win")
Registering font with R using windowsFonts(): Agency FB
Registering font with R using windowsFonts(): Algerian
```

```
Registering font with R using windowsFonts(): Ami R
Registering font with R using windowsFonts(): Arial Black
(중략)
Registering font with R using windowsFonts(): Vladimir Script
Registering font with R using windowsFonts(): Webdings
Registering font with R using windowsFonts(): Wingdings
Registering font with R using windowsFonts(): Wingdings 2
Registering font with R using windowsFonts(): Wingdings 3
Registering font with R using windowsFonts(): Yet R
```

설치된 폰트를 확인해보자.

명령어

```
> fonttable()
```

```
> fonttable()
   package              afmfile                              fontfile
              FullName
1       NA       AGENCYB.afm.gz     C:₩₩₩Windows₩₩₩Fonts₩₩₩AGENCYB.TTF
          Agency FB Bold
2       NA       AGENCYR.afm.gz     C:₩₩₩Windows₩₩₩Fonts₩₩₩AGENCYR.TTF
             Agency FB
3       NA        ALGER.afm.gz       C:₩₩₩Windows₩₩₩Fonts₩₩₩ALGER.TTF
              Algerian
4       NA       HMKMAMI.afm.gz     C:₩₩₩Windows₩₩₩Fonts₩₩₩HMKMAMI.TTF
                 Ami R
5       NA        ariblk.afm.gz      C:₩₩₩Windows₩₩₩Fonts₩₩₩ariblk.ttf
           Arial Black
(중간생략)
96               Constantia        Constantia-BoldItalic  TRUE   TRUE
FALSE        NA
97               Constantia           Constantia-Italic FALSE   TRUE
FALSE        NA
98             Cooper Black                 CooperBlack FALSE  FALSE
FALSE        NA
99    Copperplate Gothic Bold     CopperplateGothic-Bold FALSE  FALSE
FALSE        NA
```

```
100   Copperplate Gothic Light      CopperplateGothic-Light FALSE  FALSE
FALSE         NA
 [ reached 'max' / getOption("max.print") -- omitted 254 rows ]
```

이제 사용하고자 하는 폰트를 등록하도록 하자.

명령어

```
> windowsFonts(malgun=windowsFont("맑은 고딕"))
> windowsFonts(headline=windowsFont("HY헤드라인M"))
> windowsFonts(baedal=windowsFont("배달의민족 연성"))
> windowsFonts(HUJingo=windowsFont("헤움진고딕"))
> windowsFonts(Pyunji=windowsFont("편지"))
```

```
> windowsFonts(malgun=windowsFont("맑은 고딕"))
> windowsFonts(headline=windowsFont("HY헤드라인M"))
> windowsFonts(baedal=windowsFont("배달의민족 연성"))
> windowsFonts(HUJingo=windowsFont("헤움진고딕"))
14건의 경고들이 발견되었습니다 (이를 확인하기 위해서는 warnings()를 이용하시길 바랍
니다).
> windowsFonts(Pyunji=windowsFont("편지"))
```

또는 원하는 폰트를 지정해서 불러 올 수도 있다. 여기서는 연습으로 HY목각파임B를 사용해보자. 물론 이 경우에도 윈도우폰트 등록(여기서는 Moggak로 등록해보자)을 먼저 하고 실행해야 워드클라우드 작업에서 제대로 작동한다. 과정에서 font_import(pattern="HY목각파임B")를 하면 문장이 나오고 여기서 옛스에 해당되는 y를 입력해주자.

명령어

```
> windowsFonts(Moggak=windowsFont("HY목각파임B"))
> font_import(pattern="HY목각파임B")
```

```
> windowsFonts(Moggak=windowsFont("HY목각파임B"))
> font_import(pattern="HY목각파임B")
Importing fonts may take a few minutes, depending on the number of fonts
and the speed of the system.
Continue? [y/n] y
```

```
Scanning ttf files in C:\WINDOWS\Fonts ...
Extracting .afm files from .ttf files...
Error in data.frame(fontfile = ttfiles, FontName = "", stringsAsFactors =
FALSE) :
  arguments imply differing number of rows: 0, 1
```

※글씨체 활용 시 주의할 점※

앞서 HY목각파임B를 등록하고 난 후 워드클라우드를 작업하면 바로 글씨체가 반영되어 작업이 제대로 이루어지지만, 등록을 하지 않고 임의로 글씨체를 지정하면 워드클라우드가 제대로 작동하지 않는다.

▣ 제대로 처리한 경우

```
> windowsFonts(Moggak=windowsFont("HY목각파임B"))
> font_import(pattern="HY목각파임B")
Importing fonts may take a few minutes, depending on the number of fonts and
the speed of the system.
Continue? [y/n] y
Scanning ttf files in C:\WINDOWS\Fonts ...
Extracting .afm files from .ttf files...
Error in data.frame(fontfile = ttfiles, FontName = "", stringsAsFactors = FALS
E) :
  arguments imply differing number of rows: 0, 1
> wordcloud(word.df$word, word.df$freq,
+           scale=c(5,0), min.freq=3, random.order=F,
+           rot.per=.1, colors=pal, family="Moggak")
```

▣ 제대로 처리하지 못한 경우

```
> font_import(pattern="HY목각파임B")
Importing fonts may take a few minutes, depending on the number of fonts and
the speed of the system.
Continue? [y/n] y
Scanning ttf files in C:\WINDOWS\Fonts ...
Extracting .afm files from .ttf files...
Error in data.frame(fontfile = ttfiles, FontName = "", stringsAsFactors = FALSE)
:
  arguments imply differing number of rows: 0, 1
> wordcloud(word.df$word, word.df$freq,
+           scale=c(5,0), min.freq=3, random.order=F,
+           rot.per=.1, colors=pal, family="HY목각파임B")
15건의 경고들이 발견되었습니다(이를 확인하기 위해서는 warnings()를 이용하시길 바랍니다).
```

[처리결과화면: 제대로 처리한 경우]

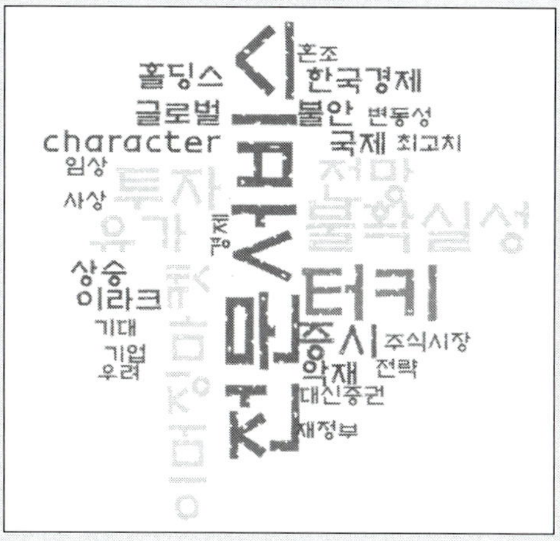

[처리결과화면: 제대로 처리 못한 경우]

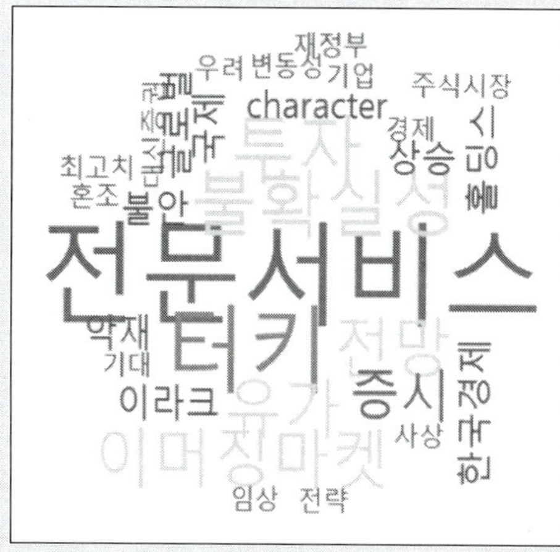

※글씨체 비교※

윈도우 폰트는 총 354개 폰트이다. 이 가운데 대표적인 몇 가지 폰트를 비교해 보자.

[처리결과화면: 헤드라인]

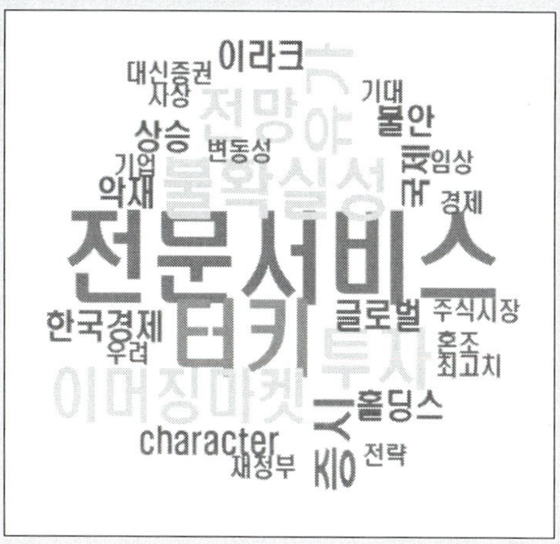

[처리결과화면: 맑은 고딕]

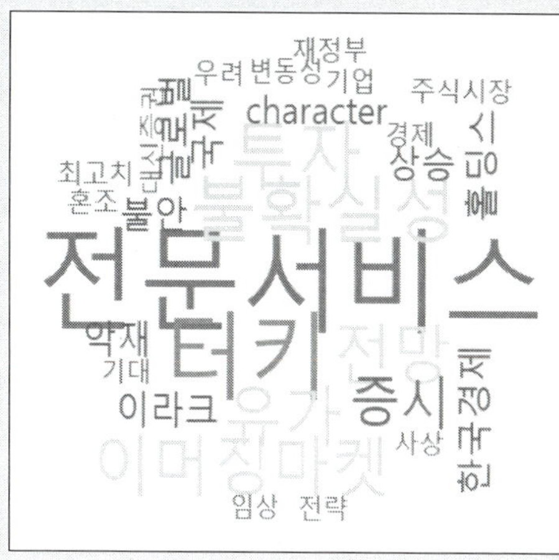

[처리결과화면: 배달의민족 연성]

[처리결과화면: 헤움진고딕]

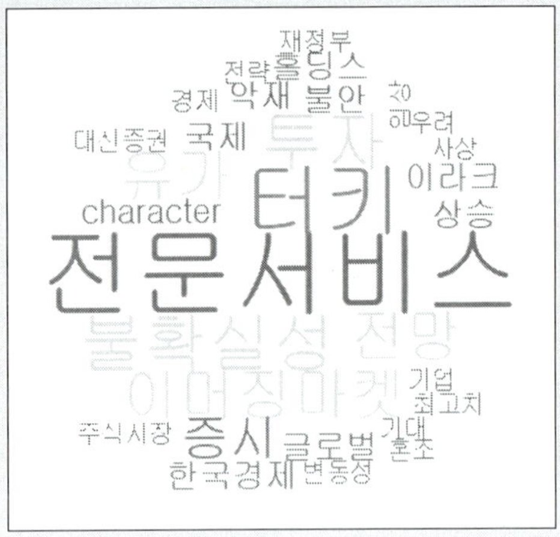

[처리결과화면: Britannic Bold]

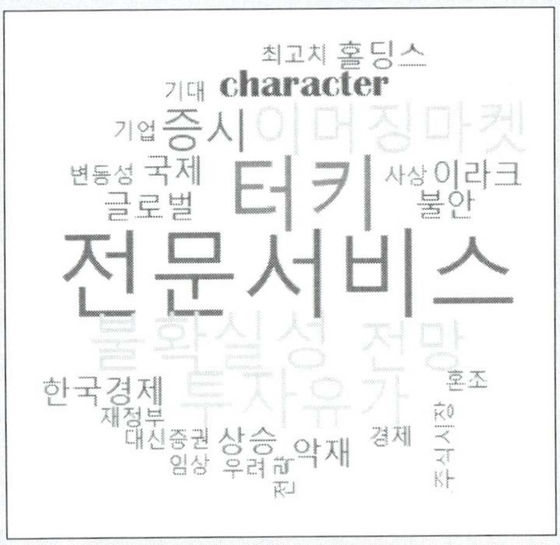

[처리결과화면: 목각파임]

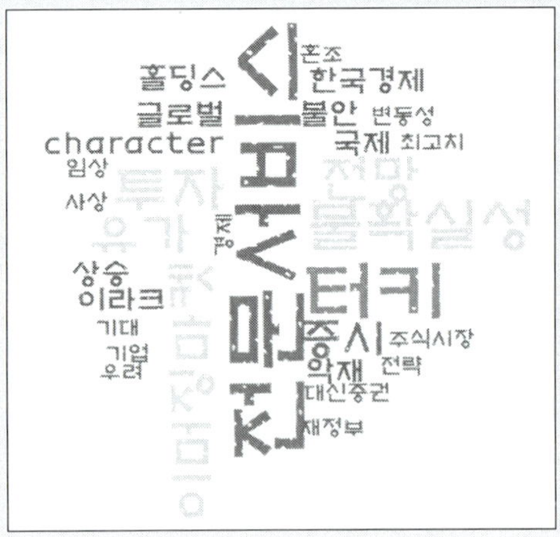

⑥ 단어 빈도

추가적으로 상위 10개 단어가 몇 번 등장하는지, 즉 빈도수를 보여주는 막대 그래프를 그려보자. 이 작업에는 barplot( ) 함수를 사용한다. 그래프 제목은 "Most Frequent Words"로 하고, Y축 이름은 "Word Frequencies"로 하자. 막대그래프 색깔은 lightblue로 한다.

명령어

```
> win.graph()
> barplot(d[1:10,]$freq, las=2, names.arg=d[1:10,]$word, col="lightblue", main="Most Frequent Words", ylab="Word Frequencies")
```

```
> win.graph()
> barplot(d[1:10,]$freq, las=2, names.arg=d[1:10,]$word, col="lightblue",
main="Most Frequent Words", ylab="Word Frequencies")
```

[처리결과화면]

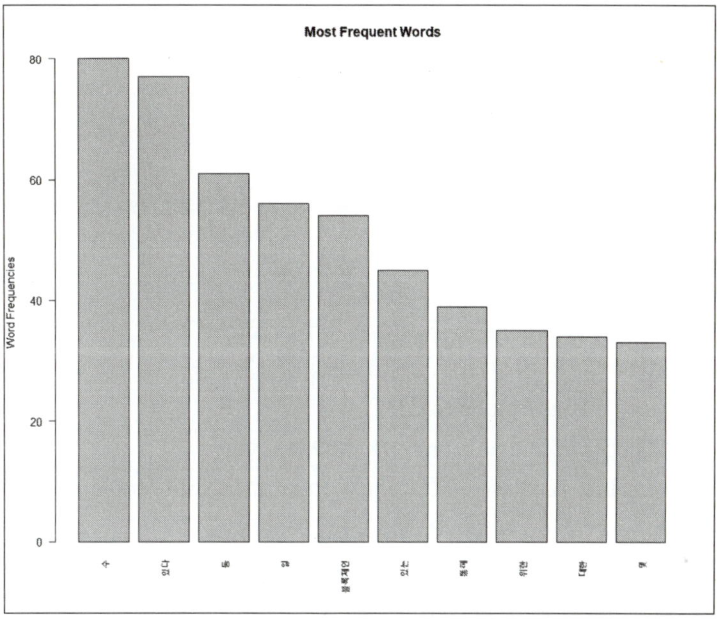

2) 낱말구름: 워드 클라우드(고급)

① 형태소 분석: 패키지 설치

이번에는 한글 데이터를 분석(형태소 분석)하기 위해 필요한 조치를 취해보도록 하자. 우선 KoNLP 패키지를 설치하도록 하자. 이 패키지는 꽤나 예민해서 순서를 잘 따라야 한다. 우선 github를 통해 패키지를 설치할 수 있도록 devtools 패키지를 먼저 설치하도록 한다.

명령어

```
> install.packages("devtools")
> library(devtools)
> install_github('haven-jeon/KoNLP')
> library(KoNLP)
```

```
> install.packages("devtools")
```

```
Installing package into 'C:/Users/OSYang/Documents/R/win-library/3.5'
(as 'lib' is unspecified)
trying URL 'https://cran.rstudio.com/bin/windows/contrib/3.5/devtools_2.
0.1.zip'
Content type 'application/zip' length 384530 bytes (375 KB)
downloaded 375 KB

package 'devtools' successfully unpacked and MD5 sums checked

The downloaded binary packages are in
    C:\Users\OSYang\AppData\Local\Temp\RtmpcxsQmx\downloaded_packages
> library(devtools)
Warning messages:
1: 패키지 'devtools'는 R 버전 3.5.2에서 작성되었습니다
2: 패키지 'usethis'는 R 버전 3.5.2에서 작성되었습니다
> install_github('haven-jeon/KoNLP')
Downloading GitHub repo haven-jeon/KoNLP@master
√  checking for file 'C:\Users\OSYang\AppData\Local\Temp\RtmpcxsQmx\remot
es356c4eee4014\haven-jeon-KoNLP-3897ef4/DESCRIPTION' ... OK
-  preparing 'KoNLP': (584ms)
√  checking DESCRIPTION meta-information ...
-  checking for LF line-endings in source and make files and shell scripts
(342ms)
-  checking for empty or unneeded directories
-  looking to see if a 'data/datalist' file should be added
-  building 'KoNLP_0.80.2.tar.gz'

Installing package into 'C:/Users/OSYang/Documents/R/win-library/3.5'
(as 'lib' is unspecified)
* installing *source* package 'KoNLP' ...
** R
** data
** inst
** byte-compile and prepare package for lazy loading
** help
*** installing help indices
  converting help for package 'KoNLP'
    finding HTML links ... 완료
    HangulAutomata                          html
```

```
    KtoS                                  html
    MorphAnalyzer                         html
    SimplePos09                           html
    SimplePos22                           html
    StoK                                  html
    backupUsrDic                          html
    buildDictionary                       html
    concordance_file                      html
    concordance_str                       html
    convertHangulStringToJamos            html
    convertHangulStringToKeyStrokes       html
    convertTag                            html
    editweights                           html
    extractNoun                           html
    get_dictionary                        html
    is.ascii                              html
    is.hangul                             html
    is.jaeum                              html
    is.jamo                               html
    is.moeum                              html
    mergeUserDic                          html
    mutualinformation                     html
    reloadAllDic                          html
    reloadUserDic                         html
    restoreUsrDic                         html
    scala_library_install                 html
    statDic                               html
    tags                                  html
    useNIADic                             html
    useSejongDic                          html
    useSystemDic                          html
** building package indices
** installing vignettes
** testing if installed package can be loaded
URL 'http://central.maven.org/maven2/org/scala-lang/scala-library/2.11.8
/scala-library-2.11.8.jar'을 시도합니다
Content type 'application/java-archive' length 5744974 bytes (5.5 MB)
==================================================
downloaded 5.5 MB
```

```
Successfully installed Scala runtime library in C:/Users/OSYang/Documents/
R/win-library/3.5/KoNLP/java/scala-library-2.11.8.jar
* DONE (KoNLP)
In R CMD INSTALL
> library(KoNLP)
Checking user defined dictionary!
```

해석

처리결과 화면을 살펴보면, 마지막에 나타난 "Checking user defined dictionary!"는 완전한 설치를 의미하는 것은 아니다. 그럼에도 불구하고 다음 명령어인 useNIADic()를 작성하면 실행된다.

명령어

```
> useNIADic()
```

```
> useNIADic()
Backup was just finished!
1213109 words dictionary was built.
```

※useNIADIC( ) 설치 에러 문제해결※

R 프로그램 버전이 바뀌면서 일부 명령어가 제대로 작동하지 않는 경우가 있다. 특히 한글 처리문제는 계속 나타나고 있다. R 4.0 설치하고 useNIADIC( ) 명령어가 제대로 듣지 않아 처리한 경우를 소개하고자 한다.

명령어

```
> useNIADic()
Backup was just finished!
Downloading package from url: https://github.com/haven-jeon/NIADic/releases/downl
oad/0.0.1/NIADic_0.0.1.tar.gz
These packages have more recent versions available.
It is recommended to update all of them.
Which would you like to update?

1: All
2: CRAN packages only
3: None
4: backports (1.1.7 -> 1.1.8) [CRAN]
```

```
Enter one or more numbers, or an empty line to skip updates:
3
Building the package will delete...
  'C:/Users/OSYang/AppData/Local/Temp/Rtmpe8vsOk/remotes2c5067f316f0/NIADic/ins
t/doc'
Are you sure?

1: Yes
2: No

선택: 1
√  checking for file 'C:\Users\OSYang\AppData\Local\Temp\Rtmpe8vsOk\remotes2c506
7f316f0\NIADic/DESCRIPTION' (1.2s)
-  preparing 'NIADic':
√  checking DESCRIPTION meta-information ...
-  installing the package to build vignettes
√  creating vignettes (17.4s)
-  checking for LF line-endings in source and make files and shell scripts
-  checking for empty or unneeded directories
-  building 'NIADic_0.0.1.tar.gz'

Installing package into 'C:/Users/OSYang/Documents/R/win-library/4.0'
(as 'lib' is unspecified)
* installing *source* package 'NIADic' ...
** using staged installation
** R
** inst
** byte-compile and prepare package for lazy loading
** help
*** installing help indices
  converting help for package 'NIADic'
    finding HTML links ... 완료
    get_dic                                 html
** building package indices
** installing vignettes
** testing if installed package can be loaded from temporary location
** testing if installed package can be loaded from final location
** testing if installed package keeps a record of temporary installation path
* DONE (NIADic)
983012 words dictionary was built.
```

▸ 해석

명령어를 실행한 처리 결과를 살펴보면, koNLP 라이브러리를 불러온뒤 useNIADIC( ) 명령어를 처리하면

1~4번 가운데 하나를 선택하라는 메시지가 나오기도 한다. 이때 1이나 2번을 선택하게 되면 필요한 것들이 설치되는데 ""라는 폴더가 R-library 아래에 설치된다. 문제는 이 폴더가 설치되면 useNIADIC( )가 작동하지 않으며 다시 에러 메시지가 뜬다는 점이다. 따라서 필자는 3번(None)을 선택하였고, 이후 1번(Yes)을 선택하였다. 그 결과 DONE (NIADIC)라는 메시지와 함께 "983012 words dictionary was built"라는 메시지가 도출되었다.

KoNLP는 KIAST 품사 태그셋을 사용하는데, 텍스트에 품사를 붙일 수 있는 함수 몇 가지가 있다: SimplePos09(), SimplePos22(). 우선 9개의 품사를 붙일 수 있는 SimplePos09()를 연습해보자

명령어

```
> SimplePos09(text)
```

```
> SimplePos09(text)

중간 생략

[[999]]
[[999]][[1]]
[1] ""

[[1000]]
[[1000]][[1]]
[1] ""

 [ reached getOption("max.print") -- omitted 1304 entries ]
```

다음에는 tibble 차례다. 또 다른 패키지인 reshape2를 사용해서 리스트 형식의 자료를 tibble로 바꾸도록 하자.

명령어

```
> SimplePos09(text)
```

```
> install.packages("reshape2")
```

```
Installing package into 'C:/Users/OSYang/Documents/R/win-library/3.5'
(as 'lib' is unspecified)
trying URL 'https://cran.rstudio.com/bin/windows/contrib/3.5/reshape2_1.
4.3.zip'
Content type 'application/zip' length 626084 bytes (611 KB)
downloaded 611 KB

package 'reshape2' successfully unpacked and MD5 sums checked

The downloaded binary packages are in
        C:\Users\OSYang\AppData\Local\Temp\Rtmp0q466w\downloaded_packages
> library(reshape2)
Warning message:
패키지 'reshape2'는 R 버전 3.5.2에서 작성되었습니다
```

② 형태소 분석: 우리말 사전

이번에는 우리말 사전을 사용하여 형태소 분석을 실시해보자. 우선 우리말 사전을 설치한다. 그리고 나서 불러온 데이터 자료(text로 저장한 상태)에 대해 공백("" 와 " ")을 NA값으로 표기한 후, NA를 제거하라는 명령어를 작성하자.

명령어

```
> buildDictionary(ext_dic = "woorimalsam") # 우리말 사전
> text1 <- ifelse(text == "", NA, text)
> text2 <- ifelse(text1 == " ", NA, text1)
> text2 <- na.omit(text2) # 공백 제거
```

```
> buildDictionary(ext_dic = "woorimalsam") # 우리말 사전
629897 words dictionary was built.
> text1 <- ifelse(text == "", NA, text)
> text2 <- ifelse(text1 == " ", NA, text1)
> text2 <- na.omit(text2) # 공백 제거
```

필요한 패키지는 늘 동일하다.

명령어

```
> library(SnowballC) # 단어들을 뭉쳐주는 패키지
> library(wordcloud) # Wordcloud로 만들어주는 패키지
> library(RColorBrewer) #색깔입히는 패키지
> library(KoNLP)
> library(stringr)
> library(ggiraphExtra)
> library(tibble)
> library(devtools)
> library(dplyr)
```

```
> library(SnowballC) # 단어들을 뭉쳐주는 패키지
Warning message:
패키지 'SnowballC'는 R 버전 3.5.2에서 작성되었습니다
> library(wordcloud) # Wordcloud로 만들어주는 패키지
필요한 패키지를 로딩중입니다: RColorBrewer
Warning message:
패키지 'wordcloud'는 R 버전 3.5.2에서 작성되었습니다
> library(RColorBrewer) #색깔입히는 패키지
> library(KoNLP)
> library(stringr)
Warning message:
패키지 'stringr'는 R 버전 3.5.2에서 작성되었습니다
> library(ggiraphExtra)
Error in library(ggiraphExtra) :
  'ggiraphExtra'이라고 불리는 패키지가 없습니다
> library(tibble)
Warning message:
패키지 'tibble'는 R 버전 3.5.2에서 작성되었습니다
> library(devtools)
> library(dplyr)

다음의 패키지를 부착합니다: 'dplyr'

The following objects are masked from 'package:stats':

    filter, lag

The following objects are masked from 'package:base':
```

```
    intersect, setdiff, setequal, union

Warning message:
패키지 'dplyr'는 R 버전 3.5.2에서 작성되었습니다
```

패키지를 설치 한 후 명사만을 추출해서 저장하고, 이를 리스트 형식에서 해제시킨 후(unlist), 데이터 프레임으로 변환시켜주자(as.data.frame). 그 다음에는 두 단어 이상으로 된 명사만을 남기고(>=2), 상위 10개에 대해 보여달라(head)는 명령어를 작성하자.

명령어

```
> nouns <- KoNLP::extractNoun(text2)
> wordcount <- table(unlist(nouns)) # 위의 결과가 리스트로 나와서 테이블 형태로 변환
> df.word <- as.data.frame(wordcount, stringsAsFactors = FALSE) # 데이터 프레임으
로 바꾸고, 변수이름 변환
> df.word <- rename(df.word, word = Var1,freq = Freq)
> word.freq <- df.word %>% filter(nchar(word)>=2) %>% arrange(desc(freq))
> head(word.freq, 10) # 상위 10개 데이터 보기
```

```
> nouns <- KoNLP::extractNoun(text2)
> wordcount <- table(unlist(nouns)) # 위의 결과가 리스트로 나와서 테이블 형태로
변환거 ,tibble
> df.word <- as.data.frame(wordcount, stringsAsFactors = FALSE) # 데이터 프레
임으로 바꾸고, 변수이름 변환
> df.word <- rename(df.word, word = Var1,freq = Freq)
> word.freq <- df.word %>% filter(nchar(word)>=2) %>% arrange(desc(freq))
> head(word.freq, 10) # 상위 10개 데이터 보기
   word freq
1  경제   92
2  사업   85
3  블록   84
4  체인   84
5  기술   62
6  산업   62
7  지역   61
8  공유   58
9  거래   51
10 기업   50
```

이제 이렇게 정리된 명사를 가지고, 단어의 색깔을 정해준 후 최종적으로 워드클라우드를 생성시켜 보자.

명령어

```
> pal <- brewer.pal(8, "Dark2")[5:9] # 단어색 설정하기
> set.seed(1000)
> win.graph()
> wordcloud::wordcloud(words = word.freq$word, freq = word.freq$freq,
+                      min.freq = 2, max.words = 100,
+                      random.order = FALSE, rot.per = 0.1,
+                      scale = c(5,0.3),
+                      colors = pal
```


```
> pal <- brewer.pal(8, "Dark2")[5:9] # 단어색 설정하기
> set.seed(1000)
> win.graph()
> wordcloud::wordcloud(words = word.freq$word, freq = word.freq$freq,
+                      min.freq = 2, max.words = 100,
+                      random.order = FALSE, rot.per = 0.1,
+                      scale = c(5,0.3),
+                      colors = pal
```


[처리결과화면]

③ 시각화: **wordcloud2( )**

자 이번에는 wordcloud2를 설치해서 블록체인 데이터를 사용하여 워드클라우드 작업을 실시해보자. 우선 wordcloud2를 설치하자. Wordcloud2는 github에서 설치할 수 있다. 이에 github 설치를 위한 패키지인 devtools를 설치하고 불러와야 한다.

명령어

```
> install.packages("devtools")
> library(devtools)
> devtools::install_github("lchiffon/wordcloud2") #library(devtools)해야 작동함
> library(wordcloud2) #library(devtools)해야 작동함
```

```
> install.packages("devtools")
> library(devtools)
> devtools::install_github("lchiffon/wordcloud2") #library(devtools)해야
작동함
> library(wordcloud2) #library(devtools)해야 작동함
```

R의 한글 자연어 분석 패키지 KoNLP(Korean Natural Language Processing)에는 한국어를 분석하는데 필요한 27개 함수가 내장되어 있다.

backupUsrDic	use for backup current dic_user.txt
concordance_file	concordance for input text file
concordance_str	concordance for input text vector
convertHangulStringToJamos	convertion function Hangul string to Jamos
convertHangulStringToKeyStrokes	convertion function Hangul string to keyStrokes
convertTag	tag name converter
editweights	Keystroke misspell cost table
extractNoun	Noun extractor for Hangul
HangulAutomata	do Hangul automata
is.ascii	check if sentence is all ASCII
is.hangul	check if sentence is all Hangul
is.jaeum	check if sentence is all Jaeum
is.jamo	check if sentence is all Jamo
is.moeum	check if sentence is all Moeum
KtoS	KAIST tag to Sejong tag
mergeUserDic	appending or replacing with new data.frame
MorphAnalyzer	Hannanum morphological analyzer interface function
mutualinformation	mutual information for input text
reloadAllDic	reload all Hannanum analyzer dictionary
restoreUsrDic	use for restoring backuped dic_user.txt
SimplePos09	POS tagging by using 9 KAIST tags
SimplePos22	POS tagging by using 22 KAIST tags
statDic	summary of dictionaries
StoK	Sejong tag to KAIST tag
tags	tag names
useSejongDic	use Sejong noun dictionary
useSystemDic	use system default dictionary

KoNLP 패키지에 포함된 함수들

KoNLP를 설치한 뒤 library(KoNLP)로 패키지를 불러와야 하는데 가끔 작동하지 않을 때가 있다. 이것은 rJAVA가 깔려 있지 않아서이다. 따라서 rJAVA를 설치해 두어야 한다.

명령어

```
> install.packages("rJava")
> library("rJava")
```

그래도 작동하지 않을 때는 다음과 같은 조치를 취하도록 하자.

명령어

```
> Sys.setenv(JAVA_HOME="C:/Program Files/Java/jre1.8.0_91")
```

형태소 분석을 위해서는 레퍼런스로 삼을 사전이 필요하다. 왜냐하면 분석할 단어가 사전에 알맞은 형태, 즉 품사로 들어 있어야 분석이 가능하기 때문이다. 이럴 때 사용하는 사전에는 두 가지가 있는데 system 사전과 sejong 사전이다. 흔히 sejong 사진을 사용하므로 이를 연습해보자.

명령어

```
> useSejongDic()
```

#2020년 3월 현재 wordcloud2 설치 시 나타나는 에러메시지와 해결법#

2020년부터는 github에 있는 파일을 설치하기가 어려워졌다. 해서 가능한 한 경우마다 해결한 방법을 소개를 하고자 한다. 우선 devtools 라이브러리가 작동하지 않는 상태에서, R win-library 아래 있는 00Lock 폴더(이 안에는 rlang이 들어있다)를 제거하고 devtools를 설치하였다. 그랬더니 제대로 설치가 된다. 이후 패키지 rlang 설치는 계속 실패가 되고, wordcloud2를 설치하니 이는 성공적으로 이루어진다. 서로 부딪히는 rlang을 잠시 제거하고 그 공백을 이용해 wordcloud2를 설치한 셈이다.

```
> library(devtools)
에러: package or namespace load failed for ‘devtools’ in loadNamespace(j <- i[[1
L]], c(lib.loc, .libPaths()), versionCheck = vI[[j]]):
 ‘digest’이라고 불리는 패키지가 없습니다
> install.packages("devtools") #R  win-library에서 00Lock 폴더를 수동으로 제거 후
작업해야 함
Installing package into ‘C:/Users/osyan/Documents/R/win-library/3.6’
```

```
(as 'lib' is unspecified)
also installing the dependency 'digest'

URL 'https://cran.rstudio.com/bin/windows/contrib/3.6/digest_0.6.25.zip'을 시
도합니다
Content type 'application/zip' length 249804 bytes (243 KB)
downloaded 243 KB

URL  'https://cran.rstudio.com/bin/windows/contrib/3.6/devtools_2.2.2.zip'을
시도합니다
Content type 'application/zip' length 351900 bytes (343 KB)
downloaded 343 KB

package 'digest' successfully unpacked and MD5 sums checked
package 'devtools' successfully unpacked and MD5 sums checked

The downloaded binary packages are in
      C:\Users\osyan\AppData\Local\Temp\RtmpSi0v70\downloaded_packages
> library(devtools)
> devtools::install_github('haven-jeon/KoNLP') #실패 ?????? - rlang ?????? ??
??????? ???
Downloading GitHub repo haven-jeon/KoNLP@master
These packages have more recent versions available.
It is recommended to update all of them.
Which would you like to update?

 1: All
 2: CRAN packages only
 3: None
 4: RSQLite     (2.1.2  -> 2.2.0    ) [CRAN]
 5: bit         (1.1-14 -> 1.1-15.2) [CRAN]
 6: rlang       (0.4.4  -> 0.4.5    ) [CRAN]
 7: curl        (4.2    -> 4.3      ) [CRAN]
 8: gh          (1.0.1  -> 1.1.0    ) [CRAN]
 9: rstudioapi  (0.10   -> 0.11     ) [CRAN]
10: yaml        (2.2.0  -> 2.2.1    ) [CRAN]
11: cli         (2.0.1  -> 2.0.2    ) [CRAN]
12: jsonlite    (1.6    -> 1.6.1    ) [CRAN]
13: mime        (0.7    -> 0.9      ) [CRAN]
14: processx    (3.4.1  -> 3.4.2    ) [CRAN]
15: ps          (1.3.0  -> 1.3.2    ) [CRAN]
16: plyr        (1.8.5  -> 1.8.6    ) [CRAN]
```

```
17: stringi     (1.4.5  -> 1.4.6    ) [CRAN]
18: callr       (3.3.2  -> 3.4.2    ) [CRAN]
19: prettyunits (1.0.2  -> 1.1.1    ) [CRAN]
20: blob        (1.2.0  -> 1.2.1    ) [CRAN]
21: DBI         (1.0.0  -> 1.1.0    ) [CRAN]
22: covr        (3.3.2  -> 3.4.0    ) [CRAN]
23: DT          (0.9    -> 0.12     ) [CRAN]
24: roxygen2    (6.1.1  -> 7.0.2    ) [CRAN]
25: rversions   (2.0.0  -> 2.0.1    ) [CRAN]
26: testthat    (2.2.1  -> 2.3.2    ) [CRAN]

Enter one or more numbers, or an empty line to skip updates:
3
√  checking for file 'C:\Users\osyan\AppData\Local\Temp\RtmpSi0v70\remotes41f
4483f1db1\haven-jeon-KoNLP-c43430c/DESCRIPTION' (769ms)
-  preparing 'KoNLP': (656ms)
√  checking DESCRIPTION meta-information ...
-  checking for LF line-endings in source and make files and shell scripts (557m
s)
-  checking for empty or unneeded directories
-  looking to see if a 'data/datalist' file should be added
-  building 'KoNLP_0.80.2.tar.gz'

Installing package into 'C:/Users/osyan/Documents/R/win-library/3.6'
(as 'lib' is unspecified)
* installing *source* package 'KoNLP' ...
** using staged installation
** R
** data
** inst
** byte-compile and prepare package for lazy loading
** help
*** installing help indices
  converting help for package 'KoNLP'
    finding HTML links ... 완료
    HangulAutomata                          html
    KtoS                                    html
    MorphAnalyzer                           html
    SimplePos09                             html
    SimplePos22                             html
    StoK                                    html
    backupUsrDic                            html
```

```
    buildDictionary                         html
    concordance_file                        html
    concordance_str                         html
    convertHangulStringToJamos              html
    convertHangulStringToKeyStrokes         html
    convertTag                              html
    editweights                             html
    extractNoun                             html
    get_dictionary                          html
    is.ascii                                html
    is.hangul                               html
    is.jaeum                                html
    is.jamo                                 html
    is.moeum                                html
    mergeUserDic                            html
    mutualinformation                       html
    reloadAllDic                            html
    reloadUserDic                           html
    restoreUsrDic                           html
    scala_library_install                   html
    statDic                                 html
    tags                                    html
    useNIADic                               html
    useSejongDic                            html
    useSystemDic                            html
** building package indices
** installing vignettes
** testing if installed package can be loaded from temporary location
[1] "DEBUG start"
[1] "C:/Users/osyan/Documents/R/win-library/3.6/00LOCK-KoNLP/00new/KoNLP/jav
a/scala-library-2.11.8.jar"
[1] "My R is over 3.2.0"
[1] "scala-library target url: https://repo1.maven.org/maven2/org/scala-lang/
scala-library/2.11.8/scala-library-2.11.8.jar"
[1] "'method' parameter for download.file() function in your R:  wininet"
URL 'https://repo1.maven.org/maven2/org/scala-lang/scala-library/2.11.8/scal
a-library-2.11.8.jar'을 시도합니다
Content type 'application/java-archive' length 5744974 bytes (5.5 MB)
==================================================
downloaded 5.5 MB

[1] TRUE
```

```
[1] 5744974
Successfully installed Scala runtime library in C:/Users/osyan/Documents/R/win
-library/3.6/00LOCK-KoNLP/00new/KoNLP/java/scala-library-2.11.8.jar
** testing if installed package can be loaded from final location
** testing if installed package keeps a record of temporary installation path
* DONE (KoNLP)
> install.packages("rlang")
Error in install.packages : Updating loaded packages

Restarting R session...

> install.packages("rlang")
Error in install.packages : Updating loaded packages

Restarting R session...

> devtools::install_github("lchiffon/wordcloud2")
Downloading GitHub repo lchiffon/wordcloud2@master
These packages have more recent versions available.
It is recommended to update all of them.
Which would you like to update?

1: All
2: CRAN packages only
3: None
4: rlang    (0.4.4 -> 0.4.5) [CRAN]
5: jsonlite (1.6   -> 1.6.1) [CRAN]
6: yaml     (2.2.0 -> 2.2.1) [CRAN]
7: mime     (0.7   -> 0.9  ) [CRAN]

Enter one or more numbers, or an empty line to skip updates:
3
√  checking for file 'C:\Users\osyan\AppData\Local\Temp\RtmpMv9lsD\remotes295
81a482346\Lchiffon-wordcloud2-8a12a3b/DESCRIPTION' (655ms)
-  preparing 'wordcloud2': (348ms)
√  checking DESCRIPTION meta-information ...
-  checking for LF line-endings in source and make files and shell scripts
-  checking for empty or unneeded directories
   Removed empty directory 'wordcloud2/examples/img'
   Removed empty directory 'wordcloud2/examples'
-  looking to see if a 'data/datalist' file should be added
-  building 'wordcloud2_0.2.2.tar.gz'
```

```
Installing package into 'C:/Users/osyan/Documents/R/win-library/3.6'
(as 'lib' is unspecified)
* installing *source* package 'wordcloud2' ...
** using staged installation
** R
** data
*** moving datasets to lazyload DB
** inst
** byte-compile and prepare package for lazy loading
** help
*** installing help indices
  converting help for package 'wordcloud2'
    finding HTML links ... 완료
    WCtheme                                 html
    demoFreq                                html
    demoFreqC                               html
    letterCloud                             html
    plus-.wordcloud2                        html
    wordcloud2-shiny                        html
    wordcloud2                              html
** building package indices
** installing vignettes
** testing if installed package can be loaded from temporary location
** testing if installed package can be loaded from final location
** testing if installed package keeps a record of temporary installation path
* DONE (wordcloud2)
> library(wordcloud2)
```

이후 rlang을 다시 복구하는 것도 일이다. 우선 첫번째 시도는 실패다.

```
> devtools::install_github("r-lib/rlang", build_vignettes = TRUE)
Downloading GitHub repo r-lib/rlang@master
r-lib-rlang-6592336/revdep: Can't create '\\\\?\\C:\\Users\\osyan\\AppData\\L
ocal\\Temp\\RtmpMv9lsD\\remotes2958407345c4\\r-lib-rlang-6592336\\revdep'
tar.exe: Error exit delayed from previous errors.
√  checking for file 'C:\Users\osyan\AppData\Local\Temp\RtmpMv9lsD\remotes295
8407345c4\r-lib-rlang-6592336/DESCRIPTION' (636ms)
-  preparing 'rlang': (6.2s)
√  checking DESCRIPTION meta-information ...
-  cleaning src
-  installing the package to process help pages (1.5s)
-  cleaning src (32.6s)
```

```
- checking for LF line-endings in source and make files and shell scripts (593m
s)
-  checking for empty or unneeded directories (610ms)
-  building 'rlang_0.4.5.tar.gz'

Installing package into 'C:/Users/osyan/Documents/R/win-library/3.6'
(as 'lib' is unspecified)
* installing *source* package 'rlang' ...
ERROR: cannot remove earlier installation, is it in use?
* removing 'C:/Users/osyan/Documents/R/win-library/3.6/rlang'
* restoring previous 'C:/Users/osyan/Documents/R/win-library/3.6/rlang'
Error in file.copy(lp, dirname(pkgdir), recursive = TRUE, copy.date = TRUE) :
  (converted from warning) C:\Users\osyan\Documents\R\win-library\3.6\00LOCK-
rlang\rlang\libs\x64\rlang.dll를  C:\Users\osyan\Documents\R\win-library\3.6
\rlang\libs\x64\rlang.dll로 복사하는데 문제가 발생했습니다: Permission denied
* removing 'C:/Users/osyan/Documents/R/win-library/3.6/rlang'
* restoring previous 'C:/Users/osyan/Documents/R/win-library/3.6/rlang'
Error in file.copy(lp, dirname(pkgdir), recursive = TRUE, copy.date = TRUE) :
  (converted from warning) C:\Users\osyan\Documents\R\win-library\3.6\00LOCK-
rlang\rlang\libs\x64\rlang.dll를  C:\Users\osyan\Documents\R\win-library\3.6
\rlang\libs\x64\rlang.dll로 복사하는데 문제가 발생했습니다: Permission denied
실행이 정지되었습니다
에러: Failed to install 'rlang' from GitHub:
  (converted from warning) installation of package 'C:/Users/osyan/AppData/Loc
al/Temp/RtmpMv9lsD/file29585d6043b4/rlang_0.4.5.tar.gz' had non-zero exit sta
tus
추가정보: 경고메시지(들):
In utils::untar(tarfile, ...) :
  'tar.exe -xf "C:\Users\osyan\AppData\Local\Temp\RtmpMv9lsD\file295846fc6ca
5.tar.gz" -C "C:/Users/osyan/AppData/Local/Temp/RtmpMv9lsD/remotes2958407345
c4"' returned error code 1
```

두번째 시도 역시 실패다.

```
> remotes::install_github("r-lib/rlang")
Downloading GitHub repo r-lib/rlang@master
r-lib-rlang-6592336/revdep: Can't create '\\\\?\\C:\\Users\\osyan\\AppData\\L
ocal\\Temp\\RtmpMv9lsD\\remotes2958271c39b4\\r-lib-rlang-6592336\\revdep'
tar.exe: Error exit delayed from previous errors.
√  checking for file 'C:\Users\osyan\AppData\Local\Temp\RtmpMv9lsD\remotes295
8271c39b4\r-lib-rlang-6592336/DESCRIPTION' (672ms)
-  preparing 'rlang': (3.8s)
```

```
√  checking DESCRIPTION meta-information ...
-  cleaning src
-  installing the package to process help pages (2.1s)
-  cleaning src (30.3s)
-  checking for LF line-endings in source and make files and shell scripts (552m
s)
-  checking for empty or unneeded directories (541ms)
-  building 'rlang_0.4.5.tar.gz'

Installing package into ‘C:/Users/osyan/Documents/R/win-library/3.6’
(as ‘lib’ is unspecified)
ERROR: failed to lock directory 'C:/Users/osyan/Documents/R/win-library/3.6'
for modifying
Try removing 'C:/Users/osyan/Documents/R/win-library/3.6/00LOCK-rlang'
에러: Failed to install 'rlang' from GitHub:
  (converted from warning) installation of package ‘C:/Users/osyan/AppData/Loc
al/Temp/RtmpMv9lsD/file295821691701/rlang_0.4.5.tar.gz’ had non-zero exit sta
tus
추가정보: 경고메시지(들):
In utils::untar(tarfile, ...) :
  ‘tar.exe -xf "C:\Users\osyan\AppData\Local\Temp\RtmpMv9lsD\file2958247f2bc
c.tar.gz" -C "C:/Users/osyan/AppData/Local/Temp/RtmpMv9lsD/remotes2958271c39
b4"’ returned error code 1
```

세번째 시도도 실패다.

```
> install.packages("[URL]",repo=NULL,type="soruce")
Installing package into ‘C:/Users/osyan/Documents/R/win-library/3.6’
(as ‘lib’ is unspecified)
경고: 패키지가 잘못되었습니다 '[URL]'
에러: 에러: 지정된 패키지가 없습니다
Warning in install.packages :
  installation of package ‘[URL]’ had non-zero exit status
> install.packages("https://cran.r-project.org/src/contrib/Archive/rlang/rla
ng_0.4.4.tar.gz",repo=NULL,type="source")
Installing package into ‘C:/Users/osyan/Documents/R/win-library/3.6’
(as ‘lib’ is unspecified)
URL 'https://cran.r-project.org/src/contrib/Archive/rlang/rlang_0.4.4.tar.gz
'을 시도합니다
Content type 'application/x-gzip' length 813413 bytes (794 KB)
downloaded 794 KB
```

```
ERROR: failed to lock directory 'C:/Users/osyan/Documents/R/win-library/3.6'
for modifying
Try removing 'C:/Users/osyan/Documents/R/win-library/3.6/00LOCK-rlang'
Warning in install.packages :
  installation of package 'C:/Users/osyan/AppData/Local/Temp/RtmpMv9lsD/downl
oaded_packages/rlang_0.4.4.tar.gz' had non-zero exit status
> install.packages("rlang")
Error in install.packages : Updating loaded packages

Restarting R session...

> install.packages("rlang")
Installing package into 'C:/Users/osyan/Documents/R/win-library/3.6'
(as 'lib' is unspecified)

  There is a binary version available but the source version is later:
      binary source needs_compilation
rlang  0.4.4  0.4.5              TRUE

installing the source package 'rlang'

URL 'https://cran.rstudio.com/src/contrib/rlang_0.4.5.tar.gz'을 시도합니다
Content type 'application/x-gzip' length 816813 bytes (797 KB)
downloaded 797 KB

ERROR: failed to lock directory 'C:/Users/osyan/Documents/R/win-library/3.6'
for modifying
Try removing 'C:/Users/osyan/Documents/R/win-library/3.6/00LOCK-rlang'
Warning in install.packages :
  installation of package 'rlang' had non-zero exit status

The downloaded source packages are in
      'C:\Users\osyan\AppData\Local\Temp\RtmpURg998\downloaded_packages'
> library(rlang)
Error in library(rlang) : 'rlang'는 유효하게 설치된 패키지가 아닙니다
```

네번째 시도도 실패다.

```
> install.packages("[URL]",repo=NULL,type="soruce")
Installing package into 'C:/Users/osyan/Documents/R/win-library/3.6'
(as 'lib' is unspecified)
경고: 패키지가 잘못되었습니다 '[URL]'
```

```
에러: 에러: 지정된 패키지가 없습니다
Warning in install.packages :
  installation of package ‘[URL]’ had non-zero exit status
> install.packages("https://cran.r-project.org/src/contrib/Archive/rlang/rla
ng_0.2.2.tar.gz",repo=NULL,type="source")
Installing package into ‘C:/Users/osyan/Documents/R/win-library/3.6’
(as ‘lib’ is unspecified)
URL 'https://cran.r-project.org/src/contrib/Archive/rlang/rlang_0.2.2.tar.gz
'을 시도합니다
Content type 'application/x-gzip' length 325128 bytes (317 KB)
downloaded 317 KB

ERROR: failed to lock directory 'C:/Users/osyan/Documents/R/win-library/3.6'
for modifying
Try removing 'C:/Users/osyan/Documents/R/win-library/3.6/00LOCK-rlang'
Warning in install.packages :
  installation of package ‘C:/Users/osyan/AppData/Local/Temp/RtmpURg998/downl
oaded_packages/rlang_0.2.2.tar.gz’ had non-zero exit status
> library(rlang)
Error in library(rlang) : ‘rlang’는 유효하게 설치된 패키지가 아닙니다
> install.packages("rlang")
Installing package into ‘C:/Users/osyan/Documents/R/win-library/3.6’
(as ‘lib’ is unspecified)

  There is a binary version available but the source version is later:
      binary source needs_compilation
rlang  0.4.4  0.4.5              TRUE

installing the source package ‘rlang’

URL 'https://cran.rstudio.com/src/contrib/rlang_0.4.5.tar.gz'을 시도합니다
Content type 'application/x-gzip' length 816813 bytes (797 KB)
downloaded 797 KB

ERROR: failed to lock directory 'C:/Users/osyan/Documents/R/win-library/3.6'
for modifying
Try removing 'C:/Users/osyan/Documents/R/win-library/3.6/00LOCK-rlang'
Warning in install.packages :
  installation of package ‘rlang’ had non-zero exit status

The downloaded source packages are in
      ‘C:\Users\osyan\AppData\Local\Temp\RtmpURg998\downloaded_packages’
```

```
> library(rlang)
Error in library(rlang) : ‘rlang’는 유효하게 설치된 패키지가 아닙니다
```

이번에는 R win-library 아래 폴더에서 00LOCK도 제거하고, 00LOCK-rlang도 수동으로 제거하고 설치해보았다. 어라, 성공이네!!!??? 기왕 설치하는거 rlang 버전도 옛날 것(0.2.2) 말고 최신 버전(0.4.4)으로 설치하였다(물론 더 최신 버전도 있다).

```
> install.packages("[URL]",repo=NULL,type="soruce")
Installing package into ‘C:/Users/osyan/Documents/R/win-library/3.6’
(as ‘lib’ is unspecified)
경고: 패키지가 잘못되었습니다 '[URL]'
에러: 에러: 지정된 패키지가 없습니다
Warning in install.packages :
  installation of package ‘[URL]’ had non-zero exit status
> install.packages("https://cran.r-project.org/src/contrib/Archive/rlang/rla
ng_0.4.4.tar.gz",repo=NULL,type="source")
Installing package into ‘C:/Users/osyan/Documents/R/win-library/3.6’
(as ‘lib’ is unspecified)
URL 'https://cran.r-project.org/src/contrib/Archive/rlang/rlang_0.4.4.tar.gz
'을 시도합니다
Content type 'application/x-gzip' length 813413 bytes (794 KB)
downloaded 794 KB

* installing *source* package 'rlang' ...
** 패키지 'rlang'는 성공적으로 압축해제되었고, MD5 sums 이 확인되었습니다
** using staged installation
** libs
C:/RBuildTools/3.5/mingw_64/bin/gcc  -I"C:/Users/osyan/DOCUME~1/R/R-36~1.3/i
nclude" -DNDEBUG -I./lib/        -O2 -Wall  -std=gnu99 -mtune=core2 -c capture.c
-o capture.o
C:/RBuildTools/3.5/mingw_64/bin/gcc  -I"C:/Users/osyan/DOCUME~1/R/R-36~1.3/i
nclude" -DNDEBUG -I./lib/        -O2 -Wall  -std=gnu99 -mtune=core2 -c export.c
-o export.o
C:/RBuildTools/3.5/mingw_64/bin/gcc  -I"C:/Users/osyan/DOCUME~1/R/R-36~1.3/i
nclude" -DNDEBUG -I./lib/        -O2 -Wall  -std=gnu99 -mtune=core2 -c internal.c
-o internal.o
In file included from ./lib/rlang.h:73:0,
                 from internal/arg.c:1,
                 from internal.c:1:
internal/eval-tidy.c: In function 'rlang_tilde_eval':
./lib/env.h:33:3: warning: 'top' may be used uninitialized in this function [-Wm
aybe-uninitialized]
```

```
    return ENCLOS(env);
    ^
In file included from internal.c:7:0:
internal/eval-tidy.c:399:9: note: 'top' was declared here
    sexp* top;
         ^
C:/RBuildTools/3.5/mingw_64/bin/gcc  -I"C:/Users/osyan/DOCUME~1/R/R-36~1.3/i
nclude" -DNDEBUG -I./lib/        -O2 -Wall  -std=gnu99 -mtune=core2 -c lib.c
-o lib.o
C:/RBuildTools/3.5/mingw_64/bin/gcc -shared -s -static-libgcc -o rlang.dll tm
p.def capture.o export.o internal.o lib.o -LC:/Users/osyan/DOCUME~1/R/R-36~1.
3/bin/x64 -lR
installing to C:/Users/osyan/Documents/R/win-library/3.6/00LOCK-rlang/00new/
rlang/libs/x64
** R
** inst
** byte-compile and prepare package for lazy loading
** help
*** installing help indices
  converting help for package 'rlang'
    finding HTML links ... 완료
    abort                                   html
Rd warning: C:/Users/osyan/AppData/Local/Temp/RtmpENWXvP/R.INSTALL1578555530
f9/rlang/man/abort.Rd:121: file link 'suppressMessages' in package 'base' does
not exist and so has been treated as a topic
Rd warning: C:/Users/osyan/AppData/Local/Temp/RtmpENWXvP/R.INSTALL1578555530
f9/rlang/man/abort.Rd:121: file link 'suppressWarnings' in package 'base' does
not exist and so has been treated as a topic
    are_na                                  html
Rd warning: C:/Users/osyan/AppData/Local/Temp/RtmpENWXvP/R.INSTALL1578555530
f9/rlang/man/are_na.Rd:34: file link 'is.na' in package 'base' does not exist
and so has been treated as a topic
    arg_match                               html
    as_box                                  html
    as_bytes                                html
    as_data_mask                            html
    as_env                                  html
    as_environment                          html
    as_function                             html
    as_label                                html
    as_name                                 html
Rd warning: C:/Users/osyan/AppData/Local/Temp/RtmpENWXvP/R.INSTALL1578555530
```

```
f9/rlang/man/as_name.Rd:32: file link 'as.name' in package 'base' does not exis
t and so has been treated as a topic
Rd warning: C:/Users/osyan/AppData/Local/Temp/RtmpENWXvP/R.INSTALL1578555530
f9/rlang/man/as_name.Rd:33: file link 'as.symbol' in package 'base' does not
exist and so has been treated as a topic
    as_overscope                            html
    as_pairlist                             html
    as_quosure                              html
    as_string                               html
Rd warning: C:/Users/osyan/AppData/Local/Temp/RtmpENWXvP/R.INSTALL1578555530
f9/rlang/man/as_string.Rd:22: file link 'as.symbol' in package 'base' does not
exist and so has been treated as a topic
Rd warning: C:/Users/osyan/AppData/Local/Temp/RtmpENWXvP/R.INSTALL1578555530
f9/rlang/man/as_string.Rd:22: file link 'as.name' in package 'base' does not
exist and so has been treated as a topic
    as_utf8_character                       html
    bare-type-predicates                    html
    box                                     html
Rd warning: C:/Users/osyan/AppData/Local/Temp/RtmpENWXvP/R.INSTALL1578555530
f9/rlang/man/box.Rd:28: file link 'I' in package 'base' does not exist and so
has been treated as a topic
    call2                                   html
Rd warning: C:/Users/osyan/AppData/Local/Temp/RtmpENWXvP/R.INSTALL1578555530
f9/rlang/man/call2.Rd:28: file link 'as.call' in package 'base' does not exist
and so has been treated as a topic
    call_args                               html
    call_fn                                 html
    call_inspect                            html
    call_modify                             html
    call_name                               html
    call_standardise                        html
    caller_env                              html
    caller_fn                               html
    caller_frame                            html
    catch_cnd                               html
    chr_unserialise_unicode                 html
    cnd                                     html
    cnd_message                             html
    cnd_muffle                              html
Rd warning: C:/Users/osyan/AppData/Local/Temp/RtmpENWXvP/R.INSTALL1578555530
f9/rlang/man/cnd_muffle.Rd:28: file link 'suppressMessages' in package 'base'
does not exist and so has been treated as a topic
```

```
Rd warning: C:/Users/osyan/AppData/Local/Temp/RtmpENWXvP/R.INSTALL1578555530
f9/rlang/man/cnd_muffle.Rd:29: file link 'suppressWarnings' in package 'base'
does not exist and so has been treated as a topic
Rd warning: C:/Users/osyan/AppData/Local/Temp/RtmpENWXvP/R.INSTALL1578555530
f9/rlang/man/cnd_muffle.Rd:31: file link 'signalCondition' in package 'base'
does not exist and so has been treated as a topic
Rd warning: C:/Users/osyan/AppData/Local/Temp/RtmpENWXvP/R.INSTALL1578555530
f9/rlang/man/cnd_muffle.Rd:44: file link 'tryCatch' in package 'base' does not
exist and so has been treated as a topic
    cnd_signal                              html
    cnd_type                                html
    done                                    html
Rd warning: C:/Users/osyan/AppData/Local/Temp/RtmpENWXvP/R.INSTALL1578555530
f9/rlang/man/done.Rd:22: file link 'new_box' in package 'rlang' does not exist
and so has been treated as a topic
    dots_definitions                        html
    dots_n                                  html
    dots_values                             html
    duplicate                               html
    dyn-dots                                html
    empty_env                               html
    entrace                                 html
    env                                     html
    env_bind                                html
Rd warning: C:/Users/osyan/AppData/Local/Temp/RtmpENWXvP/R.INSTALL1578555530
f9/rlang/man/env_bind.Rd:41: file link 'makeActiveBinding' in package 'base'
does not exist and so has been treated as a topic
    env_bind_exprs                          html
    env_binding_are_active                  html
    env_binding_lock                        html
    env_bury                                html
    env_clone                               html
    env_depth                               html
    env_get                                 html
    env_has                                 html
    env_inherits                            html
    env_lock                                html
    env_name                                html
    env_names                               html
    env_parent                              html
    env_poke                                html
    env_print                               html
```

```
    env_unbind                              html
    env_unlock                              html
    eval_bare                               html
    eval_tidy                               html
    exec                                    html
    exiting                                 html
    expr_interp                             html
    expr_label                              html
    expr_print                              html
    exprs_auto_name                         html
    f_rhs                                   html
    f_text                                  html
    flatten                                 html
    fn_body                                 html
    fn_env                                  html
    fn_fmls                                 html
    format_error_bullets                    html
    frame_position                          html
    friendly_type                           html
    get_env                                 html
    has_length                              html
    has_name                                html
    inherits_any                            html
Rd warning: C:/Users/osyan/AppData/Local/Temp/RtmpENWXvP/R.INSTALL1578555530
f9/rlang/man/inherits_any.Rd:22: file link 'inherits' in package 'base' does
not exist and so has been treated as a topic
    invoke                                  html
    is_call                                 html
    is_callable                             html
    is_condition                            html
    is_copyable                             html
    is_empty                                html
    is_env                                  html
    is_environment                          html
    is_expr                                 html
    is_expression                           html
    is_formula                              html
    is_frame                                html
    is_function                             html
Rd warning: C:/Users/osyan/AppData/Local/Temp/RtmpENWXvP/R.INSTALL1578555530
f9/rlang/man/is_function.Rd:62: file link '.Internal' in package 'base' does
not exist and so has been treated as a topic
```

```
    is_installed                            html
    is_integerish                           html
Rd warning: C:/Users/osyan/AppData/Local/Temp/RtmpENWXvP/R.INSTALL1578555530
f9/rlang/man/is_integerish.Rd:29: file link 'is.integer' in package 'base' doe
s not exist and so has been treated as a topic
    is_interactive                          html
    is_lang                                 html
    is_named                                html
    is_namespace                            html
    is_pairlist                             html
    is_reference                            html
    is_stack                                html
    is_symbol                               html
    is_true                                 html
    is_weakref                              html
    lang                                    html
    lang_head                               html
    lang_modify                             html
    last_error                              html
    lifecycle                               html
    list2                                   html
    local_bindings                          html
    local_options                           html
    missing                                 html
    missing_arg                             html
    mut_node_car                            html
    names2                                  html
    new-vector-along-retired                html
    new-vector                              html
    new_call                                html
    new_formula                             html
    new_function                            html
Rd warning: C:/Users/osyan/AppData/Local/Temp/RtmpENWXvP/R.INSTALL1578555530
f9/rlang/man/new_function.Rd:17: file link 'quote' in package 'base' does not
exist and so has been treated as a topic
    new_node                                html
Rd warning: C:/Users/osyan/AppData/Local/Temp/RtmpENWXvP/R.INSTALL1578555530
f9/rlang/man/new_node.Rd:74: file link 'pairlist' in package 'base' does not
exist and so has been treated as a topic
    new_quosures                            html
    new_weakref                             html
    ns_env                                  html
```

```
Rd warning: C:/Users/osyan/AppData/Local/Temp/RtmpENWXvP/R.INSTALL1578555530
f9/rlang/man/ns_env.Rd:25: file link 'topenv' in package 'base' does not exist
and so has been treated as a topic
    nse-defuse                              html
    nse-force                               html
    op-definition                           html
    op-get-attr                             html
    op-na-default                           html
    op-null-default                         html
    overscope_eval_next                     html
    pairlist2                               html
    parse_expr                              html
    parse_quosure                           html
    prepend                                 html
    prim_name                               html
    quo_expr                                html
    quo_label                               html
    quo_squash                              html
    quosure                                 html
    rep_along                               html
    restarting                              html
    return_from                             html
Rd warning: C:/Users/osyan/AppData/Local/Temp/RtmpENWXvP/R.INSTALL1578555530
f9/rlang/man/return_from.Rd:22: file link 'return' in package 'base' does not
exist and so has been treated as a topic
    rlang_backtrace_on_error                html
    rst_abort                               html
    rst_list                                html
    scalar-type-predicates                  html
    scoped_env                              html
    scoped_interactive                      html
    search_envs                             html
    seq2                                    html
    set_attrs                               html
    set_expr                                html
    set_names                               html
    splice                                  html
    stack                                   html
Rd warning: C:/Users/osyan/AppData/Local/Temp/RtmpENWXvP/R.INSTALL1578555530
f9/rlang/man/stack.Rd:79: file link 'sys.nframe' in package 'base' does not exi
st and so has been treated as a topic
    stack_trim                              html
```

```
    string                                       html
    switch_type                                  html
Rd warning: C:/Users/osyan/AppData/Local/Temp/RtmpENWXvP/R.INSTALL1578555530
f9/rlang/man/switch_type.Rd:28: file link 'I' in package 'base' does not exist
and so has been treated as a topic
    sym                                          html
    tidyeval-data                                html
    trace_back                                   html
    type-predicates                              html
    type_of                                      html
    vec_poke_n                                   html
    vector-coercion                              html
Rd warning: C:/Users/osyan/AppData/Local/Temp/RtmpENWXvP/R.INSTALL1578555530
f9/rlang/man/vector-coercion.Rd:78: file link 'as.list' in package 'base' does
not exist and so has been treated as a topic
    vector-construction                          html
    vector-old-ctors                             html
    with_abort                                   html
    with_env                                     html
Rd warning: C:/Users/osyan/AppData/Local/Temp/RtmpENWXvP/R.INSTALL1578555530
f9/rlang/man/with_env.Rd:28: file link 'local' in package 'base' does not exist
and so has been treated as a topic
    with_handlers                                html
    with_restarts                                html
    wref_key                                     html
    zap                                          html
*** copying figures
** building package indices
** testing if installed package can be loaded from temporary location
** testing if installed package can be loaded from final location
** testing if installed package keeps a record of temporary installation path
* DONE (rlang)
> library(rlang)
```

이후 관련 패키지를 뭉치채로 불러오면 다 성공한다.

```
> library(rJava)
> library(KoNLP)
Checking user defined dictionary!

> library(SnowballC) # 단어들을 뭉쳐주는 패키지
> library(wordcloud) # Wordcloud로 만들어주는 패키지
```

```
필요한 패키지를 로딩중입니다: RColorBrewer
> library(RColorBrewer) #색깔입히는 패키지
> library(rlang)
> library(stringr)
> library(ggiraphExtra)
> library(tibble)
> library(dplyr)

다음의 패키지를 부착합니다: 'dplyr'

The following objects are masked from 'package:stats':

    filter, lag

The following objects are masked from 'package:base':

    intersect, setdiff, setequal, union
```

워드클라우드 역시 두 버전 모두 잘 불러와진다.

```
> library(rJava)
> library(KoNLP)
Checking user defined dictionary!

> library(SnowballC) # 단어들을 뭉쳐주는 패키지
> library(wordcloud) # Wordcloud로 만들어주는 패키지
필요한 패키지를 로딩중입니다: RColorBrewer
> library(RColorBrewer) #색깔입히는 패키지
> library(rlang)
> library(stringr)
> library(ggiraphExtra)
> library(tibble)
> library(dplyr)

다음의 패키지를 부착합니다: 'dplyr'

The following objects are masked from 'package:stats':

    filter, lag

The following objects are masked from 'package:base':
```

```
    intersect, setdiff, setequal, union
> library(data.table)
data.table 1.12.8 using 2 threads (see ?getDTthreads).  Latest news: r-datatabl
e.com

다음의 패키지를 부착합니다: 'data.table'

The following objects are masked from 'package:dplyr':

    between, first, last

The following object is masked from 'package:rlang':

    :=

> library(memoise)
> library(tm)
필요한 패키지를 로딩중입니다: NLP
> library(topicmodels)
> library(LDAvis)
> library(tidytext)
> library(ggplot2)

다음의 패키지를 부착합니다: 'ggplot2'

The following object is masked from 'package:NLP':

    annotate

> buildDictionary(ext_dic = "woorimalsam") # 우리말 사전
629897 words dictionary was built.
> library(wordcloud)
> library(wordcloud2)
```

자 이제 새로운 wordcloud2로 바꿔서 나타내보자.

명령어

```
>require(devtools)
>install_github("lchiffon/wordcloud2")
>library(wordcloud2)
```

```
>wordcloud2(data=word.freq, size=1.5, color="random-light",backgroundColor="
grey",rotateRatio=0.75)
```

```
> require(devtools)
필요한 패키지를 로딩중입니다: devtools
Warning messages:
1: 패키지 'devtools'는 R 버전 3.5.2에서 작성되었습니다
2: 패키지 'usethis'는 R 버전 3.5.2에서 작성되었습니다
> install_github("lchiffon/wordcloud2")
Downloading GitHub repo lchiffon/wordcloud2@master
√  checking for file 'C:\Users\User\AppData\Local\Temp\RtmpERun5k\remotes
1e4012fc6057\Lchiffon-wordcloud2-8a12a3b/DESCRIPTION' ...
-  preparing 'wordcloud2': (358ms)
√  checking DESCRIPTION meta-information ...
-  checking for LF line-endings in source and make files and shell scripts
-  checking for empty or unneeded directories
   Removed empty directory 'wordcloud2/examples/img'
   Removed empty directory 'wordcloud2/examples'
-  looking to see if a 'data/datalist' file should be added
-  building 'wordcloud2_0.2.2.tar.gz'

Installing package into 'C:/Users/User/Documents/R/win-library/3.5'
(as 'lib' is unspecified)
* installing *source* package 'wordcloud2' ...
** R
** data
*** moving datasets to lazyload DB
** inst
** byte-compile and prepare package for lazy loading
** help
*** installing help indices
  converting help for package 'wordcloud2'
    finding HTML links ... 완료
    WCtheme                                 html
    demoFreq                                html
    demoFreqC                               html
    letterCloud                             html
    plus-.wordcloud2                        html
    wordcloud2-shiny                        html
    wordcloud2                              html
```

```
** building package indices
** installing vignettes
** testing if installed package can be loaded
* DONE (wordcloud2)
In R CMD INSTALL
Warning messages:
1: In untar2(tarfile, files, list, exdir) :
  skipping pax global extended headers
2: In untar2(tarfile, files, list, exdir) :
  skipping pax global extended headers
> library(wordcloud2)
> wordcloud2(data=word.freq, size=1.5, color="random-light",backgroundCol
or="grey",rotateRatio=0.75)
```

다음과 같은 에러 메시지(Skipping install of 'wordcloud2' from a github remote, the SHA1 (8a12a3b6) has not changed since last install. Use `force = TRUE` to force installation)와 함께 wordcloud2가 설치가 되지 않을 때는 강제 설치 명령어인 force=T를 추가해서 설치하도록 하자.

[wordcloud2 설치 실패 시 에러 메시지]

```
> install_github("lchiffon/wordcloud2")
Skipping install of 'wordcloud2' from a github remote, the SHA1 (8a12a3b6)
has not changed since last install.
  Use `force = TRUE` to force installation
> install_github("lchiffon/wordcloud2", force=T)
Downloading GitHub repo lchiffon/wordcloud2@master
√  checking for file 'C:\Users\OSYang\AppData\Local\Temp\RtmpWO14CT\remot
es436c546c6ee7\Lchiffon-wordcloud2-8a12a3b/DESCRIPTION' ...
-  preparing 'wordcloud2':
이하 생략
```

[처리결과화면-초기]

[처리결과화면-후기]

해석

보는 바와 같이 wordcloud2 그림은 초기 화면에서는 핵심 주제어를 중심으로 간단하게 나타나고, 점차 시간이 지나면서 더 많은 단어들이 생성된다.

④ 시각화: 추가 그림 옵션

또 다른 wordcloud2 명령어로 작성한 그림을 제시한다.

명령어

```
>require(devtools)
>install_github("lchiffon/wordcloud2")
>library(wordcloud2)
>wordcloud2(word.freq, minRotation = -pi/6, maxRotation = -pi/6, minSize = 10,r
otateRatio = 1)
```



```
>require(devtools)
>install_github("lchiffon/wordcloud2")
>library(wordcloud2)
>wordcloud2(word.freq, minRotation = -pi/6, maxRotation = -pi/6, minSize
= 10,rotateRatio = 1)
```


[처리결과화면]

이번에는 그림 파일과 혼합해서 wordcloud2 명령어로 작성한 그림을 그려보자. 단 이 그림작업은 앞서 실행한 그림작업을 모두 취소하고 진행해야 한다. 아마도 많은 기능을 탑재하다보니 앞서 진행한 그림작업과 충돌하는 듯하다. 나타나지 않는다고 해서 작동하지 않는다고 미리 판단하지 말자.

명령어

```
>require(devtools)
>install_github("lchiffon/wordcloud2")
>library(wordcloud2)
>wordcloud2(word.freq, minRotation = -pi/6, maxRotation = -pi/6, minSize = 10,r
otateRatio = 1)
```

```
>require(devtools)
>install_github("lchiffon/wordcloud2")
>library(wordcloud2)
>wordcloud2(word.freq, minRotation = -pi/6, maxRotation = -pi/6, minSize
= 10,rotateRatio = 1)
```

[처리결과화면]

Wordcloud2는 lettercloud로도 작업이 가능하다. 이 작업 역시 앞서 진행한 그림 작업을 취소하고 진행해야 한다.

명령어

```
>require(devtools)
>install_github("lchiffon/wordcloud2")
```

```
>library(wordcloud2)
>letterCloud(word.freq, word = "R", size = 2)
```

```
>require(devtools)
>install_github("lchiffon/wordcloud2")
>library(wordcloud2)
>letterCloud(word.freq, word = "R", size = 2)
```

[처리결과화면]

또 다른 lettercloud 명령어로 작성한 그림을 제시한다.

명령어

```
>require(devtools)
>install_github("lchiffon/wordcloud2")
>library(wordcloud2)
>letterCloud(word.freq, word = "WORDCLOUD2", wordSize = 1)
```

```
>require(devtools)
```

```
>install_github("lchiffon/wordcloud2")
>library(wordcloud2)
>letterCloud(word.freq, word = "WORDCLOUD2", wordSize = 1)
```

[처리결과화면]

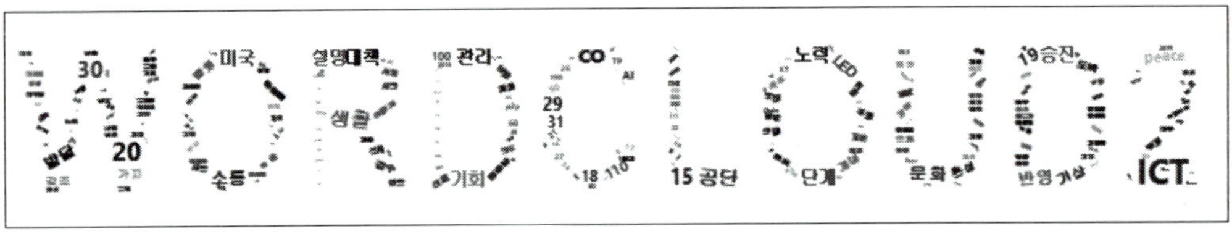

여기서 재미난 사실! 한글도 받아준다는 것. 자, 연습으로 '강원경제'라는 글자에 워드클라우드를 입혀보자.

명령어

```
>require(devtools)
>install_github("lchiffon/wordcloud2")
>library(wordcloud2)
>letterCloud(word.freq, word = "강원경제", wordSize = 5)
```


```
>require(devtools)
>install_github("lchiffon/wordcloud2")
>library(wordcloud2)
>letterCloud(word.freq, word = "강원경제", wordSize = 5)
```


[처리결과화면]

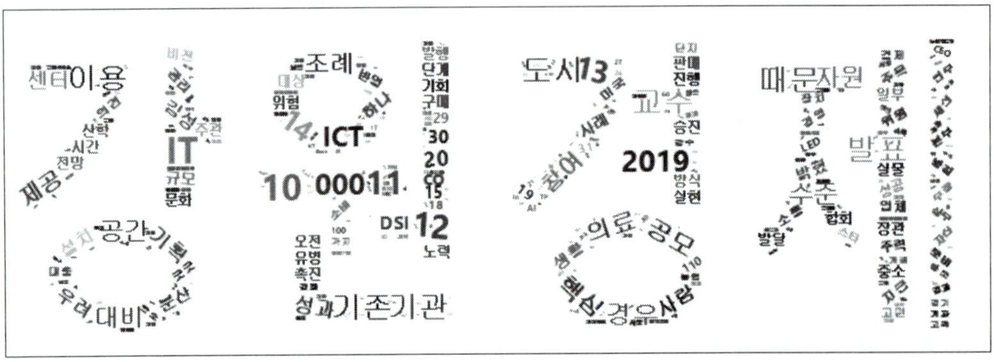

⑤ 시각화: 형태소

자 이제 마지막으로 단어를 또 다른 방법으로 정리하여 최종 명사 중심의 워드클라우드를 만들어보자.

명령어

```
> text6 <-ifelse(text5=="기자", NA, text5) #특정 단어를 NA로 대체
> text7 <-ifelse(text6=="신하림", NA, text6) #특정 단어를 NA로 대체
> text8 <-ifelse(text7=="신하림기", NA, text7) #특정 단어를 NA로 대체
> text9 <-ifelse(text8=="우태희", NA, text8) #특정 단어를 NA로 대체
> text10 <-ifelse(text9=="장현정기", NA, text9) #특정 단어를 NA로 대체
> text11 <-ifelse(text10=="장현정", NA, text10) #특정 단어를 NA로 대체
> text12 <-ifelse(text11=="육태우", NA, text11) #특정 단어를 NA로 대체
> text13 <-ifelse(text12=="조영국", NA, text12) #특정 단어를 NA로 대체
> text14 <-ifelse(text13=="김중연", NA, text13) #특정 단어를 NA로 대체
> text15 <-ifelse(text14=="박희태", NA, text14) #특정 단어를 NA로 대체
> text16 <-ifelse(text15=="서동엽", NA, text15) #특정 단어를 NA로 대체
> text17 <-ifelse(text16=="강순삼", NA, text16) #특정 단어를 NA로 대체
> text18 <-ifelse(text17=="김동연", NA, text17) #특정 단어를 NA로 대체
> text19 <-ifelse(text18=="황규선", NA, text18) #특정 단어를 NA로 대체
> text20 <-ifelse(text19=="한종호", NA, text19) #특정 단어를 NA로 대체
> text21 <-ifelse(text20=="유정배", NA, text20) #특정 단어를 NA로 대체
> text22 <-ifelse(text21=="하위윤기", NA, text21) #특정 단어를 NA로 대체
> text23 <-ifelse(text22=="최재규", NA, text22) #특정 단어를 NA로 대체
> text24 <-ifelse(text23=="김중남", NA, text23) #특정 단어를 NA로 대체
> text25 <-ifelse(text24=="이덕수", NA, text24) #특정 단어를 NA로 대체
> text5 <- na.omit(text25) # NA를 제거
> wordcount <- table(unlist(text5)) # 위의 결과가 리스트로 나와서 테이블 형태로 변환
,tibble
> df.word <- as.data.frame(wordcount, stringsAsFactors = FALSE) # 데이터 프레임으
로 바꾸고, 변수이름 변환
> df.word <- rename(df.word, word = Var1,freq = Freq)
> word.freq <- df.word %>% filter(nchar(word)>=2) %>% arrange(desc(freq))
> head(word.freq, 10) # 상위 10개 데이터 보기
> pal <- brewer.pal(8, "Dark2")[1:9] # 단어색 설정하기
> set.seed(1000)
> wordcloud::wordcloud(words = word.freq$word, freq = word.freq$freq,
+                      min.freq = 1, max.words = 300,
+                      random.order = FALSE, rot.per = 0.35,
```

```
+                          colors = pal)
```

```
> text6 <-ifelse(text5=="기자", NA, text5) #특정 단어를 NA로 대체
> text7 <-ifelse(text6=="신하림", NA, text6) #특정 단어를 NA로 대체
> text8 <-ifelse(text7=="신하림기", NA, text7) #특정 단어를 NA로 대체
> text9 <-ifelse(text8=="우태희", NA, text8) #특정 단어를 NA로 대체
> text10 <-ifelse(text9=="장현정기", NA, text9) #특정 단어를 NA로 대체
> text11 <-ifelse(text10=="장현정", NA, text10) #특정 단어를 NA로 대체
> text12 <-ifelse(text11=="육태우", NA, text11) #특정 단어를 NA로 대체
> text13 <-ifelse(text12=="조영국", NA, text12) #특정 단어를 NA로 대체
> text14 <-ifelse(text13=="김중연", NA, text13) #특정 단어를 NA로 대체
> text15 <-ifelse(text14=="박희태", NA, text14) #특정 단어를 NA로 대체
> text16 <-ifelse(text15=="서동엽", NA, text15) #특정 단어를 NA로 대체
> text17 <-ifelse(text16=="강순삼", NA, text16) #특정 단어를 NA로 대체
> text18 <-ifelse(text17=="김동연", NA, text17) #특정 단어를 NA로 대체
> text19 <-ifelse(text18=="황규선", NA, text18) #특정 단어를 NA로 대체
> text20 <-ifelse(text19=="한종호", NA, text19) #특정 단어를 NA로 대체
> text21 <-ifelse(text20=="유정배", NA, text20) #특정 단어를 NA로 대체
> text22 <-ifelse(text21=="하위윤기", NA, text21) #특정 단어를 NA로 대체
> text23 <-ifelse(text22=="최재규", NA, text22) #특정 단어를 NA로 대체
> text24 <-ifelse(text23=="김중남", NA, text23) #특정 단어를 NA로 대체
> text25 <-ifelse(text24=="이덕수", NA, text24) #특정 단어를 NA로 대체
> text5 <- na.omit(text25) # NA를 제거
> wordcount <- table(unlist(text5)) # 위의 결과가 리스트로 나와서 테이블 형태로 
변환 ,tibble
> df.word <- as.data.frame(wordcount, stringsAsFactors = FALSE) # 데이터 프레
임으로 바꾸고, 변수이름 변환
> df.word <- rename(df.word, word = Var1,freq = Freq)
> word.freq <- df.word %>% filter(nchar(word)>=2) %>% arrange(desc(freq))
> head(word.freq, 10) # 상위 10개 데이터 보기
      word freq
1     대학    8
2   강원도    6
3     도내    6
4 비트코인    6
5     정부    6
6 블록체인    5
7 강원포럼    4
8     공유    4
```

```
9        김성      4
10       서울      4
> pal <- brewer.pal(8, "Dark2")[1:9] # 단어색 설정하기
> set.seed(1000)
> wordcloud::wordcloud(words = word.freq$word, freq = word.freq$freq,
+                      min.freq = 1, max.words = 300,
+                      random.order = FALSE, rot.per = 0.35,
+                      colors = pal)
```

[처리결과화면]

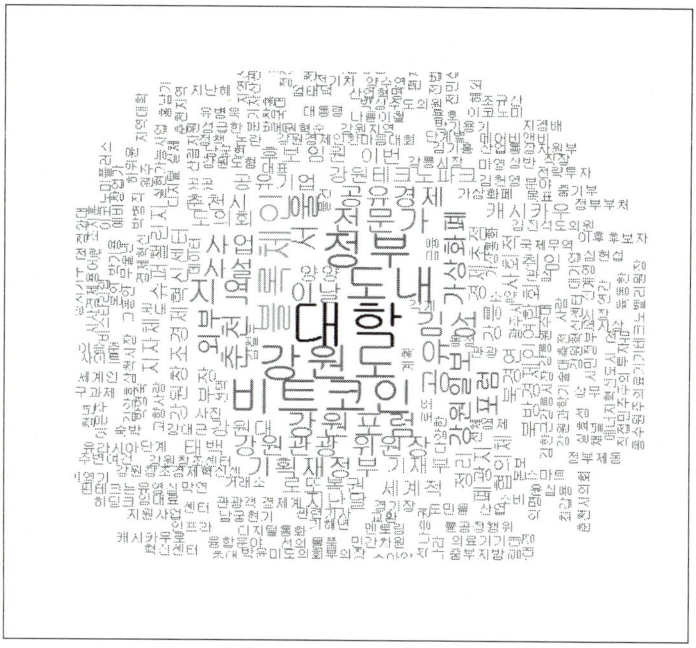

이번에는 형용사를 추출하여 분석을 실시해보자. KAIST 품사 셋을 사용하도록 한다.

명령어

```
>library(SnowballC) # 단어들을 뭉쳐주는 패키지
>library(wordcloud) # Wordcloud로 만들어주는 패키지
>library(RColorBrewer) #색깔입히는 패키지
>library(KoNLP)
>library(stringr)
>library(ggiraphExtra)
>library(tibble)
```

```
>library(devtools)
>library(dplyr)
> buildDictionary(ext_dic = "woorimalsam") # 우리말 사전
> woorimalsam <- get_dictionary('woorimalsam')
> text<-readLines(file.choose()) #파일선택할 수 있는 명령어 - 잘 됨 - kangblockchai
n1.txt
> text1 <- ifelse(text == "", NA, text)
> text2 <- ifelse(text1 == " ", NA, text1)
> text <- na.omit(text2) # 공백 제거
> text <- str_replace_all(text, "\\W", " ") # 특수문자 제거하기
> words <- function(text){
+   doc <- as.character(text)
+   doc2 <- paste(SimplePos22(doc))
+   doc3 <- str_match(doc2, "([가-힣]+)/PA")
+   doc4 <- doc3[,2]
+   doc4[!is.na(doc4)]
+ }
> text2 <- words(text)
> wordcount <- table(unlist(text2)) # 위의 결과가 리스트로 나와서 테이블 형태로 변환
,tibble
> df.word <- as.data.frame(wordcount, stringsAsFactors = FALSE) # 데이터 프레임으
로 바꾸고, 변수이름 변환
> df.word <- rename(df.word, word = Var1,
+                     freq = Freq)
> word.freq <- df.word %>% filter(nchar(word)>=2) %>% arrange(desc(freq))
> pal <- brewer.pal(8, "Dark2")[1:9] # 단어색 설정하기
> win.graph()
> set.seed(1000)
> wordcloud::wordcloud(words = word.freq$word, freq = word.freq$freq,
+                       min.freq = 1, max.words = 300,
+                       random.order = FALSE, rot.per = 0.35,
+                       colors = pal)
> head(word.freq, 10) # 상위 10개 데이터 보기
```

```
>library(SnowballC) # 단어들을 뭉쳐주는 패키지
>library(wordcloud) # Wordcloud로 만들어주는 패키지
>library(RColorBrewer) #색깔입히는 패키지
>library(KoNLP)
>library(stringr)
>library(ggiraphExtra)
```

```
>library(tibble)
>library(devtools)
>library(dplyr)

> buildDictionary(ext_dic = "woorimalsam") # 우리말 사전
629897 words dictionary was built.
> woorimalsam <- get_dictionary('woorimalsam')
> text<-readLines(file.choose()) #파일선택할 수 있는 명령어 - 잘 됨 - kangblock
chain1.txt
> text1 <- ifelse(text == "", NA, text)
> text2 <- ifelse(text1 == " ", NA, text1)
> text <- na.omit(text2) # 공백 제거

> text <- str_replace_all(text, "\\W", " ") # 특수문자 제거하기
> words <- function(text){
+   doc <- as.character(text)
+   doc2 <- paste(SimplePos22(doc))
+   doc3 <- str_match(doc2, "([가-힣]+)/PA")
+   doc4 <- doc3[,2]
+   doc4[!is.na(doc4)]
+ }
> text2 <- words(text)
> wordcount <- table(unlist(text2)) # 위의 결과가 리스트로 나와서 테이블 형태로
변환 ,tibble
> df.word <- as.data.frame(wordcount, stringsAsFactors = FALSE) # 데이터 프레
임으로 바꾸고, 변수이름 변환
> df.word <- rename(df.word, word = Var1,
+                   freq = Freq)
> word.freq <- df.word %>% filter(nchar(word)>=2) %>% arrange(desc(freq))
> head(word.freq, 10) # 상위 10개 데이터 보기
     word freq
1    다르   33
2    새롭   13
3    아니    9
4    어렵    6
5    빠르    3
6    어떻    3
7    이르    3
8  이러하    2
```

```
9   필요하다      2
10       가깝     1
> pal <- brewer.pal(8, "Dark2")[1:9] # 단어색 설정하기
> win.graph()
> set.seed(1000)
> wordcloud::wordcloud(words = word.freq$word, freq = word.freq$freq,
+                      min.freq = 1, max.words = 300,
+                      random.order = FALSE, rot.per = 0.35,
+                      colors = pal)
```

[처리결과화면]

※데이터셋을 불러올 때 주의할 점: fread( )와 readLines( )※

데이터셋을 불러올 때 명령어에 따라 잘못된 결과가 도출되기도 한다. 연습데이터(터키불확실성2006.txt, 터키불확실성2007.txt, 터키불확실성2008.txt, turkey2006.txt, turkey2007.txt, turkey2008.txt)를 사용하여 이 경우를 살펴보자. 연습데이터는 동일한 세 개의 데이터셋인데 한 그룹은 한글파일명이고, 다른 한 그룹은 영어파일명이다. 여기서 데이터를 불러올 때 사용하는 명령어는 fread( ) 함수와 readLines( ) 함수이다. 이들 두 함수는 데이터를 불러올 때 사용되는 함수인데 한글명파일과 영어명파일을 불러온 결과가 다르게 나타나기도 한다.

▣ fread( ) + 영어명파일

```
> library(data.table)
> library(rJava)
> library(memoise)
> library(stringr)
> library(dplyr)
```

```
> library(KoNLP)
> library(tm)
> library(topicmodels)
> library(LDAvis)
> library(tidytext)
> library(RColorBrewer)
> library(wordcloud)
> library(ggplot2)
> library(extrafont)

> setwd("C:/Users/osyan/") #작업디렉토리 지정
> text1 <- fread("turkey2006.txt", encoding = "UTF-8")
> text2 <- fread("turkey2007.txt", encoding = "UTF-8")
> text3 <- fread("turkey2008.txt", encoding = "UTF-8")

> text <- rbind(text1, text2, text3)
> text <- str_replace_all(text, "[[:punct:]]", " ") %>%
+   str_replace_all("[[:cntrl:]]", " ") %>%
+   str_replace_all("\\s+", " ") %>%
+   str_replace_all("http[a-zA-Z0-9]+", "") %>%
+   str_replace_all("[0-9]+", "") %>%
+   str_replace_all("[~!@#$%&*()_+=?<>]", "")
경고메시지(들):
In stri_replace_all_regex(string, pattern, fix_replacement(replacement),  :
  argument is not an atomic vector; coercing
> ko_words <- function(doc) {
+   d <- as.character(doc)
+   pos <- unlist(SimplePos22(d))
+
+   extracted <- str_match(pos, '([가-힣]+)/NC')
+
+   keyword <- extracted[, 2]
+   keyword[!is.na(keyword)]
+ }

> pos <- Map(ko_words, text)
경고메시지(들):
In value[[3L]](cond) :
  can't processing 'c r n t r n t r n r n r n r n r n 올해는 세계경제 불균형의 후유증이 현실화될 가능성이 높습니다 고유가와 미국경제 둔화로 세계경제는 성장률이  까지 떨어질 것으로 봅니다 수출중심의 한국경제는 바짝 긴장해야 합니다 뉴욕대 경영대학원 스턴스쿨 의 누리엘 루비니 교수는 국제통화기금 IMF 、세계은행 WB 등 국제기구와 월가 街 전문가들이 올해 세계경제를 다소 낙관적으로 전망하고 있는 것과 달리 세계 경제 불균형이 더욱 심화될 것이라며 비관적인 분석을 내놓았다 루비니 교수는 앞으로 년 이내에 국제유가는 배럴 당 달러 시대에 진입할 것
```

```
이라며 해결의 실마리를 찾지 못하고 있는 미국의 쌍둥이적자로 달러가치는 하락세로 돌아서고
아시아 통화는 강세를 보일 것 이라고 말했다 맨해튼 바릭스트리트에 있는 그의 연구실에서 루비니
교수를 만나 통화·금리·국제유가 등 세계 경제 전반에 대해 들어봤다 ▦올해 세계 경제를 어떻게
보십니까 미국발 發 경기둔화가 세계경제 성장률을 끌어내릴 것으로 봅니다 일부에서는 일본과
유럽의 경제가 살아나는 것을 청신호로 해석하고 있지만 미국 경제둔화가 일본과 유럽의 수출을
감소시키 [... truncated]

> corpus <- Corpus(VectorSource(pos))
> StopWords <- c()
> tdm <- TermDocumentMatrix(corpus, control=list(
+   removePunctuation=TRUE, stopwords=StopWords,
+   removeNumbers=TRUE, wordLengths=c(4, 20), weighting=weightTf))
> Encoding(tdm$dimnames$Terms) <- 'CP949'
> tdm.df <- as.data.frame(as.matrix(tdm))
> wordResult <- sort(rowSums(tdm.df), decreasing=TRUE)
> words <- names(wordResult)
> word.df <- data.frame(word=words, freq=wordResult)
> pal <- brewer.pal(9,"Set1")

> win.graph()
> wordcloud(word.df$word, word.df$freq,
+           scale=c(5,0), min.freq=3, random.order=F,
+           rot.per=.1, colors=pal, family="malgun")
12건의 경고들이 발견되었습니다 (이를 확인하기 위해서는 warnings()를 이용하시길 바랍니다).
```

[처리결과화면]

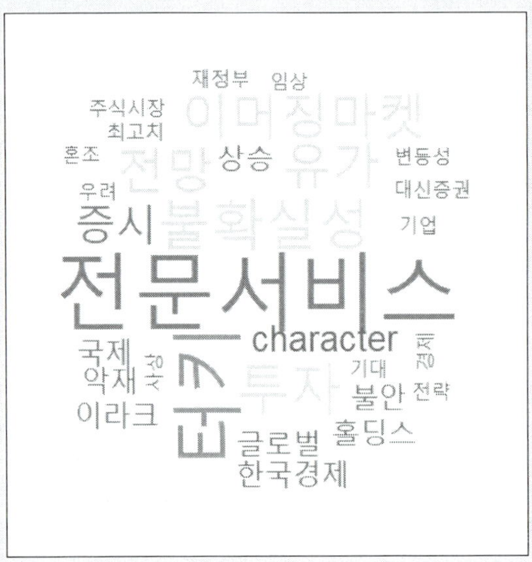

▶ 해석

처리결과를 살펴보면, 단어들이 잘 생성되어 있음을 볼 수 있다.

■ readLines( ) + 한글명파일

```
> text1 <- readLines("터키불확실성2006.txt", encoding = "CP949")
> text2 <- readLines("터키불확실성2007.txt", encoding = "CP949")
> text3 <- readLines("터키불확실성2008.txt", encoding = "CP949")
> text <- rbind(text1, text2, text3)
경고메시지(들):
In rbind(text1, text2, text3) :
  number of columns of result is not a multiple of vector length (arg 1)
> text <- str_replace_all(text, "[[:punct:]]", " ") %>%
+   str_replace_all("[[:cntrl:]]", " ") %>%
+   str_replace_all("\\s+", " ") %>%
+   str_replace_all("http[a-zA-Z0-9]+", "") %>%
+   str_replace_all("[0-9]+", "") %>%
+   str_replace_all("[~!@#$%&*()_+=?<>]", "")
> ko_words <- function(doc) {
+   d <- as.character(doc)
+   pos <- unlist(SimplePos22(d))
+
+   extracted <- str_match(pos, '([가-힣]+)/NC')
+
+   keyword <- extracted[, 2]
+   keyword[!is.na(keyword)]
+ }
> pos <- Map(ko_words, text)

> corpus <- Corpus(VectorSource(pos))
> StopWords <- c()
> dtm <- DocumentTermMatrix(corpus, control=list(
+   removePunctuation=TRUE, stopwords=StopWords,
+   removeNumbers=TRUE, wordLengths=c(4, 20), weighting=weightTf))
> win.graph()
> tdm <- TermDocumentMatrix(corpus, control=list(
+   removePunctuation=TRUE, stopwords=StopWords,
+   removeNumbers=TRUE, wordLengths=c(4, 20), weighting=weightTf))
> Encoding(tdm$dimnames$Terms) <- 'CP949'
> tdm.df <- as.data.frame(as.matrix(tdm))
> wordResult <- sort(rowSums(tdm.df), decreasing=TRUE)
> words <- names(wordResult)
```

```
> word.df <- data.frame(word=words, freq=wordResult)
> pal <- brewer.pal(9,"Set1")
> wordcloud(word.df$word, word.df$freq,
+           scale=c(5,0), min.freq=3, random.order=F,
+           rot.per=.1, colors=pal, family="malgun")
50건 이상의 경고들을 발견되었습니다 (이들 중 처음 50건을 확인하기 위해서는 warnings()를
이용하시길 바랍니다).
```

[처리결과화면]

해석

처리결과를 살펴보면, 워드클라우드는 생성되었지만 단어들이 깨져 있음을 볼 수 있다.

3. 중급

3.1 텍스트 크롤링: 주요 신문 기사 및 평가 자료

주요 신문 기사를 주제어를 가지고 해당 주제어를 다루고 있는 기사만을 뽑아 크롤링하는 방법을 연습해보자. 각 신문의 구조에 따라 일반 크롤링 방식으로 가능한 경우와 RSelenium 방식으로 가능한 경우가 있다. 또한 같은 신문도 경우에 따라 일반 크롤링과 RSelenium 크롤링으로 구분되어 기사 수집이 가능한 경우가 있다.

1) 네이버 뉴스 크롤링

① 네이버 뉴스에서 검색하기: 검색어 "○○○"

Q 뉴스 기사를 데이터로 사용하려 하는데 일일이 기사를 스크랩할 수는 없고 ... ?

뉴스 기사를 데이터로 사용할 때가 있다. 텍스트로부터 귀한 분석자료를 만들 수 있기때문이다. 문제는 텍스트로부터 특정한 변수를 측정해서 수치화하는 것인데, 그 보다 더 큰 문제는 텍스트를 어떻게 수집하는가 있다. 뭐 사실 막노동으로 일일이 스크랩해서 텍스트를 모으면 된다. 그러나 전문가답게 텍스트를 수집하는 방법을 배워보자. 무지막지하게 대량의 빅데이터 텍스트를 수집해야 할 경우도 있으니까.

#크롤링(Crawling)#
크롤링이란 인터넷 자료에 나와 있는 텍스트를 그대로 스크랩해 와서 그 안에 들어 있는 데이터를 추출하는 작업을 의미한다. 크롤링 작업은 크게 세 가지 큰 기둥으로 이루어져 있다: (1) URL 리스트 정리(날짜별, 페이지별), (2) 기사 링크 정리, (3) 기사내용 텍스트 정리 및 저장.

텍스트 크롤링 연습을 위해 우리는 '삼성 이재용'을 검색어로 해서 특정 날짜 기간을 부여한 채 관련 네이버 뉴스 기사를 수집하려고 한다. 크롤링 연습을 위해 네이버 뉴스 화면에서 "삼성 이재용"을 입력하고 돋보기 검색을 클릭하면 다음 화면이 나온다.

[처리결과화면]

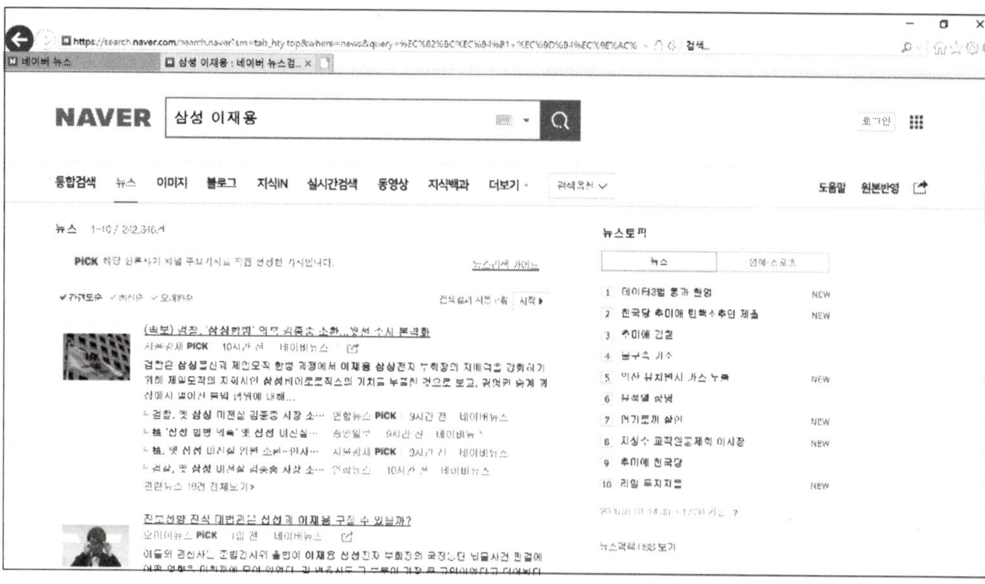

이 화면에서 검색 박스 오른쪽 끝에 있는 돋보기 그림 바로 밑에 있는 "검색옵션"을 클릭하면, 정렬, 기간, 영역, 유형....등 보다 상세한 검색 옵션들이 나타난다. 여기서 '기간'을 클릭하고 들어가서 찾고자 하는 기사의 특정한 날짜 또는 기간을 입력하자.

[처리결과화면]

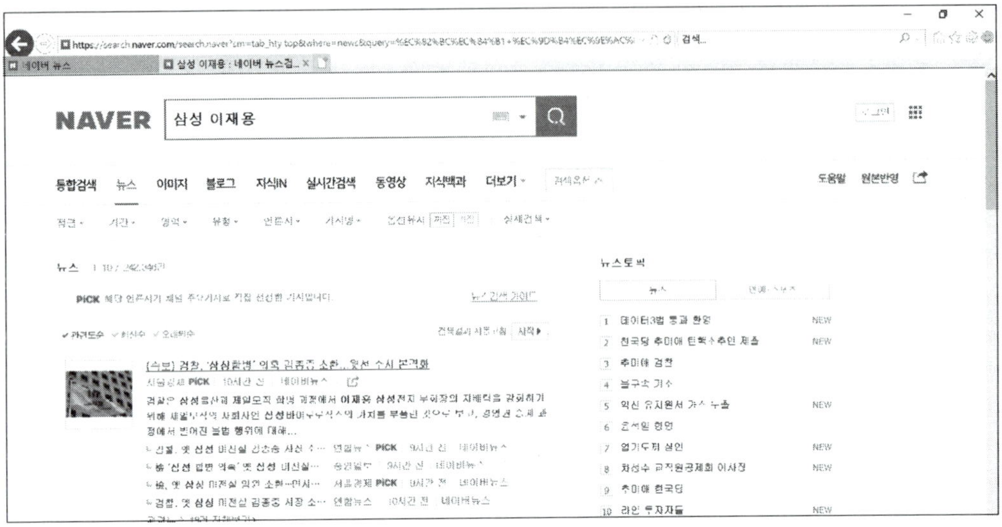

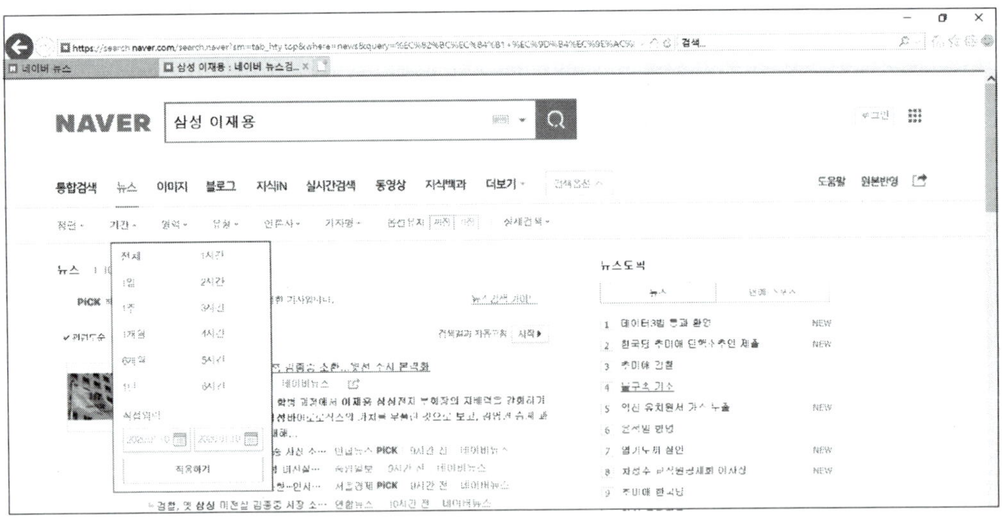

여기서는 연습을 위해 2019년 1월 1일부터 2020년 1월 10일까지로 지정해보자. 그러면 "뉴스" 아래쪽에 "2019-01-01-2020-01-10"이라는 날짜가 기록되어 나타나고 이에 해당되는 뉴스 자료로만 제한적으로 표시되어 나타난다(뉴스 1-10/ 242346건이었던 것이 뉴스 1-10/34,038건으로 바뀌어서 표시되고 있음).

[처리결과화면]

자 이제 URL 작업을 시작해보자. "삼성 이재용" 그리고 날짜를 선택해서 클릭한 화면을 보면 URL이 다음과 같은 형식으로 나와 있음을 볼 수 있다.

〈네이버 화면에서 "삼성 이재용" 찾고 => 뉴스 클릭해서 => URL 캡쳐하는 경우〉

```
https://search.naver.com/search.naver?where=news&sm=tab_jum&query=%EC%82%BC%EC%
84%B1+%EC%9D%B4%EC%9E%AC%EC%9A%A9
```

〈네이버 화면에서 "삼성 이재용" 찾고 => 뉴스 클릭해서 => 날짜 선택하고 => URL 캡쳐하는 경우〉

```
https://search.naver.com/search.naver?where=news&query=%EC%82%BC%EC%84%B1%20%E
C%9D%B4%EC%9E%AC%EC%9A%A9&sm=tab_opt&sort=0&photo=0&field=0&reporter_article=&p
d=3&ds=2019.01.01&de=2020.01.10&docid=&nso=so%3Ar%2Cp%3Afrom20190101to20200110%
2Ca%3Aall&mynews=0&refresh_start=0&related=0
```

〈네이버 뉴스에서 "삼성 이재용" 찾고 => URL 캡쳐하는 경우〉

```
https://search.naver.com/search.naver?query=%EC%82%BC%EC%84%B1+%EC%9D%B4%EC%9E%
AC%EC%9A%A9&where=news&ie=utf8&sm=nws_hty
```

〈네이버 뉴스에서 "삼성 이재용" 찾고 => 날짜 선택하고 => URL 캡쳐하는 경우〉

```
https://search.naver.com/search.naver?where=news&query=%EC%82%BC%EC%84%B1%20%E
C%9D%B4%EC%9E%AC%EC%9A%A9&sm=tab_opt&sort=0&photo=0&field=0&reporter_article=&p
```

```
d=3&ds=2019.01.01&de=2020.01.10&docid=&nso=so%3Ar%2Cp%3Afrom20190101to20200110%
2Ca%3Aall&mynews=0&refresh_start=0&related=0
```

웹브라우저로 '크롬'을 사용할 경우 URL을 복사해서 붙여넣기로 가져오면 다음과 같이 "삼성 이재용" 검색어가 특수문자로 처리되어 나타난다.

```
https://search.naver.com/search.naver?where=news&query=%EC%82%BC%EC%84%B1%20%E
C%9D%B4%EC%9E%AC%EC%9A%A9&sm=tab_opt&sort=0&photo=0&field=0&reporter_article=&p
d=3&ds=2019.01.01&de=2020.01.10&docid=&nso=so%3Ar%2Cp%3Afrom20190101to20200110%
2Ca%3Aall&mynews=0&refresh_start=0&related=0
```

[처리결과화면: 크롬 네이버 뉴스에서 '삼성 이재용'을 검색한 경우 URL]

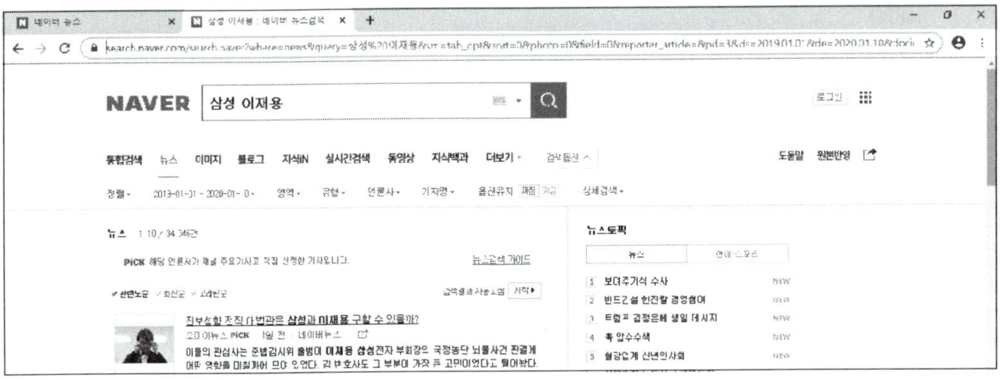

URL 구조를 우선 파악해야 한다. 여기서는 <네이버 뉴스에서 "삼성 이재용" 찾고 => 날짜 선택하고 => URL 캡쳐하는 경우>의 URL 구조를 들여다보자.

[URL 구조]

```
https://search.naver.com/search.naver?
where=news
&query=%EC%82%BC%EC%84%B1%20%EC%9D%B4%EC%9E%AC%EC%9A%A9& #검색 키워드 "삼성
이재용"
sm=tab_opt
&sort=0
&photo=0
&field=0
&reporter_article=
&pd=3
```

```
&ds=2019.01.01 #검색시작날짜
&de=2020.01.10 #검색종료날짜
&docid=
&nso=so%3Ar%2Cp%3Afrom20190101to20200110%2Ca%3Aall&mynews=0
&refresh_start=0 #게시물번호
&related=0
```

이처럼 URL은 복잡한 구성인자로 이루어져 있다. 불행히도 긴 기간 동안 텍스트를 크롤링하고자 한다면 한 페이지에 10개씩 밖에 기사가 나오지 않는 관계로 여러 페이지를 크롤링해야한다. 따라서 URL 인식을 한꺼번에 할 수 없기 때문에 조각조각 나누어서 날짜별, 페이지별로 URL을 생성시켜야 한다. 작업을 시작하기에 앞서 우선 필요한 패키지를 설치하고 불러오자.

명령어

```
> library(rvest)
> library(dplyr)
```

```
> library(rvest)
필요한 패키지를 로딩중입니다: xml2
> library(dplyr)

다음의 패키지를 부착합니다: 'dplyr'

The following objects are masked from 'package:stats':

    filter, lag

The following objects are masked from 'package:base':

    intersect, setdiff, setequal, union
```

② **URL 리스트 만들기**

자 이제 문자열(string)을 결합하여 R 프로그램에서 사용할 수 있도록 URl 리스트를 만들어보자. 이것이 크롤링 작업의 첫 시작이다. URL의 구조에 상응하여 작업을 구성해야 한다. 즉 '검색키워드', 'URL 검색엔진', '정렬', '검색종료날짜', '게시물번호' , '날짜' , '페이지' 등

변수를 입력하자(연구자에 따라 어떤 변수가 필요한지 경험적으로 살펴보아야 한다). 검색키워드는 QUERY로 저장하고, 검색엔진은 naver_url_1, 정렬은 naver_url_2, 검색종료날짜는 naver_url_3, 게시물번호는 naver_url_4로 저장하자. 또한 PAGE는 1로 시작한다.

명령어

```
> QUERY <- "%EC%82%BC%EC%84%B1%20%EC%9D%B4%EC%9E%AC%EC%9A%A9" # 검색키워
> naver_url_1 <- https://search.naver.com/search.naver?&where=news&query= #U
RL 검색엔진
> naver_url_2 <- "&sort=2&pd=3&ds=" #정렬
> naver_url_3 <- "&de=" #검색종료날짜
> naver_url_4 <- "&start=" #게시물번호
> DATE  <- as.Date(as.character(20200110),format="%Y%m%d") # 검색시작날짜 & 검색
종료날짜
> DATE <- format(DATE, "%Y.%m.%d")
> PAGE  <- 1
> naver_url <- paste0(naver_url_1,QUERY,naver_url_2,DATE,naver_url_3,DATE,na
ver_url_4,PAGE)
> naver_url
```

```
> QUERY <- "%EC%82%BC%EC%84%B1%20%EC%9D%B4%EC%9E%AC%EC%9A%A9" # 검색키워드
> naver_url_1 <- https://search.naver.com/search.naver?&where=news&query=
#URL 검색엔진
> naver_url_2 <- "&sort=2&pd=3&ds=" #정렬
> naver_url_3 <- "&de=" #검색종료날짜
> naver_url_4 <- "&start=" #게시물번호
> DATE  <- as.Date(as.character(20200110),format="%Y%m%d") # 검색시작날짜 &
검색종료날짜
> DATE <- format(DATE, "%Y.%m.%d")
> PAGE  <- 1
> naver_url <- paste0(naver_url_1,QUERY,naver_url_2,DATE,naver_url_3,DAT
E,naver_url_4,PAGE)
> naver_url
[1] "https://search.naver.com/search.naver?&where=news&query=%EC%82%BC%E
C%84%B1%20%EC%9D%B4%EC%9E%AC%EC%9A%A9&sort=2&pd=3&ds=2020.01.10&de=202
0.01.10&start=1"
```

여기에 덧붙여 날짜 리스트를 만들어보자. 날짜 리스트는 검색시작날짜, 검색종료날짜, 시작날짜와 종료날짜를 결합하고, 네이버 뉴스 기사 제공 시작 날짜(이것은 고정,

1970-01-01) 등을 만들어준다. "DATE <- seq(DATE_START, DATE_END, by=31)"은 한 달씩 끊어서 텍스트를 크롤링하려는 목적으로 작성한 명령어이다. 그냥 모두 크롤링하는 경우에는 "DATE <- DATE_START:DATE_END"로 작성하면 된다.

```
#기사를 한달 씩 끊어서 저장하고 싶을 때#
> DATE_START <- as.Date(as.character(19980804), format="%Y%m%d") # 시작일자
> DATE_END   <- as.Date(as.character(20200108), format="%Y%m%d") # 종료일자
> DATE <- seq(DATE_START, DATE_END, by=31)
> DATE <- as.Date(DATE,origin="1970-01-01")
```

명령어

```
> DATE_START <- as.Date(as.character(20190101), format="%Y%m%d") # 시작일자
> DATE_END   <- as.Date(as.character(20200110), format="%Y%m%d") # 종료일자
> DATE <- DATE_START:DATE_END #전체를 저장 할 때
> DATE <- as.Date(DATE,origin="1970-01-01")
> DATE
```

```
> DATE_START <- as.Date(as.character(20190101), format="%Y%m%d") # 시작일자
> DATE_END   <- as.Date(as.character(20200110), format="%Y%m%d") # 종료일자
> DATE <- DATE_START:DATE_END #전체를 저장 할 때
> DATE <- as.Date(DATE,origin="1970-01-01")
> DATE
  [1] "2019-01-01" "2019-01-02" "2019-01-03" "2019-01-04" "2019-01-05" "20
19-01-06" "2019-01-07" "2019-01-08"
  [9] "2019-01-09" "2019-01-10" "2019-01-11" "2019-01-12" "2019-01-13" "20
19-01-14" "2019-01-15" "2019-01-16"
 [17] "2019-01-17" "2019-01-18" "2019-01-19" "2019-01-20" "2019-01-21" "20
19-01-22" "2019-01-23" "2019-01-24"
(중간생략)
[361] "2019-12-27" "2019-12-28" "2019-12-29" "2019-12-30" "2019-12-31" "20
20-01-01" "2020-01-02" "2020-01-03"
[369] "2020-01-04" "2020-01-05" "2020-01-06" "2020-01-07" "2020-01-08" "20
20-01-09" "2020-01-10"
```

다음으로 페이지 번호 리스트를 만든다. 네이버 뉴스는 한 페이지에 기사가 10개씩 제시되므로 페이지 번호는 10씩 증가해야 한다. 이는 seq( ) 함수를 이용해서 연산으로 실행하면 된다. 그리고나서 날짜별로 그리고 페이지별로 url이 순서대로 잘 생성되도록 url 리스트를

저장하라는 명령어를 작성해주자. Url 리스트를 저장할 파일명은 naver_url_list로 하자. 작업이 다 되었는지 head( )함수와 tail( ) 함수를 사용해서 앞뒤 내용을 간단히 열람해서 작업이 잘 되었는지 확인해보자.

명령어

```
> PAGE <- seq(from=1,by=10,length.out=5) # 시작값과 원하는 갯수를 지정할 수도 있다.
> PAGE
> naver_url_list <- c()
> for(y in DATE){
+   for(x in PAGE){
+     dt <- format(as.Date(y, origin="1970-01-01"), "%Y.%m.%d")
+    naver_url <- paste0(naver_url_1, QUERY, naver_url_2, dt, naver_url_3, dt,
naver_url_4, x)
+     naver_url_list <- c(naver_url_list, naver_url)
+   }
+ }
> head(naver_url_list,5)
> tail(naver_url_list)
```

```
> PAGE <- seq(from=1,by=10,length.out=5) # 시작값과 원하는 갯수를 지정할 수도
있다.
> PAGE
[1]  1 11 21 31 41
> naver_url_list <- c()
> for(y in DATE){
+   for(x in PAGE){
+     dt <- format(as.Date(y, origin="1970-01-01"), "%Y.%m.%d")
+    naver_url <- paste0(naver_url_1, QUERY, naver_url_2, dt, naver_url_3,
dt, naver_url_4, x)
+     naver_url_list <- c(naver_url_list, naver_url)
+   }
+ }
> head(naver_url_list,5)
[1] "https://search.naver.com/search.naver?&where=news&query=%EC%82%BC%E
C%84%B1%20%EC%9D%B4%EC%9E%AC%EC%9A%A9&sort=2&pd=3&ds=2019.01.01&de=201
9.01.01&start=1"
[2] "https://search.naver.com/search.naver?&where=news&query=%EC%82%BC%E
C%84%B1%20%EC%9D%B4%EC%9E%AC%EC%9A%A9&sort=2&pd=3&ds=2019.01.01&de=201
```

```
9.01.01&start=11"
[3] "https://search.naver.com/search.naver?&where=news&query=%EC%82%BC%E
C%84%B1%20%EC%9D%B4%EC%9E%AC%EC%9A%A9&sort=2&pd=3&ds=2019.01.01&de=201
9.01.01&start=21"
[4] "https://search.naver.com/search.naver?&where=news&query=%EC%82%BC%E
C%84%B1%20%EC%9D%B4%EC%9E%AC%EC%9A%A9&sort=2&pd=3&ds=2019.01.01&de=201
9.01.01&start=31"
[5] "https://search.naver.com/search.naver?&where=news&query=%EC%82%BC%E
C%84%B1%20%EC%9D%B4%EC%9E%AC%EC%9A%A9&sort=2&pd=3&ds=2019.01.01&de=201
9.01.01&start=41"
> tail(naver_url_list)
[1] "https://search.naver.com/search.naver?&where=news&query=%EC%82%BC%E
C%84%B1%20%EC%9D%B4%EC%9E%AC%EC%9A%A9&sort=2&pd=3&ds=2020.01.09&de=202
0.01.09&start=41"
[2] "https://search.naver.com/search.naver?&where=news&query=%EC%82%BC%E
C%84%B1%20%EC%9D%B4%EC%9E%AC%EC%9A%A9&sort=2&pd=3&ds=2020.01.10&de=202
0.01.10&start=1"
[3] "https://search.naver.com/search.naver?&where=news&query=%EC%82%BC%E
C%84%B1%20%EC%9D%B4%EC%9E%AC%EC%9A%A9&sort=2&pd=3&ds=2020.01.10&de=202
0.01.10&start=11"
[4] "https://search.naver.com/search.naver?&where=news&query=%EC%82%BC%E
C%84%B1%20%EC%9D%B4%EC%9E%AC%EC%9A%A9&sort=2&pd=3&ds=2020.01.10&de=202
0.01.10&start=21"
[5] "https://search.naver.com/search.naver?&where=news&query=%EC%82%BC%E
C%84%B1%20%EC%9D%B4%EC%9E%AC%EC%9A%A9&sort=2&pd=3&ds=2020.01.10&de=202
0.01.10&start=31"
[6] "https://search.naver.com/search.naver?&where=news&query=%EC%82%BC%E
C%84%B1%20%EC%9D%B4%EC%9E%AC%EC%9A%A9&sort=2&pd=3&ds=2020.01.10&de=202
0.01.10&start=41"
```

해석

처리 결과를 살펴보면, 날짜별/페이지별 URL 리스트가 제대로 생성되어 있음을 볼 수 있다.

③ 링크 목록 만들기

지금까지 "삼성 이재용"이라는 검색어로 네이버 뉴스 기사를 검색하여 원하는 기간 동안의 기사를 확인하였다. 다음 순서는 크롤링의 두 번째 기둥인 검색 결과에 포함된 기사의 링크 목록을 만드는 작업이다. 웹브라우저로 '크롬'을 사용하고, F12를 누르면 페이지 소스(오른쪽에 나타나는 개발자도구 내용)를 열람할 수 있다.

[처리결과화면]

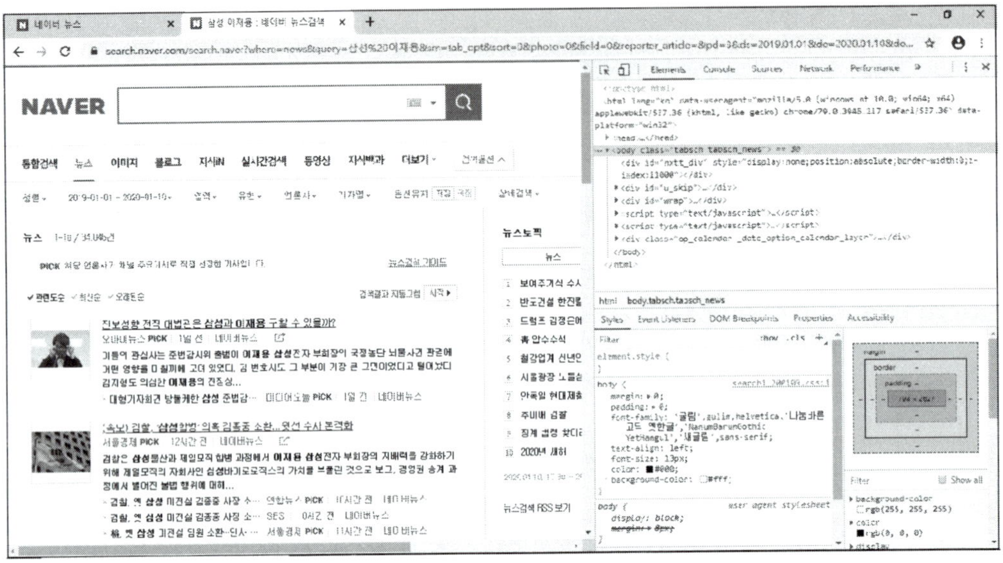

이제 오른쪽 박스에 나와 있는 정보들을 하나씩 뜯어 보면(커서를 올려 놓으면 어느 부분을 커버하는지 파란색 창으로 나타난다) div id="main_pack" 부분이 기사 내용을 커버함을 알 수 있다. 이는 검색엔진(개발자)에 따라 다르기 때문에 연구자가 눈으로 개별적으로 확인해야 한다.

[처리결과화면: div id="main_pack"에 커서를 올려놓을 때 화면]

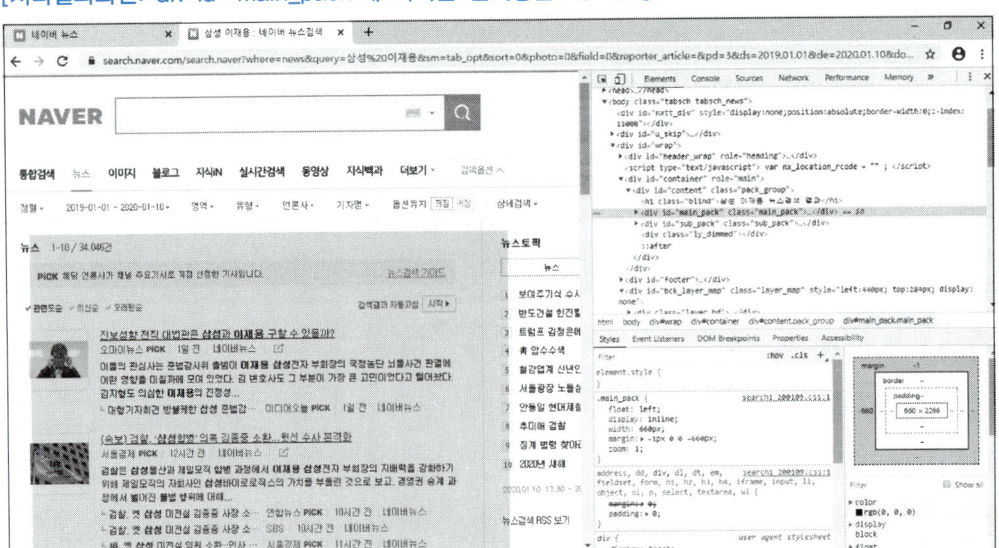

검색 결과에 포함된 링크 리스트를 만들기 위한 기초작업을 시작해보자. 우선 조건을 걸어 검색한 url을 naver_url로 저장하고, 해당 url의 html 소스코드를 가져와 html로 저장하자. 이후 해당 태그가 포함하고 있는 소스코드와 속성을 추출하고(html_nodes( )함수), 해당 속성의 값을 추출하자(html_attr( )함수). 그리고 나서 중요한 작업이 이루어져야 하는데 다름 아닌 반복된 url을 제거하는 작업이다. 태그(예, a, div 등), 속성(예, id, class, href 등), 속성값(url)의 구조가 반복되는 경우가 일반적이므로 url이 반복되어 도출되는 경우가 흔하다. 따라서 이를 제거하라는 명령어를 작성해주어야 한다. 최종 저장 파일명은 temp로 하자. 이에 사용되는 함수가 unique( ) 함수이다. 작업이 다 이루어졌으면 head( ) 함수로 작업 결과 내용을 확인해보자.

명령어

```
> naver_url <- "https://search.naver.com/search.naver?where=news&query=%EC%8
2%BC%EC%84%B1%20%EC%9D%B4%EC%9E%AC%EC%9A%A9&sm=tab_opt&sort=0&photo=0&field
=0&reporter_article=&pd=3&ds=2019.01.01&de=2020.01.10&docid=&nso=so%3Ar%2C
p%3Afrom20190101to20200110%2Ca%3Aall&mynews=0&refresh_start=0&related=0"
> html <- read_html(naver_url)
> temp <- unique(html_nodes(html,'#main_pack')%>% # id= 는 # 을 붙인다
+                 html_nodes(css='.news ')%>%     # class= 는 css= 를 붙인다
+                 html_nodes(css='.type01')%>%
+                 html_nodes('a')%>%
+                 html_attr('href'))
> head(temp,5)
```

```
> naver_url <- "https://search.naver.com/search.naver?where=news&query=%E
C%82%BC%EC%84%B1%20%EC%9D%B4%EC%9E%AC%EC%9A%A9&sm=tab_opt&sort=0&photo=
0&field=0&reporter_article=&pd=3&ds=2019.01.01&de=2020.01.10&docid=&nso
=so%3Ar%2Cp%3Afrom20190101to20200110%2Ca%3Aall&mynews=0&refresh_start=0
&related=0"
> html <- read_html(naver_url)
> temp <- unique(html_nodes(html,'#main_pack')%>% # id= 는 # 을 붙인다
+                html_nodes(css='.news ')%>%    # class= 는 css= 를 붙인다
+                  html_nodes(css='.type01')%>%
+                  html_nodes('a')%>%
+                  html_attr('href'))
> head(temp,5)
[1] "http://www.ohmynews.com/NWS_Web/View/at_pg.aspx?CNTN_CD=A0002602928
```

```
&CMPT_CD=P0010&utm_source=naver&utm_medium=newsearch&utm_campaign=naver
_news"
[2] "https://news.naver.com/main/read.nhn?mode=LSD&mid=sec&sid1=102&oid=
047&aid=0002252784"
[3] "#"
[4] "http://www.mediatoday.co.kr/news/articleView.html?idxno=204626"
[5] "https://news.naver.com/main/read.nhn?mode=LSD&mid=sec&sid1=102&oid=
006&aid=0000100581"
```

이제 네이버 검색결과 url 리스트에서 관련기사 링크를 날짜별, 페이지별 리스트를 만들도록 하자. 특히 최종 저장할 데이터 형식을 날짜, 기사링크, 기사내용 식으로 하고 싶을때는 news_url과 news_date로 구분하여 작업해서 최종 저장해야 한다.

명령어

```
> news_url <- c()
> news_date <-c()
```

```
> news_url <- c()
> news_date <-c()
```

[처리결과화면]

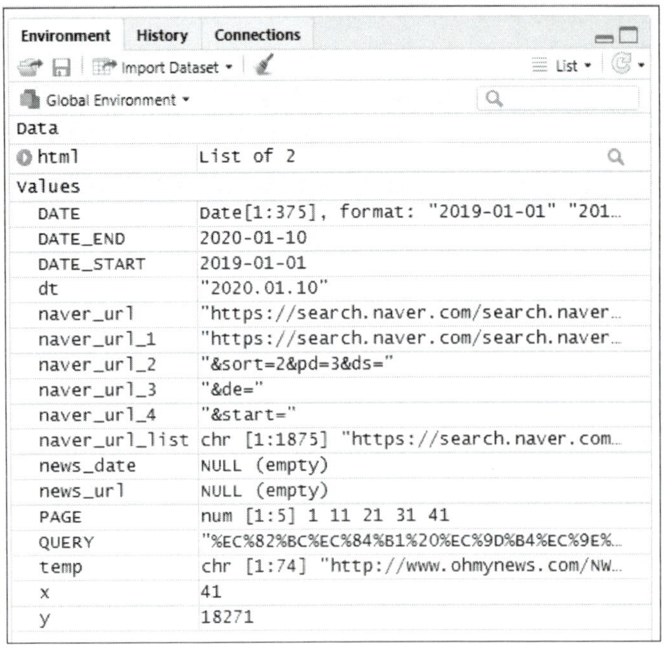

이제 for 반복문을 사용하여 링크 리스트를 저장시켜 보자. 이때 사용하는 명령어 옵션으로 print가 있는데 이는 작업 진행 상황을 눈으로 볼 수 있게 표시해준다. 다만 옵션 사용은 그 만큼 작업 속도를 떨어뜨린다는 점을 명심해두자.

명령어

```
> for (date_i in DATE){
+   for (page_i in PAGE){
+     dt <- format(as.Date(date_i,origin="1970-01-01"), "%Y.%m.%d")
+    naver_url <- paste0(naver_url_1,QUERY,naver_url_2,dt,naver_url_3,dt,nave
r_url_4,page_i)
+     html <- read_html(naver_url)
+     temp <- unique(html_nodes(html,'#main_pack')%>% # id= 는 # 을 붙인다
+                    html_nodes(css='.news ')%>%    # class= 는 css= 를 붙인다
+                      html_nodes(css='.type01')%>%
+                      html_nodes('a')%>%
+                      html_attr('href'))
+     news_url <- c(news_url,temp)
+     news_date <- c(news_date,rep(dt,length(temp)))
+   }
+   print(dt) # 진행상황을 알기 위함이니 속도가 느려지면 제외
+ }
```


```
> for (date_i in DATE){
+   for (page_i in PAGE){
+     dt <- format(as.Date(date_i,origin="1970-01-01"), "%Y.%m.%d")
+    naver_url <- paste0(naver_url_1,QUERY,naver_url_2,dt,naver_url_3,dt,
naver_url_4,page_i)
+     html <- read_html(naver_url)
+     temp <- unique(html_nodes(html,'#main_pack')%>% # id= 는 # 을 붙인다
+                    html_nodes(css='.news ')%>%    # class= 는 css= 를
붙인다
+                      html_nodes(css='.type01')%>%
+                      html_nodes('a')%>%
+                      html_attr('href'))
+     news_url <- c(news_url,temp)
+     news_date <- c(news_date,rep(dt,length(temp)))
+   }
+   print(dt) # 진행상황을 알기 위함이니 속도가 느려지면 제외
+ }
```

```
[1] "2019.01.01"
[1] "2019.01.02"
[1] "2019.01.03"
[1] "2019.01.04"
[1] "2019.01.05"
[1] "2019.01.06"
[1] "2019.01.07"
[1] "2019.01.08"
```

시간이 너무 걸려 print 옵션을 빼고 다시 시작하였다. ㅋ 그래도 약 2시간 정도 걸린다.

명령어

```
> for (date_i in DATE){
+   for (page_i in PAGE){
+     dt <- format(as.Date(date_i,origin="1970-01-01"), "%Y.%m.%d")
+    naver_url <- paste0(naver_url_1,QUERY,naver_url_2,dt,naver_url_3,dt,nave
r_url_4,page_i)
+     html <- read_html(naver_url)
+     temp <- unique(html_nodes(html,'#main_pack')%>% # id= 는 # 을 붙인다
+                   html_nodes(css='.news ')%>%    # class= 는 css= 를 붙인다
+                     html_nodes(css='.type01')%>%
+                     html_nodes('a')%>%
+                     html_attr('href'))
+     news_url <- c(news_url,temp)
+     news_date <- c(news_date,rep(dt,length(temp)))
+   }
+ }
```

```
> for (date_i in DATE){
+   for (page_i in PAGE){
+     dt <- format(as.Date(date_i,origin="1970-01-01"), "%Y.%m.%d")
+    naver_url <- paste0(naver_url_1,QUERY,naver_url_2,dt,naver_url_3,dt,
naver_url_4,page_i)
+     html <- read_html(naver_url)
+     temp <- unique(html_nodes(html,'#main_pack')%>% # id= 는 # 을 붙인다
+                   html_nodes(css='.news ')%>%    # class= 는 css= 를
붙인다
```

```
+                     html_nodes(css='.type01')%>%
+                     html_nodes('a')%>%
+                     html_attr('href'))
+     news_url <- c(news_url,temp)
+     news_date <- c(news_date,rep(dt,length(temp)))
+   }
+ }
```

[처리결과화면]

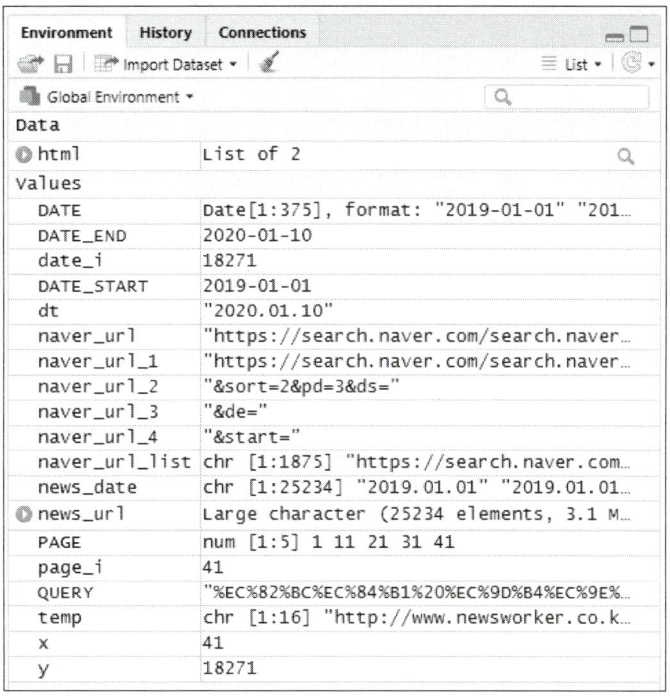

Environment History Connections

Import Dataset ▾ List ▾

Global Environment ▾

Data	
html	List of 2
Values	
DATE	Date[1:375], format: "2019-01-01" "201…
DATE_END	2020-01-10
date_i	18271
DATE_START	2019-01-01
dt	"2020.01.10"
naver_url	"https://search.naver.com/search.naver…
naver_url_1	"https://search.naver.com/search.naver…
naver_url_2	"&sort=2&pd=3&ds="
naver_url_3	"&de="
naver_url_4	"&start="
naver_url_list	chr [1:1875] "https://search.naver.com…
news_date	chr [1:25234] "2019.01.01" "2019.01.01…
news_url	Large character (25234 elements, 3.1 M…
PAGE	num [1:5] 1 11 21 31 41
page_i	41
QUERY	"%EC%82%BC%EC%84%B1%20%EC%9D%B4%EC%9E%…
temp	chr [1:16] "http://www.newsworker.co.k…
x	41
y	18271

이제 네이버 뉴스가 아닌 것과 스포츠 뉴스를 제거하고 중복된 링크를 제거하라는 명령어를 작성해보자. 작업을 마친 내용을 저장할 파일명은 NEWS0, NEWS1, NEWS2로 하자.

명령어

```
> NEWS0 <- as.data.frame(cbind(date=news_date, url=news_url, query=QUERY))
> NEWS1 <- NEWS0[which(grepl("news.naver.com",NEWS0$url)),]        # 네이버뉴스(news.naver.com)만 대상으로 한다
> NEWS1 <- NEWS1[which(!grepl("sports.news.naver.com",NEWS1$url)),] # 스포츠뉴스(sports.news.naver.com)는 제외한다
```

```
> NEWS2 <- NEWS1[!duplicated(NEWS1), ] # 중복된 링크 제거
```

```
> NEWS0 <- as.data.frame(cbind(date=news_date, url=news_url, query=QUERY))
> NEWS1 <- NEWS0[which(grepl("news.naver.com",NEWS0$url)),]        # 네이버뉴
스(news.naver.com)만 대상으로 한다
> NEWS1 <- NEWS1[which(!grepl("sports.news.naver.com",NEWS1$url)),] # 스포
츠뉴스(sports.news.naver.com)는 제외한다
> NEWS2 <- NEWS1[!duplicated(NEWS1), ] # 중복된 링크 제거
```

[처리결과화면]

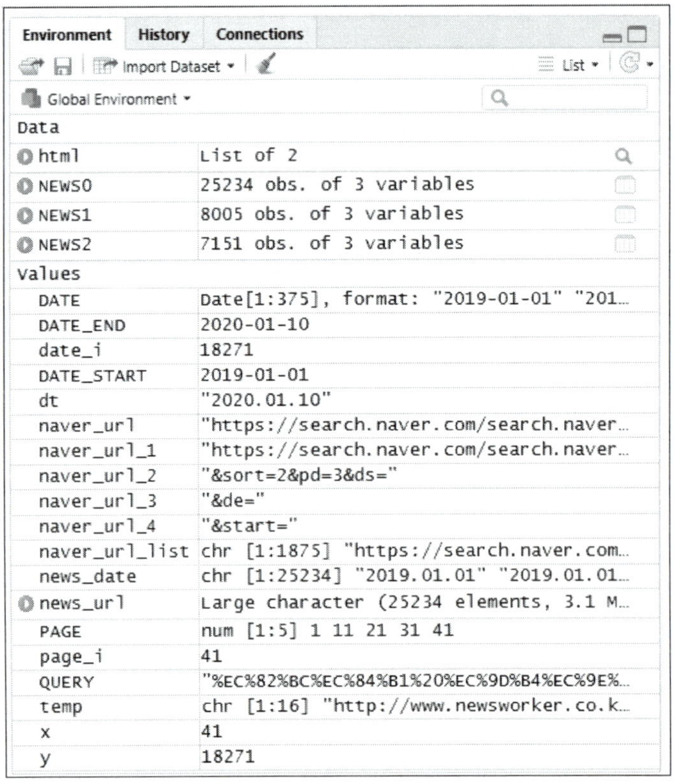

자 이제 뉴스를 저장해보자. 다시 뉴스 기사를 F12를 눌러 소스를 열람해보자. 기사 제목은 id="articleTile" 아래에 있고, 본문은 id="articleBodyContents" 아래에 있는 것을 볼 수 있다. 앞에 생성한 url 리스트를 사용하여 각 기사의 제목과 본문을 추출하고, 중복된 문자열을 제거한 최종 뉴스 내용을 저장해 보자. 저장한 파일명 NEWS2에서 news_title과 news_content 변수를 만들어서 빈칸으로 남겨두자.

명령어

```
> NEWS2$news_title   <- ""
> NEWS2$news_content <- ""
```

```
> NEWS2$news_title   <- ""
> NEWS2$news_content <- ""
```

[처리결과화면]

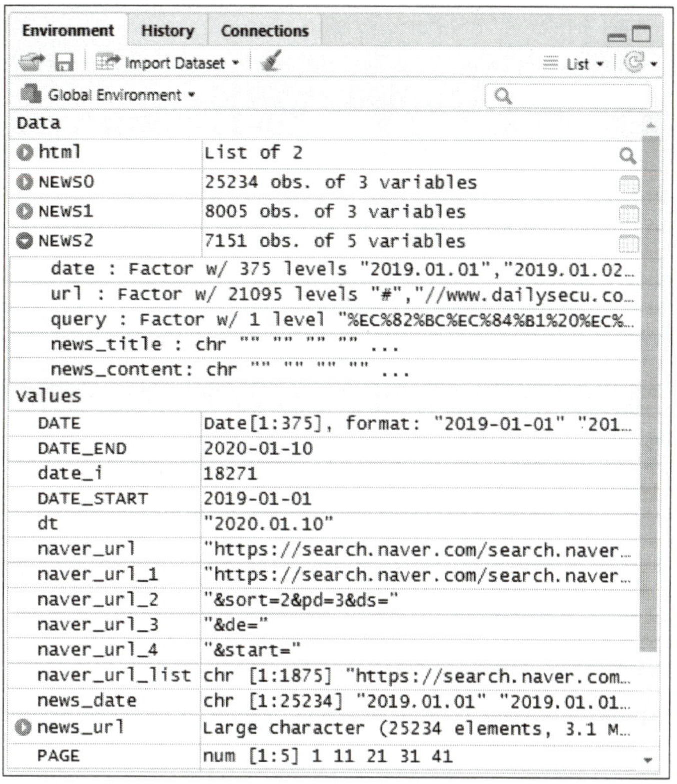

자 이제 for 반복문으로 처리해서 뉴스 페이지에 있는 기사의 제목과 본문을 크롤링하자. 기사 제목은 news_title에 저장하고, 기사 내용 즉 본문은 news_content에 저장한다.

명령어

```
> for (i in 1:dim(NEWS2)[1]){
+   html <- read_html(as.character(NEWS2$url[i]))
+  temp_news_title   <- repair_encoding(html_text(html_nodes(html,'#articleTi
tle')),from = 'utf-8')
```

```
+  temp_news_content <- repair_encoding(html_text(html_nodes(html,'#articleB
odyContents')),from = 'utf-8')
+   if (length(temp_news_title)>0){
+     NEWS2$news_title[i]   <- temp_news_title
+     NEWS2$news_content[i] <- temp_news_content
+   }
+ }
```

```
> for (i in 1:dim(NEWS2)[1]){
+   html <- read_html(as.character(NEWS2$url[i]))
+  temp_news_title   <- repair_encoding(html_text(html_nodes(html,'#artic
leTitle')),from = 'utf-8')
+  temp_news_content <- repair_encoding(html_text(html_nodes(html,'#artic
leBodyContents')),from = 'utf-8')
+   if (length(temp_news_title)>0){
+     NEWS2$news_title[i]   <- temp_news_title
+     NEWS2$news_content[i] <- temp_news_content
+   }
+ }
50건 이상의 경고들을 발견되었습니다 (이들 중 처음 50건을 확인하기 위해서는 warnings
()를 이용하시길 바랍니다).
```

해석

한 시간 반 만에 돌아간 결과 이런 경고와 함께 처리되었다. 어쨌든 다음 순서로 플래쉬 오류를 우회하기 위한 함수를 추가하고, 중복된 문자열을 제거하라는 명령어를 작성하자.

명령어

```
> NEWS2$news_content <- gsub("// flash 오류를 우회하기 위한 함수 추가\nfunction
_flash_removeCallback()", "", NEWS2$news_content) # 중복된 문자열 제거
```

```
> NEWS2$news_content <- gsub("// flash 오류를 우회하기 위한 함수 추가\nfunction
_flash_removeCallback()", "", NEWS2$news_content) # 중복된 문자열 제거
```

[처리결과화면]

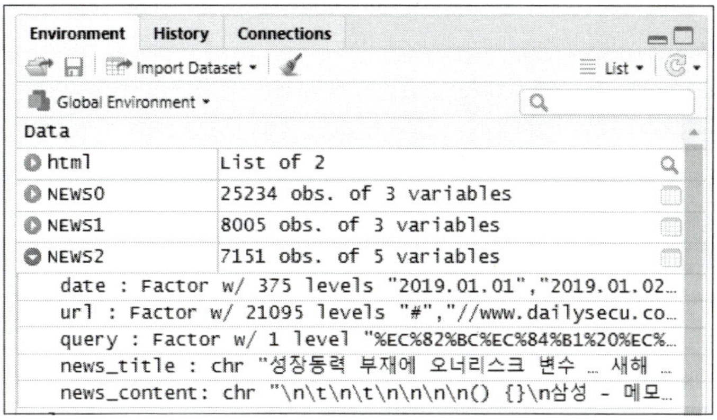

이제 다 왔다. 마지막으로 대망의 최종 결과로 뉴스를 저장해보자.

명령어

```
> NEWS <- NEWS2 # 최종 결과 저장
```

```
> NEWS <- NEWS2 # 최종 결과 저장
```

[처리결과화면]

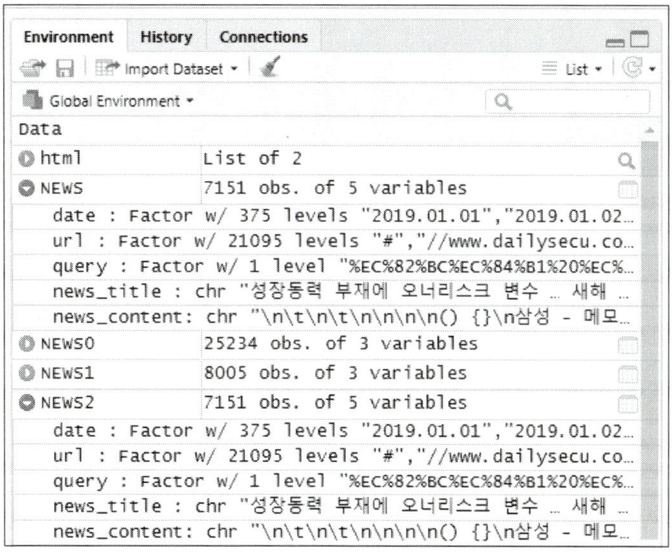

이렇게 추출한 뉴스 기사를 파일 형태로 저장해보자. 어 이제 끝인데 여기서 그만 복병을 만나네. ㅋ. 어떻게 작업디렉토리에 저장하는 거지?

명령어

```
> setwd("C:/Users/osyan/")
> save(NEWS, file="./DATA0/NEWS.RData") # working directory 아래 subfolder "DAT
A0" 에 저장
```

```
> setwd("C:/Users/osyan/")
> save(NEWS, file="./DATA0/NEWS.RData") # working directory 아래 subfolder
"DATA0" 에 저장
Error in gzfile(file, "wb") : 커넥션을 열 수 없습니다
추가정보: 경고메시지(들):
In gzfile(file, "wb") :
  압축된 파일 './DATA0/NEWS.RData'를 열 수 없습니다.  그 이유는 아마도 'No such
file or directory'입니다
```

명령어

```
> setwd("C:/Users/osyan/")
> write.table(NEWS, file="./삼성이재용20192020.txt",
row.names=FALSE,fileEncoding="UTF-8")
```

```
> setwd("C:/Users/osyan/")
> write.table(NEWS, file="./삼성이재용20192020.txt",
row.names=FALSE,fileEncoding="UTF-8") #저장 성공
```

[처리결과화면]

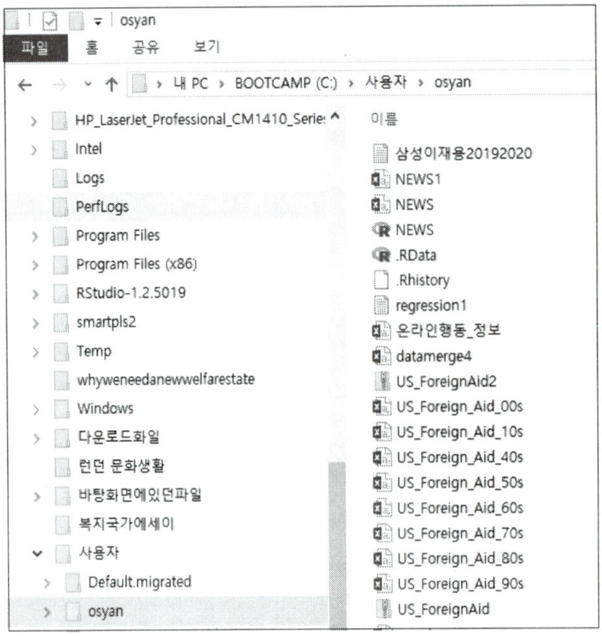

최종 저장한 파일 내용을 메모장으로 확인해 보면 다음과 같다.

[처리결과화면: 메모장으로 파일 내용 열람]

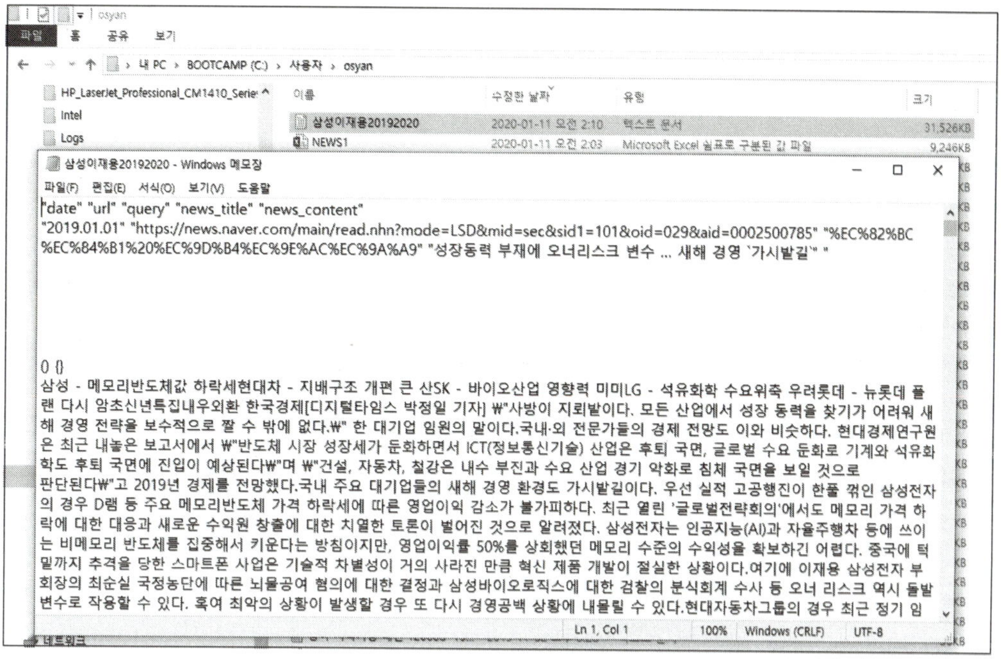

2) 주요 신문 크롤링

> **Q.** 우리나라 신문기사를 분석데이터로 사용하려면 기사내용을 어떻게 편하게 수집할 수 있을까요? 설마, 일일이 C&P?!?!

각종 신문기사에서 다루고 있는 내용을 특정 키워드 주제(여기서는 "블록체인"으로 연습)로 텍스트를 크롤링하는 방법을 연습해 보자. 신문기사 내용을 크롤링하는 방법은 우선 1) 기사를 검색하고, 2) 검색된 링크를 정리하고, 3) 해당 페이지의 기사를 크롤링하는 단계를 거친다. 말은 쉽지!?!? 뭐 그렇다고 딱히 어려운 것도 아니다. 우선 신문기사를 검색하기 전에 필요한 패키지를 설치하고 불러들이자.

명령어

```
> install.packages("rvest")
> install.packages("dplyr")
> install.packages("httr")
```

```
> install.packages("stringr")
> install.packages("XML")
> install.packages("R6")
> install.packages("rJava")
> library(rvest)
> library(dplyr)
> library(httr)
> library(stringr)
> library(XML)
> library(R6)
> library(rJava)
```

일련의 패키지를 불러온 뒤, 신문기사 주제어(여기서는 "블록체인")를 검색해서 URL을 확인하자. 여기서 주의할 점은 첫번째 검색되어 나온 기사의 URL이 다음번째 검색되어 나온 기사의 URL과 형식이 조금 다를 수 있다는 사실이다. 따라서 이 문제를 해결하기 위해 페이지를 넘겨서 다른 기사의 URL을 클릭해 보면 첫번째 기사를 포함하여 첫번째 페이지의 기사들의 URL이 빗질(즉 정리)되어 나타난다(왜 그럴까?ㅋ 크롤링보다 더 어려운 문제!?!?). 필자가 경험한 바를 토대로 먼저 이야기해 주자면, 한국경제신문은 페이지마다 주제어 검색 결과 기사들이 10개씩 순서대로 채워져 있고, 페이지를 넘겨도 URL 주소 형식이 바뀌지 않는다. 이와 달리 다른 일부 신문들은 페이지를 넘기다 보면 어느 순간 URL 주소 형식이 달라지는 경우가 있다. 따라서 두 경우는 크롤링할 때 첫 시작이 다름(이는 URL 저장이 다르다는 의미)을 미리 인지시켜두는 바이다.

① 한국경제 '블록체인' 크롤링

한국경제신문에서 '블록체인'을 검색어로 관련 기사를 크롤링해보자. 한국경제신문은 다른 신문과 또 다른 구조를 갖고 있다. 우선 크롬으로 들어가서 한국경제에 접속한 후 '뉴스' 부문으로 들어가서 '블록체인'을 검색해보자(한국경제 첫 화면에서 '뉴스'를 클릭해서 들어가면 된다).

[처리결과화면: 크롬으로 들어간 한국경제 첫 화면]

[처리결과화면: 크롬으로 들어간 한국경제 뉴스 부문 화면(첫 화면에서 뉴스를 클릭해서 들어간다)]

이제 오른쪽 상단 '검색'창에 '블록체인' 검색어를 넣어 기사를 검색해보자.

[처리화결과면: 검색창에 '블록체인'을 검색하는 화면]

[처리결과화면: '블록체인' 검색 결과 첫 화면]

해석

검색결과 첫 화면을 보면, '뉴스'와 '전체 뉴스' 등 몇 가지 항목들을 볼 수 있다. 이 가운데 '뉴스' 부문만을 보기 위해 아래쪽 하단에 있는 '한국경제 뉴스 더보기'를 클릭해서 들어가자.

[처리결과화면: 한국경제 뉴스 더보기 처리 화면(상단)]

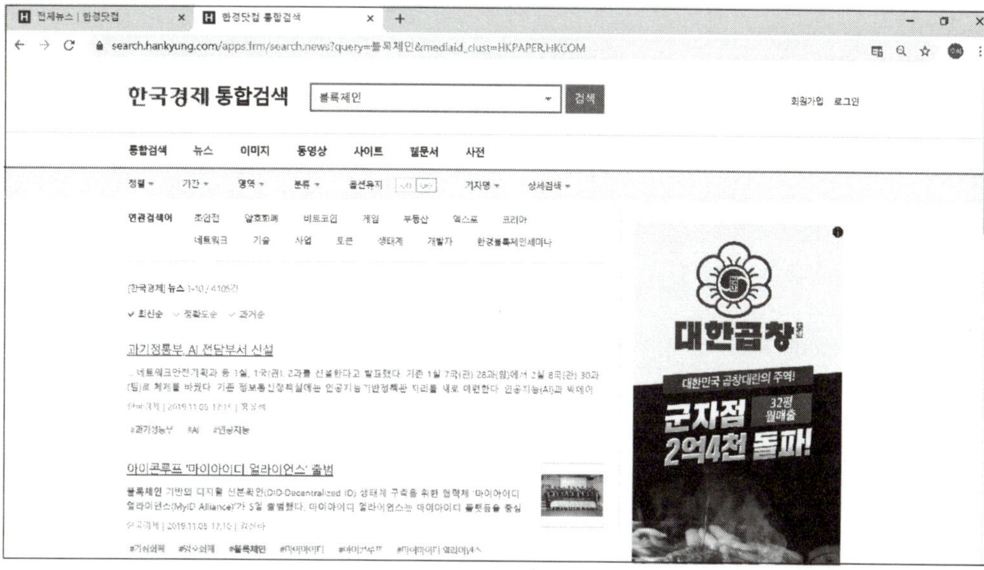

[처리결과화면: 한국경제 뉴스 더보기 처리 화면(하단)]

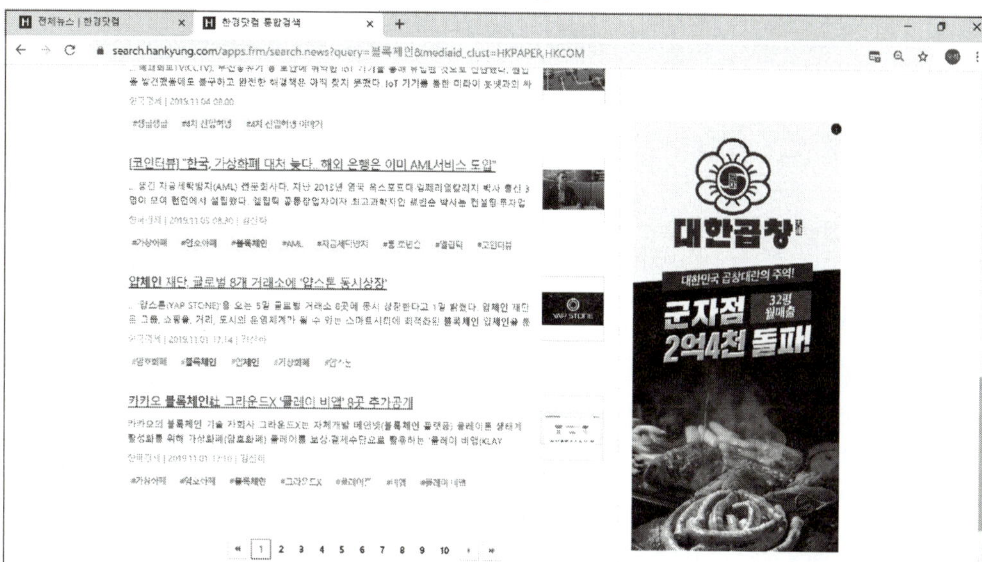

해석

검색결과 첫 화면을 보면, '한국경제 뉴스 더보기'를 클릭해서 들어간 결과, 한 페이지에 10개씩 블록체인 관련 기사가 추출되어 있고, 이런 페이지가 1, 2, 3, 4,…. 계속해서 이어지고 있음을 볼 수 있다.

자 이제 본격적으로 한국경제신문에서 '블록체인' 관련 기사내용을 크롤링하는 작업을 시작해보자. 우선 필요한 패키지를 설치하고 불러온 뒤 패키지가 준비되었으면 크롤링 작업의 첫번째 순서인 URL을 죄다 코딩해 보자. 문제는 URL이 엄청나게 많다는 것이다. 다행히도 수 많은 URL이 맨 끝부분만 다르고 앞 부분은 모두 똑같다는 점. 따라서 맨 끝부분만 편리한 방식으로 인식시켜 줄 수 있으면 된다. 이때 사용되는 명령어가 for 반복문이다. 우선 모든 링크를 저장할 대표 파일명(basic_url)에 기본 URL 링크를 저장하라는 명령어를 작성해보자.

명령어

```
> library(xml2)
> library(rvest)
> library(dplyr)
> library(stringr)
> library(data.table)
> library(httr)
```

```
> library(xml2)
> library(rvest)
> library(dplyr)

Attaching package: 'dplyr'

The following objects are masked from 'package:stats':

    filter, lag

The following objects are masked from 'package:base':

    intersect, setdiff, setequal, union

> library(stringr)
> library(data.table)
data.table 1.13.4 using 4 threads (see ?getDTthreads).  Latest news: r-datat
able.com

Attaching package: 'data.table'

The following objects are masked from 'package:dplyr':
    between, first, last

> library(httr)
```

명령어

```
> 링크를저장할파일명 <- '링크 URL'
```

```
> basic_url <- 'http://search.hankyung.com/apps.frm/search.news?query=블록체인&page=' # 블록체인 검색결과 나오는 뉴스 추출
```

```
> basic_url <- 'http://search.hankyung.com/apps.frm/search.news?query=블록체인&page=' # 블록체인 검색결과 나오는 뉴스 추출
```

이제 대표를 만들었으니 다음에는 모든 각각의 링크를 저장하라는 명령어를 작성해보자. 이때 for 반복문을 사용해야 하고, 반복을 위한 URL에 번호를 부여하기 위해, 번호 부여를 위한 빈방(요기서는 urls로 명명)을 먼저 만들자. 그리고 실습을 위해 URL 100개를 저장시켜 보자. 이후 head( ) 함수로 저장된 urls 앞 부분만 열람해 보자.

명령어

```
> urls <- NULL
> for(x in 0:10){
+   urls[x+1] <- paste0(basic_url, as.character(x))
+ }
> urls <- urls[-1]
> head(urls)
```

```
> urls <- NULL
> for(x in 0:10){
+   urls[x+1] <- paste0(basic_url, as.character(x))
+ }
> urls <- urls[-1]
> head(urls)
[1] "http://search.hankyung.com/apps.frm/search.news?query=블록체인&page=1"
[2] "http://search.hankyung.com/apps.frm/search.news?query=블록체인&page=2"
[3] "http://search.hankyung.com/apps.frm/search.news?query=블록체인&page=3"
[4] "http://search.hankyung.com/apps.frm/search.news?query=블록체인&page=4"
[5] "http://search.hankyung.com/apps.frm/search.news?query=블록체인&page=5"
[6] "http://search.hankyung.com/apps.frm/search.news?query=블록체인&page=6"
```

다음 단계는 기사 내용으로 직접 가는 링크를 찾는 작업이다. 실제 기사로 이동하는 링크는 'a 태그'이다. 이를 잘 살펴보면 searchCont 또는 search_news_box 등으로 명칭 되는 클

래스가 달려 있는 디비전(div) 아래에 링크가 자리잡고 있음을 볼 수 있다.[4] 한국경제의 경우 가장 기초 단위(ul class)가 '.article'임(여기서 점은 class를 의미하고 #은 id를 의미)을 확인할 수 있다(우측 Elements 항목에서 아래쪽으로 천천히 스크롤바를 움직이면 왼쪽 화면에서 전체 기사를 커버하는 파란색이 뜨면서 div clas(좀 더 정확히는 ul class)가 "article"임을 보여준다).

[처리결과화면]

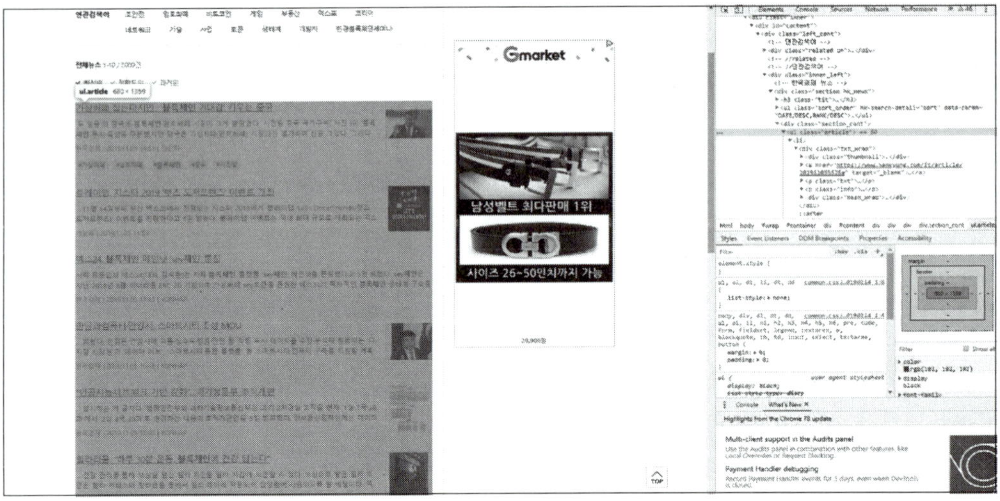

[추가 정보화면(2019.11.05): 같은 검색 결과 가장 낮은 기초 단계 클래스를 찾아서(좀더 상세)]

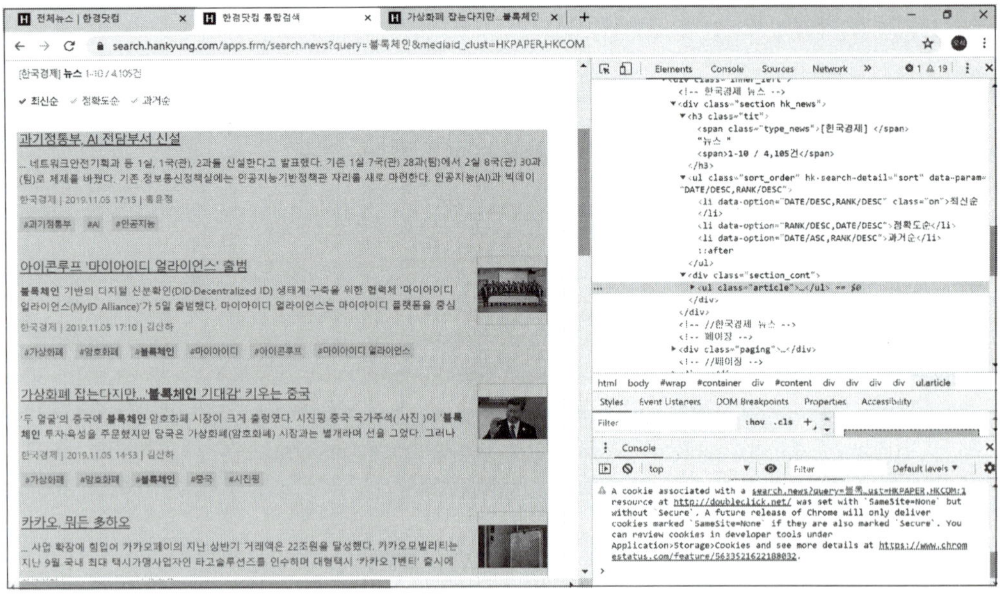

4 F12 function으로 들여다 볼 수 있다.

해석

처리결과화면 결과를 살펴보면, 블록체인 검색 결과 기사가 나온 첫 페이지의 모든 기사를 커버하는 파란색이 뜰 때, div class가 "section_cont"이고 ul class가 "article"임을 보여준다.

이들 링크를 전부 크롤링하는 것이 두 번째 중요한 작업이다. 기사 내용은 html 형식이니까 read_html( ) 함수를 사용하고, 링크에 관련된 것들은 패키지 rvest에 들어 있는 또 다른 함수 html_nodes( )를 사용해서 div class인 article[5]의 링크를 확인하도록 한다. 그리고 html_attr( ) 함수를 사용해서 href 속성 안에 들어 있는 URL 링크를 끄집어 내자. 이처럼 많은 순차적인 명령어를 효과적으로 처리하려면 앞서 배운 dplyr 패키지를 사용하여 소위 '파이프(%>%)'를 사용하는 것이 바람직하다.

[추가 정보화면: 같은 통합검색 결과 다른 클래스가 나옴]

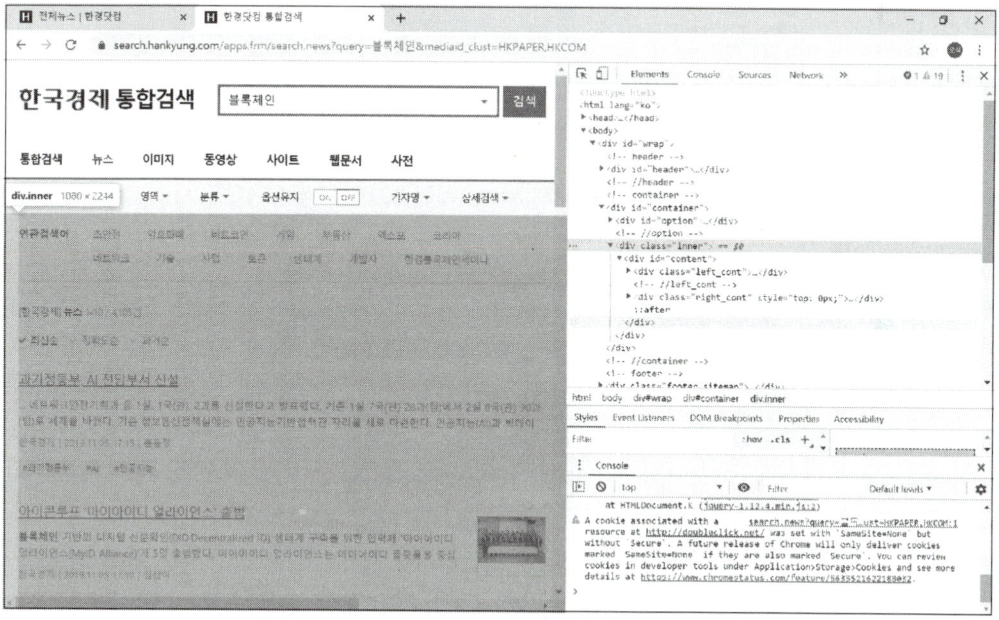

해석

처리결과를 살펴보면, 블록체인 검색 결과 기사가 나온 첫 페이지의 모든 기사를 커버하는 파란색의 영역이 다소 차이를 보일 때, div class가 "inner"임을 보여준다.

자 이제 설명한 대로 명령어 작성을 시작해보자. 우선 links 파일명을 만들고 빈칸으로 채워 두자(links <- NULL). 그리고 for 반복문을 사용하여 links파일에 각 기사 내용이 담긴 링

5 이와 달리 div class는 경우마다 다를 수 있다. 작업자가 직접 확인이 필요하다.

크 정보를 저장시키자. 이후 이렇게 저장된 정보를 열람해보자.

명령어

```
> links <- NULL
> for(url in urls){
+   html <- read_html(url)
+   links <- c(links, html %>% html_nodes('.article') %>% html_nodes('a') %>%
html_attr('href') %>% unique()) # unique() - 중복자료 정리
+ }
> links
```

```
> links <- NULL
> for(url in urls){
+   html <- read_html(url)
+   links <- c(links, html %>% html_nodes('.article') %>% html_nodes('a')
%>% html_attr('href') %>% unique()) # unique() - 중복자료 정리
+ }
> links
  [1] "https://www.hankyung.com/it/article/201911043514l"
  [2] "http://news.hankyung.com/tag/카카오"
  [3] "http://news.hankyung.com/tag/스테이지-5G"
  [4] "https://www.hankyung.com/it/article/201911042829g"
  [5] "http://news.hankyung.com/tag/가상화폐"
  [6] "http://news.hankyung.com/tag/암호화폐"
                (중략)
[260] "http://news.hankyung.com/tag/업비트"
[261] "http://news.hankyung.com/tag/두나무"
[262] "http://news.hankyung.com/tag/주식거래"
[263] "http://news.hankyung.com/tag/비상장"
[264] "http://news.hankyung.com/tag/블록체인"
[265] "http://news.hankyung.com/tag/터치!-핀테크-서비스"
[266] "https://www.hankyung.com/society/article/201910206868i"
[267] "http://news.hankyung.com/tag/법무법인-바른"
[268] "https://www.hankyung.com/it/article/201910206512Y"
[269] "http://gametoc.hankyung.com/news/articleView.html?idxno=53062"
[270] "https://www.hankyung.com/it/article/201910184722g"
[271] "http://gametoc.hankyung.com/news/articleView.html?idxno=53059"
```

한편 특정한 문자가 들어 있는 자료를 제거하고, 특정한 문자가 들어 있는 자료만을 남기는 전처리 작업을 진행하도록 하자. 이 작업은 grep( ) 또는 –grep( ) 함수를 사용한다. 여기서는 주소에 "tag"가 들어 있는 것을 제거하고, 주소에 "www.hankyung.com"이 들어가 있는 것만 추출하도록 명령어를 작성해보자. 그리고 unique( ) 함수를 사용하여 links에 저장된 내용 중 중복된 내용도 정리하도록 하자. 이렇게 하면 필요 없는 광고 링크 따위를 제거하고 순수하게 한국경제에서 작성한 기사만이 남게 된다.

명령어

```
> links <- links[-grep("tag", links)] # 주소에 "tag"가 들어 있는 것을 제거
> links <- links[grep("www.hankyung.com", links)] # 주소에 "www.hankyung.com"가
들어가 있는 것만 추출
> unique(links)
```

```
> links <- links[-grep("tag", links)] # 주소에 "tag"가 들어 있는 것을 제거
> links <- links[grep("www.hankyung.com", links)] # 주소에 "www.hankyung.co
m"가 들어가 있는 것만 추출
> unique(links)
 [1] "https://www.hankyung.com/it/article/2019110435141"
 "https://www.hankyung.com/it/article/201911042829g"
 [3] "https://www.hankyung.com/politics/article/201911043242Y"
 "https://www.hankyung.com/international/article/201911042542Y"
 [5] "https://www.hankyung.com/it/article/201911042371Y"
 "https://www.hankyung.com/economy/article/201911042137Y"
 [7] "https://www.hankyung.com/international/article/201911041963Y"
 "https://www.hankyung.com/economy/article/201911041580Y"
 [9] "https://www.hankyung.com/news/article/2019110174861"
 "https://www.hankyung.com/it/article/201911029429g"
[11] "https://www.hankyung.com/economy/article/201911030051Y"
"https://www.hankyung.com/politics/article/201911030045Y"
[13] "https://www.hankyung.com/it/article/201911029505Y"
"https://www.hankyung.com/it/article/201911018670g"
[15] "https://www.hankyung.com/it/article/201911018629g"
"https://www.hankyung.com/it/article/201911018385g"
[17] "https://www.hankyung.com/international/article/201911017534Y"
"https://www.hankyung.com/it/article/201910315679i"
[19] "https://www.hankyung.com/it/article/201910314716Y"
"https://www.hankyung.com/it/article/201910314449Y"
```

```
[21] "https://www.hankyung.com/it/article/201910314254Y"
"https://www.hankyung.com/society/article/201910314194Y"
[23] "https://www.hankyung.com/it/article/201910313791g"
"https://www.hankyung.com/politics/article/201910313775Y"
[25] "https://www.hankyung.com/opinion/article/2019103026971"
"https://www.hankyung.com/it/article/201910302627g"
[27] "https://www.hankyung.com/it/article/201910302420g"
"https://www.hankyung.com/economy/article/201910302354a"
[29] "https://www.hankyung.com/it/article/201910301816Y"
"https://www.hankyung.com/society/article/201910290162Y"
[31] "https://www.hankyung.com/society/article/2019102997621"
"https://www.hankyung.com/international/article/201910299849Y"
[33] "https://www.hankyung.com/international/article/2019102995667"
"https://www.hankyung.com/international/article/2019102996131"
[35] "https://www.hankyung.com/society/article/201910299553Y"
"https://www.hankyung.com/economy/article/201910299456Y"
[37] "https://www.hankyung.com/it/article/201910299440Y"
"https://www.hankyung.com/society/article/201910299293h"
[39] "https://www.hankyung.com/society/article/201910299199h"
"https://www.hankyung.com/society/article/201910298581Y"
[41] "https://www.hankyung.com/life/article/201910298531Y"
"https://www.hankyung.com/economy/article/201910298461Y"
[43] "https://www.hankyung.com/international/article/201910298234Y"
"https://www.hankyung.com/economy/article/201910297832a"
[45] "https://www.hankyung.com/it/article/201910287078g"
"https://www.hankyung.com/it/article/201910286934g"
[47] "https://www.hankyung.com/economy/article/2019102847691"
"https://www.hankyung.com/finance/article/201910285596a"
[49] "https://www.hankyung.com/international/article/201910285703Y"
"https://www.hankyung.com/news/article/2019102521471"
[51] "https://www.hankyung.com/international/article/2019102742921"
"https://www.hankyung.com/finance/article/2019102736861"
[53] "https://www.hankyung.com/economy/article/2019102737021"
"https://www.hankyung.com/international/article/2019102631617"
[55] "https://www.hankyung.com/it/article/201910263176Y"
"https://www.hankyung.com/it/article/201910262873g"
[57] "https://www.hankyung.com/it/article/201910251862g"
"https://www.hankyung.com/it/article/201910251906Y"
[59] "https://www.hankyung.com/society/article/201910251394h"
```

```
"https://www.hankyung.com/economy/article/201910251335Y"
[61] "https://www.hankyung.com/it/article/201910251202Y"
"https://www.hankyung.com/it/article/201910250813g"
[63] "https://www.hankyung.com/economy/article/201910250428i"
"https://www.hankyung.com/opinion/article/2019102491841"
[65] "https://www.hankyung.com/economy/article/201910249401i"
"https://www.hankyung.com/international/article/201910248686i"
[67] "https://www.hankyung.com/life/article/201910247686Y"
"https://www.hankyung.com/it/article/201910235861g"
[69] "https://www.hankyung.com/realestate/article/2019102337881"
"https://www.hankyung.com/society/article/201910234708i"
[71] "https://www.hankyung.com/life/article/201910234469Y"
"https://www.hankyung.com/it/article/201910234057Y"
[73] "https://www.hankyung.com/opinion/article/2019102230361"
"https://www.hankyung.com/it/article/201910222148g"
[75] "https://www.hankyung.com/it/article/201910221699Y"
"https://www.hankyung.com/economy/article/201910221116Y"
[77] "https://www.hankyung.com/society/article/201910219949i"
"https://www.hankyung.com/it/article/2019102177921"
[79] "https://www.hankyung.com/it/article/201910184683g"
"https://www.hankyung.com/economy/article/201910218037Y"
[81] "https://www.hankyung.com/economy/article/2019102066751"
"https://www.hankyung.com/economy/article/2019102066741"
[83] "https://www.hankyung.com/society/article/201910206868i"
"https://www.hankyung.com/it/article/201910206512Y"
[85] "https://www.hankyung.com/it/article/201910184722g"
```

이제 마지막 단계로 넘어가자. 앞서 추출한 기사 내용들을 html_text( ) 함수를 사용하여 본문 텍스트를 직접 쓸어 담는 작업이다. 우선 선행작업으로 기사 내용이 들어있는 div의 class 또는 id를 확인해야 한다. 기사 내용이 들어 있는 div의 class 또는 id 확인은 다음과 같이 기사 하나를 선택해서 들어가서 F12 기능키를 눌러보자. 이때 오른쪽 상단에 Elements, Console.... 등의 항목이 나오는데 이 가운데 Elements 안으로 들어가 보자. 여기서 기사 내용이 들어 있는 body를 선택해서 스크롤 바를 천천히 내려보자. 이 과정에서 해당 기사 내용이 파란색으로 커버되는 모습을 볼 수 있는데, 이 중에 전체 페이지 내용이 아니라 기사내용만을 커버(실제로 다음 화면처럼 정확히 기사내용만이 파란색으로 커버되는 것을 의미)하는 class 또는 id를 찾으면 된다.

[자료화면: 기사 텍스트가 들어있는 div class 또는 id 확인]

해석

처리결과화면을 살펴보면, 기사 제목을 뺀 주요 기사내용만을 파란색으로 커버하는 것은 div가 class가 아닌 id(articletxt)로 되어 있음을 볼 수 있다.

[추가 정보화면: 같은 통합검색 결과 다른 클래스가 나옴]

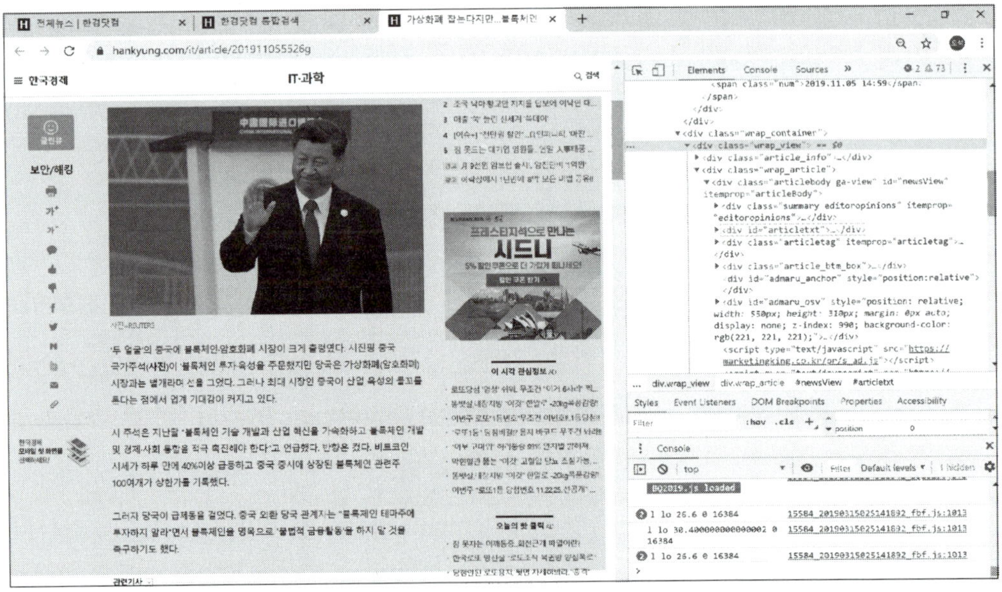

해석

처리결과화면을 살펴보면, div class 가 wrap_view일 때는 기사 내용 외에 페이지의 모든 내용이 파란색으로 커버됨을 알 수 있다.

[추가 정보화면: 같은 통합검색 결과 다른 클래스를 선택할 때]

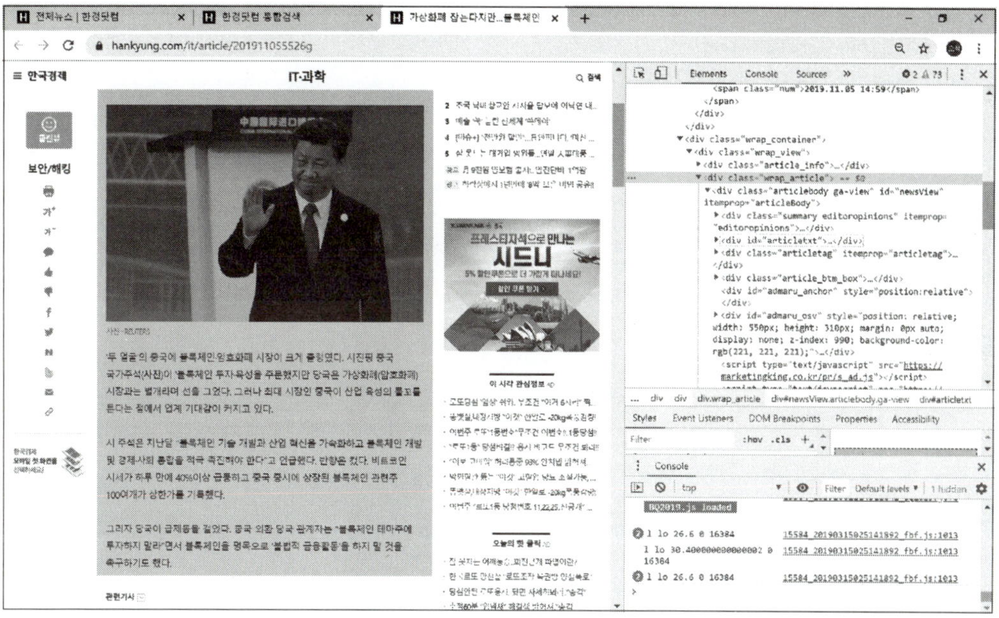

해석

처리결과화면을 살펴보면, div class 가 wrap_article일 때는 파란색으로 커버되는 부분이 다소 차이를 보여준다(주요 기사내용 + IT·과학 등 다른 부분을 다소 포함).

여기서도 당연히 for 반복문이 필요하다. 우선 텍스트를 쓸어 담을 그릇으로 파일을 하나 생성시키자(파일명은 임의로 txts로 결정하자). 그리고 나서 for 반복문을 사용하여 각 링크에서 기사 내용을 읽어오라는 read_html( ) 함수를 사용하고, 이번에는 기사 내용이 들어있는 div이 class가 아닌 id로 되어있기 때문에 #articletxt안으로 이동하여 텍스트를 추출하라는 html_nodes( ), html_text( ) 함수를 사용하자.[6]

명령어

```
> txts <- NULL
> for(link in links){
+   html <- read_html(link)
+   txts <- c(txts, html %>% html_nodes('#articletxt') %>% html_text())
+ }
```

6 id는 #으로 쓸 수 있고, class는 .으로 쓸 수 있다. 웹페이지 개발자도구창에서 해당 요소에 커서를 올려서 확인해보자.

```
> txts <- NULL
> for(link in links){
+   html <- read_html(link)
+   txts <- c(txts, html %>% html_nodes('#articletxt') %>% html_text())
+ }
```

이렇게 최종 작업한 내용을 head( ) 함수를 사용하여 앞부분을 열람해 보면 다음과 같다.

명령어

```
> head(txts)
```

```
> head(txts)
[1] "\n\t\t\t\t\t\t\t\t카카오의 손자회사에서 5세대(5G) 이동통신망을 활용하는 알뜰
폰을 내놨다. 삼성전자, LG전자의 신제품과 비교하면 20~30% 정도 저렴하다. 카카오페이를
비롯한 카카오의 주요 앱(응용프로그램)이 내장돼 있는 게 특징이다. 카카오가 간접적으로
나마 스마트폰 제조에 손을 뻗쳤다는 해석이 나온다.\ (중략)
회사 관계자는 "카카오 생태계를 확대하기 위해 인수한 손자 회사가 새로운 사업에 나선
것"이라며 "카카오가 사업에 개입하지는 않는다"고 말했다.윤희은 기자 soul@hankyung.c
om\n\t\t\t\t\t\t\t\t"
[2] "\n\t\t\t\t\t\t\t\t\n                                               \n
           \n                                               \n
           사진=빗썸\n                                      \n
국내 최대 가상화폐(암호화폐)거래소 빗썸과 빗썸 글로벌은 오는 6일 주최하는 '빗썸 패밀리
콘퍼런스'를 통해 새 브랜드 '빗썸 패밀리'를 론칭한다고 4일 밝혔다.
(중략)
[6] "\n\t\t\t\t\t\t\t\t5세대(5G) 이동통신 시대를 맞아 급변하는 환경 변화에 따른
콘텐츠산업과 저작권 분야 대응 방안을 모색하는 '2019 국제 저작권 기술 콘퍼런스(ICOTE
C)'가 오는 6일 서울 JW메리어트 호텔에서 개최된다.  문화체육관광부가 주최하고 한국저작
권보호원과 한국저작권위원회가 주관하는 이번 행사의 주제는 '콘텐츠와 저작권의 새로운
시작'이다.  (중략)
이번 행사는 유튜브 생중계된다.  강연자와 참여자들이 온라인 댓글을 통해 실시간으로 소통
할 수 있다.  온오프믹스(onoffmix.com/event/194314)로 사전 신청하면 누구나 참여한
다.  자세한 정보는 공식 누리집(icotec.or.kr)과 페이스북(www.facebook.com/koreai
cotec)에서 확인한다.
```

자 이제 모든 작업을 마친 결과물을 작업자의 작업디렉토리에 csv 형태와 txt 형태의 파일로 저장시키면 모든 작업이 끝이 난다.

명령어

```
> setwd("C:/Users/yangohsuk/")
> write.csv(txts, "한경 블록체인.csv")
> write.table(txts, "한경 블록체인.txt")
```

```
> setwd("C:/Users/yangohsuk/")
> write.csv(txts, "한경 블록체인.csv")
> write.table(txts, "한경 블록체인.txt")
```

② 매일경제 '불확실성' 크롤링

매일경제에서 '불확실성'이라는 주제어를 가지고 기사 내용을 크롤링해보자. 매일경제는 RSelenium으로 크롤링하는 방법을 연습해보자. 작업은 크게 여덟 가지 단계로 구분된다:

- CMD 창에서 RSelenium 구동시키기
- RStudio에서 크롬창 열기
- 매일경제 주제어 기사 url 확인하기
- For 구문으로 url 크롤링하기
- For 구문으로 link 크롤링하기
- For 구문으로 각 url의 기사 내용(텍스트) 크롤링하기
- 크롤링한 텍스트 전처리하기
- 작업디렉토리에 결과물 저장하기

CMD 창에서 RSelenium 구동시키기

우선 RSelenium을 설치하여 이를 불러와 사용하도록 한다. 여기서 명심할 것은 반드시 CMD 창을 열어두고 시작해야 한다는 점이다. 또한 CMD 창에서 두 가지 선행작업을 진행시켜 놓고 RStudio에서 라이브러리 작업을 시작해야 한다.

[처리결과화면: CMD 창 열기]

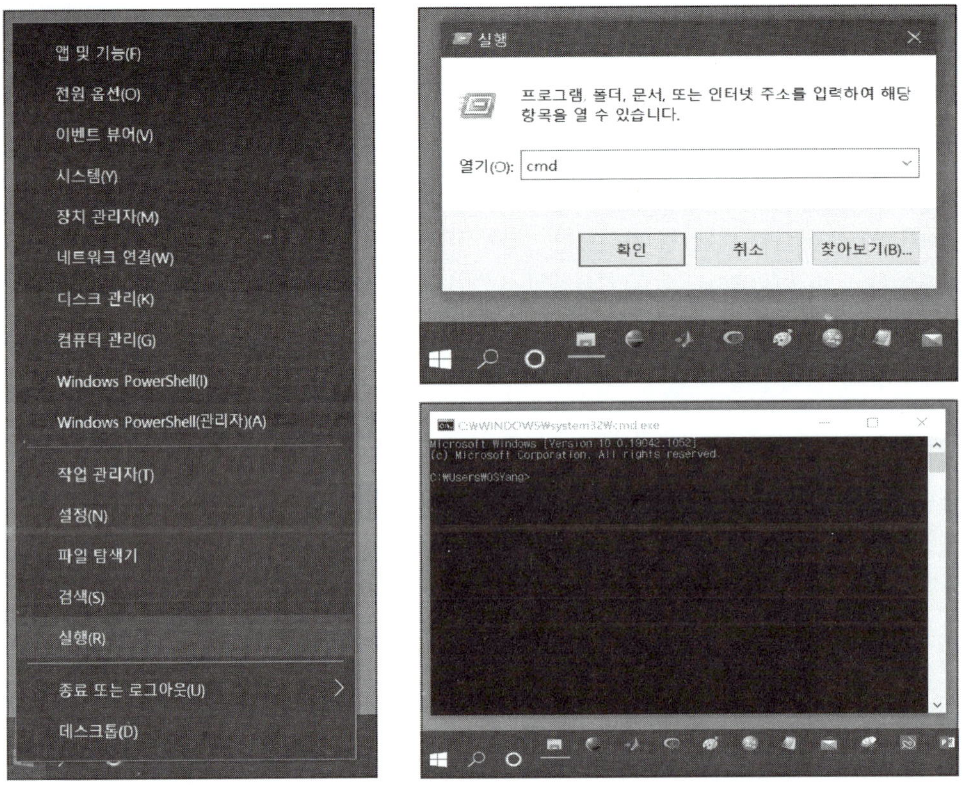

CMD 창에서 1) RSelenium 폴더로 이동하고, 명령어는 "cd C:/Users/작업디렉토리/Documents/RSelenium"이다, 2) 이후 자바 파일을 설치하는 작업을 수행한다. 이때 다운로드 받은 셀레니움 파일의 standalone 뒤에 나와 있는 숫자(여기서는 3.141.59)와 일치되도록 유념해야 한다. 그리고 해당 cmd 창은 계속 열어두어야 한다.

```
① cd C:\Users/작업디렉토리/Documents/RSelenium
② java -Dwebdriver.gecko.driver="geckodriver.exe" -jar selenium-server-s
tandalone-3.141.59.jar -port 4445
```

[처리결과화면: CMD 선행작업 두 가지]

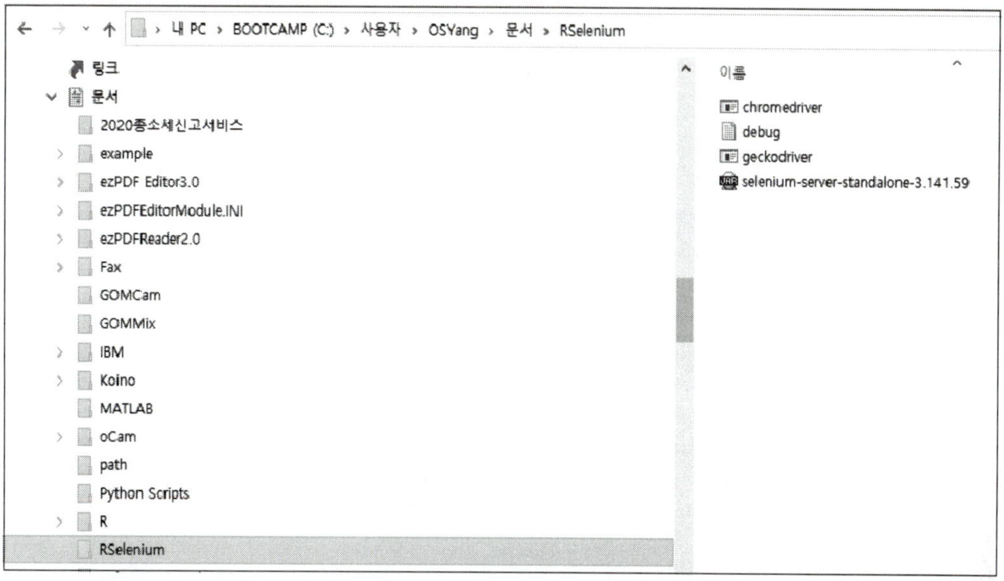

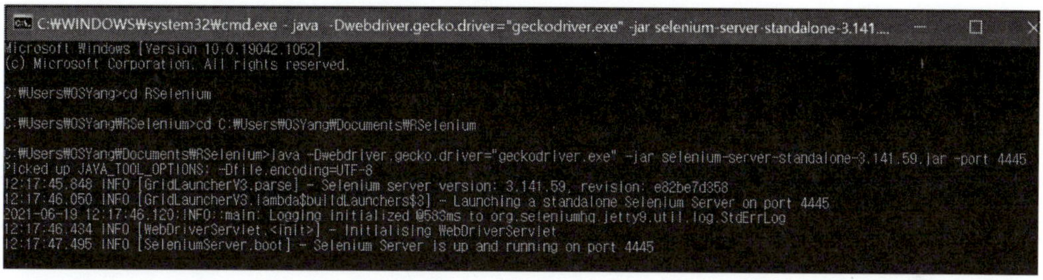

[처리결과화면: 처리 완료 상태]

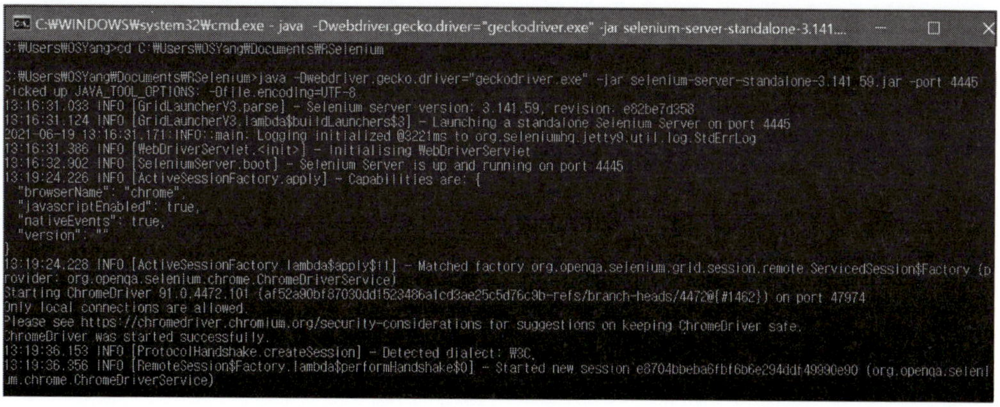

#RStudio에서 크롬창 열기

자 이제 CMD 창을 열어두는 작업이 완료되었으니 본격적으로 RStudio에서 필요한 패키지를 불러오도록 하자.

명령어

```
> library(xml2)
> library(rvest)
> library(dplyr)
> library(stringr)
> library(data.table)
> library(RSelenium)
> library(seleniumPipes)
> library(httr)
```

```
> library(xml2)
> library(rvest)
> library(dplyr)

Attaching package: 'dplyr'

The following objects are masked from 'package:stats':

    filter, lag

The following objects are masked from 'package:base':

    intersect, setdiff, setequal, union

> library(stringr)
> library(data.table)
data.table 1.13.4 using 4 threads (see ?getDTthreads).  Latest news: r-datat
able.com

Attaching package: 'data.table'

The following objects are masked from 'package:dplyr':
```

```
    between, first, last

> library(RSelenium)
Warning message:
package 'RSelenium' was built under R version 4.0.5
> library(seleniumPipes)
Loading required package: httr
Loading required package: jsonlite
Loading required package: magrittr
Loading required package: whisker

Attaching package: 'seleniumPipes'

The following object is masked from 'package:rvest':

    back

Warning message:
package 'seleniumPipes' was built under R version 4.0.5
> library(httr)
```

이제 크롬창을 연결해서 오픈시켜야 한다.

명령어

```
> remDr = remoteDriver(
+   remoteServerAddr="localhost",
+   port=4445L,
+   browserName="chrome")
> remDr$open()
```

```
> remDr = remoteDriver(
+   remoteServerAddr="localhost",
+   port=4445L,
+   browserName="chrome")
> remDr$open()
[1] "Connecting to remote server"
$acceptInsecureCerts
[1] FALSE
```

```
$browserName
[1] "chrome"

$browserVersion
[1] "92.0.4515.159"

$chrome
$chrome$chromedriverVersion
[1] "92.0.4515.107 (87a818b10553a07434ea9e2b6dccf3cbe7895134-refs/branch
-heads/4515@{#1634})"

$chrome$userDataDir
[1] "C:\\Users\\media\\AppData\\Local\\Temp\\scoped_dir3516_1112515667"

$`goog:chromeOptions`
$`goog:chromeOptions`$debuggerAddress
[1] "localhost:53288"

$networkConnectionEnabled
[1] FALSE

$pageLoadStrategy
[1] "normal"

$platformName
[1] "windows"

$proxy
named list()

$setWindowRect
[1] TRUE

$strictFileInteractability
[1] FALSE

$timeouts
$timeouts$implicit
[1] 0
```

```
$timeouts$pageLoad
[1] 300000

$timeouts$script
[1] 30000


$unhandledPromptBehavior
[1] "dismiss and notify"

$`webauthn:extension:credBlob`
[1] TRUE

$`webauthn:extension:largeBlob`
[1] TRUE

$`webauthn:virtualAuthenticators`
[1] TRUE

$webdriver.remote.sessionid
[1] "0ad4775e2c84966b2f79f6cfa3a1a3b8"

$id
[1] "0ad4775e2c84966b2f79f6cfa3a1a3b8"
```

[처리결과화면]

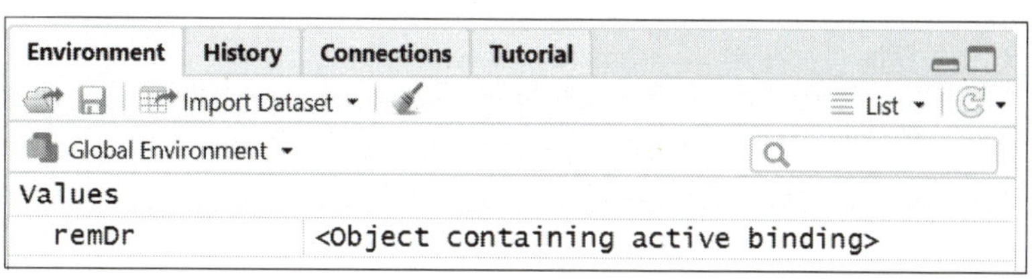

[처리결과화면]

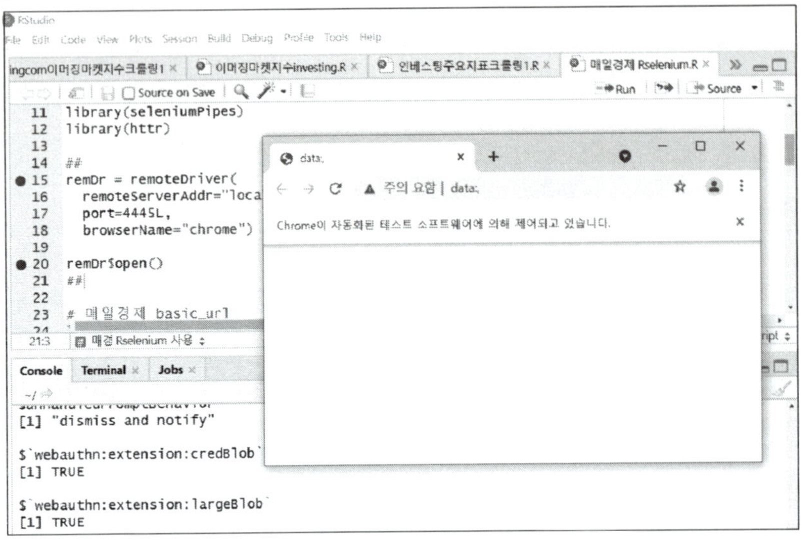

해석

처리결과 화면을 살펴보면, 크롬창이 열려 있음을 볼 수 있다. 현재 크롬창은 열리기만 하고 아무런 url로 연결되어 있지는 않다.

매일경제 주제어 기사 url 확인하기

이제 다음 단계에서는 주제어(여기서는 '불확실성') 기사 url을 확인하는 작업이 필요하다. 우선 매일경제 인터넷 창의 구조를 살펴보도록 하자. 크롬에서 매일경제로 들어가면 다음 화면처럼 '통합검색' 창으로 이동할 수 있다.

[처리결과화면: 매일경제 통합검색]

이제 이 통합검색 창에서 '불확실성'을 입력해보자. 그러면 다음과 같이 '불확실성'을 다루고 있는 기사들만 검색되어 도출된다.

[처리결과화면]

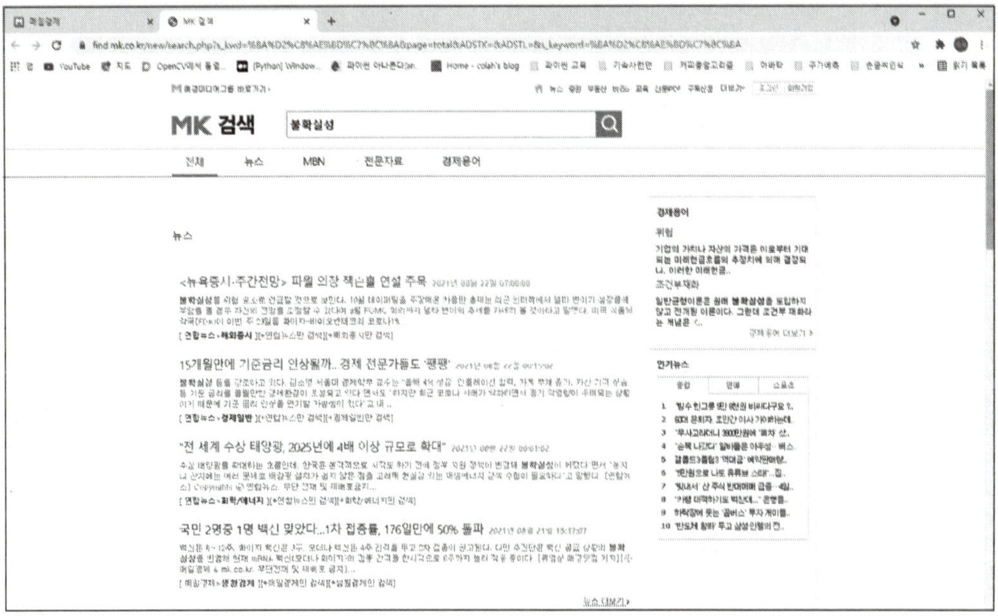

여기서 '뉴스'만을 선택해서 다시 검색시키면 뉴스 기사만이 도출되고 아래쪽에는 여러 페이지가 나타난다.

[처리결과화면: 매일경제 '불확실성'을 다루는 '뉴스'만 검색(1페이지)]

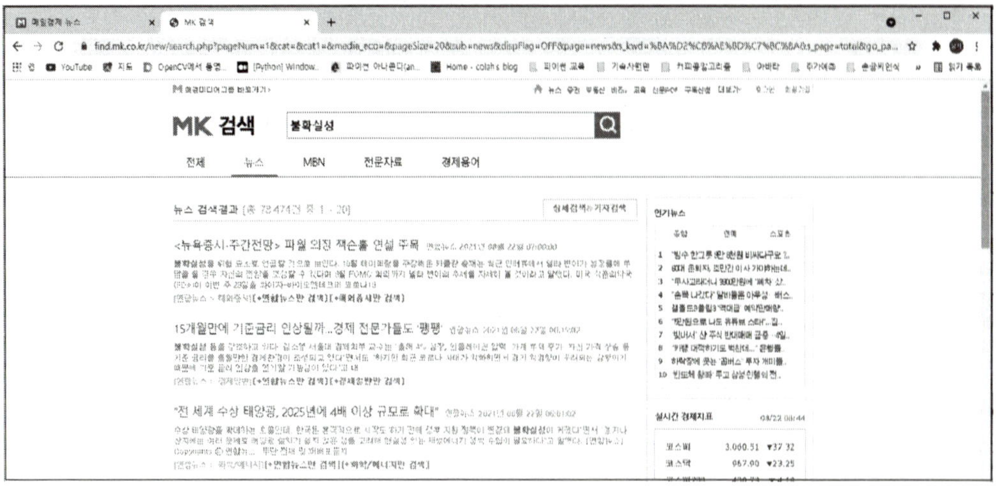

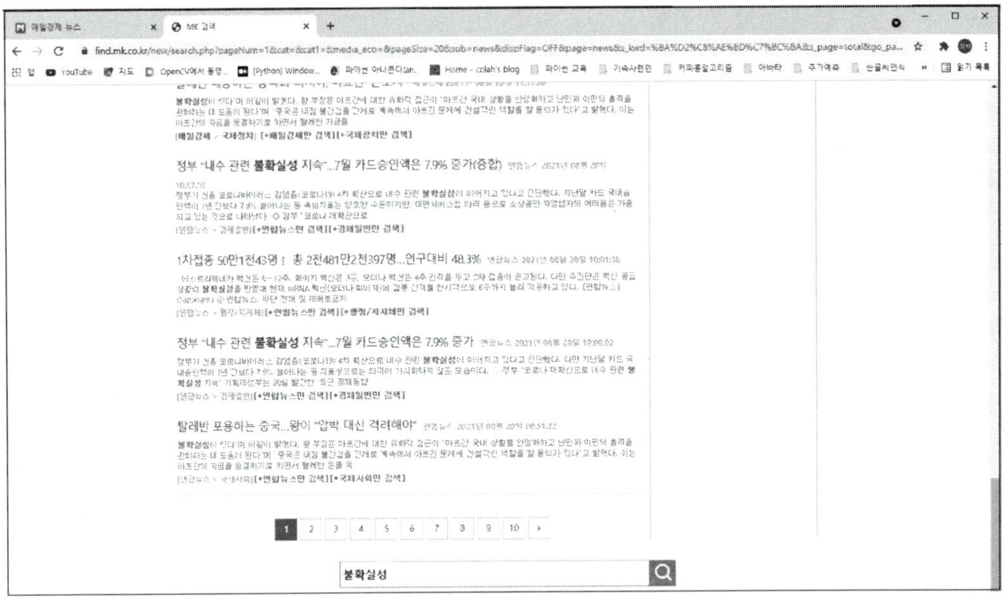

매일경제 '뉴스'의 경우 한 페이지당 20개의 관련 기사를 보여주고 있음을 알 수 있다. 이러한 구조적 특성은 크롤링 명령어를 작성하는데 필요한 정보들이니 기억하고 있어야 한다.

자 여기서 '불확실성'을 다루고 있는 기사들을 보여주는 인터넷 창의 url 구조를 살펴보도록 하자.

```
https://find.mk.co.kr/new/search.php?pageNum=1&cat=&cat1=&media_eco=&pageSize=20&sub=news&dispFlag=OFF&page=news&s_kwd=%BA%D2%C8%AE%BD%C7%BC%BA&s_page=total&go_page=page&ord=1&ord1=1&ord2=0&s_keyword=%BA%D2%C8%AE%BD%C7%BC%BA&y1=2018&m1=08&d1=22&y2=2021&m2=08&d2=22&area=ttbd
```

크게 두 그룹으로 분류할 수 있다. 하나는 기본, 다른 하나는 페이지마다 20개씩 기사를 보여주는 부분이다.

▶ https://find.mk.co.kr/new/search.php?pageNum=

▶ 1&cat=&cat1=&media_eco=&pageSize=20&sub=news&dispFlag=OFF&page=news&s_kwd=%BA%D2%C8%AE%BD%C7%BC%BA&s_page=total&go_page=page&ord=1&ord1=1&ord2=0&s_keyword=%BA%D2%C8%AE%BD%C7%BC%BA&y1=2018&m1=08&d1=22&y2=2021&m2=08&d2=22&area=ttbd

여기서 주목할 것은 https://find.mk.co.kr/new/search.php?pageNum=1 다음에 https:/

/find.mk.co.kr/new/search.php?pageNum=2, 그 다음 페이지는 https://find.mk.co.kr/new/search.php?pageNum=3 등으로 페이지 번호가 연속적으로 바뀐다는 점이다. 따라서 페이지 번호는 스크립트를 작성할 때 기본 url에 담아내지 않는다는 사실이다.

[처리결과화면: 매일경제 '불확실성'을 다루는 '뉴스'만 검색(2페이지)]

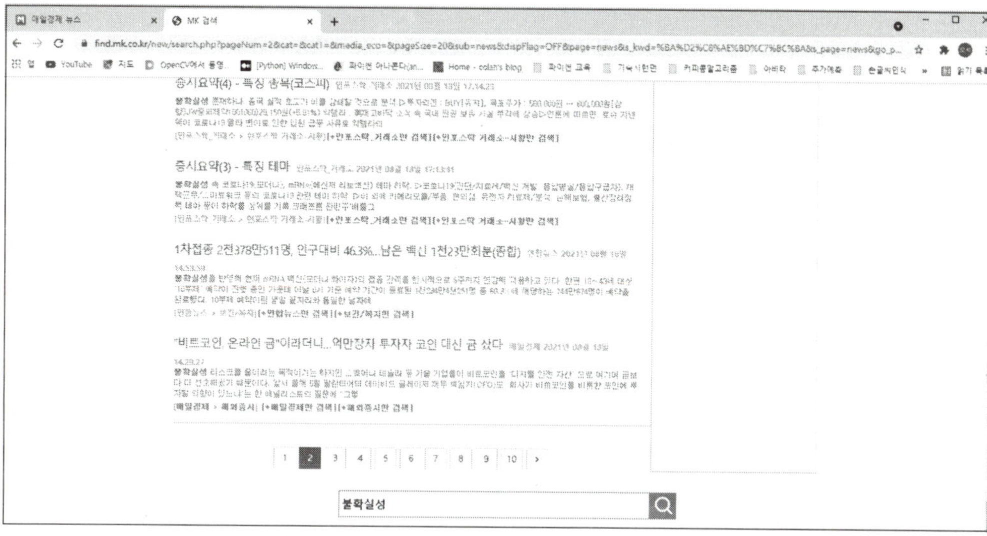

이제 구조적 이해가 다 되었으니, 본격적으로 url을 크롤링해보자.

명령어

```
> basic_url <- 'https://find.mk.co.kr/new/search.php?pageNum='
> basic_url2 <- '&cat=&cat1=&media_eco=&pageSize=10&sub=all&dispFlag=OFF&pag
e=news&s_kwd=%BA%D2%C8%AE%BD%C7%BC%BA&s_page=news&go_page=&ord=1&ord1=1&ord
2=0&s_keyword=%BA%D2%C8%AE%BD%C7%BC%BA&s_i_keyword=%BA%D2%C8%AE%BD%C7%BC%BA
&s_author=&y1=2018&m1=08&d1=21&y2=2021&m2=08&d2=21&ord=1&area=ttbd'
```

```
> basic_url <- 'https://find.mk.co.kr/new/search.php?pageNum='
> basic_url2 <- '&cat=&cat1=&media_eco=&pageSize=10&sub=all&dispFlag=OFF&
page=news&s_kwd=%BA%D2%C8%AE%BD%C7%BC%BA&s_page=news&go_page=&ord=1&ord
1=1&ord2=0&s_keyword=%BA%D2%C8%AE%BD%C7%BC%BA&s_i_keyword=%BA%D2%C8%AE%
BD%C7%BC%BA&s_author=&y1=2018&m1=08&d1=21&y2=2021&m2=08&d2=21&ord=1&are
a=ttbd'
```

[처리결과화면]

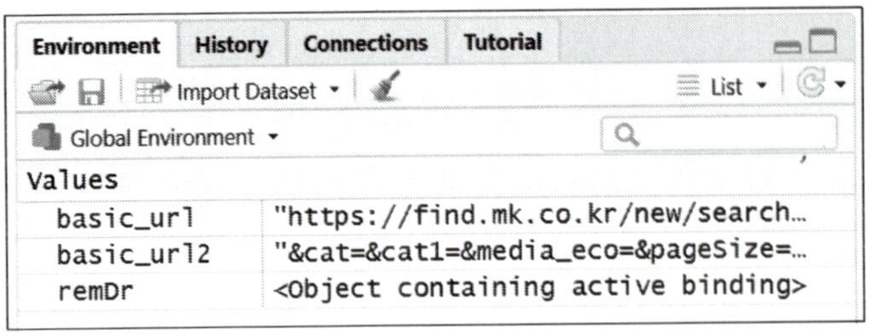

For 구문으로 url 크롤링하기

다음에는 url을 담을 그릇을 준비하고(NULL 처리), 그 안에 기본 url과 추가 url을 담도록 하자.

명령어

```
> urls <- NULL
> for(x in 1:50){
+   urls[x+1] <- paste0(basic_url, as.character(x), basic_url2)
+ }
```


```
> urls <- NULL
> for(x in 1:50){
+   urls[x+1] <- paste0(basic_url, as.character(x), basic_url2)
+ }
```


[처리결과화면]

그리고 담아 낸 url이 제대로 담겨 있는지 열람해보자. 사용할 함수는 head( )와 tail( )이다.

명령어

```
#urls <- urls[-1] #요건 안해도 됨
> head(urls); tail(urls)
```

```
> head(urls); tail(urls)
[1] "https://find.mk.co.kr/new/search.php?pageNum=1&cat=&cat1=&media_eco
=&pageSize=10&sub=all&dispFlag=OFF&page=news&s_kwd=%BA%D2%C8%AE%BD%C7%B
C%BA&s_page=news&go_page=&ord=1&ord1=1&ord2=0&s_keyword=%BA%D2%C8%AE%B
D%C7%BC%BA&s_i_keyword=%BA%D2%C8%AE%BD%C7%BC%BA&s_author=&y1=2018&m1=08
&d1=21&y2=2021&m2=08&d2=21&ord=1&area=ttbd"
[2] "https://find.mk.co.kr/new/search.php?pageNum=2&cat=&cat1=&media_eco
=&pageSize=10&sub=all&dispFlag=OFF&page=news&s_kwd=%BA%D2%C8%AE%BD%C7%B
C%BA&s_page=news&go_page=&ord=1&ord1=1&ord2=0&s_keyword=%BA%D2%C8%AE%B
D%C7%BC%BA&s_i_keyword=%BA%D2%C8%AE%BD%C7%BC%BA&s_author=&y1=2018&m1=08
&d1=21&y2=2021&m2=08&d2=21&ord=1&area=ttbd"
[3] "https://find.mk.co.kr/new/search.php?pageNum=3&cat=&cat1=&media_eco
=&pageSize=10&sub=all&dispFlag=OFF&page=news&s_kwd=%BA%D2%C8%AE%BD%C7%B
C%BA&s_page=news&go_page=&ord=1&ord1=1&ord2=0&s_keyword=%BA%D2%C8%AE%B
D%C7%BC%BA&s_i_keyword=%BA%D2%C8%AE%BD%C7%BC%BA&s_author=&y1=2018&m1=08
&d1=21&y2=2021&m2=08&d2=21&ord=1&area=ttbd"
[4] "https://find.mk.co.kr/new/search.php?pageNum=4&cat=&cat1=&media_eco
=&pageSize=10&sub=all&dispFlag=OFF&page=news&s_kwd=%BA%D2%C8%AE%BD%C7%B
C%BA&s_page=news&go_page=&ord=1&ord1=1&ord2=0&s_keyword=%BA%D2%C8%AE%B
D%C7%BC%BA&s_i_keyword=%BA%D2%C8%AE%BD%C7%BC%BA&s_author=&y1=2018&m1=08
&d1=21&y2=2021&m2=08&d2=21&ord=1&area=ttbd"
[5] https://find.mk.co.kr/new/search.php?pageNum=5&cat=&cat1=&media_eco=
&pageSize=10&sub=all&dispFlag=OFF&page=news&s_kwd=%BA%D2%C8%AE%BD%C7%B
C%BA&s_page=news&go_page=&ord=1&ord1=1&ord2=0&s_keyword=%BA%D2%C8%AE%B
D%C7%BC%BA&s_i_keyword=%BA%D2%C8%AE%BD%C7%BC%BA&s_author=&y1=2018&m1=08
&d1=21&y2=2021&m2=08&d2=21&ord=1&area=ttbd
[6] "https://find.mk.co.kr/new/search.php?pageNum=6&cat=&cat1=&media_eco
=&pageSize=10&sub=all&dispFlag=OFF&page=news&s_kwd=%BA%D2%C8%AE%BD%C7%B
C%BA&s_page=news&go_page=&ord=1&ord1=1&ord2=0&s_keyword=%BA%D2%C8%AE%B
D%C7%BC%BA&s_i_keyword=%BA%D2%C8%AE%BD%C7%BC%BA&s_author=&y1=2018&m1=08
&d1=21&y2=2021&m2=08&d2=21&ord=1&area=ttbd"
[1] "https://find.mk.co.kr/new/search.php?pageNum=45&cat=&cat1=&media_ec
o=&pageSize=10&sub=all&dispFlag=OFF&page=news&s_kwd=%BA%D2%C8%AE%BD%C7%
BC%BA&s_page=news&go_page=&ord=1&ord1=1&ord2=0&s_keyword=%BA%D2%C8%AE%B
D%C7%BC%BA&s_i_keyword=%BA%D2%C8%AE%BD%C7%BC%BA&s_author=&y1=2018&m1=08
```

```
&d1=21&y2=2021&m2=08&d2=21&ord=1&area=ttbd"
[2] "https://find.mk.co.kr/new/search.php?pageNum=46&cat=&cat1=&media_ec
o=&pageSize=10&sub=all&dispFlag=OFF&page=news&s_kwd=%BA%D2%C8%AE%BD%C7%
BC%BA&s_page=news&go_page=&ord=1&ord1=1&ord2=0&s_keyword=%BA%D2%C8%AE%B
D%C7%BC%BA&s_i_keyword=%BA%D2%C8%AE%BD%C7%BC%BA&s_author=&y1=2018&m1=08
&d1=21&y2=2021&m2=08&d2=21&ord=1&area=ttbd"
[3] https://find.mk.co.kr/new/search.php?pageNum=47&cat=&cat1=&media_eco
=&pageSize=10&sub=all&dispFlag=OFF&page=news&s_kwd=%BA%D2%C8%AE%BD%C7%B
C%BA&s_page=news&go_page=&ord=1&ord1=1&ord2=0&s_keyword=%BA%D2%C8%AE%B
D%C7%BC%BA&s_i_keyword=%BA%D2%C8%AE%BD%C7%BC%BA&s_author=&y1=2018&m1=08
&d1=21&y2=2021&m2=08&d2=21&ord=1&area=ttbd
[4] "https://find.mk.co.kr/new/search.php?pageNum=48&cat=&cat1=&media_ec
o=&pageSize=10&sub=all&dispFlag=OFF&page=news&s_kwd=%BA%D2%C8%AE%BD%C7%
BC%BA&s_page=news&go_page=&ord=1&ord1=1&ord2=0&s_keyword=%BA%D2%C8%AE%B
D%C7%BC%BA&s_i_keyword=%BA%D2%C8%AE%BD%C7%BC%BA&s_author=&y1=2018&m1=08
&d1=21&y2=2021&m2=08&d2=21&ord=1&area=ttbd"
[5] "https://find.mk.co.kr/new/search.php?pageNum=49&cat=&cat1=&media_ec
o=&pageSize=10&sub=all&dispFlag=OFF&page=news&s_kwd=%BA%D2%C8%AE%BD%C7%
BC%BA&s_page=news&go_page=&ord=1&ord1=1&ord2=0&s_keyword=%BA%D2%C8%AE%B
D%C7%BC%BA&s_i_keyword=%BA%D2%C8%AE%BD%C7%BC%BA&s_author=&y1=2018&m1=08
&d1=21&y2=2021&m2=08&d2=21&ord=1&area=ttbd"
[6] "https://find.mk.co.kr/new/search.php?pageNum=50&cat=&cat1=&media_ec
o=&pageSize=10&sub=all&dispFlag=OFF&page=news&s_kwd=%BA%D2%C8%AE%BD%C7%
BC%BA&s_page=news&go_page=&ord=1&ord1=1&ord2=0&s_keyword=%BA%D2%C8%AE%B
D%C7%BC%BA&s_i_keyword=%BA%D2%C8%AE%BD%C7%BC%BA&s_author=&y1=2018&m1=08
&d1=21&y2=2021&m2=08&d2=21&ord=1&area=ttbd"
```

해석

처리결과 화면을 살펴보면, 앞의 url과 뒤의 url을 각각 여섯 개씩 보여주고 있다.

[처리결과화면]

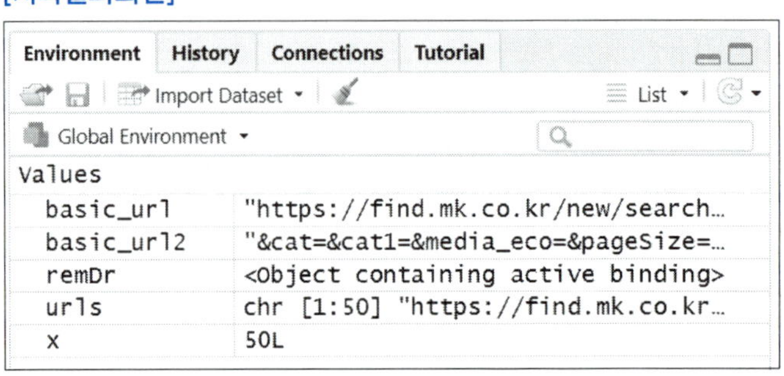

For 구문으로 link 크롤링하기

이번에는 링크를 연결시켜보자.

명령어

```
> links <- NULL
> for(url in urls){
+   remDr$navigate(url)
+   body <- remDr$getPageSource()[[1]]
+   html <- read_html(body)
+  links <- c(links, html %>% html_nodes('.art_tit') %>% html_nodes('a') %>%
html_attr('href') %>% unique())
+ }
```

[처리결과화면]

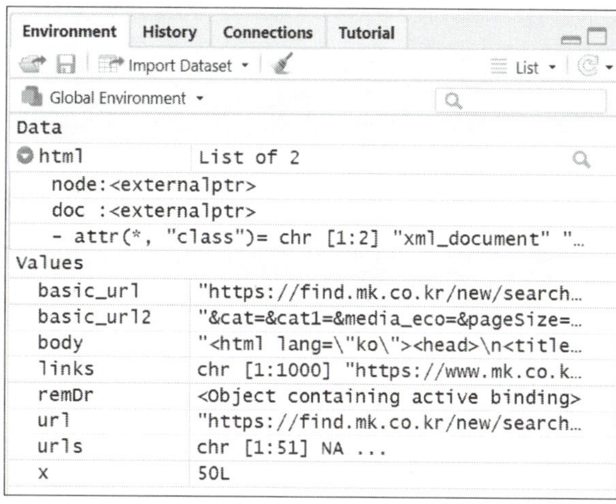

이제 연결한 링크를 열람해보자.

명령어

```
> links
```

```
[1] "https://www.mk.co.kr/news/world/view/2021/08/809525/"
[2] "https://www.mk.co.kr/news/stock/view/2021/08/809386/"
[3] "https://www.mk.co.kr/news/economy/view/2021/08/809367/"
[4] "https://www.mk.co.kr/news/business/view/2021/08/809352/"
[5] "https://www.mk.co.kr/news/home/view/2021/08/809004/"
[6] "https://www.mk.co.kr/news/it/view/2021/08/808953/"
[7] https://www.mk.co.kr/news/it/view/2021/08/808511/
```

```
(중간생략)
[994] "https://www.mk.co.kr/news/stock/view/2021/05/440258/"
[995] "https://www.mk.co.kr/news/stock/view/2021/05/439734/"
[996] "https://www.mk.co.kr/news/politics/view/2021/05/439352/"
[997] "https://www.mk.co.kr/news/politics/view/2021/05/439340/"
[998] "https://www.mk.co.kr/opinion/contributors/view/2021/05/439256/"
[999] "https://www.mk.co.kr/news/economy/view/2021/05/438874/"
[1000] "https://www.mk.co.kr/news/stock/view/2021/05/438739/"
```

여기서 약간의 전처리가 필요하다. 뉴스 기사만 수집하려는 의도와 달리 일부는 뉴스 기사가 아닌 것도 있기 때문이다. 뉴스만 남기려는 작업인데, grep( ) 함수를 사용해서 url에 "news"가 들어가 있는 것만 추출하면 된다. 또한 중복된 url도 제거해주자. 이 작업은 unique( ) 함수를 사용한다.

명령어

```
> links <- links[grep("news", links)] # 주소에 ""가 들어가있는거만 추출
> links <- unique(links) #중복된 url 제거
```


```
> links <- links[grep("news", links)] # 주소에 ""가 들어가있는거만 추출
> links <- unique(links) #중복된 url 제거
```


[처리결과화면]

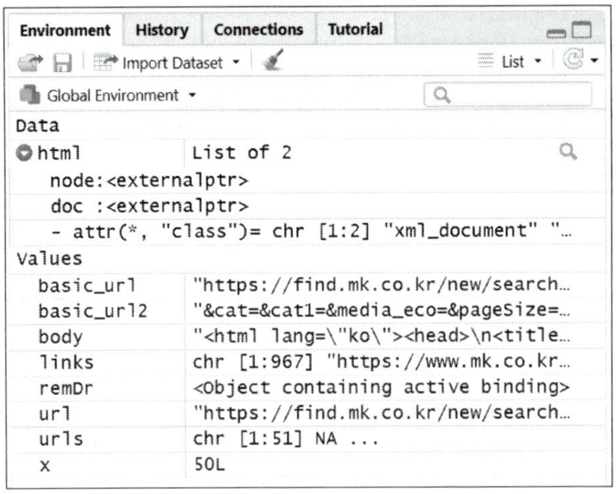

해석

처리결과 화면을 살펴보면, 링크 개수가 줄어들어 있음을 볼 수 있다.

For 구문으로 각 url의 기사 내용(텍스트) 크롤링하기

이번 단계에는 해당 기사 텍스트를 수집하는 순서이다. 날짜, 텍스트, 링크 정보를 담을 그릇을 만들어두고(c( ) 함수 사용), 자료를 수집하도록 하자.

명령어

```
> date <- c()
> txts <- c()
> link <- c()
```

```
> date <- c()
> txts <- c()
> link <- c()
```

[처리결과화면]

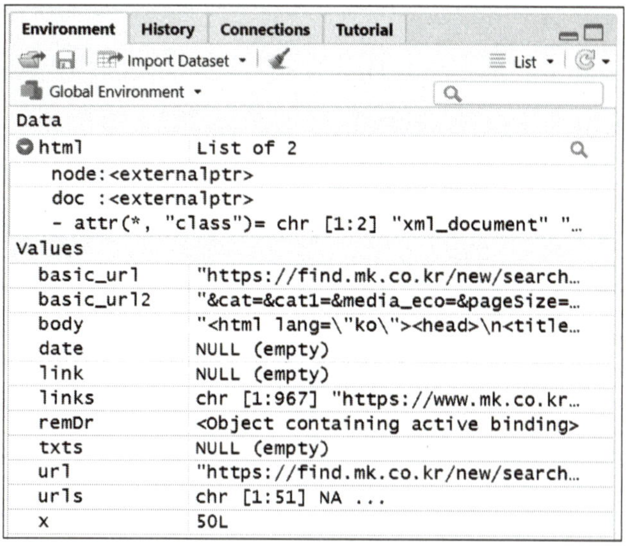

이제 그릇으로 만들어 둔 날짜, 텍스트, 링크를 데이터프레임으로 전환시키고, for 구문을 사용해서 링크에 들어 있는 날짜, 텍스트, 링크 정보를 한 곳으로 모아주자.

명령어

```
> a <- data.frame(date, link, txts) #데이터프레임으로 전환
> for(link in links){
+   remDr$navigate(link)
+   body <- remDr$getPageSource()[[1]]
```

```
+   html <- read_html(body)
+   date <- html %>% html_nodes(xpath='//*[@class="news_title_author"]/ul/li
[2]') %>% html_text()
+   txts <- html %>% html_nodes(xpath='//*[@itemprop="articleBody"]') %>% html_
text()
+   b <- data.frame(date=date, link, txts)
+   a <- rbind(a, b)
+ }
```

```
> a <- data.frame(date, link, txts) #데이터프레임으로 전환
> for(link in links){
+   remDr$navigate(link)
+   body <- remDr$getPageSource()[[1]]
+   html <- read_html(body)
+   date <- html %>% html_nodes(xpath='//*[@class="news_title_author"]/ul/
li[2]') %>% html_text()
+   txts <- html %>% html_nodes(xpath='//*[@itemprop="articleBody"]') %>%
html_text()
+   b <- data.frame(date=date, link, txts)
+   a <- rbind(a, b)
+ }
```

[처리결과화면]

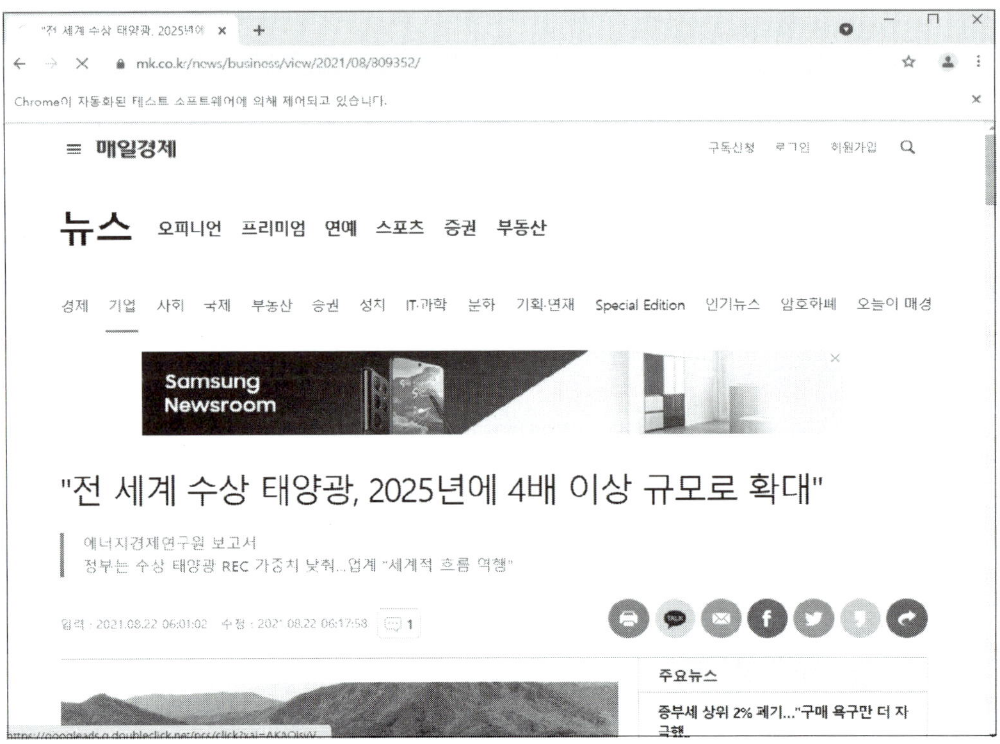

mk.co.kr/news/economy/view/2021/08/806752/
Chrome이 자동화된 테스트 소프트웨어에 의해 제어되고 있습니다.
매일경제
구독신청 로그인 회원가입
뉴스 오피니언 프리미엄 연예 스포츠 증권 부동산
경제 기업 사회 국제 부동산 증권 정치 IT·과학 문화 기획·연재 Special Edition 인기뉴스 암호화폐 오늘의 매경
2조 대어 'SK리츠' 멀티섹터 '디앤디플랫폼'...줄상장하는 리츠
류지민 기자 입력 : 2021.08.20 13:44:10 수정 : 2021.08.20 14:02:06
주요뉴스
종부세 상위 2% 폐기..."구매 욕구만 더 자극했..
60대 은퇴자, 이사 가야하는데 주택연금 가입..
"내 손목" 알바들 아우성...배라 매출 10배 대..

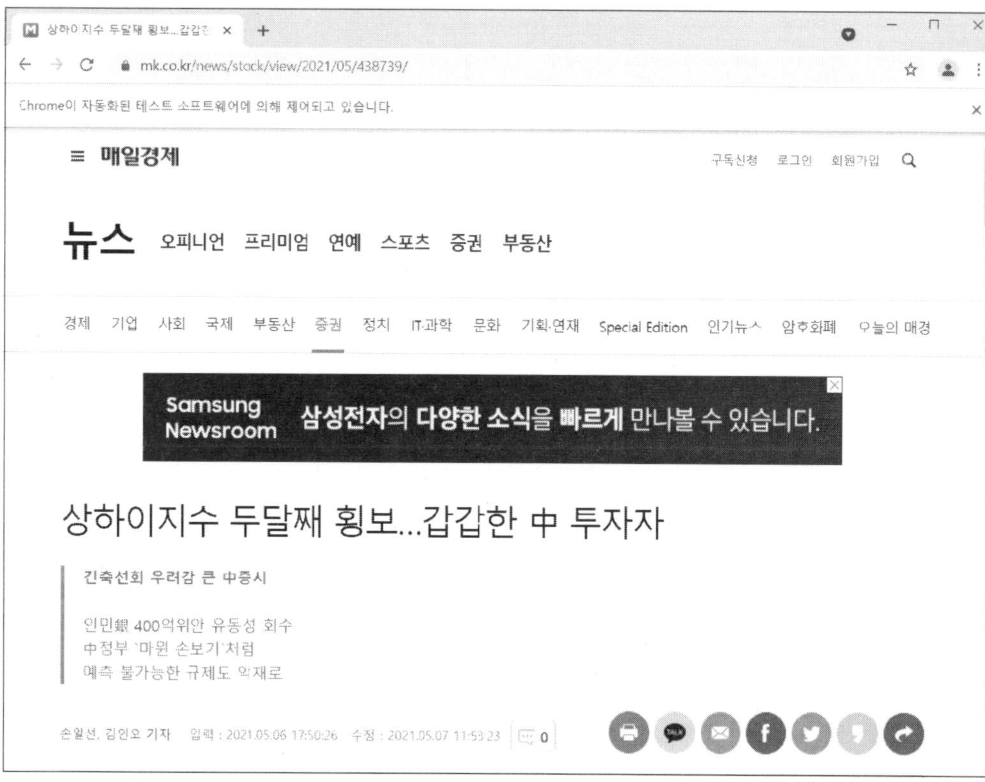
mk.co.kr/news/stock/view/2021/05/438739/
Chrome이 자동화된 테스트 소프트웨어에 의해 제어되고 있습니다.
매일경제
구독신청 로그인 회원가입
뉴스 오피니언 프리미엄 연예 스포츠 증권 부동산
경제 기업 사회 국제 부동산 증권 정치 IT·과학 문화 기획·연재 Special Edition 인기뉴스 암호화폐 오늘의 매경
Samsung Newsroom 삼성전자의 다양한 소식을 빠르게 만나볼 수 있습니다.
상하이지수 두달째 횡보...갑갑한 中 투자자
긴축선회 우려감 큰 中증시
인민銀 400억위안 유동성 회수
中정부 '마윈 손보기'처럼
예측 불가능한 규제도 악재로
손일선, 김인오 기자 입력 : 2021.05.06 17:50:26 수정 : 2021.05.07 11:53:23

▶ 해석

처리결과 화면을 살펴보면, 관련 기사를 계속해서 크롤링하는 모습을 볼 수 있다.

[처리결과화면]

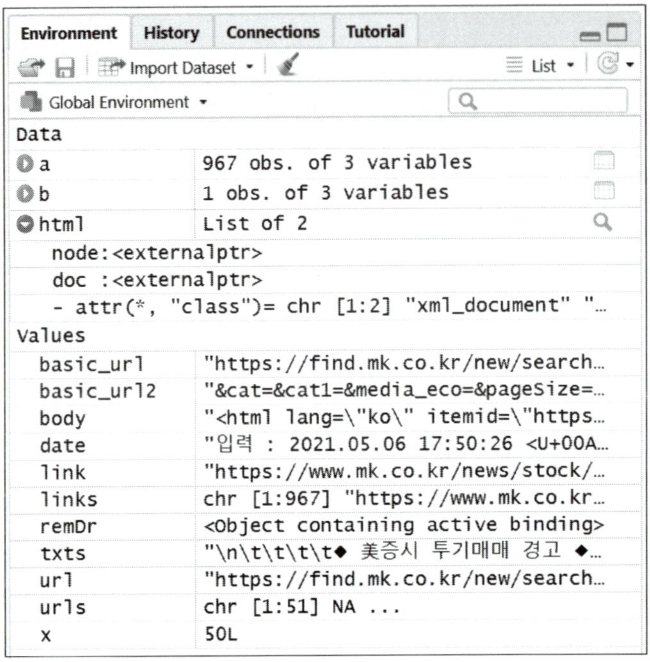

크롤링한 텍스트 전처리하기

이번 단계에서는 수집한 정보들을 전처리할 차례이다. 우선 텍스트 중복부터 제거하자. 사용할 함수는 distinct( )이다.

#unique( )함수 & distinct( ) 함수#

중복된 데이터를 제거하는데 사용하는 함수로 unique( )와 distinct( ) 함수가 있다. 두 함수는 같은기능을 한다. 앞의 unique( ) 함수는 R 프로그램에 기본으로 내장되어 있다. distinct 함수는 패키지 dplyr에 속해있는 함수로서 이 함수를 사용하기 위해선 먼저 dplyr패키지가 설치되어야 한다. 같은 기능을 하지만 처리속도에 차이가 있고, distinct( ) 함수가 더 빠른 것으로 알려져 있다.

명령어

```
> texts <- a %>% distinct(txts, .keep_all = TRUE) #텍스트 중복 제거
```

```
> texts <- a %>% distinct(txts, .keep_all = TRUE) #텍스트 중복 제거
```

[처리결과화면]

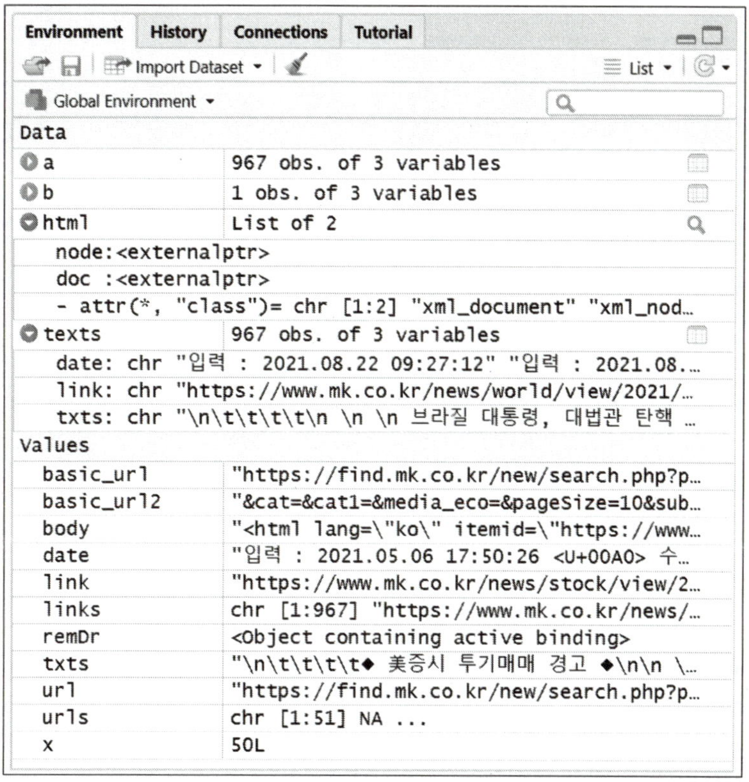

명령어

```
> texts$txts <- str_replace_all(texts$txts, "[[:punct:]]", " ") %>% #불용어 제거
+   str_replace_all("[[:cntrl:]]", " ") %>%
+   str_replace_all("\\s+", " ") %>%
+   str_replace_all("http[a-zA-Z0-9]+", " ") %>%
+   str_replace_all("[~!@#$%&*()_+=?<>]", " ") %>%
+   str_replace_all("기자", " ") %>%
+   str_replace_all("[^[:alnum:]///' ]", " ")
```


```
> texts$txts <- str_replace_all(texts$txts, "[[:punct:]]", " ") %>% #불용어
제거
+   str_replace_all("[[:cntrl:]]", " ") %>%
+   str_replace_all("\\s+", " ") %>%
+   str_replace_all("http[a-zA-Z0-9]+", " ") %>%
+   str_replace_all("[~!@#$%&*()_+=?<>]", " ") %>%
+   str_replace_all("기자", " ") %>%
+   str_replace_all("[^[:alnum:]///' ]", " ")
```

[처리결과화면]

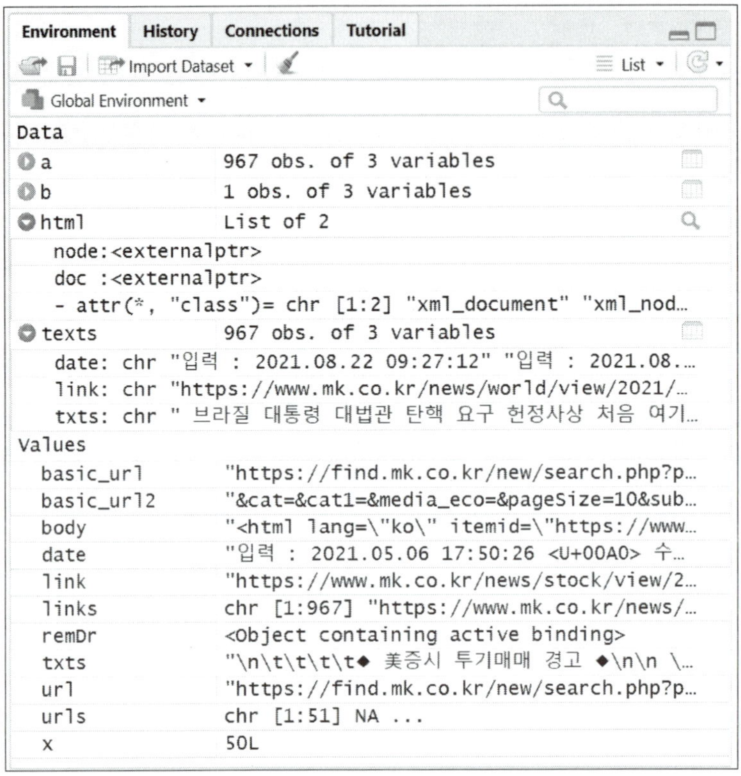

다음에는 날짜 정보를 정리하자. 우선 날짜 정보가 어떻게 저장되어 있는지 열람해보자.

명령어

```
> texts$date
```

```
> texts$date
  [1] "입력 : 2021.08.22 09:27:12"
  [2] "입력 : 2021.08.22 07:00:00"
[3] "입력 : 2021.08.22 06:15:02"
(중간생략)
[963] "입력 : 2021.05.07 09:18:37"
[964] "입력 : 2021.05.07 06:01:05   수정 : 2021.05.07 08:00:12"
[965] "입력 : 2021.05.07 06:01:03   수정 : 2021.05.07 09:28:13"
[966] "입력 : 2021.05.06 18:36:09"
[967] "입력 : 2021.05.06 17:50:26   수정 : 2021.05.07 11:53:23"
```

해석

처리결과 화면을 살펴보면, 날짜 정보가 "수정……" 정보까지 지저분하게 저장되어 있다. 깔끔하게 정리할 필요가 있다.

날짜 정보를 2021.08.22 양식으로만 저장시키도록 하자. 사용할 함수는 regmatches( )이다. 새로 추출할 날짜 정보 양식은 "[0-9]+[.][0-9]+[.][0-9]+"이다.

명령어

```
> texts$date <- regmatches(texts$date, regexpr("([0-9]+[.][0-9]+[.][0-9]+)",
texts$date))
> texts$date
```

```
> texts$date <- regmatches(texts$date, regexpr("([0-9]+[.][0-9]+[.][0-9]
+)", texts$date))
> texts$date
[1] "2021.08.22" "2021.08.22" "2021.08.22" "2021.08.22" "2021.08.21" "202
1.08.21"
[7] "2021.08.21" "2021.08.21" "2021.08.21" "2021.08.21" "2021.08.20" "202
1.08.20"
[13] "2021.08.20" "2021.08.20" "2021.08.20" "2021.08.20" "2021.08.20" "202
1.08.20"
[19] "2021.08.20" "2021.08.20" "2021.08.20" "2021.08.20" "2021.08.20" "202
1.08.19"
(중간생략)
[943] "2021.05.10" "2021.05.10" "2021.05.10" "2021.05.10" "2021.05.10" "20
21.05.10"
[949] "2021.05.10" "2021.05.10" "2021.05.10" "2021.05.09" "2021.05.09" "20
21.05.09"
[955] "2021.05.09" "2021.05.09" "2021.05.09" "2021.05.09" "2021.05.07" "20
21.05.07"
[961] "2021.05.07" "2021.05.07" "2021.05.07" "2021.05.07" "2021.05.07" "20
21.05.06"
[967] "2021.05.06"
```

해석

처리결과 화면을 살펴보면, 날짜 정보가 2021.08.22 양식으로 깔끔하게 정리되었음을 볼 수 있다.

[처리결과화면]

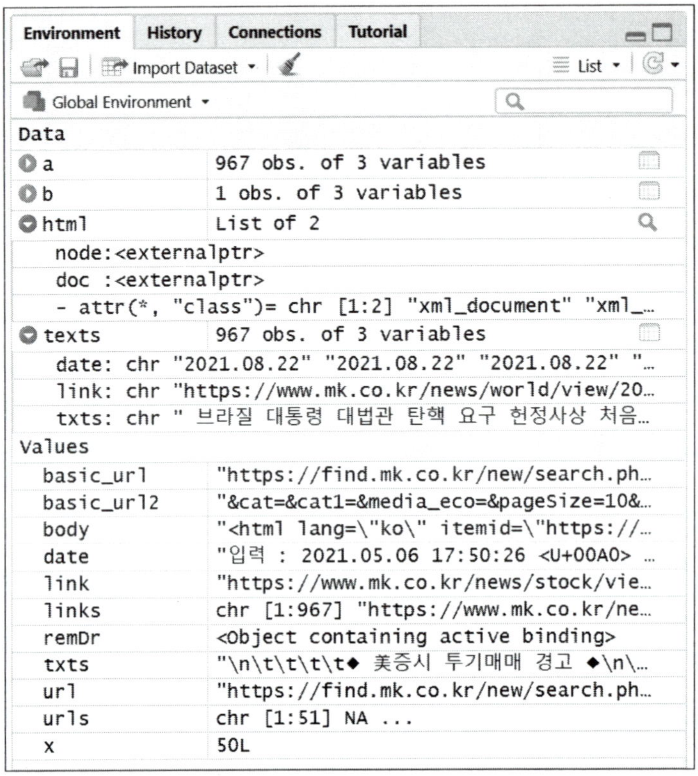

해석

처리결과 화면을 살펴보면, texts 항목 아래 날짜 양식이 2021.08.22 형식으로 저장되었음을 볼 수 있다.

상기 표현된 자료를 살펴보면 texts 항목 아래 date 정보가 chr, 즉 문자형으로 저장되어 있음을 볼수 있다. 이에 새로 추출한 날짜 정보를 날짜로 인식하도록 명령어를 작성하고, 최종 결과물을 작업디렉토리에 저장하도록 하자.

명령어

```
> texts$date <- as.Date(as.character(texts$date), format="%Y.%m.%d") #날짜정보를 날짜로 인식시키기
```

```
> texts$date <- as.Date(as.character(texts$date), format="%Y.%m.%d") #날짜정보를 날짜로 인식시키기
```

[처리결과화면]

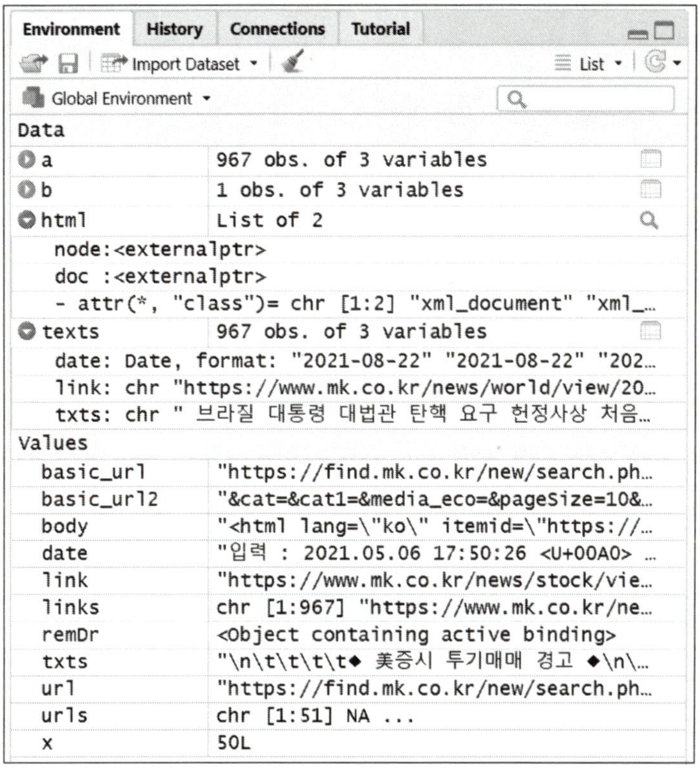

해석

처리결과 화면을 살펴보면, texts 항목 아래 date 정보가 chr 형식에서 Date, format 양식으로 변환되어 있음을 볼 수 있다.

작업디렉토리에 결과물 저장하기

이제 작업디렉토리를 지정하고 그 곳에 최종 결과물을 저장하도록 하자.

명령어

```
> setwd("C:/Users/media")
> write.csv(texts, "매경불확실성sample.csv")
```

```
> setwd("C:/Users/media")
> write.csv(texts, "매경불확실성sample.csv")
```

[처리결과화면]

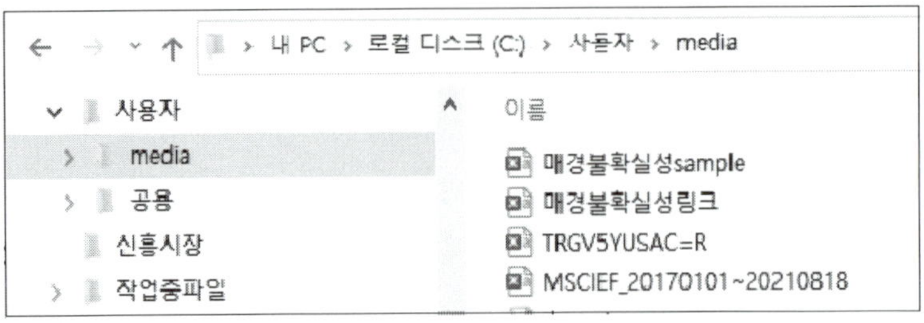

해석

처리결과 화면을 살펴보면, 작업디렉토리 안에 "매경불확실성sample.csv"가 저장되어 있음을 알 수 있다.

③ 날짜 지정 크롤링

한국경제 날짜부여해서 크롤링하기(한국경제 "불확실성")

이번에는 크롤링할 기사 날짜를 지정해주고 작업을 진행해보자. 한국경제 뉴스 검색창에서 '불확실성' 기사를 날짜를 부여해서 해당 기간의 뉴스 기사를 크롤링하라는 명령어를 작성해보자. 여기서 주의할 점은 처음부터 '뉴스'로 클릭해서 검색창으로 넘어가야 뉴스만 검색된다는 점이다. 통합검색창에서 '불확실성'을 찾고 나서 '뉴스'를 클릭하면 반영이 되지 않는다. 무엇이건 어때? 아니다...뉴스 검색기사 개수가 달라진다.

[처리결과화면: 한국경제 뉴스 검색창]

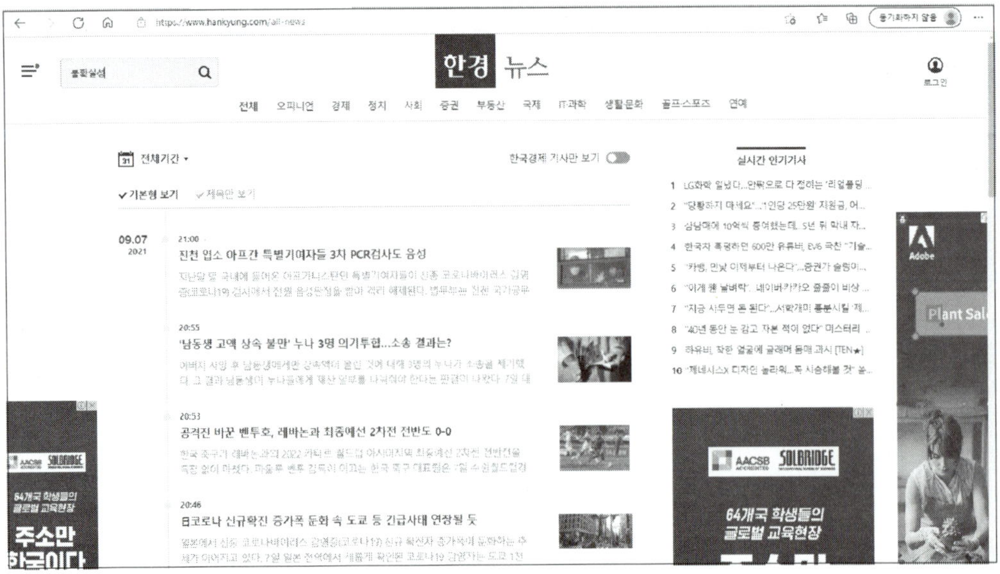

[처리결과화면: 뉴스 & 전체뉴스 화면]

해석

처리결과 화면을 살펴보면, 뉴스와 전체뉴스가 동시에 나타나고 있다. 여기서 "한국경제 뉴스보기"를 클릭하자. 그러면 한국경제 뉴스기사만 도출된다.

[처리결과화면: 한국경제 뉴스검색 + 날짜 지정을 위한 달력화면]

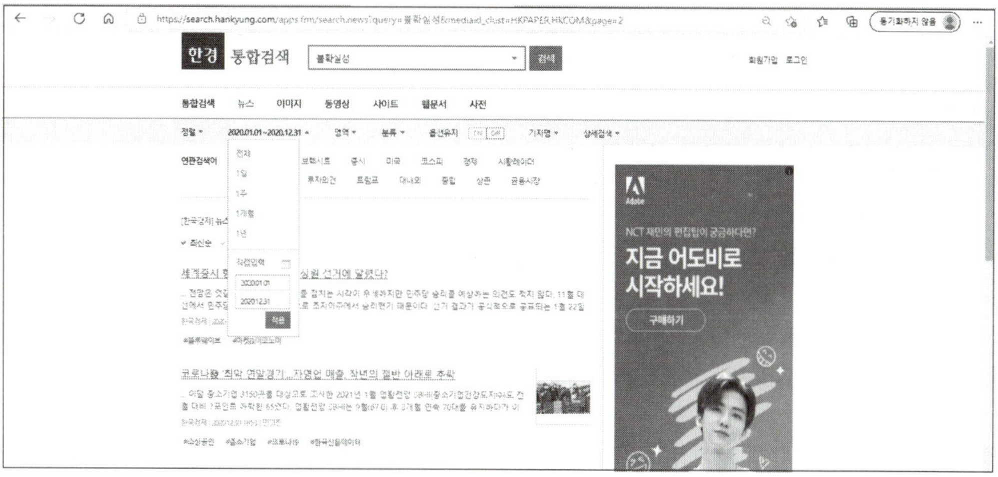

해석

처리결과 화면을 살펴보면, 기사 검색 날짜를 지정할 수 있도록 달력창이 나타남을 볼 수 있다. 날짜를 지정하고 나온 뉴스 기사 창에서 2페이지로 넘어간 뒤 url 구조를 확인하면 다음과 같다:

"https://search.hankyung.com/apps.frm/search.news?query=불확실성&sort=DATE%2FDESC%2CRANK%2FDESC&period=DATE&area=ALL&mediaid_clust=HKPAPER%2CHKCOM&sdate=2020.01.01&edate=2020.12.31&exact=&include=&except=&page=2"

[처리결과화면: 최종 페이지 확인]

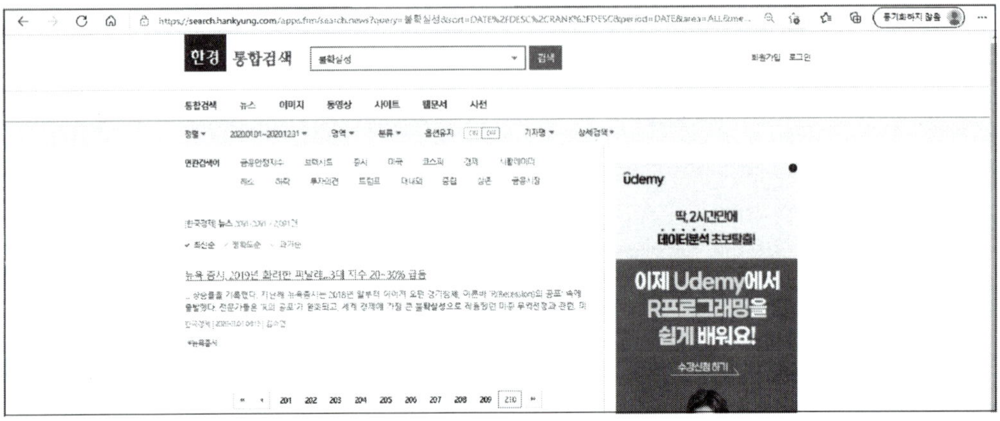

해석

처리결과 화면을 살펴보면, '불확실성' 기사가 2020-01-01 ~2020-12-31 기간동안에는 총 210 페이지까지 추출되었음을 알 수 있다. 이 페이지 정보는 뒤에서 명령어 처리할 때 필요한 수치이니 잘 기억하기 바란다.

명령어

```
> library(xml2)
> library(rvest)
> library(dplyr)
> library(stringr)
> library(data.table)
> library(RSelenium)
> library(httr)
```

```
> library(xml2)
> library(rvest)
> library(dplyr)
```

```
Attaching package: 'dplyr'

The following objects are masked from 'package:stats':

    filter, lag

The following objects are masked from 'package:base':

    intersect, setdiff, setequal, union

> library(stringr)
> library(data.table)
data.table 1.13.4 using 4 threads (see ?getDTthreads).  Latest news: r-datat
able.com

Attaching package: 'data.table'

The following objects are masked from 'package:dplyr':

    between, first, last

> library(RSelenium)
Warning message:
package 'RSelenium' was built under R version 4.0.5
> library(seleniumPipes)
Loading required package: httr
Loading required package: jsonlite
Loading required package: magrittr
Loading required package: whisker

Attaching package: 'seleniumPipes'

The following object is masked from 'package:rvest':

    back

Warning message:
package 'seleniumPipes' was built under R version 4.0.5
> library(httr)
```

이제 최종 확인된 한국경제 뉴스 기사 검색(날짜를 부여하는 경우)에 필요한 url 구조를 분해하여 명령어를 작성해보자. 날짜를 부여한 뉴스 기사 검색용 url 구조는 "https://search.hankyung.com/apps.frm/search.news?query=불확실성&sort=DATE%2FDESC%2CRANK%2FDESC&period=DATE&area=ALL&mediaid_clust=HKPAPER%2CHKCOM&sdate=&edate=&exact=&include=&except=&page=2" 양식이다. 따라서 작성할 url은 총 4개로 분할해서 표현하자. 왜냐하면 한국경제는 뉴스 기사가 한 페이지에 10개씩 나오고, 페이지를 넘기면서 해당 기사를 크롤링해야 하기 때문이다. 설정할 날짜는 2021.08.01에서 2021.08.31로 지정하자.

명령어

```
> QUERY <- '불확실성' # 검색어
> basic_url1 <- 'https://search.hankyung.com/apps.frm/search.news?query='
> basic_url2 <-'&sort=DATE%2FDESC%2CRANK%2FDESC&period=DATE&area=ALL&mediaid
_clust=HKPAPER%2CHKCOM&sdate='
> fromDATE <-'2020.01.01'
> basic_url3 <- '&edate='
> toDATE <-'2020.12.31'
> basic_url4 <- '&exact=&include=&except=&page='
```

여기서는 연습으로 기사가 나온 0~10페이지까지의 기사만 크롤링해보자(나중에 다시 -1 명령어로 1:49로 변경). 처음 페이지 지정 명령어로 chr [1:11]이 나타나고, 이후 -1 처리로 chr [1:10]으로 변경된다.

명령어

```
> urls <- NULL
> for(x in 0:10){
+   urls[x+1] <- paste0(basic_url1, QUERY, basic_url2, fromDATE, basic_url3,
toDATE, basic_url4, as.character(x))
+ }
> urls <- urls[-1]
> head(urls)
```

```
> urls <- NULL
> for(x in 0:10){
```

```
+  urls[x+1] <- paste0(basic_url1, QUERY, basic_url2, fromDATE, basic_url
3, toDATE, basic_url4, as.character(x))
+ }
> urls <- urls[-1]
> head(urls)
[1] "https://search.hankyung.com/apps.frm/search.news?query=불확실성&sort
=DATE%2FDESC%2CRANK%2FDESC&period=DATE&area=ALL&mediaid_clust=HKPAPER%2
CHKCOM&sdate=2020.01.01&edate=2020.12.31&exact=&include=&except=&page=1
"
[2] "https://search.hankyung.com/apps.frm/search.news?query=불확실성&sort
=DATE%2FDESC%2CRANK%2FDESC&period=DATE&area=ALL&mediaid_clust=HKPAPER%2
CHKCOM&sdate=2020.01.01&edate=2020.12.31&exact=&include=&except=&page=2
"
[3] "https://search.hankyung.com/apps.frm/search.news?query=불확실성&sort
=DATE%2FDESC%2CRANK%2FDESC&period=DATE&area=ALL&mediaid_clust=HKPAPER%2
CHKCOM&sdate=2020.01.01&edate=2020.12.31&exact=&include=&except=&page=3
"
[4] "https://search.hankyung.com/apps.frm/search.news?query=불확실성&sort
=DATE%2FDESC%2CRANK%2FDESC&period=DATE&area=ALL&mediaid_clust=HKPAPER%2
CHKCOM&sdate=2020.01.01&edate=2020.12.31&exact=&include=&except=&page=4
"
[5] "https://search.hankyung.com/apps.frm/search.news?query=불확실성&sort
=DATE%2FDESC%2CRANK%2FDESC&period=DATE&area=ALL&mediaid_clust=HKPAPER%2
CHKCOM&sdate=2020.01.01&edate=2020.12.31&exact=&include=&except=&page=5
"
[6] "https://search.hankyung.com/apps.frm/search.news?query=불확실성&sort
=DATE%2FDESC%2CRANK%2FDESC&period=DATE&area=ALL&mediaid_clust=HKPAPER%2
CHKCOM&sdate=2020.01.01&edate=2020.12.31&exact=&include=&except=&page=6"
```

[처리결과화면]

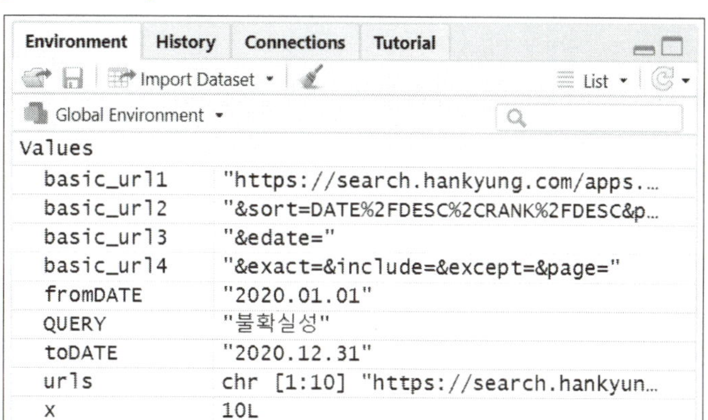

명령어

```
> links <- NULL
> for(url in urls){
+   html <- read_html(url)
+   links <- c(links, html %>% html_nodes('.txt_wrap') %>% html_nodes('a') %>%
html_attr('href') %>% unique())
+ }
```

```
> links <- NULL
> for(url in urls){
+   html <- read_html(url)
+   links <- c(links, html %>% html_nodes('.txt_wrap') %>% html_nodes('a')
%>% html_attr('href') %>% unique())
+ }
```

명령어

```
> links
```

```
> links
[1] "https://www.hankyung.com/economy/article/202012316853i"
[2] "http://news.hankyung.com/tag/금융감독원장"
[3] http://news.hankyung.com/tag/채무조정제
                              (중간생략)
[539] "https://www.hankyung.com/finance/article/202012151099i"
[540] "http://news.hankyung.com/tag/대신증권"
[541] "https://www.hankyung.com/politics/article/2020121502957"
[542] "http://news.hankyung.com/tag/임대료"
[543] "http://news.hankyung.com/tag/코로나"
[544] "https://www.hankyung.com/economy/article/202012150291i"
```

명령어

```
> links <- links[grep("article", links)] # 주소에 ""가 들어가있는거만 추출
> links <- unique(links)
```

[처리결과화면]

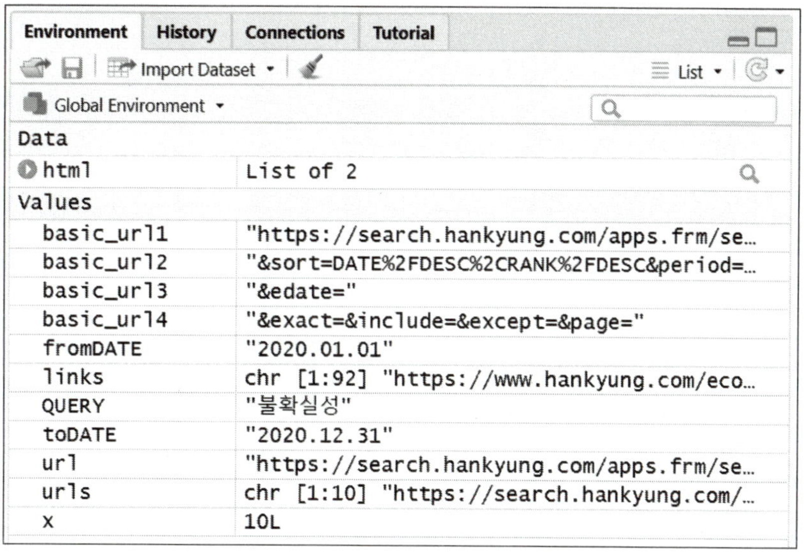

명령어

```
> date <- c()
> txts <- c()
> link <- c()
> a <- data.frame(date, link, txts)
> for(link in links){
+   html <- read_html(link)
+  date <- html %>% html_nodes(xpath='//*[@id="newsView"]/div[1]') %>% html_te
xt()
+   txts <- html %>% html_nodes('div#articletxt') %>% html_text()
+   b <- data.frame(date=date, link, txts)
+   a <- rbind(a, b)
+ }
```


```
> date <- c()
> txts <- c()
> link <- c()
> a <- data.frame(date, link, txts)
> for(link in links){
+   html <- read_html(link)
+  date <- html %>% html_nodes(xpath='//*[@id="newsView"]/div[1]') %>% htm
l_text()
+   txts <- html %>% html_nodes('div#articletxt') %>% html_text()
```

```
+   b <- data.frame(date=date, link, txts)
+   a <- rbind(a, b)
+ }
```

[처리결과화면]

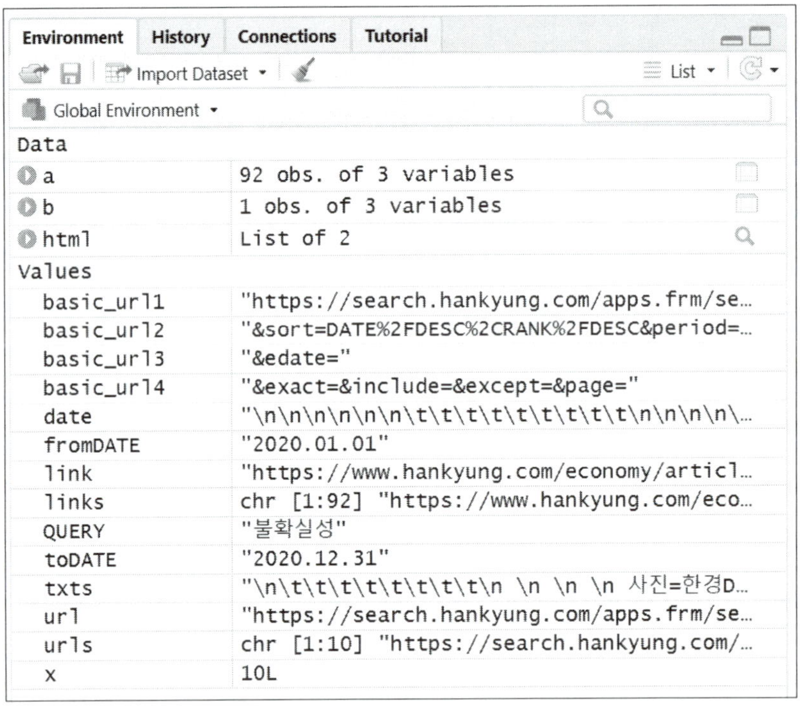

이제 크롤링한 텍스트를 전처리하도록 하자. 그리고 날짜 자료를 다듬도록 한다.

명령어

```
> texts <- a %>% distinct(txts, .keep_all = TRUE)
> texts$txts <- str_replace_all(texts$txts, "[[:punct:]]", " ") %>%
+   str_replace_all("[[:cntrl:]]", " ") %>%
+   str_replace_all("\\s+", " ") %>%
+   str_replace_all("http[a-zA-Z0-9]+", " ") %>%
+   str_replace_all("[~!@#$%&*()_+=?<>]", " ") %>%
+   str_replace_all("기자", " ") %>%
+   str_replace_all("[^[:alnum:]///' ]", " ")
> texts$date <- regmatches(texts$date, regexpr("([0-9]+[.][0-9]+[.][0-9]+)",
texts$date)) # 정규표현식을 이용해 특정 문자열 추출
> texts$date <- as.Date(as.character(texts$date), format="%Y.%m.%d")
```

```
> texts <- a %>% distinct(txts, .keep_all = TRUE)
> texts$txts <- str_replace_all(texts$txts, "[[:punct:]]", " ") %>%
+   str_replace_all("[[:cntrl:]]", " ") %>%
+   str_replace_all("\\s+", " ") %>%
+   str_replace_all("http[a-zA-Z0-9]+", " ") %>%
+   str_replace_all("[~!@#$%&*()_+=?<>]", " ") %>%
+   str_replace_all("기자", " ") %>%
+   str_replace_all("[^[:alnum:]///' ]", " ")
> texts$date <- regmatches(texts$date, regexpr("([0-9]+[.][0-9]+[.][0-9]
+)", texts$date)) # 정규표현식을 이용해 특정 문자열 추출
> texts$date <- as.Date(as.character(texts$date), format="%Y.%m.%d")
```

[처리결과화면: View(texts)]

	date	link	txts
1	2020-12-31	https://www.hankyung.com/economy/article/202012316853i	윤석헌 금융감독원장이 31일 신년사를 통해 코로나19 금융...
2	2020-12-31	https://www.hankyung.com/opinion/article/2020123165551	글로벌 컨설팅사 맥킨지앤드컴퍼니가 코로나19 경제 전망...
3	2020-12-31	https://www.hankyung.com/economy/article/2020123164361	이주열 한국은행 총재 사진 는 31일 경제가 안정적 회복세...
4	2020-12-31	https://www.hankyung.com/economy/article/202012315863i	김광수 은행연합회장 사진 은 신년사를 통해 국내 은행들이 ...
5	2020-12-31	https://www.hankyung.com/economy/article/202012315486i	정지원 손해보험협회장은 새해 신년사로 4세대 실손의료보...
6	2020-12-31	https://www.hankyung.com/economy/article/202012314441i	사진 연합뉴스 이주열 한국은행 총재 사진 는 통화정책은 우...
7	2020-12-31	https://www.hankyung.com/economy/article/202012315368i	정희수 생명보험협회장은 새해 신년사로 빅테크의 금융상...
8	2020-12-30	https://www.hankyung.com/economy/article/2020123031171	국내 50대 기업 10곳 중 9곳 90 5 은 신종 코로나바이러스 ...
9	2020-12-30	https://www.hankyung.com/finance/article/2020123030321	전 세계 주식시장이 내년 1월 5일 치러질 미국 조지아주 상...
10	2020-12-30	https://www.hankyung.com/economy/article/2020123029101	스크린골프장 영업 허용 해달라 코로나19 재확산 여파로 ...
11	2020-12-30	https://www.hankyung.com/finance/article/202012301568i	사진 게티이미지뱅크 글로벌 주식시장이 내년 1월 5일에 치...

Showing 1 to 12 of 92 entries, 3 total columns

명령어

```
> setwd("C:/Users/media/")
> write.csv(texts, "한국경제 불확실성 2020.csv")
```

[처리결과화면]

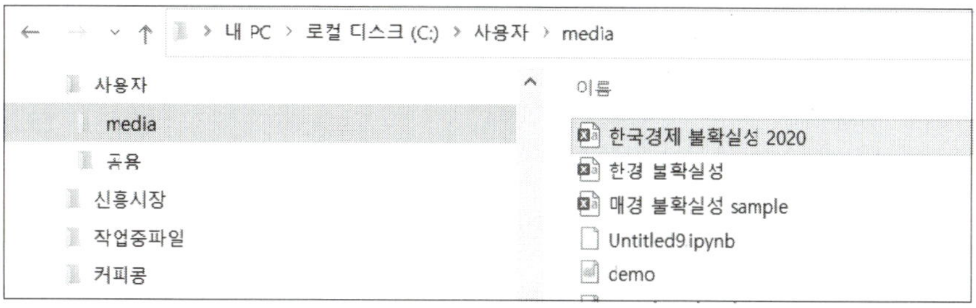

해석

처리결과 화면을 살펴보면, 작업디렉토리(C:/Users/media/) 안에 결과물인 "한국경제 불확실성 2020.csv" 파일이 저장되어 있음을 볼 수 있다.

이번에는 '불확실성' 기사 모두 크롤링하기

명령어

```
> QUERY <- '불확실성' # 검색어
> basic_url1 <- 'https://search.hankyung.com/apps.frm/search.news?query='
> basic_url2 <-'&sort=DATE%2FDESC%2CRANK%2FDESC&period=DATE&area=ALL&mediaid
_clust=HKPAPER%2CHKCOM&sdate='
> fromDATE <-'2020.01.01'
> basic_url3 <- '&edate='
> toDATE <-'2020.12.31'
> basic_url4 <- '&exact=&include=&except=&page='
> urls <- NULL
> for(x in 1:210){    #0:50으로 지정하면 에러가 남
+   urls[x+1] <- paste0(basic_url1, QUERY, basic_url2, fromDATE, basic_url3,
toDATE, basic_url4, as.character(x))
+ }
> urls <- urls[-1]
```

[처리결과화면]

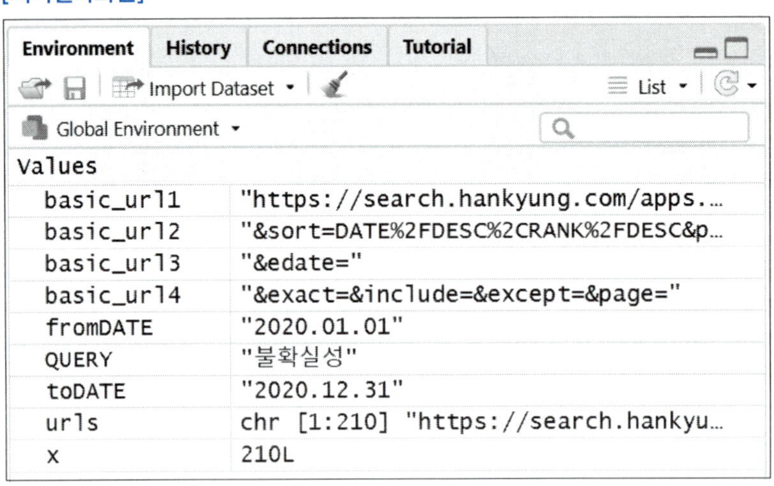

명령어

```
> links <- NULL
> for(url in urls){
+   html <- read_html(url)
+   links <- c(links, html %>% html_nodes('.txt_wrap') %>% html_nodes('a') %>%
html_attr('href') %>% unique())
+ }
> links <- links[grep("article", links)] # 주소에 ""가 들어가있는거만 추출
> links <- unique(links)
```

[처리결과화면]

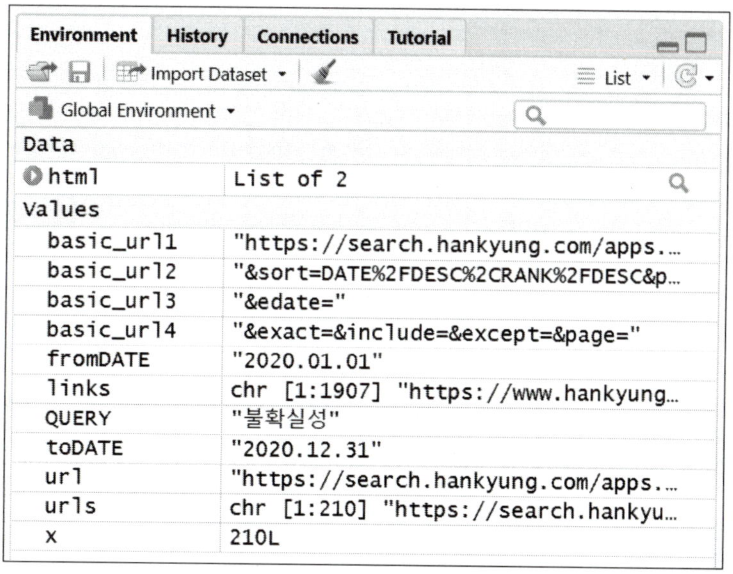

명령어

```
> date <- c()
> txts <- c()
> link <- c()
> a <- data.frame(date, link, txts)
> for(link in links){
+   html <- read_html(link)
+   date <- html %>% html_nodes(xpath='//*[@id="newsView"]/div[1]') %>% html_te
xt()
+   txts <- html %>% html_nodes('div#articletxt') %>% html_text()
+   b <- data.frame(date=date, link, txts)
+   a <- rbind(a, b)
```

```
+ }
```

```
> date <- c()
> txts <- c()
> link <- c()
> a <- data.frame(date, link, txts)
> for(link in links){
+   html <- read_html(link)
+  date <- html %>% html_nodes(xpath='//*[@id="newsView"]/div[1]') %>% htm
l_text()
+   txts <- html %>% html_nodes('div#articletxt') %>% html_text()
+   b <- data.frame(date=date, link, txts)
+   a <- rbind(a, b)
+ }
Error in open.connection(x, "rb") :
  Timeout was reached: [www.hankyung.com] Operation timed out after 10003
milliseconds with 0 out of 0 bytes received
```

명령어

```
> texts <- a %>% distinct(txts, .keep_all = TRUE)
> texts$txts <- str_replace_all(texts$txts, "[[:punct:]]", " ") %>%
+   str_replace_all("[[:cntrl:]]", " ") %>%
+   str_replace_all("\\s+", " ") %>%
+   str_replace_all("http[a-zA-Z0-9]+", " ") %>%
+   str_replace_all("[~!@#$%&*()_+=?<>]", " ") %>%
+   str_replace_all("기자", " ") %>%
+   str_replace_all("[^[:alnum:]///' ]", " ")
> texts$date <- regmatches(texts$date, regexpr("([0-9]+[.][0-9]+[.][0-9]+)",
texts$date)) # 정규표현식을 이용해 특정 문자열 추출
> texts$date <- as.Date(as.character(texts$date), format="%Y.%m.%d")
```

이제 최종 결과물을 작업디렉토리에 저장하도록 하자. 저장할 파일명은 "한국경제불확실성2020_all.csv"로 하자.

명령어

```
> setwd("C:/Users/media/")
> write.csv(texts, "한국경제불확실성2020_all.csv")
```

```
> setwd("C:/Users/media/")
> write.csv(texts, "한국경제불확실성2020_all.csv")
Warning message:
In for (i in seq_along(`_node`)) .rs.recursiveWalk(`_node`[[i]],  :
  closing unused connection 3 (https://www.hankyung.com/finance/article/2
020082694131)
```

[처리결과화면: 작업디렉토리에 저장된 결과물 엑셀 파일 열람]

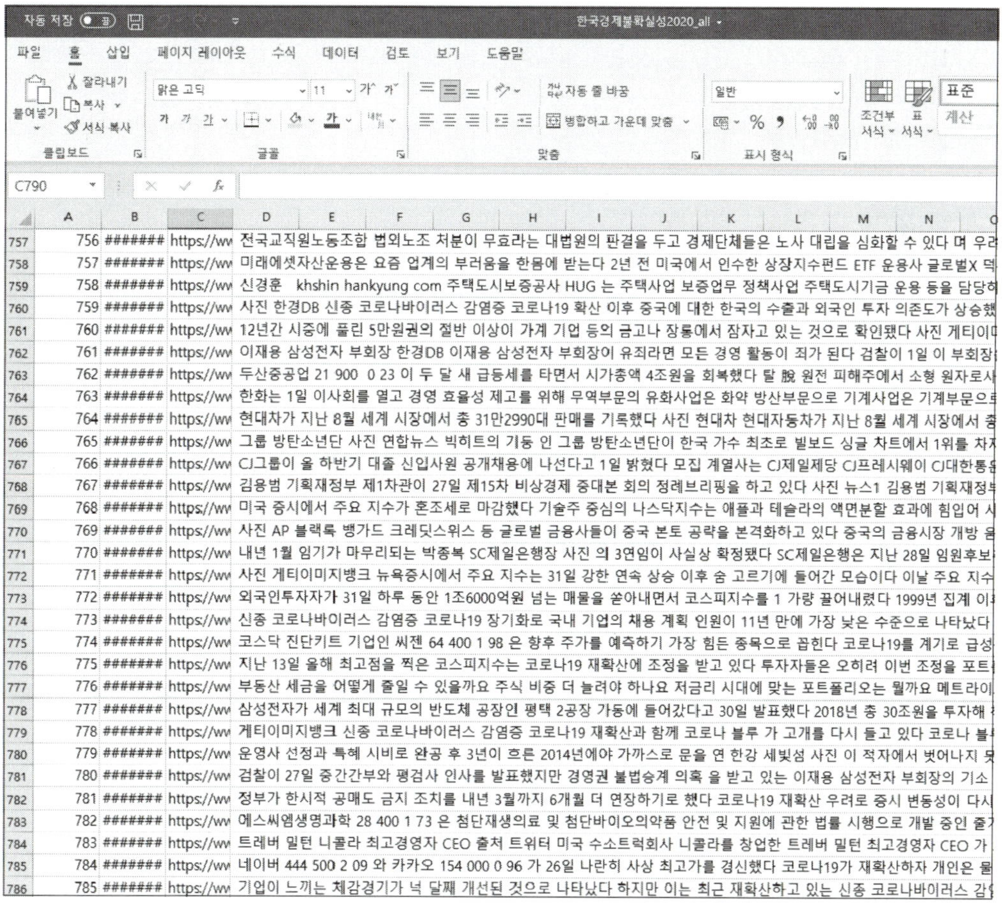

해석

처리결과 화면을 살펴보면, 785개의 뉴스 기사가 크롤링되어 저장되어 있음을 볼 수 있다.

매일경제 날짜 지정하고 크롤링하기

매일경제 뉴스 기사 크롤링은 CMD로 RSelenium을 사용해서 진행할 수 있다.

명령어

```
> library(xml2)
> library(rvest)
> library(dplyr)
> library(stringr)
> library(data.table)
> library(RSelenium)
> library(httr)
```

```
> library(xml2)
> library(rvest)
> library(dplyr)

Attaching package: 'dplyr'

The following objects are masked from 'package:stats':

    filter, lag

The following objects are masked from 'package:base':

    intersect, setdiff, setequal, union

> library(stringr)
> library(data.table)
data.table 1.13.4 using 4 threads (see ?getDTthreads).  Latest news: r-datat
able.com

Attaching package: 'data.table'

The following objects are masked from 'package:dplyr':

    between, first, last

> library(RSelenium)
Warning message:
package 'RSelenium' was built under R version 4.0.5
> library(seleniumPipes)
Loading required package: httr
```

```
Loading required package: jsonlite
Loading required package: magrittr
Loading required package: whisker

Attaching package: 'seleniumPipes'

The following object is masked from 'package:rvest':

    back

Warning message:
package 'seleniumPipes' was built under R version 4.0.5
> library(httr)
```

명령어

```
> library(xml2 > remDr = remoteDriver(
+   remoteServerAddr="localhost",
+   port=4445L,
+   browserName="chrome")
> remDr$open()
```

```
> remDr = remoteDriver(
+   remoteServerAddr="localhost",
+   port=4445L,
+   browserName="chrome")
> remDr$open()
[1] "Connecting to remote server"
$acceptInsecureCerts
[1] FALSE

$browserName
[1] "chrome"

$browserVersion
[1] "92.0.4515.159"

$chrome
$chrome$chromedriverVersion
```

```
[1] "92.0.4515.107 (87a818b10553a07434ea9e2b6dccf3cbe7895134-refs/branch
-heads/4515@{#1634})"

$chrome$userDataDir
[1] "C:\\Users\\media\\AppData\\Local\\Temp\\scoped_dir16688_1396752994"

$`goog:chromeOptions`
$`goog:chromeOptions`$debuggerAddress
[1] "localhost:52898"

$networkConnectionEnabled
[1] FALSE

$pageLoadStrategy
[1] "normal"

$platformName
[1] "windows"

$proxy
named list()

$setWindowRect
[1] TRUE

$strictFileInteractability
[1] FALSE

$timeouts
$timeouts$implicit
[1] 0

$timeouts$pageLoad
[1] 300000

$timeouts$script
[1] 30000

$unhandledPromptBehavior
```

```
[1] "dismiss and notify"

$`webauthn:extension:credBlob`
[1] TRUE

$`webauthn:extension:largeBlob`
[1] TRUE

$`webauthn:virtualAuthenticators`
[1] TRUE

$webdriver.remote.sessionid
[1] "95bdf9725bf318646f8c83912d0fce16"

$id
[1] "95bdf9725bf318646f8c83912d0fce16"
```

명령어

```
> basic_url1 <- 'https://find.mk.co.kr/new/search.php?pageNum='
> basic_url2 <- '&cat=&cat1=&media_eco=&pageSize=10&sub=all&dispFlag=OFF&pag
e=news&s_kwd=%BA%D2%C8%AE%BD%C7%BC%BA&s_page=news&go_page=&ord=1&ord1=1&ord
2=0&s_keyword=%BA%D2%C8%AE%BD%C7%BC%BA&s_i_keyword=%BA%D2%C8%AE%BD%C7%BC%BA
&s_author=' # 검색어 불확실성
> fromDATE <- '&y1=2020&m1=01&d1=01' # 2020년 1월 1일
> toDATE <- '&y2=2020&m2=12&d2=31' # 2020년 12월 31일
> basic_url3 <- '&ord=1&area=ttbd'
```

명령어

```
> urls <- NULL
> for(x in 1:49){
+   urls[x+1] <- paste0(basic_url1, as.character(x), basic_url2, fromDATE, toDA
TE, basic_url3)
+ }
```

명령어

```
> links <- NULL
> for(url in urls){
```

```
+   remDr$navigate(url)
+   body <- remDr$getPageSource()[[1]]
+   html <- read_html(body)
+  links <- c(links, html %>% html_nodes('.art_tit') %>% html_nodes('a') %>%
html_attr('href') %>% unique())
+ }
> links <- links[grep("news", links)] # 주소에 ""가 들어가있는거만 추출
> links <- unique(links)
```

[처리결과화면]

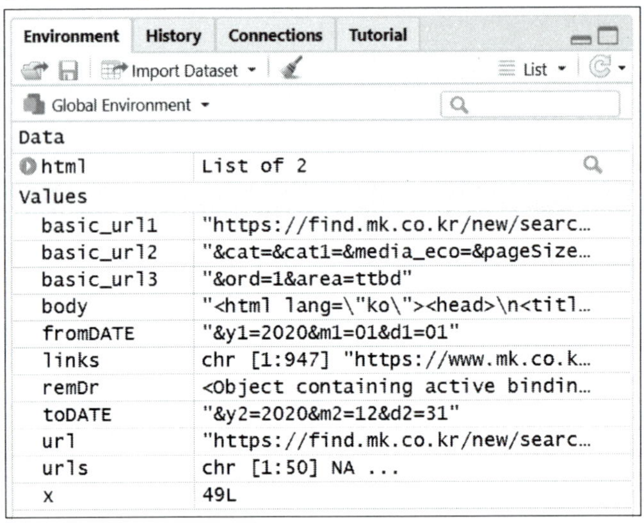

명령어

```
> date <- c()
> txts <- c()
> link <- c()
> a <- data.frame(date, link, txts)
> for(link in links){
+   remDr$navigate(link)
+   body <- remDr$getPageSource()[[1]]
+   html <- read_html(body)
+  date <- html %>% html_nodes(xpath='//*[@class="news_title_author"]/ul/li
[2]') %>% html_text()
+  txts <- html %>% html_nodes(xpath='//*[@itemprop="articleBody"]') %>% html_
text()
+   b <- data.frame(date=date, link, txts)
+   a <- rbind(a, b)
```

```
+ }
```

명령어

```
> texts <- a %>% distinct(txts, .keep_all = TRUE)
> texts$txts <- str_replace_all(texts$txts, "[[:punct:]]", " ") %>%
+   str_replace_all("[[:cntrl:]]", " ") %>%
+   str_replace_all("\\s+", " ") %>%
+   str_replace_all("http[a-zA-Z0-9]+", " ") %>%
+   str_replace_all("[~!@#$%&*()_+=?<>]", " ") %>%
+   str_replace_all("기자", " ") %>%
+   str_replace_all("[^[:alnum:]///' ]", " ")
> texts$date <- regmatches(texts$date, regexpr("([0-9]+[.][0-9]+[.][0-9]+)",
texts$date)) # 정규표현식을 이용해 특정 문자열 추출
> texts$date <- as.Date(as.character(texts$date), format="%Y.%m.%d")
```

명령어

```
> setwd("C:/Users/media/")
> write.csv(texts, "매경 불확실성 sample.csv")
```

[처리결과화면]

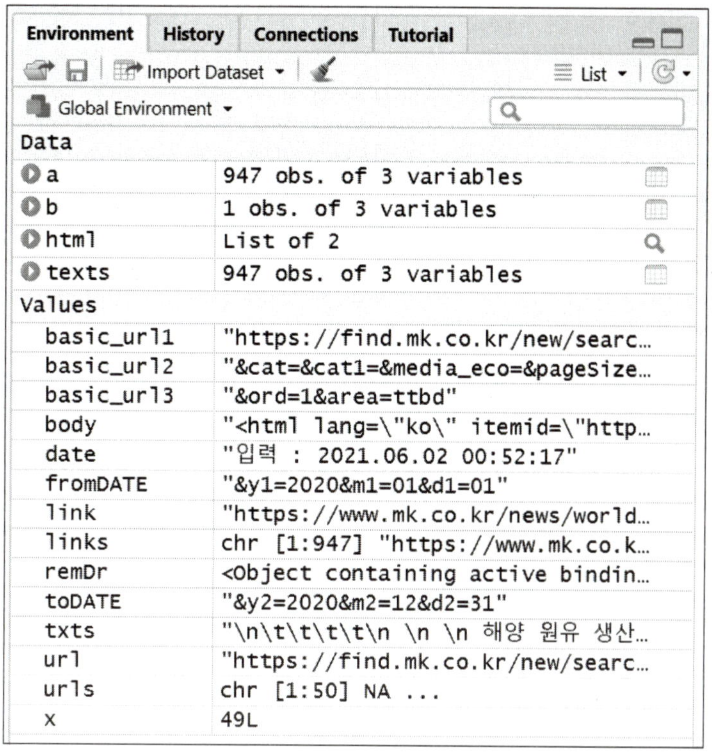

강원도민일보 날짜 지정하고 크롤링하기

강원도민일보 기사 검색창에서 "불확실성"을 입력하고 기사를 검색 한 뒤 나오는 초기 화면에서 다음과 같은 기사 검색창 맨 오른쪽에 있는 상세옵션( )을 클릭해보자. 그러면 날짜를 지정할 수 있는 달력창이 나타난다.

[처리결과화면: 기사 검색창과 옵션]

[강원도민일보 기사검색창 초기 화면: 달력창]

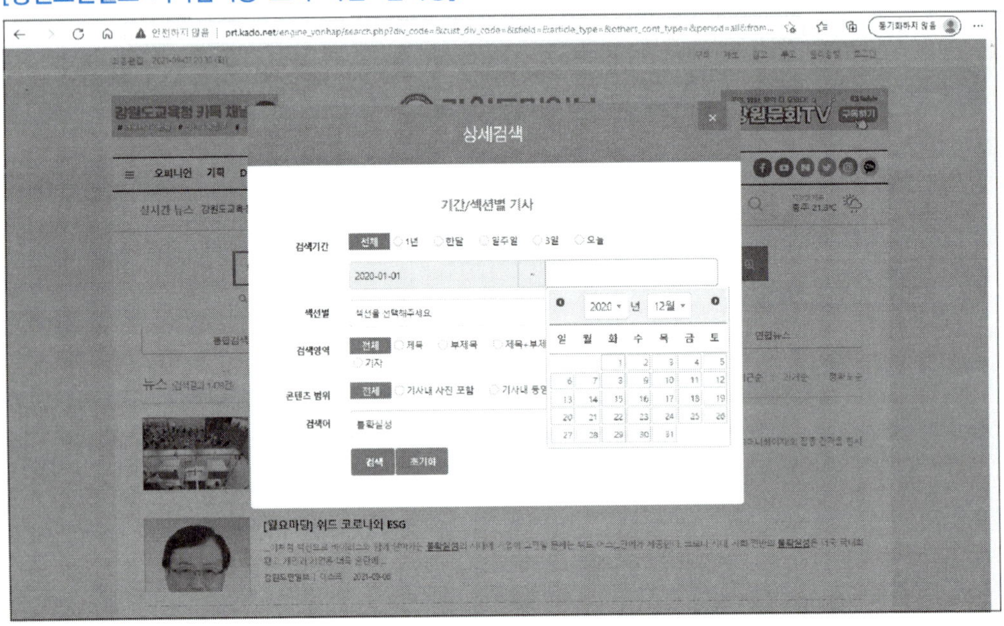

강원도민일보의 경우 날짜를 지정할 수 있게 달력 기능이 탑재되어 있다. 날짜는 2020-01-01에서 2020-12-31로 지정해 주고, 검색창을 클릭한 뒤, 페이지 2로 넘어가 보면 url 구조가 다음처럼 나타난다: "http://prt.kado.net/engine_yonhap/search.php?page=2&total=106&picktab=article&searchcont=article&others_cont_type=&div_code=&cust_div_code=&sfield=&article_type=&period=all&from_date=2020-01-01&to_date=2020-12-31&sort=date_asc&searchword=%불확실성&orgsearchword="

명령어

```
> QUERY <- "코로나19" # 검색키워드, "+"은 띄어쓰기
> basic_url_1 <- "http://prt.kado.net/engine_yonhap/search.php?page="
> basic_url_2 <- "&total=1486&picktab=article&searchcont=article&others_cont_type=&div_code=&cust_div_code=&sfield=&article_type=&period=all&from_date="
> basic_url_3 <- "&to_date="
> basic_url_4 <- "&sort=date_asc&searchword="
> basic_url_5 <- "&orgsearchword="
> fromDATE <- "20200101" # 날짜 형식 yyyy-mm-dd
> toDATE <- "20201231" # 날짜 형식 yyyy-mm-dd
```


```
> QUERY <- "코로나19" # 검색키워드, "+"은 띄어쓰기
> basic_url_1 <- "http://prt.kado.net/engine_yonhap/search.php?page="
> basic_url_2 <- "&total=1486&picktab=article&searchcont=article&others_cont_type=&div_code=&cust_div_code=&sfield=&article_type=&period=all&from_date="
> basic_url_3 <- "&to_date="
> basic_url_4 <- "&sort=date_asc&searchword="
> basic_url_5 <- "&orgsearchword="
> fromDATE <- "20200101" # 날짜 형식 yyyy-mm-dd
> toDATE <- "20201231" # 날짜 형식 yyyy-mm-dd
```


명령어

```
> urls <- NULL
> for(x in 0:149){
+   urls[x+1] <- paste0(basic_url_1, as.character(x), basic_url_2, fromDATE, basic_url_3, toDATE, basic_url_4, QUERY, basic_url_5)
+ }
> urls <- urls[-1]
```

명령어

```
> links <- NULL
> for(url in urls){
+   html <- read_html(url)
+   links <- c(links, html %>% html_nodes('a') %>% html_attr('href') %>% unique()) # unique() - 중복자료 정리
```

```
+ }
```

명령어

```
> links <- links[grep("articleView", links)] # 주소에 ""가 들어가있는거만 추출
> links <- links[grep("http://www.kado.net/", links)] # 주소에 ""가 들어가있는거
만 추출
```

[처리결과화면]

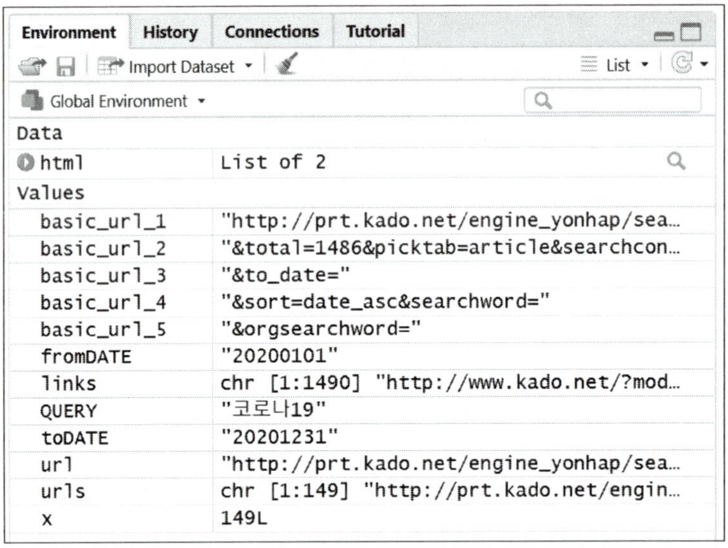

명령어

```
> date <- c()
> txts <- c()
> link <- c()
> a <- data.frame(date, link, txts)
> for(link in links){
+   html <- read_html(link)
+  date <- html %>% html_nodes(xpath='//*[@id="article-view"]') %>% html_nodes
(css = '.info-group') %>% html_text()
+  txts <- html %>% html_nodes(xpath = '//*[@id="article-view-content-div"]'
)%>% html_text()
+   b <- data.frame(date, link, txts)
+   a <- rbind(a, b)
+ }
```

[처리결과화면]

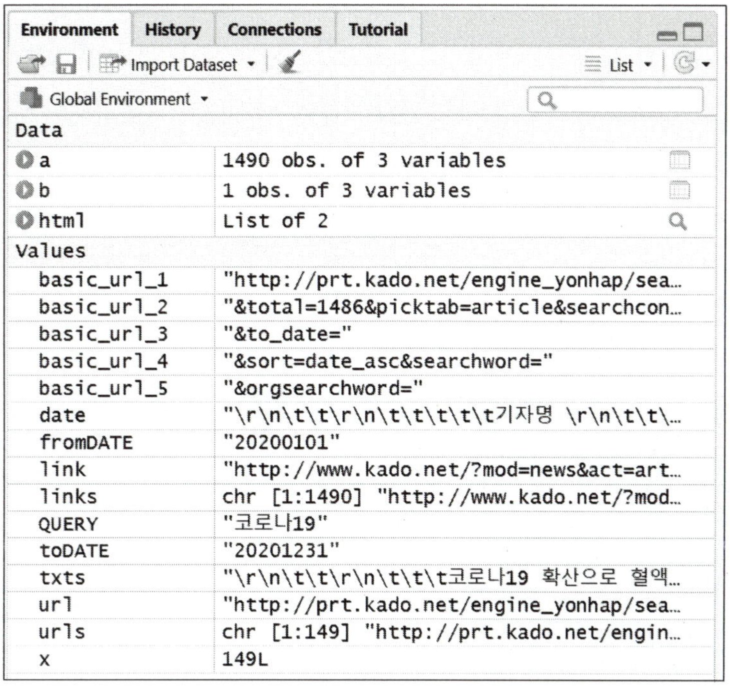

명령어

```
> texts <- a %>% distinct(txts, .keep_all = TRUE)
> texts$txts <- str_replace_all(texts$txts, "[[:punct:]]", " ") %>%
+   str_replace_all("[[:cntrl:]]", " ") %>%
+   str_replace_all("\\s+", " ") %>%
+   str_replace_all("http[a-zA-Z0-9]+", " ") %>%
+   str_replace_all("[~!@#$%&*()_+=?<>]", " ") %>%
+   str_replace_all("기자", " ") %>%
+   str_replace_all("[^[:alnum:]///' ]", " ")
> texts$date <- regmatches(texts$date, regexpr("([0-9]+[.][0-9]+[.][0-9]+)",
texts$date)) # 정규표현식을 이용해 특정 문자열 추출
> texts$date <- as.Date(as.character(texts$date), format="%Y%m%d")
```

명령어

```
> setwd("C:/Users/media/")
> write.csv(texts, "강원도민일보_코로나19_기사 2020.csv")
```

3) 특정면 크롤링하기: 강원일보 '경제'면 크롤링

특정한 면 내용만 크롤링하는 방법을 연습해보자. 예로 여기서는 강원일보 '경제'면을 크롤링하는방법을 살펴보자. 강원일보는 '동적 크롤링' 방식으로 크롤링해야 하기 때문에 우선 RSelenium을 설치하여 이를 불러와 사용하도록 한다. 여기서 명심할 것은 반드시 CMD 창을 열어두고 시작해야 한다는 점이다. 또한 CMD 창에서 두 가지 선행작업을 진행시켜 놓고 RStudio에서 라이브러리 작업을 시작해야 한다.

[처리결과화면: CMD 창 열기]

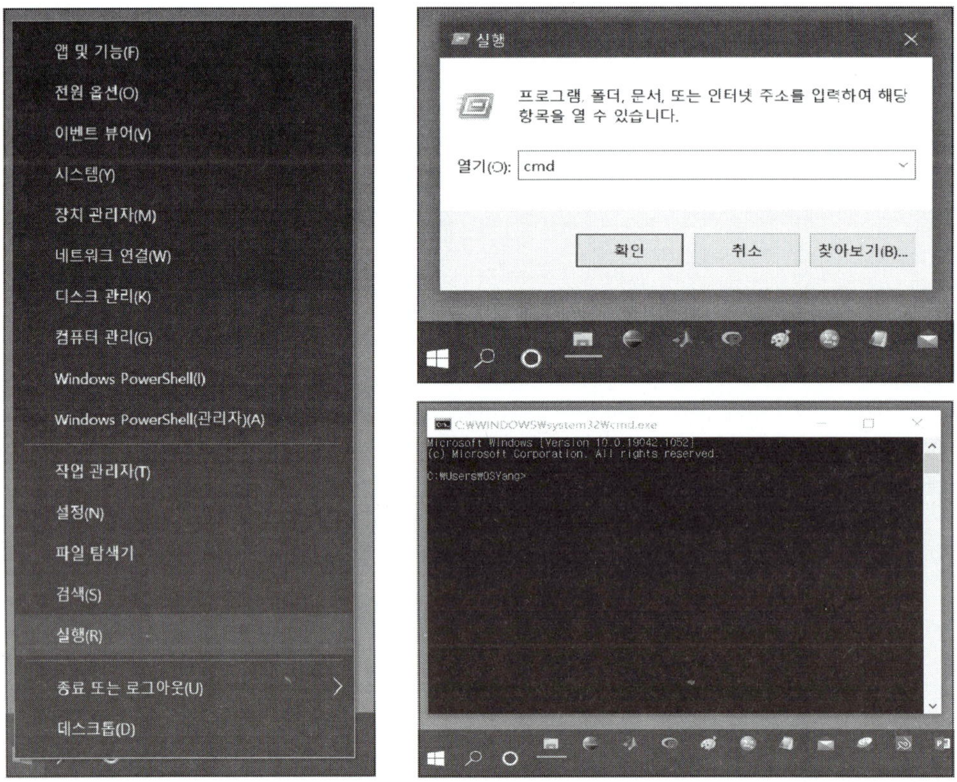

CMD 창에서 1) RSelenium 폴더로 이동하고, 명령어는 "cd C:/Users/작업디렉토리/Documents/RSelenium"이다, 2) 이후 자바 파일을 설치하는 작업을 수행한다. 이때 다운로드 받은 셀레니움 파일의 standalone 뒤에 나와 있는 숫자(여기서는 3.141.59)와 일치되도록 유념해야 한다. 그리고 해당 cmd 창은 계속 열어두어야 한다.

```
① cd C:\Users/작업디렉토리/Documents/RSelenium
② java -Dwebdriver.gecko.driver="geckodriver.exe" -jar selenium-server-s
```

```
tandalone-3.141.59.jar -port 4445
```

[처리결과화면: CMD 선행작업 두 가지]

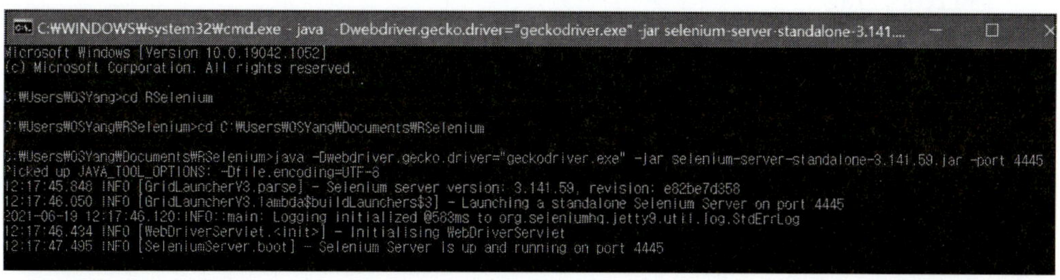

[처리결과화면: 처리 완료 상태]

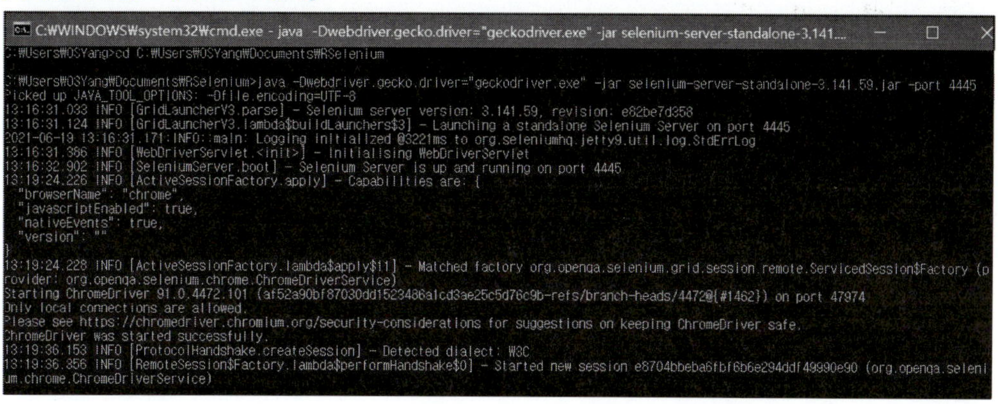

자 이제 CMD 창을 열어두는 작업이 완료되었으니 본격적으로 RStudio에서 필요한 패키지를 불러오도록 하자.

명령어

```
> library(xml2) #library(rvest)에 앞서 실행되어야 함
> library(rvest)
> library(dplyr)
> library(stringr)
> library(data.table)
> library(RSelenium)
> library(httr)
```

```
> library(xml2) #library(rvest)에 앞서 실행되어야 함
> library(rvest)
> library(dplyr)

Attaching package: 'dplyr'

The following objects are masked from 'package:stats':

    filter, lag

The following objects are masked from 'package:base':

    intersect, setdiff, setequal, union

> library(stringr)
> library(data.table)
data.table 1.13.4 using 4 threads (see ?getDTthreads).  Latest news: r-datat
able.com

Attaching package: 'data.table'

The following objects are masked from 'package:dplyr':

    between, first, last

> library(RSelenium)
Warning message:
package 'RSelenium' was built under R version 4.0.5
> library(seleniumPipes)
Loading required package: httr
```

```
Loading required package: jsonlite
Loading required package: magrittr
Loading required package: whisker

Attaching package: 'seleniumPipes'

The following object is masked from 'package:rvest':

    back

Warning message:
package 'seleniumPipes' was built under R version 4.0.5
> library(httr)
```

#경우에 따라 패키지 불러오기#

경우에 따라서는 다음과 같이 패키지를 불러오는 것이 바람직할 수 있다.

명령어

```
> library(xml2)
> library(rvest)
> library(dplyr)
> library(stringr)
> library(data.table)
> library(RSelenium)
> library(httr)
> library(jsonlite)
> library(magrittr)
> library(whisker)
> library(seleniumPipes)
```

다음에는 remoteDriver( ) 함수를 이용해서 Selenium과 크롬(chrome) 브라우저를 연동시키는 작업이 필요하다.

명령어

```
#Selenium과 Chrome 브라우저를 연동
> remDr = remoteDriver(
+   remoteServerAddr="localhost",
```

```
+    port=4445L,
+    browserName="chrome")
```

```
> remDr = remoteDriver(
+    remoteServerAddr="localhost",
+    port=4445L,
+    browserName="chrome")
```

이제 연동이 시작되도록 작동시켜보자. Selenium으로 조종되는 크롬창이 뜬다.

명령어

```
> remDr$open()
```

```
> remDr$open()
[1] "Connecting to remote server"
$acceptInsecureCerts
[1] FALSE

$browserName
[1] "chrome"

$browserVersion
[1] "89.0.4389.114"

$chrome
$chrome$chromedriverVersion
[1] "89.0.4389.23 (61b08ee2c50024bab004e48d2b1b083cdbdac579-refs/branch-heads/4389@{#294})"

$chrome$userDataDir
[1] "C:\\Users\\media\\AppData\\Local\\Temp\\scoped_dir9376_1752891520"

$`goog:chromeOptions`
$`goog:chromeOptions`$debuggerAddress
[1] "localhost:64121"

$networkConnectionEnabled
[1] FALSE
```

```
$pageLoadStrategy
[1] "normal"

$platformName
[1] "windows"

$proxy
named list()

$setWindowRect
[1] TRUE

$strictFileInteractability
[1] FALSE

$timeouts
$timeouts$implicit
[1] 0

$timeouts$pageLoad
[1] 300000

$timeouts$script
[1] 30000

$unhandledPromptBehavior
[1] "dismiss and notify"

$`webauthn:extension:largeBlob`
[1] TRUE

$`webauthn:virtualAuthenticators`
[1] TRUE

$webdriver.remote.sessionid
[1] "5b69762e9cb371998a51b3c4a8b5ad8d"

$id
[1] "5b69762e9cb371998a51b3c4a8b5ad8d"
```

[처리결과화면: CMD 처리결과화면]

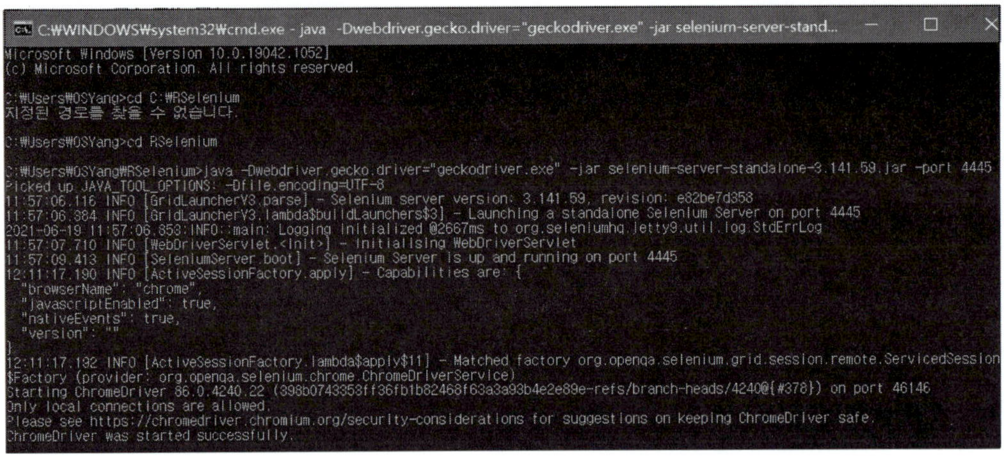

이제 기사 크롤링 준비를 해보자. 우선 url을 정리해야 한다. url을 담을 Null Data를 생성하고, for 구문을 사용하여 페이지를 넘기면서 url을 생성시키도록 명령어를 작성하자. 이때 50개씩 반복해서 입력하라는 명령어를 작성한다.

명령어

```
> basic_url <- 'http://www.kwnews.co.kr/News/List/?s=401&page='
> urls <- NULL #Null Data 생성
> for(x in 0:50){
+   urls[x+1] <- paste0(basic_url, as.character(x))
+ }
```

```
> basic_url <- 'http://www.kwnews.co.kr/News/List/?s=401&page='
> urls <- NULL
> for(x in 0:50){
+   urls[x+1] <- paste0(basic_url, as.character(x))
+ }
```

[처리결과화면]

이번에는 첫번째 열, 즉 0 페이지 짜리 url을 제거하도록 명령어를 작성하자. 이후 명령어 처리된 상태를 점검하기 위해 앞쪽 자료와 뒤쪽 자료를 일부 열람해보자. 사용할 함수는 head( )와 tail( )이다.

명령어

```
> urls <- urls[-1]
> head(urls); tail(urls)
```

```
> urls <- urls[-1]
> head(urls); tail(urls)
[1] "http://www.kwnews.co.kr/News/List/?s=401&page=1"
[2] "http://www.kwnews.co.kr/News/List/?s=401&page=2"
[3] "http://www.kwnews.co.kr/News/List/?s=401&page=3"
[4] "http://www.kwnews.co.kr/News/List/?s=401&page=4"
[5] "http://www.kwnews.co.kr/News/List/?s=401&page=5"
[6] "http://www.kwnews.co.kr/News/List/?s=401&page=6"
[1] "http://www.kwnews.co.kr/News/List/?s=401&page=45"
[2] "http://www.kwnews.co.kr/News/List/?s=401&page=46"
[3] "http://www.kwnews.co.kr/News/List/?s=401&page=47"
[4] "http://www.kwnews.co.kr/News/List/?s=401&page=48"
[5] "http://www.kwnews.co.kr/News/List/?s=401&page=49"
[6] "http://www.kwnews.co.kr/News/List/?s=401&page=50"
```

다음 순서는 링크를 정리하는 작업이다. 링크 정보를 담기 위해 Null Data를 생성하고 for 구문을 이용하여 페이지 소스를 가져와서 html로 인식하도록 명령어를 처리하자. 이때 html 데이터에서 p.nListTitle/a/href에 해당되는 기사 주소를 가져와서 저장하도록 명령어를 작성한다. 또한 중복없이 진행하라는 명령어를 처리하자(이는 unique( ) 함수를 사용).

명령어

```
> links <- NULL
> for(url in urls){
+   remDr$navigate(url)
+   body <- remDr$getPageSource()[[1]]
+   html <- read_html(body)
+  links <- c(links, html %>% html_nodes('p.nListTitle') %>% html_nodes('a')
```

```
%>% html_attr('href') %>% unique())
+ }
```

```
> links <- NULL
> for(url in urls){
+    remDr$navigate(url)
+    body <- remDr$getPageSource()[[1]]
+    html <- read_html(body)
+   links <- c(links, html %>% html_nodes('p.nListTitle') %>% html_nodes('a
') %>% html_attr('href') %>% unique())
+ }
```

[처리결과화면]

해석

처리결과화면을 보면, 강원일보 경제면을 계속 검색해서 url을 링크로 저장하는 것을 볼 수 있다.

[처리결과화면]

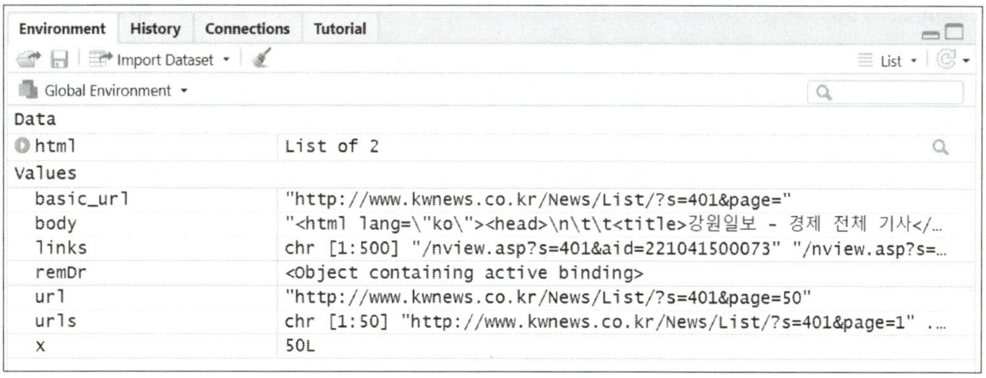

이제 링크정보를 일부 전처리를 통해 깔금하게 정리하도록 하자.

명령어

```
> links <- links[grep("nview", links)] # 주소에 "nview"가 들어가있는거만 추출
> links <- unique(links)
> links[1:20] #열람
```

```
> links <- links[grep("nview", links)] # 주소에 ""가 들어가있는거만 추출
> links <- unique(links)
> links[1:20] #열람
 [1] "/nview.asp?s=401&aid=221041400142" "/nview.asp?s=401&aid=221041400081"
 [3] "/nview.asp?s=401&aid=221041400080" "/nview.asp?s=401&aid=221041400079"
 [5] "/nview.asp?s=401&aid=221041400078" "/nview.asp?s=401&aid=221041400077"
 [7] "/nview.asp?s=401&aid=221041400076" "/nview.asp?s=401&aid=221041400075"
 [9] "/nview.asp?s=401&aid=221041400074" "/nview.asp?s=401&aid=221041400073"
[11] "/nview.asp?s=401&aid=221041400072" "/nview.asp?s=401&aid=221041400057"
[13] "/nview.asp?s=401&aid=221041300154" "/nview.asp?s=401&aid=221041300070"
[15] "/nview.asp?s=401&aid=221041300069" "/nview.asp?s=401&aid=221041300068"
[17] "/nview.asp?s=401&aid=221041300067" "/nview.asp?s=401&aid=221041300066"
[19] "/nview.asp?s=401&aid=221041300065" "/nview.asp?s=401&aid=221041300064"
```

이제 links에 저장된 url을 살펴보면 앞쪽에 있어야 할 http://www.kwnews.co.kr이 없음을 알 수 있다. 이에 이 내용을 각각의 저장된 url에 강제적으로 붙여넣기를 해주어야 한다.

명령어

```
> links <- paste0('http://www.kwnews.co.kr', links) # 주소 앞에 'http://www.kwn
ews.co.kr' 삽입 => 요거 안하면 안됨
> head(links); tail(links) #완성된 url 열람
```

```
> links <- paste0('http://www.kwnews.co.kr', links) # 주소 앞에 'http://www.
kwnews.co.kr' 삽입 => 요거 안하면 안됨
> head(links); tail(links) #완성된 url 열람
[1] "http://www.kwnews.co.kr/nview.asp?s=401&aid=221041400142"
[2] "http://www.kwnews.co.kr/nview.asp?s=401&aid=221041400081"
[3] "http://www.kwnews.co.kr/nview.asp?s=401&aid=221041400080"
[4] "http://www.kwnews.co.kr/nview.asp?s=401&aid=221041400079"
[5] "http://www.kwnews.co.kr/nview.asp?s=401&aid=221041400078"
[6] "http://www.kwnews.co.kr/nview.asp?s=401&aid=221041400077"
[1] "http://www.kwnews.co.kr/nview.asp?s=401&aid=221020100116"
```

```
[2] "http://www.kwnews.co.kr/nview.asp?s=401&aid=221020100115"
[3] "http://www.kwnews.co.kr/nview.asp?s=401&aid=221020100114"
[4] "http://www.kwnews.co.kr/nview.asp?s=401&aid=221020100113"
[5] "http://www.kwnews.co.kr/nview.asp?s=401&aid=221020100112"
[6] "http://www.kwnews.co.kr/nview.asp?s=401&aid=221020100111"
```

3.2 데이터 크롤링: 주요 금융자료

1) 금융데이터 크롤링

① 야후 금융 자료 크롤링: 과거 금융데이터 수집 **get.hist.quote( )**

Q. 인터넷에서 일반 텍스트 말고 금융데이터를 수집할 수 있다는데 정말인가요?

우리는 일반적으로 기업의 재무 자료는 특정한 DB 회사에 돈을 내고 다운로드 받아 연구에 활용해왔다. 그런데 인터넷에서도 재무 데이터를 수집할 수 있다는 사실! 환율부터 시작해서 기업 주식가격까지 많은 금융 자료들이 인터넷에서 무료로 접근이 가능해졌다. 오늘은 get.hist.quote( ) 함수를 사용해서 기업의 주식가격 자료를 수집해보자. 우선 인터넷 금융자료를 수집하는데 자주 사용되는 필요한 기본 패키지를 설치하자. 패키지 tseries, quantmod, fImport를 설치하고 불러오자. 이 패키지들은 인터넷 금융자료를 수집하는데 필요한 get.hist.quote( ) 함수, getSymbols( ) 함수, fImport( ) 함수를 제공한다.

명령어

```
> install.packages("tseries")
```

```
> install.packages("tseries")
Installing package into ‘C:/Users/osyan/Documents/R/win-library/3.6’
(as ‘lib’ is unspecified)
also installing the dependencies ‘xts’, ‘TTR’, ‘zoo’, ‘quantmod’

  There is a binary version available but the source version is later:
    binary source needs_compilation
zoo   1.8-6   1.8-7             TRUE
```

```
URL  'https://cran.rstudio.com/bin/windows/contrib/3.6/xts_0.11-2.zip'을
시도합니다
Content type 'application/zip' length 962067 bytes (939 KB)
downloaded 939 KB

URL  'https://cran.rstudio.com/bin/windows/contrib/3.6/TTR_0.23-6.zip'을
시도합니다
Content type 'application/zip' length 522117 bytes (509 KB)
downloaded 509 KB

URL 'https://cran.rstudio.com/bin/windows/contrib/3.6/quantmod_0.4-15.zi
p'을 시도합니다
Content type 'application/zip' length 970468 bytes (947 KB)
downloaded 947 KB

URL 'https://cran.rstudio.com/bin/windows/contrib/3.6/tseries_0.10-47.zi
p'을 시도합니다
Content type 'application/zip' length 417833 bytes (408 KB)
downloaded 408 KB

package 'xts' successfully unpacked and MD5 sums checked
package 'TTR' successfully unpacked and MD5 sums checked
package 'quantmod' successfully unpacked and MD5 sums checked
package 'tseries' successfully unpacked and MD5 sums checked

The downloaded binary packages are in
	C:\Users\osyan\AppData\Local\Temp\Rtmpu4LokS\downloaded_packages
installing the source package 'zoo'

URL 'https://cran.rstudio.com/src/contrib/zoo_1.8-7.tar.gz'을 시도합니다
Content type 'application/x-gzip' length 861309 bytes (841 KB)
downloaded 841 KB

* installing *source* package 'zoo' ...
** 패키지 'zoo'는 성공적으로 압축해제되었고, MD5 sums 이 확인되었습니다
** using staged installation
** libs
C:/RBuildTools/3.5/mingw_64/bin/gcc  -I"C:/PROGRA~1/R/R-36~1.1/include" -
DNDEBUG -I../inst/include         -O2 -Wall  -std=gnu99 -mtune=generic -c
```

```
coredata.c -o coredata.o
C:/RBuildTools/3.5/mingw_64/bin/gcc  -I"C:/PROGRA~1/R/R-36~1.1/include" -
DNDEBUG -I../inst/include        -O2 -Wall  -std=gnu99 -mtune=generic -c
init.c -o init.o
C:/RBuildTools/3.5/mingw_64/bin/gcc  -I"C:/PROGRA~1/R/R-36~1.1/include" -
DNDEBUG -I../inst/include        -O2 -Wall  -std=gnu99 -mtune=generic -c
lag.c -o lag.o
C:/RBuildTools/3.5/mingw_64/bin/gcc -shared -s -static-libgcc -o zoo.dll
tmp.def coredata.o init.o lag.o -LC:/PROGRA~1/R/R-36~1.1/bin/x64 -lR
installing to C:/Users/osyan/Documents/R/win-library/3.6/00LOCK-zoo/00ne
w/zoo/libs/x64
** R
** demo
** inst
** byte-compile and prepare package for lazy loading
** help
*** installing help indices
  converting help for package 'zoo'
    finding HTML links ... 완료
    MATCH                                   html
    ORDER                                   html
    aggregate.zoo                           html
    as.zoo                                  html
    coredata                                html
    frequency                               html
    ggplot2.zoo                             html
    index                                   html
    is.regular                              html
    lag.zoo                                 html
    make.par.list                           html
    merge.zoo                               html
    na.StructTS                             html
    na.aggregate                            html
    na.approx                               html
    na.fill                                 html
    na.locf                                 html
    na.trim                                 html
    plot.zoo                                html
    read.zoo                                html
```

```
    rollapply                                   html
    rollmean                                    html
    window.zoo                                  html
    xblocks                                     html
    xyplot.zoo                                  html
Rd warning: C:/Users/osyan/AppData/Local/Temp/RtmpAz9a1R/R.INSTALL63cc32
b973df/zoo/man/xyplot.zoo.Rd:120: file link 'lpoints' in package 'lattice'
does not exist and so has been treated as a topic
Rd warning: C:/Users/osyan/AppData/Local/Temp/RtmpAz9a1R/R.INSTALL63cc32
b973df/zoo/man/xyplot.zoo.Rd:121: file link 'ltext' in package 'lattice'
does not exist and so has been treated as a topic
    yearmon                                     html
    yearqtr                                     html
    zoo                                         html
Rd warning: C:/Users/osyan/AppData/Local/Temp/RtmpAz9a1R/R.INSTALL63cc32
b973df/zoo/man/zoo.Rd:239: file link 'c.POSIXct' in package 'base' does not
exist and so has been treated as a topic
    zooreg                                      html
** building package indices
** installing vignettes
** testing if installed package can be loaded from temporary location
** testing if installed package can be loaded from final location
** testing if installed package keeps a record of temporary installation
path
* DONE (zoo)

The downloaded source packages are in
      'C:\Users\osyan\AppData\Local\Temp\Rtmpu4LokS\downloaded_packages'
```

명령어

```
> install.packages("quantmod")
> install.packages("fImport")
```

```
> install.packages("quantmod")
Installing package into 'C:/Users/osyan/Documents/R/win-library/3.6'
(as 'lib' is unspecified)
URL 'https://cran.rstudio.com/bin/windows/contrib/3.6/quantmod_0.4-15.zi
p'을 시도합니다
```

```
Content type 'application/zip' length 970468 bytes (947 KB)
downloaded 947 KB

package 'quantmod' successfully unpacked and MD5 sums checked

The downloaded binary packages are in
	C:\Users\osyan\AppData\Local\Temp\Rtmpu4LokS\downloaded_packages
> install.packages("fImport")
Installing package into 'C:/Users/osyan/Documents/R/win-library/3.6'
(as 'lib' is unspecified)
also installing the dependency 'timeSeries'

URL 'https://cran.rstudio.com/bin/windows/contrib/3.6/timeSeries_3042.10
2.zip'을 시도합니다
Content type 'application/zip' length 1838077 bytes (1.8 MB)
downloaded 1.8 MB

URL 'https://cran.rstudio.com/bin/windows/contrib/3.6/fImport_3042.85.zi
p'을 시도합니다
Content type 'application/zip' length 373106 bytes (364 KB)
downloaded 364 KB

package 'timeSeries' successfully unpacked and MD5 sums checked
package 'fImport' successfully unpacked and MD5 sums checked

The downloaded binary packages are in
	C:\Users\osyan\AppData\Local\Temp\Rtmpu4LokS\downloaded_packages
```

명령어

```
> library(tseries)
> library(quantmod)
> library(fImport)
```

```
> library(tseries)
Registered S3 method overwritten by 'xts':
  method     from
  as.zoo.xts zoo
Registered S3 method overwritten by 'quantmod':
```

```
 method             from
 as.zoo.data.frame zoo

   'tseries' version: 0.10-47

   'tseries' is a package for time series analysis and computational finance.

   See 'library(help="tseries")' for details.

경고메시지(들):
패키지 'tseries'는 R 버전 3.6.2에서 작성되었습니다
> library(quantmod)
필요한 패키지를 로딩중입니다: xts
필요한 패키지를 로딩중입니다: zoo

다음의 패키지를 부착합니다: 'zoo'

The following objects are masked from 'package:base':

   as.Date, as.Date.numeric

필요한 패키지를 로딩중입니다: TTR
Version 0.4-0 included new data defaults. See ?getSymbols.
경고메시지(들):
1: 패키지 'quantmod'는 R 버전 3.6.2에서 작성되었습니다
2: 패키지 'xts'는 R 버전 3.6.2에서 작성되었습니다
3: 패키지 'TTR'는 R 버전 3.6.2에서 작성되었습니다
> library(fImport)
필요한 패키지를 로딩중입니다: timeDate
필요한 패키지를 로딩중입니다: timeSeries

다음의 패키지를 부착합니다: 'timeSeries'

The following object is masked from 'package:zoo':

   time<-

경고메시지(들):
1: 패키지 'fImport'는 R 버전 3.6.2에서 작성되었습니다
2: 패키지 'timeSeries'는 R 버전 3.6.2에서 작성되었습니다
```

자 이제 필요한 패키지를 모두 준비하였으니 특정한 기업의 주가 데이터를 인터넷에서 갖고 끌어와보자. 나스닥(NASDAQ) 기업에 속하는 기업들 주가 데이터를 제공하고 있는 인터넷으로 이동해보자. 정말 오랜만에 들어본다: 야후!!! 인터넷 야후 홈페이지에서는 기업들 주가 자료를 살펴볼 수 있는데 이를 이용해서 연습으로 애플사(APPLE)의 주가 자료를 수집해 보자. 여기서 유의할 점은 기업들 명칭과 달리 개별 기업이 갖고 있는 고유의 번호(이를 Ticker (주식기호)라 한다, 이는 재무 공부를 하는 사람이라면 일반적으로 알고 있는 용어이다)를 사용해야 한다는 점이다. 수집하는데 필요한 get.hist.quote( ) 함수를 사용해서 2005년 1월 1일부터 2020년 1월 16일까지의 기간 동안 애플사의 주가 데이터를 불러와 보자. 다 불러온 후에는 당연히 그래프로 표현해보자.

※주식기호(ticker) 알아보기※

주식기호는 해당 기업 기사를 구글링 하면 흔히 쉽게 찾아진다. 그리고 http://finance.yahoo.com/lookup 에 들어가면 모든 기업의 주식기호를 한 눈에 볼 수 있다. 화면에 나오는 검색창에 원하는 기업명을 입력하면 해당 기업 정보를 열람할 수 있다. 해당 기업명 오른쪽 ( )안에 주식기호(ticker)가 나와 있다.

[처리결과화면]

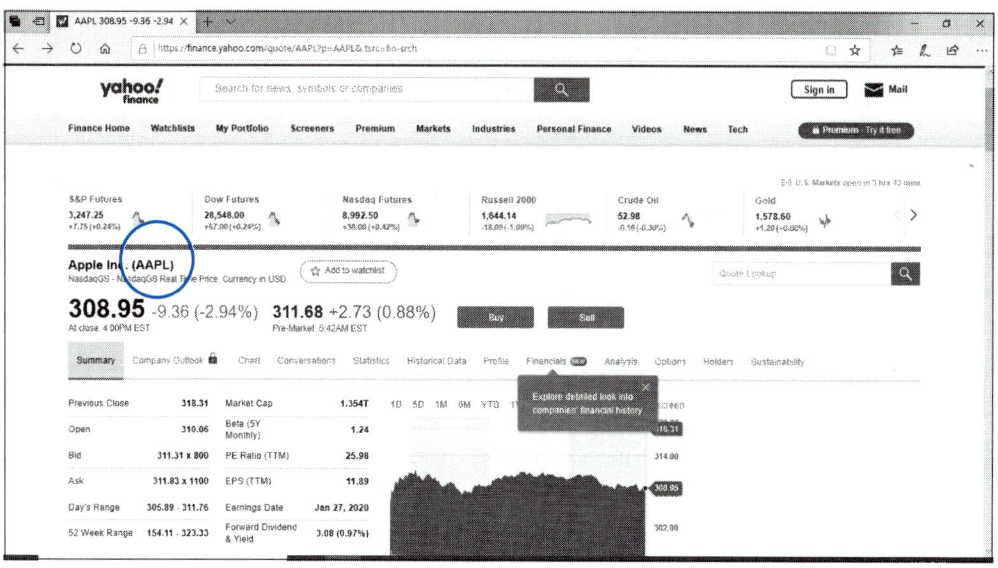

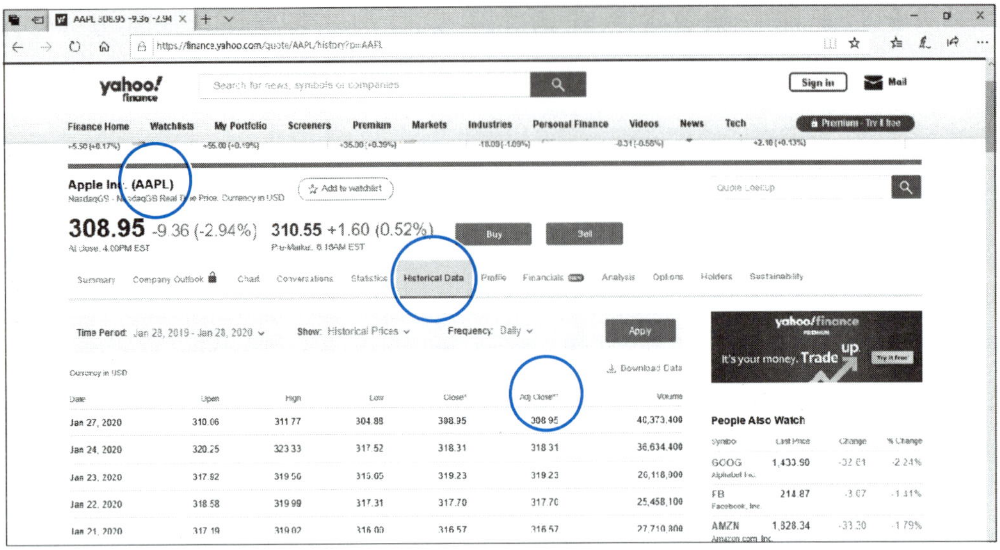

해석

처리 화면을 살펴보면, 애플 회사명 오른쪽 ( ) 안에 AAPL이라는 ticker가 나와 있고, 중간에 보면 Historical Data가 나와 있다. 그 아래 쪽에는 Adj Close값이 나와 있다. 이 정보를 활용하여 야후 주식 데이터 크롤링이 이루어진다.

명령어

```
> aapl <-get.hist.quote("AAPL",quote="AdjClose",
+                       quiet=TRUE,
+                       start=as.Date('2005-01-01'),
+                       end=as.Date('2020-01-16'))
> win.graph()
> plot(aapl,main="APPLE Closing Prices on NASDAQ")
```


```
> aapl <-get.hist.quote("AAPL",quote="AdjClose",
+                       quiet=TRUE,
+                       start=as.Date('2005-01-01'),
+                       end=as.Date('2020-01-16'))
> win.graph()
> plot(aapl,main="APPLE Closing Prices on NASDAQ")
```

[처리결과화면]

이번에는 구글사(ticker GOOGL) 주식가격 흐름을 수집하여 그래프로 표현해보자.

명령어

```
> GOOGL <-get.hist.quote("GOOGL",quote="AdjClose",
+                         quiet=TRUE,
+                         start=as.Date('2005-01-01'),
+                         end=as.Date('2020-01-16'))
> plot(GOOGL,main="GOOGL Closing Prices on NASDAQ")
```


```
> GOOGL <-get.hist.quote("GOOGL",quote="AdjClose",
+                         quiet=TRUE,
+                         start=as.Date('2005-01-01'),
+                         end=as.Date('2020-01-16'))
> plot(GOOGL,main="GOOGL Closing Prices on NASDAQ")
```

[처리결과화면]

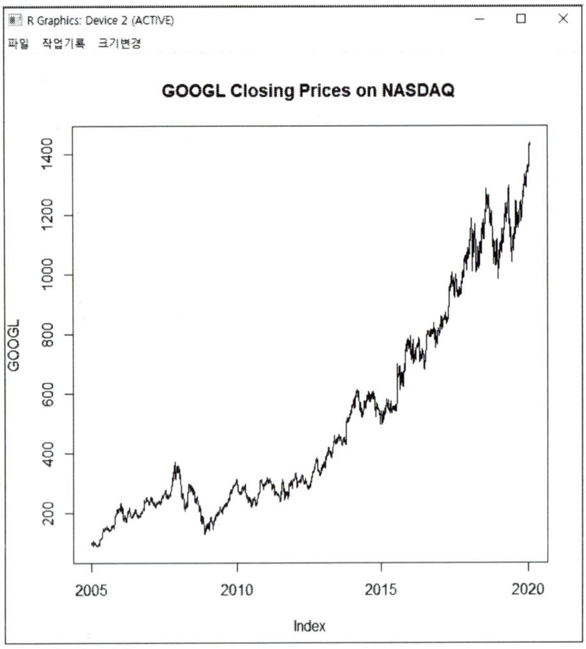

[처리결과화면]

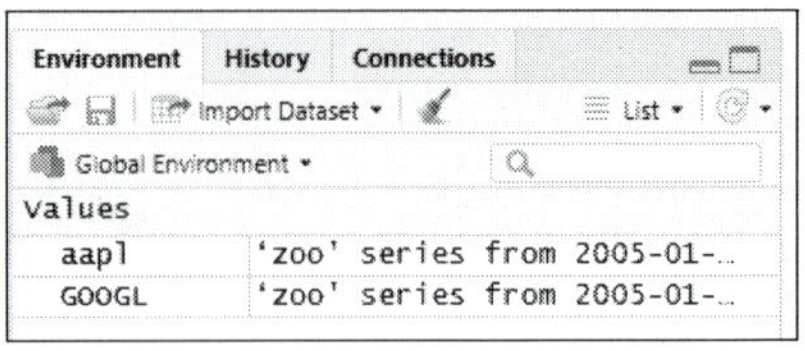

이번에는 코스피 종목인 삼성전자 주식 자료를 야후로부터 크롤링해보자. 삼성전자의 ticker는 005930.ks이다. 여기서 ks는 코스피 종목을 의미한다.

명령어

```
> samsung <-get.hist.quote("005930.ks",quote="AdjClose",
+                          quiet=TRUE,
+                          start=as.Date('2005-01-01'),
+                          end=as.Date('2020-01-16'))
> win.graph()
> plot(samsung,main="Samsung Closing Prices on NASDAQ")
```

```
> samsung <-get.hist.quote("005930.ks",quote="AdjClose",
+                          quiet=TRUE,
+                          start=as.Date('2005-01-01'),
+                          end=as.Date('2020-01-16'))
경고메시지(들):
005930.ks contains missing values. Some functions will not work if objects
contain missing values in the middle of the series. Consider using na.omit
(), na.approx(), na.fill(), etc to remove or replace them.
> win.graph()
```

```
> plot(samsung,main="Samsung Closing Prices on NASDAQ")
```

[처리결과화면]

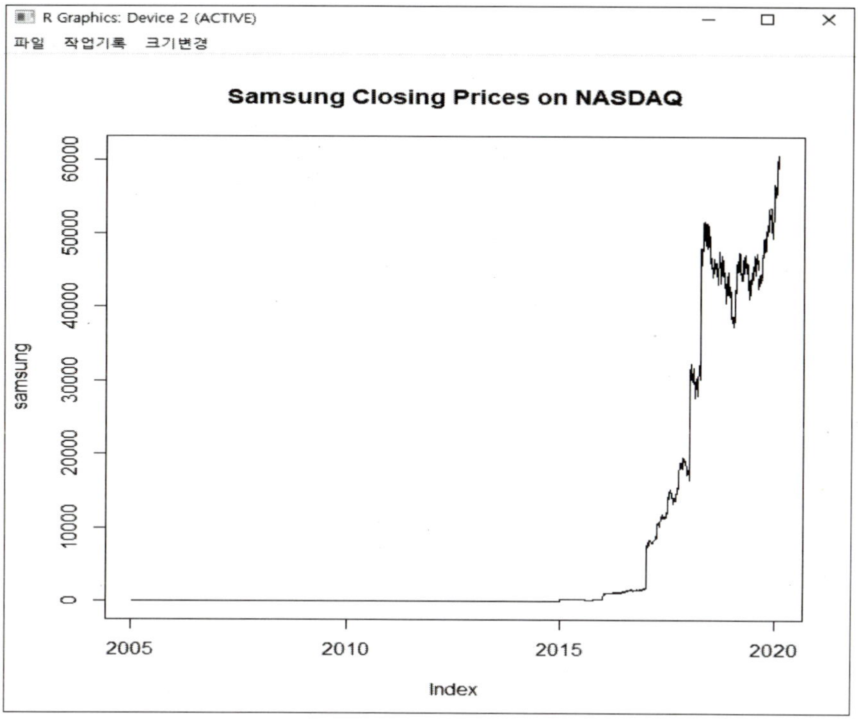

마지막으로 최근 '한광 800'(2019년 9월 25일 발표)이라는 AI 칩을 개발하여 주목받고 있는 알리바바사(ticker BABA) 주식가격 흐름을 수집하여 그래프로 표현해보자. 저장할 파일명은 baba로 하자. 그런데 아래와 같이 에러 메시지가 뜰 때도 있다. 정확한 원인은 알 수 없지만 에러 메시지도 학습 자료가 되기 때문에 그대로 여기에 소개한다. 이후 본 필자는 명령어를 다시 실행하였고 다행히 무사히 명령어가 처리되었다.

명령어

```
> baba <-get.hist.quote("BABA",quote="AdjClose",
+                        quiet=TRUE,
+                        start=as.Date('2005-01-01'),
+                        end=as.Date('2020-01-16'))
```

```
> baba <-get.hist.quote("BABA",quote="AdjClose",
+                        quiet=TRUE,
+                        start=as.Date('2005-01-01'),
```

```
+                          end=as.Date('2020-01-16'))
'getSymbols' currently uses auto.assign=TRUE by default, but will
use auto.assign=FALSE in 0.5-0. You will still be able to use
'loadSymbols' to automatically load data. getOption("getSymbols.env")
and getOption("getSymbols.auto.assign") will still be checked for
alternate defaults.

This message is shown once per session and may be disabled by setting
options("getSymbols.warning4.0"=FALSE). See ?getSymbols for details.
> baba <-get.hist.quote("BABA",quote="AdjClose",
+                          quiet=TRUE,
+                          start=as.Date('2005-01-01'),
+                          end=as.Date('2020-01-16'))
```

[처리결과화면]

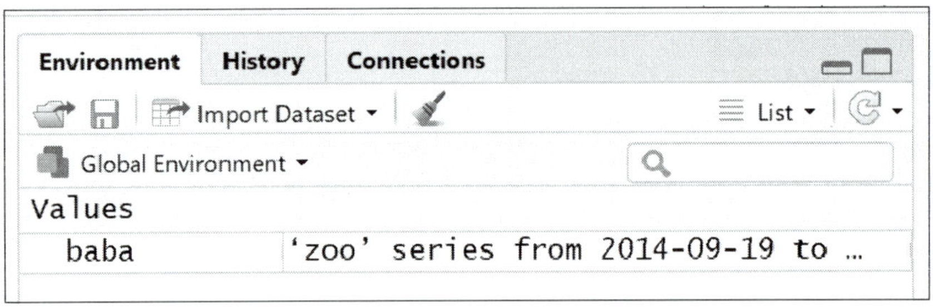

마지막으로 작업한 자료를 플롯으로 나타내고, 이후 작업디렉토리에 Alibaba.csv로 저장하자.

명령어

```
> win.graph()
> plot(baba,main="Alibaba Closing Prices on NASDAQ")
> setwd("C:/Users/yangohsuk/") #작업디렉토리는 작업자마다 다름
> write.csv(baba, file = "Alibaba.csv", row.names = F)
```

```
> win.graph()
> plot(baba,main="Alibaba Closing Prices on NASDAQ")
> setwd("C:/Users/yangohsuk/")
> write.csv(baba, file = "Alibaba.csv", row.names = F)
```

[처리결과화면]

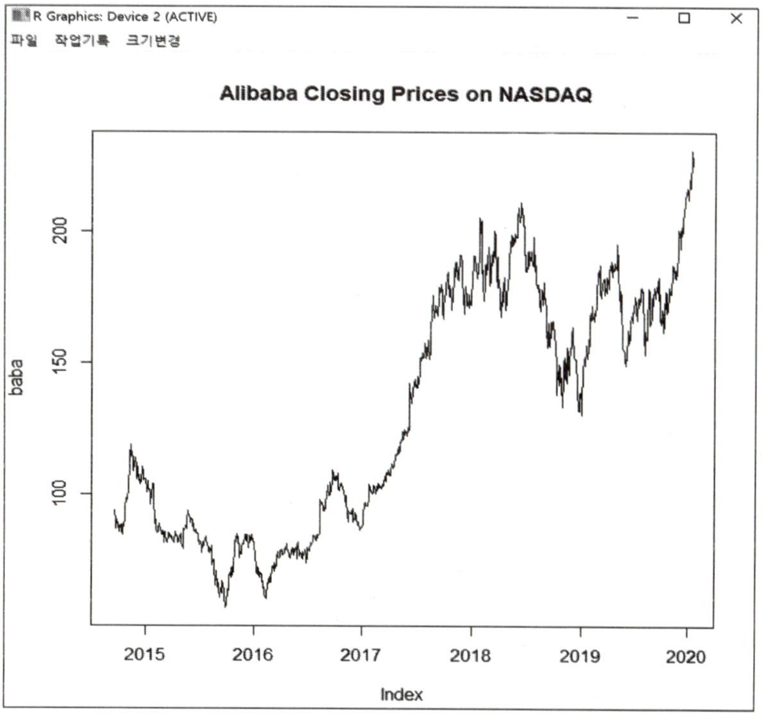

※삼성전자 따로 크롤링하기※

야후에서 삼성전자 주식 정보를 다른 방법으로 크롤링하면 조금 다른 결과를 보여준다. 사용할 함수는 getSymbols( )이다. 패키지 quantmod가 필요하다.

명령어

```
> library(quantmod)
> ss <-getSymbols("005930.ks",auto.assign=F)
> plot(ss,main="Samsung Closing Prices on NASDAQ")
```

```
> library(quantmod)

> ss <-getSymbols("005930.ks",auto.assign=F)
경고메시지(들):
005930.ks contains missing values. Some functions will not work if objects conta
in missing values in the middle of the series. Consider using na.omit(), na.appr
ox(), na.fill(), etc to remove or replace them.

> plot(ss,main="Samsung Closing Prices on NASDAQ")
```

[처리결과화면]

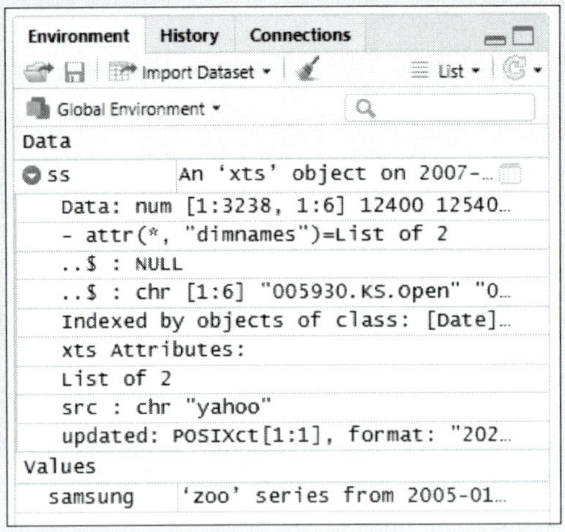

해석

처리결과화면을 살펴보면, get.hist.quote( )함수로 크롤링한 경우에는 아래쪽에 values(Samsung)로 처리되는 반면, getSymbols( )함수로 크롤링하면 위쪽에 데이터프레임(ss)으로 처리됨을 알 수 있다.

[처리결과화면]

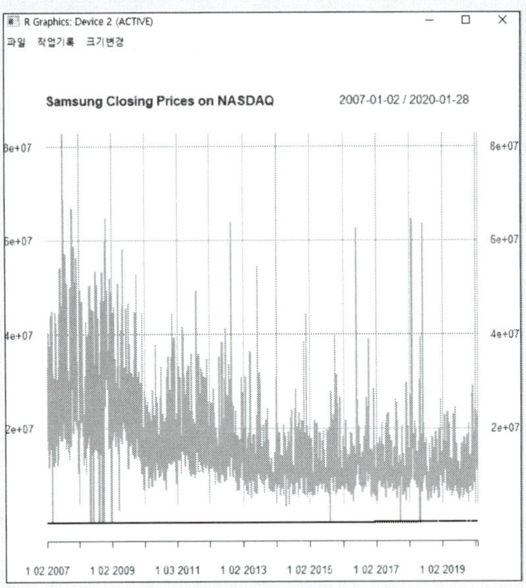

해석

처리결과화면을 살펴보면, 날짜를 지정하지 않아 전체 주식 자료가 도출되어 그래프로 나타나 있다. 전체 기간은 자동으로 2007년 1월 2일~2020년 1월 28일(크롤링 작업한 날짜)까지로 나와 있다.

날짜를 지정하려면 from, to 옵션을 사용해야 한다(앞서 사용한 날짜 지정 옵션은 start, end 였음).

2010년 1월 1일~2020년 1월 16일로 날짜를 지정해보자.

명령어

```
> ss1 <-getSymbols("005930.ks",auto.assign=F,
+                  from=as.Date('2010-01-01'),
+                  to=as.Date('2020-01-16'))
> win.graph()
> plot(ss1,main="Samsung Closing Prices on NASDAQ")
```

```
> ss1 <-getSymbols("005930.ks",auto.assign=F,
+                  from=as.Date('2010-01-01'),
+                  to=as.Date('2020-01-16')) #날짜 인식 됨
경고메시지(들):
005930.ks contains missing values. Some functions will not work if objects conta
in missing values in the middle of the series. Consider using na.omit(), na.appr
ox(), na.fill(), etc to remove or replace them.
> win.graph()
> plot(ss1,main="Samsung Closing Prices on NASDAQ")
```

[처리결과화면]

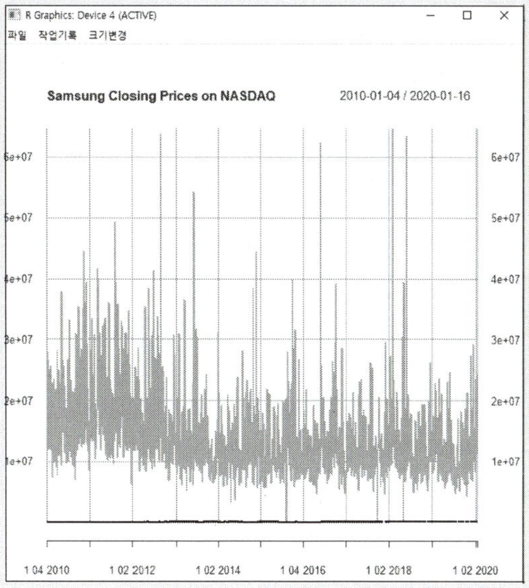

해석

처리결과화면을 살펴보면, 날짜가 지정한 대로 나와 있음을 볼 수 있다.

② 네이버 금융 자료 크롤링(1): 표에서 데이터 가져오기

이번에는 국내 네이버 자료를 통해 금융 데이터를 크롤링하는 방법을 알아보자. 동일한 패키지를 사용하고 명령어도 유사하다.

명령어

```
> library(tseries)
> library(quantmod)
> library(fImport)
> library(dplyr)
> library(rvest)
> library(R6)
```

```
> library(tseries)
Registered S3 method overwritten by 'xts':
  method     from
  as.zoo.xts zoo
Registered S3 method overwritten by 'quantmod':
  method            from
  as.zoo.data.frame zoo

    'tseries' version: 0.10-47

    'tseries' is a package for time series analysis and computational
    finance.

    See 'library(help="tseries")' for details.

경고메시지(들):
패키지 'tseries'는 R 버전 3.6.2에서 작성되었습니다
> library(quantmod)
필요한 패키지를 로딩중입니다: xts
필요한 패키지를 로딩중입니다: zoo

다음의 패키지를 부착합니다: 'zoo'

The following objects are masked from 'package:base':
```

```
    as.Date, as.Date.numeric

필요한 패키지를 로딩중입니다: TTR
Version 0.4-0 included new data defaults. See ?getSymbols.
경고메시지(들):
1: 패키지 'quantmod'는 R 버전 3.6.2에서 작성되었습니다
2: 패키지 'xts'는 R 버전 3.6.2에서 작성되었습니다
3: 패키지 'TTR'는 R 버전 3.6.2에서 작성되었습니다
> library(fImport)
필요한 패키지를 로딩중입니다: timeDate
필요한 패키지를 로딩중입니다: timeSeries

다음의 패키지를 부착합니다: 'timeSeries'

The following object is masked from 'package:zoo':

    time<-

경고메시지(들):
1: 패키지 'fImport'는 R 버전 3.6.2에서 작성되었습니다
2: 패키지 'timeSeries'는 R 버전 3.6.2에서 작성되었습니다
> library(dplyr)
> library(rvest)
> library(R6)
```

네이버 금융에서 삼성전자 주식코드는 005930이다(야후와 다르게 수치형으로 되어 있음). 혹시나 해서 앞서 연습한 명령어를 그대로 하고 삼성전자 네이버 주식코드를 넣어서 명령어를 처리해보았다. 역시나 되지 않는다. 그냥 005930과 KRX:005930 두 가지 방법으로 모두 해봐도 되지 않는다.

명령어

```
> samsung <-get.hist.quote("005930",quote="AdjClose",
+                          quiet=TRUE,
+                          start=as.Date('2005-01-01'),
+                          end=as.Date('2020-01-16'))
> samsung <-get.hist.quote("KRX:005930",quote="AdjClose",
+                              quiet=TRUE,
```

```
+                              start=as.Date('2005-01-01'),
+                              end=as.Date('2020-01-16'))
```

```
> samsung <-get.hist.quote("005930",quote="AdjClose",
+                          quiet=TRUE,
+                          start=as.Date('2005-01-01'),
+                          end=as.Date('2020-01-16'))
경고: 005930 download failed; trying again.
Error in getSymbols.yahoo(Symbols = "005930", env = <environment>, verbose
= FALSE,  :
  Unable to import "005930".
005930 download failed after two attempts. Error message:
HTTP error 404.
> samsung <-get.hist.quote("KRX:005930",quote="AdjClose",
+                              quiet=TRUE,
+                              start=as.Date('2005-01-01'),
+                              end=as.Date('2020-01-16'))
경고: KRX:005930 download failed; trying again.
Error in getSymbols.yahoo(Symbols = "KRX:005930", env = <environment>,  :
  Unable to import "KRX:005930".
KRX:005930 download failed after two attempts. Error message:
HTTP error 404.
```

명령어

```
> invisible(Sys.setlocale("LC_MESSAGES","C"))
> invisible(Sys.setlocale("LC_TIME","C"))
> samsung <-getSymbols("KRX:005930",src="google",auto.assign=F)
```

```
> invisible(Sys.setlocale("LC_MESSAGES","C"))
경고메시지(들):
1: In Sys.setlocale("LC_MESSAGES", "C") :
  LC_MESSAGES는 윈도우에 있지만, 이는 사용가능하지 않습니다
2: In Sys.setlocale("LC_MESSAGES", "C") :
  OS는 로케일을 "C"로 설정하기 위한 요청이 받아들일 수 없다고 보고합니다
> invisible(Sys.setlocale("LC_TIME","C"))
> samsung <-getSymbols("KRX:005930",src="google",auto.assign=F)
에러: 'getSymbols.google' is defunct.
Google Finance stopped providing data in March, 2018.
You could try setting src = "yahoo" instead.
See help("Defunct") and help("quantmod-defunct")
```

불행히도 에러 메시지가 뜨면서 구글 파이낸스 서비스가 2018년 3월 폐쇄되었다고 나온다.

[처리결과화면]

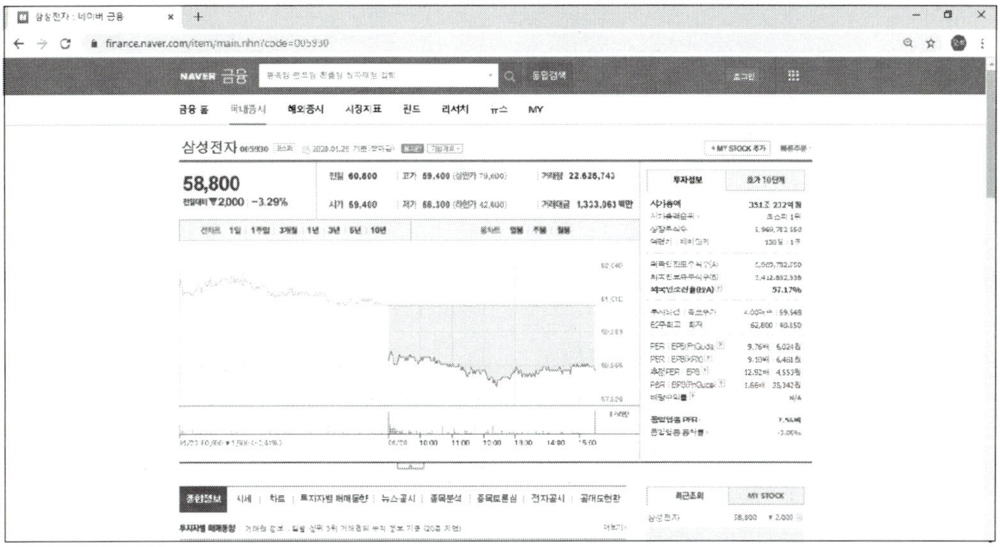

시세 정보를 제공하는 싸이트로 이동해서 F12를 누르면 관련 정보를 제공하는 세부 정보를 볼 수 있다. 여기서 시세 데이터를 제공하는 테이블 주소를 확인하자. 시간별 시세 테이블과 일별 시세 테이블로 구분되어 있으니 연구자가 원하는 정보를 수집하자. 여기서는 일별시세 데이터를 수집하는 연습을 한다.

[처리결과화면]

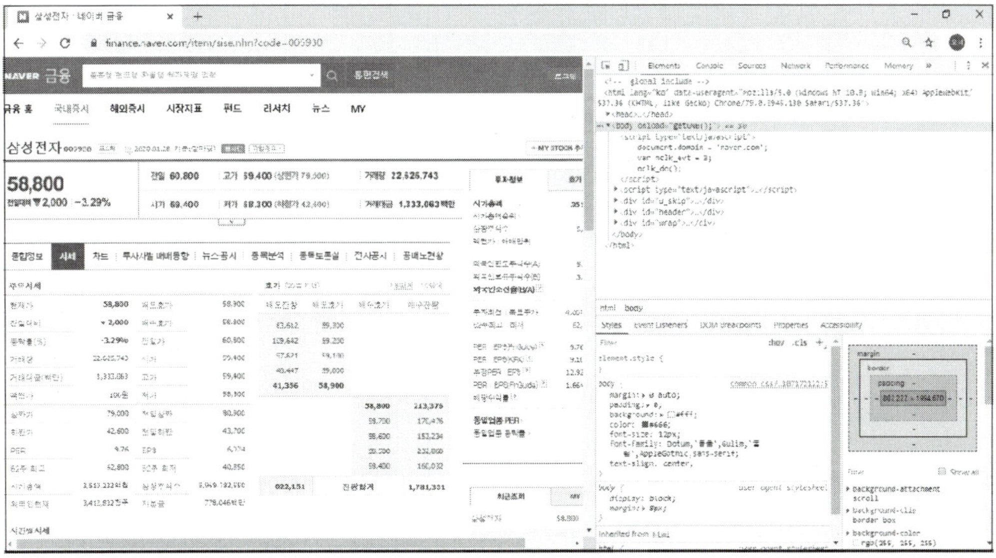

[처리결과화면: 주요시세(div style float ooo)]

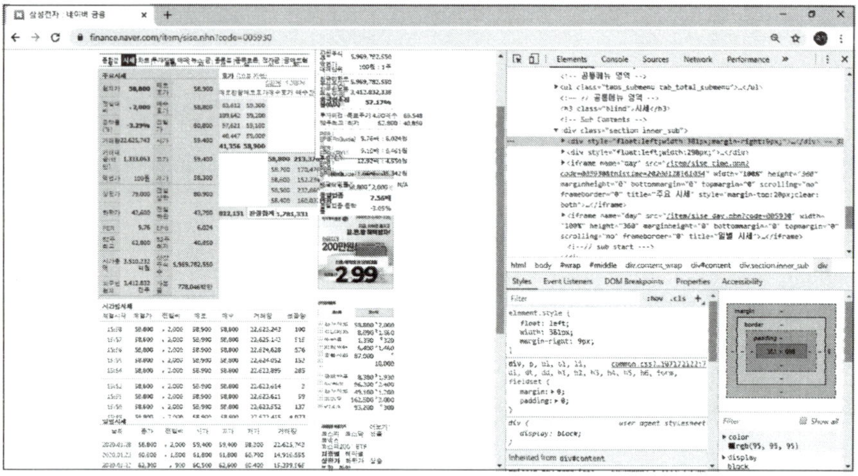

[처리결과화면: 호가(div style float ooo]

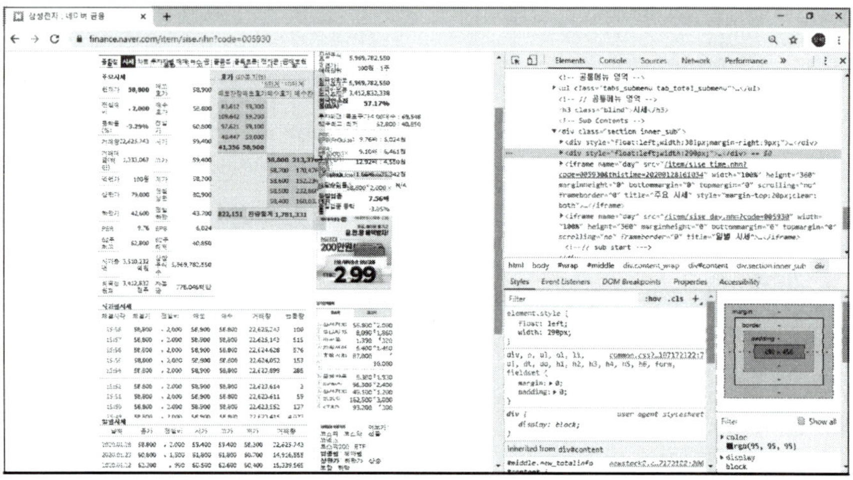

[처리결과화면: 시간별시세(iframe name ooo)]

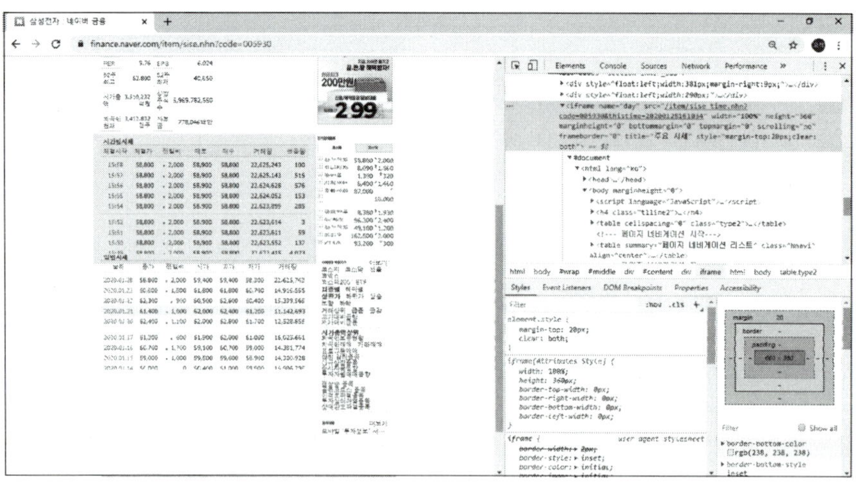

[처리결과화면: 일별시세(iframe name ooo)]

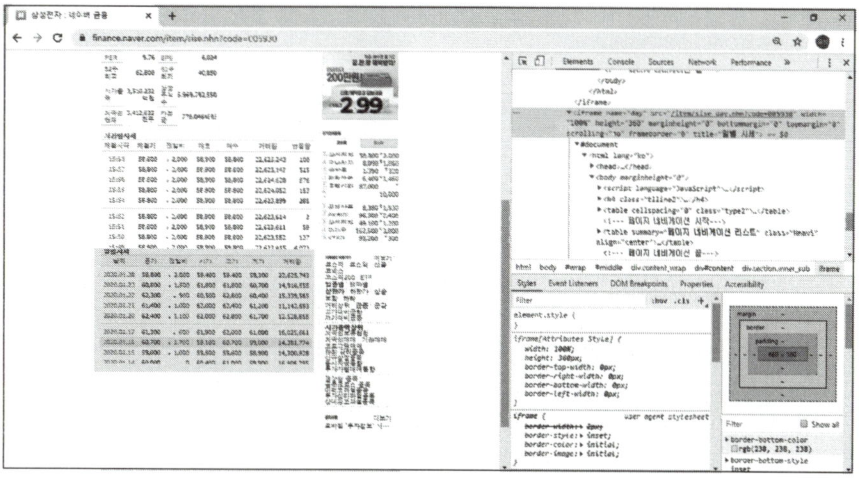

일별시세 데이터를 수집하는데 필요한 URL을 확인하기 위해 개발자화면 오른쪽 상단에서 일별시세를 커버하는 "iframe name ..."를 커서를 옮겨가며 확인하자(왼쪽 파란색 옅은 창으로 커버되는 부분을 표시해주기 때문에 이를 확인할 수 있다). 확인이 되었으면, 오른쪽 상단에 있는 'network'를 클릭해 들어가자. 들어가면 아래쪽 하단에 다운로드 데이터 목록이 나온다. 이 가운데 중간 쯤에 위치하고 있는 "sise_day.nhn?code=005930" 탭을 클릭해 보자. 클릭하면 새로운 창으로 넘어가서 해당 데이터의 url을 정확히 안내해준다(https://finance.naver.com/item/sise_day.nhn?code=005930).

[처리결과화면]

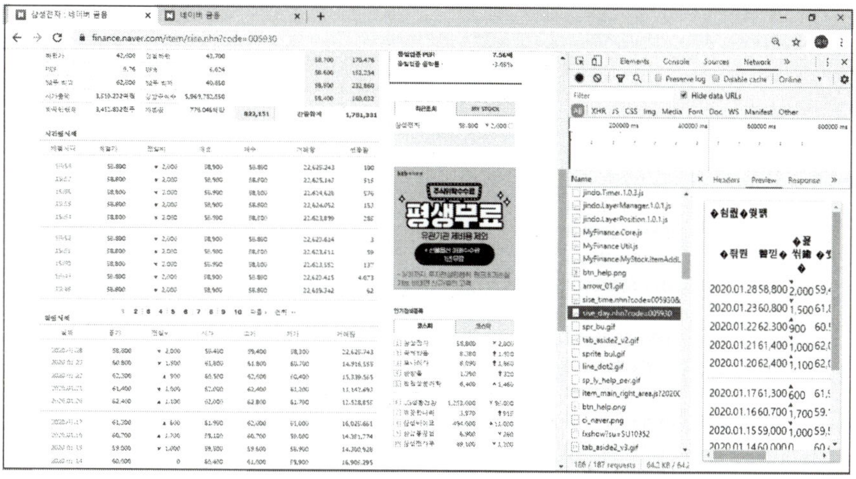

[처리결과화면]

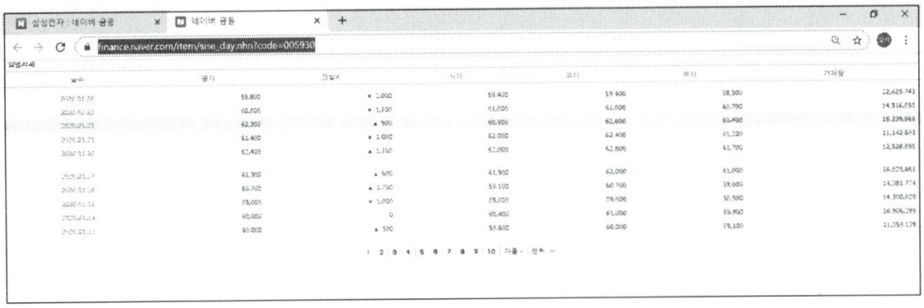

자 이제 삼성전자 일별시세 데이터를 크롤링 하는데 필요한 중요한 url을 확인하였으니 본격적으로 데이터를 크롤링해보자.

명령어

```
> library(dplyr)
> library(rvest)
> library(R6)
> url_base <-"https://finance.naver.com/item/sise_day.nhn?code=005930
> all.price <-c()
> for (page in 1:26){
+   price <-paste(url_base,page,sep='') %>%
+     read_html() %>%
+     html_nodes('table') %>%
+     .[1] %>%
+     html_table()
+   all.price <-c(all.price,price)
+ }
```

```
> library(dplyr)
> library(rvest)
> library(R6)
> url_base <-"https://finance.naver.com/item/sise_day.nhn?code=005930" #
네트워크에 들어가서 탭 클릭해서 확인한 것
> all.price <-c()
> for (page in 1:26){
+   price <-paste(url_base,page,sep='') %>%
+     read_html() %>%
+     html_nodes('table') %>%
+     .[1] %>%
```

```
+     html_table()
+   all.price <-c(all.price,price)
+ }
```

이제 크롤링 된 자료를 저장하기에 앞서 일부 데이터를 열람해보자.

명령어

```
> all.price[[1]]
```

```
> all.price[[1]]
   날짜 종가 전일비 시가 고가 저가 거래량
1    NA   NA     NA   NA   NA   NA     NA
2    NA   NA      0   NA   NA   NA     NA
3    NA   NA     NA   NA   NA   NA     NA
4    NA   NA     NA   NA   NA   NA     NA
5    NA   NA     NA   NA   NA   NA     NA
6    NA   NA     NA   NA   NA   NA     NA
7    NA   NA     NA   NA   NA   NA     NA
8    NA   NA     NA   NA   NA   NA     NA
9    NA   NA     NA   NA   NA   NA     NA
10   NA   NA     NA   NA   NA   NA     NA
11   NA   NA     NA   NA   NA   NA     NA
12   NA   NA     NA   NA   NA   NA     NA
13   NA   NA     NA   NA   NA   NA     NA
14   NA   NA     NA   NA   NA   NA     NA
15   NA   NA     NA   NA   NA   NA     NA
```

해석

처리결과화면을 살펴보면, 불행히도 NA 자료로 뒤덮여 있음을 알 수 있다. 뭔가 어디선가 에러가 발생해서 전체 작업이 돌아가기는 하였지만 결국 필요로 하는 데이터는 추출하지 못하고 말았다.

무엇이 문제였을까? 답은 늘 가까운 곳에 있다. 데이터 크롤링을 위한 url을 꼼꼼이 뒤져서 확인했지만, 깜빡하고 놓친 것이 있었다. 바로 page 작업이다. 모든 데이터를 한 화면에 보여줄 수 없기 때문에 인터넷 자료는 늘 페이지를 확인해주어야 한다. 우리가 url을 확인하는 과정에서는 해당 페이지에서의 url을 보여주기 때문에 페이지 정보가 url에 담겨 있지 않을 때가 흔하다. 이에 데이터를 제공하는 url 끝에 페이지를 넘긴다는 약속을 첨부해주자. 처리는 간단하다. 그냥 "&page="이라고 붙여주면 된다.

명령어

```
> url_base <-"https://finance.naver.com/item/sise_day.nhn?code=005930&page="
> all.price <-c()
> for (page in 1:26){
+   price <-paste(url_base,page,sep='') %>%
+     read_html() %>%
+     html_nodes('table') %>% #html_modes가 아니라 html_nodes 임
+     .[1] %>%
+     html_table()
+   all.price <-c(all.price,price)
+ }
```


```
> url_base <-"https://finance.naver.com/item/sise_day.nhn?code=005930&pa
ge="
> all.price <-c()
> for (page in 1:26){
+   price <-paste(url_base,page,sep='') %>%
+     read_html() %>%
+     html_nodes('table') %>% #html_modes가 아니라 html_nodes 임
+     .[1] %>%
+     html_table()
+   all.price <-c(all.price,price)
+ }
```


[처리결과화면]

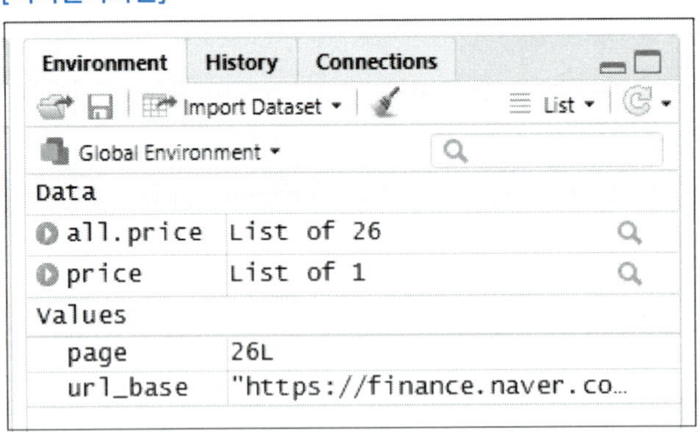

이제 추출한 데이터 내용을 열람해보면 차분하게 수치들이 추출되었음을 볼 수 있다. 작업이 끝났으니 작업디렉토리를 지정해주고 작업한 데이터셋을 저장하도록 하자.

명령어

```
> all.price[[1]]
> setwd("C:/users/osyan/")
> write.table(all.price, "sansumg_stock.txt")
```

```
> all.price[[1]]
         날짜    종가 전일비   시가   고가   저가     거래량
1
2  2020.01.28 58,800  2,000 59,400 59,400 58,300 22,625,743
3  2020.01.23 60,800  1,500 61,800 61,800 60,700 14,916,555
4  2020.01.22 62,300    900 60,500 62,600 60,400 15,339,565
5  2020.01.21 61,400  1,000 62,000 62,400 61,200 11,142,693
6  2020.01.20 62,400  1,100 62,000 62,800 61,700 12,528,855
7
8
9
10 2020.01.17 61,300    600 61,900 62,000 61,000 16,025,661
11 2020.01.16 60,700  1,700 59,100 60,700 59,000 14,381,774
12 2020.01.15 59,000  1,000 59,500 59,600 58,900 14,300,928
13 2020.01.14 60,000      0 60,400 61,000 59,900 16,906,295
14 2020.01.13 60,000    500 59,600 60,000 59,100 11,359,139
15
> setwd("C:/users/osyan/")
> write.table(all.price, "sansumg_stock.txt")
```

[처리결과화면]

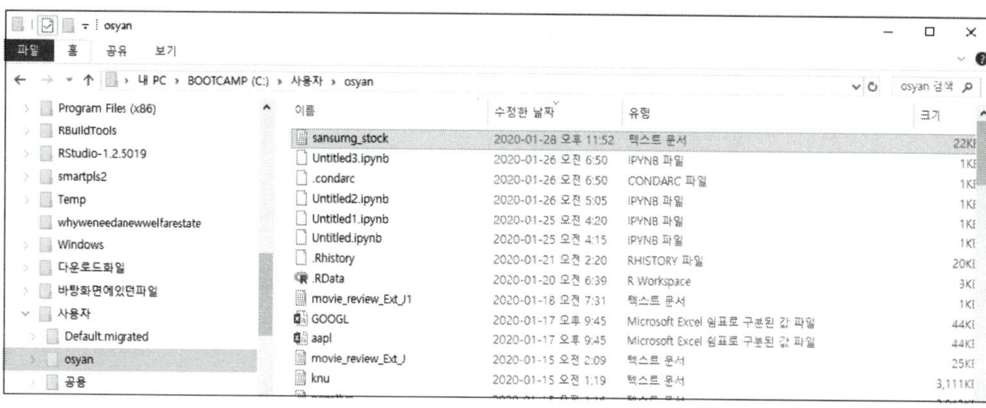

해석

처리결과화면을 살펴보면, 작업디렉토리에 새로 저장된 samsung_stock.txt 파일이 들어 있음을 볼 수 있다.

③ 네이버 금융 자료 크롤링(2): 차트에서 데이터 가져오기

이번에는 테이블(표)이 아니라 차트에서 데이터를 크롤링하는 방법을 연습해보자. 테이블에서 얻지 못하는 데이터를 차트에서 얻을 수 있는 경우가 있기 때문이다. 대표적으로 삼성전자 주식 자료가 좋은 예가 된다. 삼성전자는 2018년 5월 4일 1:50으로 '액면분할'을 완료했다. 액면분할이란 주식회사 자본금 증자없이 기존 주식의 액면가를 떨어뜨려 총 주식수를 늘리는 것을 말한다. 현재 주가가 너무 높아서 거래가 활발하지 못할 때 선택하는 방법이다. 2000년 Sk텔레콤이 주가가 500만원에 이르자 액면분할을 선택해서 주가를 1/10으로 떨어뜨린 적이 있다. 삼성화재, 현대글로비스, NHN, 엔씨소프트, 한국타이어 등 주로 코스닥 시장을 구성하는 기업들이 액면분할을 이행한 바 있다. 삼성전자의 경우 액면분할(2018년 5월 4일)로 2018년 5월 3일 주가가 2,650,000이었던 것이 5월 4일에는 51,900이 되었다. 잘못 수치를 사용하면 주가 폭락으로 분석될 수 있는 위험한 시계열 자료이다. 이럴 때는 '수정주가'가 필요하다. 문제는 네이버 금융 자료에서는 테이블 자료들이 수정주가를 제시하지 않고 액면 그대로 된 수치를 제시하고 있다는 사실이다. 다행히 수정주가는 차트 정보에서 찾아볼 수 있다. 주가 흐름표를 그리려니 수정주가가 필요했던 모양이다.

자 이제 차트에서 데이터를 크롤링하는 방법을 실습해보자. 우선 네이버 금융에서 삼성전자를 찾아 들어가 보자. 삼성전자 주식 자료가 제시되는 화면에서 앞서 크롤링 작업에서 찾아 들어 갔던 '시세' 쪽이 아니라 '차트' 탭을 클릭해서 들어가도록 하자.

[처리결과화면]

해석

처리결과화면을 살펴보면, “Adobe Flash Player이(가) 차단되었습니다”라는 메시지와 함께 차트를 볼 수 없는 상태이다.

플래쉬가 차단되어 차트가 보이지 않으면, 화면 왼쪽 상단에 있는 ‘자물쇠’ 아이콘을 클릭해서 들어가면, 아래 항목에 나오는 ‘사이트 설정’으로 들어간다. 사이트 설정에 들어가서 ‘플래쉬’ 설정을 ‘허용’으로 바꾸면 ‘새로고침’ 버튼이 나타나는데 이를 클릭하면 차트를 볼 수 있다.

[처리결과화면: 사이트 설정]

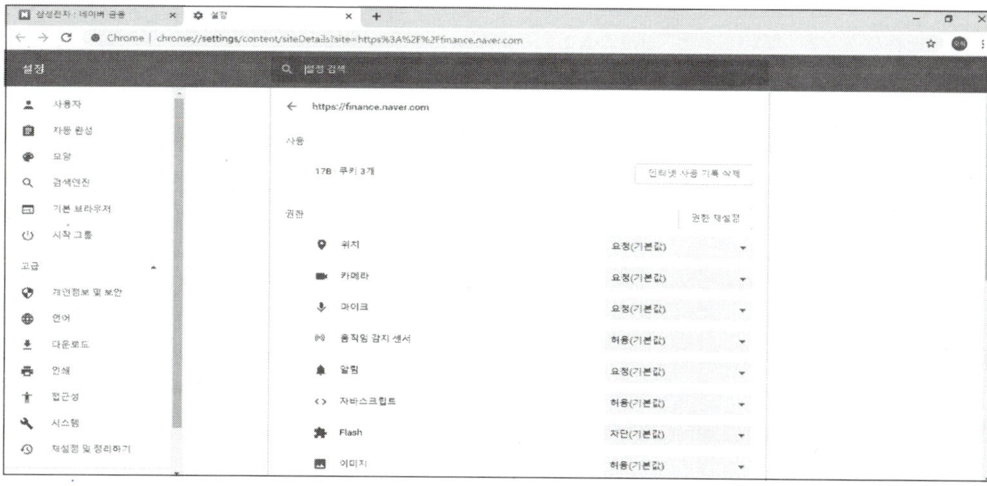

해석

처리결과화면을 살펴보면, Flash가 ‘차단’으로 되어 있다. 이를 ‘허용’으로 바꾸자. 한번 바꾸어 두면 다음부터는 자물쇠 탭 하위 항목에서 바로 ‘차단’과 ‘허용’을 선택할 수 있게 화면이 뜬다.

[처리결과화면]

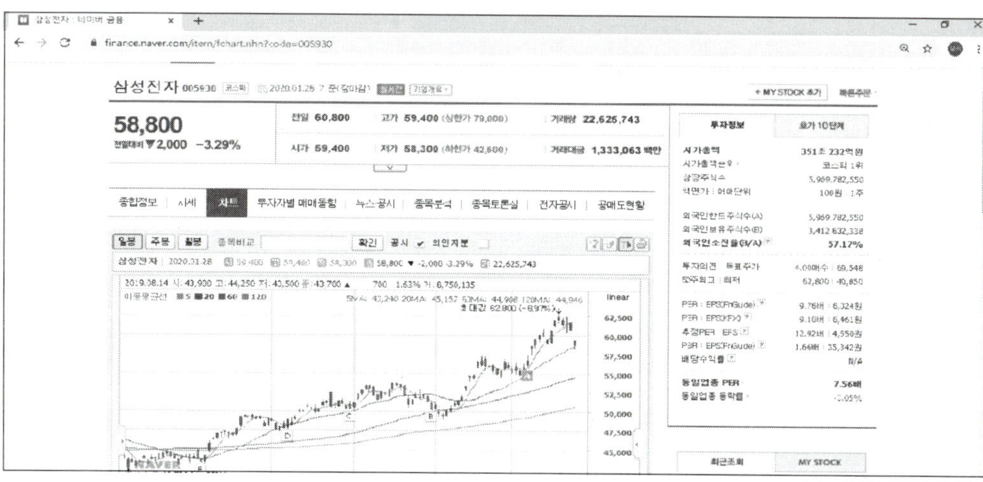

▶ 해석

처리결과화면을 살펴보면, 차트가 주가 흐름을 보여주며 해당 수치를 오른쪽에 보여주고 있는데, 액면분할 이전 주가를 수정된 주가로 보여주고 있음을 알 수 있다. 따라서 차트에 사용된 수치를 크롤링하면 된다.

이제 크롤링 작업을 위해 F12 버튼을 눌러서 개발자도구 화면으로 들어가 데이터를 찾아보자. 우선 차트를 커버하는 Elements를 찾아보자.

[처리결과화면: F12]

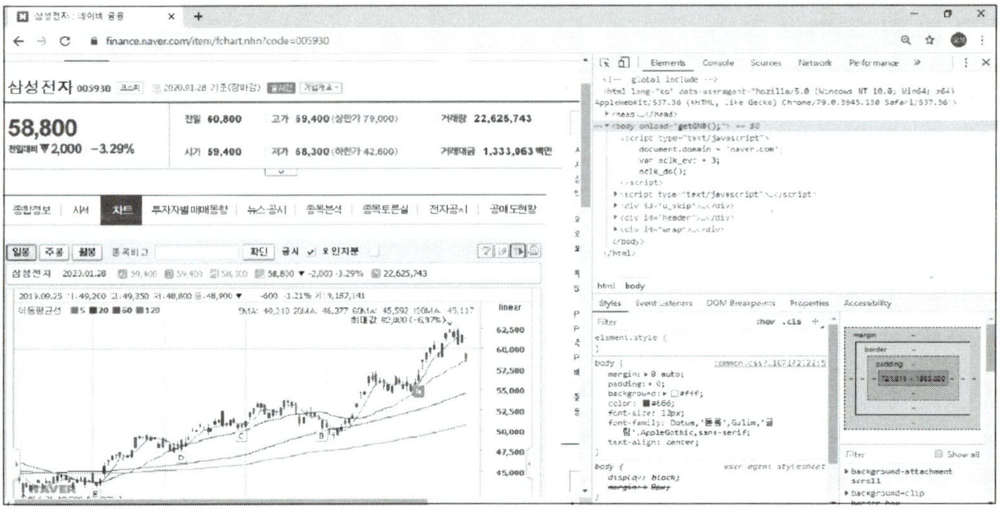

차트를 커버하는 Elements를 찾았으면, Network 탭을 클릭해서 들어가 다운로드 되어 있는 데이터 목록을 열람해보자.

[처리결과화면: Network]

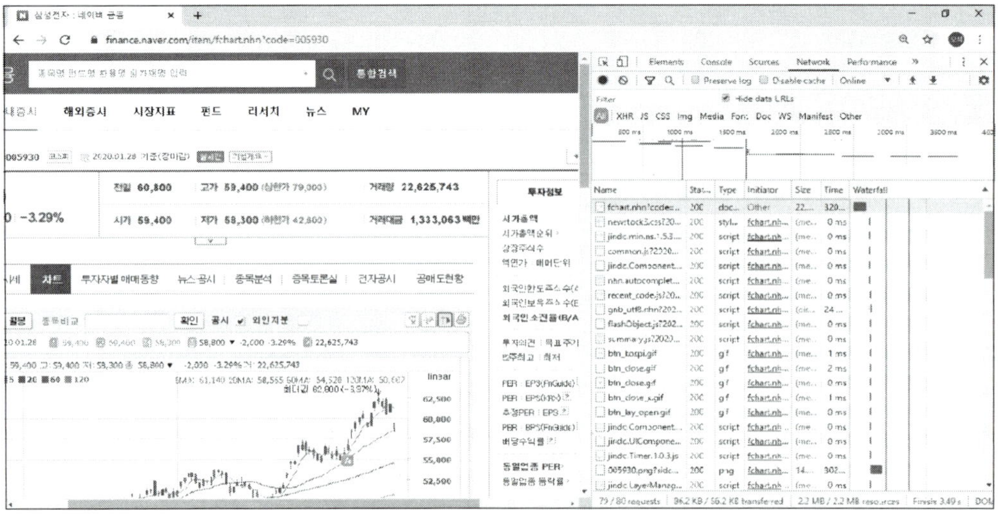

개발자도구 화면에서 오른쪽 상단에 있는 Elements가 아니라 Network를 클릭해서 들어가면 화면 아래쪽에 다운로드되어 있는 데이터 목록이 쫙 뜬다. 이 자료를 찾기 어려우면 Network를 클릭해 둔 상태에서 왼쪽에 있는 '시세'와 '차트'를 번갈아 클릭해 보면 오른쪽 개발자도구 화면에 다운로드 된 데이터 목록이 더 상세하게 나타난다. 이 가운데 맨 아래쪽에 있는 "sise.nhn?symbol=......."이 우리가 필요로 하는 자료이다. 이 자료를 클릭해서 들어가면 해당 URL 주소로 이동된다.

[처리결과화면: 맨 아래쪽에 있는 sise.nhn?symbol=ooo]

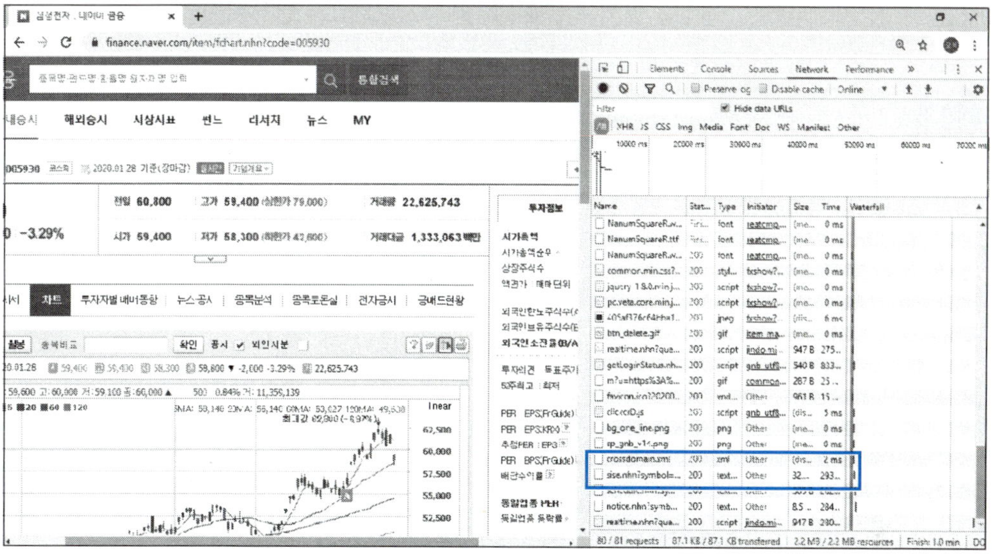

[처리결과화면: sise.nhn?symbol=ooo 탭을 클릭하면 이동하는 화면]

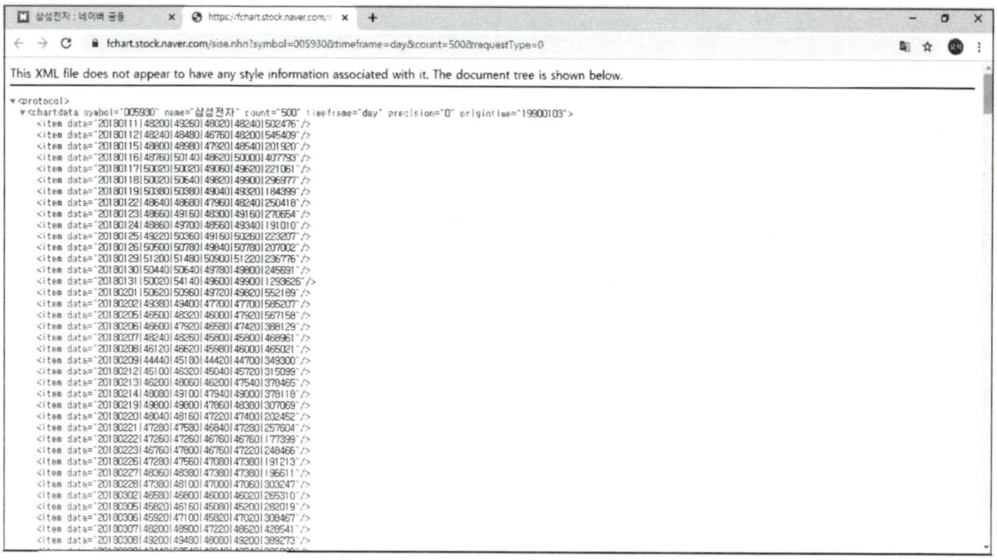

▶ 해석

처리결과화면을 살펴보면, sise.nhn?symbol…. 자료를 다운로드 할 수 있는 url 주소가 "https://fchart.stock.naver.com/sise.nhn?symbol=005930&timeframe=day&count=500&requestType=0"임을 알 수 있다. 프로토콜을 상세하게 설명하고 있다. 상세 내용을 보면 "data=해당일자/시가/고가/저가/종가/거래량"으로 구성되어 있음을 알 수 있다.

자 이제 데이터가 위치해 있는 url을 정확히 알았으니 자료 크롤링을 시작해보자. 필요한 패키지를 우선 설치하고 불러오자. 일반 크롤링에 필요한 패키지(httr, rvest), 날짜를 클렌징 하는 패키지(lubridate), 시계열 형태로 변환하는 패키지(xts)가 필요하다.

명령어

```
> library(lubridate)
> library(httr)
> library(rvest)
> library(xts)
```

```
> library(lubridate)

다음의 패키지를 부착합니다: 'lubridate'

The following object is masked from 'package:base':

    date

경고메시지(들):
패키지 'lubridate'는 R 버전 3.6.2에서 작성되었습니다
> library(httr)
> library(rvest)
> library(xts)
```

이제 삼성전자 ticker인 "005930"을 입력하고, url을 등록하자. url 등록시 paste0( ) 함수를 사용하고, url 주소는 ticker를 기준으로 분할한다.

명령어

```
> tick = "005930"
```

```
> url = paste0("https://fchart.stock.naver.com/sise.nhn?symbol=",tick,"&time
frame=day&count=500&requestType=0")
> url
```

```
> tick = "005930"
> url = paste0("https://fchart.stock.naver.com/sise.nhn?symbol="
+              ,tick,"&timeframe=day&count=500&requestType=0")
> url
[1] "https://fchart.stock.naver.com/sise.nhn?symbol=005930&timeframe=day
&count=500&requestType=0"
```

이번에는 GET( ) 함수를 사용해서 url에 들어 있는 데이터를 수집한 후, read_html( ) 함수를 이용하여 html 정보를 불러오자. 그 다음에는 html_nodes( ) 함수를 사용하여 item 태그에 해당하는 정보를 모두 불러들이자. 여기서 말하는 item 태그는 sise.nhn?symbol=ooo 탭을 클릭하면 오른쪽에 나타나는 프로토콜(protocol) 정보를 상세히 클릭해서 하단 항목을 뒤져보면 <item data="-----">라는 형식으로 구성되어 있기 때문이다. 즉 chartdata 아래 노드 항목으로 item이 자리잡고 있다.

[처리결과화면: sise.nhn&symbol=ooo 클릭한 후 프로토콜 화면]

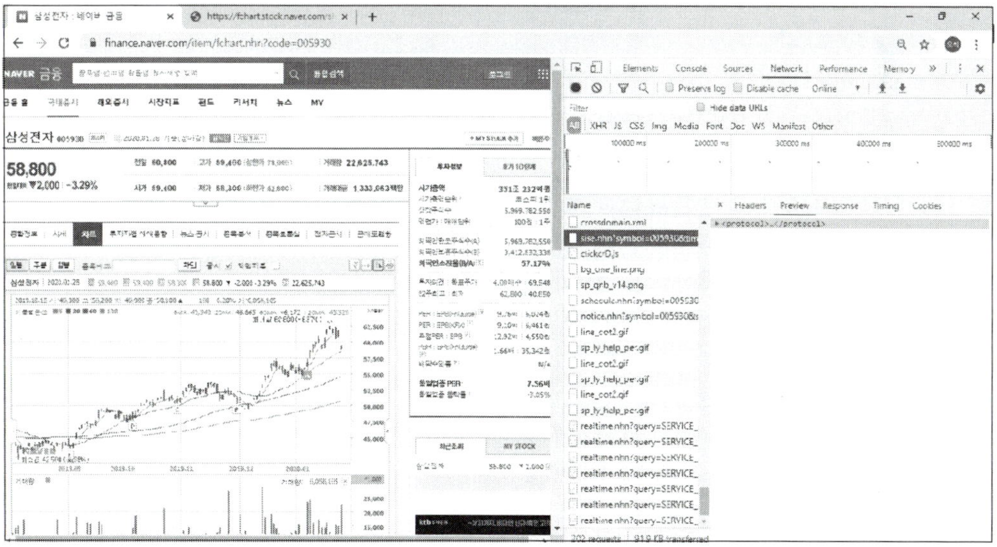

[처리결과화면: 프로토콜 하위 항목–<item data="ooo">]

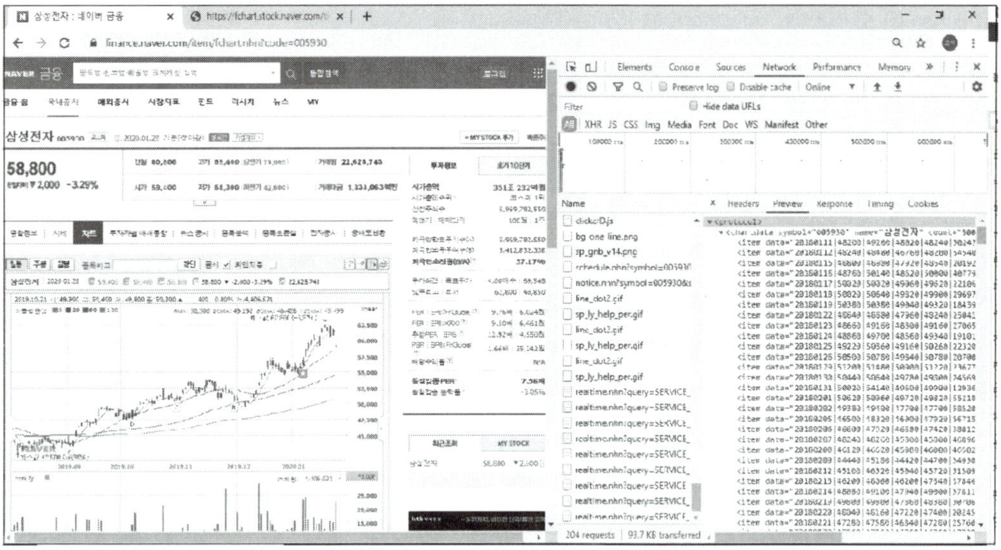

명령어

```
> GET(url) %>%
+   read_html %>%
+   html_nodes("item")
```

```
> GET(url) %>%
+   read_html %>%
+   html_nodes("item")
{xml_nodeset (500)}
 [1] <item data="20180111|48200|49260|48020|48240|502476"></item>
 [2] <item data="20180112|48240|48480|46760|48200|545409"></item>
 [3] <item data="20180115|48800|48980|47920|48540|201920"></item>
 [4] <item data="20180116|48760|50140|48620|50000|407793"></item>
 [5] <item data="20180117|50020|50020|49060|49620|221061"></item>
 [6] <item data="20180118|50020|50640|49820|49900|296977"></item>
 [7] <item data="20180119|50380|50380|49040|49320|184399"></item>
 [8] <item data="20180122|48640|48680|47960|48240|250418"></item>
 [9] <item data="20180123|48660|49160|48300|49160|270654"></item>
[10] <item data="20180124|48860|49700|48560|49340|191010"></item>
[11] <item data="20180125|49220|50360|49160|50260|223207"></item>
[12] <item data="20180126|50500|50780|49840|50780|207002"></item>
[13] <item data="20180129|51200|51480|50900|51220|236776"></item>
[14] <item data="20180130|50440|50640|49780|49800|245691"></item>
```

```
[15] <item data="20180131|50020|54140|49600|49900|1293626"></item>
[16] <item data="20180201|50620|50960|49720|49820|552189"></item>
[17] <item data="20180202|49380|49400|47700|47700|585207"></item>
[18] <item data="20180205|46500|48320|46000|47920|567158"></item>
[19] <item data="20180206|46600|47920|46580|47420|388129"></item>
[20] <item data="20180207|48240|48260|45800|45800|468961"></item>
...
```

자 이렇게 추출한 데이터를 열람해보면 <item data="oooooo"> 식의 자료가 크롤링되어 있음을 볼 수 있다. 즉 문자도 있고 수치도 있는 데이터 형태이다. 이제는 필요한 수치형 데이터만을 추려내는 작업이 필요하다. 이 작업에는 html_attr( ) 함수가 사용된다. 앞에 노드명으로 item을 사용했듯이, 이번에는 attr명으로 "data"를 사용하자.

명령어

```
> GET(url) %>%
+   read_html %>%
+   html_nodes("item") %>%
+   html_attr("data")
```

```
> GET(url) %>%
+   read_html %>%
+   html_nodes("item") %>%
+   html_attr("data")
  [1] "20180111|48200|49260|48020|48240|502476"   "20180112|48240|48480|4
6760|48200|545409"
  [3] "20180115|48800|48980|47920|48540|201920"   "20180116|48760|50140|4
8620|50000|407793"
  [5] "20180117|50020|50020|49060|49620|221061"   "20180118|50020|50640|4
9820|49900|296977"
  [7] "20180119|50380|50380|49040|49320|184399"   "20180122|48640|48680|4
7960|48240|250418"
  [9] "20180123|48660|49160|48300|49160|270654"   "20180124|48860|49700|4
8560|49340|191010"
 [11] "20180125|49220|50360|49160|50260|223207"   "20180126|50500|50780|4
9840|50780|207002"
 [13] "20180129|51200|51480|50900|51220|236776"   "20180130|50440|50640|4
```

```
9780|49800|245691"
                                    (중간생략)

[485] "20200103|56000|56600|54900|55500|15422255" "20200106|54900|55600|
54600|55500|10278951"
[487] "20200107|55700|56400|55600|55800|10009778" "20200108|56200|57400|
55900|56800|23501171"
[489] "20200109|58400|58600|57400|58600|24102579" "20200110|58800|59700|
58300|59500|16000170"
[491] "20200113|59600|60000|59100|60000|11359139" "20200114|60400|61000|
59900|60000|16906295"
[493] "20200115|59500|59600|58900|59000|14300928" "20200116|59100|60700|
59000|60700|14381774"
[495] "20200117|61900|62000|61000|61300|16025661" "20200120|62000|62800|
61700|62400|12528855"
[497] "20200121|62000|62400|61200|61400|11142693" "20200122|60500|62600|
60400|62300|15339565"
[499] "20200123|61800|61800|60700|60800|14916555" "20200128|59400|59400|
58300|58800|22625743"
```

해석

처리결과화면을 살펴보면, 문자 데이터는 사라지고 수치형 데이터만이 저장되어 있음을 볼 수 있다.

이제 어떤 작업이 필요할까? 화면에서 볼 수 있듯이, 이제는 수치형 데이터를 보다 상세히 나누어 저장해야 한다. 현재 수치형 데이터는 "|"를 사용하여 여러 칸으로 나누어져 있다. 각각의 수치형 데이터를 일일이 쪼개서 별도로 저장해보자. 사용할 함수는 strsplit( ) 함수이다. ""를 기준으로 데이터를 나누라는 명령어는 "\\|"이다(\\는 역슬래쉬 두 개를 의미: "\\|"). 작업을 마쳤으면 head( ) 함수를 사용하여 데이터 상태를 열람해보자.

명령어

```
> data = GET(url) %>%
+   read_html %>%
+   html_nodes("item") %>%
+   html_attr("data") %>%
+   strsplit("\\|")
> head(data)
```

```
> data = GET(url) %>%
+   read_html %>%
+   html_nodes("item") %>%
+   html_attr("data") %>%
+   strsplit("\\|")
> head(data)
[[1]]
[1] "20180111" "48200"    "49260"    "48020"    "48240"    "502476"

[[2]]
[1] "20180112" "48240"    "48480"    "46760"    "48200"    "545409"

[[3]]
[1] "20180115" "48800"    "48980"    "47920"    "48540"    "201920"

[[4]]
[1] "20180116" "48760"    "50140"    "48620"    "50000"    "407793"

[[5]]
[1] "20180117" "50020"    "50020"    "49060"    "49620"    "221061"

[[6]]
[1] "20180118" "50020"    "50640"    "49820"    "49900"    "296977"
```

해석

처리결과화면을 살펴보면, 각 수치형 데이터가 분리되어 저장되어 있음을 볼 수 있다.

자 이제는 정말 필요로 하는 수치형 데이터로만 좁혀서 추출해보자. 필요한 데이터는 결국 '일자'와 '종가'이다. 이에 해당하는 데이터는 현재 추출한 데이터셋에서 1번 자료(일자)와 5번 자료(종가)에 해당된다. 1번 데이터와 5번 데이터만 추출해서 새로 저장시켜보자. 현재 데이터는 리스트 형식이므로 lapply( ) 함수를 사용해서 명령어를 작성해야 한다. 또한 t( ) 함수를 사용해서 열을 행으로 변환하고, 다음에는 data.frame( ) 함수로 데이터프레임 형식으로 변환시켜준다. 그리고 나서 최종적으로 do.call( ) 함수를 사용해서 리스트를 행으로 모두 묶어주자.

명령어

```
> data = lapply(data, function(x) {
+   x[c(1, 5)] %>% t() %>% data.frame()
+ })
> data = do.call(rbind, data)
```


```
> data = lapply(data, function(x) {
+   x[c(1, 5)] %>% t() %>% data.frame()
+ })
> data = do.call(rbind, data)
```


[처리결과화면: lapply vs do.call]

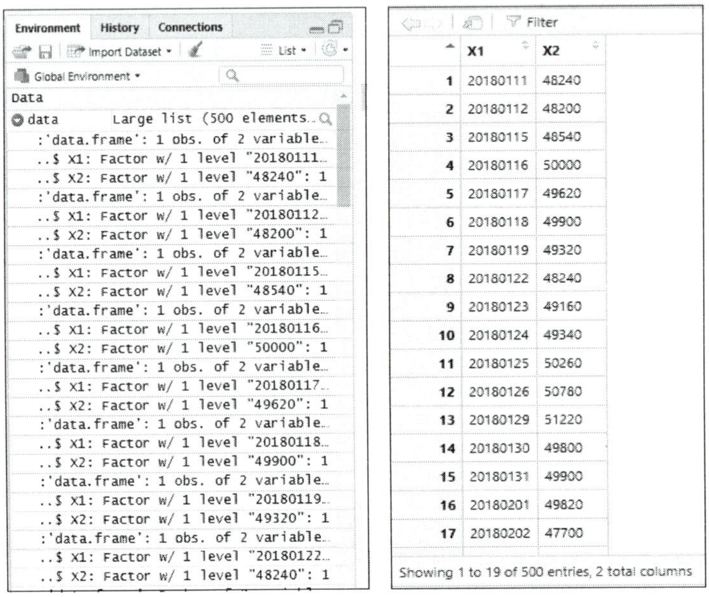

해석

처리결과화면을 살펴보면, 1번과 5번으로만 추출되었던 데이터가(왼쪽 표), 최종적으로 날짜열과 종가열로 행으로 정렬되어 있음(오른쪽 표)을 볼 수 있다.

이렇게 최종적으로 정리된 데이터를 이제 클랜징 작업을 실시하도록 하자. 왜냐하면 현재 정리한 데이터는 리스트형이기 때문이다. 첫번째 열 데이터는 날짜 형태로 변환해야 하고, 두번째 열 데이터를 수치형으로 변환해야 한다. 날짜 변환보다 수치형 변환이 더 간단하니 수치형 변환 작업부터 먼저하자. 수치형 변환은 as.character( ) 함수와 as.numeric( ) 함수를 사용한다. 단, factor형 데이터를 수치형으로 변환할때는 에러를 회피하기 위해 먼저 문자열로 변경한 후(as.character( ) 함수 사용), 다시 수치형 변환(as.numeric( ) 함수 사용)을 시도해야 한다.

명령어

```
> str(data) #데이터 유형 파악
> data[,2] = as.numeric(as.character(data[,2])) #문자형 변환 후, 수치형으로 변환
```

```
> str(data)
'data.frame':    500 obs. of  2 variables:
 $ X1: Factor w/ 500 levels "20180111","20180112",..: 1 2 3 4 5 6 7 8 9 10
...
 $ X2: Factor w/ 258 levels "48240","48200",..: 1 2 3 4 5 6 7 1 8 9 ...
> data[,2] = as.numeric(as.character(data[,2]))
```

[처리결과화면]

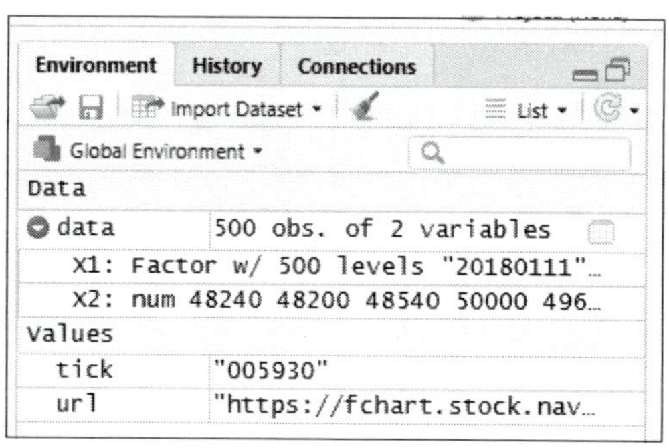

해석

처리결과화면을 살펴보면, x2가 num 형식으로 변환되어 있음을 볼 수 있다.

이번에는 날짜 데이터를 ymd( ) 함수를 사용하여 우선 yyyymmdd 형태에서 yyyy-mm-dd 형태로 변경하고, 이후 문자열로 변환시키자. 그러고나서 rownames( ) 함수를 사용하여 변환된 날짜 데이터를 행이름으로 하라는 명령어를 작성하자. 이렇게 작업을 마친 다음에는 최종적으로 첫번째 열을 삭제하라고 명령어를 내리자(NULL 사용).

명령어

```
> rownames(data) = ymd(data[,1]) %>% as.character
> data[,1] = NULL
```

```
> rownames(data) = ymd(data[,1]) %>% as.character
> data[,1] = NULL
```

[처리결과화면: NULL 전과 후]

	X1	X2
2018-01-11	20180111	48240
2018-01-12	20180112	48200
2018-01-15	20180115	48540
2018-01-16	20180116	50000
2018-01-17	20180117	49620
2018-01-18	20180118	49900
2018-01-19	20180119	49320
2018-01-22	20180122	48240
2018-01-23	20180123	49160
2018-01-24	20180124	49340
2018-01-25	20180125	50260
2018-01-26	20180126	50780
2018-01-29	20180129	51220
2018-01-30	20180130	49800
2018-01-31	20180131	49900

Showing 1 to 19 of 500 entries, 2 total columns

	X2
2018-01-11	48240
2018-01-12	48200
2018-01-15	48540
2018-01-16	50000
2018-01-17	49620
2018-01-18	49900
2018-01-19	49320
2018-01-22	48240
2018-01-23	49160
2018-01-24	49340
2018-01-25	50260
2018-01-26	50780
2018-01-29	51220
2018-01-30	49800
2018-01-31	49900

Showing 1 to 19 of 500 entries, 1 total columns

이제 드디어 데이터 작업이 다 되었다. 마지막 남은 작업은 데이터를 시계열 순서로 전환하는 것이다. 작업에는 as.xts( ) 함수를 사용한다. 전환을 마친 뒤 플롯으로 그래프를 만들어 보자.

명령어

```
> data = as.xts(data)
> win.graph()
> plot(data)
```

```
> data = as.xts(data)
> win.graph()
> plot(data)
```

[처리결과화면]

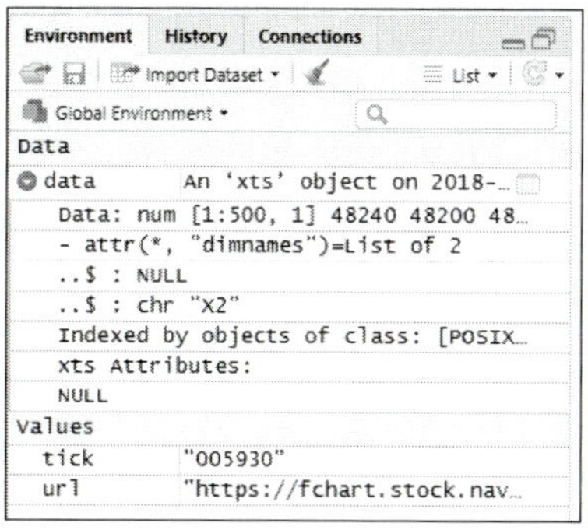

[처리결과화면]

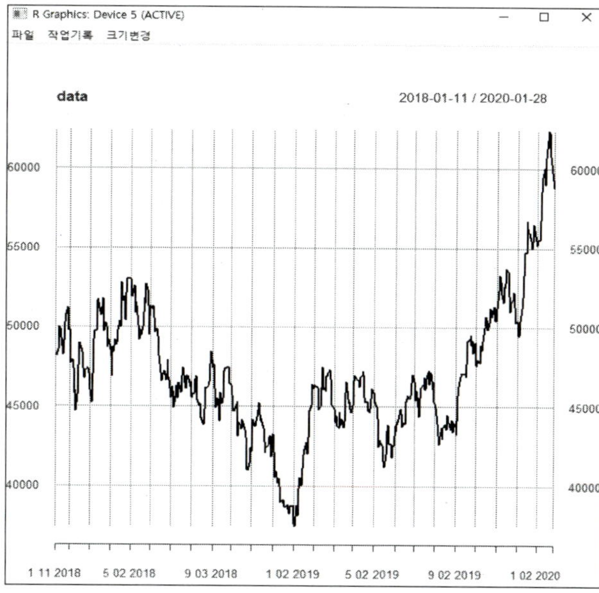

#하이트진로#

하이트진로에 대한 차트 데이터 url은 개발자도구 화면 상단에 있는 “Network”를 클릭해서 들어가면, 다운로드된 데이터 리스크가 나오고, 그 가운데 “sise.nhn?symbol=000”을 클릭해서 들어가면 찾아볼 수 있다. 탭 오른쪽에는 프로토콜도 나와 있다. 이렇게 두 개의 회사를 크롤링 해보면 차트에서 데이터를 가져오는 경우 url은 똑같고, ticker만 개별 회사 주식코드로 해주면 쉽게 크롤링 작업을 시작할 수 있음을 알게 된다.

[처리결과화면]

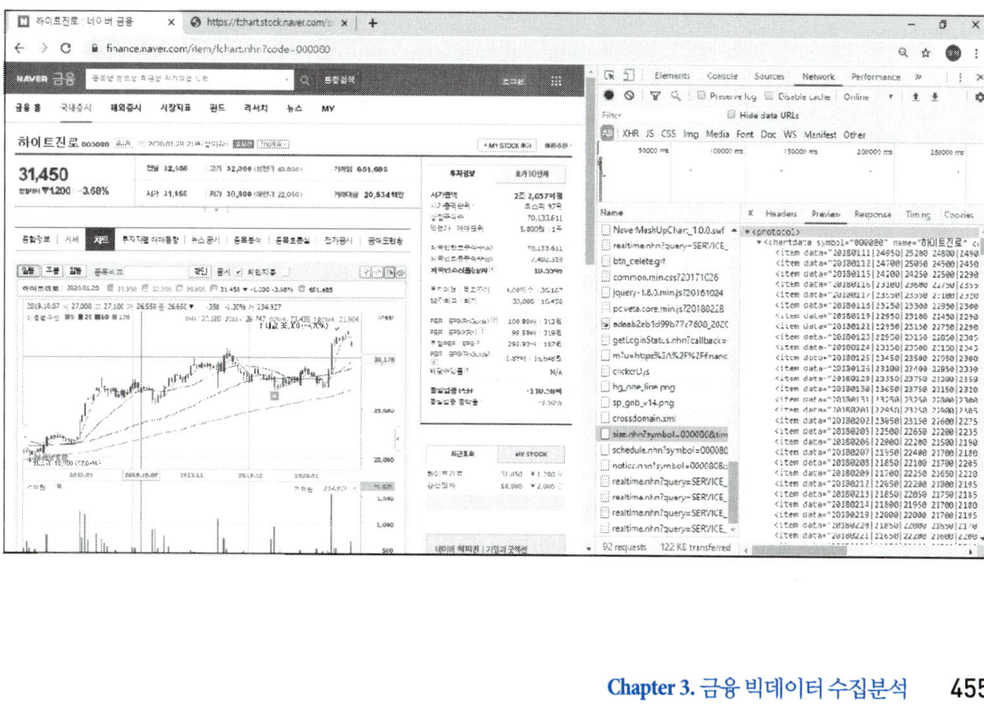

[처리결과화면: "sise.nhn?symbol=000"을 클릭하면 나오는 url 확인 화면]

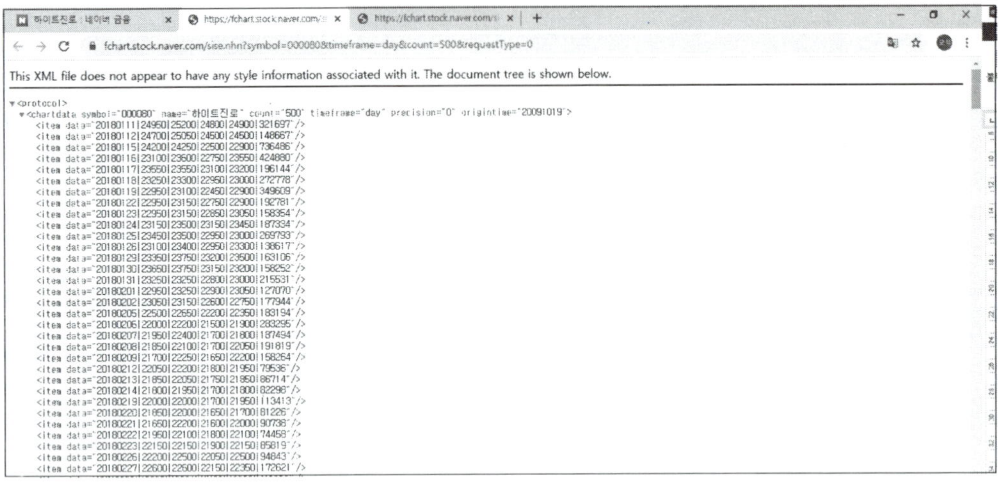

명령어

```
> tick = "000080"
> url = paste0("https://fchart.stock.naver.com/sise.nhn?symbol="
+              ,tick,"&timeframe=day&count=500&requestType=0")
> url
```

```
> tick = "000080"
> url = paste0("https://fchart.stock.naver.com/sise.nhn?symbol="
+              ,tick,"&timeframe=day&count=500&requestType=0") #이제는 url은 회사마다 똑같고, tick 번호만 달리 하면 될 것 같지
> url
[1] "https://fchart.stock.naver.com/sise.nhn?symbol=000080&timeframe=day&count=500&requestType=0
```

명령어

```
> GET(url) %>%
+   read_html %>%
+   html_nodes("item")
> GET(url) %>%
+   read_html %>%
+   html_nodes("item") %>%
+   html_attr("data")
```

```
> GET(url) %>%
+   read_html %>%
+   html_nodes("item")
{xml_nodeset (500)}
 [1] <item data="20180111|24950|25200|24800|24900|321697"></item>
 [2] <item data="20180112|24700|25050|24500|24500|148667"></item>
 [3] <item data="20180115|24200|24250|22500|22900|736486"></item>
 [4] <item data="20180116|23100|23600|22750|23550|424880"></item>
 [5] <item data="20180117|23550|23550|23100|23200|196144"></item>
 [6] <item data="20180118|23250|23300|22950|23000|272778"></item>
 [7] <item data="20180119|22950|23100|22450|22900|349609"></item>
 [8] <item data="20180122|22950|23150|22750|22900|192781"></item>
 [9] <item data="20180123|22950|23150|22850|23050|158354"></item>
[10] <item data="20180124|23150|23500|23150|23450|187334"></item>
[11] <item data="20180125|23450|23500|22950|23000|269793"></item>
[12] <item data="20180126|23100|23400|22950|23300|138617"></item>
[13] <item data="20180129|23350|23750|23200|23500|163106"></item>
[14] <item data="20180130|23650|23750|23150|23200|158252"></item>
[15] <item data="20180131|23250|23250|22800|23000|215531"></item>
[16] <item data="20180201|22950|23250|22900|23050|127070"></item>
[17] <item data="20180202|23050|23150|22600|22750|177944"></item>
[18] <item data="20180205|22500|22650|22200|22350|183194"></item>
[19] <item data="20180206|22000|22200|21500|21900|283295"></item>
[20] <item data="20180207|21950|22400|21700|21800|187494"></item>
...
> GET(url) %>%
+   read_html %>%
+   html_nodes("item") %>%
+   html_attr("data")
  [1] "20180111|24950|25200|24800|24900|321697"  "20180112|24700|25050|24
500|24500|148667"
  [3] "20180115|24200|24250|22500|22900|736486"  "20180116|23100|23600|22
750|23550|424880"
  [5] "20180117|23550|23550|23100|23200|196144"  "20180118|23250|23300|22
950|23000|272778"
  [7] "20180119|22950|23100|22450|22900|349609"  "20180122|22950|23150|22
750|22900|192781"
  [9] "20180123|22950|23150|22850|23050|158354"  "20180124|23150|23500|23
150|23450|187334"
```

```
(중간생략)
[481] "20191226|28150|28300|27800|27900|269209"  "20191227|27500|29050|27
400|28750|476147"
[483] "20191230|28600|29450|28600|29000|249051"  "20200102|29200|29400|28
700|28900|234407"
[485] "20200103|29050|29050|28450|28550|227376"  "20200106|28550|28900|28
400|28650|227073"
[487] "20200107|28600|28900|28400|28450|242789"  "20200108|28250|28300|27
400|27700|505321"
[489] "20200109|27850|28100|27600|27850|308371"  "20200110|27650|27900|27
050|27200|470966"
[491] "20200113|27350|27600|27100|27400|202990"  "20200114|27250|29100|27
250|29050|472229"
[493] "20200115|29050|31800|28700|31650|1580120" "20200116|31750|32200|3
1400|31600|508950"
[495] "20200117|31650|33000|31650|32350|523245"  "20200120|32300|33000|31
850|32050|339934"
[497] "20200121|32100|32950|32100|32450|222057"  "20200122|32200|32950|32
050|32750|339176"
[499] "20200123|33000|33000|32400|32650|191035"  "20200128|31950|32000|30
800|31450|651685"
```

명령어

```
> data = GET(url) %>%
+   read_html %>%
+   html_nodes("item") %>%
+   html_attr("data") %>%
+   strsplit("\\|") #역슬래쉬 두 개는 이스케이프 선언
> data = lapply(data, function(x) {
+   x[c(1, 5)] %>% t() %>% data.frame()
+ })
> data = do.call(rbind, data)
> data[,2] = as.numeric(as.character(data[,2]))
> rownames(data) = ymd(data[,1]) %>% as.character
> data[,1] = NULL
> data = as.xts(data)
> win.graph()
> plot(data)
```

```
> data = GET(url) %>%
+   read_html %>%
+   html_nodes("item") %>%
+   html_attr("data") %>%
+   strsplit("\\|") #역슬래쉬 두 개는 이스케이프 선언
> data = lapply(data, function(x) {
+   x[c(1, 5)] %>% t() %>% data.frame()
+ })
> data = do.call(rbind, data)
> data[,2] = as.numeric(as.character(data[,2]))
> rownames(data) = ymd(data[,1]) %>% as.character
> data[,1] = NULL
> data = as.xts(data)
> win.graph()
> plot(data)
```

[처리결과화면]

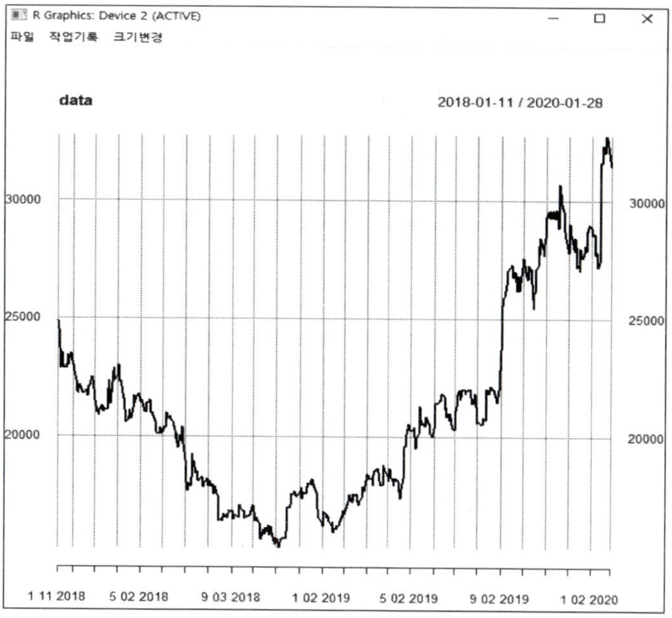

2) Investing.com 데이터 크롤링

① Investing.com에서 표로부터 데이터 크롤링하기

MSCI EM 지수

'동적 크롤링' 방식으로 Investing.com이 제공하는 표로부터 데이터를 크롤링해보자. 우선 RSelenium을 설치하여 이를 불러와 사용하도록 한다. 여기서 명심할 것은 반드시 CMD 창을 열어 두고 시작해야 한다는 점이다. CMD 창을 열고 RSelenium을 사용하기 위한 기초 작업을 진행하도록 하자.

[처리결과화면: CMD 창 열기]

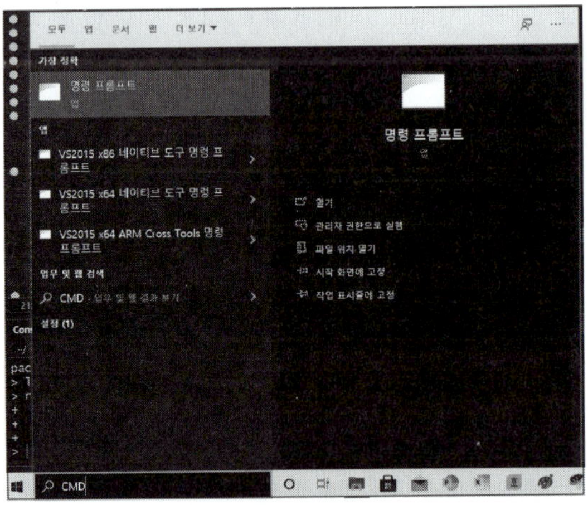

[처리결과화면]

CMD 창에서 1) RSelenium 폴더로 이동하고, 명령어는 "cd C:/Users/작업디렉토리/Documents/RSelenium"이다, 2) 이후 자바 파일을 설치하는 작업을 수행한다. 이때 다운로드 받은 셀레니움 파일의 standalone 뒤에 나와 있는 숫자(여기서는 3.141.59)와 일치되도록 유념해야 한다. 그리고 해당 cmd 창은 계속 열어두어야 한다.

```
① cd C:\Users/작업디렉토리/Documents/RSelenium
② java -Dwebdriver.gecko.driver="geckodriver.exe" -jar selenium-server-s
tandalone-3.141.59.jar -port 4445
```

[처리결과화면: 처리 1단계]

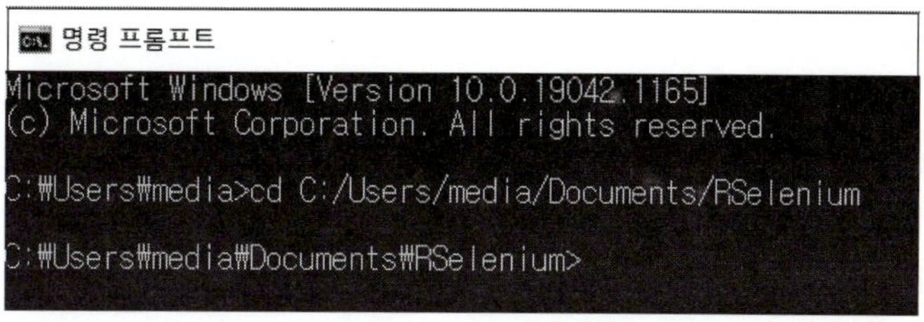

[처리결과화면: 처리완료상태]

[처리결과화면: 상세]

```
C:\Users\media\Documents\RSelenium>java -Dwebdriver.gecko.driver="geckod
river.exe" -jar selenium-server-standalone-3.141.59.jar -port 4445
Picked up JAVA_TOOL_OPTIONS: -Dfile.encoding=UTF-8
18:45:35.973 INFO [GridLauncherV3.parse] - Selenium server version: 3.141.
59, revision: e82be7d358
18:45:36.078 INFO [GridLauncherV3.lambda$buildLaunchers$3] - Launching a
standalone Selenium Server on port 4445
2021-08-18 18:45:36.188:INFO::main: Logging initialized @776ms to org.sele
niumhq.jetty9.util.log.StdErrLog
18:45:36.556 INFO [WebDriverServlet.<init>] - Initialising WebDriverServlet
18:45:37.604 INFO [SeleniumServer.boot] - Selenium Server is up and running
on port 4445
```

자 이제 CMD 창을 열어 두는 작업이 완료되었으니 본격적으로 RStudio에서 필요한 패키지를 불러오도록 하자.

명령어

```
> library(xml2)
> library(rvest)
> library(dplyr)
> library(stringr)
> library(data.table)
> library(RSelenium)
```

```
> library(seleniumPipes)
> library(httr)
```

```
> library(xml2)
> library(rvest)
> library(dplyr)

Attaching package: 'dplyr'

The following objects are masked from 'package:stats':

    filter, lag

The following objects are masked from 'package:base':

    intersect, setdiff, setequal, union

> library(stringr)
> library(data.table)
data.table 1.13.4 using 4 threads (see ?getDTthreads).  Latest news: r-datat
able.com

Attaching package: 'data.table'

The following objects are masked from 'package:dplyr':

    between, first, last

> library(RSelenium)
Warning message:
package 'RSelenium' was built under R version 4.0.5
> library(seleniumPipes)
Loading required package: httr
Loading required package: jsonlite
Loading required package: magrittr
Loading required package: whisker

Attaching package: 'seleniumPipes'

The following object is masked from 'package:rvest':
```

```
    back

Warning message:
package 'seleniumPipes' was built under R version 4.0.5
> library(httr)
```

다음에는 remoteDriver( ) 함수를 이용해서 Selenium과 크롬(chrome) 브라우저를 연동시키는 작업이 필요하다.

명령어

```
> remDr = remoteDriver(
+   remoteServerAddr="localhost",
+   port=4445L,
+   browserName="chrome")
```

```
> remDr = remoteDriver(
+   remoteServerAddr="localhost",
+   port=4445L,
+   browserName="chrome")
```

이제 연동이 시작되도록 작동시켜보자. Selenium으로 조종되는 크롬창이 뜬다.

명령어

```
> remDr$open()
```

```
> remDr$open()
[1] "Connecting to remote server"
$acceptInsecureCerts
[1] FALSE

$browserName
[1] "chrome"

$browserVersion
[1] "92.0.4515.131"
```

```
$chrome
$chrome$chromedriverVersion
[1] "92.0.4515.107 (87a818b10553a07434ea9e2b6dccf3cbe7895134-refs/branch
-heads/4515@{#1634})"

$chrome$userDataDir
[1] "C:\\Users\\media\\AppData\\Local\\Temp\\scoped_dir14604_2108986402"

$`goog:chromeOptions`
$`goog:chromeOptions`$debuggerAddress
[1] "localhost:65075"

$networkConnectionEnabled
[1] FALSE

$pageLoadStrategy
[1] "normal"

$platformName
[1] "windows"

$proxy
named list()

$setWindowRect
[1] TRUE

$strictFileInteractability
[1] FALSE

$timeouts
$timeouts$implicit
[1] 0

$timeouts$pageLoad
[1] 300000

$timeouts$script
[1] 30000

$unhandledPromptBehavior
[1] "dismiss and notify"
```

```
$`webauthn:extension:credBlob`
[1] TRUE

$`webauthn:extension:largeBlob`
[1] TRUE

$`webauthn:virtualAuthenticators`
[1] TRUE

$webdriver.remote.sessionid
[1] "6f8922039a566c15ebddb25d4aff84ab"

$id
[1] "6f8922039a566c15ebddb25d4aff84ab"
```

[처리결과화면: 크롬창이 열린 상태]

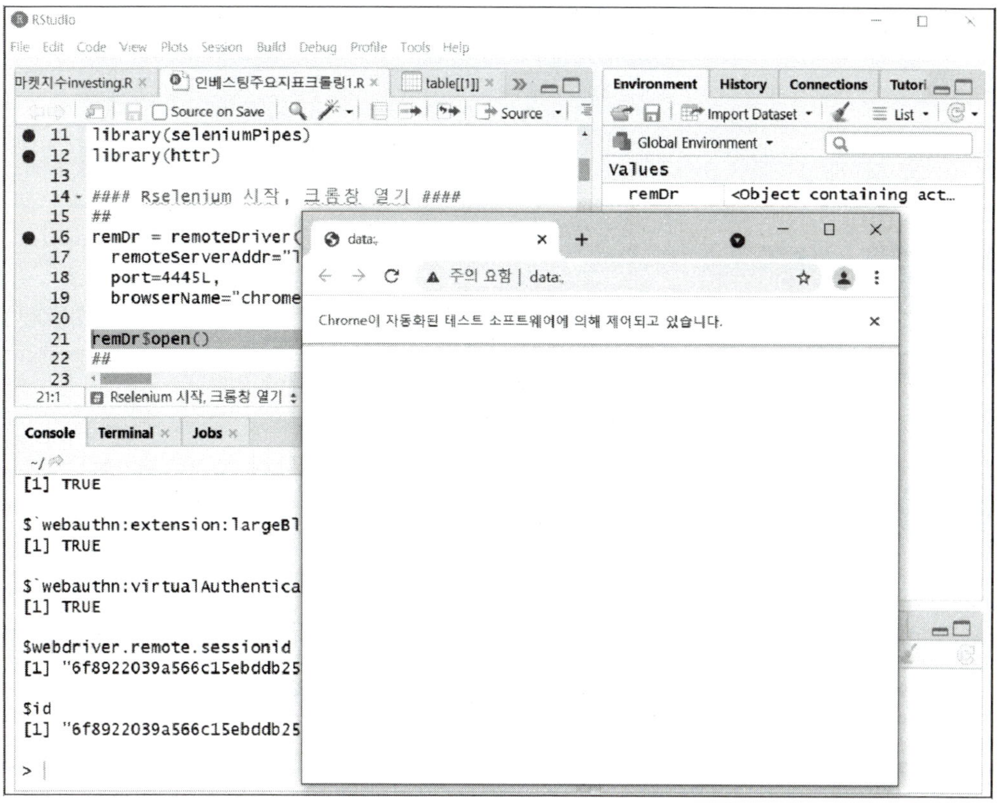

해석

처리결과 화면을 살펴보면, 크롬창이 열리고 관련 명령어들이 RStudio 창에서 처리되고 있음을 볼 수 있다.

[처리결과화면]

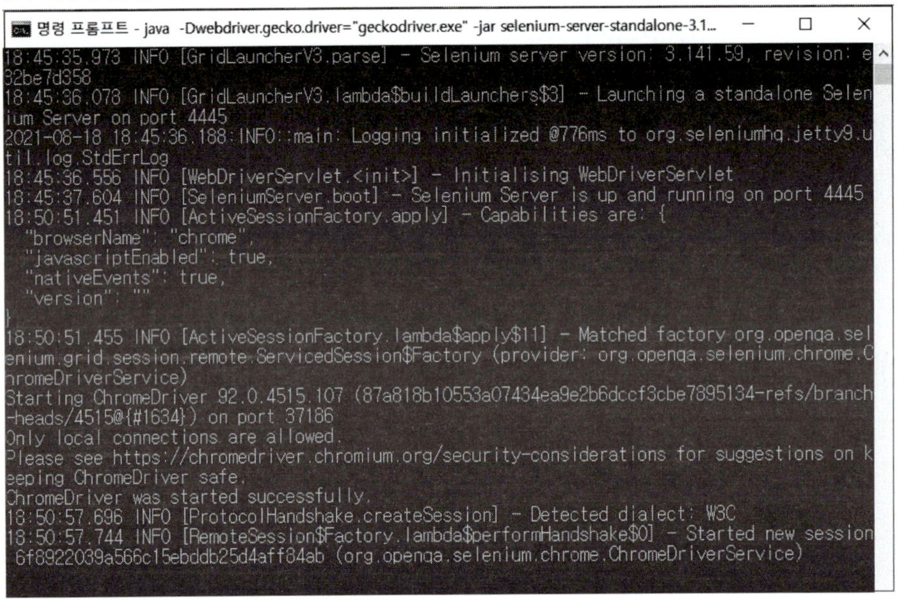

해석

처리결과 화면을 살펴보면, CMD 창에서도 무언가 명령어가 처리되고 있음을 알 수 있다. 이 화면에서의 내용은 무시하고 RStudio에서 계속 작업을 진행하면 된다.

Investing.com에서 표에서 데이터 크롤링하기

이제 CMD 창에서 RSelenium을 사용하기 위한 기초 작업이 완성되었으니 본격적으로 Investing.com에서 데이터를 크롤링해보자. 우선 표에서 데이터를 크롤링하는 방법을 연습해보자. 여기서 연습할 데이터는 MSCI Emerging Markets Historical Data이다.

[처리결과화면: 자료초기화면(1)]

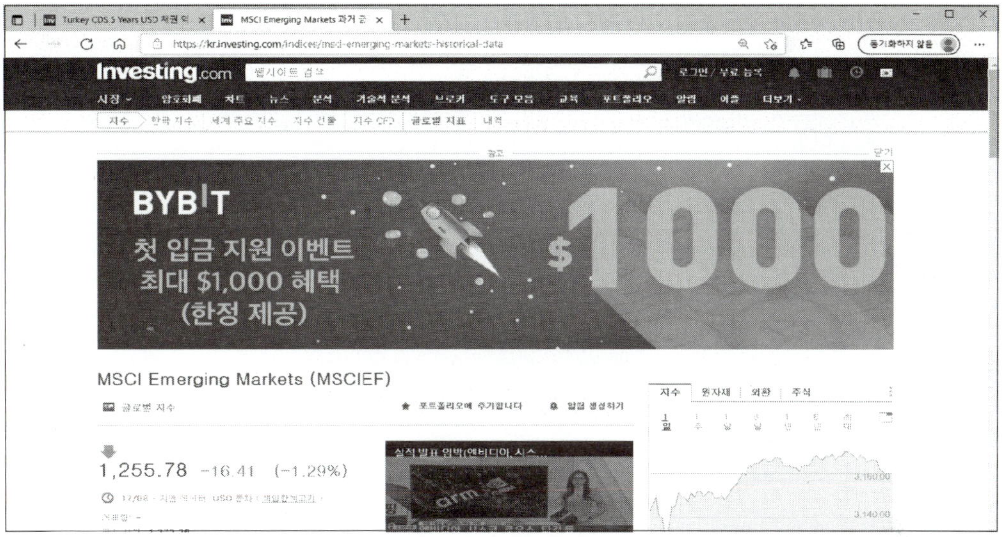

[처리결과화면: 자료초기화면(2)]

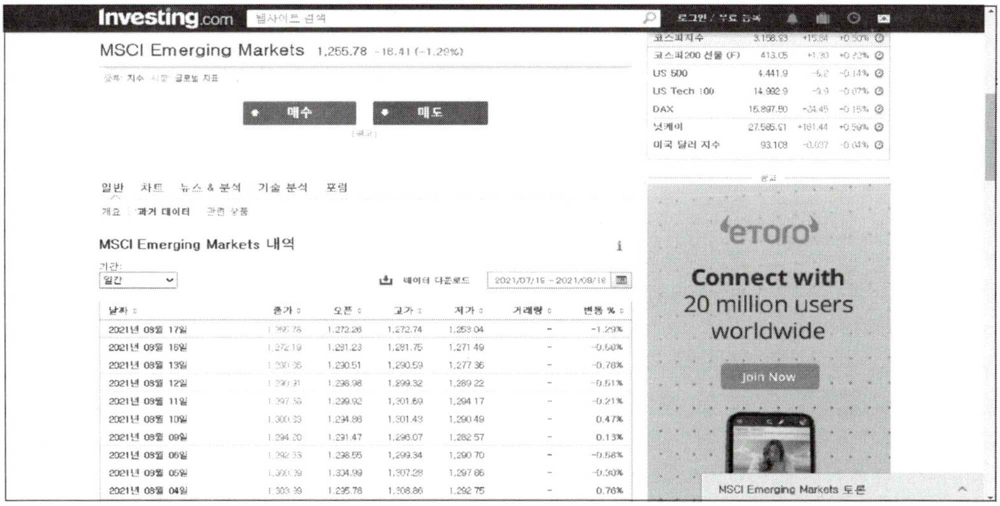

첫 기초단계로 링크를 담을 그릇을 만들기 위해 Null Data를 생성하고, 해당 url을 기록하도록 하자. 초기화면을 살펴보면 해당 url(https://kr.investing.com/indices/msci-emerging-markets-historical-data)을 알 수 있다. Investing.com은 각종 데이터 url이 기본 url(https://kr.investing.com/indices/)과 변동 url(msci-emerging-markets-historical-data)로 나눌 수 있다.

명령어

```
> links <- c()
> basic_url <- "https://kr.investing.com/indices/"
```

```
> basic_url2 <- "msci-emerging-markets-historical-data"
> url <- paste0(basic_url, basic_url2)
> url
```

```
> links <- c()
> basic_url <- "https://kr.investing.com/indices/"
> basic_url2 <- "msci-emerging-markets-historical-data"
> url <- paste0(basic_url, basic_url2)
> url
[1] "https://kr.investing.com/indices/msci-emerging-markets-historical-d
ata"
```

[처리결과화면]

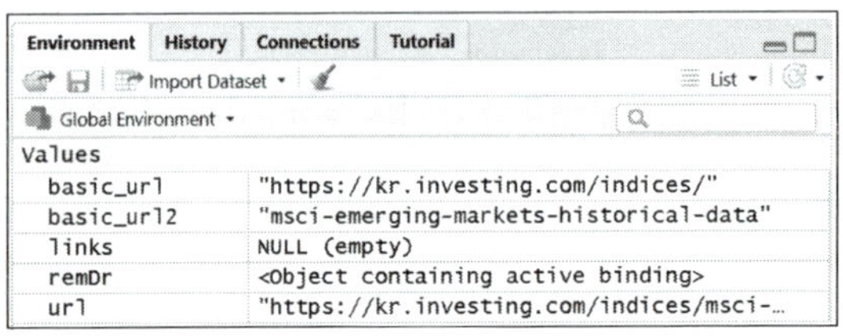

이제 remDR을 크롤링할 url로 직접 이동시키도록 하자.

명령어

```
> remDr$navigate(url)
```

[처리결과화면]

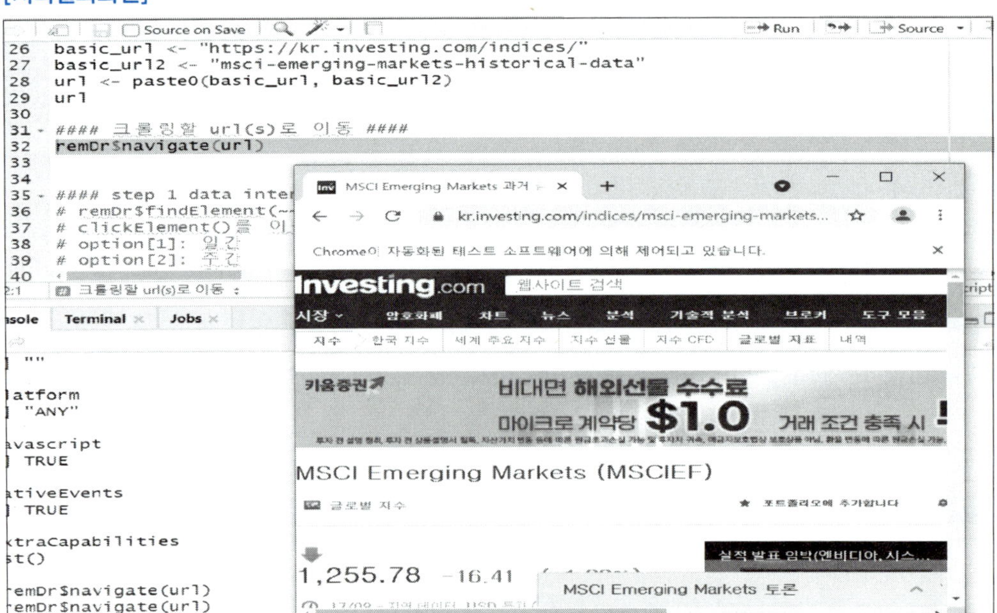

해석

처리결과 화면을 살펴보면, remDR이 크롤링하고자 하는 데이터가 들어 있는 해당 url로 이동하였음을 알 수 있다. 빈 칸으로 남아 있던 크롬창이 해당 url로 이동했다.

자 이제 다음 단계에서는 크롤링하고자 하는 데이터를 위해 Interval(즉 일간, 주간, 월간을 선택)을 정하고 최종 선택해주자. 일간은 option[1], 주간은 option[2], 월간은 option[3]이다. 이는 개발자들이 그렇게 정해 둔 것이고 이를 연구자들이 일일이 확인해서 사용해야 한다. 최종 결정은 intvl_btn$clickElement( ) 함수를 사용한다. 여기서는 일간(option[1])과 주간(option[2])으로 연습해보자.

명령어

```
> intvl_btn <- remDr$findElement(using="xpath", value='//*[@id="data_interval"]/option[1]')
> intvl_btn$clickElement()
```

```
> intvl_btn <- remDr$findElement(using="xpath", value='//*[@id="data_interval"]/option[1]')
> intvl_btn$clickElement()
```

[처리결과화면: 일간]

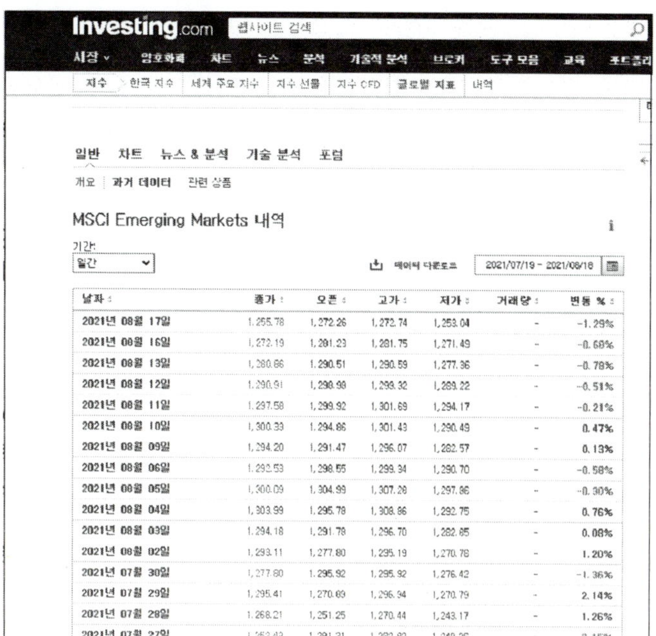

날짜	종가	오픈	고가	저가	거래량	변동 %
2021년 08월 17일	1,255.78	1,272.26	1,272.74	1,253.04	-	-1.29%
2021년 08월 16일	1,272.19	1,281.23	1,281.75	1,271.49	-	-0.68%
2021년 08월 13일	1,280.86	1,290.51	1,290.59	1,277.36	-	-0.78%
2021년 08월 12일	1,290.91	1,298.98	1,299.32	1,289.22	-	-0.51%
2021년 08월 11일	1,297.58	1,299.92	1,301.69	1,294.17	-	-0.21%
2021년 08월 10일	1,300.33	1,294.86	1,301.43	1,290.49	-	0.47%
2021년 08월 09일	1,294.20	1,291.47	1,296.07	1,282.57	-	0.13%
2021년 08월 06일	1,292.53	1,298.55	1,299.34	1,290.70	-	-0.58%
2021년 08월 05일	1,300.09	1,304.99	1,307.28	1,297.86	-	-0.30%
2021년 08월 04일	1,303.99	1,295.78	1,308.86	1,292.75	-	0.76%
2021년 08월 03일	1,294.18	1,291.78	1,296.70	1,282.85	-	0.08%
2021년 08월 02일	1,293.11	1,277.80	1,295.19	1,270.76	-	1.20%
2021년 07월 30일	1,277.80	1,295.92	1,295.92	1,276.42	-	-1.36%
2021년 07월 29일	1,295.41	1,270.69	1,296.94	1,270.79	-	2.14%
2021년 07월 28일	1,268.21	1,251.25	1,270.44	1,243.17	-	1.26%
2021년 07월 27일	1,252.43	1,281.31	1,282.92	1,248.26	-	-2.15%

명령어

```
> intvl_btn <- remDr$findElement(using="xpath", value='//*[@id="data_interva
l"]/option[2]')
> intvl_btn$clickElement()
```

```
> intvl_btn <- remDr$findElement(using="xpath", value='//*[@id="data_inte
rval"]/option[2]')
> intvl_btn$clickElement()
```

[처리결과화면: 주간]

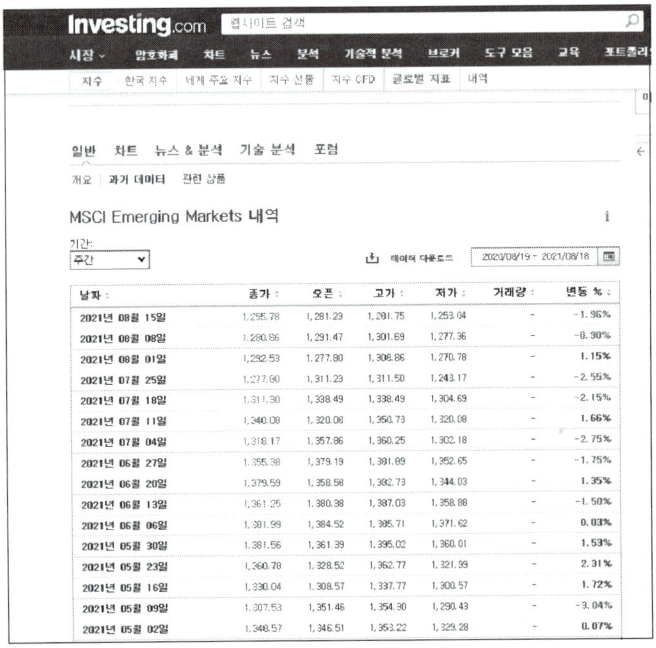

날짜	종가	오픈	고가	저가	거래량	변동 %
2021년 08월 15일	1,255.78	1,281.23	1,281.75	1,253.04	-	-1.96%
2021년 08월 08일	1,280.86	1,291.47	1,301.69	1,277.36	-	-0.90%
2021년 08월 01일	1,292.53	1,277.80	1,308.86	1,270.78	-	1.15%
2021년 07월 25일	1,277.80	1,311.23	1,311.50	1,243.17	-	-2.55%
2021년 07월 18일	1,311.30	1,338.49	1,338.49	1,304.69	-	-2.15%
2021년 07월 11일	1,340.08	1,320.08	1,350.73	1,320.08	-	1.66%
2021년 07월 04일	1,318.17	1,357.86	1,360.25	1,302.18	-	-2.75%
2021년 06월 27일	1,355.38	1,379.19	1,381.89	1,352.65	-	-1.75%
2021년 06월 20일	1,379.59	1,358.58	1,382.73	1,344.03	-	1.35%
2021년 06월 13일	1,361.25	1,380.38	1,387.03	1,358.88	-	-1.50%
2021년 06월 06일	1,381.99	1,384.52	1,385.71	1,371.62	-	0.03%
2021년 05월 30일	1,381.56	1,361.39	1,395.02	1,360.01	-	1.53%
2021년 05월 23일	1,360.78	1,328.52	1,362.77	1,321.39	-	2.31%
2021년 05월 16일	1,330.04	1,308.57	1,337.77	1,300.57	-	1.72%
2021년 05월 09일	1,307.53	1,351.46	1,354.30	1,290.43	-	-3.04%
2021년 05월 02일	1,348.57	1,346.51	1,353.22	1,329.28	-	0.07%

[처리결과화면]

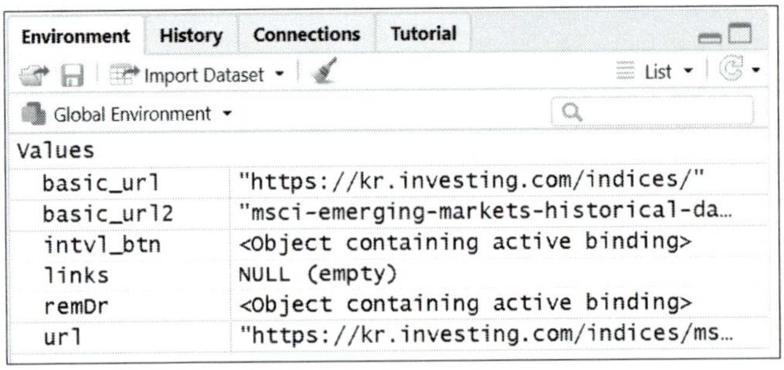

다음 단계에서는 원하는 데이터를 선택하고 크롤링하기 위한 날짜를 지정해주자. 우선 달력 표시가 노출되도록 만들자. 이후에는 시작일자 입력박스의 xpath를 지정하고,

clearElement( ) 함수를 이용하여 해당박스 기존값을 지우도록 한다. 그래야 내가 원하는 시작일자를 다시 입력할 수 있으니까. 다음에는 날짜를 지정하기 위해서는 sendKeysToElement( ) 함수로 시작일자를 입력하면 된다.

명령어

```
> picker_btn <- remDr$findElement("xpath", value='//*[@id="widgetFieldDateRange"]')
> picker_btn$clickElement() #달력 창 생성시키기
```

```
> picker_btn <- remDr$findElement("xpath", value='//*[@id="widgetFieldDateRange"]')
> picker_btn$clickElement()
```

[처리결과화면]

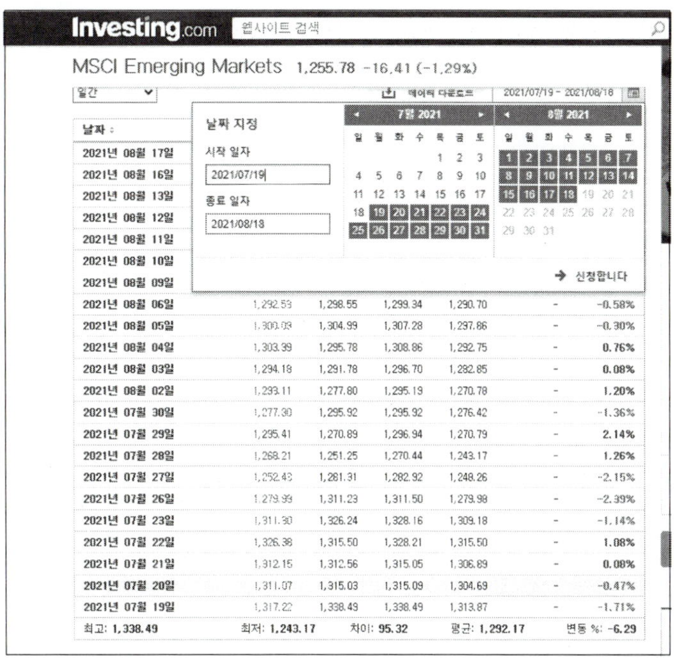

해석

처리결과 화면을 살펴보면, 달력 창이 생성되었음을 볼 수 있다.

시작일자 입력박스의 정보를 지우고 내가 원하는 시작일자를 입력할 준비를 하자. 사용할 함수는 picker$clearElement( )이다.

명령어

```
> picker <- remDr$findElement("xpath", value='//*[@id="startDate"]')
> picker$clearElement() #시작일자 입력창 정보를 지우고 빈칸으로 남기기
```



```
> picker <- remDr$findElement("xpath", value='//*[@id="startDate"]')
> picker$clearElement() #시작일자 입력창 정보를 지우고 빈칸으로 남기기
```


[처리결과화면]

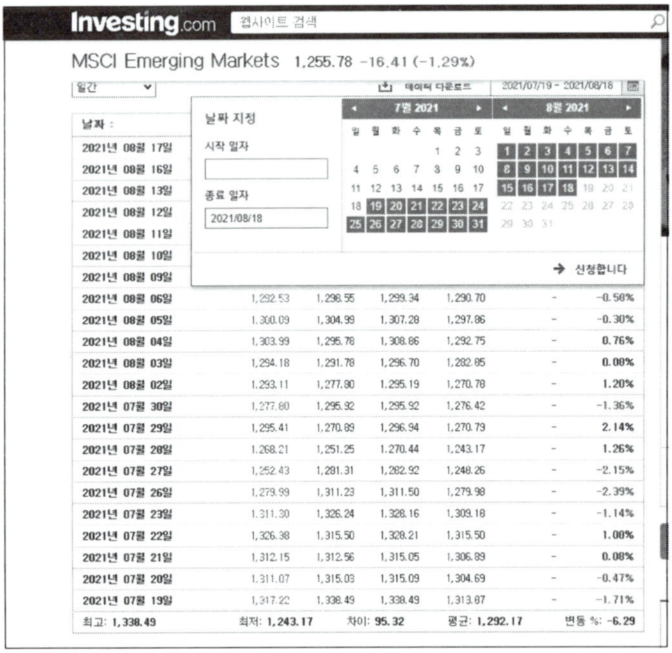

[처리결과화면]

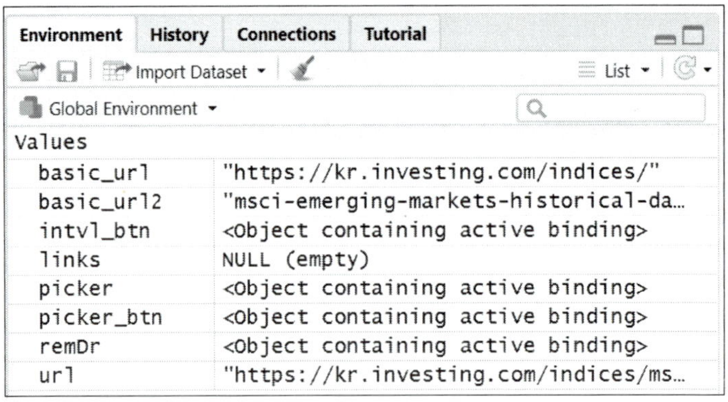

이제 시작일자를 입력해보자. 여기서는 연습으로 2017/01/01로 입력해주자.

명령어

```
> picker$sendKeysToElement(list("2017/01/01")) #시작일자 입력하기
```

```
> picker$sendKeysToElement(list("2017/01/01")) #시작일자 입력하기
```

[처리결과화면]

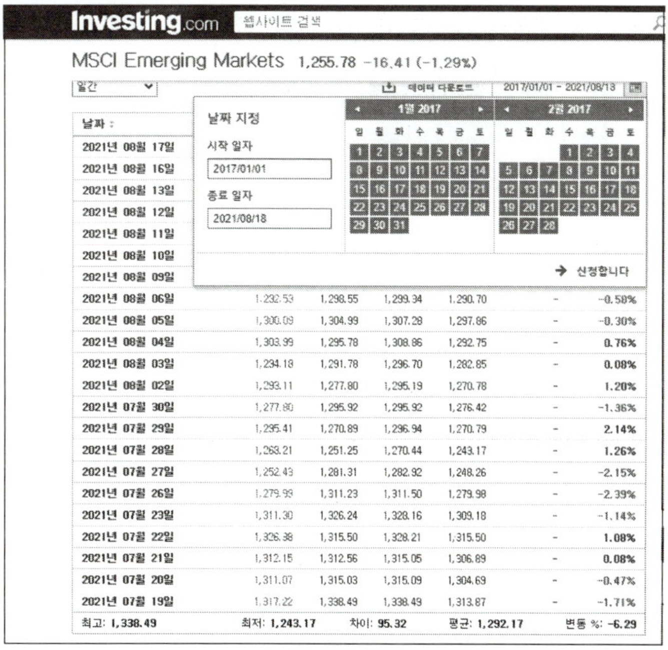

해석

처리결과 화면을 살펴보면, 시작일자가 제대로 입력되어 있음을 볼 수 있다.

이번에는 종료일자 입력박스의 정보를 지우고 빈 칸으로 비우도록 하자. 사용할 함수는 picker$clearElement( )이다.

명령어

```
> picker <- remDr$findElement("xpath", value='//*[@id="endDate"]')
> picker$clearElement()
```

```
> picker <- remDr$findElement("xpath", value='//*[@id="endDate"]')
> picker$clearElement()
```

[처리결과화면]

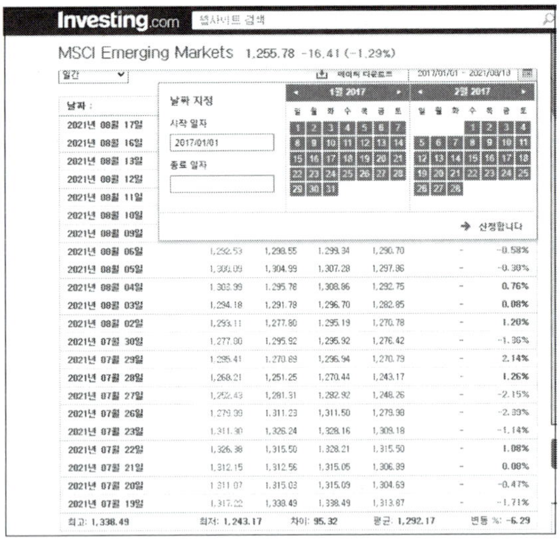

해석

처리결과 화면을 살펴보면, 종료일자 입력창의 정보가 지워지고 빈 칸으로 남아 있음을 볼 수 있다.

자 이제 종료일자를 입력하도록 하자. 여기서는 연습으로 2021/08/18로 입력하자.

명령어

```
> picker$sendKeysToElement(list("2021/08/18")) #종료일자 입력
```

```
> picker$sendKeysToElement(list("2021/08/18")) #종료일자 입력
```

[처리결과화면]

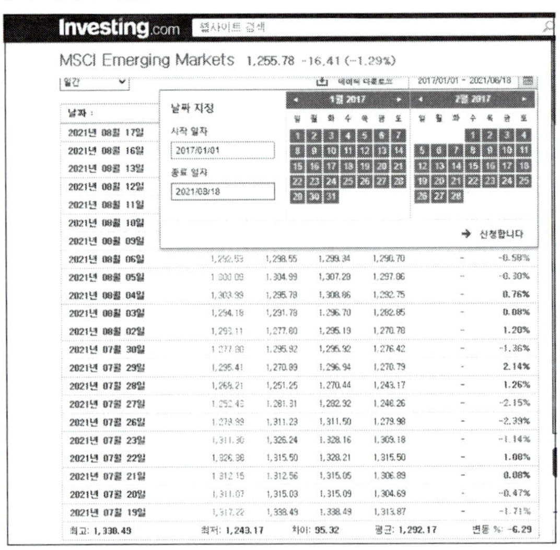

해석

처리결과 화면을 살펴보면, 종료일자가 2021/08/18로 입력되어 있음을 볼 수 있다.

이제 최종적으로 선택 사항을 적용하여 데이터를 크롤링하도록 하자.

명령어

```
> picker_apply <- remDr$findElement("xpath", value='//*[@id="applyBtn"]')
> picker_apply$clickElement()
```


```
> picker_apply <- remDr$findElement("xpath", value='//*[@id="applyBtn"]')
> picker_apply$clickElement()
```


[처리결과화면]

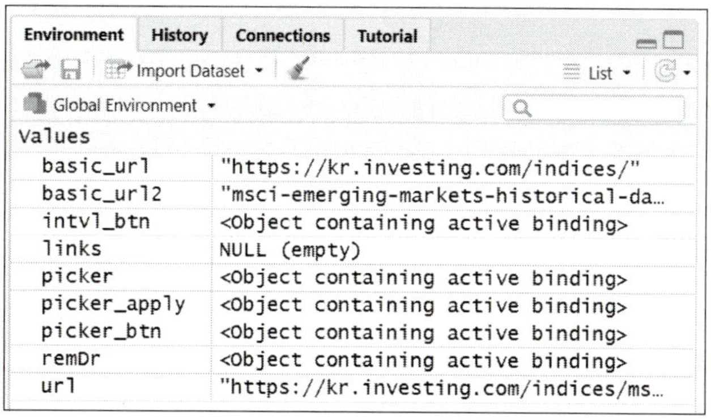

Environment | History | Connections | Tutorial

Import Dataset · List

Global Environment

Values

basic_url	"https://kr.investing.com/indices/"
basic_url2	"msci-emerging-markets-historical-da…
intvl_btn	<Object containing active binding>
links	NULL (empty)
picker	<Object containing active binding>
picker_apply	<Object containing active binding>
picker_btn	<Object containing active binding>
remDr	<Object containing active binding>
url	"https://kr.investing.com/indices/ms…

[처리결과화면]

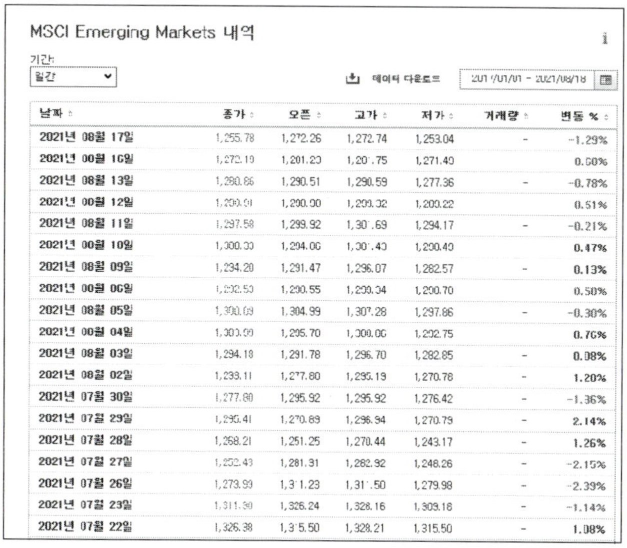

MSCI Emerging Markets 내역

기간: 일간

데이터 다운로드 · 2021/01/01 - 2021/08/18

날짜	종가	오픈	고가	저가	거래량	변동 %
2021년 08월 17일	1,255.78	1,272.26	1,272.74	1,253.04	-	-1.29%
2021년 00월 16일	1,272.10	1,201.20	1,20'.75	1,271.40		0.50%
2021년 08월 13일	1,280.86	1,290.51	1,290.59	1,277.36	-	-0.78%
2021년 00월 12일	1,200.91	1,200.00	1,200.32	1,200.22		0.51%
2021년 08월 11일	1,297.58	1,299.92	1,30'.69	1,294.17	-	-0.21%
2021년 00월 10일	1,300.30	1,204.06	1,30'.40	1,200.40		0.47%
2021년 08월 09일	1,234.20	1,291.47	1,296.07	1,282.57	-	0.13%
2021년 00월 06일	1,202.50	1,200.55	1,200.34	1,200.70		0.50%
2021년 08월 05일	1,300.09	1,304.99	1,307.28	1,297.86	-	-0.30%
2021년 00월 04일	1,300.09	1,205.70	1,300.06	1,202.75		0.76%
2021년 08월 03일	1,294.18	1,291.78	1,296.70	1,282.85	-	0.08%
2021년 08월 02일	1,233.11	1,277.80	1,295.19	1,270.78	-	1.20%
2021년 07월 30일	1,277.80	1,295.92	1,295.92	1,276.42	-	-1.36%
2021년 07월 29일	1,295.41	1,270.89	1,296.94	1,270.79	-	2.14%
2021년 07월 28일	1,268.21	1,251.25	1,270.44	1,243.17	-	1.26%
2021년 07월 27일	1,252.43	1,281.31	1,282.92	1,248.26	-	-2.15%
2021년 07월 26일	1,273.93	1,3'1.23	1,31'.50	1,279.98	-	-2.39%
2021년 07월 23일	1,311.30	1,326.24	1,328.16	1,309.18	-	-1.14%
2021년 07월 22일	1,326.38	1,3'5.50	1,328.21	1,315.50	-	1.08%

(중간생략)

2017년 01월 27일	315.92	914.71	915.92	911.72	-	-0.09%
2017년 01월 26일	916.73	913.48	918.90	913.48	-	0.50%
2017년 01월 25일	912.16	907.68	913.35	907.68	-	0.39%
2017년 01월 24일	908.63	902.85	909.79	902.68	-	0.72%
2017년 01월 23일	902.14	893.66	902.41	893.66	-	0.99%
2017년 01월 20일	833.28	895.32	895.83	890.88	-	-0.14%
2017년 01월 19일	834.52	895.70	896.20	892.96	-	-0.38%
2017년 01월 18일	897.89	897.69	899.51	893.97	-	0.34%
2017년 01월 17일	894.87	888.39	897.66	888.38	-	0.65%
2017년 01월 16일	883.11	895.70	895.77	888.27	-	-0.77%
2017년 01월 13일	395.98	897.20	897.22	894.64	-	-0.07%
2017년 01월 12일	396.64	889.85	900.44	889.85	-	1.12%
2017년 01월 11일	386.73	883.79	891.58	883.79	-	0.12%
2017년 01월 10일	385.70	879.60	886.00	879.07	-	0.83%
2017년 01월 09일	878.44	879.36	881.01	877.38	-	-0.30%
2017년 01월 06일	831.11	882.74	884.06	879.03	-	-0.07%
2017년 01월 05일	831.72	872.95	883.07	872.83	-	1.18%
2017년 01월 04일	871.45	867.11	873.36	866.56	-	0.35%
2017년 01월 03일	868.44	859.58	868.44	858.02	-	0.76%
2017년 01월 02일	861.88	860.73	861.88	859.56	-	-0.05%
최고: 1,449.38	최저: 751.76	차이: 697.62		평균: 1,093.68		변동 %: 45.64

해석

처리결과화면을 살펴보면, 지정한 일자의 자료가 모두 한 화면에 표시되어 나타남을 알 수 있다.

이렇게 화면에 추출되어 나타난 데이터를 본격적으로 크롤링해보자. 크롤링을 위해서는 페이지소스를 저장하고, html을 읽어 들인다. 이때 한글 텍스트가 깨지기 때문에 R 시스템을 영어 환경으로 변환시켜주어야 한다. 이후 html_table( ) 함수를 사용하여 표(table)를 추출하고, 다시 R 시스템을 한글 환경으로 변환시켜주자. 이렇게 최종 크롤링 된 데이터가 제대로 추출되었는지 확인하기 위해 View(table[ ]) 함수로 열람해보도록 하자.

명령어

```
> body <- remDr$getPageSource()[[1]]
> html <- read_html(body)
> Sys.setlocale("LC_ALL", "English") # R 시스템을 English 환경으로 변환해야 함.
한글 텍스트가 깨짐
```

```
> body <- remDr$getPageSource()[[1]]
> html <- read_html(body)
> Sys.setlocale("LC_ALL", "English") # R 시스템을 English 환경으로 변환해야 함.
한글 텍스트가 깨짐
[1] "LC_COLLATE=English_United States.1252;LC_CTYPE=English_United State
```

```
s.1252;LC_MONETARY=English_United States.1252;LC_NUMERIC=C;LC_TIME=Engli
sh_United States.1252"
```

[처리결과화면]

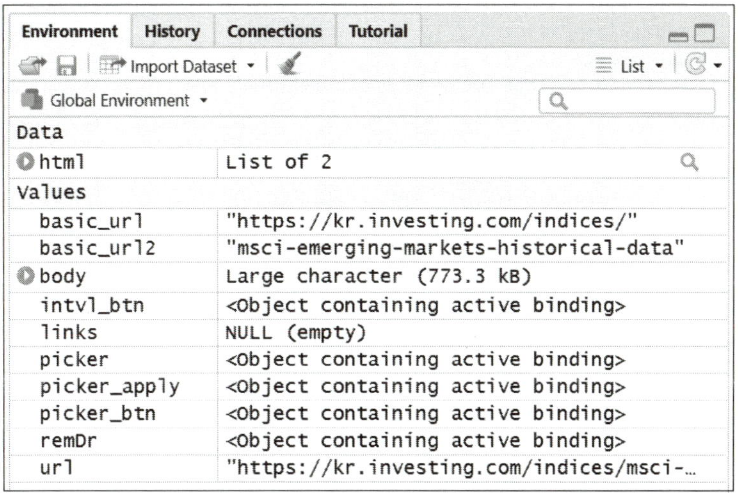

데이터가 들어 있는 표를 html_table( ) 함수로 추출하도록 하자.

명령어

```
> table <- html %>% html_nodes(xpath='//*[@id="curr_table"]') %>% html_table()
# html_table()로 table 추출
> Sys.setlocale("LC_ALL", "Korean") # 다시 R 시스템을 Korean 환경으로 변환
```

```
> table <- html %>% html_nodes(xpath='//*[@id="curr_table"]') %>% html_tab
le() # html_table()로 table 추출
> Sys.setlocale("LC_ALL", "Korean") # 다시 R 시스템을 Korean 환경으로 변환
[1] "LC_COLLATE=Korean_Korea.949;LC_CTYPE=Korean_Korea.949;LC_MONETARY=K
orean_Korea.949;LC_NUMERIC=C;LC_TIME=Korean_Korea.949"
```

[처리결과화면]

```
Environment   History   Connections   Tutorial
Import Dataset ▾                                List ▾
Global Environment ▾
Data
● html          List of 2
   node:<externalptr>
   doc :<externalptr>
   - attr(*, "class")= chr [1:2] "xml_document" "xml_nod…
● table         List of 1
   :'data.frame': 1207 obs. of 7 variables:
   ..$ <U+B0A0><U+C9DC> : chr [1:1207] "2021<U+B144> 08<…
   ..$ <U+C885><U+AC00> : chr [1:1207] "1,255.78" "1,272…
   ..$ <U+C624><U+D508> : chr [1:1207] "1,272.26" "1,281…
   ..$ <U+ACE0><U+AC00> : chr [1:1207] "1,272.74" "1,281…
   ..$ <U+C800><U+AC00> : chr [1:1207] "1,253.04" "1,271…
   ..$ <U+AC70><U+B798><U+B7C9>: chr [1:1207] "-" "-" "-…
   ..$ <U+BCC0><U+B3D9> % : chr [1:1207] "-1.29%" "-0.68…
Values
  basic_url     "https://kr.investing.com/indices/"
  basic_url2    "msci-emerging-markets-historical-data"
● body          Large character (773.3 kB)
   chr "<html dir=\"ltr\" xmlns=\"http://www.w3.org/1999…
  intvl_btn     <Object containing active binding>
  links         NULL (empty)
  picker        <Object containing active binding>
  picker_apply  <Object containing active binding>
  picker_btn    <Object containing active binding>
  remDr         <Object containing active binding>
  url           "https://kr.investing.com/indices/msci-…
```

해석

처리결과 화면을 살펴보면, 추출한 표가 잘 추출된 상태임을 볼 수 있다.

표를 제대로 잘 추출하였는지 열람해보자.

명령어

```
> View(table[[1]]) # 제대로 추출 되었는지 확인
```

```
> View(table[[1]]) # 제대로 추출 되었는지 확인
```

[처리결과화면]

Filter

	날짜	종가	오픈	고가	저가	거래량	변동 %
1	2021년 08월 17일	1,255.78	1,272.26	1,272.74	1,253.04	-	-1.29%
2	2021년 08월 16일	1,272.19	1,281.23	1,281.75	1,271.49	-	-0.68%
3	2021년 08월 13일	1,280.86	1,290.51	1,290.59	1,277.36	-	-0.78%
4	2021년 08월 12일	1,290.91	1,298.98	1,299.32	1,289.22	-	-0.51%
5	2021년 08월 11일	1,297.58	1,299.92	1,301.69	1,294.17	-	-0.21%
6	2021년 08월 10일	1,300.33	1,294.86	1,301.43	1,290.49	-	0.47%
7	2021년 08월 09일	1,294.20	1,291.47	1,296.07	1,282.57	-	0.13%
8	2021년 08월 06일	1,292.53	1,298.55	1,299.34	1,290.70	-	-0.58%
9	2021년 08월 05일	1,300.09	1,304.99	1,307.28	1,297.86	-	-0.30%
10	2021년 08월 04일	1,303.99	1,295.78	1,308.86	1,292.75	-	0.76%
11	2021년 08월 03일	1,294.18	1,291.78	1,296.70	1,282.85	-	0.08%
12	2021년 08월 02일	1,293.11	1,277.80	1,295.19	1,270.78	-	1.20%
13	2021년 07월 30일	1,277.80	1,295.92	1,295.92	1,276.42	-	-1.36%
14	2021년 07월 29일	1,295.41	1,270.89	1,296.94	1,270.79	-	2.14%
15	2021년 07월 28일	1,268.21	1,251.25	1,270.44	1,243.17	-	1.26%

Showing 1 to 16 of 1,207 entries, 7 total columns

이렇게 작업한 최종 결과물을 작업디렉토리에 파일로 저장하도록 하자. 저장할 파일명은 MSCIEF_20170101~20210818.csv로 하자.

명령어

```
> setwd("C:/Users/media/") #작업디렉토리 지정하기
> write.csv(table, "MSCIEF_20170101~20210818.csv")
```



```
> setwd("C:/Users/media/") #작업디렉토리 지정하기
> write.csv(table, "MSCIEF_20170101~20210818.csv")
```


[처리결과화면]

해석

처리결과 화면을 살펴보면, 작업디렉토리(필자의 경우 C:/Users/media/) 안에 MSCIEF_20170101~20210818.csv 파일이 잘 저장되어 있음을 볼 수 있다.

CDS 프리미엄

Investing.com에는 CDS 프리미엄 자료도 제공하고 있다. 연습으로 Turkey CDS 만기 5년물 historical data(과거 데이터)를 찾아보자.

[처리결과화면: 초기 자료화면]

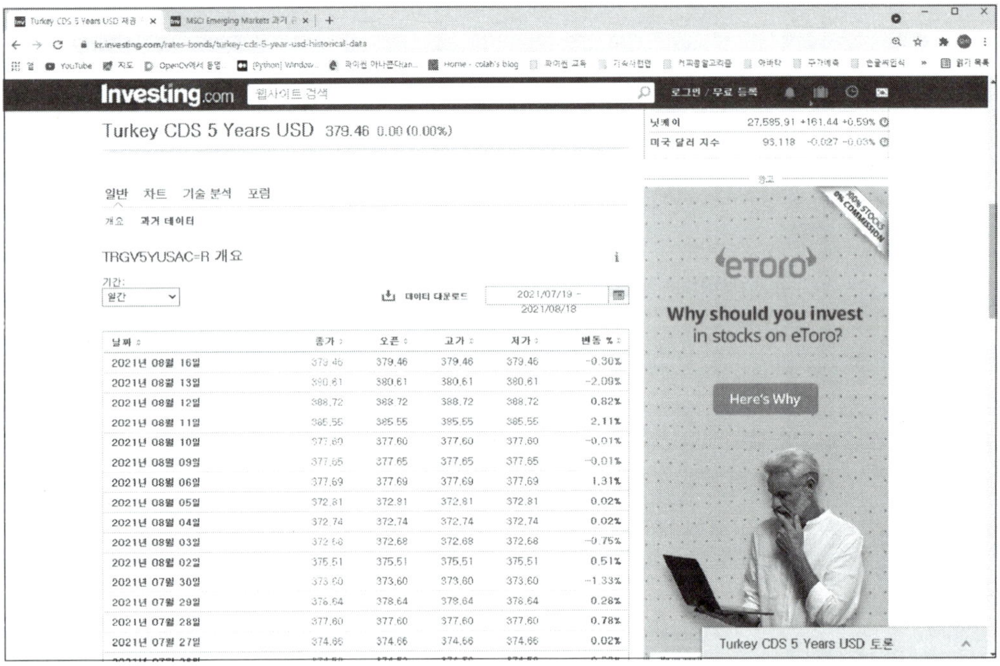

[처리결과화면: F12]

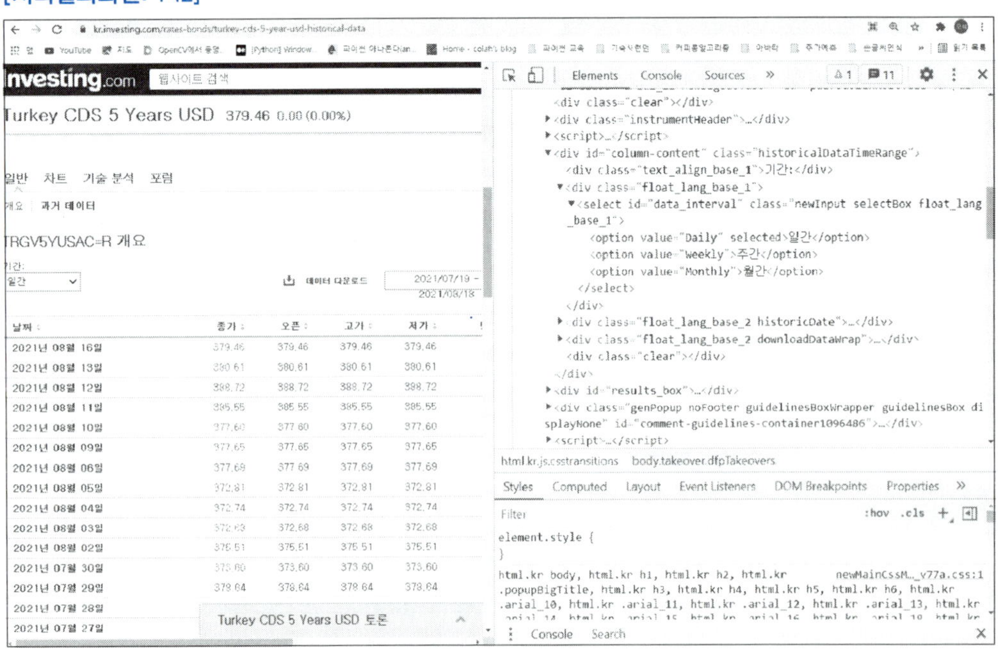

이제 이 자료를 앞서 실행한 것처럼 크롤링을 해보자. 당연히 앞서 실행한 라이브러리를 모두 불러온 상태에서 실행해야 한다.

명령어

```
> remDr = remoteDriver(
+   remoteServerAddr="localhost",
+   port=4445L,
+   browserName="chrome")
> remDr$open()
```

```
> remDr = remoteDriver(
+   remoteServerAddr="localhost",
+   port=4445L,
+   browserName="chrome")
> remDr$open()
[1] "Connecting to remote server"
$acceptInsecureCerts
[1] FALSE

$browserName
[1] "chrome"

$browserVersion
[1] "92.0.4515.131"

$chrome
$chrome$chromedriverVersion
[1] "92.0.4515.107 (87a818b10553a07434ea9e2b6dccf3cbe7895134-refs/branch
-heads/4515@{#1634})"

$chrome$userDataDir
[1] "C:\\Users\\media\\AppData\\Local\\Temp\\scoped_dir10500_1650554891"

$`goog:chromeOptions`
$`goog:chromeOptions`$debuggerAddress
[1] "localhost:61524"

$networkConnectionEnabled
[1] FALSE
```

```
$pageLoadStrategy
[1] "normal"

$platformName
[1] "windows"

$proxy
named list()

$setWindowRect
[1] TRUE

$strictFileInteractability
[1] FALSE

$timeouts
$timeouts$implicit
[1] 0

$timeouts$pageLoad
[1] 300000

$timeouts$script
[1] 30000

$unhandledPromptBehavior
[1] "dismiss and notify"

$`webauthn:extension:credBlob`
[1] TRUE

$`webauthn:extension:largeBlob`
[1] TRUE

$`webauthn:virtualAuthenticators`
[1] TRUE

$webdriver.remote.sessionid
[1] "130a8a6645b225066051d58ab713b146"

$id
[1] "130a8a6645b225066051d58ab713b146"
```

[처리결과화면]

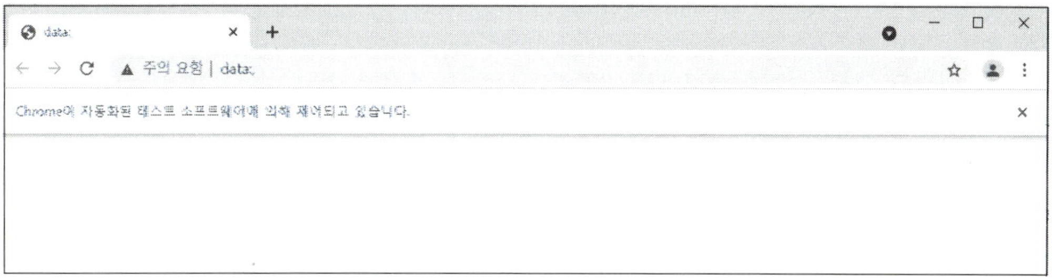

[처리결과화면]

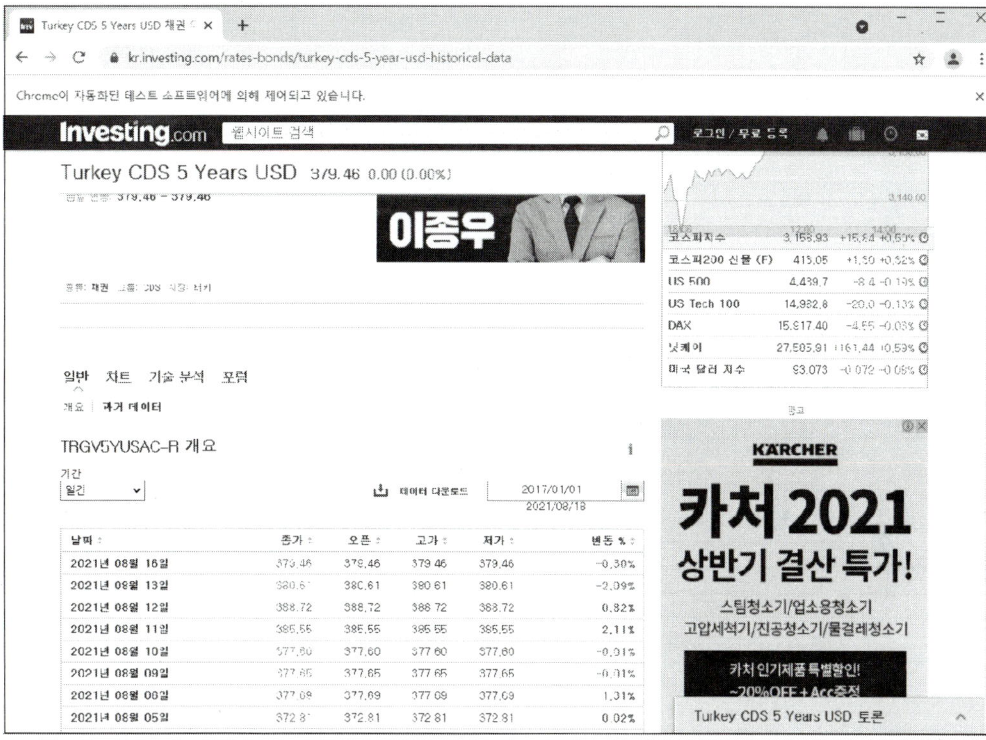

명령어

```
> links <- c()
> basic_url <- "https://kr.investing.com/"
> basic_url2 <- "rates-bonds/turkey-cds-5-year-usd-historical-data"
> url <- paste0(basic_url, basic_url2)
> url
```

```
> links <- c()
> basic_url <- "https://kr.investing.com/"
> basic_url2 <- "rates-bonds/turkey-cds-5-year-usd-historical-data"
```

```
> url <- paste0(basic_url, basic_url2)
> url
[1] "https://kr.investing.com/rates-bonds/turkey-cds-5-year-usd-historic
al-data"
```

[처리결과화면]

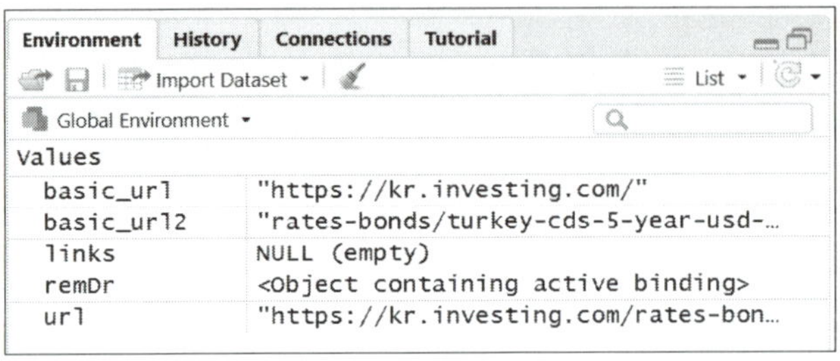

이제 크롤링할 url로 크롬창을 이동시키자.

명령어

```
> remDr$navigate(url)
```

[처리결과화면]

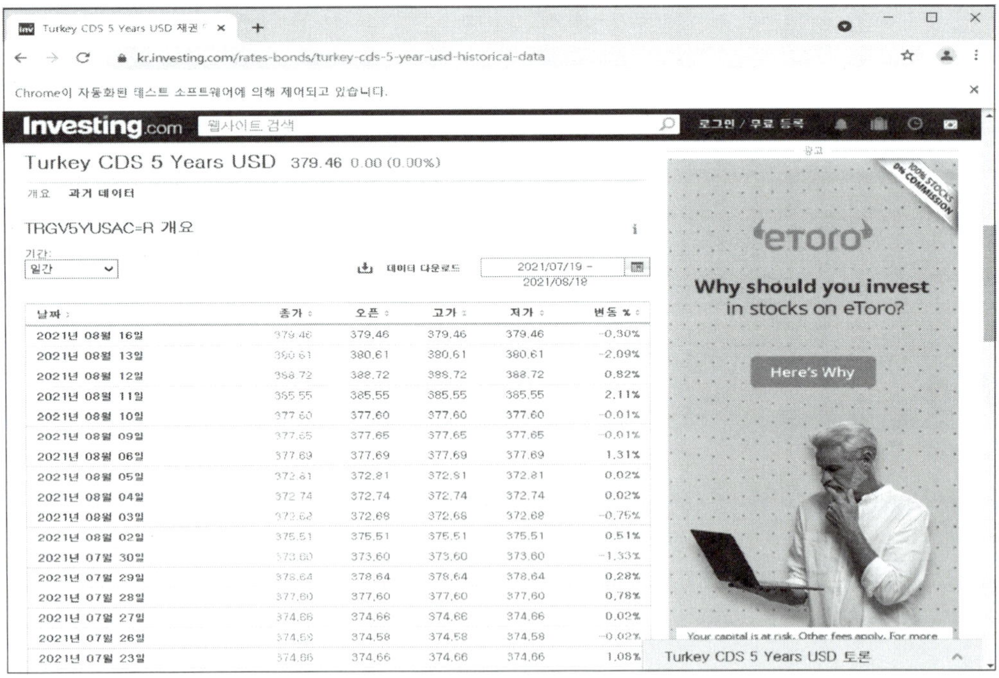

다음에는 크롤링할 데이터의 간격(즉, 일간, 주간, 월간 등)을 선택해주자. 그 다음에는 시작일자와 종료일자를 정해준다.

명령어

```
> intvl_btn <- remDr$findElement(using="xpath", value='//*[@id="data_interva
l"]/option[1]') #이건 언제나 동일
> intvl_btn$clickElement()
> picker_btn <- remDr$findElement("xpath", value='//*[@id="widgetFieldDateRa
nge"]')
> picker_btn$clickElement() #달력표시 노출시키기
> picker <- remDr$findElement("xpath", value='//*[@id="startDate"]')
> picker$clearElement() #시작일자 입력창 정보를 지우고 빈칸으로 남기기
> picker$sendKeysToElement(list("2017/01/01")) #시작일자 입력하기
> picker <- remDr$findElement("xpath", value='//*[@id="endDate"]')
> picker$clearElement() #종료일자 자료 지우고 빈칸 남기기
> picker$sendKeysToElement(list("2021/08/18")) #종료일자 입력
```

```
> intvl_btn <- remDr$findElement(using="xpath", value='//*[@id="data_inte
rval"]/option[1]') #이건 언제나 동일
> intvl_btn$clickElement()
> picker_btn <- remDr$findElement("xpath", value='//*[@id="widgetFieldDat
eRange"]')
> picker_btn$clickElement() #달력표시 노출시키기
> picker <- remDr$findElement("xpath", value='//*[@id="startDate"]')
> picker$clearElement() #시작일자 입력창 정보를 지우고 빈칸으로 남기기
> picker$sendKeysToElement(list("2017/01/01")) #시작일자 입력하기
> picker <- remDr$findElement("xpath", value='//*[@id="endDate"]')
> picker$clearElement() #종료일자 자료 지우고 빈칸 남기기
> picker$sendKeysToElement(list("2021/08/18")) #종료일자 입력
```

[처리결과화면]

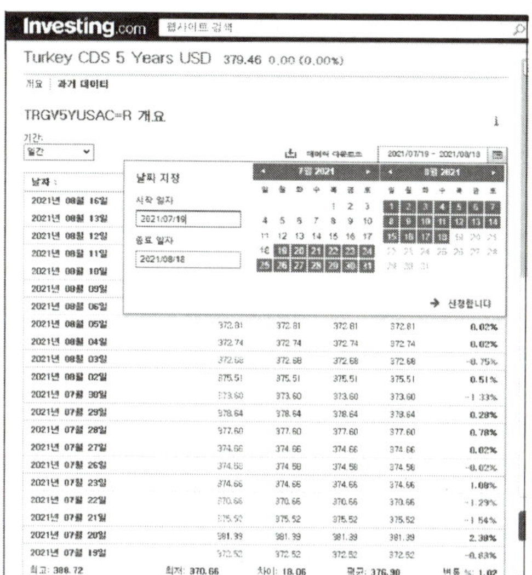

[처리결과화면]

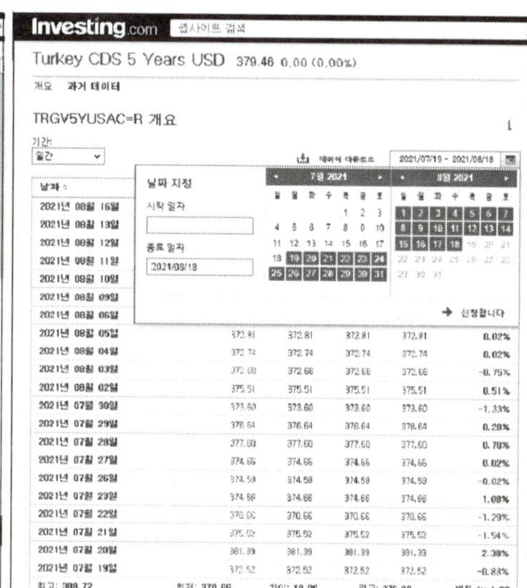

[처리결과화면]

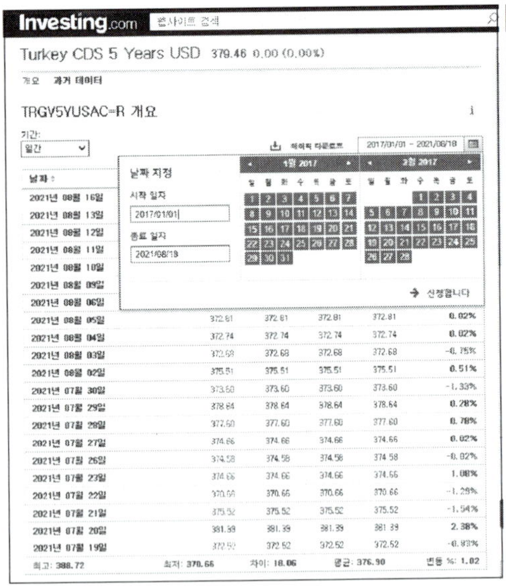

[처리결과화면]

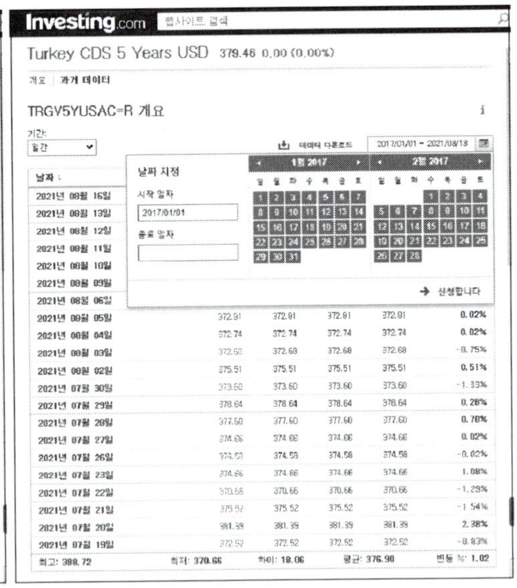

[처리결과화면]

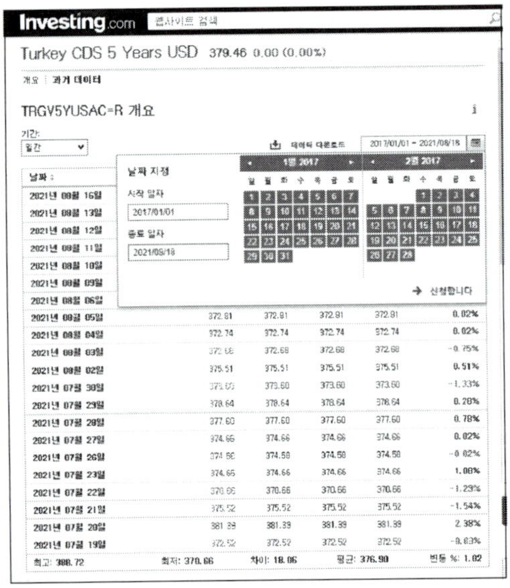

이제 최종적으로 셋팅한 명령어를 적용하여 완성해주자.

명령어

```
> picker_apply <- remDr$findElement("xpath", value='//*[@id="applyBtn"]')
> picker_apply$clickElement()
```

```
> picker_apply <- remDr$findElement("xpath", value='//*[@id="applyBtn"]')
```

```
> picker_apply$clickElement()
```

[처리결과화면]

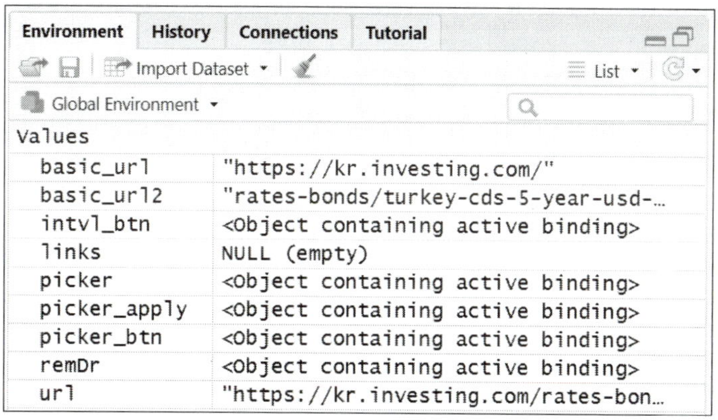

자 모두 준비가 되었으니 이제 본격적으로 터키 CDS 프리미엄 데이터를 크롤링하도록 하자. 크롤링한 후 최종 결과물을 작업디렉토리에 저장하자.

명령어

```
> body <- remDr$getPageSource()[[1]]
> html <- read_html(body)
> Sys.setlocale("LC_ALL", "English") # R 시스템을 English 환경으로 변환해야 함. 한글 텍스트가 깨짐
> table <- html %>% html_nodes(xpath='//*[@id="curr_table"]') %>% html_table()
# html_table()로 table 추출
> Sys.setlocale("LC_ALL", "Korean") # 다시 R 시스템을 Korean 환경으로 변환
> View(table[[1]]) # 제대로 추출 되었는지 확인
> setwd("C:/Users/media/") #작업디렉토리 지정하기
> write.csv(table, "TRGV5YUSAC=R.csv")
```

```
> body <- remDr$getPageSource()[[1]]
> html <- read_html(body)
> Sys.setlocale("LC_ALL", "English") # R 시스템을 English 환경으로 변환해야 함. 한글 텍스트가 깨짐
[1] "LC_COLLATE=English_United States.1252;LC_CTYPE=English_United States.1252;LC_MONETARY=English_United States.1252;LC_NUMERIC=C;LC_TIME=English_United States.1252"
> table <- html %>% html_nodes(xpath='//*[@id="curr_table"]') %>% html_tab
```

```
le() # html_table()로 table 추출
> Sys.setlocale("LC_ALL", "Korean") # 다시 R 시스템을 Korean 환경으로 변환
[1] "LC_COLLATE=Korean_Korea.949;LC_CTYPE=Korean_Korea.949;LC_MONETARY=K
orean_Korea.949;LC_NUMERIC=C;LC_TIME=Korean_Korea.949"
> View(table[[1]]) # 제대로 추출 되었는지 확인
```

[처리결과화면: View(table[[1]])]

	날짜	종가	오픈	고가	저가	변동 %
1	2021년 08월 16일	379.46	379.46	379.46	379.46	-0.30%
2	2021년 08월 13일	380.61	380.61	380.61	380.61	-2.09%
3	2021년 08월 12일	388.72	388.72	388.72	388.72	0.82%
4	2021년 08월 11일	385.55	385.55	385.55	385.55	2.11%
5	2021년 08월 10일	377.60	377.60	377.60	377.60	-0.01%
6	2021년 08월 09일	377.65	377.65	377.65	377.65	-0.01%
7	2021년 08월 06일	377.69	377.69	377.69	377.69	1.31%
8	2021년 08월 05일	372.81	372.81	372.81	372.81	0.02%
9	2021년 08월 04일	372.74	372.74	372.74	372.74	0.02%
10	2021년 08월 03일	372.68	372.68	372.68	372.68	-0.75%
11	2021년 08월 02일	375.51	375.51	375.51	375.51	0.51%
12	2021년 07월 30일	373.60	373.60	373.60	373.60	-1.33%
13	2021년 07월 29일	378.64	378.64	378.64	378.64	0.28%
14	2021년 07월 28일	377.60	377.60	377.60	377.60	0.78%
15	2021년 07월 27일	374.66	374.66	374.66	374.66	0.02%

Showing 1 to 16 of 1,206 entries, 6 total columns

[처리결과화면]

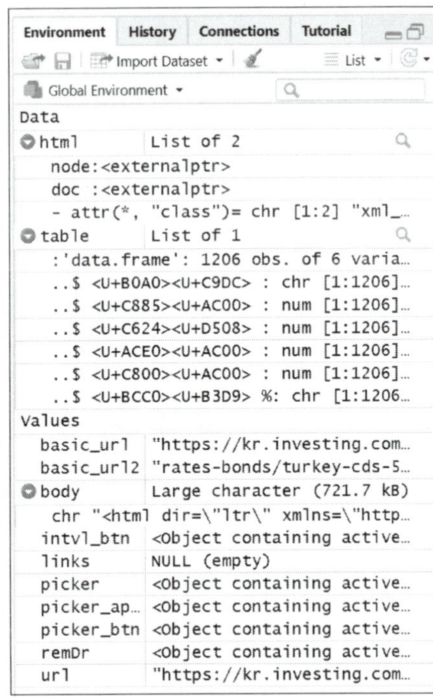

[처리결과화면: 작업디렉토리에 저장된 최종 결과물]

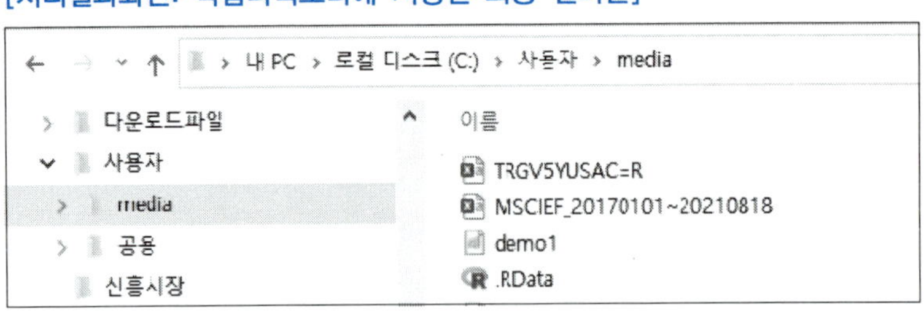

2022년 1월 윈도우 11 버전에서 크롬 드라이버 설치하고 크롤링하기

CMD 창으로 이동하기

윈도우 11 화면에서 윈도우 창에 마우스를 올리고 마우스 오른쪽 클릭을 하면 나타나는 작은 창에서 옵션 "실행"을 선택하고 들어간다.

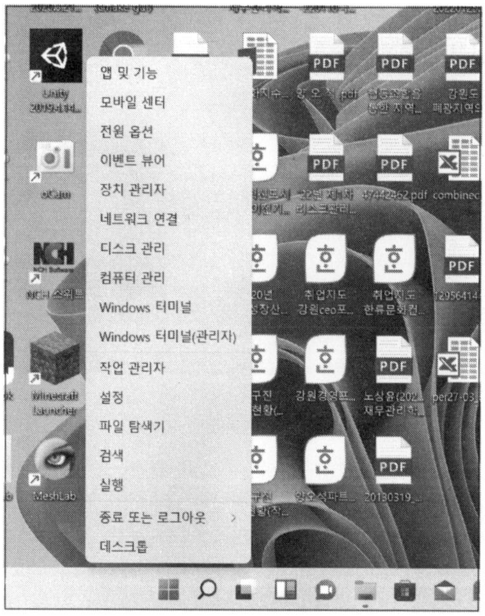

옵션 "실행" 창이 나타나면 긴 박스 안에 'cmd'를 입력하고 '확인' 버튼을 클릭하자.

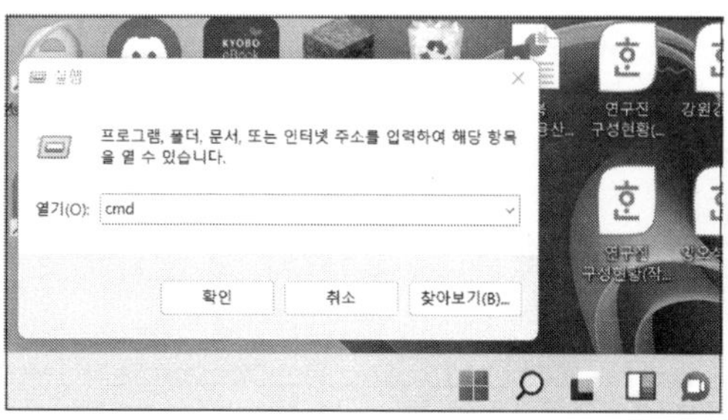

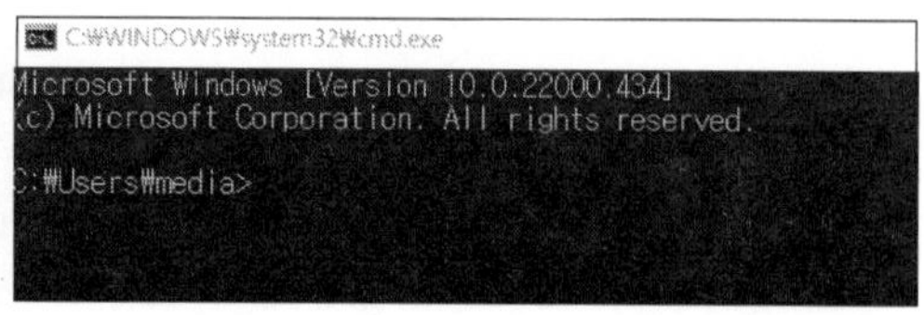

CMD 창에서 1) RSelenium 폴더로 이동하고, 명령어는 "cd C:/Users/작업디렉토리/Documents/RSelenium"이다, 2) 이후 자바 파일을 설치하는 작업을 수행한다. 이때 다운로드 받은 셀레니움 파일의 standalone 뒤에 나와 있는 숫자(여기서는 3.141.59)와 일치되도록 유념해야 한다. 그리고 해당 cmd 창은 계속 열어두어야 한다.

```
① cd C:\Users/작업디렉토리/Documents/RSelenium
② java -Dwebdriver.gecko.driver="geckodriver.exe" -jar selenium-server-s
tandalone-3.141.59.jar -port 4445
```

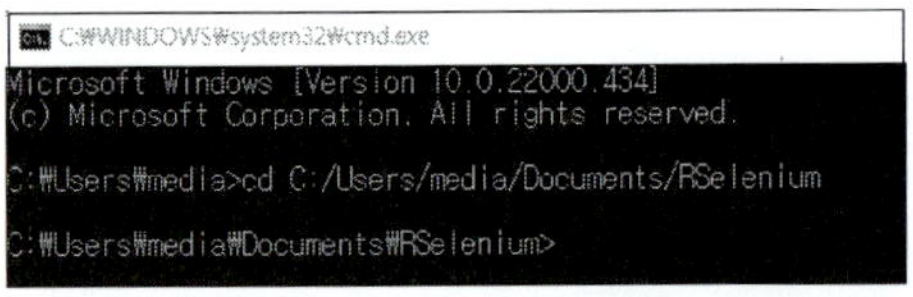

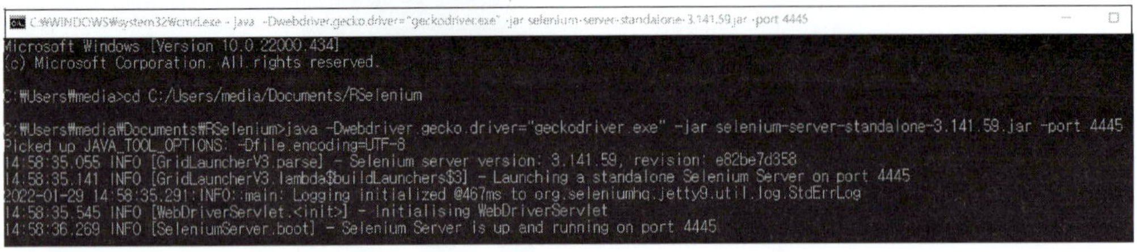

[처리결과화면: 상세]

```
Microsoft Windows [Version 10.0.22000.434]
(c) Microsoft Corporation. All rights reserved.

C:\Users\media>cd C:/Users/media/Documents/RSelenium

C:\Users\media\Documents\RSelenium>java -Dwebdriver.gecko.driver="geckod
river.exe" -jar selenium-server-standalone-3.141.59.jar -port 4445
Picked up JAVA_TOOL_OPTIONS: -Dfile.encoding=UTF-8
14:58:35.055 INFO [GridLauncherV3.parse] - Selenium server version: 3.141.
59, revision: e82be7d358
14:58:35.141 INFO [GridLauncherV3.lambda$buildLaunchers$3] - Launching a
standalone Selenium Server on port 4445
2022-01-29 14:58:35.291:INFO::main: Logging initialized @467ms to org.sele
niumhq.jetty9.util.log.StdErrLog
14:58:35.545 INFO [WebDriverServlet.<init>] - Initialising WebDriverServle
t
14:58:36.269 INFO [SeleniumServer.boot] - Selenium Server is up and running
on port 4445
```

명령어

```
> library(httr)
> library(xml2)
> library(rvest)
> library(dplyr)
> library(stringr)
> library(data.table)
> library(httr)
> library(jsonlite)
> library(magrittr)
```

```
> library(whisker)
> library(RSelenium)
> library(seleniumPipes)
```

다음에는 remoteDriver( ) 함수를 이용해서 Selenium과 크롬(chrome) 브라우저를 연동시키는 작업이 필요하다.

명령어

```
> remDr = remoteDriver(
+   remoteServerAddr="localhost",
+   port=4445L,
+   browserName="chrome")
> remDr$open()
```

```
> remDr = remoteDriver(
+   remoteServerAddr="localhost",
+   port=4445L,
+   browserName="chrome")
> remDr$open()
[1] "Connecting to remote server"

Selenium message:session not created: This version of ChromeDriver only sup
ports Chrome version 92
Current browser version is 97.0.4692.99 with binary path C:\Program Files\G
oogle\Chrome\Application\chrome.exe
Build info: version: '3.141.59', revision: 'e82be7d358', time: '2018-11-14
T08:25:53'
System info: host: 'DESKTOP-R7GU9QD', ip: '192.168.123.103', os.name: 'Win
dows 10', os.arch: 'amd64', os.version: '10.0', java.version: '1.8.0_241'
Driver info: driver.version: unknown
remote stacktrace: Backtrace:
      Ordinal0 [0x00482A33+2501171]
      Ordinal0 [0x0041D1C1+2085313]
      Ordinal0 [0x00321FA8+1056680]
      Ordinal0 [0x0034020A+1180170]
      Ordinal0 [0x0033C125+1163557]
      Ordinal0 [0x0033997F+1153407]
      Ordinal0 [0x0036999F+1350047]
      Ordinal0 [0x0036960A+1349130]
      Ordinal0 [0x0036551B+1332507]
```

```
        Ordinal0 [0x00341D74+1187188]
        Ordinal0 [0x00342BD9+1190873]
        GetHandleVerifier [0x005FEFE6+1504438]
        GetHandleVerifier [0x006ADDA5+2220661]
        GetHandleVerifier [0x00505589+481881]
        GetHandleVerifier [0x00504639+477961]
        Ordinal0 [0x004228BD+2107581]
        Ordinal0 [0x00426728+2123560]
        Ordinal0 [0x00426862+2123874]
        Ordinal0 [0x0042FA81+2161281]
        BaseThreadInitThunk [0x76A66739+25]
        RtlGetFullPathName_UEx [0x77878AFF+1215]
        RtlGetFullPathName_UEx [0x77878ACD+1165]

Error:   Summary: SessionNotCreatedException
      Detail: A new session could not be created.
      Further Details: run errorDetails method
```

해석

처리결과 화면을 살펴보면, 크롬 드라이버와 관련하여 에러 메시지가 나타났다. 따라서 그 사이 업데이트된 크롬 드라이버에 맞추어 다시 설치해주어야 한다.

업데이트된 자신의 크롬 드라이버 정보를 확인해서 크롬 드라이버를 다시 설치해주자. 우선 크롬 드라이버 정보를 확인하자.

[처리결과화면]

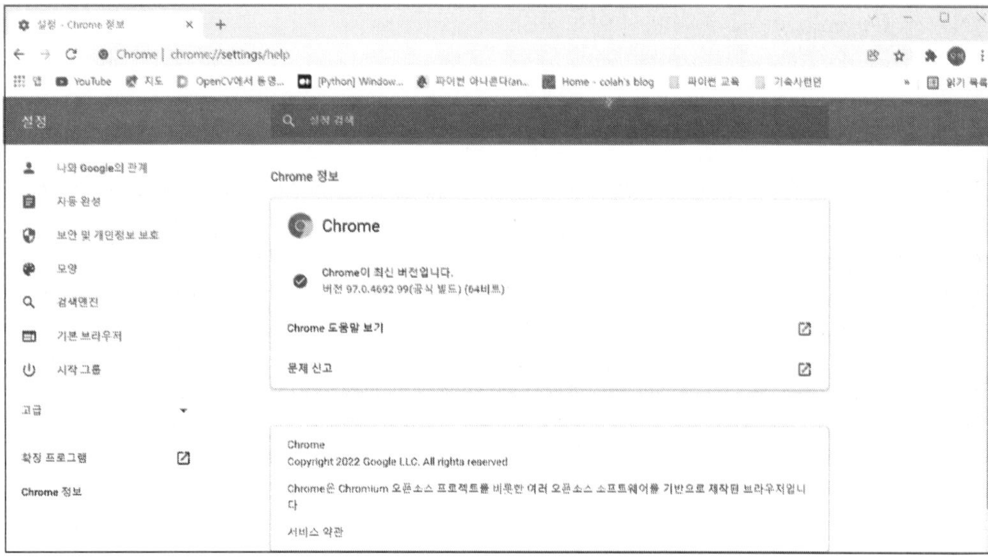

해석

처리결과 화면을 살펴보면, 최신 크롬 드라이버가 버전 97.0.4692.99(공식 빌드)(64비트) 임을 알 수 있다. 이에 해당되는 크롬 드라이버 파일을 찾아 설치하도록 하자.

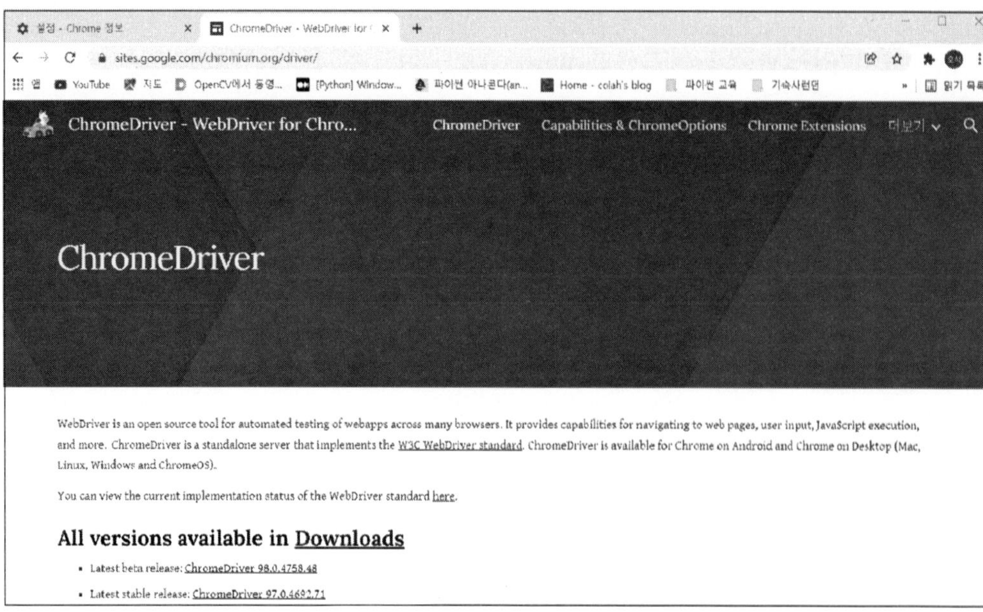

여기서 'Downloads'를 클릭해서 이동하자.

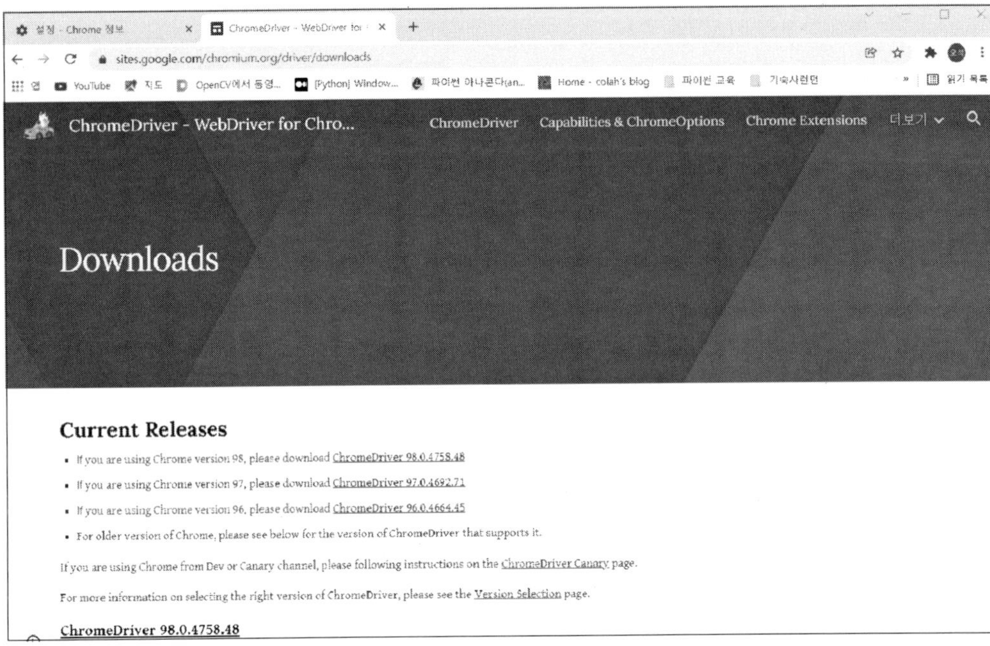

여기서 필자의 경우에는 97.0.4692.71을 다운하고자 한다. 이에 해당 버전을 클릭해서 이동하면 다음 화면이 나오고, 거기서 chromedriver_win32.zip을 다운받았다.

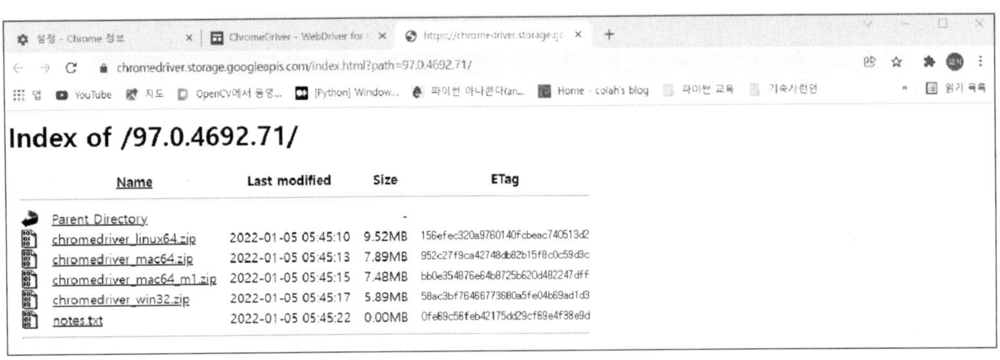

이제 다운로드 받은 새 크롬 드라이버를 설치해주자. 주의할 점은 크롬드라이버와 geckodriver의 zip 파일을 풀어헤친 파일이 개별 폴더로 들어가 있지 않고, 전체 RSelenium 폴더 안에 위치하고 있어야 한다는 점이다. 그렇지 않고 두 파일이 각자의 하위 폴더 안에 들어 있으면 RSelenium 패키지가 설치는 되어도 마지막에 빨간색으로 에러 메시지가 뜬다. 좀 더 정확히는 "C:/Users/작업디렉토리/Documents/" 아래에 RSelenium라는 폴더를 만들고 그 안에 세 가지 파일을 저장해 두어야 한다.

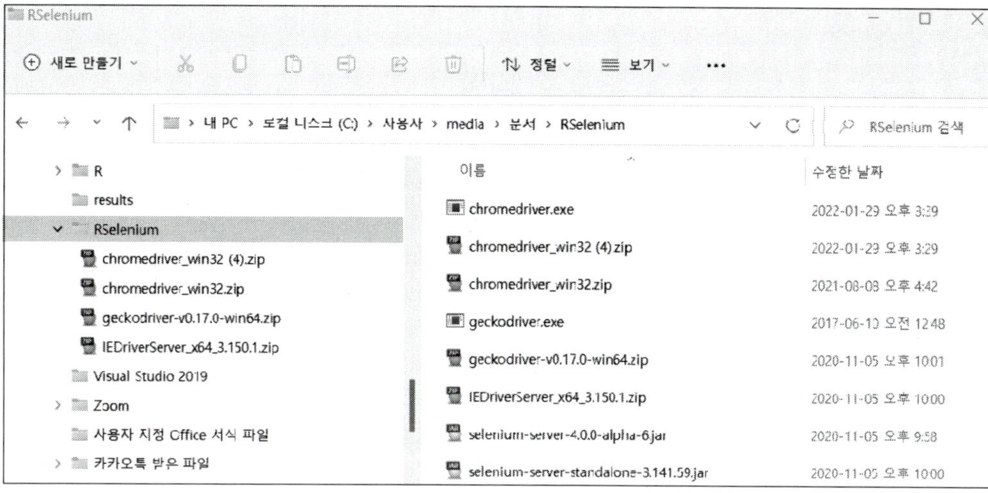

해석

처리 결과 화면을 살펴보면, 크롬드라이버와 geckodriver의 zip 파일을 풀어헤친 파일이 개별 폴더로 들어가 있지 않고, 전체 RSelenium 폴더 안에 위치하고 있는 상태이다. 이렇게 해야 한다. 주의할 점은 각 연구자의 작업디렉토리 아래에 폴더를 만들어야 한다는 점이다. 좀 더 정확히는 "C:/Users/작업디렉토리/Documents/" 아래에 들어 있어야 한다.

자 이제 새로운 크롬 드라이버가 준비되었으니 다시 시작해보자. CMD 창에서부터 다시 시작하는 것이다. 이후 크롬 드라이버를 열도록 명령어를 처리하면 다음과 같이 정상적으로 시작이 된다.

명령어

```
> remDr = remoteDriver(
+   remoteServerAddr="localhost",
+   port=4445L,
+   browserName="chrome")
> remDr$open()
```

```
> remDr = remoteDriver(
+   remoteServerAddr="localhost",
+   port=4445L,
+   browserName="chrome")
```

```
> remDr$open()
[1] "Connecting to remote server"
$acceptInsecureCerts
[1] FALSE

$browserName
[1] "chrome"

$browserVersion
[1] "97.0.4692.99"

$chrome
$chrome$chromedriverVersion
[1] "97.0.4692.71 (adefa7837d02a07a604c1e6eff0b3a09422ab88d-refs/branch-
heads/4692@{#1247})"

$chrome$userDataDir
[1] "C:\\Users\\media\\AppData\\Local\\Temp\\scoped_dir23504_247637523"

$`goog:chromeOptions`
$`goog:chromeOptions`$debuggerAddress
[1] "localhost:53396"

$networkConnectionEnabled
[1] FALSE

$pageLoadStrategy
[1] "normal"

$platformName
[1] "windows"

$proxy
named list()

$setWindowRect
[1] TRUE

$strictFileInteractability
[1] FALSE

$timeouts
```

```
$timeouts$implicit
[1] 0

$timeouts$pageLoad
[1] 300000

$timeouts$script
[1] 30000

$unhandledPromptBehavior
[1] "dismiss and notify"

$`webauthn:extension:credBlob`
[1] TRUE

$`webauthn:extension:largeBlob`
[1] TRUE

$`webauthn:virtualAuthenticators`
[1] TRUE

$webdriver.remote.sessionid
[1] "7233ff2204958d6dc5112655e3a9d6d9"

$id
[1] "7233ff2204958d6dc5112655e3a9d6d9"
```

이제 미국 CDS를 크롤링하자.

명령어

```
> links <- c()
> basic_url <- "https://kr.investing.com/"
> basic_url2 <- "rates-bonds/united-states-cds-5-years-usd-historical-data"
> url <- paste0(basic_url, basic_url2)
> url
```

```
> links <- c()
> basic_url <- "https://kr.investing.com/"
> basic_url2 <- "rates-bonds/united-states-cds-5-years-usd-historical-dat
```

```
a"
> url <- paste0(basic_url, basic_url2)
> url
[1] "https://kr.investing.com/rates-bonds/united-states-cds-5-years-usd-
historical-data"
```

[처리결과화면]

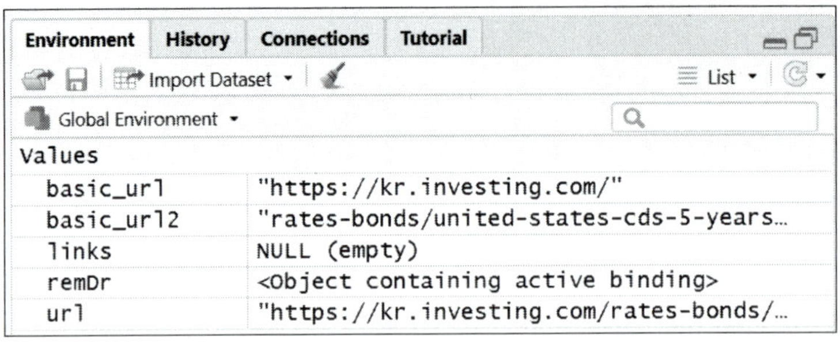

명령어

```
> remDr$navigate(url)
```

일간 데이터를 크롤링하라는 명령어를 작성해주자. 시작일자와 끝날짜도 지정해주자.

명령어

```
> intvl_btn <- remDr$findElement(using="xpath", value='//*[@id="data_interva
l"]/option[1]') #이건 언제나 동일
> intvl_btn$clickElement()
> picker_btn <- remDr$findElement("xpath", value='//*[@id="widgetFieldDateRa
nge"]')
> picker_btn$clickElement() #달력표시 노출시키기
> picker <- remDr$findElement("xpath", value='//*[@id="startDate"]')
> picker$clearElement() #시작일자 입력창 정보를 지우고 빈칸으로 남기기
> picker$sendKeysToElement(list("2017/01/01")) #시작일자 입력하기
> picker <- remDr$findElement("xpath", value='//*[@id="endDate"]')
> picker$clearElement() #종료일자 자료 지우고 빈칸 남기기
> picker$sendKeysToElement(list("2022/01/29")) #종료일자 입력
```

이제 최종 적용을 위해 실행을 시키자.

명령어

```
> picker_apply <- remDr$findElement("xpath", value='//*[@id="applyBtn"]')
> picker_apply$clickElement()
```

[처리결과화면]

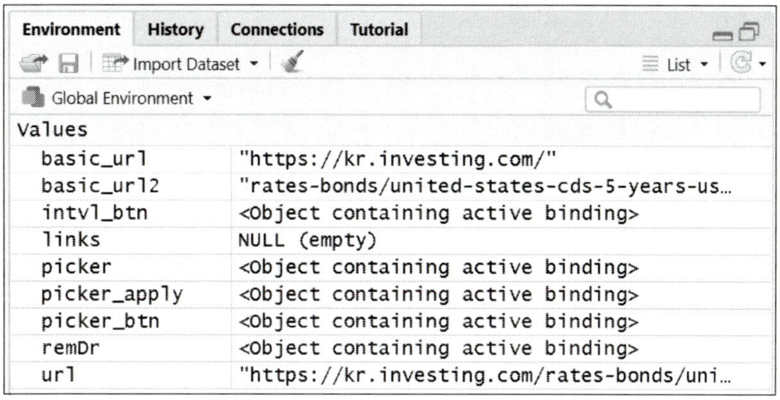

명령어

```
> body <- remDr$getPageSource()[[1]]
> html <- read_html(body)
```

[처리결과화면]

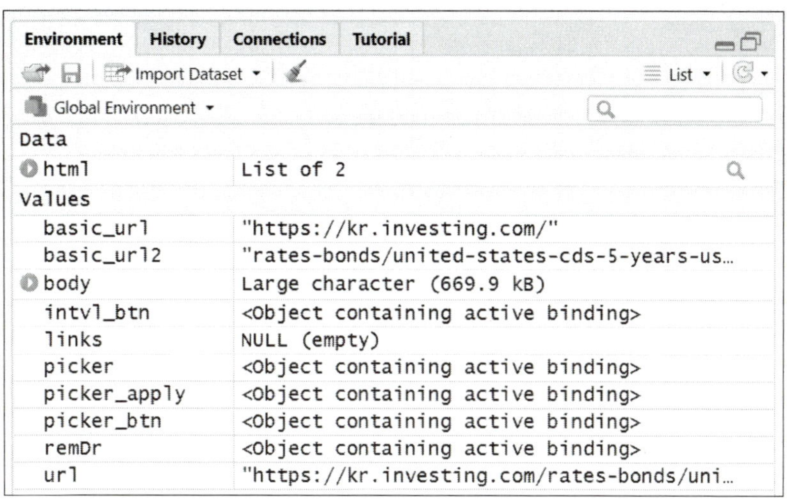

명령어

```
> body <- remDr$getPageSource()[[1]]
> html <- read_html(body)
```

```
> Sys.setlocale("LC_ALL", "English") # R 시스템을 English 환경으로 변환해야 함. 한글 텍스트가 깨짐
> table <- html %>% html_nodes(xpath='//*[@id="curr_table"]') %>% html_table() # html_table()로 table 추출
> Sys.setlocale("LC_ALL", "Korean") # 다시 R 시스템을 Korean 환경으로 변환
> View(table[[1]]) # 제대로 추출 되었는지 확인
```

```
> body <- remDr$getPageSource()[[1]]
> html <- read_html(body)
> Sys.setlocale("LC_ALL", "English") # R 시스템을 English 환경으로 변환해야 함. 한글 텍스트가 깨짐
[1] "LC_COLLATE=English_United States.1252;LC_CTYPE=English_United States.1252;LC_MONETARY=English_United States.1252;LC_NUMERIC=C;LC_TIME=English_United States.1252"
> table <- html %>% html_nodes(xpath='//*[@id="curr_table"]') %>% html_table() # html_table()로 table 추출
> Sys.setlocale("LC_ALL", "Korean") # 다시 R 시스템을 Korean 환경으로 변환
[1] "LC_COLLATE=Korean_Korea.949;LC_CTYPE=Korean_Korea.949;LC_MONETARY=Korean_Korea.949;LC_NUMERIC=C;LC_TIME=Korean_Korea.949"
> View(table[[1]]) # 제대로 추출 되었는지 확인
```

[처리결과화면: View(table)]

	날짜	종가	오픈	고가	저가	변동 %
1	2022년 01월 27일	5.560	5.560	5.560	5.560	0.91%
2	2022년 01월 26일	5.510	5.510	5.510	5.510	0.18%
3	2022년 01월 25일	5.500	5.500	5.500	5.500	-0.18%
4	2022년 01월 24일	5.510	5.510	5.510	5.510	0.18%
5	2022년 01월 21일	5.500	5.500	5.500	5.500	-0.36%
6	2022년 01월 20일	5.520	5.520	5.520	5.520	0.00%
7	2022년 01월 19일	5.520	5.520	5.520	5.520	0.00%
8	2022년 01월 18일	5.520	5.520	5.520	5.520	0.36%
9	2022년 01월 14일	5.500	5.500	5.500	5.500	-0.18%
10	2022년 01월 13일	5.510	5.510	5.510	5.510	0.36%
11	2022년 01월 12일	5.490	5.490	5.490	5.490	0.00%

Showing 1 to 12 of 1,015 entries, 6 total columns

[처리결과화면]

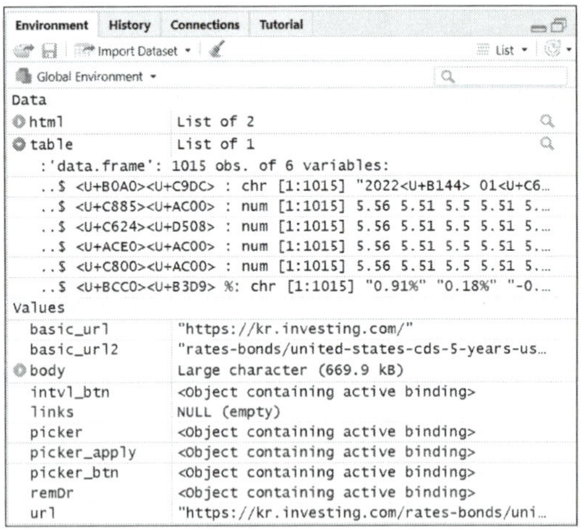

이번에는 터키 CDS 자료를 크롤링해보자. 앞선 방식을 반복하면서 터키 CDS 정보만으로 교체하면 된다.

명령어

```
> remDr = remoteDriver(
+   remoteServerAddr="localhost",
+   port=4445L,
+   browserName="chrome")
> remDr$open()
> links <- c()
> basic_url <- "https://kr.investing.com/"
> basic_url2 <- "rates-bonds/turkey-cds-5-year-usd-historical-data"
> url <- paste0(basic_url, basic_url2)
> url
> remDr$navigate(url)
> intvl_btn <- remDr$findElement(using="xpath", value='//*[@id="data_interva
l"]/option[1]') #이건 언제나 동일
> intvl_btn$clickElement()
> picker_btn <- remDr$findElement("xpath", value='//*[@id="widgetFieldDateRa
nge"]')
> picker_btn$clickElement() #달력표시 노출시키기
> picker <- remDr$findElement("xpath", value='//*[@id="startDate"]')
> picker$clearElement() #시작일자 입력창 정보를 지우고 빈칸으로 남기기
> picker$sendKeysToElement(list("2017/01/01")) #시작일자 입력하기
> picker <- remDr$findElement("xpath", value='//*[@id="endDate"]')
> picker$clearElement() #종료일자 자료 지우고 빈칸 남기기
> picker$sendKeysToElement(list("2022/01/29")) #종료일자 입력
> picker_apply <- remDr$findElement("xpath", value='//*[@id="applyBtn"]')
> picker_apply$clickElement()
> body <- remDr$getPageSource()[[1]]
> html <- read_html(body)
> Sys.setlocale("LC_ALL", "English") # R 시스템을 English 환경으로 변환해야 함.
한글 텍스트가 깨짐
[1] "LC_COLLATE=English_United States.1252;LC_CTYPE=English_United States.12
52;LC_MONETARY=English_United States.1252;LC_NUMERIC=C;LC_TIME=English_Unit
ed States.1252"
> table <- html %>% html_nodes(xpath='//*[@id="curr_table"]') %>% html_table()
# html_table()로 table 추출
> Sys.setlocale("LC_ALL", "Korean") # 다시 R 시스템을 Korean 환경으로 변환
[1] "LC_COLLATE=Korean_Korea.949;LC_CTYPE=Korean_Korea.949;LC_MONETARY=Kore
an_Korea.949;LC_NUMERIC=C;LC_TIME=Korean_Korea.949"
> View(table[[1]]) # 제대로 추출 되었는지 확인
> setwd("C:/Users/media/") #작업디렉토리 지정하기
> write.csv(table, "TRGV5YUSAC=R.csv")
```

② Investing.com 금융 자료 크롤링(2): 차트에서 데이터 가져오기

MSCI EM지수

Investing.com에서 MSCI Emerging Markets 지수를 크롤링하는 방법 가운데 "표"가 아니라 "차트"에서 크롤링하는 방법을 살펴보자. 우선 에러가 자주 발생하니까 크롬으로 접근하지 말고 엣지로 접근하도록 하자. 특히 주의할 점은 "일반" 화면이 아니라 "차트"를 클릭한 화면에서 작업을 진행해야 한다. 차트 그림이 보인다고 해서 같은 화면이 아니고, 차트가 보이지만 "일반" 화면 상태에서는 크롤링이 되지 않는다.

[처리결과화면: "일반" 화면상태]

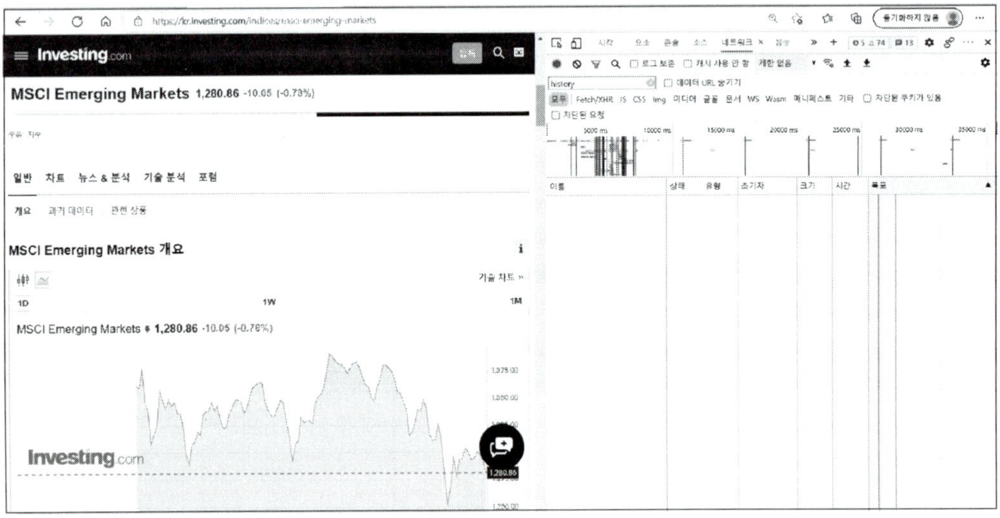

[처리결과화면: 차트 클릭 화면 상태]

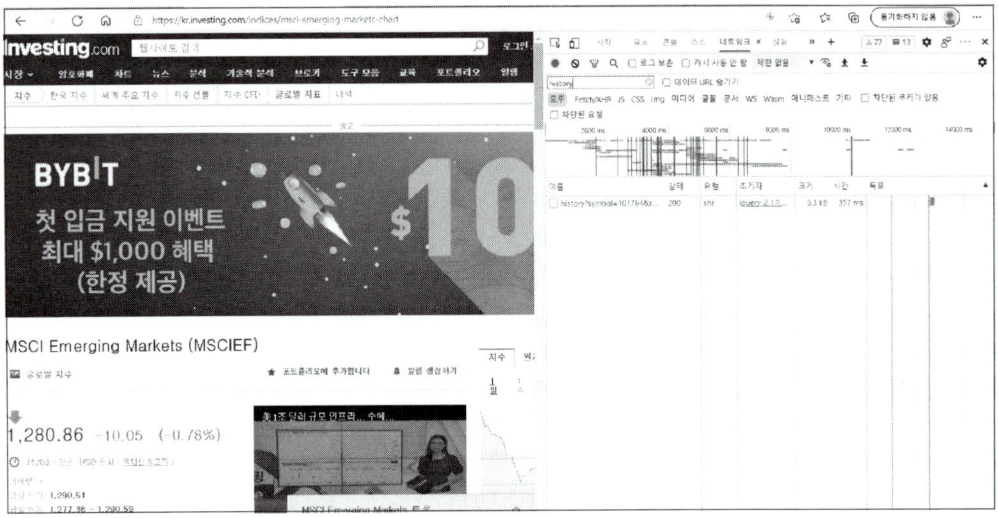

▶ 해석

처리결과 화면을 살펴보면, '차트'를 클릭한 화면 상태의 구성이 다름을 알 수 있다. 오른쪽 검색창에 'history'를 입력하면, 아래쪽에 "history?symbol…"이라는 항목이 나타난다.

여기서 "history?symbol..."을 클릭하면 다음과 같은 상세 화면이 새로 나타난다.

[처리결과화면: '차트' 화면 + "history?symbol…"을 클릭한 화면]

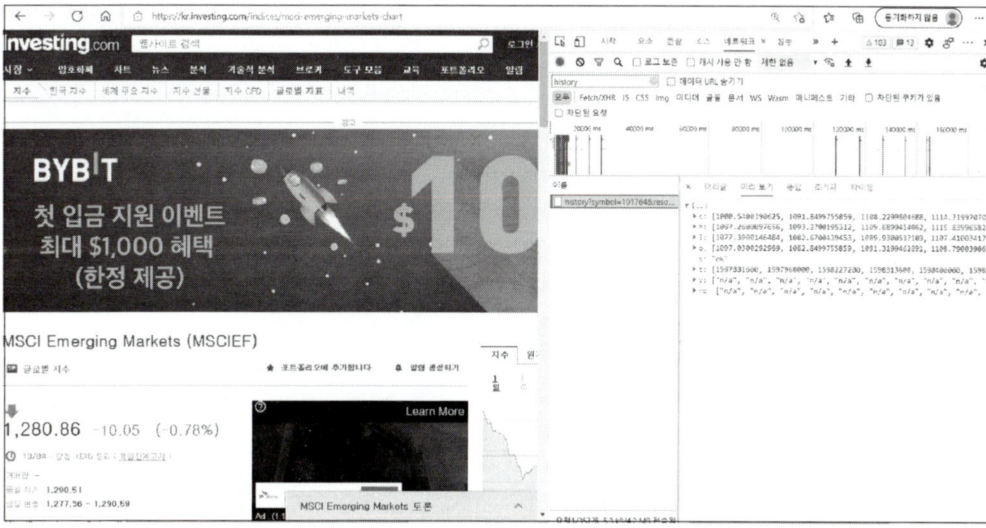

이 화면 상태에서 '머리글' 항목으로 클릭해서 들어가면 url을 확인할 수 있다.

[처리결과화면: '차트' + 'history?symbol…' + '머리글']

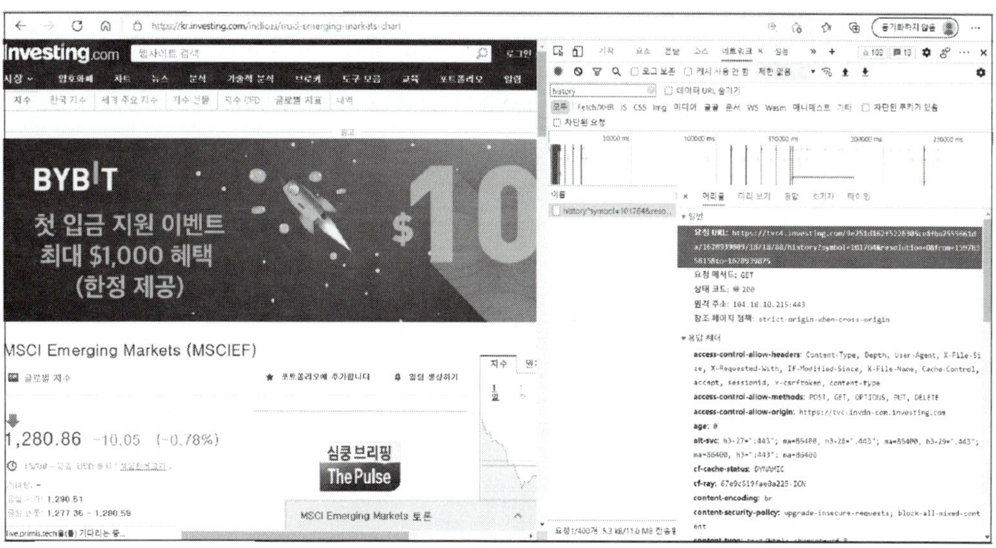

해석

처리결과 화면을 살펴보면, 데이터가 들어 있는 url이 나타남을 볼 수 있다.

자 지금까지 작업한 순서대로 요약하자면 다음과 같다.

[처리결과화면: 데이터 url 찾기 작업순서]

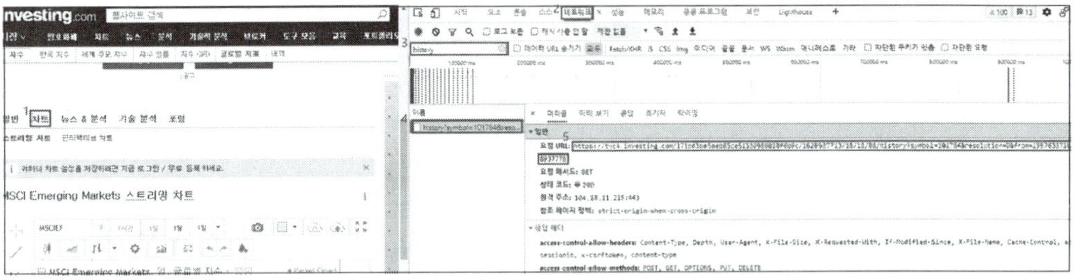

해석

처리결과 화면을 살펴보면, 데이터 url을 찾는 순서를 1 -> 5로 표기해 두었다.

필요한 패키지를 불러오자.

명령어

```
> library(dplyr)
> library(jsonlite)
```

```
> library(dplyr)

Attaching package: 'dplyr'

The following objects are masked from 'package:stats':

    filter, lag

The following objects are masked from 'package:base':

    intersect, setdiff, setequal, union

> library(jsonlite)
```

이제 크롤링을 위해 준비한 화면에서 찾은 url을 그대로 복사해와서 붙여넣기를 하고 url을 지정해주자.

명령어

```
> url = 'https://tvc4.investing.com/9e251d162f5226305ce8fba2555661da/1628939
809/18/18/88/history?symbol=101764&resolution=D&from=1597835815&to=16289398
75'
> data = fromJSON(url)
```

[처리결과화면]

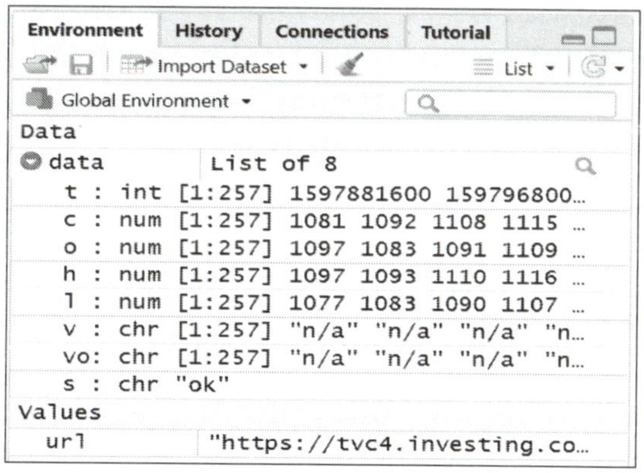

이렇게 확인된 데이터를 data.frame으로 작업을 하자.

명령어

```
> data = data %>% data.frame() %>% select(t, c, o, h, l) %>%
+   mutate_all(as.numeric) %>%
+   mutate(t = as.POSIXct(t, origin="1970-01-01"))
```

[처리결과화면]

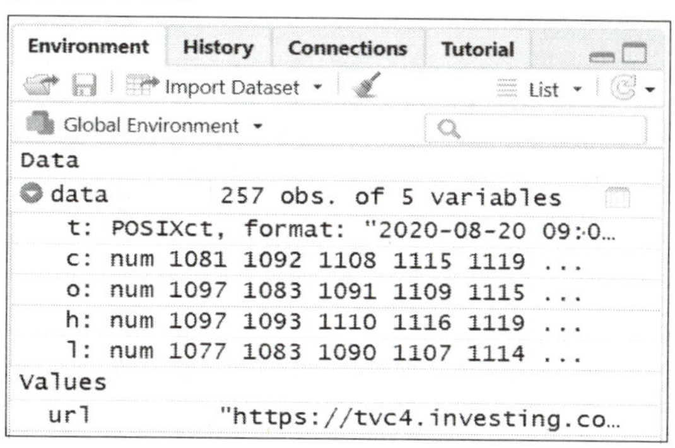

작업한 data를 열람해보자.

명령어

```
> data
```

```
> data
                       t       c       o       h       l
1   2020-08-20 09:00:00 1080.54 1097.03 1097.26 1077.39
2   2020-08-21 09:00:00 1091.85 1082.85 1093.27 1082.67
3   2020-08-24 09:00:00 1108.23 1091.32 1109.69 1089.93
4   2020-08-25 09:00:00 1114.72 1108.79 1115.84 1107.41
5   2020-08-26 09:00:00 1119.34 1115.43 1119.34 1113.77
6   2020-08-27 09:00:00 1117.22 1119.83 1122.79 1115.02
7   2020-08-28 09:00:00 1121.60 1118.00 1123.34 1114.69
(중간생략)
196 2021-05-20 09:00:00 1329.31 1326.79 1330.98 1321.21
197 2021-05-21 09:00:00 1330.04 1330.99 1337.77 1327.66
198 2021-05-24 09:00:00 1326.68 1328.52 1329.13 1321.99
199 2021-05-25 09:00:00 1345.49 1327.49 1348.51 1327.03
200 2021-05-26 09:00:00 1351.95 1345.12 1352.94 1345.02
 [ reached 'max' / getOption("max.print") -- omitted 57 rows ]
```

이렇게 작업한 데이터를 최종적으로 작업디렉토리에 저장하자.

명령어

```
> setwd("C:/Users/media/") #작업디렉토리 지정하기
> write.csv(data, "MSCIEF.csv")
```

[처리결과화면]

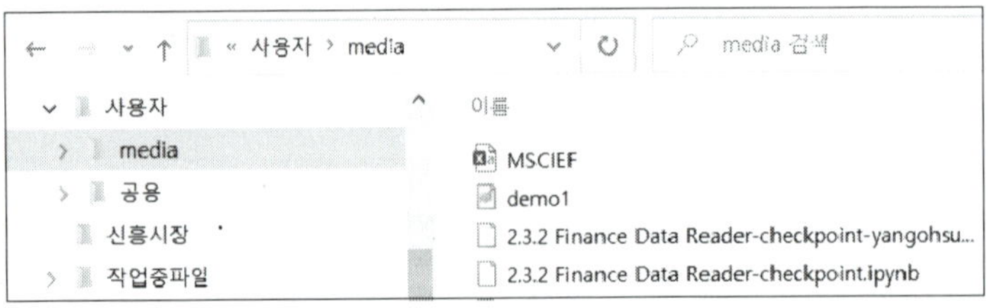

▸ 해석

처리결과 화면을 살펴보면, 작업한 최종 결과물(MSCIEF.csv)이 작업디렉토리 안에 저장되어 있음을 볼 수 있다.

3) worldgovernmentbonds.com 데이터 크롤링: CDS 프리미엄

국채 CDS 프리미엄은 다양한 채널에서 정보를 제공하고 있다. 여기서는 worldgovernmentbonds.com에서 관련 자료를 크롤링하는 방법을 연습해보자. 앞서 다룬 investing.com에서도 CDS 프리미엄이 제공되고 있지만 모든 국가 자료를 제공하고 있지는 않다. 따라서 추가적인 국가들의 CDS 프리미엄 자료는 worldgovernmentbonds.com에서 크롤링해야 한다.

[처리결과화면: worldgovernmentbodns.com 초기 화면]

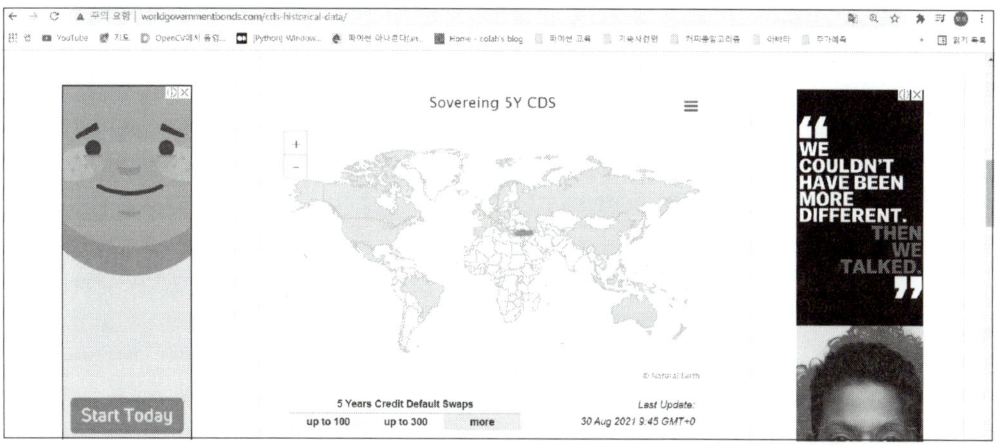

[처리결과화면: worldgovernmentbodns.com 초기 화면]

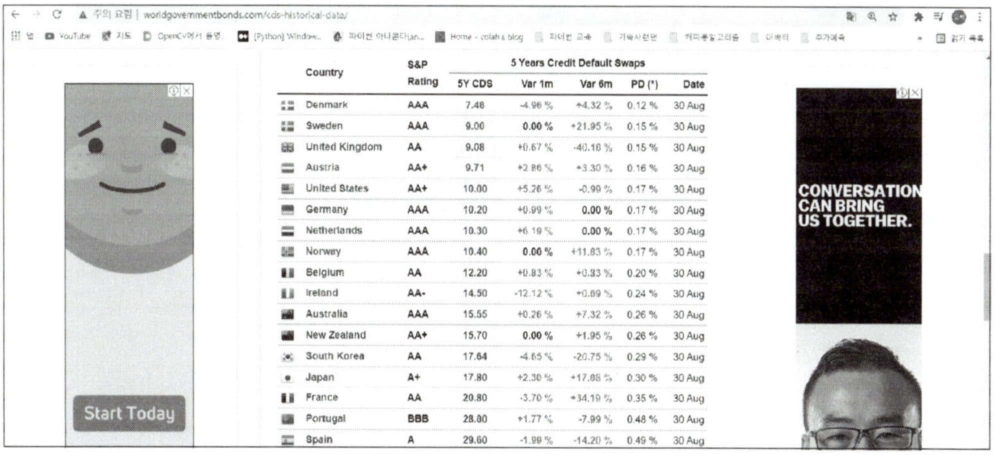

Country	S&P Rating	5 Years Credit Default Swaps				
		5Y CDS	Var 1m	Var 6m	PD (*)	Date
Denmark	AAA	7.48	-4.96 %	+4.32 %	0.12 %	30 Aug
Sweden	AAA	9.00	0.00 %	+21.95 %	0.15 %	30 Aug
United Kingdom	AA	9.08	+0.67 %	-40.18 %	0.15 %	30 Aug
Austria	AA+	9.71	+2.86 %	+3.30 %	0.16 %	30 Aug
United States	AA+	10.00	+5.26 %	-0.99 %	0.17 %	30 Aug
Germany	AAA	10.20	+0.99 %	0.00 %	0.17 %	30 Aug
Netherlands	AAA	10.30	+6.19 %	0.00 %	0.17 %	30 Aug
Norway	AAA	10.40	0.00 %	+11.83 %	0.17 %	30 Aug
Belgium	AA	12.20	+0.83 %	+0.83 %	0.20 %	30 Aug
Ireland	AA-	14.50	-12.12 %	+0.69 %	0.24 %	30 Aug
Australia	AAA	15.55	+0.26 %	+7.32 %	0.26 %	30 Aug
New Zealand	AA+	15.70	0.00 %	+1.95 %	0.26 %	30 Aug
South Korea	AA	17.64	-4.65 %	-20.75 %	0.29 %	30 Aug
Japan	A+	17.80	+2.30 %	+17.88 %	0.30 %	30 Aug
France	AA	20.80	-3.70 %	+34.19 %	0.35 %	30 Aug
Portugal	BBB	28.80	+1.77 %	-7.99 %	0.48 %	30 Aug
Spain	A	29.60	-1.99 %	-14.20 %	0.49 %	30 Aug

우선 worldgovernmentbonds.com 홈페이지로 들어가서 cds-historical-data를 찾아가자. 이후 여러 국가 리스트가 나오면 그 가운데 우선 미국을 클릭해서 이동해보자. 이후 개발자도구(F12)을 열어서 만기 5년물 CDS 프리미엄 데이터가 제공되는 장소를 찾도록 한다. 우선 '네트워크' 탭을 열고 검색창에서 cds를 입력하여 검색하자. 아래쪽 "Search" 항목에서 검색창에 "cds"를 넣고 엔터를 치면 미국 만기 5년물 cds 수치가 들어 있는 url(456번 행) 정보를 얻을 수 있다. 이 url로부터 해당 수치 자료를 크롤링해서 정리하면 미국 만기5년물 cds 프리미엄 자료를 얻을 수 있다.

[처리결과화면: cds-historical-data/united-states/5-years]

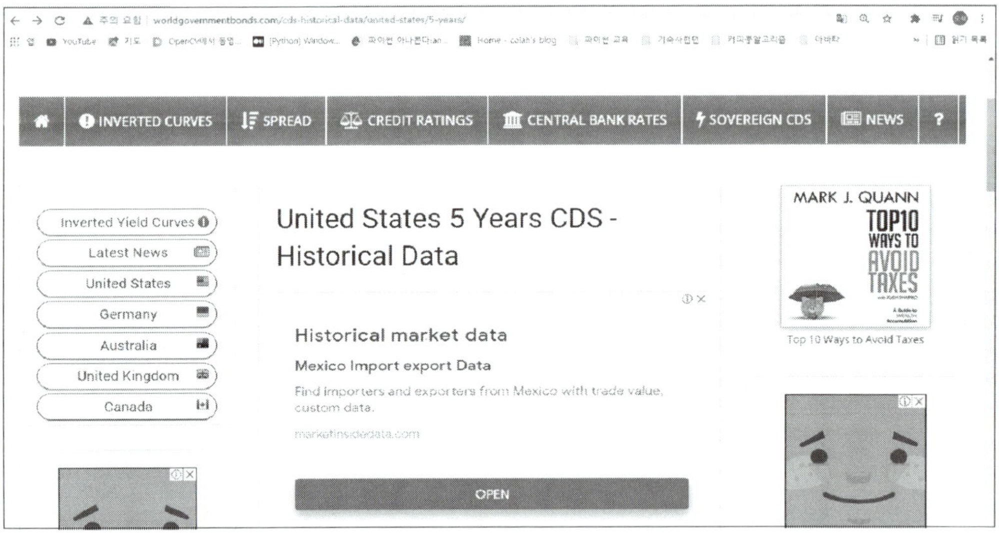

[처리결과화면: 개발자도구 F12]

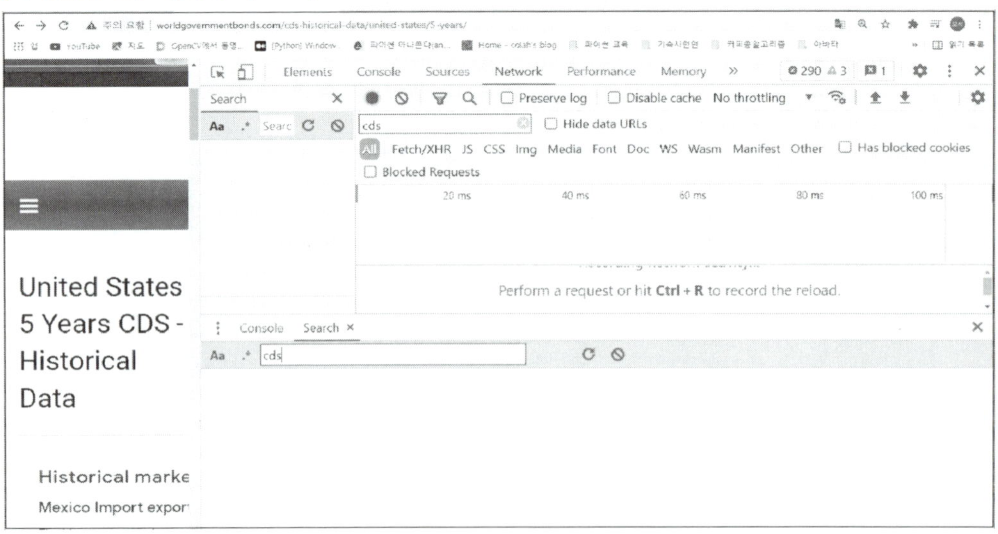

[처리결과화면: 아래쪽 Search 항목에서 검색창에 cds 입력하고 엔터]

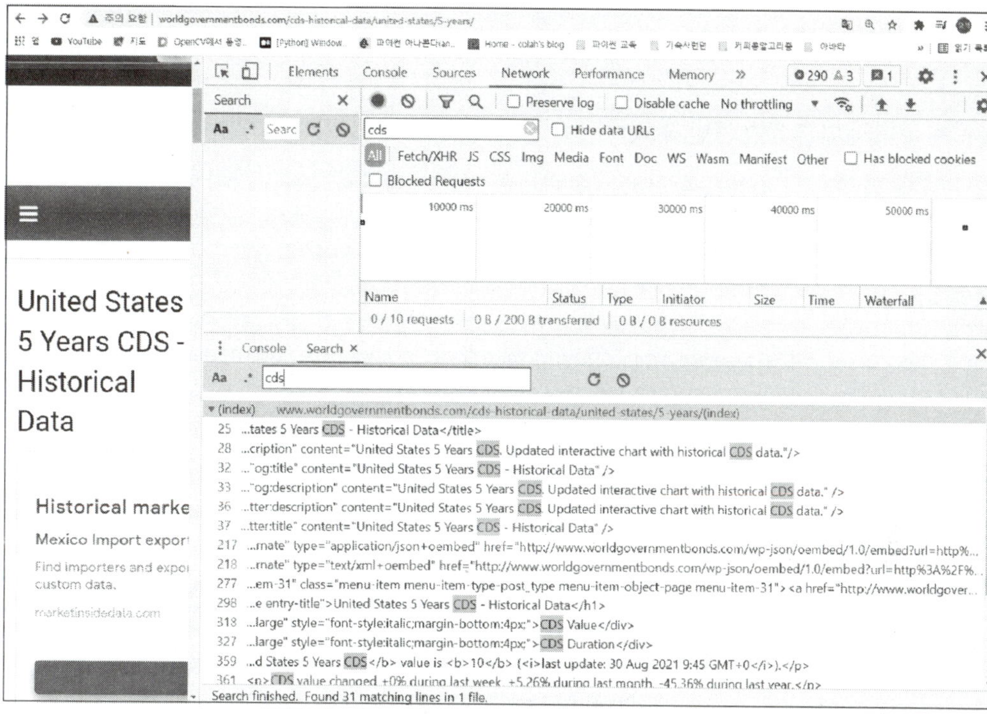

[처리결과화면: 아래쪽 url이 있는 456번 행을 클릭하면 위쪽에서 Sources 정보가 나온 상태]

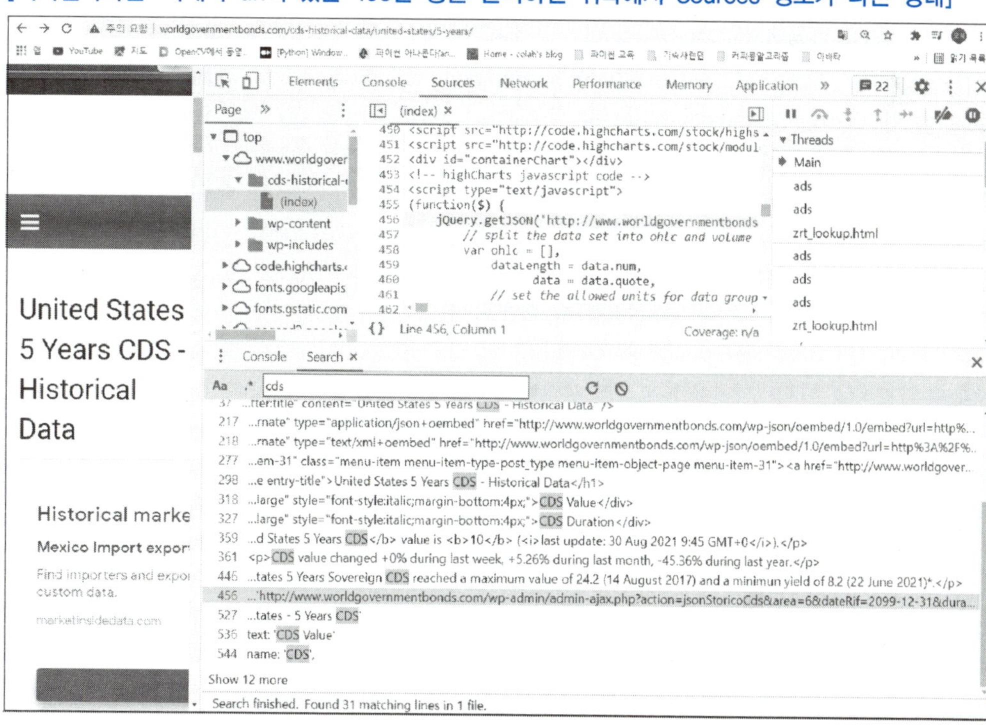

▶ 해석

처리결과 화면을 살펴보면, 미국 cds 만기 5년물 수치 자료가 들어 있는 url을 확인할 수 있다.

이제 나머지 다른 국가의 만기 5년물 cds 프리미엄 수치 자료가 들어 있는 url을 모두 확인하도록 하자. 앞서 미국 자료를 확인하는 방법과 동일하다. 확인한 url을 각각 저장하도록 하자

명령어

```
>url_cdsit <- 'http://www.worldgovernmentbonds.com/wp-admin/admin-ajax.php?a
ction=jsonStoricoCds&area=1&dateRif=2099-12-31&durata=5Y' # Italy
url_cdsgm <- 'http://www.worldgovernmentbonds.com/wp-admin/admin-ajax.php?ac
tion=jsonStoricoCds&area=2&dateRif=2099-12-31&durata=5Y' # Germany
url_cdsfr <- 'http://www.worldgovernmentbonds.com/wp-admin/admin-ajax.php?ac
tion=jsonStoricoCds&area=3&dateRif=2099-12-31&durata=5Y' # France
url_cdses <- 'http://www.worldgovernmentbonds.com/wp-admin/admin-ajax.php?ac
tion=jsonStoricoCds&area=4&dateRif=2099-12-31&durata=5Y' # Spain
url_cdsuk <- 'http://www.worldgovernmentbonds.com/wp-admin/admin-ajax.php?ac
tion=jsonStoricoCds&area=5&dateRif=2099-12-31&durata=5Y' # UK
url_cdsus <- 'http://www.worldgovernmentbonds.com/wp-admin/admin-ajax.php?ac
tion=jsonStoricoCds&area=6&dateRif=2099-12-31&durata=5Y' # US
url_cdsbr <- 'http://www.worldgovernmentbonds.com/wp-admin/admin-ajax.php?ac
tion=jsonStoricoCds&area=7&dateRif=2099-12-31&durata=5Y' # Brazil
url_cdsch <- 'http://www.worldgovernmentbonds.com/wp-admin/admin-ajax.php?ac
tion=jsonStoricoCds&area=9&dateRif=2099-12-31&durata=5Y' # China
url_cdsru <- 'http://www.worldgovernmentbonds.com/wp-admin/admin-ajax.php?ac
tion=jsonStoricoCds&area=10&dateRif=2099-12-31&durata=5Y' # Russia
url_cdsjp <- 'http://www.worldgovernmentbonds.com/wp-admin/admin-ajax.php?ac
tion=jsonStoricoCds&area=11&dateRif=2099-12-31&durata=5Y' # Japan
url_cdshk <- 'http://www.worldgovernmentbonds.com/wp-admin/admin-ajax.php?ac
tion=jsonStoricoCds&area=12&dateRif=2099-12-31&durata=5Y' # Hong Kong
url_cdstk <- 'http://www.worldgovernmentbonds.com/wp-admin/admin-ajax.php?ac
tion=jsonStoricoCds&area=13&dateRif=2099-12-31&durata=5Y' # Turkey
url_cdsme <- 'http://www.worldgovernmentbonds.com/wp-admin/admin-ajax.php?ac
tion=jsonStoricoCds&area=14&dateRif=2099-12-31&durata=5Y' # Mexico
url_cdsgr <- 'http://www.worldgovernmentbonds.com/wp-admin/admin-ajax.php?ac
tion=jsonStoricoCds&area=15&dateRif=2099-12-31&durata=5Y' # Greece
url_cdspt <- 'http://www.worldgovernmentbonds.com/wp-admin/admin-ajax.php?ac
tion=jsonStoricoCds&area=16&dateRif=2099-12-31&durata=5Y' # Portugal
url_cdsnr <- 'http://www.worldgovernmentbonds.com/wp-admin/admin-ajax.php?ac
tion=jsonStoricoCds&area=18&dateRif=2099-12-31&durata=5Y' # Norway
```

```
url_cdssw <- 'http://www.worldgovernmentbonds.com/wp-admin/admin-ajax.php?ac
tion=jsonStoricoCds&area=19&dateRif=2099-12-31&durata=5Y' # Sweden
url_cdspo <- 'http://www.worldgovernmentbonds.com/wp-admin/admin-ajax.php?ac
tion=jsonStoricoCds&area=20&dateRif=2099-12-31&durata=5Y' # Poland
url_cdscn <- 'http://www.worldgovernmentbonds.com/wp-admin/admin-ajax.php?ac
tion=jsonStoricoCds&area=21&dateRif=2099-12-31&durata=5Y' # Canada
url_cdsau <- 'http://www.worldgovernmentbonds.com/wp-admin/admin-ajax.php?ac
tion=jsonStoricoCds&area=22&dateRif=2099-12-31&durata=5Y' # Australia
url_cdsne <- 'http://www.worldgovernmentbonds.com/wp-admin/admin-ajax.php?ac
tion=jsonStoricoCds&area=26&dateRif=2099-12-31&durata=5Y' # Netherlands
url_cdsas <- 'http://www.worldgovernmentbonds.com/wp-admin/admin-ajax.php?ac
tion=jsonStoricoCds&area=27&dateRif=2099-12-31&durata=5Y' # Austria
url_cdskr <- 'http://www.worldgovernmentbonds.com/wp-admin/admin-ajax.php?ac
tion=jsonStoricoCds&area=29&dateRif=2099-12-31&durata=5Y' # South Korea
url_cdsbg <- 'http://www.worldgovernmentbonds.com/wp-admin/admin-ajax.php?ac
tion=jsonStoricoCds&area=31&dateRif=2099-12-31&durata=5Y' # Belgium
url_cdsdm <- 'http://www.worldgovernmentbonds.com/wp-admin/admin-ajax.php?ac
tion=jsonStoricoCds&area=37&dateRif=2099-12-31&durata=5Y' # Denmark
url_cdsin <- 'http://www.worldgovernmentbonds.com/wp-admin/admin-ajax.php?ac
tion=jsonStoricoCds&area=39&dateRif=2099-12-31&durata=5Y' # Indonesia
url_cdsir <- 'http://www.worldgovernmentbonds.com/wp-admin/admin-ajax.php?ac
tion=jsonStoricoCds&area=40&dateRif=2099-12-31&durata=5Y' # Ireland
url_cdsnz <- 'http://www.worldgovernmentbonds.com/wp-admin/admin-ajax.php?ac
tion=jsonStoricoCds&area=47&dateRif=2099-12-31&durata=5Y' # New Zealand
```

[처리결과화면]

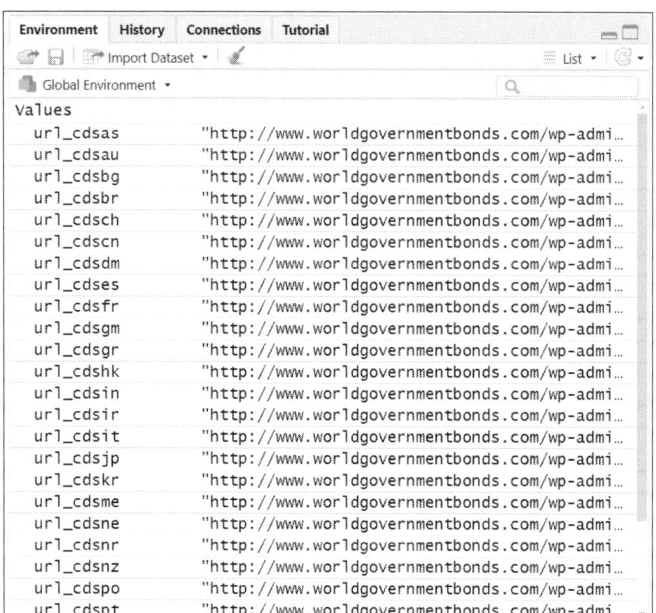

다음에는 필요한 기초 패키지를 설치하고 불러오자.

명령어

```
> library(dplyr)
> library(jsonlite)
> library(lubridate)
```

```
> library(dplyr)

Attaching package: 'dplyr'

The following objects are masked from 'package:stats':

    filter, lag

The following objects are masked from 'package:base':

    intersect, setdiff, setequal, union

> library(jsonlite)
> library(lubridate)

Attaching package: 'lubridate'

The following objects are masked from 'package:base':

    date, intersect, setdiff, union
```

이제 국가명을 위에서 작업한 url 순서대로 저장해주자.

명령어

```
> country <- c("Italy", "Germany", "France", "Spain", "UK",
+              "US", "Brazil", "China", "Russia", "Japan",
+              "Hong Kong", "Turkey", "Mexico", "Greece", "Portugal",
+              "Norway", "Sweden", "Poland", "Canada", "Australia",
+             "Netherlands", "Austria", "South Korea", "Belgium", "Denmark",
+              "Indonesia", "Ireland", "New Zealand")
```

[처리결과화면]

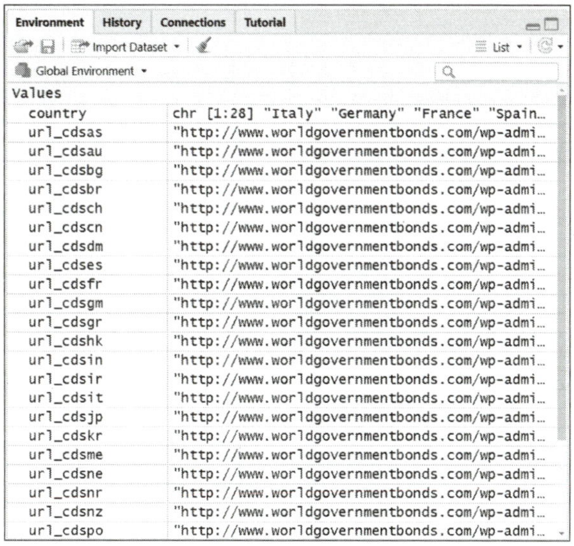

앞서 정리한 url도 한 데이터셋으로 모아주자

명령어

```
> urls <- c(url_cdsit, url_cdsgm, url_cdsfr, url_cdses, url_cdsuk,
+           url_cdsus, url_cdsbr, url_cdsch, url_cdsru, url_cdsjp,
+           url_cdshk, url_cdstk, url_cdsme, url_cdsgr, url_cdspt,
+           url_cdsnr, url_cdssw, url_cdspo, url_cdscn, url_cdsau,
+           url_cdsne, url_cdsas, url_cdskr, url_cdsbg, url_cdsdm,
+           url_cdsin, url_cdsir, url_cdsnz)
```

[처리결과화면]

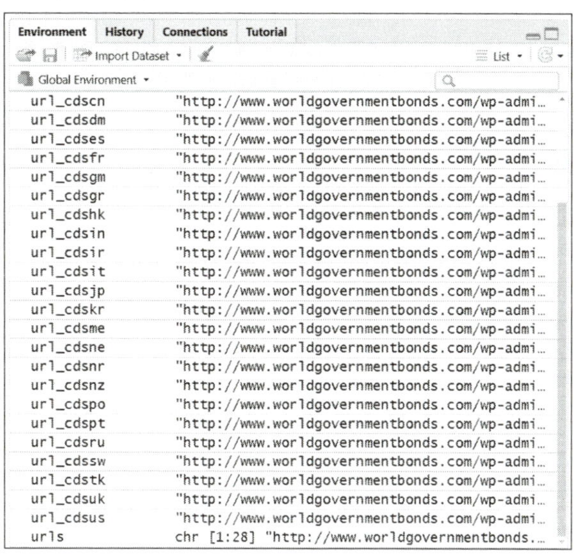

이제 국가명과 url 데이터를 데이터프레임으로 전환시켜주자

명령어

```
> urls_cds <- data.frame(country, urls)
```

[처리결과화면]

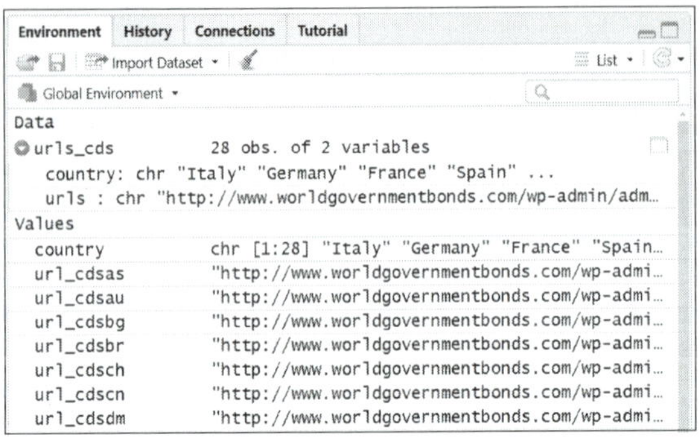

[처리결과화면: View(urls_cds)]

[처리결과화면: CDS 자료 url 들어가보기]

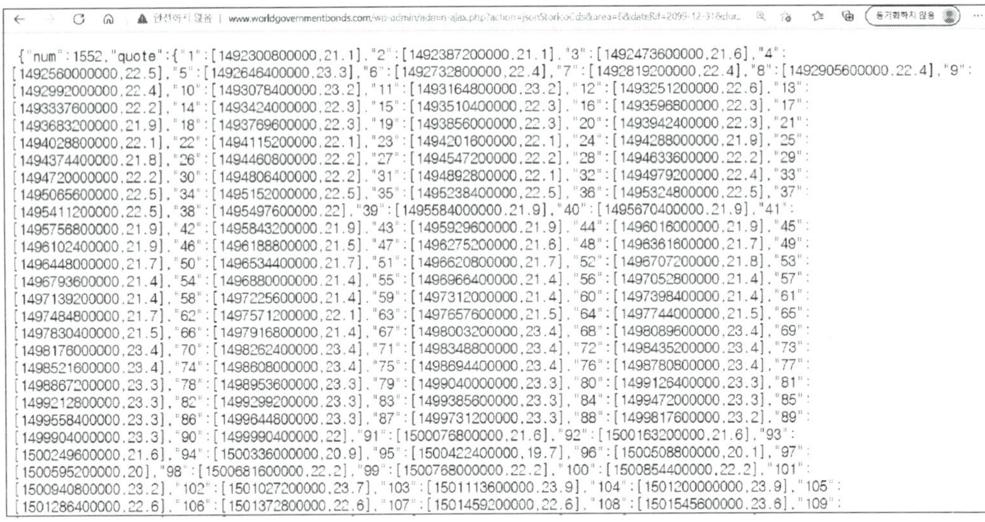

해석

처리결과 화면을 살펴보면, 수치 데이터와 이상한 수치(1492560000000)들이 보인다.

다음에는 날짜 변수를 만들도록 하자. CDS 프리미엄 자료를 일별 자료로 크롤링하기 위해 시계열 날짜를 만들어야 한다. 여기서는 임시로 2017-04-16에서부터 2021-08-30까지로 기간을 정해주자. 그리고 데이터프레임으로 변환시키자.

명령어

```
> Date <- seq(as.Date('2017-04-16', format='%Y-%m-%d'),
+             as.Date('2021-08-30', format='%Y-%m-%d'),
+             1)
> Date <- data.frame(Date)
```

[처리결과화면]

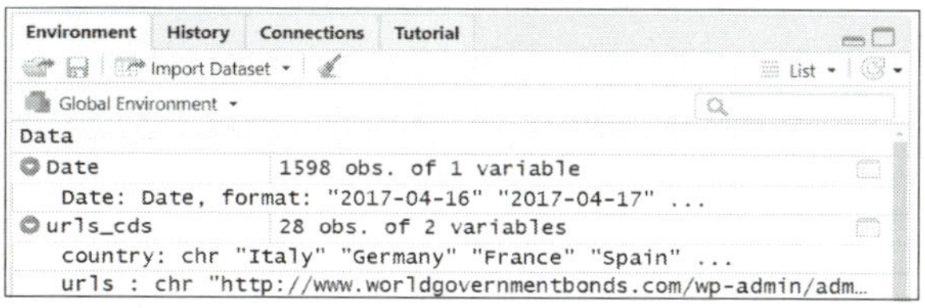

이제 for 구문을 사용하여 각 국가별 CDS 만기 5년물 프리미엄 자료를 시계열로 크롤링하도록 하자.

명령어

```
> for(i in 1:dim(urls_cds)[1]){
+   data <- fromJSON(urls_cds[i, 2])
+   data.df <- data$quote %>%
+     data.frame() %>%
+     t() %>%
+     data.frame() %>%
+     mutate(X1=as.Date(as_datetime(X1/1000)))
+   names(data.df) <- c("Date", urls_cds[i,1])
+   Date <- merge(Date, data.df, by="Date", all=TRUE)
+ }
```

[처리결과화면]

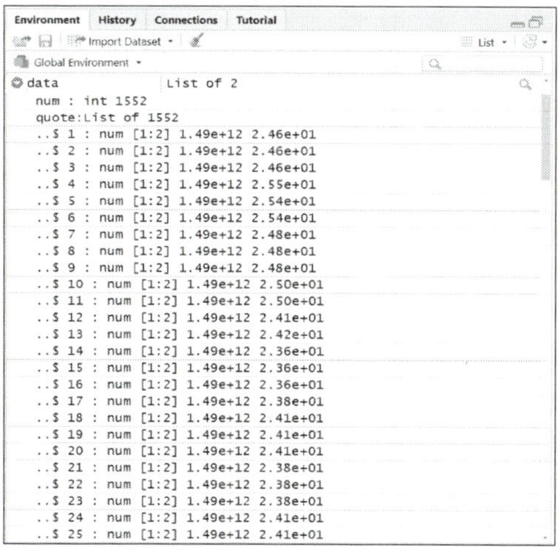

[처리결과화면]

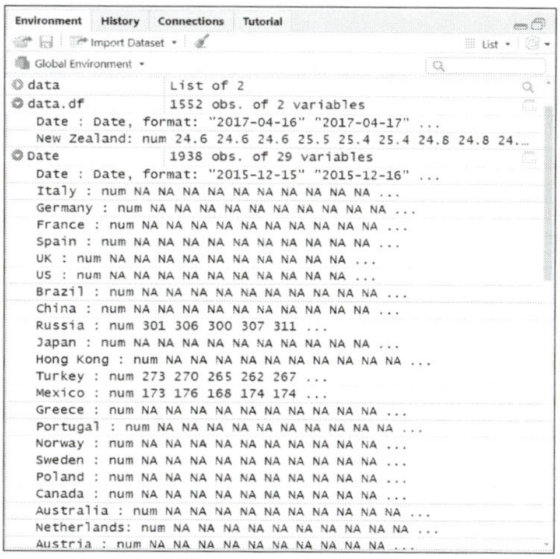

[처리결과화면]

```
Environment  History  Connections  Tutorial
Import Dataset ▾      List ▾
Global Environment ▾
data            List of 2
data.df         1552 obs. of 2 variables
  Date : Date, format: "2017-04-16" "2017-04-17" ...
  New Zealand: num 24.6 24.6 24.6 25.5 25.4 25.4 24.8 24.8 24....
Date            1938 obs. of 29 variables
urls_cds        28 obs. of 2 variables
  country: chr "Italy" "Germany" "France" "Spain" ...
  urls : chr "http://www.worldgovernmentbonds.com/wp-admin/adm...
Values
  country       chr [1:28] "Italy" "Germany" "France" "Spain...
  i             28L
  url_cdsas     "http://www.worldgovernmentbonds.com/wp-admi...
  url_cdsau     "http://www.worldgovernmentbonds.com/wp-admi...
  url_cdsbg     "http://www.worldgovernmentbonds.com/wp-admi...
  url_cdsbr     "http://www.worldgovernmentbonds.com/wp-admi...
  url_cdsch     "http://www.worldgovernmentbonds.com/wp-admi...
  url_cdscn     "http://www.worldgovernmentbonds.com/wp-admi...
  url_cdsdm     "http://www.worldgovernmentbonds.com/wp-admi...
  url_cdses     "http://www.worldgovernmentbonds.com/wp-admi...
  url_cdsfr     "http://www.worldgovernmentbonds.com/wp-admi...
  url_cdsgm     "http://www.worldgovernmentbonds.com/wp-admi...
  url_cdsgr     "http://www.worldgovernmentbonds.com/wp-admi...
  url_cdshk     "http://www.worldgovernmentbonds.com/wp-admi...
  url_cdsin     "http://www.worldgovernmentbonds.com/wp-admi...
  url_cdsir     "http://www.worldgovernmentbonds.com/wp-admi...
  url_cdsit     "http://www.worldgovernmentbonds.com/wp-admi...
  url_cdsjp     "http://www.worldgovernmentbonds.com/wp-admi...
```

완성된 Date 데이터셋을 열람해보자.

[처리결과화면: View(Date)]

	Date	Italy	Germany	France	Spain	UK	US	Brazil	China	Russia	Japan
1	2015-12-15	NA	NA	NA	NA	NA	NA	NA	NA	300.5796	NA
2	2015-12-16	NA	NA	NA	NA	NA	NA	NA	NA	306.0886	NA
3	2015-12-17	NA	NA	NA	NA	NA	NA	NA	NA	300.0952	NA
4	2015-12-21	NA	NA	NA	NA	NA	NA	NA	NA	307.0087	NA
5	2015-12-22	NA	NA	NA	NA	NA	NA	NA	NA	310.8596	NA
6	2015-12-23	NA	NA	NA	NA	NA	NA	NA	NA	306.9916	NA
7	2015-12-24	NA	NA	NA	NA	NA	NA	NA	NA	306.9744	NA
8	2015-12-25	NA	NA	NA	NA	NA	NA	NA	NA	306.9744	NA
9	2015-12-28	NA	NA	NA	NA	NA	NA	NA	NA	307.5084	NA
10	2015-12-29	NA	NA	NA	NA	NA	NA	NA	NA	307.2584	NA
11	2015-12-30	NA	NA	NA	NA	NA	NA	NA	NA	307.2527	NA
12	2015-12-31	NA	NA	NA	NA	NA	NA	NA	NA	302.1364	NA

Showing 1 to 13 of 1,938 entries, 29 total columns

	Date	Italy	Germany	France	Spain	UK	US	Brazil	China	Russia	Japan
1927	2021-08-19	72.3	10.1	21.2	30.3	9.3027	9.9	185.6	35.5475	87.65	17.6
1928	2021-08-20	73.0	10.1	21.2	30.1	10.4313	9.9	189.2	35.5027	87.65	17.6
1929	2021-08-21	73.1	10.2	21.1	30.1	10.4313	10.0	189.2	35.2523	87.66	17.6
1930	2021-08-22	73.1	10.2	21.1	30.1	10.4313	10.0	189.2	35.2523	87.66	17.6
1931	2021-08-23	73.1	10.2	21.1	30.1	9.2671	10.0	189.2	35.3615	87.66	17.6
1932	2021-08-24	73.0	10.1	21.1	29.9	9.3452	10.0	186.9	34.8752	87.65	17.7
1933	2021-08-25	72.4	10.0	21.1	29.8	9.3585	10.0	183.0	34.9196	87.65	17.7
1934	2021-08-26	72.8	10.1	21.2	29.9	9.0602	10.0	181.1	34.5800	85.18	17.7
1935	2021-08-27	72.9	10.2	21.2	29.9	9.0898	10.0	180.3	34.5056	83.21	17.8
1936	2021-08-28	72.8	10.2	20.8	29.6	9.0818	10.0	176.0	33.8070	83.21	17.8
1937	2021-08-29	72.8	10.2	20.8	29.6	9.0818	10.0	176.0	33.8070	83.21	17.8
1938	2021-08-30	72.8	10.2	20.8	29.6	9.0818	10.0	176.0	33.8070	83.21	17.8

Showing 1,926 to 1,938 of 1,938 entries, 29 total columns

▶ 해석

처리결과 화면을 살펴보면, 각 국가별로 날짜에 맞게 CDS 프리미엄 수치가 저장되어 있음을 볼 수 있다.

이제 최종 결과물인 Date를 CDS_re로 바꾸어서 작업디렉토리를 지정한 뒤, 그 안에 저장해주자. 저장할 파일명은 Sovereign CDS.csv이다.

명령어

```
> CDS_re <- Date
> setwd("C:/Users/media")
> write.csv(CDS_re, "Sovereign CDS.csv")
```

[처리결과화면]

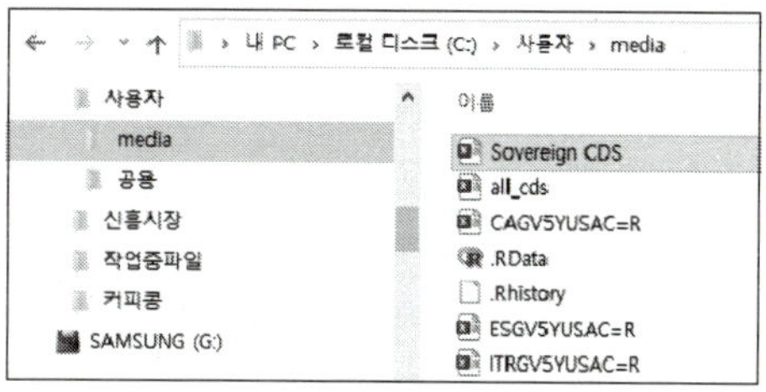

4) 금융시장 주요 지표 크롤링: 금융시장 불안 지표

Ⅰ. 경제위기 1년의 회고

전대미문의 경제위기가 빠른 속도로 수습 중

□ 리먼브러더스 사태(2008년 9월 15일) 이후 전 세계는 금융시스템에 대한 불신감이 고조되는 금융위기와 가파른 실물경기 위축을 경험

- 신용위험 증가로 TED스프레드, VIX지수 등 금융불안 관련 지표가 급등
  - TED스프레드: 121.9bp(2008.9.12.) -> 424.9bp(2008.10.10)
  - VIX지수: 25.7(2008.9.12.) -> 80.9(2008.11.20.)

□ 최근 들어 주요 금융지표가 글로벌 금융위기가 본격화한 리먼브러더스 사태 발발 이전 수준으로 복귀

- TED스프레드는 2009년 8월 27일 현재 19.1bp로 서브프라임 모기지 부실문제가 처음 대두된 2007년 2월 수준(36bp)보다도 하락

[분석예제: 삼성경제연구소 보고서]

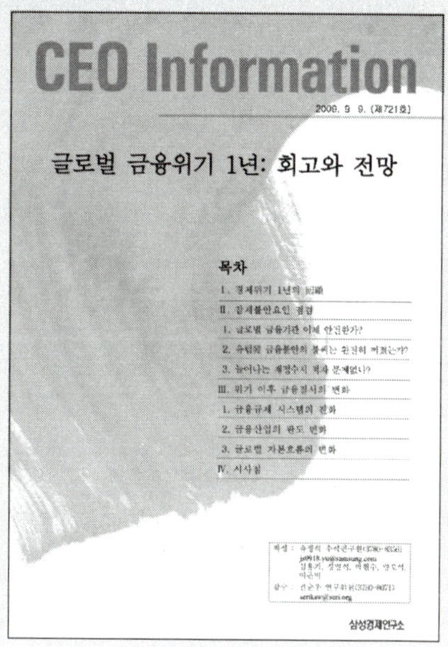

• 주가변동성을 나타내는 VIX지수도 24.68(2009.8.27)로 리먼브러더스 사태 이후 최고치였던 80.86(2008.11.20)의 약 1/4 수준에 불과

- 주요 21개국 주가지수도 연초 대비 41.2% 상승(2009.8.27)하면서 2008년 하락분(연초 대비 -45.6%)을 상당 부분 만회

• 국제자금시장의 신용경색 완화로 미 은행은 정부구제금융 지원금 조기상환을 추진했고, 한국의 은행은 외화유동성 조달여건이 개선

• 미 달러화에 대해 큰 폭으로 절하되었던 주요국의 통화가치도 금융불안이 진정되면서 강세로 전환

출처: 삼성경제연구소(2009.9.9.) "글로벌 금융위기 1년: 회고와 전망", CEO Information.

① TED 스프레드(spread)

#TED 스프레드#

TED는 미국 단기국채(T-bill)와 유로달러(EuroDollar)의 이니셜을 따서 만든 용어이다. 스프레드란 차액을 의미하므로, TED 스프레드는 3개월 만기 미국 국채금리와 리보금리(유로달러, LIBOR: London Inter Bank Offered Rate)의 차이를 의미한다. 순서 상으로는 3개월만기 리보금리에서 3개월 만기 미국채금리를 뺀 값이다. 리보금리는 미국 지역 밖의 금리이고, 미국채금리는 미국 지역 내 금리이니까, 만약 리보금리가 미국채금리보다 더 높다면 당연히 미국내 자본은 미국 지역을 벗어나려고 할 것이다. 따라서 리보금리와 미국채금리 간 격차가 크면 클수록 더 많은 미국내 자본이 미국 지역을 벗어나게 될 것이다. 이는 곧 미국 자본시장의 불안으로 이어지겠지?!?!

이러한 논리로 TED 스프레드는 미국 금융시장의 불안지표로 사용된다. 즉 TED 스프레드가 클수록 미국 금융시장은 불안하다고 판단할 수 있다. 정상적인 경제 상황에서 일반적으로 TED 스프레드는 경험적 수치가 0.1~0.5(%) 사이에서 움직인다. 예를 들어 2008~2009년 글로벌 금융위기 시절 TED 스프레드는 최고 4.57(%)까지 상승한 바 있다. 또한 코로나19 발생으로 2020년 1.4(%)로 확대된 바 있다.

TED 스프레드는 3개월만기물 금리 간 격차이므로 단기 지표에 해당된다. 리보금리는 시장이자이고 미국채금리는 일반적으로 무위험금리로 이야기한다. 미국채금리가 무위험금리인 이유는 국가가 망할 위험은 거의 없다고 보고 무위험이라고 간주하는 것이다. 무위험금리는 대체로 큰 폭으로 움직이는 것이 아니기 때문에 TED 스프레드가 확대된다면 그것은 시장금리인 리보금리가 큰 폭으로 움직인다는 뜻이다.

※리보금리: 런던에 있는 은행들이 서로 자금을 빌릴 때 적용하는 금리

TED 지수는 Investing.com, FRED 등 다양한 곳에서 자료를 얻을 수 있다. 여기서는 FRED에서 크롤링하는 방법을 연습해보자. 우선 필요한 패키지를 불러온다.

FRED에서 TED 스프레드 크롤링

[FRED 초기 화면]

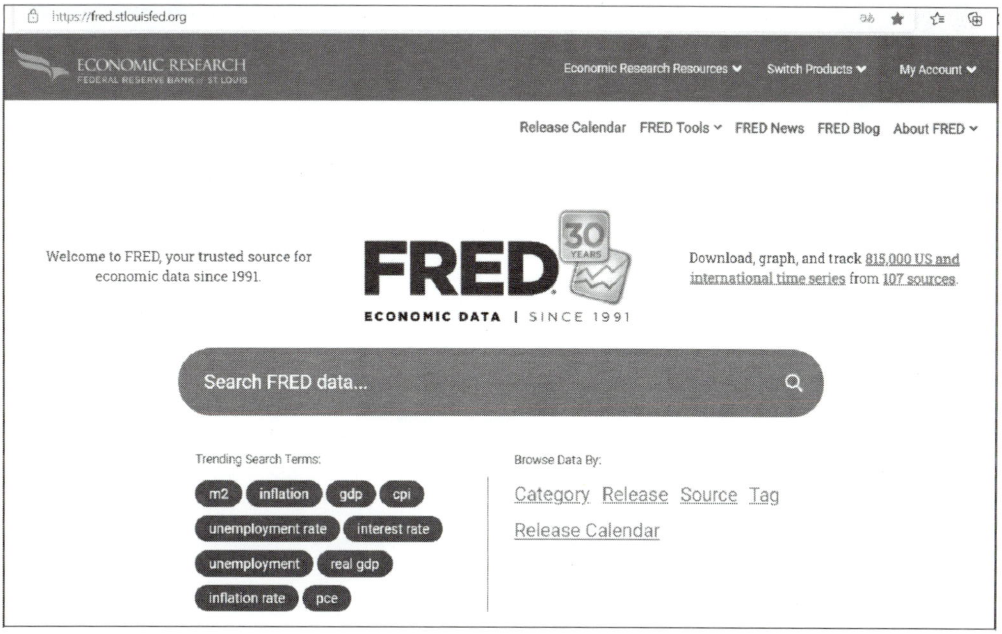

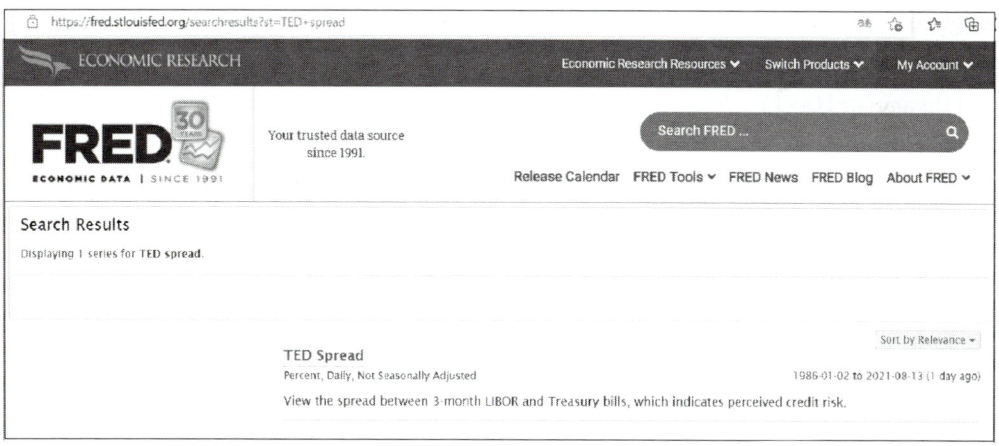

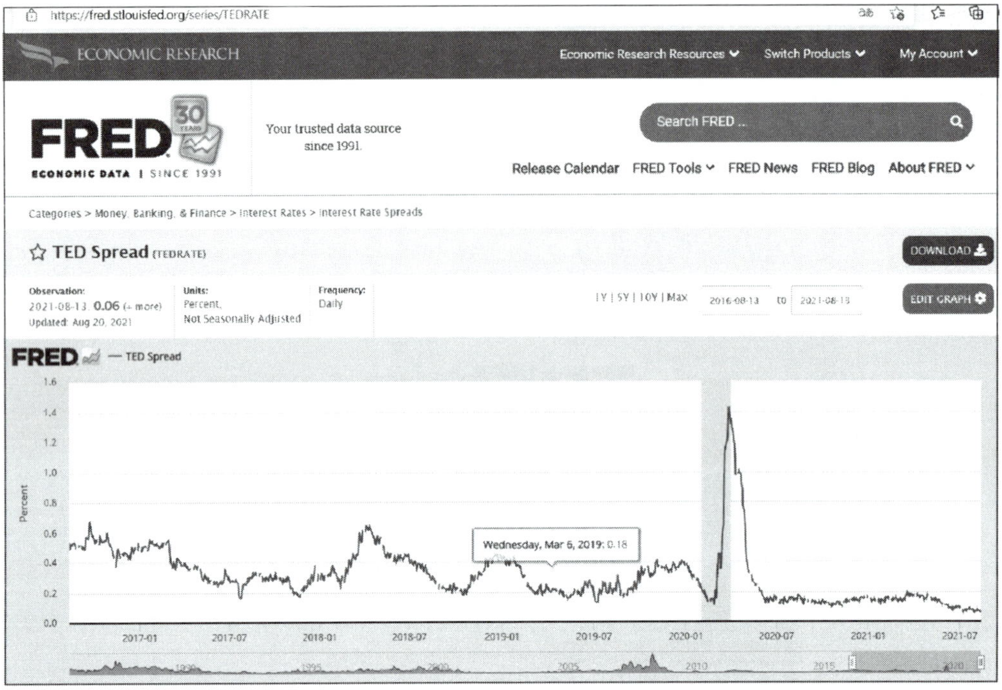

명령어

```
> library(TTR)
> library(quantmod)
> library(writexl)
```

이어서 getSymbols( ) 함수를 사용하여 TED 데이터를 가져오자. TED는 TEDRATE가 티커이고, src는 'FRED'로 한다.

명령어

```
> getSymbols('TEDRATE', src='FRED')
```

```
> getSymbols('TEDRATE', src='FRED')
'getSymbols' currently uses auto.assign=TRUE by default, but will
use auto.assign=FALSE in 0.5-0. You will still be able to use
'loadSymbols' to automatically load data. getOption("getSymbols.env")
and getOption("getSymbols.auto.assign") will still be checked for
alternate defaults.

This message is shown once per session and may be disabled by setting
```

```
options("getSymbols.warning4.0"=FALSE). See ?getSymbols for details.

[1] "TEDRATE"
```

[처리결과화면]

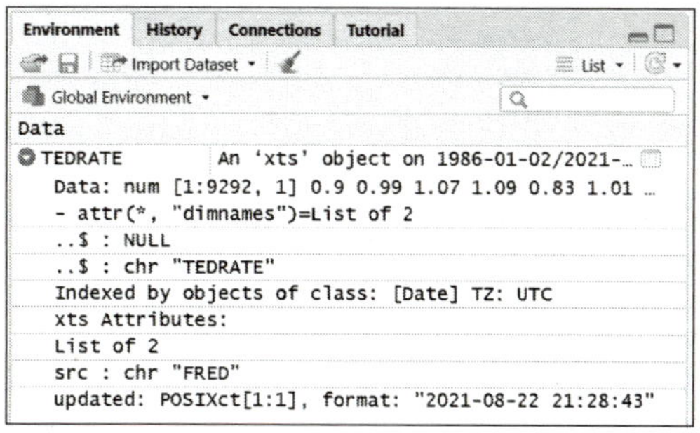

다음으로 그래프를 위한 도화지를 열어 두고, 데이터를 끌고와 그래프로 나타내라는 명령어를 작성하자.

명령어

```
> win.graph()
> chart_Series(TEDRATE)
```

[처리결과화면]

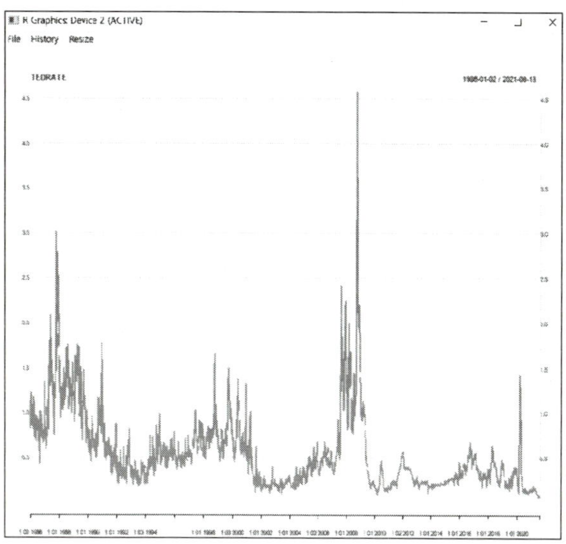

이번에는 TED 데이터를 확보하는 방법을 알아보자. 앞서 확보한 TEDRATE 자료를 View( ) 함수로 열람해 보면 다음과 같이 날짜별 수치를 보여준다.

[처리결과화면]

	TEDRATE
1986-01-02	0.90
1986-01-03	0.99
1986-01-06	1.07
1986-01-07	1.09
1986-01-08	0.83
1986-01-09	1.01
1986-01-10	1.04
1986-01-13	1.13
1986-01-14	1.13
1986-01-15	1.06
1986-01-16	1.11
1986-01-17	1.08
1986-01-20	NA

Showing 1 to 14 of 9,292 entries, 1 total columns

우선 TEDRATE 데이터를 데이터프레임으로 변환시키고, 첫 번째 줄에 변수명이 없으니 Date라는 변수명을 부여해주자. 변수명 부여는 row.names( ) 함수를 사용한다.

명령어

```
> TEDRATE_1=as.data.frame(get('TEDRATE'))
> TEDRATE_1$Date = row.names(TEDRATE_1)
```


```
> TEDRATE_1=as.data.frame(get('TEDRATE'))
> TEDRATE_1$Date = row.names(TEDRATE_1)
```


[처리결과화면]

```
Environment  History  Connections  Tutorial
Import Dataset ▾                         List ▾
Global Environment ▾
Data
TEDRATE        An ‘xts’ object on 1986-01-02/2021-…
   Data: num [1:9292, 1] 0.9 0.99 1.07 1.09 0.83 1.01 …
   - attr(*, "dimnames")=List of 2
   ..$ : NULL
   ..$ : chr "TEDRATE"
   Indexed by objects of class: [Date] TZ: UTC
   xts Attributes:
   List of 2
   src : chr "FRED"
   updated: POSIXct[1:1], format: "2021-08-22 21:28:43"
TEDRATE_1      9292 obs. of 2 variables
   TEDRATE: num 0.9 0.99 1.07 1.09 0.83 1.01 1.04 1.13…
   Date : chr "1986-01-02" "1986-01-03" "1986-01-06" "…
```

[처리결과화면]

	TEDRATE	Date
1986-01-02	0.90	1986-01-02
1986-01-03	0.99	1986-01-03
1986-01-06	1.07	1986-01-06
1986-01-07	1.09	1986-01-07
1986-01-08	0.83	1986-01-08
1986-01-09	1.01	1986-01-09
1986-01-10	1.04	1986-01-10
1986-01-13	1.13	1986-01-13
1986-01-14	1.13	1986-01-14
1986-01-15	1.06	1986-01-15
1986-01-16	1.11	1986-01-16
1986-01-17	1.08	1986-01-17
1986-01-20	NA	1986-01-20

Showing 1 to 14 of 9,292 entries, 2 total columns

명령어

```
> setwd("C:/Users/media")
> write.csv(TEDRATE_1, "TED202108.csv")
```



```
> setwd("C:/Users/media")
> write.csv(TEDRATE_1, "TED202108.csv")
```


[처리결과화면]

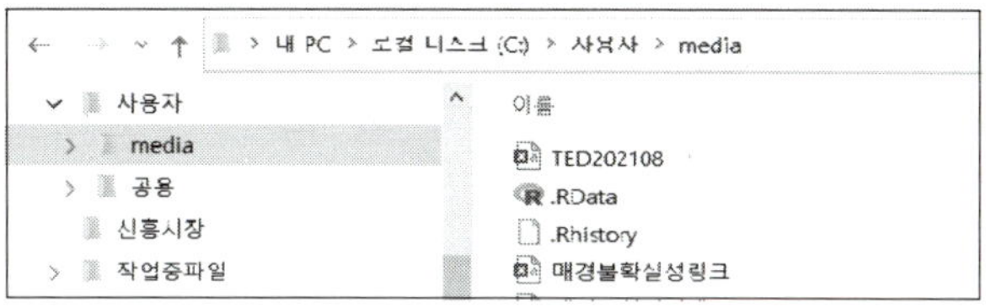

FRED에서 3개월물 LIBOR와 미 재무성 채권금리로 TED 추정하기

지금까지 진행한 TED 데이터는 사실 3개월물 LIBOR 자료와 미 재무성 채권 금리 간 격차로 구해지는 지수이다. 우선 두 기본 지표 데이터를 수집하도록 하자.

명령어

```
> getSymbols('USD3MTD156N', src='FRED')
[1] "USD3MTD156N"
> getSymbols('DTB3', src='FRED')
[1] "DTB3"
```

[처리결과화면]

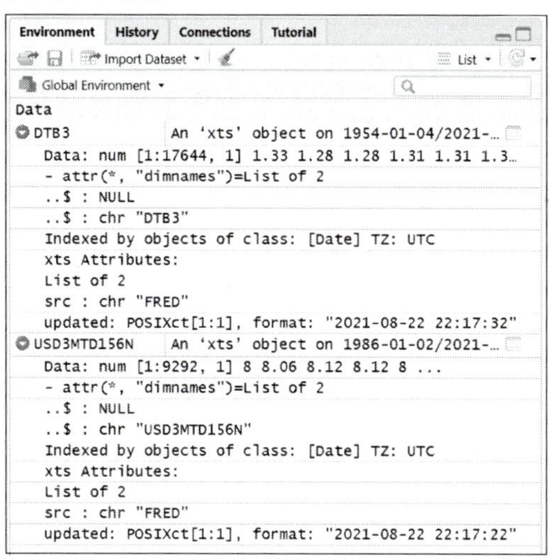

[처리결과화면: View(USD3M)]

	USD3MTD156N
1986-01-02	8.0000
1986-01-03	8.0625
1986-01-06	8.1250
1986-01-07	8.1250
1986-01-08	8.0000
1986-01-09	8.1875
1986-01-10	8.2500
1986-01-13	8.3750
1986-01-14	8.3750
1986-01-15	8.2500
1986-01-16	8.1875
1986-01-17	8.1875
1986-01-20	8.2500

Showing 1 to 14 of 9,292 entries, 1 total columns

[처리결과화면: View(DTB3)]

	DTB3
1954-01-04	1.33
1954-01-05	1.28
1954-01-06	1.28
1954-01-07	1.31
1954-01-08	1.31
1954-01-11	1.33
1954-01-12	1.30
1954-01-13	1.30
1954-01-14	1.28
1954-01-15	1.20
1954-01-18	1.20
1954-01-19	NA
1954-01-20	1.16

Showing 1 to 14 of 17,644 entries, 1 total columns

이렇게 준비된 두 개의 지표를 사용하여 두 지표의 차이값을 구해 TED 스프레드를 만들어보자.

명령어

```
> TED_spread <- USD3MTD156N - DTB3
> chart_Series(TED_spread)
```

[처리결과화면]

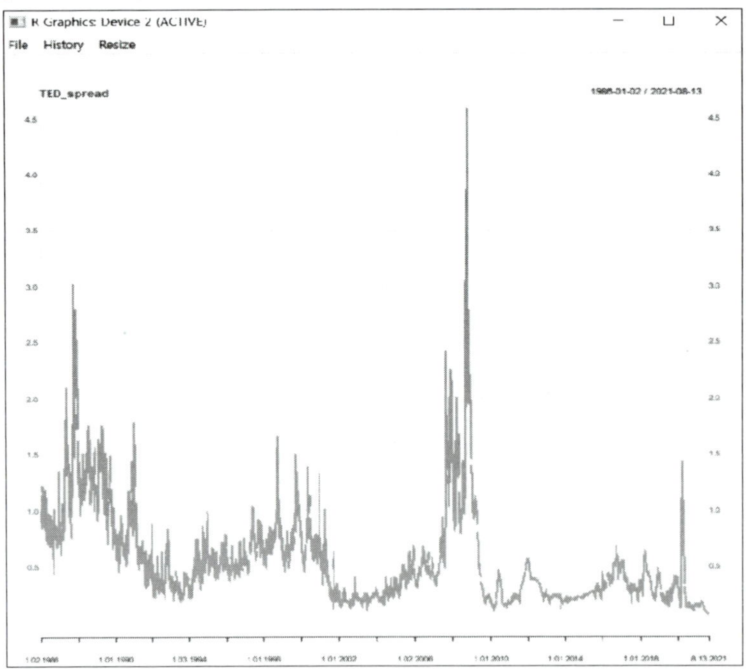

이제 계산한 TED 스프레드 값을 데이터프레임으로 전환하고, 날짜 변수명을 만들어 준 뒤, 작업디렉토리에 저장하자.

명령어

```
> TED_spread=as.data.frame(TED_spread)
> TED_spread$Date = row.names(TED_spread)
> setwd("C:/Users/media")
> write.csv(TED_spread, "TED_spread.csv") #날짜 자료가 제대로 저장 됨
```


```
> TED_spread=as.data.frame(TED_spread)
> TED_spread$Date = row.names(TED_spread)
> setwd("C:/Users/media")
> write.csv(TED_spread, "TED_spread.csv") #날짜 자료가 제대로 저장 됨
```


[처리결과화면]

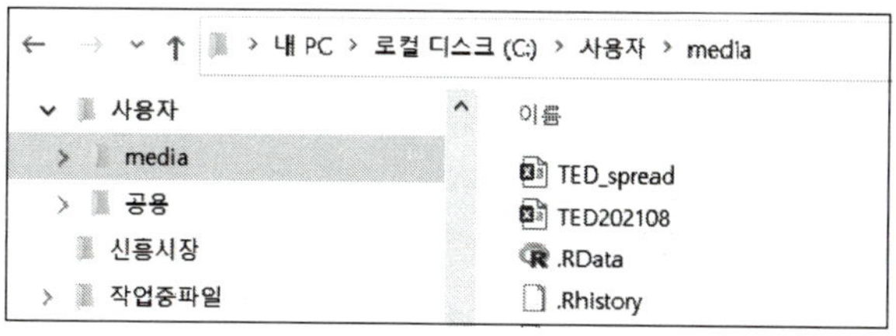

해석

처리결과 화면을 살펴보면, 작업디렉토리에 최종 결과물인 TED_spread.csv 파일이 저장되어 있음을 볼 수 있다.

② VIX 지수

#VIX 지수#

시카고옵션거래소 VIX 지수는 Volatility Index의 약자이다. 시카고 옵션거래소에 상장된 S&P 500 지수옵션의 변동성 지표를 의미한다. 향후 30일간 지수 변동에 대한 투자 기대 지수를 나타내는 것으로, 1993년 미국 듀크 대학의 로버트 E. 웨일리 교수가 개발했다.

예를 들어 VIX가 30이라면 향후 30일간 주가가 30%의 범위 내에서 변동을 보일 것이라고 시장 투자자들이 기대한다는 의미이다. VIX 지수는 시장 변동성이 커질수록 지수가 확대되는데, 시장 투자자들의 불안심리를 반영하는 것으로 '공포지수'라고도 불리운다. 시장투자자들이 불안심리가 커진다면 매도세가 강해질 것이고, 이는 곧 주가하락으로 이어질 가능성이 높다.

경험적으로 20~30 정도를 평균 수준으로 보고 있으며, 40~50 정도면 매수 타이밍(바닥권)이라고

평가한다. 물론 경우에 따라 이 수치는 달라질 수 있다. 대표적으로 코로나19가 발생하자 VIX 지수는 80이상으로 확대된 바 있다. VIX지수의 흐름은 주가지수 흐름과 반대 방향으로 흘러가는 것이 일반적이다.

VIX 지수도 FRED, 야후 등 여러 곳에서 자료를 확보할 수 있다. 우선 FRED에서 자료를 수집해보자.

FRED에서 VIX 크롤링

[처리결과화면: FRED VIX 화면]

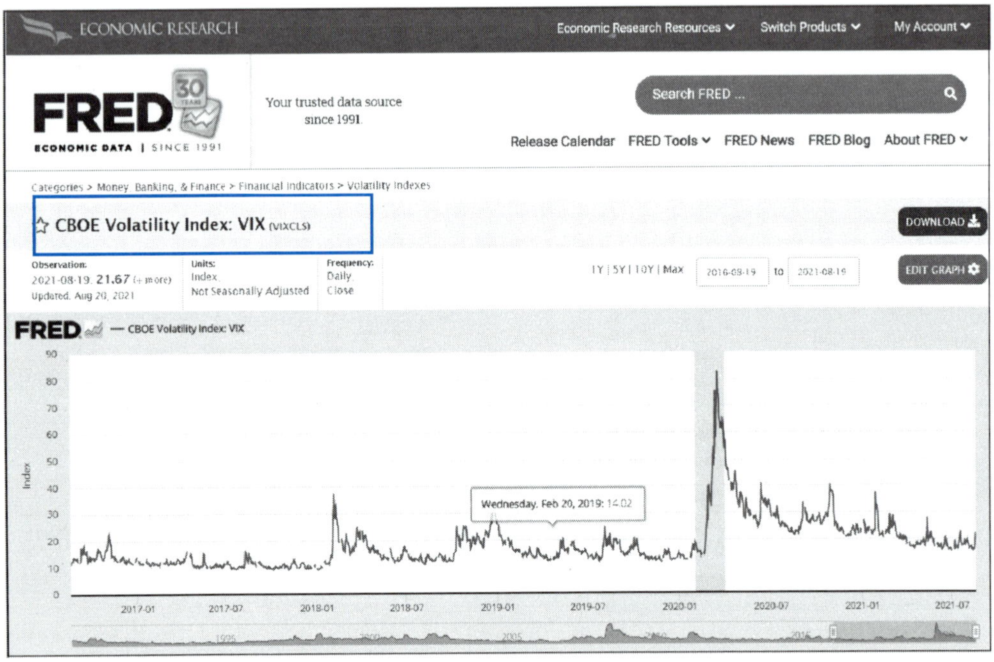

해석

처리결과 화면을 살펴보면, FRED에서 제공되는 VIX는 티커가 VIXCLS임을 알 수 있다.

명령어

```
> library(TTR)
> library(quantmod)
```

[처리결과화면]

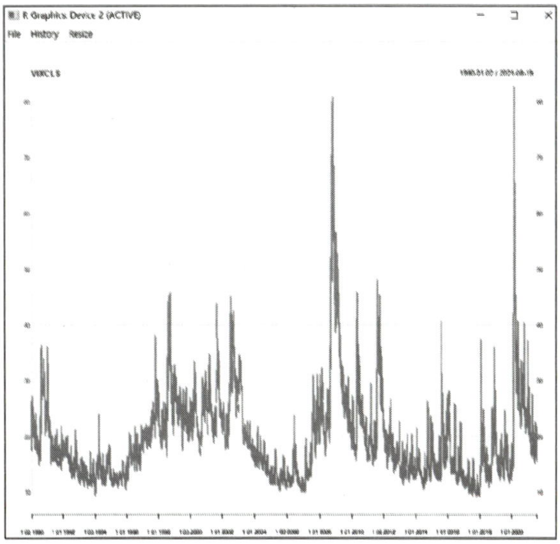

[처리결과화면]

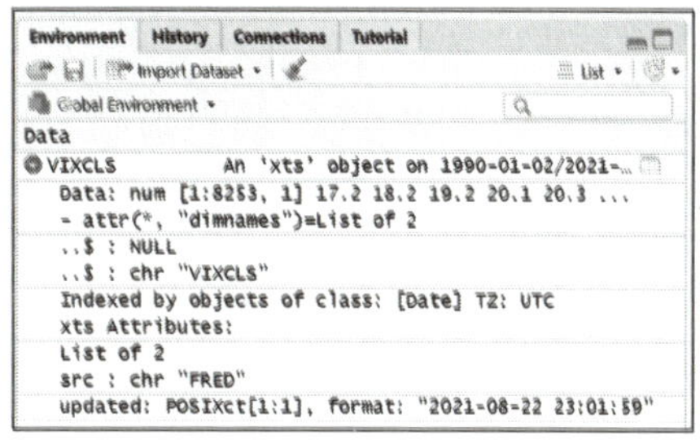

야후에서 VIX 크롤링

이번에는 야후에서 VIX 자료를 크롤링해보자.

명령어

```
> getSymbols("^VIX", src="yahoo") # VIX는 주식시장이 S&P 500 지수 옵션에 기반한 변동성을 측정하는 한 방식
> win.graph()
> chart_Series(VIX)
```

```
> getSymbols("^VIX", src="yahoo") # VIX는 주식시장이 S&P 500 지수 옵션에 기반한 변동성을 측정하는 한 방식
[1] "^VIX"
Warning message:
^VIX contains missing values. Some functions will not work if objects contai
n missing values in the middle of the series. Consider using na.omit(), na.ap
prox(), na.fill(), etc to remove or replace them.
```

[처리결과화면]

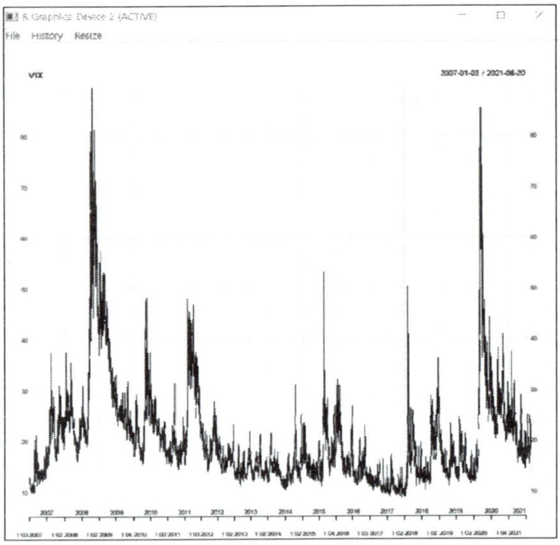

[처리결과화면]

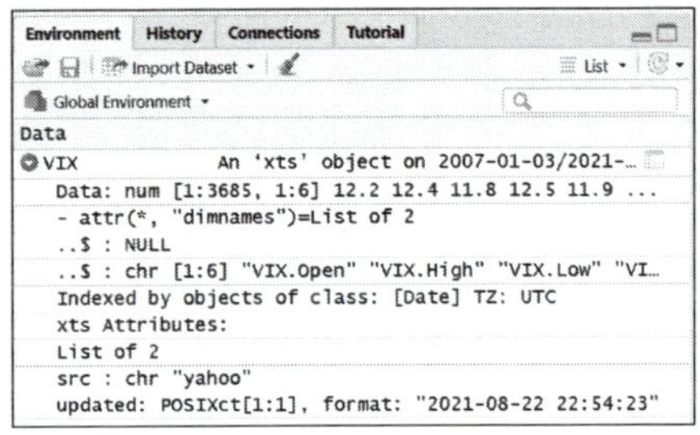

③ CDS 프리미엄

#CDS 프리미엄#

Credit Default Swap Premium은 신용부도스왑으로 번역되기도 한다. 국가나 기업의 부도에 대비한 보험료 같은 의미이다. 국가나 기업이 발행하는 채권에 대해 발행 주체인 국가나 기업이 부도날 위험에 대비해서 리스크를 헤지하기 위해 준비된 파생상품의 하나이다. 국가나 기업이 발행한 채권을 구입한 은행이 제3의 금융회사와 보험 계약을 맺고, 원금 보장을 받는 대신 제3의 금융회사에게 정기적으로 수수료를 지급하게 된다. 이때 해당 수수료를 CDS 프리미엄이라고 한다.

CDS 프리미엄이 높다는 것은 해당 발행 주체(국가나 기업)의 신용도가 그만큼 낮다는 것을 의미한다. 신용도가 낮으니 수수료를 많이 내야 보험 계약이 가능할 것이다. CDS 프리미엄은 오늘날 해당 발행 주체(국가나 기업)의 신용도 수준을 알아보는 지표로 사용된다.

CDS 프리미엄은 만분의 1을 의미하는 bp(basis point)로 표기하며, 500bp면 5%에 해당된다. CDS는 만기에 따라 다양한 상품이 존재하는데, 시장에서는 만기5년물이 가장 활발하게 거래되고 있다. 따라서 일반적으로 CDS 프리미엄 수치를 살펴볼 때 만기5년물 상품을 기준으로 거론된다. CDS 프리미엄이 국가신용도 지표로 사용된 것은 오래되지 않았다. 2000년대 초반까지만 해도 외평채 가산금리를 국가신용도 지표로 사용했었다. 그렇다면 CDS는 누가 만든 상품일까? 1995년 JP 모건이 처음 CDS 거래를 도입한 것으로 알려져 있다.

[국채 CDS 프리미엄 보고서 사례]

2021년 7월 세계경제 현황

▣ 선진국과 신흥국 위기 수습으로 개선 되던 금융 지표가 7월 들어 소폭 상승

◈ 신용위험 회복으로 TED 스프레드 안정 강화

- 5월~6월 연속 전년 동월 대비 큰 폭으로 하락하던 자금흐름 변동성이 7월 들어 등락보이며 소폭 상승
- 0.12(2021.5.25.) -> 0.10(2021.6.24.) -> 0.06(2021.7.08.) -> 0.08(2021.7.23.) 로 등락을 보이며 소폭 상승

〈TED 스프레드(좌축)와 VIX 지수(우축)〉

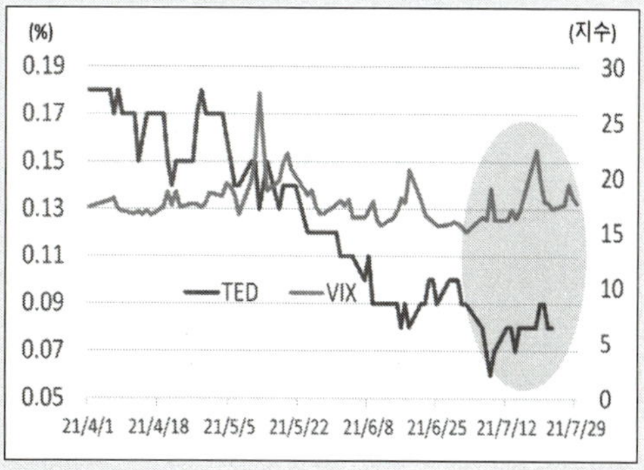

◈ 공포지수인 VIX 지수 안정세 회복 강화

- 투자자 불안심리 완화로 금융시장 청신호
- 31.23(2020.4.29.)에서 17.61(2021.4.29.)로 하락 -> 전월 16.76(2021.5.28.)에 이어 6월 15.83(2021.6.30.)으로 지속 하락 -> 7월 들어 17.7(2021.7.29.)로 상승

▣ 동반 회복세를 보이던 선진국과 신흥국 국가신용도가 대조적 흐름을 보이기 시작

◈ 국가신용도를 나타내는 CDS(Credit Default Swap, 신용부도스왑) 지수가 동반 회복세 추이

- 미국을 포함한 주요 선진국들은 CDS 프리미엄이 하락세 유지: 국가신용도 회복 신호
- 주요 신흥국 CDS 프리미엄이 연속 하락세에서 상승세로 전환: 국가신용도 우려 반영

◈ 상승세를 보이던 미국을 포함, 영국 및 이탈리아 등 주요국 CDS 프리미엄이 4월부터 연속 하락

- 미국: 8.9bp(21.4.30.) -> 9.5bp(21.5.31.) -> 10.7bp(21.7.1.) -> 9.5bp(21.8.01.)
- 영국: 12.35bp(21.4.30.) -> 11.15bp(21.6.2.) -> 11.1bp(21.7.1.) -> 9.92bp(21.8.01.)

◈ 러시아를 제외한 주요 신흥국 CDS 프리미엄이 하락세를 지속하다 7월 들어 소폭 상승

- 러시아: 103.94bp(21.4.30.) -> 98.0bp(21.6.02.) -> 88.16bp(21.7.01.) -> 86.19bp
- 브라질: 189.80bp(21.4.30.) -> 167.3bp(21.6.02.) -> 164.6bp(21.7.01.) -> 175.8bp

국가	S&P 등급	만기5년물 CDS	국가	S&P 등급	만기5년물 CDS
미국	AA+	10.70 -> 9.50	덴마크	AAA	7.80 -> 7.87
영국	AA	10.01 -> 9.92	스웨덴	AAA	8.94 -> 8.80
이탈리아	BBB	73.80 -> 73.40	노르웨이	AAA	10.20 -> 10.40
브라질	BB	164.6 -> 175.8	아일랜드	AA	16.20 -> 16.80
러시아	BBB	88.16 -> 86.19	호주	AAA	15.57 -> 15.58
독일	AAA	10.20 -> 10.00	포르투갈	BBB	29.60 -> 28.90
일본	A+	16.50 -> 17.30	캐나다	AAA	37.80 -> 37.80
한국	AA	18.03 -> 18.50	멕시코	BBB	92.12 -> 95.07
중국	A+	36.00 -> 39.25	터키	B+	375.66 -> 373.6

주: 2021.8.1. 기준; CDS는 7월초(1일) -> 8월초(1일) 기준 수치

출처: 월간 강원경제(2021.08)

[국채 CDS 프리미엄 신문기사]

韓 부도위험 영국 · 캐나다보다 낮아…CDS 2007년 이후 최저

2차 북미 정상회담·양호한 건전성 평가 등 반영

한국의 국가부도위험지표가 2007년 이후 가장 낮은 수준까지 떨어졌다.

26일 한국의 5년 만기 외국환평형기금(외평채)에 붙는 신용부도스와프(CDS) 프리미엄은 29bp(1bp=0.01%포인트)다. CDS 프리미엄은 국가 부도 때 국채 원금을 돌려주는 파생상품으로, 흔히 부도 위험을 나타내는 지표로 사용된다. CDS 프리미엄이 높을수록 부도 위험이 높은 것으로 평가된다.

29bp는 2007년 4월 26일 14bp를 기록한 후 약 12년 만에 가장 낮은 수준이다. 금융위기 이전에는 CDS 거래가 활발하지 않아 적정 시장가격이 존재하지 않았다는 점에서 사실상 역대 최저치라는 평가도 나온다.

특히 지난해 영국·프랑스·중국 등 대다수 국가의 CDS 프리미엄이 상승하는 상황에서 우리나라는 큰 폭으로 하락해 대조를 이뤘다. 캐나다(31bp), 영국(35bp) 등보다도 낮다.

한국의 CDS 프리미엄은 2017년 9월 북한 핵실험 등으로 76bp까지 상승했지만, 남북관계 개선 영향으로 최근까지 하락세가 계속되고 있다. 현재 우리나라의 CDS 프리미엄은 전 세계 14위로 신흥국 중 가장 낮은 수준이다.

정부는 2차 북미 정상회담 개최에 따른 북미 관계 개선 기대감이 영향을 미친 것으로 보고 있다. 한국의 양호한 대내외 건전성이 신흥국과 차별화되고 있다는 점도 이유로 꼽힌다. 올해 들어 미·중 무역협상 진전, 미국 연방준비제도(Fed)의 완화적 정책 기조 등으로 대외 불확실성이 줄어든 점도 긍정적이다.

CDS 프리미엄은 국내 기업·금융기관의 외화조달 금리 산정 기준이 되는 만큼 앞으로 이들의 차입 비용을 줄이는 데 도움이 될 것으로 보인다.

출처: 한국경제(2019.02.26)
https://www.hankyung.com/economy/article/2019022677797 (검색일: 2021.08.27)

CDS 프리미엄 데이터는 Investing.com에서 편리하게 수집할 수 있다. RSelenium을 사용하여 주요국 CDS 프리미엄 자료를 크롤링해보자. 명심할 것은 반드시 CMD 창을 열어 두고 시작해야 한다는 점이다. CMD 창을 열고 RSelenium을 사용하기 위한 기초 작업을 진행하도록 하자.

[처리결과화면: CMD 창 열기]

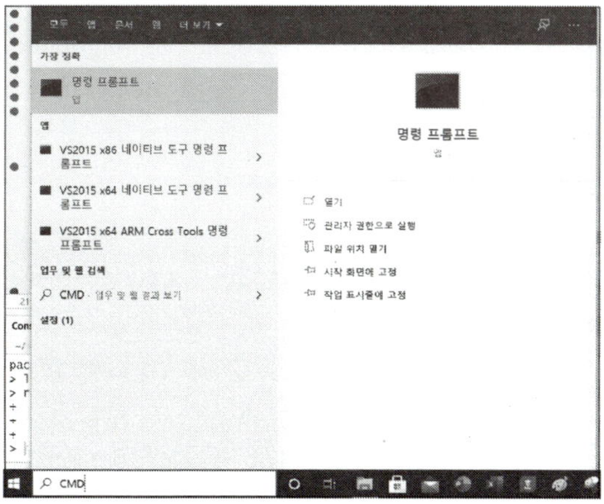
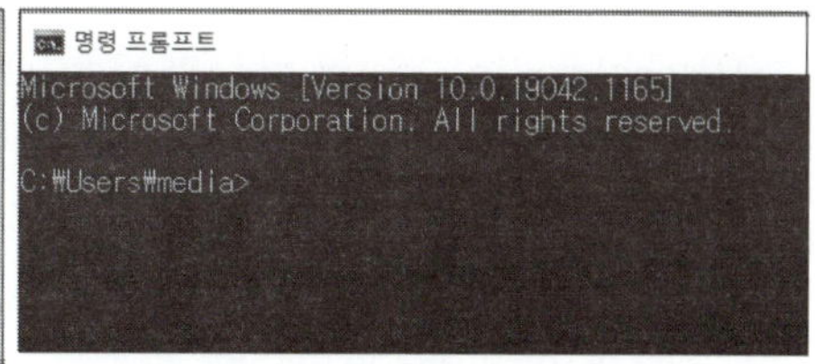

CMD 창에서 1) RSelenium 폴더로 이동하고, 명령어는 "cd C:/Users/작업디렉토리/Documents/RSelenium"이다, 2) 이후 자바 파일을 설치하는 작업을 수행한다. 이때 다운로드 받은 셀레니움 파일의 standalone 뒤에 나와 있는 숫자(여기서는 3.141.59)와 일치되도록 유념해야 한다. 그리고 해당 cmd 창은 계속 열어두어야 한다.

※ 크롬드라이버를 수시로 업데이트하기 때문에 이들 세 개의 데이터 가운데 크롬드라이버 버전이 맞는 것을 다운로드하여 RSelenium 폴더 안에 넣어두어야 한다.

```
① cd C:\Users/작업디렉토리/Documents/RSelenium
② java -Dwebdriver.gecko.driver="geckodriver.exe" -jar selenium-server-s
tandalone-3.141.59.jar -port 4445
```

[처리결과화면: 처리 1단계]

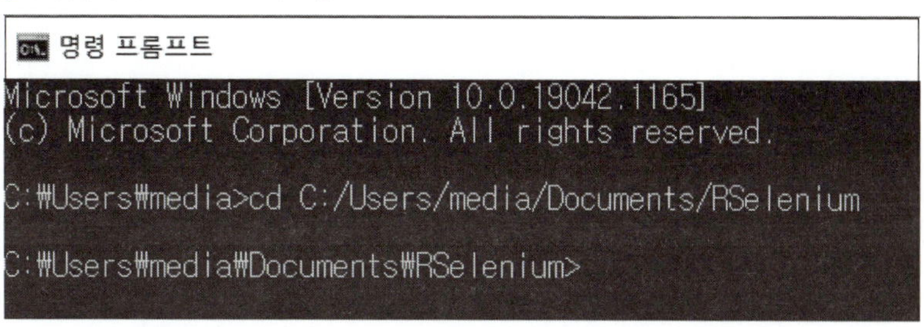

[처리결과화면: 처리완료상태]

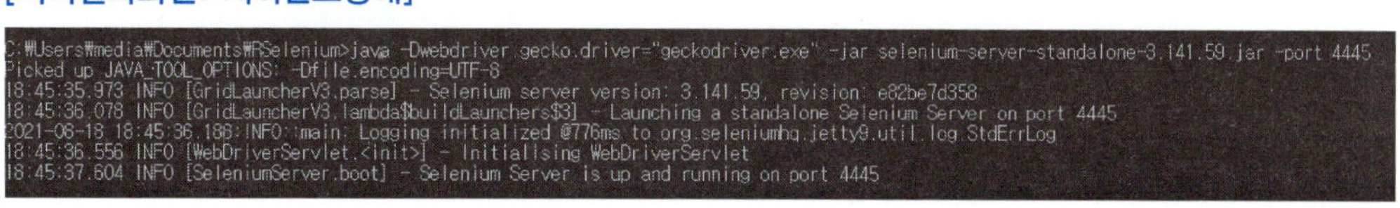

[처리결과화면: 상세]

```
C:\Users\media\Documents\RSelenium>java -Dwebdriver.gecko.driver="geckod
river.exe" -jar selenium-server-standalone-3.141.59.jar -port 4445
Picked up JAVA_TOOL_OPTIONS: -Dfile.encoding=UTF-8
18:45:35.973 INFO [GridLauncherV3.parse] - Selenium server version: 3.141.
59, revision: e82be7d358
18:45:36.078 INFO [GridLauncherV3.lambda$buildLaunchers$3] - Launching a
standalone Selenium Server on port 4445
2021-08-18 18:45:36.188:INFO::main: Logging initialized @776ms to org.sele
niumhq.jetty9.util.log.StdErrLog
18:45:36.556 INFO [WebDriverServlet.<init>] - Initialising WebDriverServle
t
18:45:37.604 INFO [SeleniumServer.boot] - Selenium Server is up and running
on port 4445
```

자 이제 CMD 창을 열어 두는 작업이 완료되었으니 본격적으로 RStudio에서 필요한 패키지를 불러오도록 하자.

명령어

```
> library(xml2)
> library(rvest)
> library(dplyr)
> library(stringr)
> library(data.table)
> library(RSelenium)
> library(seleniumPipes)
> library(httr)
```

```
> library(xml2)
> library(rvest)
> library(dplyr)

Attaching package: 'dplyr'

The following objects are masked from 'package:stats':

    filter, lag
```

```
The following objects are masked from 'package:base':

    intersect, setdiff, setequal, union

> library(stringr)
> library(data.table)
data.table 1.13.4 using 4 threads (see ?getDTthreads).  Latest news: r-datat
able.com

Attaching package: 'data.table'

The following objects are masked from 'package:dplyr':

    between, first, last

> library(RSelenium)
Warning message:
package 'RSelenium' was built under R version 4.0.5
> library(seleniumPipes)
Loading required package: httr
Loading required package: jsonlite
Loading required package: magrittr
Loading required package: whisker

Attaching package: 'seleniumPipes'

The following object is masked from 'package:rvest':

    back

Warning message:
package 'seleniumPipes' was built under R version 4.0.5
> library(httr)
```

다음에는 remoteDriver( ) 함수를 이용해서 Selenium과 크롬(chrome) 브라우저를 연동시키는 작업이 필요하다.

명령어

```
> remDr = remoteDriver(
+   remoteServerAddr="localhost",
+   port=4445L,
+   browserName="chrome")
```

```
> remDr = remoteDriver(
+   remoteServerAddr="localhost",
+   port=4445L,
+   browserName="chrome")
```

이제 연동이 시작되도록 작동시켜보자. Selenium으로 조종되는 크롬창이 뜬다.

명령어

```
> remDr$open()
```

```
> remDr$open()
[1] "Connecting to remote server"
$acceptInsecureCerts
[1] FALSE

$browserName
[1] "chrome"

$browserVersion
[1] "92.0.4515.131"

$chrome
$chrome$chromedriverVersion
[1] "92.0.4515.107 (87a818b10553a07434ea9e2b6dccf3cbe7895134-refs/branch
-heads/4515@{#1634})"

$chrome$userDataDir
[1] "C:\\Users\\media\\AppData\\Local\\Temp\\scoped_dir14604_2108986402"

$`goog:chromeOptions`
$`goog:chromeOptions`$debuggerAddress
```

```
[1] "localhost:65075"

$networkConnectionEnabled
[1] FALSE

$pageLoadStrategy
[1] "normal"

$platformName
[1] "windows"

$proxy
named list()

$setWindowRect
[1] TRUE

$strictFileInteractability
[1] FALSE

$timeouts
$timeouts$implicit
[1] 0

$timeouts$pageLoad
[1] 300000

$timeouts$script
[1] 30000

$unhandledPromptBehavior
[1] "dismiss and notify"

$`webauthn:extension:credBlob`
[1] TRUE

$`webauthn:extension:largeBlob`
[1] TRUE
```

```
$`webauthn:virtualAuthenticators`
[1] TRUE

$webdriver.remote.sessionid
[1] "6f8922039a566c15ebddb25d4aff84ab"

$id
[1] "6f8922039a566c15ebddb25d4aff84ab"
```

[처리결과화면: 크롬창이 열린 상태]

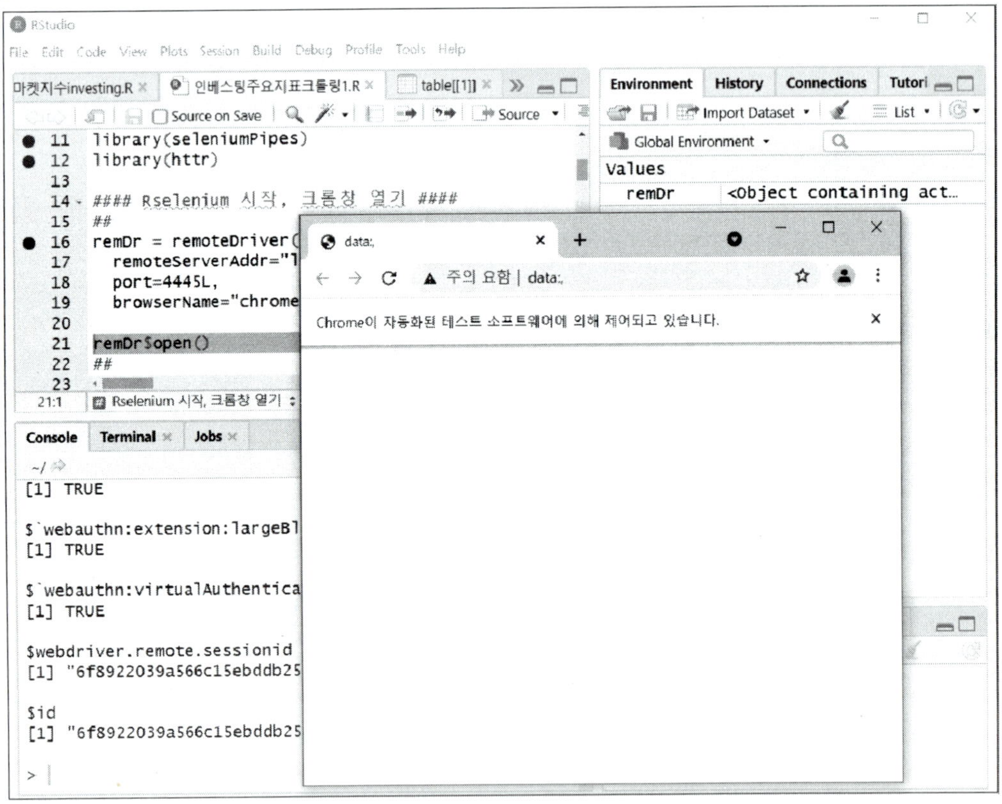

해석

처리결과 화면을 살펴보면, 크롬창이 열리고 관련 명령어들이 RStudio 창에서 처리되고 있음을 볼 수 있다.

[처리결과화면]

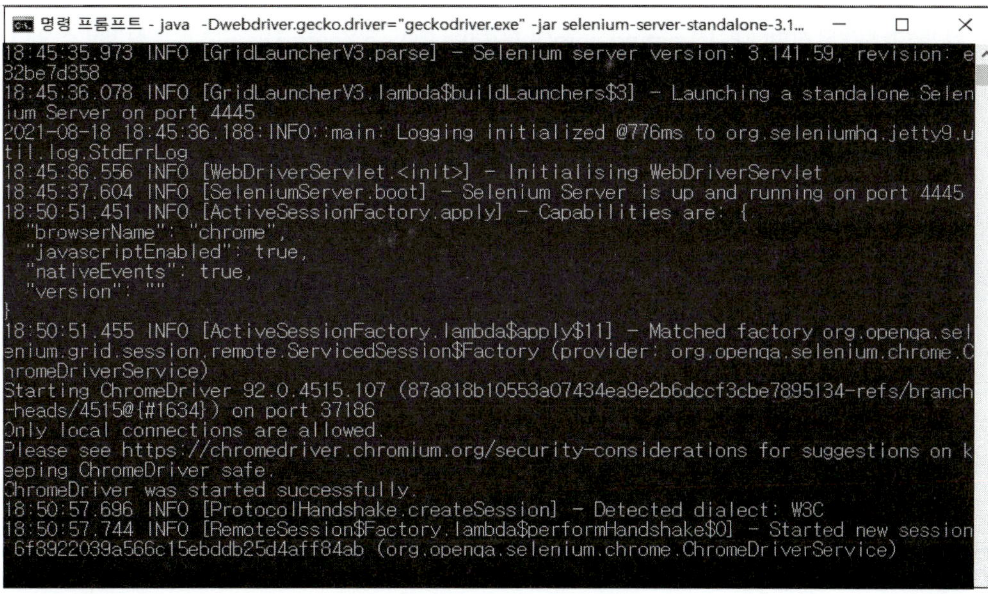

해석

처리결과 화면을 살펴보면, CMD 창에서도 무언가 명령어가 처리되고 있음을 알 수 있다. 이 화면에서의 내용은 무시하고 RStudio에서 계속 작업을 진행하면 된다.

이제 Investing.com에서 주요국 CDS 프리미엄 자료를 수집해보자. 우선 Investing.com 화면에서 어떤 국가의 CDS 프리미엄 자료를 제공하고 있는지 열람해보자. CDS 상품 가운데 기준 상품이 되고 있는 만기 5년물을 찾아보자(검색창에 cds 5 years를 기입).

[처리결과화면: Investing.com에서 CDS 5 Years 제공 리스트]

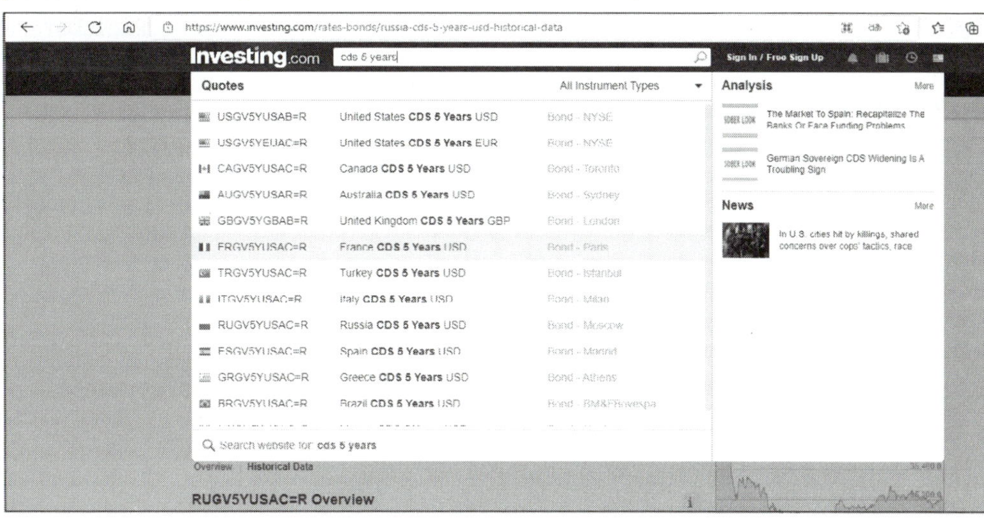

해석

처리결과 화면을 살펴보면, Investing.com이 제공하는 CDS 5 Years 자료 리스트를 살펴볼 수 있다.

우선 미국의 만기 5년물 CDS 프리미엄 자료를 일별 자료로 크롤링하고, 수집 기간은 2017년 1월 1일~2021년 8월 18일까지로 설정해주자.

명령어

```
> links <- c()
> basic_url <- "https://kr.investing.com/"
> basic_url2 <- "rates-bonds/united-states-cds-5-years-usd-historical-data"
> url <- paste0(basic_url, basic_url2)
> remDr$navigate(url)
```

```
> links <- c()
> basic_url <- "https://kr.investing.com/"
> basic_url2 <- "rates-bonds/united-states-cds-5-years-usd-historical-dat
a"
> url <- paste0(basic_url, basic_url2)
> remDr$navigate(url)
```

명령어

```
> intvl_btn <- remDr$findElement(using="xpath", value='//*[@id="data_interva
l"]/option[1]') #이건 언제나 동일
> intvl_btn$clickElement()
> picker_btn <- remDr$findElement("xpath", value='//*[@id="widgetFieldDateRa
nge"]')
> picker_btn$clickElement() #달력표시 노출시키기
> picker <- remDr$findElement("xpath", value='//*[@id="startDate"]')
> picker$clearElement() #시작일자 입력창 정보를 지우고 빈칸으로 남기기
> picker$sendKeysToElement(list("2017/01/01")) #시작일자 입력하기
> picker <- remDr$findElement("xpath", value='//*[@id="endDate"]')
> picker$clearElement() #종료일자 자료 지우고 빈칸 남기기
> picker$sendKeysToElement(list("2021/08/18")) #종료일자 입력
> picker_apply <- remDr$findElement("xpath", value='//*[@id="applyBtn"]')
> picker_apply$clickElement()
> body <- remDr$getPageSource()[[1]]
> html <- read_html(body)
```

```
> Sys.setlocale("LC_ALL", "English") # R 시스템을 English 환경으로 변환해야 함.
한글 텍스트가 깨짐
> table <- html %>% html_nodes(xpath='//*[@id="curr_table"]') %>% html_table()
# html_table()로 table 추출
> Sys.setlocale("LC_ALL", "Korean") # 다시 R 시스템을 Korean 환경으로 변환
> setwd("C:/Users/media/") #작업디렉토리 지정하기
> write.csv(table, "USGV5YUSAB=R.csv")
```

```
> intvl_btn <- remDr$findElement(using="xpath", value='//*[@id="data_inte
rval"]/option[1]') #이건 언제나 동일
> intvl_btn$clickElement()
> picker_btn <- remDr$findElement("xpath", value='//*[@id="widgetFieldDat
eRange"]')
> picker_btn$clickElement() #달력표시 노출시키기
> picker <- remDr$findElement("xpath", value='//*[@id="startDate"]')
> picker$clearElement() #시작일자 입력창 정보를 지우고 빈칸으로 남기기
> picker$sendKeysToElement(list("2017/01/01")) #시작일자 입력하기
> picker <- remDr$findElement("xpath", value='//*[@id="endDate"]')
> picker$clearElement() #종료일자 자료 지우고 빈칸 남기기
> picker$sendKeysToElement(list("2021/08/18")) #종료일자 입력
> picker_apply <- remDr$findElement("xpath", value='//*[@id="applyBtn"]')
> picker_apply$clickElement()
> body <- remDr$getPageSource()[[1]]
> html <- read_html(body)
> Sys.setlocale("LC_ALL", "English") # R 시스템을 English 환경으로 변환해야 함.
한글 텍스트가 깨짐
[1] "LC_COLLATE=English_United States.1252;LC_CTYPE=English_United State
s.1252;LC_MONETARY=English_United States.1252;LC_NUMERIC=C;LC_TIME=Engli
sh_United States.1252"
> table <- html %>% html_nodes(xpath='//*[@id="curr_table"]') %>% html_tab
le() # html_table()로 table 추출
> Sys.setlocale("LC_ALL", "Korean") # 다시 R 시스템을 Korean 환경으로 변환
[1] "LC_COLLATE=Korean_Korea.949;LC_CTYPE=Korean_Korea.949;LC_MONETARY=K
orean_Korea.949;LC_NUMERIC=C;LC_TIME=Korean_Korea.949"
> setwd("C:/Users/media/") #작업디렉토리 지정하기
> write.csv(table, "USGV5YUSAB=R.csv")
```

[처리결과화면]

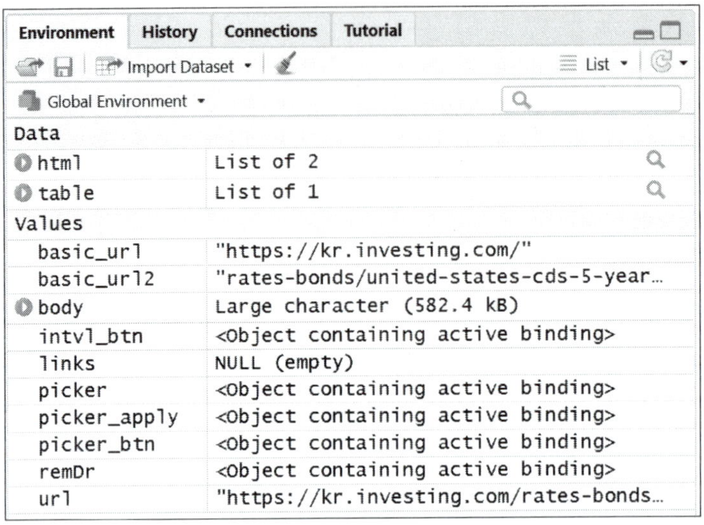

다음에는 영국 CDS 5년물 프리미엄을 크롤링하자.

명령어

```
> remDr = remoteDriver(
+   remoteServerAddr="localhost",
+   port=4445L,
+   browserName="chrome")
> remDr$open()
> links <- c()
> basic_url <- "https://kr.investing.com/"
> basic_url2 <- "rates-bonds/uk-cds-5-years-gbp-historical-data"
> url <- paste0(basic_url, basic_url2)
> remDr$navigate(url)
> intvl_btn <- remDr$findElement(using="xpath", value='//*[@id="data_interval"]/option[1]') #이건 언제나 동일
> intvl_btn$clickElement()
> picker_btn <- remDr$findElement("xpath", value='//*[@id="widgetFieldDateRange"]')
> picker_btn$clickElement() #달력표시 노출시키기
> picker <- remDr$findElement("xpath", value='//*[@id="startDate"]')
> picker$clearElement() #시작일자 입력창 정보를 지우고 빈칸으로 남기기
> picker$sendKeysToElement(list("2017/01/01")) #시작일자 입력하기
> picker <- remDr$findElement("xpath", value='//*[@id="endDate"]')
> picker$clearElement() #종료일자 자료 지우고 빈칸 남기기
```

```
> picker$sendKeysToElement(list("2021/08/18")) #종료일자 입력
> picker_apply <- remDr$findElement("xpath", value='//*[@id="applyBtn"]')
> picker_apply$clickElement()
> body <- remDr$getPageSource()[[1]]
> html <- read_html(body)
> Sys.setlocale("LC_ALL", "English") # R 시스템을 English 환경으로 변환해야 함.
한글 텍스트가 깨짐
> table <- html %>% html_nodes(xpath='//*[@id="curr_table"]') %>% html_table()
# html_table()로 table 추출
> Sys.setlocale("LC_ALL", "Korean") # 다시 R 시스템을 Korean 환경으로 변환
> setwd("C:/Users/media/") #작업디렉토리 지정하기
> write.csv(table, "GBGV5YGBAB=R.csv")
```

```
> links <- c()
> basic_url <- "https://kr.investing.com/"
> basic_url2 <- "rates-bonds/uk-cds-5-years-gbp-historical-data"
> url <- paste0(basic_url, basic_url2)
> remDr$navigate(url)
> intvl_btn <- remDr$findElement(using="xpath", value='//*[@id="data_inte
rval"]/option[1]') #이건 언제나 동일
> intvl_btn$clickElement()
> picker_btn <- remDr$findElement("xpath", value='//*[@id="widgetFieldDat
eRange"]')
> picker_btn$clickElement() #달력표시 노출시키기
> picker <- remDr$findElement("xpath", value='//*[@id="startDate"]')
> picker$clearElement() #시작일자 입력창 정보를 지우고 빈칸으로 남기기
> picker$sendKeysToElement(list("2017/01/01")) #시작일자 입력하기
> picker <- remDr$findElement("xpath", value='//*[@id="endDate"]')
> picker$clearElement() #종료일자 자료 지우고 빈칸 남기기
> picker$sendKeysToElement(list("2021/08/18")) #종료일자 입력
> picker_apply <- remDr$findElement("xpath", value='//*[@id="applyBtn"]')
> picker_apply$clickElement()
> body <- remDr$getPageSource()[[1]]
> html <- read_html(body)
> Sys.setlocale("LC_ALL", "English") # R 시스템을 English 환경으로 변환해야 함.
한글 텍스트가 깨짐
[1] "LC_COLLATE=English_United States.1252;LC_CTYPE=English_United State
s.1252;LC_MONETARY=English_United States.1252;LC_NUMERIC=C;LC_TIME=Engli
sh_United States.1252"
> table <- html %>% html_nodes(xpath='//*[@id="curr_table"]') %>% html_tab
```

```
le() # html_table()로 table 추출
> Sys.setlocale("LC_ALL", "Korean") # 다시 R 시스템을 Korean 환경으로 변환
[1] "LC_COLLATE=Korean_Korea.949;LC_CTYPE=Korean_Korea.949;LC_MONETARY=K
orean_Korea.949;LC_NUMERIC=C;LC_TIME=Korean_Korea.949"
> setwd("C:/Users/media/") #작업디렉토리 지정하기
> write.csv(table, "GBGV5YGBAB=R.csv")
```

다음에는 러시아, 멕시코, 브라질, 이탈리아, 스페인의 CDS 5년물 프리미엄을 차례대로 크롤링하자.

러시아 크롤링

명령어

```
> remDr = remoteDriver(
+   remoteServerAddr="localhost",
+   port=4445L,
+   browserName="chrome")
> remDr$open()
> links <- c()
> basic_url <- "https://kr.investing.com/"
> basic_url2 <- "rates-bonds/russia-cds-5-years-usd-historical-data"
> url <- paste0(basic_url, basic_url2)
> remDr$navigate(url)
> intvl_btn <- remDr$findElement(using="xpath", value='//*[@id="data_interva
l"]/option[1]') #이건 언제나 동일
> intvl_btn$clickElement()
> picker_btn <- remDr$findElement("xpath", value='//*[@id="widgetFieldDateRa
nge"]')
> picker_btn$clickElement() #달력표시 노출시키기
> picker <- remDr$findElement("xpath", value='//*[@id="startDate"]')
> picker$clearElement() #시작일자 입력창 정보를 지우고 빈칸으로 남기기
> picker$sendKeysToElement(list("2017/01/01")) #시작일자 입력하기
> picker <- remDr$findElement("xpath", value='//*[@id="endDate"]')
> picker$clearElement() #종료일자 자료 지우고 빈칸 남기기
> picker$sendKeysToElement(list("2021/08/18")) #종료일자 입력
> picker_apply <- remDr$findElement("xpath", value='//*[@id="applyBtn"]')
> picker_apply$clickElement()
> body <- remDr$getPageSource()[[1]]
```

```
> html <- read_html(body)
> Sys.setlocale("LC_ALL", "English") # R 시스템을 English 환경으로 변환해야 함.
한글 텍스트가 깨짐
> table <- html %>% html_nodes(xpath='//*[@id="curr_table"]') %>% html_table()
# html_table()로 table 추출
> Sys.setlocale("LC_ALL", "Korean") # 다시 R 시스템을 Korean 환경으로 변환
> setwd("C:/Users/media/") #작업디렉토리 지정하기
> write.csv(table, "RUGV5YUSAC=R.csv")
```

멕시코 크롤링

명령어

```
> remDr = remoteDriver(
+   remoteServerAddr="localhost",
+   port=4445L,
+   browserName="chrome")
> remDr$open()
> links <- c()
> basic_url <- "https://kr.investing.com/"
> basic_url2 <- "rates-bonds/mexico-cds-5-years-usd-historical-data"
> url <- paste0(basic_url, basic_url2)
> remDr$navigate(url)
> intvl_btn <- remDr$findElement(using="xpath", value='//*[@id="data_interva
l"]/option[1]') #이건 언제나 동일
> intvl_btn$clickElement()
> picker_btn <- remDr$findElement("xpath", value='//*[@id="widgetFieldDateRa
nge"]')
> picker_btn$clickElement() #달력표시 노출시키기
> picker <- remDr$findElement("xpath", value='//*[@id="startDate"]')
> picker$clearElement() #시작일자 입력창 정보를 지우고 빈칸으로 남기기
> picker$sendKeysToElement(list("2017/01/01")) #시작일자 입력하기
> picker <- remDr$findElement("xpath", value='//*[@id="endDate"]')
> picker$clearElement() #종료일자 자료 지우고 빈칸 남기기
> picker$sendKeysToElement(list("2021/08/18")) #종료일자 입력
> picker_apply <- remDr$findElement("xpath", value='//*[@id="applyBtn"]')
> picker_apply$clickElement()
> body <- remDr$getPageSource()[[1]]
> html <- read_html(body)
> Sys.setlocale("LC_ALL", "English") # R 시스템을 English 환경으로 변환해야 함.
```

```
한글 텍스트가 깨짐
> table <- html %>% html_nodes(xpath='//*[@id="curr_table"]') %>% html_table()
# html_table()로 table 추출
> Sys.setlocale("LC_ALL", "Korean") # 다시 R 시스템을 Korean 환경으로 변환
> setwd("C:/Users/media/") #작업디렉토리 지정하기
> write.csv(table, "MXGV5YUSAC=R.csv")
```

브라질 크롤링

명령어

```
> remDr = remoteDriver(
+   remoteServerAddr="localhost",
+   port=4445L,
+   browserName="chrome")
> remDr$open()
> links <- c()
> basic_url <- "https://kr.investing.com/"
> basic_url2 <- "rates-bonds/brazil-cds-5-years-usd-historical-data"
> url <- paste0(basic_url, basic_url2)
> remDr$navigate(url)
> intvl_btn <- remDr$findElement(using="xpath", value='//*[@id="data_interva
l"]/option[1]') #이건 언제나 동일
> intvl_btn$clickElement()
> picker_btn <- remDr$findElement("xpath", value='//*[@id="widgetFieldDateRa
nge"]')
> picker_btn$clickElement() #달력표시 노출시키기
> picker <- remDr$findElement("xpath", value='//*[@id="startDate"]')
> picker$clearElement() #시작일자 입력창 정보를 지우고 빈칸으로 남기기
> picker$sendKeysToElement(list("2017/01/01")) #시작일자 입력하기
> picker <- remDr$findElement("xpath", value='//*[@id="endDate"]')
> picker$clearElement() #종료일자 자료 지우고 빈칸 남기기
> picker$sendKeysToElement(list("2021/08/18")) #종료일자 입력
> picker_apply <- remDr$findElement("xpath", value='//*[@id="applyBtn"]')
> picker_apply$clickElement()
> body <- remDr$getPageSource()[[1]]
> html <- read_html(body)
> Sys.setlocale("LC_ALL", "English") # R 시스템을 English 환경으로 변환해야 함.
한글 텍스트가 깨짐
> table <- html %>% html_nodes(xpath='//*[@id="curr_table"]') %>% html_table()
```

```
# html_table()로 table 추출
> Sys.setlocale("LC_ALL", "Korean") # 다시 R 시스템을 Korean 환경으로 변환
> setwd("C:/Users/media/") #작업디렉토리 지정하기
> write.csv(table, "BRGV5YUSAC=R.csv")
```

이탈리아 크롤링

명령어

```
> remDr = remoteDriver(
+   remoteServerAddr="localhost",
+   port=4445L,
+   browserName="chrome")
> remDr$open()
> links <- c()
> basic_url <- "https://kr.investing.com/"
> basic_url2 <- "rates-bonds/italy-cds-5-years-usd-historical-data"
> url <- paste0(basic_url, basic_url2)
> remDr$navigate(url)
> intvl_btn <- remDr$findElement(using="xpath", value='//*[@id="data_interva
l"]/option[1]') #이건 언제나 동일
> intvl_btn$clickElement()
> picker_btn <- remDr$findElement("xpath", value='//*[@id="widgetFieldDateRa
nge"]')
> picker_btn$clickElement() #달력표시 노출시키기
> picker <- remDr$findElement("xpath", value='//*[@id="startDate"]')
> picker$clearElement() #시작일자 입력창 정보를 지우고 빈칸으로 남기기
> picker$sendKeysToElement(list("2017/01/01")) #시작일자 입력하기
> picker <- remDr$findElement("xpath", value='//*[@id="endDate"]')
> picker$clearElement() #종료일자 자료 지우고 빈칸 남기기
> picker$sendKeysToElement(list("2021/08/18")) #종료일자 입력
> picker_apply <- remDr$findElement("xpath", value='//*[@id="applyBtn"]')
> picker_apply$clickElement()
> body <- remDr$getPageSource()[[1]]
> html <- read_html(body)
> Sys.setlocale("LC_ALL", "English") # R 시스템을 English 환경으로 변환해야 함.
한글 텍스트가 깨짐
> table <- html %>% html_nodes(xpath='//*[@id="curr_table"]') %>% html_table()
# html_table()로 table 추출
> Sys.setlocale("LC_ALL", "Korean") # 다시 R 시스템을 Korean 환경으로 변환
```

```
> setwd("C:/Users/media/") #작업디렉토리 지정하기
> write.csv(table, "ITRGV5YUSAC=R.csv")
```

스페인 크롤링

명령어

```
> remDr = remoteDriver(
+   remoteServerAddr="localhost",
+   port=4445L,
+   browserName="chrome")
> remDr$open()
> links <- c()
> basic_url <- "https://kr.investing.com/"
> basic_url2 <- "rates-bonds/spain-cds-5-years-usd-historical-data"
> url <- paste0(basic_url, basic_url2)
> remDr$navigate(url)
> intvl_btn <- remDr$findElement(using="xpath", value='//*[@id="data_interva
l"]/option[1]') #이건 언제나 동일
> intvl_btn$clickElement()
> picker_btn <- remDr$findElement("xpath", value='//*[@id="widgetFieldDateRa
nge"]')
> picker_btn$clickElement() #달력표시 노출시키기
> picker <- remDr$findElement("xpath", value='//*[@id="startDate"]')
> picker$clearElement() #시작일자 입력창 정보를 지우고 빈칸으로 남기기
> picker$sendKeysToElement(list("2017/01/01")) #시작일자 입력하기
> picker <- remDr$findElement("xpath", value='//*[@id="endDate"]')
> picker$clearElement() #종료일자 자료 지우고 빈칸 남기기
> picker$sendKeysToElement(list("2021/08/18")) #종료일자 입력
> picker_apply <- remDr$findElement("xpath", value='//*[@id="applyBtn"]')
> picker_apply$clickElement()
> body <- remDr$getPageSource()[[1]]
> html <- read_html(body)
> Sys.setlocale("LC_ALL", "English") # R 시스템을 English 환경으로 변환해야 함.
한글 텍스트가 깨짐
> table <- html %>% html_nodes(xpath='//*[@id="curr_table"]') %>% html_table()
# html_table()로 table 추출
> Sys.setlocale("LC_ALL", "Korean") # 다시 R 시스템을 Korean 환경으로 변환
> setwd("C:/Users/media/") #작업디렉토리 지정하기
> write.csv(table, "ESGV5YUSAC=R.csv")
```

캐나다 크롤링

명령어

```
> remDr = remoteDriver(
+   remoteServerAddr="localhost",
+   port=4445L,
+   browserName="chrome")
> remDr$open()
> links <- c()
> basic_url <- "https://kr.investing.com/"
> basic_url2 <- "rates-bonds/canada-cds-5-years-usd-historical-data"
> url <- paste0(basic_url, basic_url2)
> remDr$navigate(url)
> intvl_btn <- remDr$findElement(using="xpath", value='//*[@id="data_interva
l"]/option[1]') #이건 언제나 동일
> intvl_btn$clickElement()
> picker_btn <- remDr$findElement("xpath", value='//*[@id="widgetFieldDateRa
nge"]')
> picker_btn$clickElement() #달력표시 노출시키기
> picker <- remDr$findElement("xpath", value='//*[@id="startDate"]')
> picker$clearElement() #시작일자 입력창 정보를 지우고 빈칸으로 남기기
> picker$sendKeysToElement(list("2017/01/01")) #시작일자 입력하기
> picker <- remDr$findElement("xpath", value='//*[@id="endDate"]')
> picker$clearElement() #종료일자 자료 지우고 빈칸 남기기
> picker$sendKeysToElement(list("2021/08/18")) #종료일자 입력
> picker_apply <- remDr$findElement("xpath", value='//*[@id="applyBtn"]')
> picker_apply$clickElement()
> body <- remDr$getPageSource()[[1]]
> html <- read_html(body)
> Sys.setlocale("LC_ALL", "English") # R 시스템을 English 환경으로 변환해야 함.
한글 텍스트가 깨짐
> table <- html %>% html_nodes(xpath='//*[@id="curr_table"]') %>% html_table()
# html_table()로 table 추출
> Sys.setlocale("LC_ALL", "Korean") # 다시 R 시스템을 Korean 환경으로 변환
> setwd("C:/Users/media/") #작업디렉토리 지정하기
> write.csv(table, "CAGV5YUSAC=R.csv")
```

[처리결과화면]

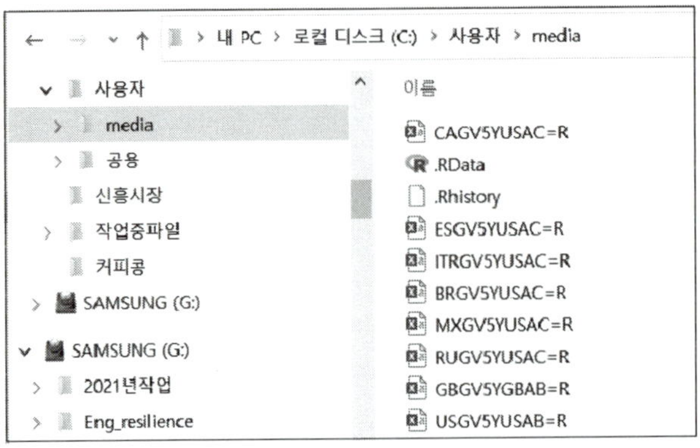

▶ 해석

처리결과 화면을 살펴보면, 지금까지 작업한 모든 파일이 작업디렉토리 안에 저장되어 있음을 볼 수 있다.

전체 데이터 정리하기

#크롤링한 데이터 전처리#

크롤링한 금융 데이터들은 몇 가지 전처리 작업이 필요하다.

- 국가명 넣기: c( )
- 각 데이터를 합치기: rbind( )
- 날짜 정리하기: as.Date(as.character( ), format='%Y%m%d')

자 이제 필요한 자료를 모두 크롤링하였으니 이제 자료를 하나로 모아서 정리해보자. 우선 각 국가 CDS 프리미엄 크롤링 데이터셋을 불러와서 열람하면 x, 날짜, 종가, 오픈, 고가, 저가, 변동 등의 변수가 저장되어 있음을 볼 수 있다. 우선 새로운 변수 country를 생성시켜서 각 국가명을 넣어주도록 하자. 사용할 함수는 c( )이다.

명령어

```
> canada <-read.csv("CAGV5YUSAC=r.csv")
> spain <-read.csv("ESGV5YUSAC=r.csv")
> brazil <-read.csv("BRGV5YUSAC=r.csv")
> mexico <-read.csv("MXGV5YUSAC=r.csv")
> russia <-read.csv("RUGV5YUSAC=r.csv")
> uk <-read.csv("GBGV5YGBAB=r.csv")
> us <-read.csv("USGV5YUSAB=r.csv")
```

```
> italy <-read.csv("ITRGV5YUSAC=r.csv")
```

[처리결과화면]

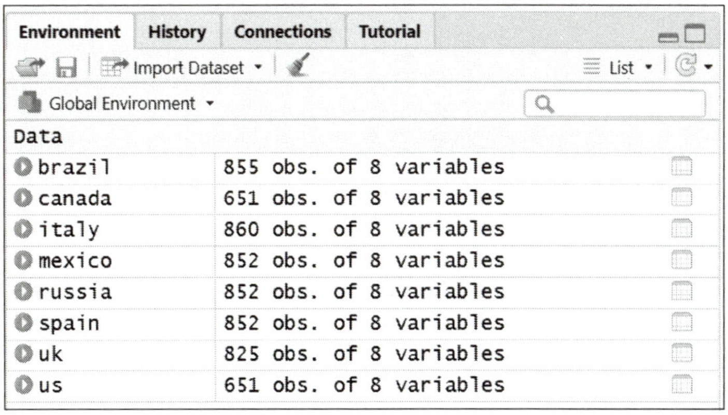

명령어

```
> canada$country <-c("canada")
> spain$country <-c("spain")
> italy$country <-c("italy")
> brazil$country <-c("brazil")
> mexico$country <-c("mexico")
> russia$country <-c("russia")
> uk$country <-c("uk")
> us$country <-c("us")
```

[처리결과화면]

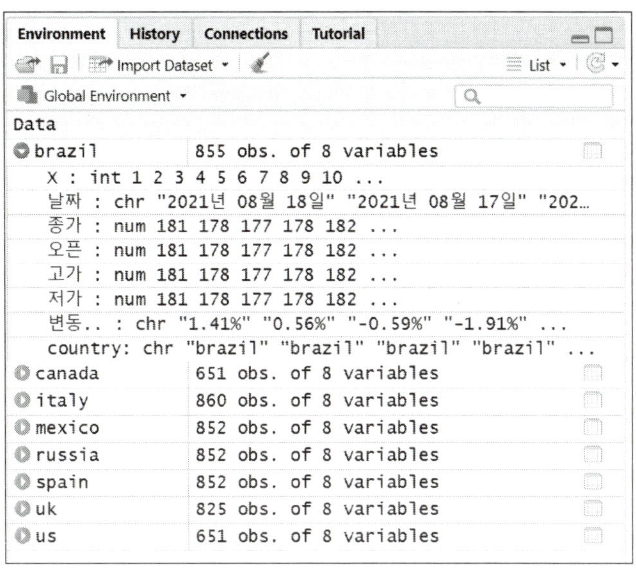

이제 행결합(아래 위로 결합)을 시켜보자. 사용할 함수는 rbind( )이다. 전체 데이터셋을 묶어서 종합할 파일명은 all_cds로 하자.

명령어

```
> all_cds <- rbind(canada, brazil, italy, mexico, russia, spain, uk, us)
```

[처리결과화면]

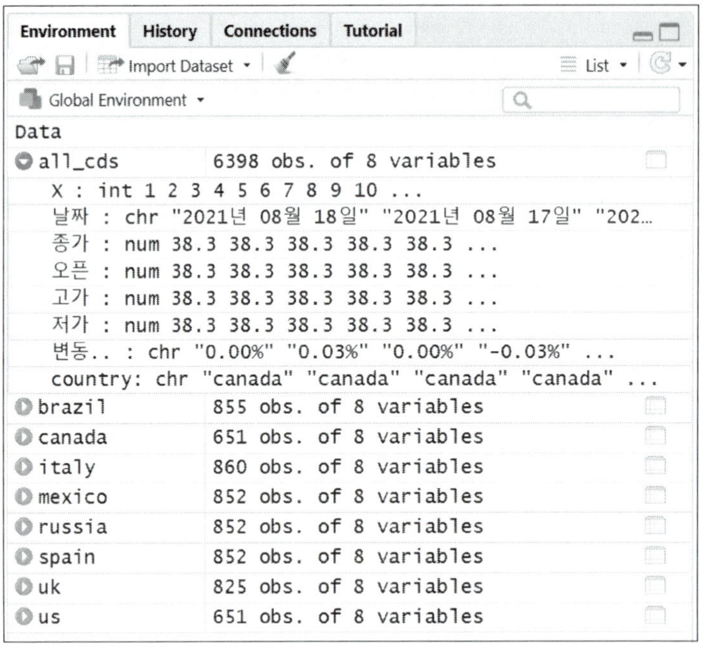

#정규표현식#

표현	설명
*	0 or more.
+	1 or more
?	0 or 1
.	무엇이든 한 글자
^	시작 문자 지정 ex) ^[abc] abc중 한 단어 포함한 것으로 시작
[^]	해당 문자를 제외한 모든 것 ex) [^abc] a,b,c 는 빼고
$	끝 문자 지정
[a-z]	알파벳 소문자 중 1개
[A-Z]	알파벳 대문자 중 1개
[0-9]	모든 숫자 중 1개
[a-zA-Z]	모든 알파벳 중 1개

표현	설명
[가-힣]	모든 한글 중 1개
[^가-힣]	모든 한글을 제외한 모든 것
[:punct:]	punctuation. 모든 특수문자
[:alpha:]	letters. 모든 알파벳
[:lower:]	lowercase letters.
[:upper:]	upperclass letters.
[:digit:]	digits
[:xdigit:]	hex digits
[:alnum:]	letters and numbers
[:cntrl:]	control characters.
[:graph:]	letters, numbers, and punctuation.
[:print:]	letters, numbers, punctuation, and whitespace.
[:space:]	space characters (basically equivalent to \s).
[:blank:]	space and tab.

날짜 변수를 영문으로 교체하기

날짜 변수를 영문으로 교체해야 작업이 가능하다.

명령어

```
> library(reshape)
> all_exchange <-rename(all_exchange,
+                    c(날짜="date",
+                       종가="final_price"))
```

날짜 정보에서 한글인 것은 모두 제거하기

이번에는 앞서 작업한 all_cds.csv 데이터셋을 대상으로 한글인 것은 모두 제거하라는 명령어를 처리해보자.

명령어

```
> all_cds$date <-str_replace_all(string=all_cds$date, pattern="[가-힣]", repl
acement="")
```

```
> str_replace_all(string=all_cds$date, pattern="[가-힣]", replacement="")
   [1] "2021 08 18" "2021 08 17" "2021 08 16" "2021 08 13" "2021 08 12" "2021 
08 11"
   [7] "2021 08 10" "2021 08 09" "2021 08 06" "2021 08 05" "2021 08 04" "2021 
08 03"
[13] "2021 08 02" "2021 07 30" "2021 07 29" "2021 07 28" "2021 07 27" "2021 
07 26"
(중간생략)
[985] "2020 05 07" "2020 05 06" "2020 05 05" "2020 05 04" "2020 05 01" "2020 
04 30"
 [991] "2020 04 29" "2020 04 28" "2020 04 27" "2020 04 24" "2020 04 23" "2020 
04 22"
 [997] "2020 04 21" "2020 04 20" "2020 04 17" "2020 04 16"
 [ reached getOption("max.print") -- omitted 5398 entries ]
```

공백 제거하기

이번에는 날짜 정보에서 공백을 제거하자.

명령어

```
> all_cds$date <-gsub(" ","",all_cds$date)
```

[처리결과화면]

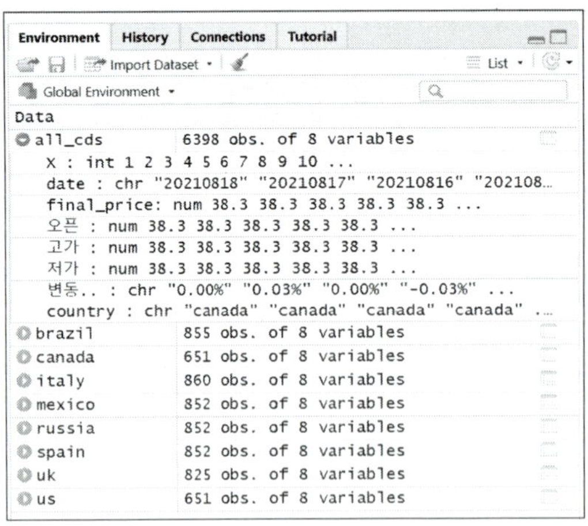

[처리결과화면: View(all_cds)]

	X	date	final_price	오픈	고가	저가	변동..	country
1	1	20210818	38.290	38.290	38.290	38.290	0.00%	canada
2	2	20210817	38.290	38.290	38.290	38.290	0.03%	canada
3	3	20210816	38.280	38.280	38.280	38.280	0.00%	canada
4	4	20210813	38.280	38.280	38.260	38.280	-0.03%	canada
5	5	20210812	38.290	38.290	38.290	38.290	0.00%	canada
6	6	20210811	38.290	38.290	38.290	38.290	0.03%	canada
7	7	20210810	38.280	38.280	38.280	38.280	-0.03%	canada
8	8	20210809	38.290	38.290	38.290	38.290	0.00%	canada
9	9	20210806	38.290	38.290	38.290	38.290	0.00%	canada
10	10	20210805	38.290	38.290	38.290	38.290	0.00%	canada
11	11	20210804	38.290	38.290	38.290	38.290	0.03%	canada
12	12	20210803	38.280	38.280	38.280	38.280	0.00%	canada
13	13	20210802	38.280	38.280	38.280	38.280	0.00%	canada

Showing 1 to 14 of 6,398 entries, 8 total columns

해석

처리결과 화면을 살펴보면, date 내용이 "2021년 08월 18일" 양식에서 "20210818" 양식으로 바뀌어 있음을 볼 수 있다.

문자형 날짜 정보를 수치형 날짜 정보로 인식시키기

일반적으로 숫자를 Date 로 변경하는 경우 origin 을 입력하도록 합니다. 대부분 날짜는 20210829처럼 YYYYMMDD 양식으로 표기된다. 이를 날짜로 변경할 때에는 우선 문자로 변경한 후 다시 날짜로 변경해야 한다. 여기서는 %Y%m%d 양식을 사용해서 날짜는 2021-08-29 양식으로 만들어보자

명령어

```
> all_cds$date <- as.Date(as.character(all_cds$date), format = '%Y%m%d')
```

[처리결과화면]

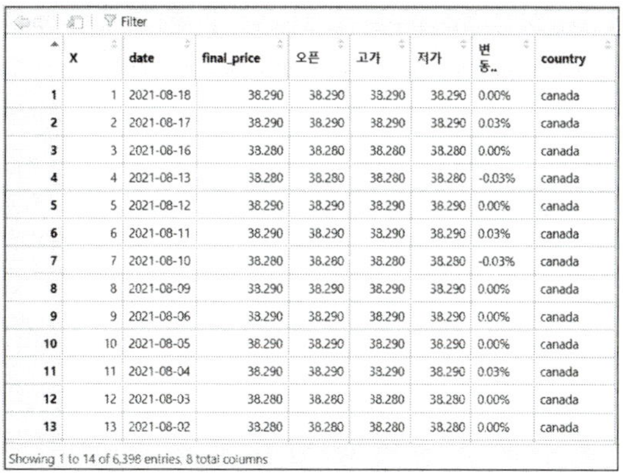

	X	date	final_price	오픈	고가	저가	변동..	country
1	1	2021-08-18	38.290	38.290	38.290	38.290	0.00%	canada
2	2	2021-08-17	38.290	38.290	38.290	38.290	0.03%	canada
3	3	2021-08-16	38.280	38.280	38.280	38.280	0.00%	canada
4	4	2021-08-13	38.280	38.280	38.280	38.280	-0.03%	canada
5	5	2021-08-12	38.290	38.290	38.290	38.290	0.00%	canada
6	6	2021-08-11	38.290	38.290	38.290	38.290	0.03%	canada
7	7	2021-08-10	38.280	38.280	38.280	38.280	-0.03%	canada
8	8	2021-08-09	38.290	38.290	38.290	38.290	0.00%	canada
9	9	2021-08-06	38.290	38.290	38.290	38.290	0.00%	canada
10	10	2021-08-05	38.290	38.290	38.290	38.290	0.00%	canada
11	11	2021-08-04	38.290	38.290	38.290	38.290	0.03%	canada
12	12	2021-08-03	38.280	38.280	38.280	38.280	0.00%	canada
13	13	2021-08-02	38.280	38.280	38.280	38.280	0.00%	canada

Showing 1 to 14 of 6,398 entries, 8 total columns

[처리결과화면]

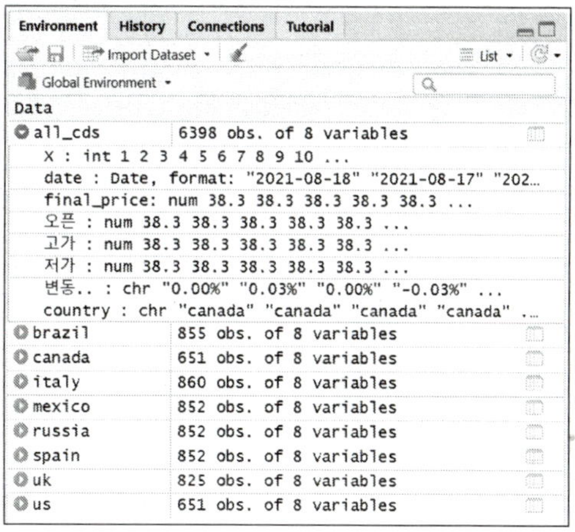

국가별 CDS 프리미엄 시각화하기

자 이제 데이터 전처리가 모두 되었으니, 마지막으로 각국별 CDS 프리미엄을 시각화시켜 보자.

국가별로 색상 바꾸기(산점도 그래프)

앞서 작업한 all_cds.csv 파일을 사용하여 국가별 CDS 프리미엄 그래프를 시각화해보자. 색깔을 나타내는 옵션을 color=country로 표현하는 것이 포인트이다. 여기서 국가별로 다르게 색깔을 표현하겠다는 명령어를 처리하고 있다. 그래프 양식은 산점도 그래프이다. 주의해야할 점은 color를 이용해 변수 값을 구분해줄 땐 반드시 aes안에 적용해야 한다는 점이다.

aes는 데이터의 값들을 바탕으로 그래프 틀을 정해주기 때문에 aes안에 지정해야 지정해준 값을 변수로 인식할 수 있기 때문이다.

명령어

```
> win.graph()
> g <-ggplot(all_cds, aes(x=date, y=final_price, color=country))
> g+geom_point()
```

[처리결과화면]

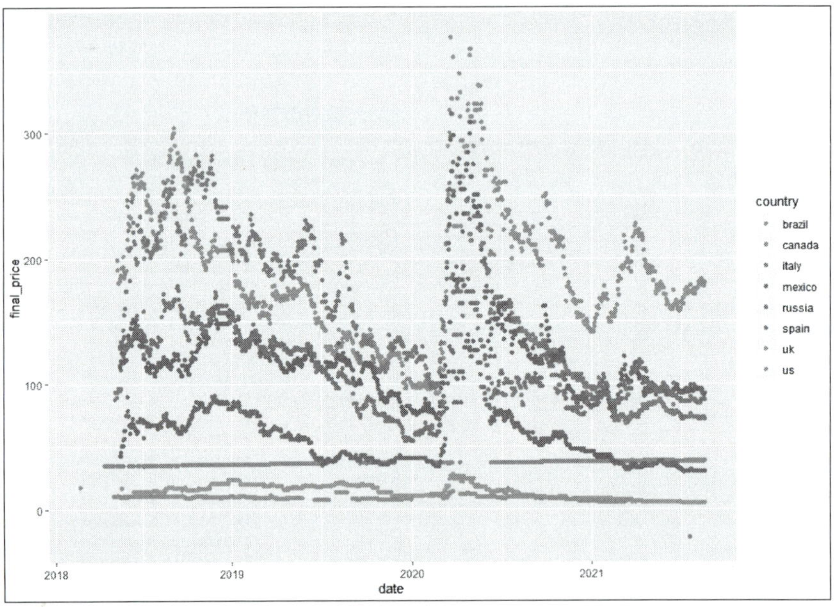

[처리결과화면]

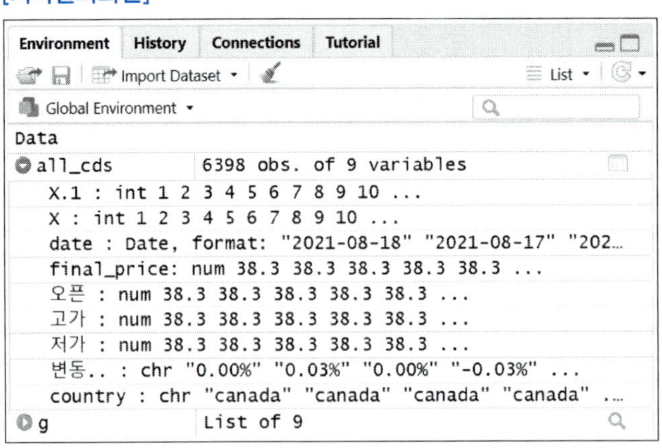

또한 국가별로 색깔도 구분하고 동시에 모양도 구분하도록 명령어를 작성해보자. 사용할 옵션은 color=country와 shape=country이다.

[플롯 심벌]

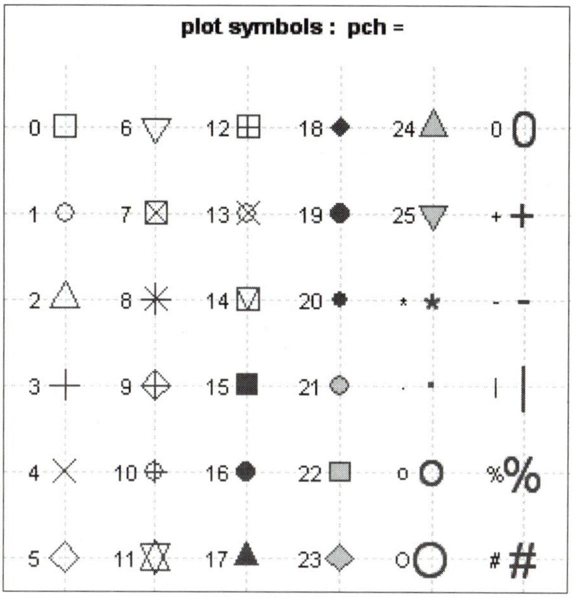

명령어

```
> win.graph()
> g <-ggplot(all_cds, aes(x=date, y=final_price, color=country, shape=countr
y))
> g+geom_point()
```

```
> g <-ggplot(all_cds, aes(x=date, y=final_price, color=country, shape=coun
try))
> g+geom_point()
Warning messages:
1: The shape palette can deal with a maximum of 6 discrete values because
more than
6 becomes difficult to discriminate; you have 8. Consider specifying shapes
manually if you must have them.
2: Removed 1476 rows containing missing values (geom_point).
```

[처리결과화면]

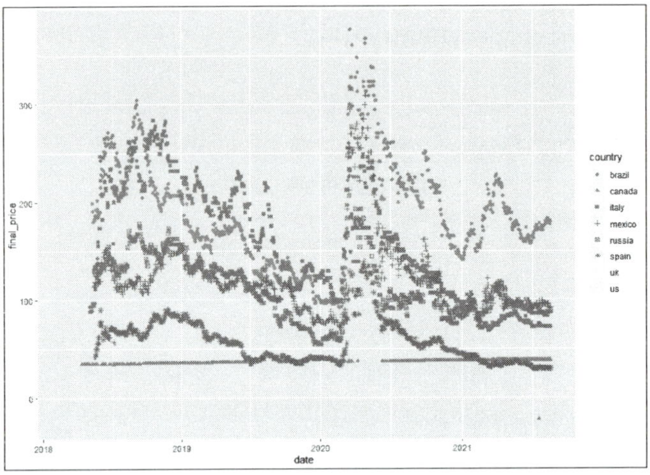

그래프 제목달기

이번에는 그래프 제목을 달고, 제목의 글씨체와 모양, 그리고 위치를 가운데로 정렬시키고, 크기와 색상을 결정해서 나타내보자.

[색상: Earl F. Glynn]

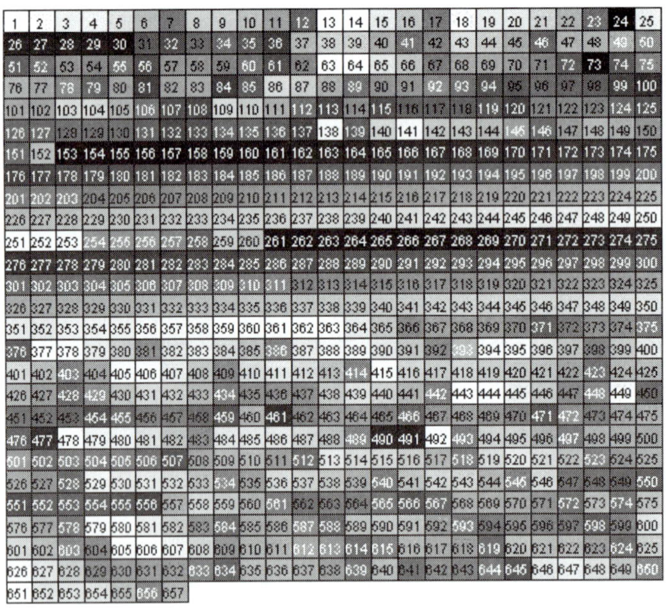

#글씨체#

글씨체 선택은 family 옵션으로 하며, 선택할 수 있는 옵션 항목은 serif, sans, mono, symbol 등이 있다. 표현 양식은 다음과 같다:

▸ element_text(family = "serif")

명령어

```
> win.graph()
> g <-ggplot(all_cds, aes(x=date, y=final_price, color=country, shape=countr
y))
> g+geom_point() +
+   ggtitle("주요국 CDS 프리미엄(만기 5년물)") +
+  theme(plot.title = element_text(family = "serif", face = "bold", hjust = 0.5,
size = 15, color = "darkblue")) #글씨체, 글씨 모양, 가운데 정렬, 크기, 색상을 설정
```

```
> win.graph()
> g <-ggplot(all_cds, aes(x=date, y=final_price, color=country, shape=coun
try))
> g+geom_point() +
+   ggtitle("주요국 CDS 프리미엄(만기 5년물)") +
+  theme(plot.title = element_text(family = "serif", face = "bold", hjust
= 0.5, size = 15, color = "darkblue")) #글씨체, 글씨 모양, 가운데 정렬, 크기,
색상을 설정
Warning messages:
1: The shape palette can deal with a maximum of 6 discrete values because
more than
6 becomes difficult to discriminate; you have 8. Consider specifying shapes
manually if you must have them.
2: Removed 1476 rows containing missing values (geom_point).
```

[처리결과화면]

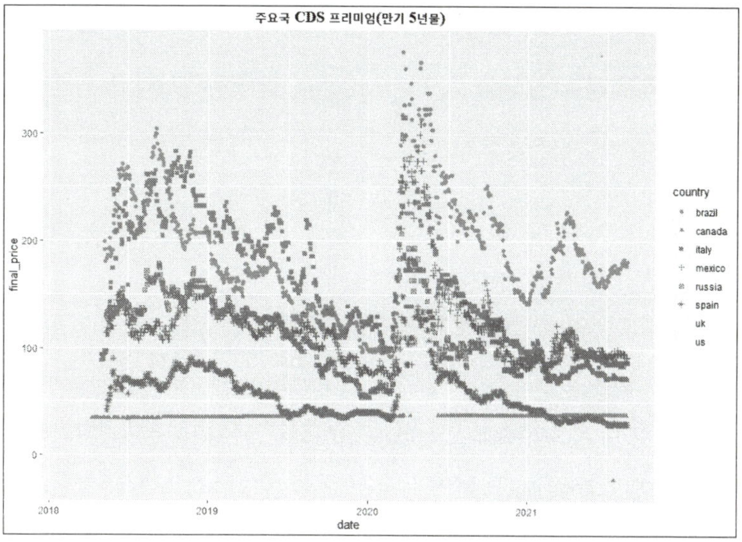

선그래프로 시각화하기

자 지금까지 시각화한 작품은 산점도 그래프이다. 이번에는 선그래프로 전환시켜보자.

명령어

```
> win.graph()
> g <-ggplot(all_cds, aes(x=date, y=final_price, color=country, shape=countr
y))
> g+geom_line() +
+   ggtitle("주요국 CDS 프리미엄(만기 5년물)") +
+  theme(plot.title = element_text(family = "serif", face = "bold", hjust = 0.5,
size = 15, color = "darkblue")) #글씨체, 글씨 모양, 가운데 정렬, 크기, 색상을 설정
```

```
> g <-ggplot(all_cds, aes(x=date, y=final_price, color=country, shape=coun
try))
> g+geom_line() +
+   ggtitle("주요국 CDS 프리미엄(만기 5년물)") +
+  theme(plot.title = element_text(family = "serif", face = "bold", hjust
= 0.5, size = 15, color = "darkblue")) #글씨체, 글씨 모양, 가운데 정렬, 크기,
색상을 설정
Warning message:
The shape palette can deal with a maximum of 6 discrete values because more
than
6 becomes difficult to discriminate; you have 8. Consider specifying shapes
manually if you must have them.
```

[처리결과화면]

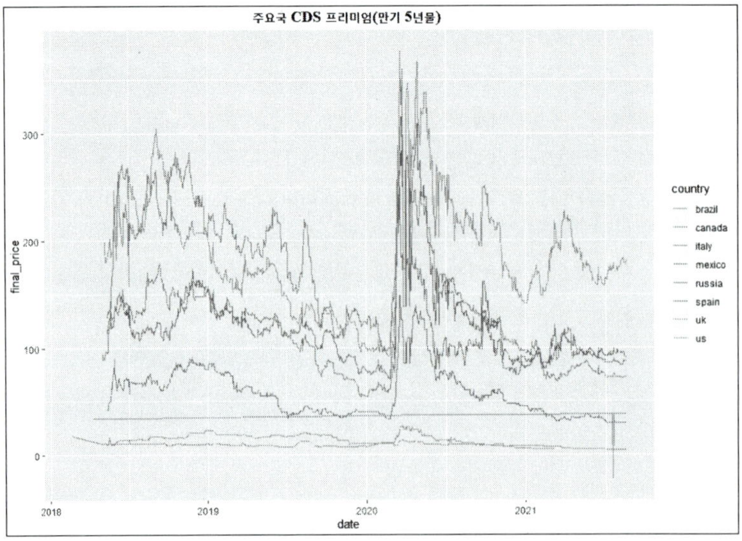

선그래프 모양 바꾸기

이번에는 선그래프 양식을 바꾸어보자. 선그래프 양식은 모두 여섯 가지이다. 여기서는 6번 선 모양을 연습해보자.

[선 유형]

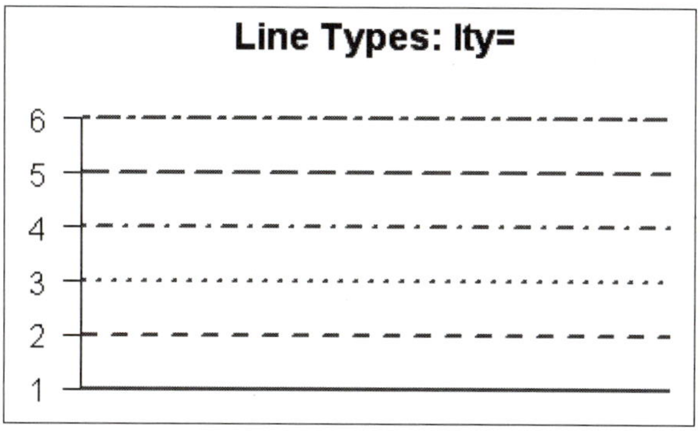

명령어

```
> win.graph()
> g <-ggplot(all_cds, aes(x=date, y=final_price, color=country, shape=countr
y))
> g+geom_line(linetype=6) +
+   ggtitle("주요국 CDS 프리미엄(만기 5년물)") +
+   theme(plot.title = element_text(family = "serif", face = "bold", hjust =
0.5, size = 15, color = "darkblue")) #글씨체, 글씨 모양, 가운데 정렬, 크기, 색상을
설정
```

```
> g <-ggplot(all_cds, aes(x=date, y=final_price, color=country, shape=coun
try))
> g+geom_line(linetype=6) +
+   ggtitle("주요국 CDS 프리미엄(만기 5년물)") +
+   theme(plot.title = element_text(family = "serif", face = "bold", hjust
= 0.5, size = 15, color = "darkblue")) #글씨체, 글씨 모양, 가운데 정렬, 크기,
색상을 설정
Warning message:
The shape palette can deal with a maximum of 6 discrete values because more
than
6 becomes difficult to discriminate; you have 8. Consider specifying shapes
manually if you must have them.
```

[처리결과화면]

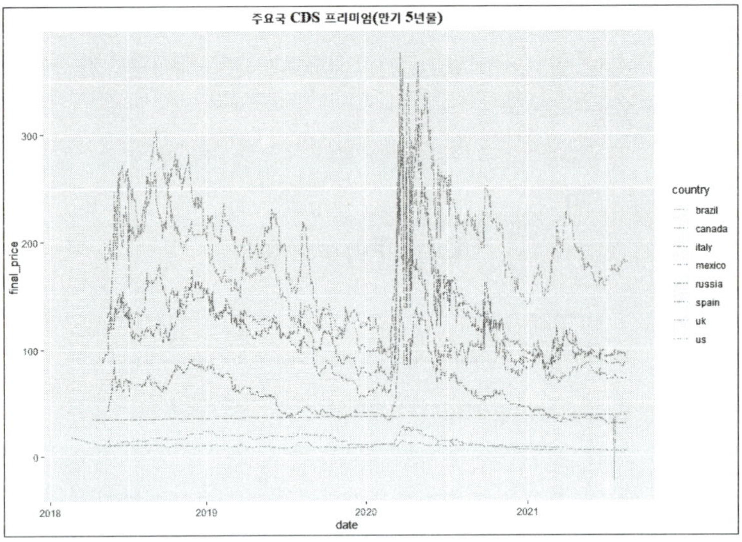

이코노미스트지 양식 적용해서 시각화하기

이번에는 앞서 진행한 그래프 작업에 이코노미스트지 양식을 추가해보자. 사용할 옵션 함수는 scale_color_economist() + theme_economist()이다.

명령어

```
> win.graph()
> g <-ggplot(all_cds, aes(x=date, y=final_price, color=country, shape=countr
y))
> g+geom_line(linetype=6) +
+   ggtitle("주요국 CDS 프리미엄(만기 5년물)") +
+   theme(plot.title = element_text(family = "serif", face = "bold", hjust =
0.5, size = 15, color = "darkblue")) + #글씨체, 글씨 모양, 가운데 정렬, 크기, 색상을
설정
+   scale_color_economist() + theme_economist()   # economist 테마를 적용
```

```
> g <-ggplot(all_cds, aes(x=date, y=final_price, color=country, shape=coun
try))
> g+geom_line(linetype=6) +
+   ggtitle("주요국 CDS 프리미엄(만기 5년물)") +
+   theme(plot.title = element_text(family = "serif", face = "bold", hjust
= 0.5, size = 15, color = "darkblue")) + #글씨체, 글씨 모양, 가운데 정렬, 크기,
```

```
색상을 설정
+   scale_color_economist() + theme_economist()   # economist 테마를 적용
Warning message:
The shape palette can deal with a maximum of 6 discrete values because more than
6 becomes difficult to discriminate; you have 8. Consider specifying shapes manually if you must have them.
```

[처리결과화면]

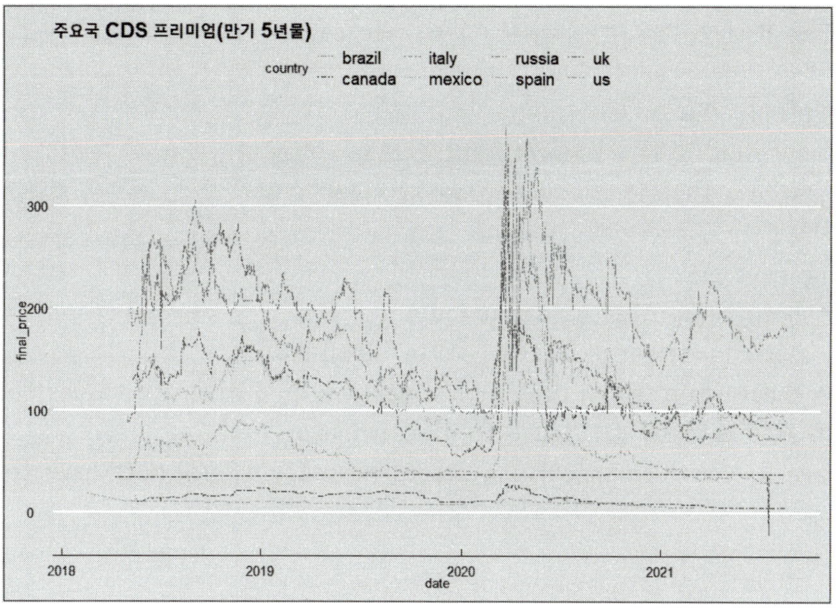

검은 바탕 그래프식으로 시각화하기

이번에는 요즘 젊은이들이 좋아하는 검은 바탕 화면의 그래프로 시각화 작업을 진행해보자. 사용할 옵션 함수는 theme_hc(bgcolor = "darkunica") + scale_colour_hc("darkunica")이다.

명령어

```
> win.graph()
> g <-ggplot(all_cds, aes(x=date, y=final_price, color=country, shape=country))
> g+geom_line(linetype=6) +
```

```
+   theme_hc(bgcolor = "darkunica") + scale_colour_hc("darkunica") + # darkunica 색상의 Highcharts 테마를 적용
+    ggtitle("주요국 CDS 프리미엄(만기 5년물)") +
+   theme(plot.title = element_text(family = "serif", face = "bold", hjust = 0.5, size = 15, color = "darkblue")) #글씨체, 글씨 모양, 가운데 정렬, 크기, 색상을 설정
```

```
> g <-ggplot(all_cds, aes(x=date, y=final_price, color=country, shape=country))
> g+geom_line(linetype=6) +
+   theme_hc(bgcolor = "darkunica") + scale_colour_hc("darkunica") + # darkunica 색상의 Highcharts 테마를 적용
+    ggtitle("주요국 CDS 프리미엄(만기 5년물)") +
+   theme(plot.title = element_text(family = "serif", face = "bold", hjust = 0.5, size = 15, color = "darkblue")) #글씨체, 글씨 모양, 가운데 정렬, 크기, 색상을 설정
Warning messages:
1: In theme_hc(bgcolor = "darkunica") :
  `bgcolor` is deprecated. Use `style` instead.
2: The shape palette can deal with a maximum of 6 discrete values because more than 6 becomes difficult to discriminate;
you have 8. Consider specifying shapes manually if you must have them.
```

[처리결과화면]

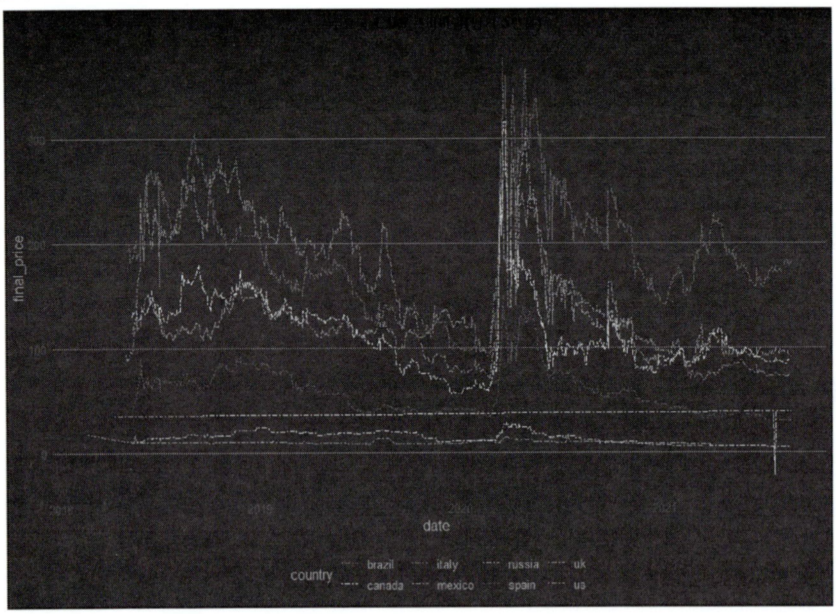

해석

처리결과 화면을 살펴보면, 보기는 멋있는지 몰라도 보고서에 삽입하기에는 색감이 적절하지 못한거 같다.

③ 달러 인덱스

[환율 보고서 사례: 삼성경제연구소 보고서]

극도의 위험회피 경향이 다소 완화

- 글로벌 금융위기 발생 이후 안전자산 선호 및 캐리 트레이드* 청산이라는 특징을 보였던 글로벌 자본흐름이 최근 다소 반대 양상을 보이고 있음
  - 국채, 美 달러화 등 안전자산, 안전통화 선호에서 상품 및 주식 등 위험상품, 非안전 통화에 대한 선호 현상이 일부 재연**

[상품 및 금 가격 추이]

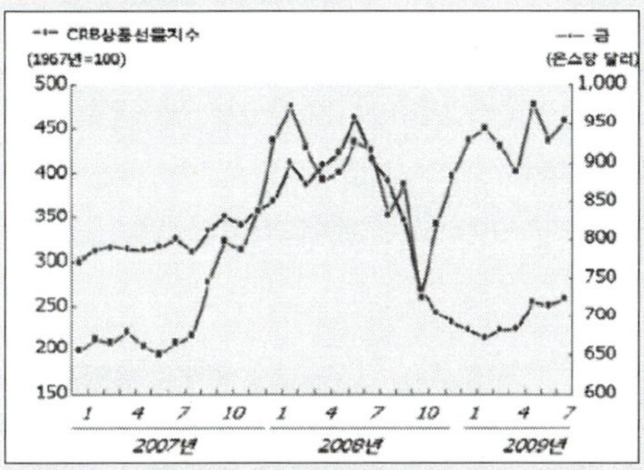

[美 달러화 지수 및 유로화 환율 추이]

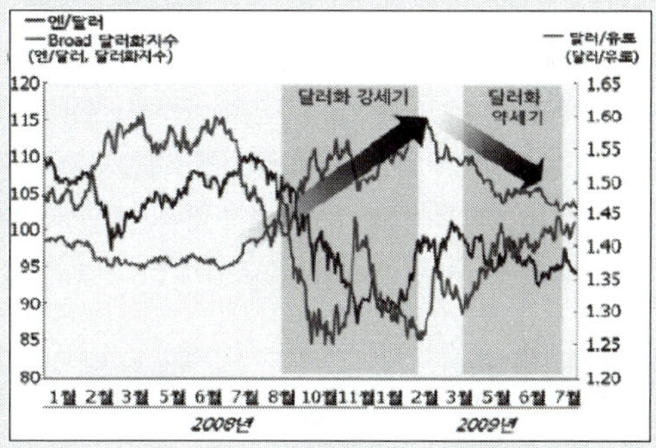

자료 : 한국은행(2009), 해외경제 포커스(제2009-34호): Thomson Reuters, Datastream,

* 케리 트레이드는 사대적으로 저금리 국가에서 공급한 자금을 고금리 국가에 투자하여 보유 자산 가치와 차입비용 간의 차익을 획득하는 투자기법

** 2009년 2/4분기 이후 세계 상품 가격은 상승세로 반전되었고, 美 달러화는 하락세로 반전

  - 신흥시장 이탈, 선진국 유입을 보였던 자금흐름도 최근에는 다시 신흥시장으로 유입되며 신흥시장의 주가 상승세가 두드러짐
  - 글로벌 금융위기 당시 위험회피 성향으로 청산되었던 엔 캐리 트레이드가 최근 소폭 재개

[엔화선물 순매매 포지션 추이]

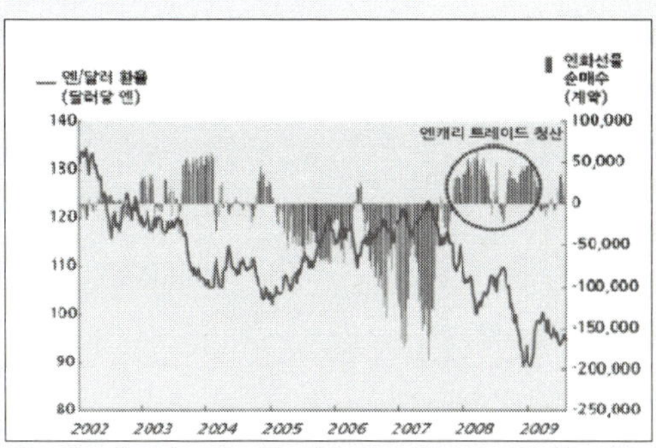

[일본내 외은지점 및 투신해외운용잔고]

자료 : CFTC(Commercial Futures and Trading Commission): 일본은행 :일본투자신탁협회 : 한국은행, ECOS DB

출처: 삼성경제연구소(2009.9.9.), "글로벌 금융위기 1년: 회고와 전망", 삼성경제연구소 CEO Information.

FRED에서 제공되는 달러인덱스 자료는 몇 가지가 있는데 흔히 사용되는 Trade Weighted U.S. Dollar Index: Broad, Goods and Services 항목은 티커가 DTWEXBGS임을 알 수 있다(2022년 1월 현재 이 항목은 Nominal Broad U.S. Dollar Index로 변경되었다). 이 티커를 사용해서 달러인덱스 자료를 크롤링해보자.

#달러인덱스#

일반 환율과 다르게 유로, 엔, 파운드, 캐나다 달러, 크로나, 프랑 등 6개의 환율을 포함한 환율 지수이다. 일반 평균이 아니라 가중평균 환율로 이해될 수 있으며, 미국과 교역량이 많은 6개 국가 통화 환율을 가중평균한 것이다. 각 통화에 대한 가중치는 다음과 같다:

유로(57.6%), 일본 엔(13.6%), 영국 파운드(11.9%), 캐나다 달러(9.1%), 스웨덴 크로나(4.2%), 스위스 프랑(3.6%).

1973년에 달러인덱스가 만들어졌다. 그 이전에는 금본위제였고, 당시 35달러는 금 1온스의 가치를 지닌 것으로 평가받았다. 금본위제 폐지 이후 달러 가치의 변화를 제대로 평가하기 위해 달러인덱스가 만들어졌다.

달러인덱스가 하락한다면 달러 약세를 의미한다. 해당 달러 입장에서 이는 환율 인상을 의미한다. '환율인상'이란 해당 통화의 가치가 하락해서 다른 통화와 교환할 때 더 많은 해당 통화를 건네주어야 한다는 의미이다. 그러니 환율인상이라 말하는 것이다. 언제나 환율인상은 해당 통화를 다른 통화와 교환할 때 더 많은 해당 통화를 내어준다는 것을 뜻한다.

[FRED 달러인덱스 초기 화면]

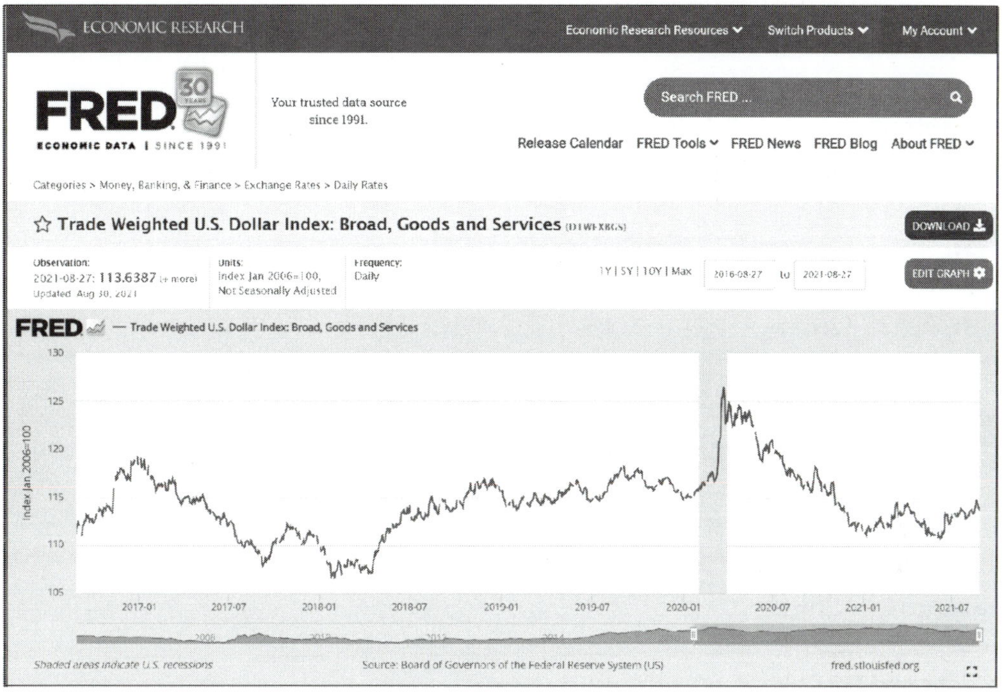

우선 필요한 패키지를 불러오자.

명령어

```
> library(TTR)
> library(quantmod)
```

```
> library(TTR)
경고메시지(들):
패키지 'TTR'는 R 버전 4.0.2에서 작성되었습니다
> library(quantmod)
필요한 패키지를 로딩중입니다: xts
필요한 패키지를 로딩중입니다: zoo

다음의 패키지를 부착합니다: 'zoo'

The following objects are masked from 'package:base':
```

```
    as.Date, as.Date.numeric

Registered S3 method overwritten by 'quantmod':
  method            from
  as.zoo.data.frame zoo
경고메시지(들):
1: 패키지 'quantmod'는 R 버전 4.0.3에서 작성되었습니다
2: 패키지 'xts'는 R 버전 4.0.2에서 작성되었습니다
3: 패키지 'zoo'는 R 버전 4.0.2에서 작성되었습니다
```

해석

처리결과 화면을 살펴보면, xts와 zoo 패키지가 필요함을 알려주고 있다. 이에 이들 패키지도 불러들이자. 없으면 당연히 설치하고 불러오도록 한다.

명령어

```
> library(TTR)
> library(zoo)
> library(xts)
> library(quantmod)
```

이제 패키지가 다 준비되었으니, 달러인덱스 티커(DTWEXBGS)를 사용해서 크롤링을 시작하자.

명령어

```
> getSymbols('DTWEXBGS', src='FRED')
```

```
> getSymbols('DTWEXBGS', src='FRED')
'getSymbols' currently uses auto.assign=TRUE by default, but will
use auto.assign=FALSE in 0.5-0. You will still be able to use
'loadSymbols' to automatically load data. getOption("getSymbols.env")
and getOption("getSymbols.auto.assign") will still be checked for
alternate defaults.

This message is shown once per session and may be disabled by setting
options("getSymbols.warning4.0"=FALSE). See ?getSymbols for details.
```

```
[1] "DTWEXBGS"
```

[처리결과화면]

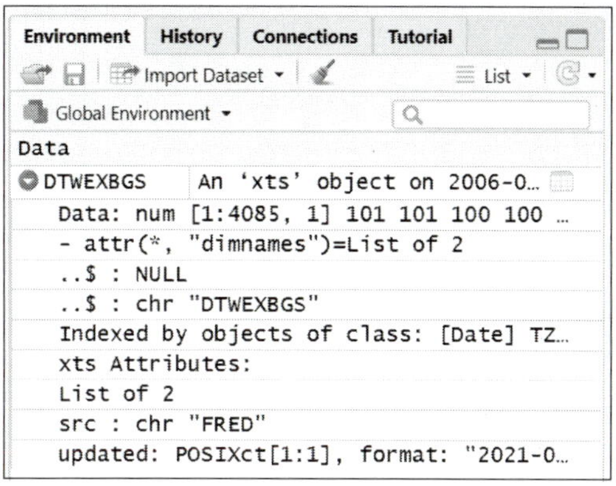

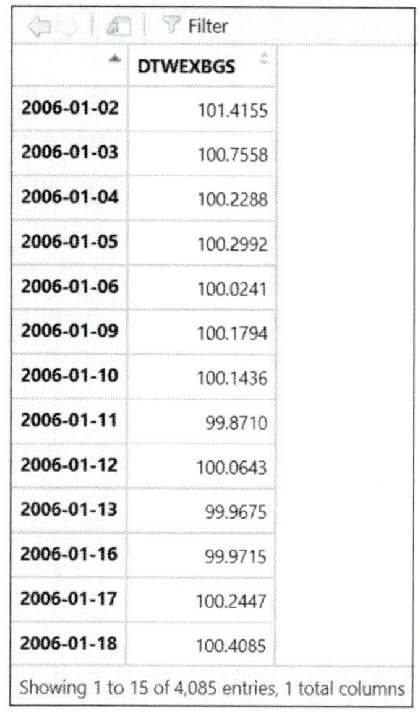

현재 xts 상태로 크롤링된 데이터를 사용해서 그래프로 시각화해보자. 연구자의 컴퓨터 상황에 따라 시각화 작동여부가 결정된다. 이번 시각화 단계 이후 Date 변수 작업을 진행한 후에 똑 같은 시각화 작업을 하게 되는데 연구자 컴퓨터에 따라 시각화 여부가 작동하지 않기도 한다(매우 디테일한 기술적 문제라 미안하게도 본 연구자는 이에 대해 기술적 설명을 충분히 해 드릴 수가 없다. 희망하건데 이 책을 보는 미래의 연구자들이 이 부분을 해결하고 본 필자를 포함해서 다음 독자들에게 알려주기를 바란다.)

명령어

```
> win.graph()
> chart_Series(DTWEXBGS)
```

[처리결과화면]

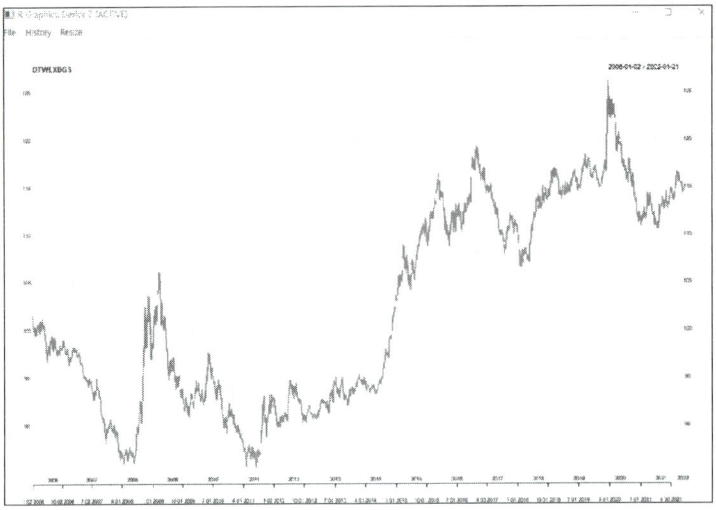

이제 Date 변수를 만들어주자.

명령어

```
> DTWEXBGS=as.data.frame(get('DTWEXBGS'))
> DTWEXBGS$Date = row.names(DTWEXBGS)
```


```
> DTWEXBGS=as.data.frame(get('DTWEXBGS'))
> DTWEXBGS$Date = row.names(DTWEXBGS)
```


[처리결과화면]

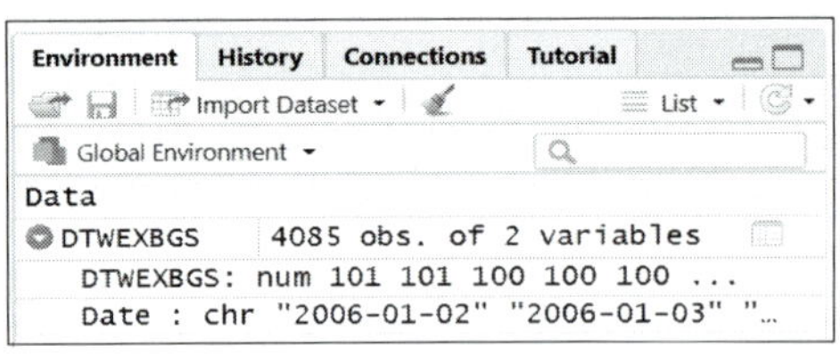

	DTWEXBGS	Date
2006-01-02	101.4155	2006-01-02
2006-01-03	100.7558	2006-01-03
2006-01-04	100.2288	2006-01-04
2006-01-05	100.2992	2006-01-05
2006-01-06	100.0241	2006-01-06
2006-01-09	100.1794	2006-01-09
2006-01-10	100.1436	2006-01-10
2006-01-11	99.8710	2006-01-11
2006-01-12	100.0643	2006-01-12
2006-01-13	99.9675	2006-01-13
2006-01-16	99.9715	2006-01-16
2006-01-17	100.2447	2006-01-17
2006-01-18	100.4085	2006-01-18

Showing 1 to 15 of 4,085 entries, 2 total columns

이제 연습이 되었으니 본격적으로 날짜를 지정해주고 해당 데이터를 크롤링해보자.

명령어

```
> start_date <-Sys.Date()-365
> end_date <- Sys.Date()
> getSymbols('DTWEXBGS', src='FRED', from=start_date, to=end_date)
> temp_df=as.data.frame(get('DTWEXBGS'))
> temp_df$Date = row.names(temp_df)
```

```
> start_date <-Sys.Date()-365
> end_date <- Sys.Date()
> getSymbols('DTWEXBGS', src='FRED', from=start_date, to=end_date)
[1] "DTWEXBGS"
> temp_df=as.data.frame(get('DTWEXBGS'))
> temp_df$Date = row.names(temp_df)
```

이번에는 크롤링한 데이터로 시각화 그래프를 작성해보자.

명령어

```
> win.graph()
> chart_Series(temp_df)
```

```
> win.graph()
> chart_Series(temp_df)
```

[처리결과화면]

명령어

```
> setwd("C:/Users/OSYang/")
> write.csv(temp_df, "DTWEXBGS202109.csv") #날짜 정보가 제대로 저장안됨
```


```
> setwd("C:/Users/OSYang/")
> write.csv(temp_df, "DTWEXBGS202109.csv") #날짜 정보가 제대로 저장안됨
```


[처리결과화면]

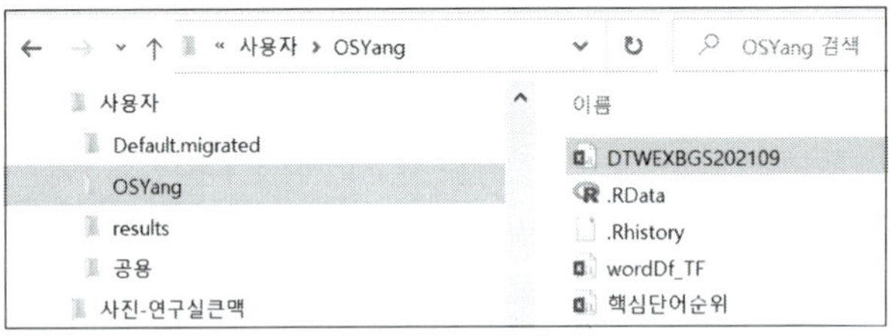

이번에는 날짜 정보를 제대로 처리해서 그래프를 나타내 보자. 우선 Date 변수를 날짜 정보로 인식시켜주자. 사용할 명령어는 as.Date( )이다. 시각화는 plot( )을 사용하자.

명령어

```
> temp_df$Date <- as.Date(as.character(temp_df$Date), format ='%Y-%m-%d') #주
의할 점은
%Y%m%d로 표기하면 안된다
> win.graph()
> plot(temp_df$Date, temp_df$DTWEXBGS, xlab="Date", ylab="Dollar Index",
+       #main="Ozone",
+       #xlim=c(2006-01-02, 2021-01-25), ylim=c(0, 100)
+       )
```

[처리결과화면]

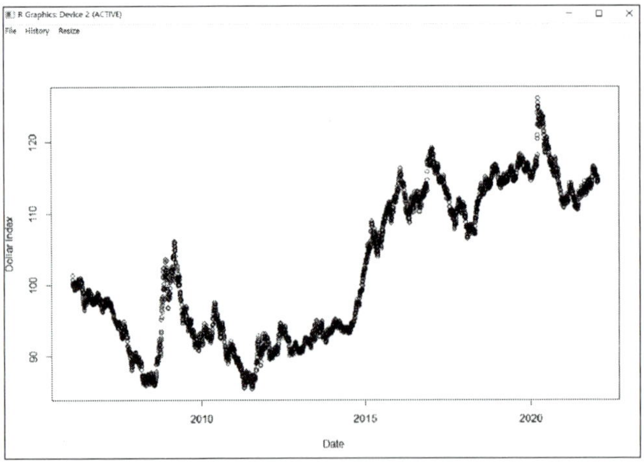

제대로 날짜 정보로 인식이 되었다면 다음과 같이 Date: Date, format: "2006-01-02" ..... 양식으로 표기된다. 여기서 NA로 표기된다면 날짜 정보로 제대로 처리되지 못한 것이다.

[처리결과화면]

```
temp_df          4190 obs. of 2 variables
  DTWEXBGS: num 101 101 100 100 100 ...
  Date : Date, format: "2006-01-02" "2006-01-03" ...
Values
  end_date       2022-01-25
  start_date     2021-01-25
```

달러인덱스 크롤링: Investing.com

[처리결과화면: Investing.com 달러인덱스 초기화면]

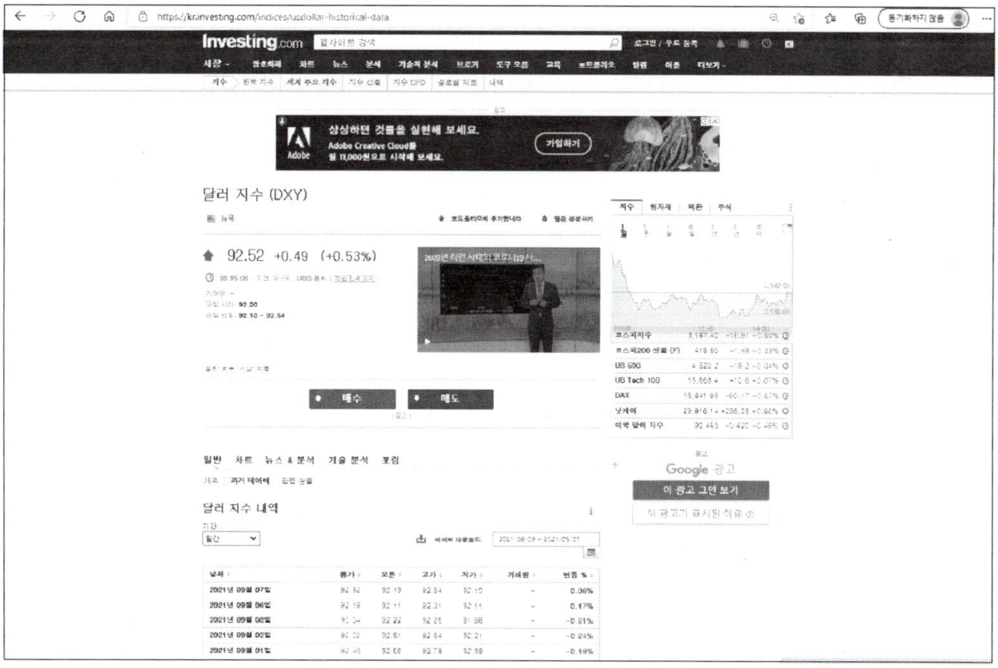

Investing.com에서 달러인덱스 자료를 크롤링해보자. 당연히 이 작업은 CMD로 시작한다.

[처리결과화면: CMD]

```
Microsoft Windows [Version 10.0.19042.1165]
(c) Microsoft Corporation. All rights reserved.

C:\Users\media>cd C:/Users/media/Documents/RSelenium
```

```
C:\Users\media\Documents\RSelenium>java -Dwebdriver.gecko.driver="geckod
river.exe" -jar selenium-server-standalone-3.141.59.jar -port 4445
Picked up JAVA_TOOL_OPTIONS: -Dfile.encoding=UTF-8
23:49:51.146 INFO [GridLauncherV3.parse] - Selenium server version: 3.141.
59, revision: e82be7d358
23:49:51.218 INFO [GridLauncherV3.lambda$buildLaunchers$3] - Launching a
standalone Selenium Server on port 4445
2021-09-07 23:49:51.267:INFO::main: Logging initialized @412ms to org.sele
niumhq.jetty9.util.log.StdErrLog
23:49:51.469 INFO [WebDriverServlet.<init>] - Initialising WebDriverServlet
23:49:52.242 INFO [SeleniumServer.boot] - Selenium Server is up and running
on port 4445
```

명령어

```
> library(xml2)
> library(rvest)
> library(dplyr)
> library(stringr)
> library(data.table)
> library(RSelenium)
> library(seleniumPipes)
> library(httr)
```

```
> library(xml2)
> library(rvest)
> library(dplyr)
> library(stringr)
> library(data.table)
> library(RSelenium)
Warning message:
package 'RSelenium' was built under R version 4.0.5
> library(seleniumPipes)
Loading required package: jsonlite
Loading required package: magrittr
Loading required package: whisker

Attaching package: 'seleniumPipes'

The following object is masked from 'package:rvest':
```

```
    back

Warning message:
package ‘seleniumPipes’ was built under R version 4.0.5
> library(httr)
```

명령어

```
> remDr = remoteDriver(
+   remoteServerAddr="localhost",
+   port=4445L,
+   browserName="chrome")
> remDr$open()
```

```
> remDr = remoteDriver(
+   remoteServerAddr="localhost",
+   port=4445L,
+   browserName="chrome")
> remDr$open()
[1] "Connecting to remote server"
$acceptInsecureCerts
[1] FALSE

$browserName
[1] "chrome"

$browserVersion
[1] "92.0.4515.159"

$chrome
$chrome$chromedriverVersion
[1] "92.0.4515.107 (87a818b10553a07434ea9e2b6dccf3cbe7895134-refs/branch
-heads/4515@{#1634})"

$chrome$userDataDir
[1] "C:\\Users\\media\\AppData\\Local\\Temp\\scoped_dir12152_773147480"

$`goog:chromeOptions`
```

```
$`goog:chromeOptions`$debuggerAddress
[1] "localhost:57787"

$networkConnectionEnabled
[1] FALSE

$pageLoadStrategy
[1] "normal"

$platformName
[1] "windows"

$proxy
named list()

$setWindowRect
[1] TRUE

$strictFileInteractability
[1] FALSE

$timeouts
$timeouts$implicit
[1] 0

$timeouts$pageLoad
[1] 300000

$timeouts$script
[1] 30000

$unhandledPromptBehavior
[1] "dismiss and notify"

$`webauthn:extension:credBlob`
[1] TRUE

$`webauthn:extension:largeBlob`
[1] TRUE
```

```
$`webauthn:virtualAuthenticators`
[1] TRUE

$webdriver.remote.sessionid
[1] "20b37e64dc1eecddaf39453894a0864b"

$id
[1] "20b37e64dc1eecddaf39453894a0864b"
```

명령어

```
> links <- c()
> basic_url <- "https://kr.investing.com/indices/"
> basic_url2 <- "usdollar-historical-data"
> url <- paste0(basic_url, basic_url2)
```

```
> links <- c()
> basic_url <- "https://kr.investing.com/indices/"
> basic_url2 <- "usdollar-historical-data"
> url <- paste0(basic_url, basic_url2)
```

명령어

```
> remDr$navigate(url)
> intvl_btn <- remDr$findElement(using="xpath", value='//*[@id="data_interva
l"]/option[1]')
> intvl_btn$clickElement()
```

명령어

```
> picker_btn <- remDr$findElement("xpath", value='//*[@id="widgetFieldDateRa
nge"]')
> picker_btn$clickElement() #달력표시 노출시키기
> picker <- remDr$findElement("xpath", value='//*[@id="startDate"]')
> picker$clearElement() #시작일자 입력창 정보를 지우고 빈칸으로 남기기
> picker$sendKeysToElement(list("2017/01/01")) #시작일자 입력하기
> picker <- remDr$findElement("xpath", value='//*[@id="endDate"]')
> picker$clearElement() #종료일자 자료 지우고 빈칸 남기기
> picker$sendKeysToElement(list("2021/08/18")) #종료일자 입력
```

```
> picker_apply <- remDr$findElement("xpath", value='//*[@id="applyBtn"]')
> picker_apply$clickElement()
```

[처리결과화면]

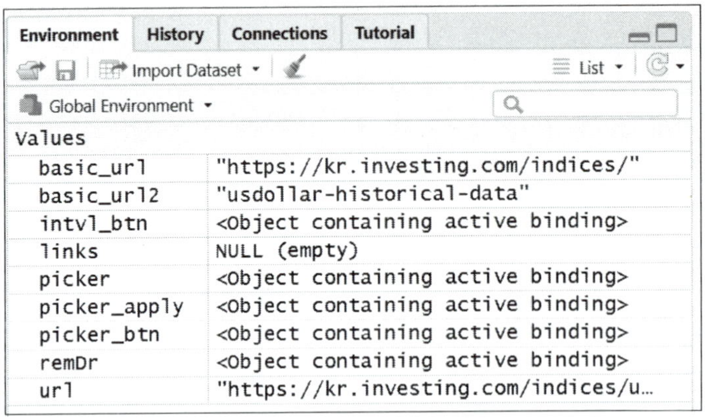

명령어

```
> body <- remDr$getPageSource()[[1]]
> html <- read_html(body)
> Sys.setlocale("LC_ALL", "English") # R 시스템을 English 환경으로 변환해야 함.
한글 텍스트가 깨짐
> table <- html %>% html_nodes(xpath='//*[@id="curr_table"]') %>% html_table()
# html_table()로 table 추출
> Sys.setlocale("LC_ALL", "Korean") # 다시 R 시스템을 Korean 환경으로 변환
> View(table[[1]]) # 제대로 추출 되었는지 확인
```

```
> body <- remDr$getPageSource()[[1]]
> html <- read_html(body)
> Sys.setlocale("LC_ALL", "English") # R 시스템을 English 환경으로 변환해야 함.
한글 텍스트가 깨짐
[1] "LC_COLLATE=English_United States.1252;LC_CTYPE=English_United State
s.1252;LC_MONETARY=English_United States.1252;LC_NUMERIC=C;LC_TIME=Engli
sh_United States.1252"
> table <- html %>% html_nodes(xpath='//*[@id="curr_table"]') %>% html_tab
le() # html_table()로 table 추출
> Sys.setlocale("LC_ALL", "Korean") # 다시 R 시스템을 Korean 환경으로 변환
[1] "LC_COLLATE=Korean_Korea.949;LC_CTYPE=Korean_Korea.949;LC_MONETARY=K
orean_Korea.949;LC_NUMERIC=C;LC_TIME=Korean_Korea.949"
> View(table[[1]]) # 제대로 추출 되었는지 확인
```

[처리결과화면: View(table[[1]])]

Filter

	날짜	종가	오픈	고가	저가	거래량	변동 %
1	2021년 08월 18일	93.14	93.14	93.26	92.96	-	0.01%
2	2021년 08월 17일	93.13	92.62	93.17	92.61	-	0.54%
3	2021년 08월 16일	92.63	92.52	92.66	92.48	-	0.12%
4	2021년 08월 13일	92.52	92.97	93.01	92.47	-	-0.56%
5	2021년 08월 12일	93.04	92.89	93.04	92.85	-	0.12%
6	2021년 08월 11일	92.92	93.07	93.19	92.80	-	-0.14%
7	2021년 08월 10일	93.06	92.98	93.14	92.94	-	0.12%
8	2021년 08월 09일	92.94	92.78	92.99	92.72	-	0.16%
9	2021년 08월 06일	92.80	92.26	92.84	92.26	-	0.60%
10	2021년 08월 05일	92.24	92.28	92.35	92.11	-	-0.03%

Showing 1 to 11 of 1,209 entries, 7 total columns

명령어

```
> setwd("C:/Users/media/") #작업디렉토리 지정하기
> write.csv(table, "DXY_20170101~20210818.csv")
```

[처리결과화면]

Environment | History | Connections | Tutorial

Import Dataset ▾ | List ▾

Global Environment ▾

Data	
html	List of 2
table	List of 1
Values	
basic_url	"https://kr.investing.com/indices/"
basic_url2	"usdollar-historical-data"
body	Large character (896.5 kB)
intvl_btn	<Object containing active binding>
links	NULL (empty)
picker	<Object containing active binding>
picker_apply	<Object containing active binding>
picker_btn	<Object containing active binding>
remDr	<Object containing active binding>
url	"https://kr.investing.com/indices/u…

⑤ 주요 통화 환율

유로달러 환율 EUR/USD

[처리결과화면: 유로 달러 환율 초기 화면 Investing.com]

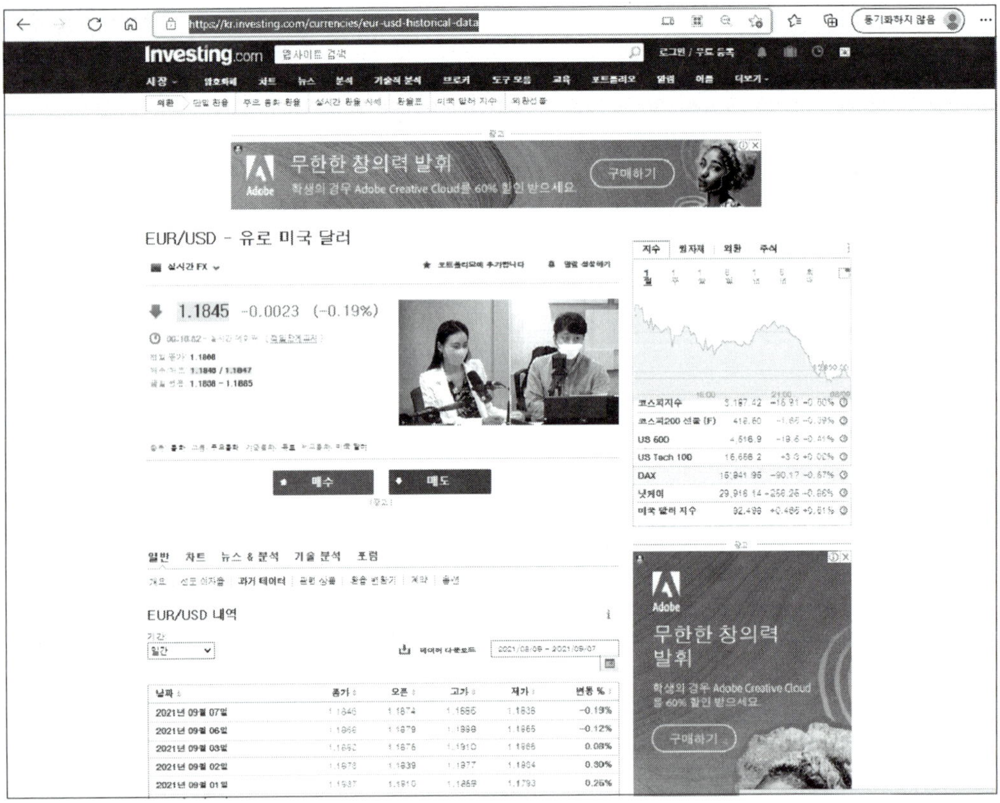

명령어

```
> remDr = remoteDriver(
+   remoteServerAddr="localhost",
+   port=4445L,
+   browserName="chrome")
> remDr$open()
```

```
> remDr = remoteDriver(
+   remoteServerAddr="localhost",
+   port=4445L,
+   browserName="chrome")
> remDr$open()
[1] "Connecting to remote server"
```

```
$acceptInsecureCerts
[1] FALSE

$browserName
[1] "chrome"

$browserVersion
[1] "92.0.4515.159"

$chrome
$chrome$chromedriverVersion
[1] "92.0.4515.107 (87a818b10553a07434ea9e2b6dccf3cbe7895134-refs/branch
-heads/4515@{#1634})"

$chrome$userDataDir
[1] "C:\\Users\\media\\AppData\\Local\\Temp\\scoped_dir18496_378432553"

$`goog:chromeOptions`
$`goog:chromeOptions`$debuggerAddress
[1] "localhost:60667"

$networkConnectionEnabled
[1] FALSE

$pageLoadStrategy
[1] "normal"

$platformName
[1] "windows"

$proxy
named list()

$setWindowRect
[1] TRUE

$strictFileInteractability
[1] FALSE

$timeouts
$timeouts$implicit
```

```
[1] 0

$timeouts$pageLoad
[1] 300000

$timeouts$script
[1] 30000

$unhandledPromptBehavior
[1] "dismiss and notify"

$`webauthn:extension:credBlob`
[1] TRUE

$`webauthn:extension:largeBlob`
[1] TRUE

$`webauthn:virtualAuthenticators`
[1] TRUE

$webdriver.remote.sessionid
[1] "c3ec00664646b3f970bd19b13dd08635"

$id
[1] "c3ec00664646b3f970bd19b13dd08635"
```

명령어

```
> links <- c()
> basic_url <- "https://kr.investing.com/currencies/"
> basic_url2 <- "eur-usd-historical-data"
> url <- paste0(basic_url, basic_url2)
> remDr$navigate(url)
> intvl_btn <- remDr$findElement(using="xpath", value='//*[@id="data_interva
l"]/option[1]')
> intvl_btn$clickElement()
```

명령어

```
> picker_btn <- remDr$findElement("xpath", value='//*[@id="widgetFieldDateRa
nge"]')
```

```
> picker_btn$clickElement() #달력표시 노출시키기
> picker <- remDr$findElement("xpath", value='//*[@id="startDate"]')
> picker$clearElement() #시작일자 입력창 정보를 지우고 빈칸으로 남기기
> picker$sendKeysToElement(list("2017/01/01")) #시작일자 입력하기
> picker <- remDr$findElement("xpath", value='//*[@id="endDate"]')
> picker$clearElement() #종료일자 자료 지우고 빈칸 남기기
> picker$sendKeysToElement(list("2021/08/18")) #종료일자 입력
> picker_apply <- remDr$findElement("xpath", value='//*[@id="applyBtn"]')
> picker_apply$clickElement()
```

명령어

```
> body <- remDr$getPageSource()[[1]]
> html <- read_html(body)
> Sys.setlocale("LC_ALL", "English") # R 시스템을 English 환경으로 변환해야 함.
한글 텍스트가 깨짐> table <- html %>% html_nodes(xpath='//*[@id="curr_table"]')
%>% html_table() # html_table()로 table 추출
> Sys.setlocale("LC_ALL", "Korean") # 다시 R 시스템을 Korean 환경으로 변환
> View(table[[1]]) # 제대로 추출 되었는지 확인
```

```
> body <- remDr$getPageSource()[[1]]
> html <- read_html(body)
> Sys.setlocale("LC_ALL", "English") # R 시스템을 English 환경으로 변환해야 함.
한글 텍스트가 깨짐
[1] "LC_COLLATE=English_United States.1252;LC_CTYPE=English_United State
s.1252;LC_MONETARY=English_United States.1252;LC_NUMERIC=C;LC_TIME=Engli
sh_United States.1252"
> table <- html %>% html_nodes(xpath='//*[@id="curr_table"]') %>% html_tab
le() # html_table()로 table 추출
> Sys.setlocale("LC_ALL", "Korean") # 다시 R 시스템을 Korean 환경으로 변환
[1] "LC_COLLATE=Korean_Korea.949;LC_CTYPE=Korean_Korea.949;LC_MONETARY=K
orean_Korea.949;LC_NUMERIC=C;LC_TIME=Korean_Korea.949"
> View(table[[1]]) # 제대로 추출 되었는지 확인
```

[처리결과화면]

	날짜	종가	오픈	고가	저가	변동 %
1	2021년 08월 18일	1.1710	1.1710	1.1743	1.1694	0.02%
2	2021년 08월 17일	1.1708	1.1776	1.1786	1.1708	-0.59%
3	2021년 08월 16일	1.1777	1.1794	1.1802	1.1767	-0.12%
4	2021년 08월 13일	1.1791	1.1730	1.1805	1.1727	0.55%
5	2021년 08월 12일	1.1727	1.1738	1.1749	1.1724	-0.09%
6	2021년 08월 11일	1.1737	1.1720	1.1753	1.1705	0.16%
7	2021년 08월 10일	1.1718	1.1738	1.1744	1.1710	-0.16%
8	2021년 08월 09일	1.1737	1.1762	1.1769	1.1734	-0.20%
9	2021년 08월 06일	1.1760	1.1834	1.1837	1.1753	-0.61%
10	2021년 08월 05일	1.1832	1.1837	1.1858	1.1827	-0.03%
11	2021년 08월 04일	1.1835	1.1864	1.1901	1.1832	-0.21%

Showing 1 to 12 of 1,208 entries, 6 total columns

명령어

```
> setwd("C:/Users/media/") #작업디렉토리 지정하기
> write.csv(table, "EURUSD_20170101~20210818.csv")
```

[처리결과화면]

Environment | History | Connections | Tutorial

Import Dataset · List

Global Environment

Data	
html	List of 2
table	List of 1
Values	
basic_url	"https://kr.investing.com/currenci…
basic_url2	"eur-usd-historical-data"
body	Large character (867.4 kB)
intvl_btn	<Object containing active binding>
links	NULL (empty)
picker	<Object containing active binding>
picker_apply	<Object containing active binding>
picker_btn	<Object containing active binding>
remDr	<Object containing active binding>
url	"https://kr.investing.com/currenci…

엔 달러 환율 JPY/USD

[처리결과화면: 엔 달러 환율 초기 화면 Investing.com]

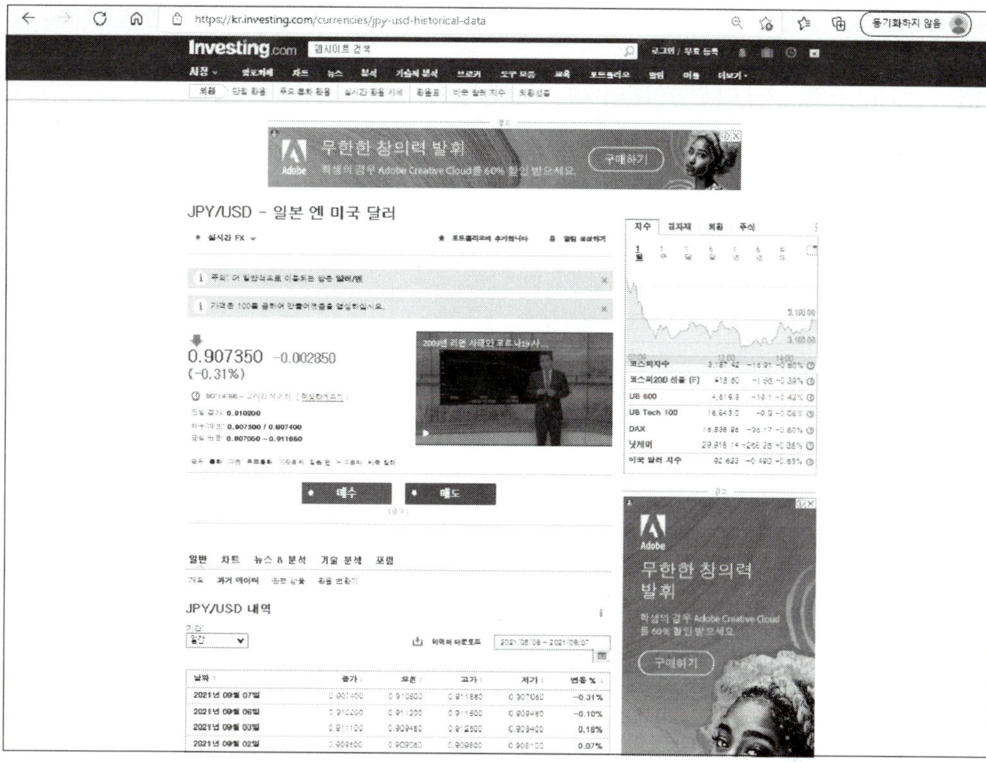

명령어

```
> remDr = remoteDriver(
+   remoteServerAddr="localhost",
+   port=4445L,
+   browserName="chrome")
> remDr$open()
```

```
> remDr = remoteDriver(
+   remoteServerAddr="localhost",
+   port=4445L,
+   browserName="chrome")
> remDr$open()
[1] "Connecting to remote server"
$acceptInsecureCerts
[1] FALSE
```

```
$browserName
[1] "chrome"

$browserVersion
[1] "92.0.4515.159"

$chrome
$chrome$chromedriverVersion
[1] "92.0.4515.107 (87a818b10553a07434ea9e2b6dccf3cbe7895134-refs/branch
-heads/4515@{#1634})"

$chrome$userDataDir
[1] "C:\\Users\\media\\AppData\\Local\\Temp\\scoped_dir18496_378432553"

$`goog:chromeOptions`
$`goog:chromeOptions`$debuggerAddress
[1] "localhost:60667"

$networkConnectionEnabled
[1] FALSE

$pageLoadStrategy
[1] "normal"

$platformName
[1] "windows"

$proxy
named list()

$setWindowRect
[1] TRUE

$strictFileInteractability
[1] FALSE

$timeouts
$timeouts$implicit
[1] 0
```

```
$timeouts$pageLoad
[1] 300000

$timeouts$script
[1] 30000

$unhandledPromptBehavior
[1] "dismiss and notify"

$`webauthn:extension:credBlob`
[1] TRUE

$`webauthn:extension:largeBlob`
[1] TRUE

$`webauthn:virtualAuthenticators`
[1] TRUE

$webdriver.remote.sessionid
[1] "c3ec00664646b3f970bd19b13dd08635"

$id
[1] "c3ec00664646b3f970bd19b13dd08635"
```

명령어

```
> links <- c()
> basic_url <- "https://kr.investing.com/currencies/"
> basic_url2 <- "jpy-usd-historical-data"
> url <- paste0(basic_url, basic_url2)
> remDr$navigate(url)
> intvl_btn <- remDr$findElement(using="xpath", value='//*[@id="data_interva
l"]/option[1]')
> intvl_btn$clickElement()
```

명령어

```
> picker_btn <- remDr$findElement("xpath", value='//*[@id="widgetFieldDateRa
nge"]')
```

```
> picker_btn$clickElement() #달력표시 노출시키기
> picker <- remDr$findElement("xpath", value='//*[@id="startDate"]')
> picker$clearElement() #시작일자 입력창 정보를 지우고 빈칸으로 남기기
> picker$sendKeysToElement(list("2017/01/01")) #시작일자 입력하기
> picker <- remDr$findElement("xpath", value='//*[@id="endDate"]')
> picker$clearElement() #종료일자 자료 지우고 빈칸 남기기
> picker$sendKeysToElement(list("2021/08/18")) #종료일자 입력
> picker_apply <- remDr$findElement("xpath", value='//*[@id="applyBtn"]')
> picker_apply$clickElement()
```

명령어

```
> body <- remDr$getPageSource()[[1]]
> html <- read_html(body)
> Sys.setlocale("LC_ALL", "English") # R 시스템을 English 환경으로 변환해야 함.
한글 텍스트가 깨짐
> table <- html %>% html_nodes(xpath='//*[@id="curr_table"]') %>% html_table()
# html_table()로 table 추출
> Sys.setlocale("LC_ALL", "Korean") # 다시 R 시스템을 Korean 환경으로 변환
> View(table[[1]]) # 제대로 추출 되었는지 확인
```

```
> body <- remDr$getPageSource()[[1]]
> html <- read_html(body)
> Sys.setlocale("LC_ALL", "English") # R 시스템을 English 환경으로 변환해야 함.
한글 텍스트가 깨짐
[1] "LC_COLLATE=English_United States.1252;LC_CTYPE=English_United State
s.1252;LC_MONETARY=English_United States.1252;LC_NUMERIC=C;LC_TIME=Engli
sh_United States.1252"
> table <- html %>% html_nodes(xpath='//*[@id="curr_table"]') %>% html_tab
le() # html_table()로 table 추출
> Sys.setlocale("LC_ALL", "Korean") # 다시 R 시스템을 Korean 환경으로 변환
[1] "LC_COLLATE=Korean_Korea.949;LC_CTYPE=Korean_Korea.949;LC_MONETARY=K
orean_Korea.949;LC_NUMERIC=C;LC_TIME=Korean_Korea.949"
> View(table[[1]]) # 제대로 추출 되었는지 확인
```

[처리결과화면]

	날짜	종가	오픈	고가	저가	변동 %
1	2021년 08월 18일	0.9108	0.91255	0.91345	0.90850	-0.18%
2	2021년 08월 17일	0.9124	0.91555	0.91640	0.91190	-0.31%
3	2021년 08월 16일	0.9152	0.91155	0.91650	0.91110	0.31%
4	2021년 08월 13일	0.9124	0.90585	0.91290	0.90525	0.75%
5	2021년 08월 12일	0.9056	0.90570	0.90655	0.90455	0.00%
6	2021년 08월 11일	0.9056	0.90435	0.90655	0.90250	0.15%
7	2021년 08월 10일	0.9042	0.90675	0.90680	0.90415	-0.25%
8	2021년 08월 09일	0.9065	0.90690	0.90890	0.90610	-0.03%
9	2021년 08월 06일	0.9068	0.91100	0.91160	0.90615	-0.46%
10	2021년 08월 05일	0.9110	0.91335	0.91405	0.91080	-0.24%
11	2021년 08월 04일	0.9132	0.91690	0.91980	0.91170	-0.39%

Showing 1 to 12 of 914 entries, 6 total columns

명령어

```
> setwd("C:/Users/media/") #작업디렉토리 지정하기
> write.csv(table, "JPYUSD_20170101~20210818.csv")
```

[처리결과화면]

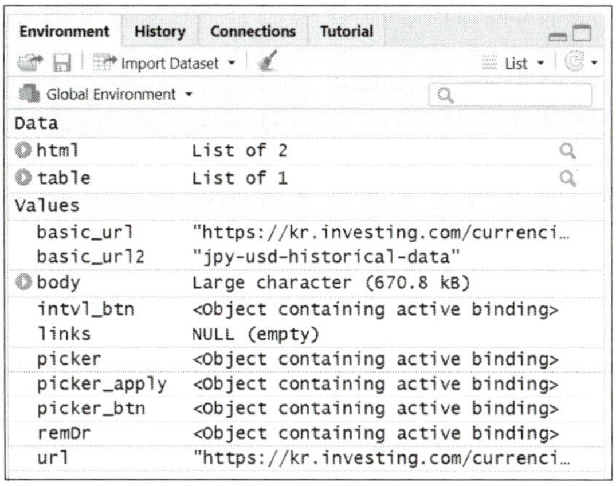

전처리하기

자 이제 필요한 자료를 모두 크롤링하였으니 이제 자료를 하나로 모아서 정리해보자. 우선 각 환율 크롤링 데이터셋을 불러와서 열람하면 x, 날짜, 종가, 오픈, 고가, 저가, 변동 등의 변수가 저장되어 있음을 볼 수 있다. 우선 새로운 변수 Index를 생성시켜서 각 데이터을 넣어주도록 하자. 사용할 함수는 c( )이다.

명령어

```
> setwd("C:/Users/media/") #작업디렉토리 지정
> dollarindex <-read.csv("DXY_20170101~20210818.csv")
> EURUSD <-read.csv("EURUSD_20170101~20210818.csv")
> JPYUSD <-read.csv("JPYUSD_20170101~20210818.csv")
> dollarindex$index <-c("dollarindex")
> EURUSD$index <-c("EURUSD")
> JPYUSD$index <-c("JPYUSD")
```

[처리결과화면]

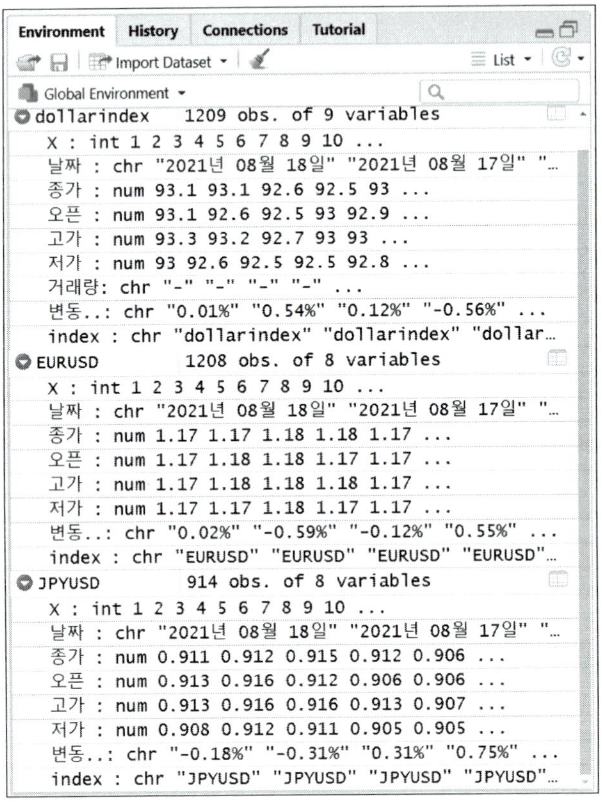

상기 크롤링과 이후 전처리 결과를 살펴보면 EURUSD와 JPYUSD는 구조가 같지만, dollarindex는 '거래량'이라는 별도의 항목이 추가되어 있음을 볼 수 있다. 이에 위 세 개의 파일을 합치자면 구조를 동일하게 만들어야 한다. 따라서 dollarindex에서 필요없는 '거래량' 항목을 제거한 후 세 개의 파일을 머지하도록 하자. 머지 방식은 행결합(아래 위 결합)이다.

명령어

```
> dollarindex <- dollarindex[,-7] #7번째 변수 제거
> EURUSD <- EURUSD[,-7] #7번째 변수 제거
> all_exchange <-rbind(dollarindex, EURUSD, JPYUSD)
> View(all_exchange)
```

[처리결과화면]

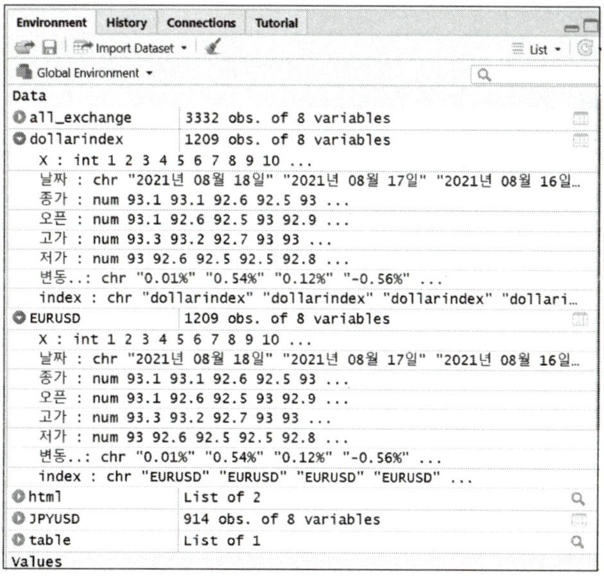

[처리결과화면: View(all_exchange)]

	X	날짜	종가	오픈	고가	저가	변동..	index
1	1	2021년 08월 18일	93.14	93.14	93.26	92.96	0.01%	dollarindex
2	2	2021년 08월 17일	93.13	92.62	93.17	92.61	0.54%	dollarindex
3	3	2021년 08월 16일	92.63	92.52	92.66	92.48	0.12%	dollarindex
4	4	2021년 08월 13일	92.52	92.97	93.01	92.47	-0.56%	dollarindex
5	5	2021년 08월 12일	93.04	92.89	93.04	92.85	0.12%	dollarindex
6	6	2021년 08월 11일	92.92	93.07	93.19	92.80	-0.14%	dollarindex
7	7	2021년 08월 10일	93.06	92.98	93.14	92.94	0.12%	dollarindex
8	8	2021년 08월 09일	92.94	92.78	92.99	92.72	0.16%	dollarindex
9	9	2021년 08월 06일	92.80	92.26	92.84	92.26	0.60%	dollarindex
10	10	2021년 08월 05일	92.24	92.28	92.35	92.11	-0.03%	dollarindex
11	11	2021년 08월 04일	92.27	92.04	92.31	91.82	0.21%	dollarindex

Showing 1 to 12 of 3,331 entries, 8 total columns

이번에는 합친 데이터셋에서 날짜를 정리하자. 우선 날짜를 date로, 종가를 final_price로 바꾸고, 날짜에 들어있는 한글을 모두 제거하고 날짜 정보를 제대로 된 날짜로 인식시키자.

명령어

```
> library(reshape)
> all_exchange <-rename(all_exchange,
+                       c(날짜="date",
+                         종가="final_price"))
```

[처리결과화면]

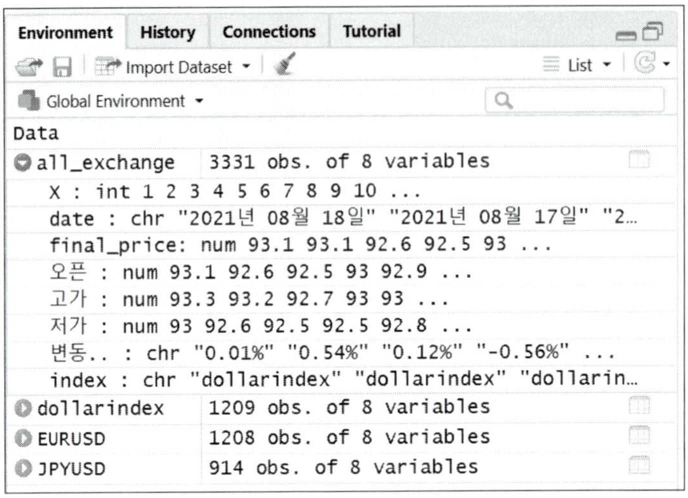

명령어

```
> all_exchange$date <-str_replace_all(string=all_exchange$date, pattern="[가-힣]", replacement="")
```

[처리결과화면]

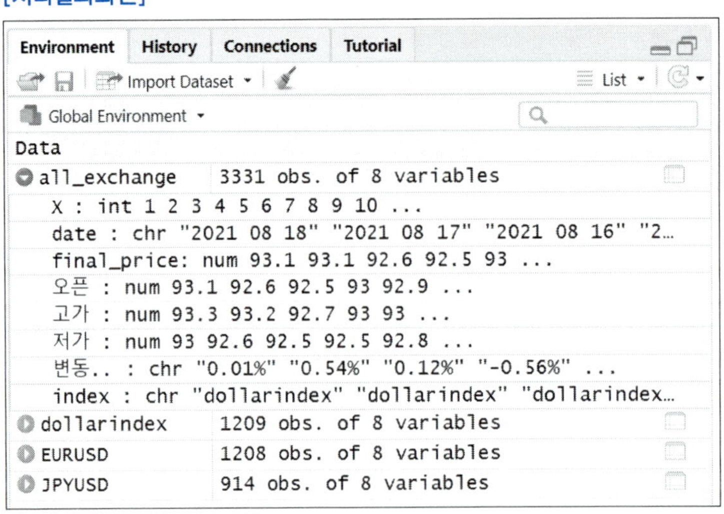

이제 한글이 제거되었으니 공백을 제거하자. 공백을 제거한 후에는 날짜 정보를 날짜 양식으로 인식하도록 명령어를 작성한다. 특히 여기서 사용할 양식은 2020-08-02 방식이다.

명령어

```
> library(stringr)
> all_exchange$date <-gsub(" ","",all_exchange$date)
> all_exchange$date <- as.Date(as.character(all_exchange$date), format = '%Y%
m%d')
```

[처리결과화면: 공백제거]

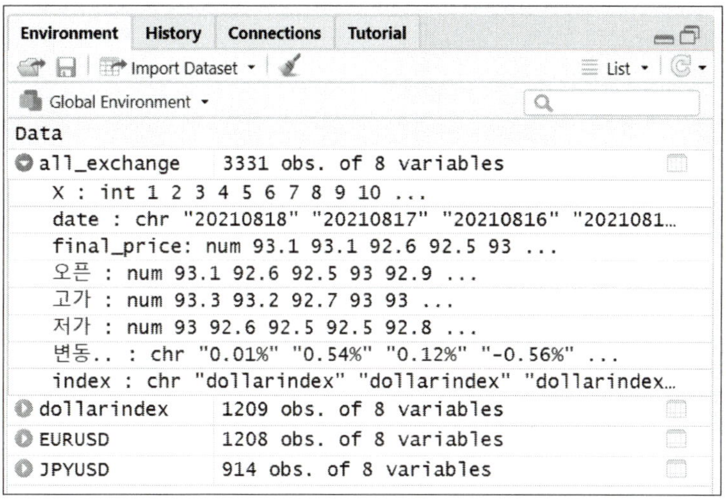

[처리결과화면: 날짜 인식 및 양식 변경]

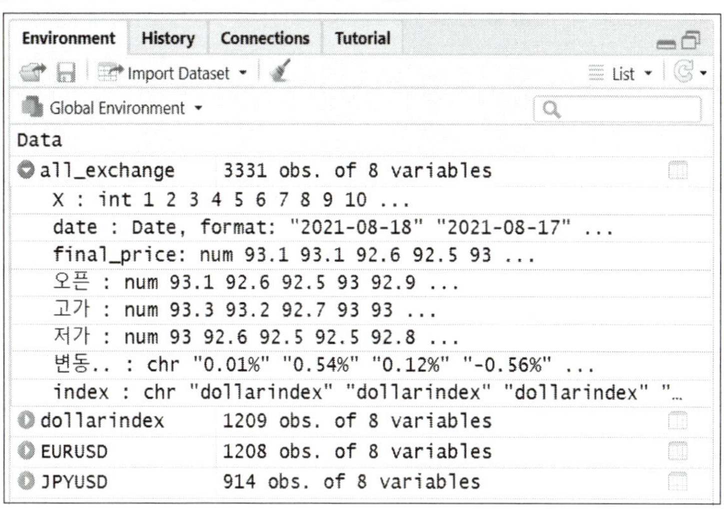

해석

처리결과 화면을 살펴보면, 날짜 양식이 2021-08-18 양식으로 전환되어 있음을 볼 수 있다.

시각화

명령어

```
> library(ggplot2)
> library(RColorBrewer)
> library(ggthemes)
```

```
> library(ggplot2)
> library(RColorBrewer)
> library(ggthemes)
Warning message:
package 'ggthemes' was built under R version 4.0.5
```

명령어

```
> win.graph()
> g <-ggplot(all_exchange, aes(x=date, y=final_price, color=index, shape=inde
x))
> g+geom_line(linetype=6) +
+   ggtitle("주요국 환율") +
+   theme(plot.title = element_text(family = "serif", face = "bold", hjust =
0.5, size = 15, color = "darkblue")) #글씨체, 글씨 모양, 가운데 정렬, 크기, 색상을
설정
```

```
> win.graph()
> g <-ggplot(all_exchange, aes(x=date, y=final_price, color=index, shape=i
ndex))
> g+geom_line(linetype=6) +
+   ggtitle("주요국 환율") +
+   theme(plot.title = element_text(family = "serif", face = "bold", hjust
= 0.5, size = 15, color = "darkblue")) #글씨체, 글씨 모양, 가운데 정렬, 크기,
색상을 설정
```

[처리결과화면]

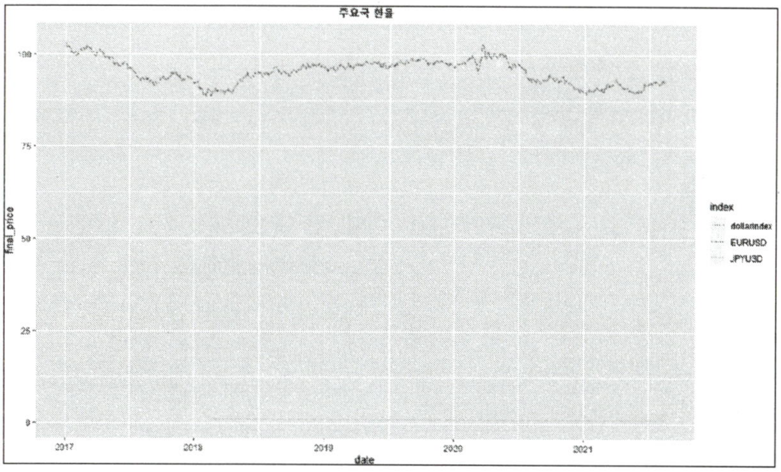

해석

처리결과 화면을 살펴보면, Dollarindex, EURUSD, JPYUSD가 그래프에 표시되어 있다. 다만 각 환율의 수치 스케일이 달라 그래프가 최적화된 모습으로 비교할 수 있는 상태는 아니다. 이 책을 마무리 하면서 마지막 실습과제로 연구자들이 이 그래프를 스케일 조정을 해서 보다 비교가능할 수 있도록 만들어 보기를 바란다.

찾아보기

국문

영문

[A]

[B]

[C]

[D]

[E]

[F]

[G]

[H]

[I]

[J]

[K]

[L]

[M]

[N]

[P]

[Q]

[R]

[S]